本书获得

广西大学中西部高校提升综合实力建设项目

广西大学 211 工程四期建设经费资助

宋明理学在广西的传播
及其对少数民族文化的影响

SONGMING LIXUE ZAI GUANGXI DE CHUANBO
JIQI DUI SHAOSHUMINZU WENHUA DE YINGXIANG

孙先英◎著

中国社会科学出版社

图书在版编目（CIP）数据

宋明理学在广西的传播及其对少数民族文化的影响／孙先英著．—北京：
中国社会科学出版社，2015.2

ISBN 978 - 7 - 5161 - 5445 - 8

Ⅰ.①宋…　Ⅱ.①孙…　Ⅲ.①理学—影响—少数民族—民族文化—广西—宋代
②理学—影响—少数民族—民族文化—广西—明代　Ⅳ.①B244.05②B248.05
③K280.67

中国版本图书馆 CIP 数据核字（2014）第 306995 号

出　版　人	赵剑英
责任编辑	喻　苗
责任校对	任晓晓
责任印制	王　超

出　　　版	中国社会科学出版社
社　　　址	北京鼓楼西大街甲 158 号（邮编 100720）
网　　　址	http://www.csspw.cn
	中文域名:中国社科网　　010 - 64070619
发　行　部	010 - 84083685
门　市　部	010 - 84029450
经　　　销	新华书店及其他书店

印刷装订	三河市君旺印务有限公司
版　　　次	2015 年 2 月第 1 版
印　　　次	2015 年 2 月第 1 次印刷

开　　　本	710×1000　1/16
印　　　张	29.75
插　　　页	2
字　　　数	503 千字
定　　　价	85.00 元

目　录

绪 论

一 研究缘起和选题的意义

古广西号称百越之地，山高人少，居民分散，生活着壮、瑶、侗、苗、仡佬、毛南等少数民族。历史上民族问题曾一度尖锐，文化冲突较为激烈，针对此问题，早在先秦，统治者就开始对该地区构建儒家文化秩序，借以消除文化冲突。大量的资料表明，广西地区大规模的文化开发始于南宋，发展于明清。也就是说，古广西的文化开发、发展、成长是在宋明理学的全程参与下进行的。

理学与广西渊源甚深。宋理学初祖周敦颐之父曾为官贺州，程颢、程颐在皇祐间从父宦读书于平南畅岩，其后张栻、王守仁、李绂、唐鉴等理学大师纷纷入桂，对理学的传播做出了积极贡献。这正如汪森在《粤俗》中所说：

> 广西风俗，自唐宋时颇多不美。如民之贫者，归罪坟墓不吉，掘棺栖寄他处，名曰"出祖"。生子不举，溺之于水，名曰"淹儿"。临丧破家供佛，盛馔待客，名曰"斋筵"。病不延医，杀牛赛鬼，名曰"毛药"。民多出外，他人掠卖其妻，名曰"卷伴"。①
>
> 夷僚错居，古为藩服，文物普遍，今类中州。盖由张栻、吕祖谦之道化被于桂；范祖禹、邹浩之正气行乎昭。②
>
> 张栻、吕祖谦之道化被于桂，范祖禹、邹浩之正气行乎昭，柳

---

① 汪森编，黄振中等校注：《粤西丛载》卷17"粤俗"，广西民族出版社2007年版，第703页。

② 同上。

宗元之文着乎柳，冯京、黄庭坚之德动乎宜，二陈、三士之经启乎梧，谷永之恩信、陆绩之儒播乎浔，马援之约束播乎邕，斯焉良然。[①]

以上资料表明，宋明理学对广西民族文化的伦理性、宗族意识、乡村控制和民族意识、国家认同等核心价值观的形成影响甚大。因此，对理学在广西少数民族文化中的作用和地位进行分析，可以更为深入和具体地探讨广西少数民族的文化内涵、品质及其特殊性，对当今社会民族矛盾和冲突的解决提供借鉴价值。

对传统儒学在广西文化思想建设上的作用和意义的研究，目前已出版的，值得一提的有何成轩的《儒学南传史》和韦玖灵的《儒学南传与壮族思想发展》两部论著。《儒学南传史》以儒学在壮族地区的传播历史及其对壮族社会的影响作用作为考察对象，从哲学的视野，探讨了儒学地方化演变史，这对于全面、正确评价儒学大有裨益。《儒学南传与壮族思想发展》一书从哲学层面分析了儒学对壮族思想的萌芽、发展、成长的影响和意义。相关主题的论文从20世纪80年代至今发表了几十篇，它们分别从历史学、传播学、文化学和哲学的视野探讨了儒学与广西文化的关系、儒学在广西地区传播的方式和途径、广西多民族格局发展轨迹等。其中何成轩的《儒学在壮族地区的传播》一文，从历史和哲学层面，论述了儒学在壮族地区传播的历史过程、传播途径、方式、特点及儒学对壮族社会的影响和作用。

总体来说，学术界对宋明理学在该地区的传播及影响研究不够系统，因此以宋元明清时期广西的理学为考察对象，以其传播和影响为着力点，可以展现宋明理学在广西文化建设和发展中所起的作用。

二　研究内容、思路和方法

（一）主要内容

1. 宋明理学在广西的传播和接受

宋明理学在广西的传播随着宋王朝南迁，通过学校、科举等途径，用讲学、仪式等方式而逐步传播到桂北、桂东南、桂西南和桂西地区。传播

---

① 汪森编，黄盛陆等校点：《粤西文载》，广西人民出版社1990年版，第7页。

主体是张栻、詹体仁、廖德明、王阳明、李绂、唐鉴等有理学背景的官员。

2. 宋明理学在广西传播的性质及其接受特点

在宋元明清时期，理学的官方哲学地位和广西的地域特点，决定了其传播的权威性、主动性、单向性、滞后性等性质。因而，理学在广西的传播，在接受人群、时间、地域和民族等方面存在着明显的差异。就接受人群看，理学的接受者主要是士人，从士人求学的目的、文化素质、身份地位等又可分为求学的士子、官员和土司子弟等。就时间而言，理学传播在宋为发生期，元为停滞期，明为成长期，清为成果期。就地域而言，呈现出桂北—桂东南—桂西南—桂西这样一个传播路线。就民族而言，壮族受理学影响最深，受众最多，接受时间也较早，至于宋明理学在其他民族的传播情况还有待进一步考证。在宋明理学的影响下，广西早在宋代就出现了石安民、蒋元夫、蒋公顺、滕处厚、文元、陶崇、韦旻、覃昌等理学之士。在元代，可靠的只有唐朝一位。明代有30多位，有的还位居高官，如蒋冕、吕调阳等。清代广西的理学成果丰硕，受众多、影响大，而以陈宏谋为代表的"临桂学派"和以吕璜、朱琦等为代表的"岭西五大家"，还产生了全国性影响。广西的理学之士，虽学术渊源不同，但从大的格局看，可分为三：宗程朱者、宗心学者和汉学宋学调和者。广西不少著述，如明全州人陈宣的《礼经意旨》、阳朔人唐瑄的《大学中庸直讲》和《诗经说意》、马平人周琦的《东溪日谈录》、陈邦俌的《太极图辨解》、吕景蒙的《定性发蒙》和《象郡学的》、李璧的《名儒录》、张所蕴的《图南会心编》、高翀的《四书会解》等，都是在宋明理学影响下产生的，有的理学著述如周琦的《东溪日谈录》、张翀的《浑然子》等，还被收入《四库》、《续四库》中。这些著述探讨了"天道"、"人心"、"心性"、"天人合一"等一系列重要理学命题，虽终究未能跳脱出程朱王学既有框架，但他们补充和完善了宋明理学，对全面理解宋明理学具有较为重要的学术价值。在理学的影响下，广西理学在学术上有四个特点：①维护道统，排斥异端；②重宋学而轻考据，重义理而轻文章；③重实用，轻理性探讨；④学理上因袭多于创获，重在纲常名理的阐述。

3. 宋明理学影响下的少数民族文化

在理学的影响下，文人大都崇尚气格、砥砺名节；主张大一统，反对和镇压任何形式的叛乱，维持地方秩序；具有仁民、体恤民瘼的民本思想。在民族文化形成和进化的过程中，在宋明理学渗透之前，这一地区的宗教信仰、宗法制度、社会组织、乡村控制以及社会习俗等各个方面都带有浓厚的原始色彩，经理学浸染后，呈现出信仰多元化、宗法系统化、地方救助组织化、乡约族规制度化、家庭伦理完善化等趋势。

（二）基本思路和方法

遵循宋明理学传播—理学影响—中华多民族一体文化格局形成这一内在逻辑，通过张栻、王阳明等著名理学人物个案分析和宋明理学人物的群体描述相结合，揭示理学传播的主体、途径、方式和传播性质等。并通过分析比较，剖析宋明理学在广西的发展历史及其特征，进而探索宋明理学在学术、士人气节和广西民族文化核心价值形成等方面对广西少数民族文化的影响。

（三）主要观点及创新之处

本书创新之处归结起来主要有这样几个方面：①第一次以广西的理学为视角，梳理相关文献，厘清了传播和接受主体、传播途径、方式及其特点、性质，第一次对广西理学发展进行了学术分期。②第一次把广西少数民族文化纳入理学的观照范畴，对它做融通性、整体性研究，彰显出宋明理学在广西民族性构建中的影响。

三　需要界定的几个问题

（一）起止时间

本课题研究，从宋到清其间七八百年的历史。虽然理学在清代仍然是正统思想，但因清代的理学大家大多为明遗民，而后理学家如李光地、汤斌、陆陇其等几乎剿袭陈说，少有新见。事实上，清康熙后，引领学术风潮的是朴学而不是理学，所以，传统把理学都称为"宋明理学"。但本书着力讨论的是宋明理学在广西的传播，广西的理学经过宋元明长期的浸润，在清代才是成果期。因此，本书将清代的理学纳入讨论。

（二）理学和传统儒学的区别与联系及其地位

宋明理学可谓是中国哲学史上的第二次高峰，和先秦时期的百家争鸣比较，理学的讨论范畴、理学家的旨趣和诸子百家大相径庭。先秦诸子奠定了中华文化的特质，那么"理学"呢？

一些学者把理学的发端追溯到唐代的韩愈和李翱，在于韩愈倡导道统说法被北宋道学所继承和李翱《复性书》对"性善情邪"做出的解读。李翱的"性情"二元理论与孟子相比，他的突破在于"性情"与"善恶"相对的概念，孟子虽然谈述"理"、"气"、"心"、"性"诸范畴，但是这些概念是孤立的。而李翱则有一个清晰的二元论结构，"性善情邪"是他人性论的总纲。理学真正的奠基人物是周敦颐，他著有《太极图说》和《通书》，这两部书的世界观和人生观，乃至伦理学，上至宇宙洪荒，下至人伦日用，无所不包，系统性和思辨性色彩兼具。邵雍发明"元会运世"之说，给出了宇宙的时间和空间轮廓。张载"民胞物与"说标志着普世伦理的出现，二程更加明确提出了"天理"和"人性"之辨，思辨气息愈加浓厚，再加上后来的朱熹、王阳明等集前辈之大成，构成了"理学"一以贯之的脉络。

　　理学家都是儒家传统忠实的捍卫者，把儒家经典奉为圭臬，为何他们不入经学家之列呢？清人的"汉学"和"宋学"之争针对的便是这个问题。汉代的马融、郑玄等人注经，或训诂文字，或考辨辞章，重视原文。宋代理学家们擅长以孔孟之说来论证"心体"、"性体"，有意识构建自己的学说，如周敦颐的《太极图》、朱熹的《四书集注》等，他们基于经典来重构。另外，"理学"和"宋学"这对概念，宋史研究大家邓广铭、漆侠等人早已提出这个问题，因为宋明理学影响深远，貌似有宋一代都可为"理学"所涵盖，实则大不然，仅就理学家争论的"心性理气"框架之内而言，尚有陈亮、叶适的"事功派"，王安石的"孟子学"。

　　由于"理学"的范畴长久以来没有确定，故学者研究的角度具有多样性。由于近代学科的区分，"理学"成为历史学、国学、哲学的共同关注。专门论著有侯外庐《宋明理学史》、张立文《宋明理学研究》、陈来《宋明理学》等，这些著作多是从哲学史的角度对理学家的学说进行解析。余英时《朱熹的历史世界宋代士大夫政治文化的研究》为理学家刻画出了一副生动的面孔，对理学家所处的时代有细致入微的观察和明确的历史责任感，他们是具体场景中的政治人物，甚至处于政治旋涡的中心。理学家除了在思想上开拓和多热衷于介入政治外，更关注他们的远景目标，政坛的失意或许为他们的教书育人拓展出更广阔的空间，他们广收门徒，化时代主张为历史期许，如孔子的"退而修诗书"，他们"化民育德"的学说很快受到了官方的重视，宋淳祐元年正月，以周敦颐、程颢、程颐、张载、朱熹从祀孔子庙，理学的官学地位得以确定。进入元代，程朱理学被统治者奉为官学，"以朱子之书为取士之规程，终元之世，莫之改易"①。明代学术经历了程朱理学、王阳明心学以及对王学的反思批判等几个不同的发展阶段。明前期在思想界占统治地位的是程朱理学，太祖确立程朱正统地位，"一宗朱氏之学，令学者非五经孔孟之书不读，非濂洛关闽之学不讲"②。正如陈确所说："世儒习气，敢于诬孔孟，必不敢倍程朱！"③ 成祖更使儒臣将程朱理学家的著作辑成《性理大全》，颁布天下。明中叶，以阐发"良知"，强调主观精神为主要特征的阳明心学，猛烈地冲击了程朱理学，具有纠正程朱学支离破碎的弊端和思想解放的作用。一时间，王学受到许多士人信奉，大有压倒程朱之势。晚明要求重建道德和务实之风，主张由王返朱，塑造理学气节与道德人格。清初，理学都是影响最大的学术。康熙五十一年（1712 年）以朱熹配享孔庙，又命理学大臣李光地等编纂《朱子全书》、《性理精义》诸书，说朱熹之学乃是"集大成而继千百年绝传之学，开愚蒙而立亿万世一定之规"④。在用人方面，重用熊赐履、汤斌、李光地、张伯行等理学大家，确立了程朱理学的正宗地位。雍正二年（1724 年）三月礼部根据雍正的意图，将宋代尹焞、魏了翁、黄幹、陈淳、何基、王柏；元代赵复、金履祥、许谦；明代陈澔、罗钦顺、蔡清；清代陆陇其从祀孔庙。乾嘉时期理学在最高统治者心目中的地位已然下降，但仍竭力维持其在意识形态上的主导地位，鼓吹其所宣扬的纲常伦理，就是不愿提倡学理性的探讨。在晚清的传统学术格局中，程朱理学作为官方哲学和社会意识形态，仍回归于主流学说的位置。从宋至清七八百年以来，理学家思想的意义不仅于当代，而且对整个民族性格的形成影响巨大，抛开历史场景，深入剖析思想本身的内在逻辑是很有必要的。

　　理学随着理学之士进入广西，借助余英时历史还原的方法，着重描

---

　　① 柯劭忞等撰：《新元史》卷 227 "儒林一"，民国 9 年天津退耕堂刻本，第 3186 页。

　　② 陈鼎：《东林列传》卷 2 "高攀龙传"，《四库全书》第 458 册，上海古籍出版社 1987 年版，第 199 页。

　　③ 陈确：《乾初先生遗集》卷 4 "与黄太冲书"，《续修四库全书》第 1394 册，上海古籍出版社 1995 年版，第 655 页。

　　④ 官修：《国朝宫史》卷 32 "书籍十一"，《四库全书》第 657 册，上海古籍出版社 1987 年版，第 568 页。

述、探讨理学之士在广西传播文化的历史是可行的。且理学有其明确的关怀，"尊德性"、"道问学"是理学的功夫与修养，平治天下才是理学家的终极关怀。故此，本书重点关注的是受过理学思想熏染的学者在广西传播"三纲六纪"的伦常观念，践行儒家"仁义忠信"的道德信条，形成移风易俗、化夷为夏的影响。

　　宋明理学的思想在广西的传播和发展过程中体现出了一定的特质。首先，和理学家的核心关怀一致，无论是讨论"天道"，还是"人欲"，落脚点都在维护纲常名教。广西在历史上，长时期游离于中原文化影响之外，理学思想在广西的传播，颇类似于孔孟在春秋战国时期的"有教无类"，即开学术之风气，故此，理学之士在广西讲学，并不会遭遇许多来自儒家思想内部的理论交锋，而当地土著文化也无力在较高层次上对理学思想进行理论上的解读，故此，理学在广西传播担负的使命无外乎"化民育德"、"移风易俗"、"化夷为夏"等宗旨。其次，入桂理学之士面对当地的文化环境，虽有开荒拓土的艰辛，但开坛设场、讲授学业并不十分艰难，这是理学迅速传播的有利条件。再次，因为广西的本土人士在当时大多不甚开化，普通的读书育人的传统并未养成，如此说来，理学的各个派别之间的内部争论似乎很难得到土著居民的呼应，如"尊德性"与"道问学"之争，"性即理"与"心即理"之辩，其创见也就乏善可陈。所以，理学在广西的传播过程中，基于理论本身的派系林立并不突出，理学演变为一种文化上的启蒙运动，这是广西理学传播中有别于中原地区的一个特点。最后，理学家过于关注个人的心性养成和纯粹的理论辨析，往往缺乏对实功实效的关注，当然，绝不是他们缺乏天下国家的历史使命感，作为士大夫的成员，"平治天下"是他们人生价值的重要评判，不过，因为"士大夫与君王共治天下"这个重要的政治命题并非可以轻松驾驭，而且儒家所关注的大本大源的问题是对君王德行的养成，"君仁莫不仁，君义莫不义"，所以，他们忽视具体的生产实践也就在所难免。范仲淹说过："儒者自有名教，何必治兵。"甚至保家卫国相对于培养孝子贤孙的事业都不是什么大事，两宋盛而不强，军事上节节失利也就不难理解了。入桂的理学之士却不同于此等气象，因为广西相对中原地区，不仅是文化发展的差异，生产生活的技术水平也是相对十分落后的，理学之士一方面通过大力兴办教育、发布文稿等途径和方式，输入礼教观念；另一方面积极发展生产，兴修水利，使当地经济发展取得长足进步，在这一层面上讲，入桂的理学之士融合了"事功派"与"学程派"的分歧，促进了理学各种内部差异在广西当代文化的融合。

（三）关于少数民族文化

（1）本书所说的"文化"，指的是汉文化系统的文化，以此为标准，来评析广西的文化程度。由于在宋元明当时的历史背景下，几乎不可能也没必要把少数民族与汉族文人截然分开，因此，就不分民族，把文人作为一个整体，进行融通性观照。

（2）本书虽把12个少数民族作为研究对象，但除壮族外，其他民族士人与理学的关系的记载缺乏，故文献可能更多显示的是壮族。"少数民族地区"，主要以宋元明清以来土司统治地区为考察对象。

（3）少数民族文献，指的是用汉字书写的少数民族文献，包括碑刻和民间道公经师等文献。

（4）所谓理学之士，指的是学术著述如《宋元学案》、《明儒学案》和《闽中理学渊源考》等传统理学著述，有明确记载之人；或虽没明确师承，但其相关著述中，明确表示崇尚理学者。入桂理学之士包括在广西官宦和因各种原因羁留广西的理学之士。本土理学之士指的是《广西通志》、粤西三载等传统典籍所确认籍贯之人，且学术渊源有自或明确表明崇尚理学者。

第一章

宋明理学在广西的传播和接受

广西与中原文化的交流源远流长。据史书所载，远在周，"苍梧"、"南夷"、"南国"、"南海之珠"等记载时见于中原文献；而兴安、武鸣、宾阳、忻城、荔浦、陆川、平乐、恭城、田东、横县等地都先后出土过大量殷周青铜器。公元前 214 年，秦统一岭南，开设南海、桂林、象郡三郡，粤西地区直接在中原统一政权的管辖下，各民族之间的经济、文化交流更为频繁和密切。

两千多年以来，儒学是中原华夏文化的主体，一直处于正统地位。儒学对当时广西社会的影响，袁裒在《贺县学记》一文中就有精彩表述："孔子之道，天下万世所共仰者。师而事之，可以修政，可以立事，可以化民而成俗。故中州遐壤，岭海内外，莫不惟孔子之道是尊。"①

在儒学传入岭南地区的历史过程中，南越王赵佗是开风气之先的人物。他在位 67 年，以"和集百越"、"南北交欢"的立国原则，大力宣扬儒家的诗、书、礼、乐，这在粤西地区播下了儒学的种子。

公元前 111 年，汉武帝平定南越后，针对迥异于中原的交趾所属文化，通过杂居形式，逐渐改变百越民族的习俗，如《后汉书》所载："凡交趾所统，虽置郡县，而言语各异，重译乃通。人如禽兽，长幼无别。项髻徒跣，以布贯头而着之。后颇徙中国罪人，使杂居其间，乃稍知言语，渐见礼化。"② 此时中原文化是一种自由的、单向性的影响，称不上严格意义上的传播。

---

① 袁裒：《贺县学记》，载汪森编，黄盛陆等校点《粤西文载》卷 27，广西人民出版社 1990 年版，第 297 页。

② 范晔：《后汉书》卷 86，《南蛮西南夷列传》，百衲本影宋绍熙刻本，第 1158 页。

与西汉相比，东汉儒学更盛。东汉时期，在广西传播儒学的著名人物有锡光、任诞、谷永等人。锡光和任诞都是硕学鸿儒，任诞尤精于《诗》、《易》、《春秋》，《后汉书·南蛮西南夷列传》云："光武中兴，锡光为交趾，任诞守九真，于是教其耕稼，制为冠履，初设媒聘，始知姻娶，建立学校，导之礼仪。"① 谷永，也是一位经学家，精通京氏《易》，汉灵帝时担任郁林太守，他曾以"恩信"招降乌浒人十余万内属，并且教以冠带礼仪，化民成俗。所以史书称赞："岭南华风，始于守焉。"②

三国魏晋南北朝时期刘熙、程秉、薛综、虞翻、陆绩、颜延之等人在此传播儒学，推行礼教。

刘熙（160—？），或称刘熹，字成国，北海（今山东昌乐）人，官至南安太守。东汉经学家、训诂学家，据陈寿《三国志》说，吴人程秉、薛综，蜀人许慈都曾从熙问学，著有《释名》和《孟子注》。《释名》仿照《尔雅》，以声求义来阐释事物名称，对后代训诂学和语源学影响较大，而《孟子注》已不传。建安中，荐辟不就。避地交州，往来苍梧、南海、容间，授生徒数百人。曾担任交州长史的程秉与刘熙考论大义，遂博通《五经》。

程秉，生卒年不详，字德枢，南顿（河南项城西）人，官至吴太子太傅。郑玄弟子，著《周易摘》、《尚书驳》、《论语弼》，凡三万余言。

薛综，字敬文，沛郡竹邑人，世典州郡为著姓，综少明经，善属文，举秀才。汉末大乱，乃依故人避地交州，从刘熙学，后为合浦太守。治郡威惠兼行，整顿风俗，绳以礼法，婚俗为之一变。

虞翻（164—233），字仲翔，余姚（今浙江余姚）人，日南太守虞歆之子。曾为会稽太守王朗功曹，后从孙策，仕于吴，官至骑都尉。他于经学颇有造诣，尤精《易》，著有《老子》、《论语》和《国语》等。为人狂妄、疏直，陈寿评价说："虞翻古之狂直，固难免乎末世，然权不能容，非旷宇也。"③ 流放交州期间，"讲学不倦，门徒常数百人"④。

陆绩（187—219），字公纪，吴县（今苏州）人，汉末庐江太守陆康

①　范晔：《后汉书》卷86，《南蛮西南夷列传》，百衲本影宋绍熙刻本，第1158页。
②　范晔：《后汉书》卷76，《南蛮西南夷列传》，百衲本影宋绍熙刻本，第1005页。
③　陈寿：《三国志》卷57"吴书第十二"，中华书局1992年版，第1341页。
④　同上书，第1321页。

之子，曾官奏曹掾、郁林太守。作《浑天图》，注《易经》，撰有《太玄经注》。陆绩少年时，就曾语惊四座："昔管夷吾相齐桓公，九合诸侯，一匡天下，不用兵车。孔子曰：'远人不服，则修文德以来之。'今论者不务道德怀取之术，而惟尚武，绩虽童蒙，窃所未安也。"[1] 知礼节，懂孝悌，陆绩怀橘更传为佳话，元代郭居敬将其编入《二十四孝》。为官清廉耿直，为人所忌惮，被贬出为郁林太守。陆绩关心民瘼，做了这样几件民心工程：①筑城墙，抵御布山县南部流寇和土匪骚扰。此墙在清光绪时还可见，高约三尺，长一里许。②凿井，解决了田亩灌溉和人畜饮水难的问题，今贵港市尚留有当年陆绩挖出的一口大水井，人称"陆公井"。③广施教化，建学宫（旧址即今天的南江小学），并亲自上课，"郡人初未知学，绩以诗书造士，从者云集"[2]。陆绩之后，此地儒学之风甚盛，故《广西通志》有"陆绩之儒播于浔"之说。

颜延之（384—456），字延年，祖籍琅琊临沂（今山东临沂）。曾祖含，右光禄大夫。祖约，零陵太守。父显，护军司马。曾任主簿、太子舍人、始安太守、太子中庶子、领步兵校尉、秘书监、光禄勋、光禄大夫等职，官至金紫光禄大夫，领湘东王师，后世称"颜光禄"，谥曰宪子。少孤贫，好书博学，儒学深厚，与谢灵运并称"颜谢"。其诗辞藻华丽、用典繁密，汤惠休说"如错彩镂金"，钟嵘说他"喜用古事，弥见拘束"。明代张溥辑有《颜光禄集》，收在《汉魏六朝百三家集》中。

颜延之景平元年被贬为始安太守，一则因为皇室内部权力之争的波及。当时傅亮、徐羡之、谢晦等有废刘义符而立刘义隆的意图，于是排除异己，颜延之既深受皇帝亲信，又与帝位的最有力的竞争者刘义真交好，因此他被逐出为始安太守，故《宋书》本传说"寻徙员外常侍，出为始安太守"。二则也因为恃才傲物，引起了傅亮的嫉妒，《宋书》本传载："时尚书令傅亮自以文义之美，一时莫及，延之负其才辞，不为之下，亮甚疾焉。"[3] 颜延之在桂林期间，常到独秀峰下岩洞读书，现有"读书岩"遗址。虽然他留在桂林的诗文仅有《寒蝉赋》、《始安郡还都与张湘州登

---

[1] 陈寿：《三国志》卷57 "吴书第十二"，中华书局1992年版，第1328页。

[2] （明）陆应阳：《广舆记》卷20，《四库全书存目丛书》史部第173册，齐鲁书社1996年版，第446页。

[3] （梁）沈约：《宋书》卷73，中华书局1996年版，第1892页。

巴陵城楼作》等作品。但因其名气大，对广西儒学和文风的开拓有一定影响。

隋初，岭南地方豪强各自为政，朝廷委派的官员只能待在总管府"寄政"，且岭南叛乱不断，先后有番禺夷王仲宣、桂州李光仕、桂州裨将李世贤叛乱。在这样复杂的背景下，开皇十八年或十九年令狐熙担任桂州总管。令狐熙（540—602），字长熙，敦煌人，令狐整之子，为人性情端重，曾为沧州刺史、汴州刺史，吏部政绩考核"天下第一"。在桂四年，用绥抚政策，礼遇桂州各地的首领，竞相归服，就连观望了十五年的安州（今钦州）刺史宁猛力也归顺了朝廷。安抚各部落后，令狐熙让地方官修建城邑，开设学校，使民族地区有了官学，桂州"华夷感敬，称为大化"。隋大业十二年（616年）创建灌阳县学，这是广西创建学校的最早记录。

唐代的许多文人学者，或到壮族地区任职，或坐事贬谪壮区，他们大多精通儒学，热心教育，注重纲常，传播文化，李昌夔、韦丹和柳宗元则是其中影响最大的几位人物。

李昌夔，李唐宗室。唐代宗大历间任桂州刺史，桂管防御观察使。776年西原（今广西西部左、右江流域）潘长安宣布独立，唐王朝委派李昌夔以御史中丞出任桂州刺使兼桂管观察御史进行镇压。上任后，他以迅雷之势平定了这次事件。有感于文化开发的必要，在主政广西期间，大兴教育，于大历年间（766—779）在独秀峰的原颜延之读书岩附近，创建桂州学，"考宣尼庙于山下，设东西庠以居胄子"，这是桂林第一所府学，李昌夔也是最早在桂林开办学校之人。除兴办桂州学外，李昌夔还动员了地方士绅开办了九所公私塾馆。建中元年（780年）在城北虞山下修缮舜庙，以推行礼教。为纪念这一盛事，李昌夔刻了"舜庙碑"。

韦丹（753—810），字文明，京兆万年（今陕西长安县）人，为官廉能，曾被誉为元和治民第一。贞元十六年为容任刺史，在容五年，不仅建了颇具规模的州城，而且在容县境内的州城附近险要地与边远关隘处设屯田24所，养兵1100人。此外，在桥西建了学校。《新唐书》载："未行，而新罗立君死，还为容州刺史。教民耕织，止惰游，兴学校，民贫自鬻者，赎归之，禁吏不得掠为隶。始城州，周十三里，屯田二十四所，教种茶、麦，仁化大行。"①

柳宗元（773—819），字子厚，今山西省永济市虞乡镇人。柳氏自北魏至唐为河东大族，代有名人。宗元少精敏，博学强识，淹贯经史诸子。贞元九年（793年）即登进士第，用博学宏辞授校书郎蓝田尉。贞元十九年，升监察御史，后以尚书礼部员外郎参与永贞革新。事败，贬为邵州刺史，路上再贬为永州司马。闲居十年，于元和十年（815年）三月谪为柳州刺史，在柳四年居官清廉，身无余财，死后赖友人裴中立之力，于次年得归葬先人墓侧，事具韩愈《柳子厚墓志铭》、《旧唐书》和《新唐书》。

柳宗元在柳州四年，最突出的是废除奴俗和大兴文教。柳州人口买卖盛行，柳宗元一方面禁止此风，"其俗以男女质钱，约不时赎，子本相侔，则没为奴婢。子厚与设方计，悉令赎归；其尤贫力不能者，令书其佣，足相当，则使归其质"②。另一方面因其土俗，兴复孔庙，大兴文教，希望"人去其陋，而本于儒。孝父忠君，言及礼义"③。他在柳州的兴学和提倡学习之风推动了柳州文化教育事业的发展，柳州社会风气为之一变，"衡湘以南为进士者，皆以子厚为师，其经子厚口讲指画为文词者，悉有法度可观"④，使柳州俨然成了一个区域文化中心，且"子严父诏，妇顺夫指，嫁娶葬送，各有条法。出相弟长，入相慈孝"⑤。清修《马平县志》说："柳侯刺柳州，而不鄙夷其民，以身示教，柳人知学自此始。"⑥ 为纪念柳宗元对柳州的贡献，柳州人在罗池畔修祠庙祭祀他，创柳江书院纪念他。柳宗元对儒学的传播意义甚至远超柳州，清人汪森称："自昔南滨于海，西濒于金沙江者，皆为蛮乡，王化所不宾。而蜀开最先，粤闽继之。其兴文教也，蜀推汉之文翁，闽推唐之常衮尚已。若以粤

---

① 欧阳修、宋祁撰：《新唐书》卷197"循吏"，中华书局1995年版，第5629页。

② 韩愈著，马其昶校注：《韩昌黎文集校注》卷7，《柳子厚墓志铭》，上海古籍出版社1998年版，第512页。

③ 柳宗元：《柳河东全集》，中国书店1991年版，第55页。

④ 韩愈著，马其昶校注：《韩昌黎文集校注》卷7，《柳子厚墓志铭》，上海古籍出版社1998年版，第512页。

⑤ 韩愈著，马其昶校注：《韩昌黎文集校注》卷7，《柳州罗池庙碑》，上海古籍出版社1998年版，第493页。

⑥ 舒启修，吴光升等纂：《马平县志》卷5"学宫"，《中国方志丛书》第128号，成文出版社1967年版，第190页。

西论，则宜推柳子厚始。"①

随着儒学在广西地区的传播，广西地区也出现了像陈钦、陈元这样的儒学大师。陈钦，苍梧广信人，习《左氏春秋》，与刘歆同时而别自名家。曾以《左氏春秋》授王莽，著有《陈氏春秋》。其子陈元，"少传父业，为之训诂，锐精覃思，……建武初，元与桓谭、杜林、郑兴俱为学者所宗"②。汉光武帝时，陈元反复与今文经学派辩论，争立《左氏》博士。太常选博士四人，陈元名列第一。士燮，东汉末年，苍梧广信人，古文经学家。士燮"游学京师"，"治《左氏春秋》"。灵帝时任交趾太守，三国时归附孙权。在交趾四十余年，当时人说他"学问优博，又达于从政"③。相传为《理惑论》作者的牟子，是东汉末年苍梧人，原为儒生，后由儒入佛。郁林人养奋，博通坟籍，为一时名儒。荔浦人徐征，通书传，明律令。苍梧人申朔，性廉慎，举孝廉，为九真都尉，节操名重当时。唐代以诗赋取士，与唐人崇尚诗赋的文化风气一致的是，广西也产生了曹唐、曹邺、赵观文、王元、翁宏等一批文学之士。曹唐，桂林人，宝历、大和年间（825—835）进士。曹邺，广西阳朔人，后寓居桂林，唐大中四年进士（850年）。这两个人都成为唐代著名诗人，其诗集经蒋冕整理后收入四库中。《全唐诗》中的曹唐诗二卷140余首，曹邺诗有二卷108首。曹唐诗多游仙题材，隐喻深刻，如诗云："天上邀来不肯来，人间仙鹤又空回。秦皇汉武死何处，海畔之桑花自开。"曹邺的诗风率真，如他的《官仓鼠》："官仓老鼠大如斗，见人开仓亦不走。健儿无粮百姓饥，谁遣朝朝入君口。"赵观文，临桂人，唐乾宁二年（895年）状元及第，广西科举中的第一位状元。④ 王元，字文元，贫病不仕，有《听琴诗》、《题邓真人遗址》、《赠廖融》等存世，卒于长沙。翁宏，字大举，尝寓居韶贺间，隐居不仕，能诗，有《送人下陕》、《赠廖融诗》等传世。

南宋以来，随着宋明理学正统地位的确立，理学受到追捧和推崇，出现了越来越多的本土理学之士，甚至有"岭南大儒"，并深刻地影响到广西文化的各个方面。

---

① 汪森编辑，黄振中等校注：《粤西丛载》，广西民族出版社2007年版，第1页。
② 范晔：《后汉书》卷36，中华书局1991年版，第1230页。
③ 陈寿：《三国志》卷49"吴书第四"，中华书局1992年版，第1191页。
④ 蔡呈韶修，胡虔等纂：《临桂县志》，《中国方志丛书》第15号，成文出版社1967年版，第448页。

第一节 宋明理学在宋代广西的传播和接受

宋明理学又称宋明道学，或"新儒学"。兴起于北宋，在张载、程颐及程氏门人的论述中，道学只是"道与学，并不是特指某一学术系统或学派。就是说，元祐前后的道学还不是特指某一学术系统的定称"①。直到朱熹，"道学已经是一个有确定涵义以指特定学术系统的定名了"②。狭义的宋代道学，专指伊洛传统，以周敦颐、程颢、程颐、张载、朱熹为主，并不包括心学、邵雍象数之学、荆公新学、司马光的涑水之学及其学派的儒家学者。理学其名起于南宋，"理"即义理，"理学"即阐释义理之学，是与考据、辞章相对应的一个概念。明末，理学即宋代以来形成的学术体系，包括周程张朱的道学，又包括陆九渊、王阳明的心学。"新儒学"即 Neo-confucianism 的英文翻译，此即"新儒学"或"新儒学思想"，根据牟宗三的看法，宋明理学之为新儒学，在于宋儒把内圣、成德的内在义理特别提出来，发挥与锤炼，这就是"新儒学"之新意所在。③ 本书由于讨论的是理学的传播及其影响，不专做学理上的剖析，故不采用"新儒学"这个概念。本书所讨论的理学，为广义的理学，包括周程张朱的道学和陆王心学。

宋明理学按地域分，宋代理学可分为洛学、关学、闽学；按学理分，可分为理学和心学。按照现代学术界的通常分法，可分为四派：气学、数学、理学、心学。"气学、数学、'理学'、心学在宋代的历史的展开，显示出了理学发展的内在逻辑。元明时代，四个学派仍各有发展，相互斗争、相互融合。当然，'理学'和'心学'是其占主导地位的流派。"④ 清代，理学虽不是时代的学术主流，但仍是官方哲学，程朱理学占据主导地位。因此，本文在叙述理学传播时，在宋代，分学术派别进行叙述，在元明清则不再按学术流派，而是以理学人物为线索展开论述。

---

① 陈来：《宋明理学》，华东师范大学出版社 2005 年版，第 7 页。
② 同上。
③ 参见牟宗三《宋明儒学的问题与发展》，华东师范大学出版社 2004 年版，第 11 页。
④ 陈来：《宋明理学》，华东师范大学出版社 2005 年版，第 11 页。

一　宋明理学在宋代广西的传播

宋明理学在广西的传播，地方行政官员、贬谪流寓者、科举世家、移民等都参与了其中。但就其学术影响而言，入桂理学之士无疑是传播的主体。"理学之士"包括有确切学术渊源之人和崇尚理学而师承不明之人，是否有学术渊源的判断根据主要来源于黄宗羲《宋元学案》、《明儒学案》和万斯同《儒学宗派》、李清馥《闽中理学渊源考》、范鄗鼎《理学备考》、徐世昌《清儒学案》、唐鉴《学案小识》、黄嗣东《道学渊源录》等理学著述的记载。这些著述的作者几乎都是当时的理学大家，所做出的学术判断应基本可信。

崇尚理学而师承不明之人如林岊①，魏了翁在《率性堂记》中称林岊为"吾友"。嘉定元年（1208 年）出守全州时，在柳开读书处创建清湘书院②，倡导儒道。元代柳宗监《清湘书院记》特地提到柳开与宋代理学的关系，说："濂溪作《太极图说》，横渠作《西铭》，上溯千载，始焕然

---

① 林岊（1168—1249），字仲山，号苍林子，福建沙堤人，林慎思二十世孙，宋淳熙十四年（1187 年）进士，历官太常少卿、朝议大夫、中大夫、国子监太学博士、秘书省正字校书郎、户部屯田员外郎、刑部郎中、吏部右侍郎、国院编修官、察院检讨官兼翰林权直学士、太府少卿、汀州知府兼直宝谟阁、直敷文阁。著有《毛诗讲义》12 卷。嘉定元年（1208 年），出守全州。日偕诸生讲正学，勉敦实行。后召为户部屯田员外郎、刑部郎中，吏部右侍郎，历太常少卿。

② 宋德祐二年（1276 年）由于战火，除七先生（柳开、周敦颐、程颢、程颐、张载、张栻、朱熹）画像外，房屋尽毁。元初书院田产并入路学，书院废。元至元二十二年（1285 年）诏谕恢复各处书院，至元三十一年（1294 年）聘孔子五十四世孙孔思坦为山长，清湘书院恢复讲学活动。元贞二年（1296 年）总管耿大节奉命于旧址重新修建，后毁。元统元年（1333 年）州守柳宗监修复，书院规模有所扩大，计房屋 158 间，有应门、重廊、燕居堂、明伦堂、率性堂，有斋有舍。明初，书院学田资产尽付地方官员，清湘书院名存实亡。永乐九年（1411 年）、宣德八年（1433 年）、天顺八年（1464 年）先后修复燕居堂、柳侯祠、明伦堂、率性堂，以及亭台斋舍，恢复书院教学活动。成化年间，州守汪庸重修。正德九年（1514 年）知州顾璘增建斋舍亭榭，规模宏大，顾璘作《柳山清湘书院图记》。清康熙二十六年（1687 年）知州崔廷瑜就故址重修，改名"柳山书院"。乾隆初，书院又荒废，直到乾隆五十年（1785 年）知州陈肇辂迁建书院于城内北隅，复"清湘书院"名，置学田 200 余亩，并立书院条规。光绪二十五年（1899 年）邑人赵炳麟、唐三景等捐资将书院迁于宾兴局（今全州县政府大院内），光绪三十二年（1906 年）改为两等小学堂。清湘书院较著名的山长有孔思坦、李文郁、蒋励常、蒋英元等。

与六籍表里，实自先生启之。"① 清湘书院的主要学术倾向是传习理学，书院内建有"七先生祠"，祀奉柳开、周敦颐、程颢、程颐、张载、张栻、朱熹七先生。林岊《七先生祠碑》一文明确阐述了希望士子学习、传播周敦颐、二程、张栻等七先生的学说，自己则常与诸生"讲明道学，勉敦实行"。清湘书院自宋迄明，均多为"教基所在"，诸生"抱经而究心理学"。宝庆元年（1225年）理宗赐"清湘书院"匾额，与睢（阳）、岳（麓）、嵩（阳）、庐（庐山白鹿洞）四大书院齐名。又如张自明②，嘉定八年（1216年）为宜州教授摄州事，兴学养士，宋嘉定九年（1216年）建龙溪书院，又建黄太史祠，以励风俗。又如苏缄③，邕州遇难，哲宗赐额"怀忠"。后来，在福建家乡，朱熹请立"苏丞相祠堂"，真德秀在泉州设"忠孝祠"，《闽中理学渊源考》卷十二专列"同安苏氏家世学派"，标出他与理学关系，其后人也多推崇理学。

整个宋代，入桂为官、贬谪、流寓、游历等人士为数众多，仅《粤西文载》所载，名宦、迁客加起来就有240人之多，其中有明确理学渊源的有79人，具体见表1—1：

表1—1　　　　　　　　　　　宋代入桂理学之士

姓名	任职	学术归属	治绩	入桂文献
周敦颐（1017—1073），字茂叔，号濂溪，主要著述《太极图说》和《通书》。	庆历中寓于浔	濂溪学案	不详	《广西通志辑要》卷11，第279页。

---

① 谢启昆：《广西通志》卷134"建置略九·学校二"，广西人民出版社1988年版，第3860页。

② 张自明，生卒年月不详，字诚子，号丹霞，江西建昌人。宁宗嘉定八年（1215年）以宜州教授兼摄知州，建山谷祠及龙溪书院，撰《龙溪书堂记》、《龙溪书堂图记》。

③ 苏缄（1016—1076），字宣甫，宝元元年进士，晋江人，苏颂的堂叔。曾任广州南海主簿、知英州、潭州等。熙宁九年（1076年），交趾攻邕州，作为知州的苏缄被围至第42天后交趾军攻破。苏缄亲率士兵与敌人作殊死巷战，然后率家属36人在府中纵火自焚。后邕州百姓于城北望仙坡建"怀忠祠"。

续表

姓名	任职	学术归属	治绩	入桂文献
赵抃（1008—1084），字阅道，号知非子，衢州西安人。	庆历中宜州别驾	濂溪学案	加意士类，暇则聚集诸生，会于香山梵寺，讲明身心性命之学，士习为之丕变。	《粤西文载》卷64，第372页。《宋元学案》卷11"濂溪学案"
黄庭坚（1045—1105），字鲁直，自号山谷道人，晚号涪翁，又称豫章黄先生，洪州分宁人。	崇宁间编管宜州	"濂溪学案"，又"范吕诸儒学案"	在宜州期间，"与州人士讲学讽咏其间"，从学者余滋、余许等。	《粤西文载》卷67，第132页。《宋元学案》卷11
程珦（1006—1090），字伯温，洛阳人，程颢、程颐之父。	皇祐间知龚州	濂溪学案	阻为欧希范立祠，与二子讲学畅岩。	《粤西文载》卷67，第380页。《宋元学案》卷11
程颢（1032—1085），字伯淳，洛阳伊川人，人称明道先生。	皇祐间从父宦	曾问学于周敦颐，开洛学，《宋元学案》立"明道学案"。	读书畅岩，后成为士人凭吊之处。	《粤西文载》卷67，第129页。《宋元学案》卷13
程颐（1033—1107年），字正叔，洛阳伊川人，人称伊川先生。	皇祐间从父宦	曾问学于周敦颐，开洛学，《宋元学案》立"伊川学案"。	读书畅岩，后成为士人凭吊之处。	《粤西文载》卷67，第129页。《宋元学案》卷15
程建，生平事迹不详。	宋元符二年（1099年）以广西路分都监授知邕州	二程后人	不详	张益桂《广西石刻人名录》，漓江出版社，2011年。

姓名	任职	学术归属	治绩	入桂文献
程衍，生平事迹不详。	宋崇宁间随父至桂	程建之子	不详	张益桂《广西石刻人名录》，漓江出版社 2011 年。
程佑之，生平事迹不详。	绍兴间寓桂林	伊川从孙	不详	《粤西文载》卷 67
邹浩（1060—1111），字至完，号道乡，常州晋陵人，谥忠，著有《道乡集》。	崇宁二年贬昭州，四年十一月移汉阳军居住。	受业于王安石门人龚原，"尝从伊川程先生论学，而上蔡谢公良佐、龟山杨公时，皆其所友。"又与胡安国讲学切磋，《宋元学案》别立"陈邹诸儒学案"。	与广西士人交往，培养后学。	《粤西文载》卷 67，第 133 页。《宋元学案》卷 24、25 又卷 35。
陈瓘（1060—1124），字莹中，南剑州人，学者称了斋先生。进士及第，谥忠肃。	崇宁二年坐元祐党籍，编管廉州。	私淑刘安世、二程，邵雍。然而其渊源则出于赵鼎，而赵氏出于邵氏。	不详	《宋史》卷 354 本传，第 10963 页。《宋元学案》卷 35
李纲，字伯纪，李夔之子，无锡人。登政和二年进士，仕徽、钦、高三朝，累官至太常少卿。	建炎二年因主战贬，万安军安置。	其父李夔与杨时交往密切，从杨时问性善之学。	不详	《宋史》卷 25《高宗二》，第 458 页。《宋元学案》卷 25"龟山学案"

姓名	任职	学术归属	治绩	入桂文献
胡理,字德辉,毗陵人,入太学,进士,著有《苍梧集》。	建炎二年,编管梧州。	学于杨时,不久以杨时之命学于刘安世。	编管	《宋元学案》卷20"元城学案"《宋史》卷25《高宗二》,第454页。
汪应辰(1104—1176),字圣锡,信州玉山人,学者称玉山先生。	秦桧主政时,通判靖江府,后流落广西17年。	喻樗之婿,喻樗杨时弟子,遂闻伊洛之学。先后从胡安国、吕本中学,又师事张九成。学术博综诸家,但"粹然一出于正",开玉山派,《宋元学案》立"玉山学案"。	讲学和结交当地士人	《粤西文载》卷67,第139页。《宋元学案》卷25
陈岘(1086—1154),字寿南,温之平阳人,淳熙十四年以博学宏辞科赐第。	庆元年间,以党附赵鼎,黜知全州。	赵汝愚同调,赵汝愚又为汪应辰学侣。《宋元学案》列入"玉山学案"。	增学廪、给官书、备荒灾、修缮城池、筑道路等。	《宋元学案》卷46
徐俯(1075—1141),字师川,分宁人,绍兴二年赐进士出身。	黄庭坚外甥,崇宁间寓居昭州。	杨时弟子	不详	《粤西文载》卷67,第134页。《宋元学案》卷25
沈晦(1084—1149),字符用,钱塘人,宣和间进士。	绍兴八年任广西经略兼知静江府	尹焞门人	恩威并用,招诱土酋,谕以恩信。	《粤西文载》卷63,第394页。《宋元学案》卷24

续表

姓名	任职	学术归属	治绩	入桂文献
林宋卿，字朝彦，仙游人，崇宁中进士及第。	崇宁中知恭州	从陈瓘、杨时学。陈瓘为刘安世弟子，程颢、邵雍私淑弟子。	谏止开疆，减灾减税，百姓称颂，恭人祠之。	张伯行《道南源委》卷2，第126页。
林光朝（1114—1178），字谦之，莆田人，学者称艾轩先生。隆兴元年进士，谥文节。有《艾轩集》9卷，附录1卷。	乾道九年为广西提点刑狱	从林霆受学，又问学于尹焞门人陆景瑞和杨时门人施廷先，二人曾师事王苹，南渡后倡伊洛之学于东南。	平定广东、荆、襄茶寇之乱，维护地方稳定。	《粤西文载》卷67，第140页。《宋元学案》卷27
陈藻，字符洁，号乐轩，福清横塘人，谥文远。	无其明确入桂、任职文献。但《粤西诗载》录其诗15首。	林亦之门人，林亦之师事林光朝，门人著名者有林希逸。	流寓、经商。	《宋元学案》卷47
吕好问（1064—1131），字舜徒，吕希哲长子，以恩封东莱郡侯。	建炎中避地于桂，寓石佛寺，卒于桂州。	承袭荥阳家学，又问学于刘安世、杨时、尹焞、王苹、李扆、陈瓘等，溺于禅。	不详	《粤西文载》卷67，第135页。《宋元学案》卷23
吕本中（1084—1145），初名大中，字居仁，吕好问之子。卒于上饶，年六十二，学者称东莱先生，赐谥文清。	建炎中，尝避兵寓贺州。	先生少从游酢、杨时、尹焞游，而于尹焞尤久，《宋元学案》立"紫微学案"。	不详	《粤西文载》卷67，第135页。《宋元学案》卷36

续表

姓名	任职	学术归属	治绩	入桂文献
刘学古，建阳人，为刘玶之子，刘子翚之孙。	临桂县令	朱熹女婿，从朱子问学。	有惠政	《闽中理学渊源录》卷6"崇安刘氏家世学派"
刘学裘，字传之，建阳人，为刘玶之子，刘子翚之孙。	知邕州	从朱熹游，为朱子门人。	有惠政	《闽中理学渊源录》卷6"崇安刘氏家世学派"
余大雅，字正叔，顺昌人。	广西经略	从朱子游，教以简约切实功夫，而要其归于求放心。	以教化为先，聚书数万卷。	《闽中理学渊源考》卷22
陈宇，字允初，莆田人，陈俊卿侄子。陈俊卿官至丞相，其学以圣贤为法。	知梧州军	朱子门人	积极救荒减灾，民心安定。	《闽中理学渊源考》卷29《儒林宗派》卷8
李孟传（1136—1219），字文授，上虞人，李光幼子，《宋史》有传。	开禧三年广西提点刑狱	从朱熹问学	不详	《粤西文载》卷67，第141页。《宋元学案》卷20
赵崇宪（1160—1219），字履常，余干县人，赵汝愚长子，淳熙十一年进士。	嘉定八年知静江府兼经略安抚	朱子门人	减平赋税，严民夷交通之禁。	《粤西文载》卷63，第399页。《宋元学案》卷48
赵崇模，余干县人，赵汝愚之子。	宝庆二年知静江府	朱子门人	知静江，有美声，桂人张茂良作《德政诵》。	《宋元学案》卷46

姓名	任职	学术归属	治绩	入桂文献
赵必愿,字立夫,赵汝愚之孙,赵崇宪之子,嘉定七年进士。	嘉定年间知全州	从学于朱子门人黄幹	扩建清湘书院,访立周濂溪后人。	《广西通志》卷133《宋元学案》卷46
赵师恕,字季仁,宋太祖第九世孙。	端平初知静江	黄幹弟子	不详	《粤西文载》卷63,第401页。《宋元学案》卷48又卷63
陈孔硕,字肤仲,侯官人,淳熙二年进士。著《北山集》,学者称为北山先生。	嘉定年间,广南西路转运判官。	祖禧、父衡,皆为晦翁所称许。少即以圣贤自期,既从南轩、东莱学,后偕其兄孔夙师事晦翁。	上任不久去职	《宋元学案》卷50
詹体仁(1143—1206),字符善,浦城人。隆兴元年进士第,开禧二年卒。	嘉泰三年知静江府	詹体仁父亲詹慥与胡宏、刘子翚交好。少从朱子学,以存诚慎独为主,门人著名的有真德秀。	废除弊政,减轻百姓负担。	《粤西文载》卷63,第398页。《宋元学案》卷69
廖德明,字子晦,顺昌人,乾道五年进士。所著有《文公语录》、《春秋会要》、《槎溪集》等。	淳熙十五年在浔州教授任上,知浔州,广西提点刑狱。	少学释氏,读杨时书,受业朱熹。为学者讲明心学之要。在南粤立师悟堂,刻朱子《家礼》及程氏诸书。	立四贤堂,公余,延僚属及诸生讲明心见性之学,远近化之。	《广西通志辑要》卷11,第270页。《宋元学案》卷69

续表

姓名	任职	学术归属	治绩	入桂文献
李闳祖,字守约,自号纲斋,光泽人,李吕之子、李郁之孙,嘉定辛未进士。	嘉定间,调静江府临桂主簿,后为古田令,改广西帅干。	早受学家庭,已而与其二弟从朱子讲学,笃志学问,强力精思,论议切实,朱子置之西塾训诸孙,为编《中庸章句》、《或问辑略》。	在临桂,暇日与诸生讲解,士习丕变。	《粤西文载》卷63,第398页。《宋元学案》卷25又卷69
李如圭,字宝之,庐陵人,绍熙癸丑进士。所著有《集释古礼》等。	客居,曾与临江刘正之、豫章黄铢,宴集龙隐	曾与朱熹校定《礼经》	不详	《粤西文载》卷67,第141页。《宋元学案》卷69
钟震,嘉定十六年秘书郎。	客居	朱子门人,宁宗年间在湖南创设"主一书院",以纪念朱熹来此讲学。	与当地士人交往,留有遗迹。	张鸣凤《桂故》卷5
杨方,字子直,自号淡轩,长汀人,隆兴初登第。	嘉定广西提刑,卒于象州。	倾慕朱子,调弋阳尉,还道崇安,参谒面受所传而归。	发摘奸贪	《闽中理学渊源考》卷27
张彦清,字淑憻,浦城人。	绍熙初,全州教授。	朱子门人	讲明体见性之学	《伊洛渊源续录》卷16 《儒林宗派》卷10
林武,生平事迹不详。	河池县尉	朱子门人,亲授《中庸》	不详	《道南源委》卷2

续表

姓名	任职	学术归属	治绩	入桂文献
柴中行，字与之，余干人，绍熙元年进士，谥献肃。著有《易系集传》等，《宋史》有传。	庆元至天禧间广西转运司辟为干官，摄昭州郡事。	柴中行不见拜师门记载，但自说"自幼习读程氏《易传》"，弟子有汤汉等，《宋元学案》列入"晦翁学案"。	蠲丁钱，减苗斛，赈饥赢。	《宋元学案》卷79"丘刘诸儒学案"，又卷48"晦翁学案"（上）。
崔与之，字与之，号菊坡，增城人。绍熙中进士，官至四川安抚使。卒，谥清献，累封南海郡公，《宋史》有传。	绍兴初为浔州司法参军，后通判邕州，广西提点刑狱。	崔与之为楼钥讲友，楼钥私淑朱熹。《宋元学案》列入"丘刘诸儒学案"。	吏治清明，奖廉劾贪，又为便民榜。	《粤西文载》卷63，第392页。《宋元学案》卷79"丘刘诸儒学案"
陈知柔，字体仁，号休斋，永春人，绍兴十二年进士。	知循州、贺州。	淳熙年间朱熹再游永春，与陈知柔讲学于环翠亭。	有政绩	《道南源委》卷2
李鉴，字汝明，宁德人，嘉定十年进士。	任职广西	初从杨信斋游，闻敬义之旨，问学于黄幹，《儒林宗派》亦列于信斋之门。	赈济饥民，运米千艘，饿死者少。	《闽中理学渊源考》卷26
黄自然，字符辅，欧宁人。	广西漕运	蔡沈门人，蔡沈乃蔡元定小儿子，朱子门人。	漕广西捐俸助修礼殿	《闽中理学渊源考》卷25

姓名	任职	学术归属	治绩	入桂文献
董槐,字庭植,濠州人。登嘉定进士,累封至侯爵,同知枢密院事,谥文清。	淳祐六年通判兼提点刑狱,知邕州。	学于永嘉叶师雍,后从学朱子门人辅广学。	至邕州,上守御七策,又与交趾约五事,南方悉定。	《粤西文载》卷63,第401页。《宋元学案》卷64
刘克庄(1187—1269),字潜夫,官至工部尚书,谥文定。	嘉定十四年前后曾任幕僚	祖刘夙师事林光朝,父刘弥正承袭家学,刘克庄后又受业于真德秀。	不详。	《粤西文载》卷51,第40页。《宋元学案》卷47"艾轩学派"
方嵩卿(1135—1194),字季伸,莆田城关人,隆兴元年进士,《韩集举正》影响较大,后朱熹据此书作《韩文考异》。	绍熙三年擢广西转运判官	莆阳方氏家世学派,崇朱子学。	改革盐政、罢黜"鄂靖钱"。	《闽中理学渊源录》卷9
方信孺(1177—1222),字孚若,莆田城关人,方嵩卿之子。	嘉定六年广西路转运判官兼提点刑狱	莆阳刘氏家世学派,崇朱子学。	政简刑清,所至不扰,捐建"龙溪书院"等。	《闽中理学渊源考》卷9
李则,字康成,自号益壮翁,龙溪人。	绍兴十二年以特科为桂岭簿,摄富川令。	其学兼得之苏、程二家,以仁义为本。	所至皆有惠政	《道南源委》卷2《闽中理学渊源录》卷14
韩璜,字叔夏,颍川人,韩琦之后。	秦桧主政时贬监浔州酒税,后为广西提刑。	胡安国来衡山,因从之讲学,而与胡寅交好。	为政清廉	《粤西文载》卷67,第139页。《宋元学案》卷34

姓名	任职	学术归属	治绩	入桂文献
胡铨（1102—1180），字邦衡，庐陵人，建炎二年及第，谥忠简，有《澹庵集》100卷行于世。	绍兴八年除名编管昭州，第二天改监广州都监仓。召还，又贬。铨死，量移衡州。	始从萧三顾学《春秋》，复学于胡安国。作《易传拾遗》十卷，宗主程氏而时出新意，李光为序。	不详	《粤西文载》卷67，第137页。《宋元学案》卷34
李椿（1112—1184），字寿翁，永年人，余详《宋史》本传。	广西提点刑狱	在衡山做县尉时，受业胡安国，尤深于《易》。	平定冤狱，制定盐法。	《粤西文载》卷63，第395页。《宋元学案》卷34
曾几（1085—1166），字吉甫，河南人，赐上舍出身，谥文清。著有《经说》20卷、《文集》30卷。	绍兴年间广西运判、广西转运使。	胡安国弟子，嗜禅。	三任领表，家无南物。	《粤西文载》卷67，第136页。《宋元学案》卷34
杨大异，字同伯，醴陵人，嘉定十三年进士。	提点广西刑狱	全祖望认为从学于胡实，梓材认为可能受《春秋》于胡宏之子季随兄弟。	所至奸吏屏息，寇盗绝迹。复建宣成书院。	《粤西文载》卷63，第397页。《宋元学案》卷42
胡寅（1093—1151），字明仲，崇安人，胡安国侄儿，中宣和进士，谥文忠。	坐与李光书讥讪朝政，安置新州，绍兴二年徙全州。	从学于二程弟子侯仲良，后又问学于杨时，别开"衡麓学派"。	在谪所，随行无文字，以所记忆著《读史管见》。	《粤西文载》卷67，第140页。《宋元学案》卷41

续表

姓名	任职	学术归属	治绩	入桂文献
张孝祥（1132—1169），字安国，张祁之子，绍兴二十四年状元。	乾道元年广西经略安抚使	张祁与胡寅交善，为衡麓讲友，入"衡麓学案"，张孝祥承其家学。	有声名，在桂林等地留下不少遗迹。	《粤西文载》卷63，第394页。《宋元学案》卷41
高登（1104—1148），字彦先，临漳人，号东溪先生，绍兴二年进士。	绍兴二年为富川主簿，迁历贺州学事、新兴代理县令、古县令，编管容县。	《宋元学案》载：高登为梁观国讲友，梁观国为胡寅学侣，精于易学，以慎独为本。	说服知州归还学田、校舍，买书以遗学者，重新修建和扩大古县县学；在容州，授徒讲学。	《粤西文载》卷63，第390页。《宋元学案》卷41
张栻（1132—1180），字敬夫，一字乐斋，号南轩，广汉人，迁于衡阳。嘉泰中，赐谥宣。景定初，从祀孔子庙庭。	淳熙二年至五年任广西安抚使，在桂四年。	张浚长子，承袭家学；又从胡宏问程氏学。著有《论语》、《孟子》等书。开"南轩学派"，从游弟子众多。	在广西任上，建树多，影响大，对理学在广西的传播起了积极作用。	《粤西文载》卷63，第396页。《宋元学案》卷50
张构，字定叟，张浚次子，南轩先生之弟。	以父恩授承奉郎，历广西经略司机宜。	紫岩家学（程、苏三传）	不详	《宋元学案》卷44"赵张诸儒学案"
张忠恕（1168—1225），字行父，号拙斋，张构之子。	庆元中广西转运司，主管文字。	南轩学案	不详	《粤西文载》卷67，第141页。《宋元学案》卷50
游九言（1142—1206），字诚之，初名九思，号默斋，建阳人，谥文清。	古田尉。后张栻帅广西，辟幕下。	始学于张栻，张栻教以求放心，久之有得。高弟有刘宰等人。	不详	《宋元学案》卷50《道南源委》卷2

续表

姓名	任职	学术归属	治绩	入桂文献
李大有，字谦仲，东阳人，庆元二年进士，官至太常博士。	广西经略四年	私淑朱熹、张栻、吕祖谦三先生之学。	改革全面，成效卓著。	《宋元学案》卷48、50、51
周去非（1135—1189），字直夫，永嘉人，隆兴元年（1163年）进士，有《岭外代答》。	南宋乾道八年（1172年）任钦州教授。淳熙试尉桂林，分教宁越。	周行己族孙，从之学，又从学于南轩，《宋元学案》列入"周许诸儒学案"和"岳麓诸儒学案"。	淳熙五年（1178年）十月成《岭外代答》十卷	《宋元学案》卷71"岳麓诸儒学案"
詹仪之（1123—1189），字体仁，遂安人也。	淳熙十一年在静江知府任上	从张栻、吕祖谦问学，又尝从朱熹学。	刊行朱子《四书集注》，革新吏治。	《宋元学案》卷48又卷50
吴猎（1143—1213），字德天，醴陵人，学者称为畏斋先生，迁居善化。	乾道中平南主簿，淳熙年为静江教授，为平南主簿。嘉泰三年，除广西运判。	年二十三，从学于张栻。	兴学、缉盗，有声名。	《粤西文载》卷63，第396页。《宋元学案》卷71"岳麓诸儒学案"
宋姓（1153—1196），字茂叔，金华人，绍熙元年进士。	融州掾，秩满，辟为广西盐事司主管官。	初从吕成公学，已而学于张栻，卓然自立。	治绩不详	《宋元学案》卷51"东莱学案"又卷71"岳麓诸儒学案"
舒璘，字元质，一字元宾，奉化人。乾道八年进士，官终宜州通判，卒谥文靖。著有《诗学发微》、《广平类稿》、《诗礼讲解》等。	通判宜州	岳父童大定为杨时弟子，故得闻伊洛之说，又从张栻、吕祖谦、朱熹问学。又与其兄琥、弟琪受业陆九渊。	"敝床疏席，总是嘉趣；栉风沐雨，反为美景"，大有孔颜境界。	《粤西文载》卷63，第395页。《宋元学案》卷69

续表

姓名	任职	学术归属	治绩	入桂文献
李讷（1144—1220），字诚之，号腥菴，晋江人，官终建宁府知府。有文稿七十卷，《续通鉴长编分卷》28卷，《谈丛》7卷。	帅广西	文肃李草堂先生学派，崇尚程朱理学。	以宽厚廉靖为本	《闽中理学渊源考》卷31
徐清叟，字直翁，官至端明殿学士，签书枢密院事，参知政事，谥忠简。	端平年间为广西经略	浦城徐氏家世学派	革除弊政，多有建树。	《闽中理学渊源考》卷32
余嘉，字若蒙，龙溪人，淳熙十一年进士，著《代庖集》、《骨鲠集》等。	任惠、浔二州教授。	师承不明	引导诸生以立德为本	《道南源委》卷2，第42页。
陈德一，绍熙中进士，官终超晴朗。所著有《易传发威》、《横州文集》等。	知宜州	陈舜申之子，推崇理学。	清廉自持，死后无余财。	《道南源委》卷2
王安中，字履道，号初寮，曲阳人。进士及第。宣和中，累官翰林学士，尚书左丞。	靖康初，玉林州安置，其子孙因家于玉林。	"景迁学案"，又"荆公新学"。	创建"驾鹤书院"	《粤西文载》卷67，第133页。《宋元学案》卷22

续表

姓名	任职	学术归属	治绩	入桂文献
吕祖泰（1164—1211），字泰然，居宜兴。	庆元六年坐言语狂妄杖配牢城，钦州安置。	东莱家学	编管	《宋史》卷455本传，第13372页。《宋元学案》卷51
张垓，字伯广，金华人。	绍定中知衡州	师事叶适，水心帅建康，辟为司属。	置米千仓，立社仓。	《粤西文载》卷65《宋元学案》卷55
李浩，字德远，绍兴十二年，进士及第。	乾道六年知静江府兼广西安抚使	象山学案	通灵渠漕运且溉田、免边患、力阻南丹州置买马场。	《粤西文载》卷63，第395页。《宋元学案》卷58
张舜民，字芸叟，邠州人，号浮休居士，庆历中进士及第，有《画墁集》100卷，《宋史》卷347有本传。	元丰四年（1081年）坐讽灵武之役，左降监邕州盐米仓。不久，改郴州。	张载后学	贬谪，监邕州盐米仓。	《宋元学案》卷31"吕范诸儒学案"

　　这些人，按照陈来的看法，以广义的理学分法，他们分属于数学（以邵雍为代表）、理学（以程朱为代表）和心学（以陆九渊为代表），故下面将以学派为中心展开讨论。

（一）周敦颐及其濂溪学派在广西的学术影响

　　理学与广西渊源极深，有记载的最早进入广西的理学家是北宋道学的开山之祖周敦颐。周敦颐（1017—1073），原名敦实，字茂叔，号濂溪，谥元，称元公，道州营道县（今湖南道县）人。以母舅龙图阁学士郑向，任分宁（修水）主簿，调南安军司理参军，移桂阳令，徙知南昌，历合州判官、虔州通判。熙宁初知郴州，广东转运判官、提点刑狱，晚年知南康军，主要著述有《太极图说》和《通书》。

　　周敦颐与广西发生关系有两个事件：一是据说他出生于广西贺县。其父周辅成①于大中祥符八年（1015年），为贺州桂岭县（今广西贺县）知县，周敦颐降生在当时的桂岭县县衙。据胡正耀《理学鼻祖周敦颐》载，周辅成在桂岭任职一年多，便辞职归隐，其归隐时间大致在天禧元年（1017年）之前，亦即他归隐在周敦颐出生之前，显然，降生于贺县官衙之说难以成立。二是庆历中，"游粤西，寓于浔"②。据度正、宋史等相关资料记载，庆历元年（1041年）正月，周敦颐到达分宁县。不久，周敦颐被调往袁州卢溪镇，代理市征局事务。庆历四年（1044年），被调任南安军司理参军。庆历六年（1046年）冬，周敦颐出任郴县县令。皇祐二年（1050年）改任桂阳县令。对于喜欢山水的周敦颐来说，也许真有可能在郴县、桂阳任职期间，到粤西一游，而在浔州留下生活印迹，但这些都只是揣测。而可以肯定的是，周敦颐熙宁初为广东转运使判官提点刑狱，时广南东路，下辖一府十四州四十三县，当时广东包括现在广西的贺州等地。在任上，他有到贺州等地的可能性。不管周敦颐是否到过广西，但他曾在郴州、桂阳、永州、广东等地为官数载，风潮自然会影响到广西，因而有周敦颐降生于贺州、寓居浔州之说。

　　有确切记载，在庆历年间进入广西的理学之士是周敦颐的同调赵抃。赵抃③与周敦颐相识在合州，嘉祐三年（1058年）赵抃任梓州路转运使，其时周敦颐任合州签判，合州属梓州路，正在赵抃的辖区之内。关于赵抃与周敦颐在蜀地时的关系，朱熹《濂溪先生事实记》有一段记述：

　　　　在合州，事不经先生手，吏不敢决。苟下之，民不肯从。蜀之贤
　　　人君子皆喜称之。赵公时为使者，人或谮先生，赵公临之甚威，而先

---

　　①　周辅成（？—1032），原名怀成，字孟匡。志清行纯，博学能文，初为黄岗（今湖北黄岗市）县尉。大中祥符八年（1015年）举进士后，升为桂岭县令。

　　②　汪森编，黄盛陆等校点：《粤西文载》卷37，广西人民出版社1990年版，第129页。

　　③　赵抃（1008—1084），字阅道，号知非子，衢州西安（今浙江衢州市）人，赵湘之孙。景祐元年（1034年）进士及第，累官至参知政事，以太子少保致仕，卒后谥清献。苏轼曾为之作《清献公神道碑》，《宋史》有传。

生处之超然。①

从这段文字看，蜀中时期赵抃与周敦颐只是上下级的关系。嘉祐六年（1061年）十二月，周敦颐以国子博士通判虔州时，赵抃已调任虔州知州，两人在虔州乃是正副职的同僚。嘉祐七年（1062年）三月周敦颐到虔至同年九月赵抃离虔，赵、周同在虔州约有六个月。这段时间，经过观察，赵抃"熟视其所为，乃悟，执其手曰：'几失君矣，今日乃知周茂叔也。'"② 于此间两人交游最为密切。二人在虔州的清虚观大殿堂讲学，赵抃讲了"慎独乃入德之门也"，周敦颐讲了"君子不贰过"，以后每月十五日和月底各讲学一次，后人将此地命名为"清濂书院"，后改为濂溪书院，到了清光绪二十八年（1902年），改作虔南师范学院。因此，《宋元学案》把赵抃列为濂溪同调，朱子《跋赵清献公家问及文富帖跋语后》说："赵清献公晚知濂溪先生甚深，而先生所以告之者亦甚悉，见于章贡送行之篇者可考也。而公于佛学盖没身焉，何邪？因览此卷，为之叹息云。"③ 庆历三年至庆历四年（1043—1044年），赵抃在宜州，"加意士类，暇则聚集诸生，会于香山梵寺，讲明身心性命之学，士习为之丕变"④。为纪念赵抃，嘉靖二年（1523年）知府王显高改东岳祠为四贤书院，祀吕涛、赵抃、黄庭坚、冯京四人。万历间庆远知府岳和声在赵抃（谥清献）讲学处，建清献（又名香林）书院，题名"香林书院"。

随后被《宋元学案》列入"濂溪学案"中的程珦和黄庭坚分别在皇祐和崇宁年间进入广西。程珦虽为官龚州，但未见传播理学的活动记载。而编管宜州的黄庭坚，因其名声，对该地的书院及其文化有较大影响。黄庭坚⑤虽

---

① 朱杰人等主编：《朱子全书》卷98，《濂溪先生事实记》，上海古籍出版社、安徽教育出版社2003年版，第4559页。

② 同上。

③ 同上书，第3919页。

④ 汪森编，黄盛陆等校点：《粤西文载》卷62，广西人民出版社1990年版，第372页。

⑤ 黄庭坚（1045—1105），字鲁直，号山谷，又称涪翁，江西分宁（今江西修水县）人，江西诗派创始人，与苏轼齐名，时称"苏黄"。22岁便考取了进士，27岁当上了北京国子监教授，官至县尉、知县、校书郎、著作佐郎、起居舍人、国史编修官。但由于北宋后期党争纷起，他屡遭贬谪，先是贬为四川涪州别驾，黔州安置，遂移戎州，最后除名羁管宜州（今广西宜山县）。崇宁三年（1104年）五月间至宜州贬所，崇宁四年（1105年）九月三十日，卒于南楼，年仅61岁。

为苏门学士，然其学术，出于李常①，又受学于范祖禹，又私淑濂溪，与周敦颐的两个儿子周焘（字符翁）与周寿关系密切，有深厚的理学涵养，朱熹说："孝友行，瑰玮文，笃谨人也。观其赞周茂叔'光风霁月'，非杀有学问，不能见此四字；非杀有工夫，亦不能说出此四字。"② 他的外甥洪炎赞扬其学问说："其发源以治心修性为宗本，放而至于远声利、薄轩冕，极其致，忧国爱民，忠义之气蔼然见于笔墨之外。"③ 黄庭坚在宜州，利用其声名，提携后进，从宜州、融州、象州、柳州、宾州、桂林等地慕名而来的人络绎不绝，黄庭坚从不拒绝，与时为宜州理曹的管及交往密切。管及，全州人，"其先缙云人，游清湘，因家焉。崇宁间黄山谷谪置宜州，及为理曹，时党禁甚严，亲知绝迹，及周旋之甚笃，相得甚欢。山谷尝书'折桂亭'三字赐之。曰：'君有成德，子孙必多显拔者。'后果应验。"④ 另一官吏是余若著（地方志作俞若著）让两个儿子拜黄庭坚为师从学。另外，还有几位寨官和黄庭坚的关系非常密切，他们常常送粟米、山药、蜂蜜、山茄（俗称怀山）、木炭、竹席之类生活用品给黄庭坚。据宜山县志记载，他刚去世，宜州人"即其地庙祀之"。嘉定中张自明知宜州，为纪念黄庭坚，扩建山谷祠为龙溪书院，当时任广西转运判官兼提点刑狱的方信孺，"捐艖钱二十四万助之"，后又拨盐钱40万，购置学田1600亩。张自明又捐俸钱五万在堂西建礼殿，祀奉周公、孔子、孟子，并于壁上绘文翁蜀学图像，其后兴废无常。

（二）二程入桂和伊洛后学在广西的理学传播及其影响

进入广西的理学学派，以伊洛之学最盛，不仅表现人数多，而且分支众多。

1. 二程入桂及其对广西理学发展的影响

伊洛人物最早进入广西的是二程。程颢（1032—1085），字伯淳，河南伊川人，人称明道先生。北宋嘉祐二年（1057年）进士。神宗初，任

---

① 李常，字公择，建昌人。有《文集》、《奏议》60卷，《诗传》10卷，《元祐会计录》30卷。

② 朱杰人等主编：《朱子全书》卷98，《濂溪先生事实记》，上海古籍出版社、安徽教育出版社2003年版，第4559页。

③ 黄庭坚著，郑永晓整理：《黄庭坚全集》，洪炎《豫章黄先生退听堂录序》，江西人民出版社2008年版，第1753—1754页。

④ 金鉽修，钱元昌、陆纶纂：《广西通志》卷84（五）。

御史，后改签书镇宁军节度判官、太常丞、知扶沟、监汝州酒税等职。《宋史》本传称："慨然有求道之志。泛滥于诸家，出入于老、释者几十年，返求诸'六经'而后得之。"① 程颢的主要理学思想有：

（1）天理与道。二程之"道"为儒家的精神传统，有从文、武、周公、孔子、孟子这样一个接续传统，简称为道统。"道学"就是讲道、求道、为道之学，探求圣人之道及如何为道的学问。在二程这里，"道"即"天理"或"理"，"理"是先于万物的"天理"，"万物皆只是一个天理"，"万事皆出于理"，是贯通天人的普遍原理，这无形中把人道提升到了与天道等同的地位，社会道德规范、原则变成了天经地义、一成不变的永恒存在，这显然不合理。

（2）性与心。程颢认为，性由气禀决定，而气禀有善有恶，因而人有生而善者，有生而恶者，善性是性，恶性也是性，这个观点后来被朱熹所继承和发展。虽然性由气禀决定，但通过修养可以改变。

（3）诚敬和定性说。程颢所提出来的修养学说是"诚敬"，与程颐比较，他更强调"敬"。"敬"包含内心的敬畏和外在的庄重，但他又反对过分注重外在的"敬"，因而主张敬乐合一。"乐"即自由、愉快的精神状态，"敬"在此只不过是手段，要达到的则是"乐"。但人易受欲念干扰，如何能做到"敬"？程颢又提出"定性"这一修为途径。"定性"即"定心"，所谓定心，就是在修为过程中，个人的喜怒哀乐随着物而动，这个物包括万物和人类社会，物喜则喜，物恶则恶，是一种完全消除了个人情欲的空虚状态，人心就如镜子和水一样。显然，定性说吸收了道家和佛家的修为方法，强调人虽接触于物，而不凝滞于物，从而获得心的自由。

（4）仁说。关于仁，程颢有两段精辟论述：

> 仁者，以天地万物为一体，莫非己也。认得为己，何所不至？若不有诸己，自不与己相干。如手足不仁，气已不贯，皆不属己。故博施济众，乃圣人之功用。②
>
> 学者须先识仁。仁者，浑然与物同体，义礼智信皆仁也，识得此

---

① （元）脱脱等撰：《宋史》卷 427 "道学一"，中华书局 1995 年版，第 12716 页。
② 程颢、程颐：《二程遗书》卷 2 上，上海古籍出版社 1992 年版，第 17 页。

理，以诚敬存之而已。不须防检，不须穷索。若心懈则有防，心苟不懈，何防之有？理有未得，故须穷索。存久自明，安待穷索？此道与物无对，大不足以名之，天地之用皆我之用。孟子言"万物皆备于我"，须反身而诚，乃为大乐。①

与传统儒家把"仁"作为克己复礼、博爱不同的是，程颢"仁"强调的是与物同体、以物感物而获得的一种精神愉快境界。与程颐虽合称"二程"，朱熹也把二人学说统称为"洛学"，但二者还是有所不同的，程颢更注重内在直觉体验，这就是后来"心学"和"理学"的区别，程颢是"心学"的源头，程颐是"理学"的源头。

程颐（1033—1107），字正叔，洛阳伊川人，人称伊川先生。十四五岁时，与兄程颢同学于周敦颐。作《颜子所好何学论》，受到太学主教胡瑗赞赏，聘为学官。27 岁参加廷试失败，从此再没有参加科举。元祐元年（1086 年）除秘书省校书郎，授崇政殿说书。元祐二年（1087 年）差管勾西京国子监，不久削职，被遣送至四川涪陵管制，直到徽宗即位，得以赦免，但不久又受排斥，遂隐居龙门。程颐主要理学观点：

（1）理与气。①理。"一阴一阳之谓道，道非阴阳也，所以一阴一阳道也，如一阖一辟谓之变。"②"离了阴阳更无道，所以阴阳者是道也。阴阳，气也。气是形而下者，道是形而上者。"③"器"即事物的具体形状，"道"（"理"）即阴阳之变化、运动的所以然，或者叫作内在规定性。"道"依阴阳而存在，形上形下不可分离。程颐以事物所以然为理的思想，比程颢的"理"来得更加精确、深入。②理体象用说。程颐《程氏易传》中说："至微者理也；至著者象也。体用一源，显微无间。"④"理"即万物万象的内在本质、规定性，不可感触，是理性思考的结果；"象"是万事万物的现象和形态，是可以通过耳目视听感触到的东西。"体"即理，"用"即象，"理"为体，"象"为用，体用都是实事的存在而非虚空，体在用中，密不可分。③道则自然生万物。程颐说："天地之

---

① 程颢、程颐：《二程遗书》卷 2 上，上海古籍出版社 1992 年版，第 18 页。
② 程颢、程颐：《二程集》卷 3，中华书局 1981 年版，第 67 页。
③ 程颢、程颐：《二程集》卷 15，中华书局 1981 年版，第 162 页。
④ 程颢、程颐：《二程集》卷 8，《易传序》，中华书局 1981 年版，第 582 页。

化，自然生生不穷，更何复资于既毙之形、既返之气，以为造化？……天之气，亦自然生生不穷。"① 他认为，天地无时无刻不处于变化之中，但这种变化不是气的简单的聚合而产生的形态不同，而是自然不断产生的气引起的，他没有对自然产生气的根据及其如何产生做出进一步解释。

（2）动静与变化。①程颐认为动静、阴阳变化，是一个无始无端的过程，他说："动静无端，阴阳无始。非知道者，孰能识之？"② ②动为天地之心。程颐认为，"变"是永恒和普遍的，大千世界，无时无刻不处在变化之中，变化的原因在动静相互依赖、相互交替，而主宰变化的根本在"动"而不在静，"一阳复于下，乃天地生物之心也"③。③物极必反。事物到了一个极点必向反方向发展，这就是物极必反，他说："物理极而必反，故泰极则否，否极泰来。"④ ④理必有待。程颐说："天地万物之理，无独必有对，皆自然而然，非有安排也。"⑤ 任何事物都有对立面，这是事物存在的普遍规律，不是强加的。

（3）性理和气质。在人性论上，程颐主张"性即理"。在程颐的表述中，"理"即社会原则、规范、道德，"性即理"就是说人的本性就是道德、原则和规范本身，没有情欲。那人为什么有贤与不贤、善与不善之分呢？程颐搬出来"才"和"气"两个概念。他说："性即理也，理则自尧舜至于涂人，一也。才禀于气，气有清浊，禀其清者为贤，禀其浊者为愚。"⑥ 性出于天，没有不善；才出于气，有善与不善。

（4）持敬。在修养论上，程颐提出了"敬"的修养方式，"敬"饱含着内在的主一无适和外在的端庄持重。①端庄持重。所谓外在的端庄持重，就是仪表仪容合乎礼仪规范，强调的是日常的化用之功，达到放纵而不逾矩的境地。②主一无适。"主一"即专注，要求专注于善心善念，而不是对别的任何事情的专注。③有主则实。在外物、欲念侵扰之时，程颐主张心要有主，"有主则实"，这个"主"即是仁义礼智。心保持一种敬畏、时时警醒状态就不会受到外物、欲念干扰而影响心境。④敬则自静。

① 程颢、程颐：《二程集》卷 15，《遗书》，中华书局 1981 年版，第 148 页。
② 程颢、程颐：《二程集》卷 1，《经说》，中华书局 1981 年版，第 1029 页。
③ 程颢、程颐：《二程集》卷 2，《周易程氏传·复卦》，中华书局 1981 年版，第 819 页。
④ 程颢、程颐：《二程集》卷 1，《周易程氏传·否卦》，中华书局 1981 年版，第 762 页。
⑤ 程颢、程颐：《二程集》卷 11，《遗书》，中华书局 1981 年版，第 121 页。
⑥ 程颢、程颐：《二程集》卷 18，《遗书》，中华书局 1981 年版，第 204 页。

敬可以生静，静不可以生敬，为学只能是敬，"有言养气可以为养心之助，曰：敬则只是敬，敬字上更添不得。"①

（5）涵养与致知。①涵养未发。根据《中庸》"喜怒哀乐未发谓之中，发而皆中节谓之和"，"中"即情感未发作时的状态，但已发就有中节不中节的问题，如何让心中节就成为不少理学家探讨的重要命题，程颐说"涵养"，他说："于喜怒哀乐未发之前，更怎生求？只平日涵养便是。涵养久，则喜怒哀乐发自中节。"② 未发中的"敬"，是静中之敬。②格物穷理。程颐说："格犹穷也，物犹理也，犹曰穷其理而已也。"③ 穷究事物的理，但他的穷究物理，并不是追求知识的博大渊深，而是借助知识的理性，更好地理解道德法则和提升道德。进而，程颐还认为，格物不需要万物一件一件全部格过，而是说格物到一定程度，思维产生质变，会达到普遍性的认识。他认为，万物存在一个普遍性规律，那就是"天理"，"如千蹊万径皆可适国，但得一道入得便可。所以能穷者，只为万物皆是一理，至如一物一事，虽小，皆有是理"④。程颐的格物论，后被朱熹加以发挥完善，成为宋明时期士人重要的认识方法。

程颢与其弟程颐并称"二程"，他们是道学的创始人，他们的学说后人称之为"洛学"，代表了两宋理学的主流。宋宁宗嘉定十三年（1220年），赐谥程颢为"纯公"，程颐为"正公"。理宗淳祐元年（1241年），又追封程颢为"河南伯"，程颐为"伊川伯"，并"从祀孔子庙庭"。元至顺元年（1330年），诏加封程颢为"豫国公"，程颐为"洛国公"。明景泰六年（1455年）诏令两程祠以颜子（即颜渊）例修建，规制比于阙里。清康熙二十五年（1686年），二程封"先贤"，奉祀孔庙东庑第38位，次年康熙皇帝又赐给两程祠"学达性天"匾额。

二程继承发展周敦颐理学，建立洛学体系。程颐之后，弟子各传其学。关于二程门人，最早进行系统梳理的是朱熹，朱子在其所编写的《伊洛渊源录》中录其弟子为42人。而在《宋元学案》当中为86人，含私淑弟子13人。万斯同的《儒林宗派》为52人，而在现代学术性著作

---

① 程颢、程颐：《二程集》卷2，《遗书》，中华书局1981年版，第27页。
② 程颢、程颐：《二程集》卷18，《遗书》，中华书局1981年版，第201页。
③ 程颢、程颐：《二程集》卷25，《遗书》，中华书局1981年版，第316页。
④ 程颢、程颐：《二程集》卷15，《遗书》，中华书局1981年版，第157页。

中，卢连章的《二程学谱》认定二程门人为 84 人，无详细名录。徐远和的《洛学源流》则只以程门四大弟子为主线，对其余诸弟子略而不论。对其学术分流，真德秀说：

> 按二程之学，龟山得之而南传之豫章罗氏，罗氏传之延平李氏，李氏传之朱氏，此其一派也；上蔡传之武夷胡氏，胡氏传其子五峰，五峰传之南轩张氏，此又一派也；若周恭叔、刘元承得之为永嘉之学，其源亦同自出。然朱、张最得其宗。①

全祖望总结道：

> 洛学之入秦也以三吕，其入楚也以上蔡司教荆南，其入蜀也以谢湜、马涓，其入浙也以永嘉周、刘、许、鲍数君，而其入吴也以王信伯。②

二程门人之学，全祖望的总结更为全面，而真德秀则概括出洛学后传的三个显学即道南学派、湖湘学派和永嘉学派，此三派的学术主张截然相反，道南与湖湘都注重在哲学义理的发挥，而永嘉却以功利而扬名，道南与湖湘终极目的虽一样，但在本体与工夫上却毫无一致。在南渡以后，洛学的传承主要靠亲炙弟子杨时和私淑胡安国，两人门人弟子蔚为壮观，堪称南渡后的显学。

　　有关"二程"早年师事周敦颐问题现今仍是理学研究领域的一大争论问题，主要涉及两个问题：一是拜师所学，主要有两种看法，一以周敦颐为二程之师，二程不仅亲称"受学"，《宋史》本传说："自十五六时，与弟颐闻汝南周敦颐论学，遂厌科举之习，慨然有求道之志。泛滥于诸家，出入于老、释者几十年，返求诸《六经》而后得之。秦、汉以来，未有臻斯理者。"③ 程颢云："昔受学于周茂叔，每令寻颜子、仲尼乐处，

---

① 真德秀：《西山读书记》卷 31 "张子之学"，《四库全书》第 706 册，上海古籍出版社 1987 年版，第 106 页。

② 黄宗羲原著，全祖望补修，陈金生等点校：《宋元学案》卷首 "宋元儒学案序录"，中华书局 2009 年版，第 5 页。

③ （元）脱脱等撰：《宋史》卷 427 "道学一"，中华书局 1995 年版，第 12716—12717 页。

所乐何事。"① 且所得者不唯"孔颜之乐",更有道学之传,此派意见朱晦庵、张南轩持之。一以二程仅少从周敦颐游,但学术为自己所创,与周敦颐无关,此派以全祖望为代表。现在的研究者在周敦颐和二程关系问题上的争论承袭了旧说,但始终没有定论。不过有一点是学术界所公认的,就是二程之于周敦颐尝从学或从游。周敦颐"孔颜之乐"对程颢影响很大,其诗:"云淡风轻近午天,傍花随柳过前川。时人不识予心乐,将谓偷闲学少年。"② 就是对摆脱私欲而获得精神快乐后的境界描述。二是拜师地点,有南安、平南之说。皇祐元年,程珦知龚州,二程随父入桂,当时程颢20岁,程颐19岁,读书畅岩。《平南县志》说:"程颐子侍父程珦作宰龚州时,延师周濂溪。"③ 张廷伦诗云:"二程夫子此岩修,学道渊源继鲁邹。云镇岩扉闲岁月,草迷石径自春秋。泉流似觉书声至,苔印犹疑墨迹留。信是高山真可仰,令人千载慕徽猷。"④ 此后,类似文献记载不少,沿袭了二程在浔州问学周敦颐之说。这种说法难以成立,现今学术界较为一致的意见是二程师事周敦颐在南安。据《周子年谱》,仁宗庆历四年丙戌(1044年),周敦颐(28岁)任南安军司理参军,程珦知虔州兴国县,假倅南安,二人因以相识。程珦视敦颐之气貌,即觉非同寻常,并令二子颢、颐师事之,时大程年十五,小程年十四。程颐《行状》,记载受学一事。廖德明认为周敦颐在浔州时,二程年纪虽小,但已经问学于他。他在桂所作《四先生祠碑》中有说:"窃按图制,浔之平南县,旧名龚州,皇祐元年,太子中舍河南程大中公来为守,二先生实从。是时方冠,则已然问濂溪夫子之学。"⑤ "已然"表明在此之前已经问学于周敦颐了。二程在广西的时候年龄尚小,此时的"讲学"更多的是读书探讨之义,而并非真正意义上的传道授业。尽管如此,他们对广西理学的传播和发展影响巨大。

2. 邹浩在昭州的学术活动及其影响

二程之后,在崇宁间进入广西的理学人物有邹浩、陈瓘、徐俯和林宋

① 程颢、程颐:《二程集》,中华书局1981年版,第16页。

② 程颢、程颐:《二程集》卷3,《偶成》,中华书局1981年版,第476页。

③ 郑湘畴纂修:《平南县鉴第一编》,《中国方志丛书》第213号,台湾成文出版社1974年版,第31页。

④ 同上。

⑤ 汪森编,黄盛陆等校点:《粤西文载》卷37,《四先生祠碑》,广西人民出版社1990年版,第118页。

卿等人，而以邹浩在当地影响最大。

邹浩（1060—1111），字志完，号道乡居士，常州晋陵（今江苏常州）人，元丰五年（1082年）进士，任扬州颍昌府教授，哲宗朝为右正言，因他反对立刘氏为皇后，为当权者章惇所排斥，除名勒停，羁管新州。徽宗即位后，邹浩一度受重用而遭当权者蔡京所忌，崇宁元年（1102年），蔡京伪《谏立后疏》，徽宗震怒。崇宁二年（1103年）正月初五日，朝廷下旨："窜任伯雨、陈瓘、龚夬、邹浩于岭南。"① 诏责授邹浩为衡州别驾，永州安置，贬昭州，列名于党碑。崇宁四年（1105年）十一月迁至汉阳军。崇宁五年（1106年），党禁解除，复承奉郎，还常州，在昭州前后三年多。在昭州，邹浩得到了郡守王藻的礼遇，与当地人士交往、唱酬。邹浩在昭州交往的士人：一是张云卿，得志轩的主人。二是邻居栩栩轩的主人王子正。三是王文辅，邹诗中，分别于《追凉晚步邂逅张云卿王文辅王子正进士同行》、《重午王文辅送米食张云卿送新酒来因成绝句》两处提及王文辅，王文辅即房东。四是唐叟，字符老，桂州兴安人，曾举进士，晚为兴安推官。唐叟其人，"少孤，嗜学，诸经皆贯通，尤邃于《易》。家贫，事母至孝，训徒以奉甘口，年四十余不娶。凡浣濯、补纫皆躬其劳"②。绍圣间举人，后为雷州海康令，池州通判。曾问学于苏轼，邹浩与唐叟为旧交，贬平乐期间，交往频繁。五是元光，本地人，隐居乐道，不求闻达。家贫，喜饮。崇宁二年（1103年），邹浩谪居昭州，与光游，常到其家。六是齐君，生平事迹不详，为本土学子，邹浩《天与堂记》说："余省愆于此三年，齐君踵门不知其几。听其论议，观其志气，参以乡评，而质诸师儒，可谓善士矣。"③ 这几人中与张云卿交往最多。张云卿，字立之，号梦立，邹浩称其为云卿。《得志轩记》文中说："仙宫岭下，有塘数十顷，曰木梁塘。塘外有峰数千仞，曰龙岳峰。面峰枕塘，有屋数楹，则一国之善士张云卿梦立之居也。"④《梦立求轩名以其面莲池十许顷名之曰妙喜轩》："莲华千叶满前开，断取应

---

① （元）脱脱等撰：《卷19"徽宗本纪"》，中华书局1995年版，第366页。

② 谢启昆：《广西通志》卷256，广西人民出版社1988年版，第6473页。

③ 汪森编，黄盛陆等校点：《粤西文载》卷26，广西人民出版社1990年。

④ 邹浩：《道乡集》卷26，《得志轩记》，《四库全书》第1121册，上海古籍出版社1987年版，第393页。

从妙喜来。"① 端午节时，张云卿、王文辅送食物，邹浩作《重午王文辅送米食张云卿送新酒来因成绝句》以作谢。与文一起散步："冬来风雨并，今日偶晴明。况是亲朋集，聊将笑语行。青云随步武，朱鹭入逢迎。无限欣然思，都随指顾生。"②《与梦立行入长安虚》："恰到长安风色晴，一条石径坦然平。与君曳杖寻虚去，全似仙宫岭下行。"③ 离开之时，邹浩有《留别张云立立之》诗："翛然三载与君同，信我此心惟白鹭。白鹭忘情亦有情，君更情多无量数。天绘亭前不忍分，远送我来欣进步。霜凋万木见孤松，颜色青青独如故。"④

在与上述士绅的交往中多游玩唱酬，拜佛诵经，"邹志完南迁，自号道乡居士，在昭州江上为居室，近崇宁寺。因阅《华严经》于观音像前，有修竹三根生像之后，志完揭茅出之不可，乃垂枝覆像"⑤。邹浩对后世的影响在于他的尽忠大节，所谓"尽忠"，也主要体现于谏止立刘后这一事件上。绍圣三年（1096 年），哲宗废孟皇后，之后欲立刘贤妃为皇后。邹浩上书，举历史上不能立妃为后的实例，谏止哲宗立妃为后，为此惹恼了哲宗，被章惇借故削职除官，被羁管新州（今广东新兴）。邹浩本意并不想"尽忠"，据《宋史·田昼传》记载，被贬之时，忧心忡忡，迁延不行，对此好友田昼责备他说："使志完隐默官京都，遇寒疾不汗，五日死矣。岂独岭海之外能死人哉？愿君无以此举自满！士所当为者，未止此也。"⑥ 在昭州，垂涕丧气，恐惧忧愤，其《除名》诗云："前年除名窜新州，今年除名窜昭州。我名无实浪自得，坐此人间多怨仇。恩深天地贷斧钺，除之又除名不留。"⑦ 又《别昭州》诗曰："江山本无情，别去亦何语。向来爽气中，食息三月许。来非吾所求，去非吾所御。回首谢江

---

① 邹浩：《道乡集》卷 11，《四库全书》第 1121 册，上海古籍出版社 1987 年版，第 259 页。

② 邹浩：《道乡集》卷 13，《四库全书》第 1121 册，上海古籍出版社 1987 年版，第 276 页。

③ 同上书，第 281 页。

④ 邹浩：《道乡集》卷 5，《四库全书》第 1121 册，上海古籍出版社 1987 年版，第 206 页。

⑤ 汪森编，黄振中等校注：《粤西丛载》，广西民族出版社 2007 年版，第 232 页。

⑥ （元）脱脱等撰：《宋史》卷 345，中华书局 1995 年版，第 10959 页。

⑦ 邹浩：《道乡集》卷 4，《四库全书》第 1121 册，上海古籍出版社 1987 年版，第 198 页。

山，吾今若轻举。"① 对此魏浚说："此应与谪时垂涕之意略同，笼羽羁魂，归林纵翼，不觉意之适而声之和，情固应尔。"② 而对谏书内容他本人也一直耿耿于怀，《平乐告天青词》中说，"追惟当时奏御之三章，并无'杀母取子'之一字，不知此疏撰自何人。肆形丑诋之言，稔出颠危之祸，致臣该登极异恩之后，尚逐遐荒。使臣居元祐奸籍之中，亦称朋党。推原本末，良有因由。……况臣数年以来，累已具章上奏，惧精诚之未达，靡夙夜之遑宁！"③ 后来理学家把他的昭州之行演化成"慷慨尽忠"，修祀不断。宋高宗绍兴年间，昭州太守陈廷杰修"邹公祠"，以彰其忠谏之名。后年久失修，邹公祠渐荒芜。宋淳熙二年（1175 年）秋，张栻出为桂帅，让王光祖修复了平乐的"邹公祠"，并撰写了《昭州新立吏部侍郎邹公祠堂碑》，文中极赞邹浩的忠谏精神，说："某独尝谓，人臣不以犯颜敢谏为难，而忠诚笃至之为贵；士君子不以一时名节为至，而进德终身之可慕。若公始所论谏，盖亦他人之所难言。而考味其平生辞气，曾微一毫著见。再位于朝，忧国深切，重斥炎荒，凛不少沮。至于病且死，语不及它，独以时事为念。"④ 嘉靖五年（1526 年）其十五世孙邹轼又加以修复，祠邹浩、范祖禹和胡铨三人。⑤ 嘉靖九年（1530 年），提学黄佐嘱平乐知府龙大有集资重建，万历年间改为七贤祠，清康熙六年（1667 年）巡道胡朝宾易名"访贤"。康熙四十九年（1710 年）知县黄大成改祠为道乡书院，五十六年（1717 年），知府慕国琠修葺。雍正二年（1724 年），知府胡醇仁重修。道光间知府唐鉴置学田，订《道乡书院学规四则》。光绪二十八年（1902 年）平乐府建中学堂，道乡书院仍做考棚。清末兴学校，遂废。

---

① 邹浩：《道乡集》卷 5，《别昭州》，《四库全书》第 1121 册，上海古籍出版社 1987 年版，第 206 页。

② 魏浚：《西事珥》卷 4 "昭州儋州别诗"，《四库全书存目丛书》史部第 247 册，齐鲁书社 1996 年版，第 780 页。

③ 汪森编，黄盛陆等校点：《粤西文载》卷 61，《平乐告天清词》，广西人民出版社 1990 年版，第 324 页。

④ 汪森编，黄盛陆等校点：《粤西文载》卷 37，《昭州新立吏部侍郎邹公祠堂碑》，广西人民出版社 1990 年版，第 113 页。

⑤ 汪森编，黄盛陆等校点：《粤西文载》卷 39，《平乐三贤祠碑》，广西人民出版社 1990 年版，第 171 页。

　　3. 吕祖谦与广西渊源及其影响

　　建炎年间进入广西的主要有李纲、胡铨和吕好问、吕本中及其家人。李纲、胡铨编管于此，在学术上难有作为。吕氏虽流落于此，不见传播活动，但吕祖谦对广西理学的发展有一定的影响。吕好问，字舜徒，吕希哲①长子，吕祖谦曾祖。以荫补官，靖康元年（1126 年），以荐擢御史中丞。高宗即位，除尚书右丞，以恩封东莱郡侯。靖康之难后的建炎元年（1127 年）秋，吕好问出守宣州（今属安徽），携子吕本中和吕弸中（吕祖谦祖父）、孙吕大器（吕祖谦父亲）举家抵任。二年（1128 年）秋，金兵南下，吕家逃往筠州（今江西高安）。三年（1129 年），金兵攻江西，是冬西逃至衡州（今湖南衡阳）。四年（1130 年）初至连州、阳山，四月金兵退去，端午节北上郴州。次年（绍兴元年）七月，吕家逃至桂州（今桂林），吕好问病重在桂林逝世。吕本中，初名大中，字居仁，谥文清，吕祖谦从祖。其先东莱人，自文靖公始家京师，封东莱郡侯。所著有《春秋解》、《童蒙训》、《师友渊源录》，行于世。承袭家学，又从二程高足杨时、游酢、尹焞学，而在和靖门下最久，故《宋元学案》归之尹氏《学案》。吕弸中，字仁武，东莱郡侯第三子，吕祖谦祖父。累官驾部员外郎。尝从其兄游于和靖之门。吕大器，字治先，弸中子，紫微从子，吕祖谦之父，累官尚书仓部郎。

　　绍兴七年（1137 年）吕祖谦外祖父曾几为广西转运使，父亲吕大器在桂林，三月十七日吕祖谦生。吕祖谦（1137—1181），字伯恭，人称东莱先生，婺州人，谥"成"。与朱熹、张栻齐名，同被尊为"东南三贤"、"鼎立为世师"。以祖恩补将仕郎，登隆兴元年进士第，又中博学宏词科，历太学博士，兼史职。从林之奇（吕本中门人）、汪应辰、胡宪问学，与朱晦庵、张南轩二先生友，而守家学，著作众多。全祖望《同谷三先生书院记》说："宋乾、淳以后，学派分而为三：朱学也，吕学也，陆学也。三家同时，皆不甚合。朱学以格物致知，陆学以明心，吕学则兼取其长，而复以中原文献之统润色之。门庭径路虽别，要其归宿

<hr />

　　① 吕希哲，字原明，吕公著长子，吕公著为吕夷简之子。祖籍河南，希哲以经入侍哲宗崇政殿，封荥阳子。学出多门，全祖望说："荥阳少年，不名一师。初学于焦千之，庐陵之再传也。已而学于安定，学于泰山，学于康节，亦尝学于王介甫，而归宿于程氏。集益之功，至广且大。然晚年又学佛，则申公家学未醇之害也。"参见《宋元学案》卷 19 "范吕诸儒学案"，中华书局2009 年版，第 810 页。

于圣人，则一也。"① 在桂林长到 10 岁，父亲为江东提举司干官，随侍于池阳，从此也再没有回过广西。但对广西理学的传播发生过一定影响，宋景定间经略朱禩孙为纪念张栻、吕祖谦，奏请以二人谥号"宣"和"成"为名而建桂林宣成书院。

4. 高登在广西的理学传播

绍兴年间在广西活动的洛学传人有胡寅、高登、汪应辰、胡铨、陈知柔、韩璜、沈晦、李则等人，其中胡寅、汪应辰自开学派，《宋元学案》分别为之立"衡麓学案"和"玉山学案"，二人的学术活动及其思想将在下章述及。且从传播的角度看，高登在广西的学术活动对理学在广西的发展更具有标志性意义。

高登（1104—1148），字彦先，号东溪，人称东溪先生，漳州漳浦（治所在今福建漳浦县）人。出身寒微，"以臣一介之微固不足恤，重念臣母，家贫，早丧先臣，止携一子，绩麻鬻资，给臣为学"②。宣和年间，高登以贡入太学。靖康元年（1126 年），金兵南下，采用李邦彦建议，罢免李纲，委曲求和。高登与陈东等太学生们伏阙上书，要求惩治奸贼，重用种师道、李纲，最后被遣返回家，以教徒为生。绍兴二年（1132 年），感于高登的胆识，高宗拟以重用。又与宰相秦桧不和，授富川（治所在今广西富川县）主簿，后兼贺州学事。在其任上，积极兴学，推行礼仪教化。绍兴五年（1135 年），代理新兴（治所在今广东新兴县）县令，放粮赈灾。绍兴八年（1138 年），高登上《上高宗皇帝书》和《时议六篇》，招来秦桧嫉恨，贬为静江古县（治所在今广西永福县）县令。在任期间，惩治恶霸秦琥，得到了广西经略安抚使沈晦的赏识。后因反对胡舜陟为秦桧父亲立祠，胡以秦琥事陷害高登，逮入京师问罪，因母亲去世，下静江狱，最终因胡舜陟犯事下狱先死，高登才得以出狱。绍兴十四年（1144 年），广州漕运司郑禹、赵不凂任命高登为归善县令，主持秋季潮州考试，"策闽、浙水灾所致之由"③，"使诸生论直言不闻之可畏，策闽、

---

① 黄宗羲原著，全祖望补修，陈金生等校点：《宋元学案》卷 51 "东莱学案"，中华书局 2009 年版，第 1653 页。

② 高登：《东溪集》卷上《上书乞纳官赎罪归葬亲》，《四库全书》第 1136 册，上海古籍出版社 1987 年版，第 438 页。

③ （元）脱脱等撰：《宋史》卷 399，中华书局 1995 年版，第 12131 页。

浙水沴之所由，而遂投檄以归。桧闻大怒，夺官，徙容州"①。在容州，高登以授徒讲学为生，"疾病年年不相贷"、"肌肤瘦尽鬓毛疏"、"病损腰围减未休"、"口腹相煎亦可羞，饥来欲食饱还忧"，在这样的生活状况下，他走完了自己的一生。

高登与胡寅交游，胡寅学侣兼弟子梁观国②因高登引荐，得以与胡寅讲学论道。因此，《宋元学案》把高登作为梁观讲友而列入"衡麓学案"。高登之学有林宗臣传承，《宋元学案》记载："林宗臣，字实夫，龙溪人。受业高登之门，登乾道进士，历官主簿。"③林宗臣传陈淳④，林宗臣见陈淳气度不凡，以圣贤大业劝进，"因授以《近思录》。北溪卒为儒宗，实先生启之也。"⑤绍熙元年（1190 年），朱熹知福建漳州，又问学于朱熹于漳州：

> 文公曰："凡阅义理，必穷其原。"先生闻而为学益力，日求所未至。文公数语人以"南来，吾道喜得陈淳"。后十年，复往见文公，陈其所得，时文公已寝疾，语之曰："如今所学，已见本原，所阙者，下学之功尔。"自是所闻皆要切语，凡三月而文公卒。先生追思师训，痛自裁抑，日积月累，义理贯通，洞见条绪。郡守以下，皆礼重之，时造其庐而请焉。⑥

---

① 黄宗羲原著，全祖望补修，陈金生等点校：《宋元学案》卷 41 "衡麓学案"，中华书局 2009 年版，第 1360 页。

② 梁观国，字宾卿，番禺人。崇儒尊道，力排佛老。绍兴十二年（1142 年）壬戌，胡寅退居衡山之阳，因其友高登知胡寅有志邹鲁，问学。谢山为《端溪讲院先师祠记》云："梁先生观国，游于致堂之门者也。"著有《归正集》20 卷，《议苏文》5 卷，《编正丧礼》15 卷，《壹教》15 卷。以上参见《宋元学案》卷 41 "衡麓学案"，中华书局 2009 年版，第 1358 页。

③ 黄宗羲原著，全祖望补修，陈金生等点校：《宋元学案》卷 41 "衡麓学案"，中华书局 2009 年版，第 1362 页。

④ 陈淳，字安卿，龙溪人，人称北溪先生。嘉定九年，待试中都，后受郑之悌礼遇，率僚属延讲郡庠。明年，以特奏恩授迪功郎、泉州安溪主簿，未上而卒，年六十五。所著有《论孟学庸口义》、《字义》、《详讲》、《礼》、《诗》、《女学》等书。门人陈沂等录其语，号《筠谷濑口金山所闻》。子又编次其文为 50 卷。

⑤ 黄宗羲原著，全祖望补修，陈金生等点校：《宋元学案》卷 41 "衡麓学案"，中华书局 2009 年版，第 1362 页。

⑥ 黄宗羲原著，全祖望补修，陈金生等点校：《宋元学案》卷 68 "北溪学案"，中华书局 2009 年版，第 2220 页。

之后陈氏一门承此学派，并进行传播。《闽中理学渊源考》有记："按廉献陈氏出东溪高公之门，亦以直节著声。曾知制诰，以秦桧故，不拜，旋外补，乞归，讲学于渐山，厥后孙植学于世父安卿先生，格以节见，一门忠孝，儒宗其渊源卓矣。"① 其门人有杨仕训、吴大成、薛京、郑柔等，这些人均闻陈景肃师从高登，所以慕名而来，高登的思想得到了传承。

高登的学术不仅在福建漳州一带得到了传承，而且在广西富川、古田、容县他曾到过的地方也得到了传承。绍兴初年在富川县主簿兼贺州学政任上，非常注重"养士"，并把它作为施政之本。当上司提出买马与养士哪一个更急更重要的问题，高登回答："买马固急矣，然学校礼义由出，一日废，衣冠之士与堂下卒何异？……天下所恃以治者，礼义与法度尔。既两弃之，尚何言！"② 迫使知州归还州学田、学舍，从此州学得以复课。当他任满将离任时，士民们馈赠 50 万金，但他却拿这些钱买书送给学校，其《辞馈金》说："士民丐留不果，乃相与持金赆行。勤勤之意，既不可却，复不当受，因请买书郡庠，以遗学者。作诗谢。"③ 绍兴八年（1138 年）高登曾重新修建和扩大古县县学。在容县被编管的几年，高登以授徒讲学为生，其都峤学子有"李弥章、卢大勋、李飞英、李瑞礼、罗述、萧岩、黄宗之男"④。容州人罗述，高登以"才以德将，道由道致。勿骄勿画，断无不至"引导他；鼓励贺州人倬说："养心莫善闲邪，以存反身而诚，入自仁门"；对容州人卢大荣要求说："心存九思，身如三省，灵源既通，物翳自除"；李飞英，不知籍贯，高登赠以"业患不精，行患不成，宜取四重，宜去四轻"⑤ 相劝勉。只可惜，高登广西弟子李弥章、卢大勋、李飞英、李瑞礼、罗述、萧岩、黄宗之男等人不见著述存世，无法判知高登的学术影响，尽管如此，他是现存资料记载的最早在广西讲授理学之人，可以说，广西的理学传播只有到了高登，才开始了

①　李清馥：《闽中理学渊源考》卷 32，《清漳陈氏家世学派》，《四库全书》第 460 册，上海古籍出版社 1987 年版，第 417 页。

②　（元）脱脱等撰：《宋史》卷 399，中华书局 1995 年版，第 12129 页。

③　高登：《东溪集》卷上《辞馈金》，《四库全书》第 1136 册，上海古籍出版社 1987 年版，第 441 页。

④　高登：《东溪集》卷上《偕学子游都峤》，《四库全书》第 1136 册，上海古籍出版社 1987 年版，第 439 页。

⑤　高登：《东溪集》卷下"铭"，《四库全书》第 1136 册，上海古籍出版社 1987 年版，第 450 页。

真正意义上的传播。高登所传授的理学主要有两个特点，一是主张"诚"。他认为："凡为学之道，必先至诚，不诚未有能至焉者也，何以见其诚，居处齐庄，志意凝定，不妄言，不苟笑，开卷伏读，必起恭钦，如对圣贤，掩卷沉思，必根义理，以闲邪僻，行之悠久，习兴性成，便有圣贤前辈气象。"① 二是崇尚忠义。高登以忠义安身立命，《宋史》载："登谪居，授徒以给，家事一不介意，惟闻朝廷行事小失，则颦蹙不乐，大失则恸哭随之。临卒，所言皆天下大计。"② "口讲指画，终日衮衮，无非忠臣孝子之言、舍生取义之意。闻者凛然，魄动神竦。其在古县，学者已争归之，至是，生徒又益盛。"③ 绍熙二年（1191 年）朱熹守漳州，受陈淳等请托，作《奏乞褒录高东溪忠义状》、《奏请褒东溪高公直节》、《建立高东溪先生祠记》、《谒高东溪祠文》和《又谒高东溪祠文》等文，由此，高登的忠义气节得到了历史的认可和接受，《闽中理学渊源考》说："漳江之学至北溪得紫阳之传，而递衍繁盛，然在靖康间，时有东溪高先生者，以忠言志节著声。朱子莅漳，曾新其祠宇，又为之记，言先生学博行高，志节卓然，有顽廉懦立之操，其有功于世教，岂可与隐忍回护以济其私，而自诧于孔子之中行者同日语哉！按东溪之学亦一时倡起之师也。"④

5. 朱子门人廖德明在广西的理学传播

乾道期间进入广西的洛学传人有张孝祥、林光朝、廖德明等人。张孝祥以词名家，理学承袭家学，与湖湘学渊源深厚。他在桂只有一年（乾道元年七月至次年六月），与广西士人交游多诗酒唱酬，而未见讲学传道，故不论。林光朝学出多门，而后开"艾轩学派"，故《宋元学案》立"艾轩学案"。他在广西仅仅是作为能吏而载入相关著述。真正在广西浔州一带传播理学的是朱子门人廖德明。

在讨论廖德明理学传播活动之前，需要厘清的是两个问题：①籍贯。《宋元学案》载为顺昌人，李清馥《闽中理学渊源录》记为南剑州。据相

① （元）张光祖：《言行龟鉴》卷 1 "学问门"，《四库全书》第 875 册，上海古籍出版社 1987 年版，第 473 页。

② （元）脱脱等撰：《宋史》卷 399，中华书局 1995 年版，第 12131 页。

③ 朱杰人等主撰：《朱子全书》卷 79，上海古籍出版社、安徽教育出版社 2003 年版，第 3785 页。

④ 李清馥：《闽中理学渊源考》卷 14，《四库全书》第 460 册，上海古籍出版社 1987 年版，第 219 页。

关史籍记载，顺昌县为福建省南平市下辖的一个县，五代闽龙启元年（933 年）升为顺昌县，隶属长乐府、剑州、南剑州、延平路、延平府、建安道，所以称"顺昌人"和"南剑州人"都没错，一个就县而言，一个就州属而言。②是否在浔州立"师悟堂"和刻《朱子家礼》。汪森《粤西文载》卷六十三"名宦小传"记载：

> 廖德明，字子晦，南剑人，乾道间进士，浔州教授。讲明圣贤心学之要，手植二柏于学。浔士爱敬之如甘棠。知浔州，有声。立"师悟堂"，刻《朱子家礼》及程氏诸书。公余延僚属及诸生，亲为讲说，远近化之，有《槎溪集》行世。①

廖德明有两次浔州为官的经历，一是淳熙十五年（1188 年）前后任浔州教授，"教授"是宋代的地方教职官。二是知浔州兼广西提点刑狱。显然，汪森认为廖德明在知浔州任上，立"师悟堂"及刻《朱子家礼》和程氏诸书，《宋元学案》则说：

> 先生初除浔州教授，为学者讲明心学之要。在南粤立师悟堂，刻《朱子家礼》及程氏诸书。公余，延僚属及诸生亲为讲说，远近化之。尝语人以仕学之要曰："德明自入仕至为郡，惟用'三代直道而行'一句而已。"学禁方严，先生确守师说，不为时论所变。②

由上可知，廖德明立"师悟堂"及刻《朱子家礼》和程氏诸书之事在广州而不是浔州。廖德明在广西有明确的传播理学的学术活动，一是向学者"讲明圣贤心学之要"，讲学的对象是官学学生，讲解的核心内容为"圣贤心学之要"。"圣贤"即尽善尽美之人，是理学追求的理想人格，"心学之要"即成圣的要津、途径，廖德明曾就此专门求教过朱熹，据《闽中理学渊源考》记载：

---

① 汪森编，黄盛陆等校点：《粤西文载》卷 63，广西人民出版社 1990 年版，第 395—396 页。

② 黄宗羲原著，全祖望补修，陈金生等点校：《宋元学案》卷 69"沧州诸儒学案"（上），中华书局 2009 年版，第 2260 页。

德明所问，朱子所答，皆论学的要。如论敬之该贯、动静、变化、气质，须是勉强讲论文字，不可与自家身心都无干涉；又言闲散不是真乐；论前辈诸贤多是略绰，见得个道理便休，少有苦心理会；又论太极。朱子答书曰："来谕一一皆契鄙怀"，足见精敏。又文公尝称曰："德明学有根据，为政能举先王已坠之典，以活中路无告之人，固学道爱人之君子所乐闻而愿为者。"观此可知先生造诣为师门所心许者矣。①

廖德明在浔州任上的理学传播获得了学子们的认可与赞赏，把他亲手栽种的柏树爱之如甘棠，"甘棠"出自《诗经·召南》："蔽芾甘棠，勿剪勿伐，召伯所芨。蔽芾甘棠，勿剪勿败，召公所憩。蔽芾甘棠，勿剪勿拜，召伯所说。"郑笺："芨，草舍也。召伯听男女之讼，不重烦劳百姓，止舍小棠之下而听断焉。国人被其德，说其化，思其人，敬其树。"可见，他的理学传播在当地获得了相当的成功。二是作《四先生祠堂碑》，祭祀理学人物，扩大理学在当地的影响。"四先生"指周敦颐、程颢、程颐、二程之父程珦四人，祠堂由知州韩邈主持修建，淳熙十五年（1188 年）十一月动工，第二年十二月修成。在碑记中，着重强调修祠目的在于尊师重道，他所说的师是孔子、孟子、周敦颐、二程、朱熹，他所说的"道"则是孔子、孟子、周敦颐、二程、朱熹这样一个道统。对这样一个道统，他解释说："由周以来，千五百余岁，而三先生者始并世而作，推论阴阳、动静、仁义、中正，以极夫天伦之蕴，发明四端、五典、良知、良能，使知夫人伦之不得灭也。刚柔善恶之几，体验涵养之术，始终本末，备具条贯。……夫由三先生之学，可以明下学之善，而窥太极之蕴，上继乎洙泗之风，其孰御焉而不为之也？"②

对于廖德明在浔州的政绩和学术影响，浔州桂平县许县尉于廖德明生日时作《庆浔州廖太守四首》云：

---

① 李清馥：《闽中理学渊源考》卷 27，《四库全书》第 460 册，上海古籍出版社 1987 年版，第 341 页。

② 汪森编，黄盛陆等校点：《粤西文载》卷 37，《四先生祠堂碑》，广西人民出版社 1990 年版，第 118—119 页。

昴宿储精岳降神，天教抱送玉麒麟。海中仙草千年实，井底丹砂百岁春。历运一同新甲子，日行再见旧壬辰。五云多处三光见，南极星中是老人。

真儒正学久无传，醞藉如公独粹然。要以古人为准的，肯从余子事拘牵。词源涌思流三峡，学海波澜障百川。灯火夜深犹不倦，口吟六艺相仍编。

浔江千骑拥双旌，泮不依然旧贯仍。不但袴襦歌惠政，更今矜佩乐师承。朱幡太守来何暮，绛帐先生自此升。预想下车先教化，再教庠序典谟兴。

登瀛学士自瀛归，古锦囊中百政奇。春草池塘曾入梦，梅花厅院屡题诗。南州暂屈陈文惠①，北斗重瞻韩退之。惠政三年聊复耳，斯文千载重为期。②

许县尉，名不详。把政绩文才比作陈尧佐、韩愈虽有阿谀之嫌，但对廖德明在浔州兴学，倡导理学之功，还是给予了较为中肯的评价。

6. 张栻在广西的理学传播及其"南轩学"在广西的影响

淳熙年间进入广西的伊洛后学有张栻、周去非、吴猎、游九言、李椿、詹仪之。在这几人中，除李椿外，其余几人都曾问学于张栻。张栻以政治地位和学术影响力，在广西帅府任上，积极传播理学，扩大了理学在广西的影响。正是有了张栻的理学传播，广西理学才迎来了发展机遇，如果说绍兴时候高登的理学传播仅限于一时一地的话，到了张栻主政时期，广西的理学传播进入了一个全面开创时期。

张栻（1133—1180），字敬夫、钦夫，又字乐斋，号南轩，人称南轩先生，张浚长子。祖籍绵竹，出生于四川阆州，汉州（今四川绵竹）人，后迁居衡阳（今属湖南）。历官抚州、严州、吏部员外侍郎、知袁州、静江、江陵，官至右文殿修撰，著有《南轩集》。张栻不仅是湖湘学派重要的代表人物，而且是宋代理学大发展时期的核心人物之一，被陈亮盛誉为

---

① 陈尧佐，字希元，从种放学于终南山，为文宗尚韩愈，亦为儒学世家。曾因言事忤旨贬为潮州通判，卒谥文惠。

② 北京大学古文献研究所：《全宋诗》卷 2571，北京大学出版社 1998 年版，第 29850 页。

"一世学者宗师"①，与朱熹、吕祖谦并称"东南三贤"，宋末学者周密曰："伊洛之学行于世，至乾道、淳熙间盛矣。其能发明先贤旨意，遡流祖源，论著讲解卓然自为一家者，惟广汉张敬夫、东莱吕氏伯恭、新安朱氏元晦而已。……盖孔孟之道，至伊洛而始得其传，而伊洛之学，至诸公而始无余蕴。必若是，然后可以言道学也已。"② 宋宁宗嘉定八年（1215年）赐谥"宣"，后世尊称张宣公，宋理宗景定二年（1261年）封为华阳伯，并从祀；元仁宗皇庆二年（1313年）从祀孔子庙廷。

　　张栻学出多门，首先承袭家学，接受父亲张浚的影响。张浚（1097—1164），字德远，号紫岩，绵竹人，为南宋"中兴"名相，封魏国公。张浚从绍兴七年（1137年）直到绍兴三十一年（1161年），流徙于永州（今湖南零陵）、潭州（今湖南长沙）、连州（今广东连县）等地，张栻随侍在侧。张氏家族以忠孝传家，以儒家仁义安身，朱子说张栻："生有异质，颖悟夙成，忠献公爱之。自其幼学而所以教者，莫非忠孝仁义之实。"③ 张氏家族又是一个学术之家，张浚本人曾学于谯定④，为程颢和苏轼的再传弟子。张浚本人在学术上颇有建树，深于易学，著有《易解》及《杂说》10 卷，《书》、《诗》、《礼》、《春秋》、《中庸》亦各有解，《文集》10 卷，《奏议》20 卷。《宋元学案》立"赵张诸儒学案"以表其学术成就。除了秉承家学之外，还从学于刘芮和王大宝。绍兴十二年（1142年，张栻 10 岁），张浚谪居长沙，命张栻从学刘芮，"刘芮，字子驹，东平人也。……南渡后居湘中。……先生（刘芮）学于孙奇甫（孙伟），其后遍游尹和靖、胡文定之门，所造粹然。……已而张魏公（浚）卜居长沙之二水，授先生室，宣公兄弟严事之"⑤。《宋元学案》列入"元城学案"。绍兴十六年（1146年，张栻 14 岁），张浚居连州，第二年（1147年，张栻 15 岁）张浚命张栻拜王大宝为师，时王大宝知连

　　① 陈亮：《龙川集》卷21，《与张定叟侍郎》，《四库全书》第1171册，上海古籍出版社1987年版，第715页。

　　② 周密、张茂鹏点校：《齐东野语》卷11，《道学》，中华书局1983年版，第202页。

　　③ 朱杰人等主编：《朱子全书》卷89，上海古籍出版社、安徽教育出版社2003年版，第4131页。

　　④ 谯定，字天授，涪陵人，学易于郭氏，郭氏为程门私淑，刘勉之、张浚从学于他，万氏《儒林宗派》固以张浚为程子门人。

　　⑤ 黄宗羲原著，全祖望补修，陈金生等点校：《宋元学案》卷20"元城学案"，中华书局2009年版，第840页。

州，全祖望说："王大宝，字符龟，海阳（今广东潮安）人。建炎初，廷试第二，……赵丰公谪潮，先生从之游，日讲《论语》。后知连州，张魏公先谪是州，即命其子敬夫从之学。"① 赵鼎为邵伯温弟子，邵伯温乃北宋五子之一邵雍之子。绍兴三十一年（1161 年，张栻 29 岁）春，张栻随父从贬所永州居潭州。不久，他奉父亲之命，前往衡山拜胡宏为师，请教河南二程之学。张栻在《答陈平甫》一文中，曾自述其问学胡宏经历：

> 仆自惟念，妄意于斯道有年矣，始时闻五峰胡先生之名，见其话言而心服之，时时以书质疑求益。辛巳之岁，方获拜之于文定公书堂。先生顾其愚而诲之，所以长善救失，盖有在言语之外者。然仅得一再见耳，而先生没。自尔以来，仆亦困于忧患，幸存视息于先庐，翻绎旧闻，反之吾身，浸识义理之所存。湘中二三学者时过讲论，又有同志之友自远而至，有可乐者。如是又五载，而上命为州，不得辞，继为尚书郎，猥以憨言，误被简遇，遂得执经入仕，且须都省下士。诚欲自竭，庶几以报，而学力不充，迄亡毫发之补。归来惟自省厉，盖愈觉己偏之难矫，圣学之无穷，而存察之不可斯须忘也。②

胡宏，字仁仲，崇安人，胡安国季子，湖湘学派的开创者之一。从学于杨时、侯仲良，又传其父之学。隐居衡山，以著书立说为乐，学者称五峰先生。其以性、道为天下之本。《宋元学案》说："绍兴诸儒，所造莫出五峰之上。"③ 又说胡宏"卒开湖湘之学统"④。魏了翁《跋南轩所与李季允帖》记载："南轩先生受学于五峰胡子，久而后得见，犹未与之言也。泣

---

① 黄宗羲原著，全祖望补修，陈金生等点校：《宋元学案》卷44"赵张诸儒学案"，中华书局 2009 年版，第 1423 页。
② 张栻：《南轩集》卷 26，《答陈平甫》，《四库全书》第 1167 册，上海古籍出版社 1987 年版，第 634 页。
③ 黄宗羲原著，全祖望补修，陈金生等点校：《宋元学案》卷 42"五峰学案"，中华书局 2009 年版，第 1366 页。
④ 同上。

涕而请，仅令思忠清，未得为仁之理，盖往返数四，而后予之。"① 张栻
虽遗憾于受教之日浅，但所获颇多，"先生一见，知其大器，即以所闻孔
门论仁亲切之指告之"②。《宋元学案》也说："南轩受教于五峰之日浅，
然自一闻五峰之说，即默体实践，孜孜勿释。"③ 总之，张栻虽学出多门，
但传统学术如《宋元学案》、《儒林宗派》等，还是把他列为五峰门人，
承续伊洛学术，如《宋元学案》说："紫岩子，五峰、刘氏、王氏门人。
龟山、和靖、谯定、武夷、得全再传。二程、元城、子文三传。安定、泰
山、濂溪、涑水、百源四传。"④ 由此，张栻学术就由胡宏—胡安国，而
上承伊洛道学，从而接续孔孟儒学。

淳熙元年（1174 年）张栻知静江府（广西桂林市），经略安抚广南
西路（广西全境及广东雷州半岛和海南岛等地）。淳熙二年（1175 年）
到达，淳熙五年（1178 年）离开，在桂前后四年，在其任上，以理学思
想指导行政实践并积极传播理学。

（1）求仁之说与"安静为本"

张栻最重要的学说之一就是"仁说"。仁是为学的基础和关键，天地
生物之心即是仁，人得之，便是"仁"，"仁心"以养育、化育万物为心。
仁在行政上就是"其故而损益，不劳而有条"⑤，这就是他多次提及的
"安静"之政。他在为蒋允济所作墓志铭中写道："至于治民，虽细事必
躬亲，不以入吏手，务为安静不扰之政，而其梗捍为善良害者，则必惩不
贷。"⑥ 又："广右比之他路，最为广莫，而凋瘵则最甚。蛮落睢盱，边备
寡弱，日夜关忧。故当以安静为本，然要须在我有隐然之势，则安静之实

① 魏了翁：《鹤山先生大全文集》卷 61，《跋南轩所与李季允帖》，《四部丛刊初编》第
206 册，上海书店 1989 年版，第 1—2 页。

② 朱杰人等主编：《朱子全书》卷 89，上海古籍出版社、安徽教育出版社 2003 年版，第
4131 页。

③ 黄宗羲原著，全祖望补修，陈金生等点校：《宋元学案》卷 50 "南轩学案"，中华书局
2009 年版，第 1635 页。

④ 同上书，第 1605 页。

⑤ "詹侯"即詹仪之，张栻弟子，淳熙初年为广西漕运，后知静江府。淳熙三年（1176
年）邀饮张栻于南楼，张栻有感而作此文。汪森编，黄盛陆等校点：《粤西文载》卷 31，《南楼
记》，广西人民出版社 1990 年版，第 393 页。

⑥ 汪森编，黄盛陆等校点：《粤西文载》卷 59，《题蒋邕州墓志铭后》，广西人民出版社
1990 年版，第 267 页。

乃可保。……远方法度废弛，惟以身率之，立信明义，庶几万一。"① "安静为本"之政，出自《论语》：

> 子张问于孔子曰："何如斯可以从政矣？"子曰："尊五美，屏四恶，斯可以从政矣。"子张曰："何谓五美？"子曰："君子惠而不费，劳而不怨，欲而不贪，泰而不骄，威而不猛。"子张曰："何谓惠而不费？"子曰："因民之所利而利之，斯不亦惠而不费乎？择可劳而劳之，又谁怨？欲仁而得仁，又焉贪？君子无众寡，无大小，无敢慢，斯不亦泰而不骄乎？君子正其衣冠，尊其瞻视，俨然人望而畏之，斯不亦威而不猛乎？"子张曰："何谓四恶？"子曰："不教而杀谓之虐；不戒视成谓之暴；慢令致期谓之贼；犹之与人也，出纳之吝谓之有司。"②

为保障"安静"得到实现，张栻又提出来这样几个方面的措施：

①加强军事和安抚地方势力。广西边远地区，所统辖二十五州，习俗尚仇杀争斗，并时而有边民抢夺行为。张栻上任后，加强各关隘的戒备防守，对反抗采取高压态势，一方面"选练亲兵，立伍结对，明其训习，敦以亲睦，激以忠义。至于旗鼓器械，皆从一新，收拾强壮，不敢惜费"③。又："部勒校阅，合摧锋及效用，并帐前亲兵，千二百余人，额成军伍。"④ 另一方面安抚各溪洞土酋，规劝他们消除积怨，解除械斗，和睦相处。

②打击各种刑事犯罪，加强治安管理。淳熙二年（1175 年）张栻首先在静江实行保伍法，"保伍法先行于静江境内，极得其效。……因渐教以相亲睦扶持之意，继复推之一路"⑤。保伍法即每户抽保丁 1 人，以 5 人

---

① 汪森编，黄盛陆等校点：《粤西文载》卷 54，《答朱元晦四书》，广西人民出版社 1990年版，第 133 页。

② 钱穆：《论语新解》，生活·读书·新知三联书店 2003 年版，第 509 页。

③ 汪森编，黄盛陆等校点：《粤西文载》卷 54，《寄刘共甫书》，广西人民出版社 1990 年版，第 131 页。

④ 汪森编，黄盛陆等校点：《粤西文载》卷 54，《答曾节夫二书》"一"，广西人民出版社 1990年版，第 133 页。

⑤ 汪森编，黄盛陆等校点：《粤西文载》卷 54，广西人民出版社 1990 年版，第 133 页。

为保，5 保为队，农闲时耕种，治安危急时维护治安，因而先在静江府试行，果然卓有成效，盗风一时被遏止，于是又奏请朝廷在一路推行。宋孝宗对此颇为赞赏，认为张栻"留意职事"，是称职负责任的地方官。

③劝养百姓。张栻继承了传统儒家"民本"思想，提出"护养邦本"主张，他说："儒者之政，一一务实，为所当为，以护养邦本为先耳。"①他在任上主要改革三件弊政，第一，盐政。原来，中央政府允许地方政府经营食盐，其利的四分归地方财政以解决财政困难的问题，老百姓的负担由此没有加重。后来，中央政府取走绝大部分，为补开销不足，地方漕运便把食盐加价出售，百姓由是困苦不堪。淳熙二年（1175 年）八月，张栻上疏宋孝宗要求改革盐法弊端，广西路官卖食盐改为七分上交，三分留拨各州县，并确定盐价。而且拿出漕司钱 42 万，其中以 20 万作为诸仓买盐的本钱，另以 20 万作为各州运盐费用的开支。第二，减轻赋税。免除广西各州民户苗米每石多收两斗的损耗。静江府下辖的修仁、阳朔、荔浦三县赋税最重，张栻又奏请减轻了三县的赋税。第三，整顿马政。南宋自偏安江南以来，战马被迫采购于南方。广西横山（今广西邕宁）以产马而闻名，朝廷在此设立马市。张栻实地察访横山军需买马的情况，疏列六十余条上报朝廷，革除弊风，马市买卖两旺，史称："诸蛮感悦。争以善马至。"② 纾困之后，就要养民，"养"包含生养和教养之义。"生养"即保障百姓衣食住行等基本生活，为此，他鼓励农耕，作《淳熙四年二月既望静江守臣张某奉诏劝农于郊乃作熙熙阳春之诗二十四章章四句以示父老俾告于乡之人而歌之》③ 以劝农：

　　　　　　熙熙阳春，既发既舒。
　　　　　　翼翼南亩，是展是图。

　　　　　　嗟尔农夫，各敬乃事。
　　　　　　往利尔器，诚尔妇子。

---

　　① 张栻：《南轩集》卷 26，《与施蕲州》，《四库全书》第 1167 册，上海古籍出版社 1987年版，第 633 页。
　　② （元）脱脱等撰：《宋史》卷 429 "道学三"，中华书局 1995 年版，第 12773 页。
　　③ 张栻：《南轩集》卷 3 "古诗"，《四库全书》第 1167 册，上海古籍出版社 1987 年版，第 447 页。

惟生在勤，勤是及时。
惟时之趋，时不尔违。

祁祁甘雨，膏我下土。
习习谷风，和泽乃普。

往即尔耕，惟力之深。
往莳尔苗，勿倦其耘。

于日于夕，自遂自达。
尔心勿忘，彼生孰遏。

惟天之心，矜我下民。
民不违天，使尔有成。

既穟既实，既坚既好。
尔获既周，行养尔老。

保尔家室，抚乐幼稚。
既迄有年，复思嗣岁。

嗟尔父老，其训其诫。
俾务于本，惟土物爱。

不念其本，则越其思。
所思既越，害斯百雁。

嗟尔父老，其告其喻。
尔之有生，君实覆汝。

尊君亲上，其笃勿忘。
小心畏忌，率于宪章。

嗟尔父老，教之孝悌。
孰无父母，与其同气。

反于尔心，孰无爱敬。
即是而推，乌往不顺。

嗟尔父老，勿替谆谆。
其未率从，警厉其身。

告以祸患，其使知惧。
无俾蹉跌，以陷罪罟。

惟国之法，烨烨其垂。
使尔知避，岂欲尔施。

尔或自陷，予疚予恫。
曷使予怀，寘于尔衷。

於赫圣主，敷德流泽。
布宣弗勤，时予之责。

咨尔父老，助予念兹。
岂予之助，报国是宜。

粤以今日，劝相于郊。
乃作此诗，以愍尔劳。

咨尔父老，尚演厥义。
其讽其歌，于乡于里。

俾一其心，服我训言。
击鼓坎坎，自古有年。

这就是张栻的性理学说在这首诗中的通俗表达，通过这个方式他灌输给了百姓理学的生活观。推行礼教、移风易俗是"护养邦本"的另一个重要内容。淳熙元年（1174 年），张栻就职到任后，历访所属地区，"访闻管辖范围内风俗不美事件"，于淳熙二年（1175 年）三月颁布《谕俗文》①：

　　一访闻愚民无知，遇有灾病等事，妄听师巫等人邪说，辄归罪父祖坟墓不吉，发掘取棺，栖寄它处，谓之"出祖"，动经年岁不得归

　　① 张栻：《南轩集》卷 15，《谕俗文》，《四库全书》第 1167 册，上海古籍出版社 1987 年版，第 551—553 页。

土，……于天理人情岂不伤害？榜到日，如有出祖未归土者，仰限一月，各复收葬，过限不葬，及今后有犯上项事节，并许人陈告，依条施行。

一访闻愚民无知，丧葬之礼不遵法度，装迎之际务为华饰，墟墓之间，过为屋宇。及听僧人等诳诱，作缘事，广办斋筵，竭产假贷，以侈靡相夸，不能办者往往停丧，不以时葬。曾不知丧葬之礼，务在主于哀敬，随家力量，使亡者以时归土，便是孝顺，岂在侈靡，无益亡者，有害风俗。

一访闻婚姻之际，亦复借度，以财相狗，以气相高。帷帐酒食，过为华靡，以至男女失时，淫辟之讼，多往往由此。曾不知为父母之道，要使男女及时，各有所归，婚姻结好，岂为财物。其侈靡等事，一时之间，徒足以欺眩乡间无知之人，而在身在家所损不细，若有不悛，当治其尤甚者，以正风俗。

一访闻愚民无知，生子多不举，在于刑禁至重，前后官司举行，戒谕非不丁宁，往往习俗未能悛改。人各有生，莫亲于父母，儿女之爱何忍至此。男女虽多，它日岂不能相助营缉生计，宁有反患不给之理，以利灭亲，悖逆天道，如有不悛，许人告捉，支赏依条施行。

一访闻愚民无知，病不服药，妄听师巫，淫祀谄祷，因循至死，反谓祈祷未至，曾不之悔。甚至卧病在床，至亲不视，极害义理。契勘疾病生于寒暑冲冒，饮食失时，自合问医用药治疗，亲戚之间当兴孝慈之心，相与照管，其邻里等人亦合时来存问。至于师巫之说，皆无是理，只是撰造恐动，使人离析亲党，破损钱物，枉坏性命。上件诳惑百姓之人，本府已出榜禁止捉押，决定依条重作施行。

一访闻乡落愚民诱引他人妻室，贩卖他处，谓之"卷伴"。词讼到官，追治监锢，押往寻觅，缘此破荡者前后非一，不知惩戒，其卷伴之人官司自合严行惩治，外亦缘细民往往不务安业，葺理农事，多往南州兴贩，逐锥刀之利，动经年岁不返乡间，妻室无依，以至为他人卷伴前去，自今各仰依分安常营生，自守保其家室，无致招悔。

张栻为政，非常重视孝悌忠信、和睦亲亲之义，张栻云："盖君臣、父子、兄弟、夫妇之彝性，孰不具是哉！"① "公之教人，必使之先有以察乎义利之间，而后明理居敬，以造其极。其剖析开明，倾倒切至，必竭两端而后已。所为郡必葺其学，于静江又特甚。暇日召诸生，告语不倦。民以事至廷中者，亦必随事教戒，而于孝弟忠信、睦姻任恤之意，尤孜孜焉。……至于丧葬嫁娶之法，风土习俗之弊，亦列其事以为戒命。闾井各推耆宿，使为乡老，授之夏楚，使以所下条教训厉其子弟，不变，然后言之有司而加法刑焉。"② 张栻所实行的"安静"之策，让百姓能够安居乐业；他所推行的礼教，淳美了风俗，获得了百姓口碑，以至于当闻听他去世的消息，百姓哭之尤哀，因此，朱熹说："求仁得仁，公则奚恨！"③

而"安静为本"是他经过艰苦的巡视、探访得来。张栻被任命为静江知府之前，在家闲居多年，对于这次任命，张栻称"臣敢不思既厥心，克供乃事，奉法循理。期躬率于遐方，和众安民，用仰承于皇武"④。在其任上，一方面"日夜关忧"、"夙夜孜孜，反身修德，爱民计军，以俟国家扶义正名之举，尤极恳至"⑤；另一方面广开言路，注重实地调研，"公始至，未及有为，专务以访求一道之利病为事"⑥。通过一段时间的观察、研究，他所了解的广西有以下弊端：一是财政缺乏，"惟是静江之外，诸郡岁计阙匮异常。甚至官吏乏俸，军兵乏粮。"⑦ 二是治安乱，盗贼偷等刑事案件多。三是广西境内土司、蛮酋械斗不断。四是礼仪不修，风俗浇漓。为什么张栻能通过实地考察找到问题症结所在？这是他的实学思想的体现。在文集中他多次表示"儒者之政，一一务实。为所当为，

---

① 汪森编，黄盛陆等校点：《粤西文载》卷19，张栻《韶音洞记》，广西人民出版社1990年版，第91页。

② 朱杰人等主编：《朱子全书》卷89，上海古籍出版社、安徽教育出版社2003年版，第4139—4140页。

③ 同上书，第4141页。

④ 汪森编，黄盛陆等校点：《粤西文载》卷3，《静江到任谢表》，广西人民出版社1990年版，第76页。

⑤ 朱杰人等主编：《朱子全书》卷89，上海古籍出版社、安徽教育出版社2003年版，第4134页。

⑥ 同上书，第4136页。

⑦ 汪森编，黄盛陆等校点：《粤西文载》卷54，《答朱元晦四书》，广西人民出版社1990年版，第132页。

以护养邦本为先耳，此则可贵也"①。张栻推崇理学，注重把性理哲学与经世致用结合起来，把心性修养与躬行实线结合起来，坚持认为"体用一源"，体用都是实事的存在而非虚空，体就在用中，密不可分，这是他经世致用、施行实学的理论基础。张栻《论语序说》也表示过躬行的重要性，指出："然近岁以来，学者又失其旨，曰：吾惟求所谓知而已，而于躬行则忽焉。故其所知特出于臆度之见，而无以有诸其躬，识者盖忧之，此特未知致知力行互相发之故也。"② 对张栻务实精神，吕祖谦极为称道："张荆州教人以圣贤语言见之行事，因行事复求之圣贤语言。"③ 黄宗羲曾评价张栻的思想是"见识高，践履又实"。张栻的经世致用、讲求切实功夫的思想是湖湘学派影响的结果。湖湘学派由胡安国开创、胡宏扩大，由张栻完成。胡安国（1068—1139），字康侯，崇安人，绍圣四年（1097 年）进士及第，谥文定，历官提举江东路学事、尚书员外郎、中书舍人、知通州。高宗召为给事中，论故相朱胜非，遂落职奉祠，著有《春秋传》、《资治通鉴举要补遗》及《文集》若干卷。胡安国私淑洛学，又从谢良佐、杨时、游酢交友讲学，全祖望说："三先生义兼师友，然吾之自得于《遗书》者为多。"④ 湖湘学派以穷理尽性为入圣之途，尝答曾几书曰："穷理尽性，乃圣门事业。……圣门之学，则以致知为始，穷理为要。"⑤ 又讲主敬持养的修养功夫："以致知为穷理之门，以主敬为持养之道。"⑥ 这一点被张栻所继承，张栻也主张"穷理"和"尽心"并用。胡安国主张经世致用，所著《春秋传》便是他历经 20 余年的经世之作，他用《春秋》中的具体事例来论证纲常伦理的本体超越性，用天理论证尊王攘夷的《春秋》大义，实现了义理与经世致用相结合，开创了湖湘

---

① 张栻：《南轩集》卷 26，《与施蕲州》，《四库全书》第 1167 册，上海古籍出版社 1987 年版，第 633 页。

② 张栻：《南轩集》卷 14，《论语说序》，《四库全书》第 1167 册，上海古籍出版社 1987 年版，第 538 页。

③ 黄宗羲原著，全祖望补修，陈金生等点校：《宋元学案》卷 50 "南轩学案"，中华书局 2009 年版，第 1634 页。

④ 黄宗羲原著，全祖望补修，陈金生等点校：《宋元学案》卷 34 "武夷学案"，中华书局 2009 年版，第 1170 页。

⑤ 同上书，第 1172 页。

⑥ 胡寅：《斐然集》卷 25，《先公行状》，《四库全书》第 1137 册，上海古籍出版社 1987 年版，第 676 页。

学经世特色。其子胡宏延续了这一特色,最终开创了湖湘之学统。胡宏提出了"心为己发"、"性立天下之大本"、"性善不与恶对"、"天理人欲同体异用"、"心主乎性,心以成性"和"察识涵养,居敬穷理"等一系列观点,这些观点在张栻早期理学思想中有所继承,如张栻提出的察识端倪说,"学者先须察识端倪之发,然后可加存养之功"①,就是对胡宏这一观点的继承和完善。在张栻的影响下,湖湘弟子吴猎、游九言、游九功、彭龟年等继承其经世致用之说,把重视"经济之学"作为"践履"的重要标准,其中杰出者当为吴猎。吴猎,字德天,醴陵人,学者称为畏斋先生。进士及第,官至敷文阁直学士,四川安抚制置使兼知成都府,谥文定。黄幹说:"近日图维国事,善资于人,未有如吴公者也。"② 全祖望说:"如先生者,有得于宣公求仁之学,而施之于经纶之大者,非区区迂儒章句之陋。而其好用善人,则宰相材也。惜乎!宋不能大受之,以极其施焉。"③

张栻"安静为本"的行政理念后来被赵崇模所继承和发挥成"安民之安,弗庸钩距"思想,这一点被张茂良④明确指出。赵崇模,赵汝愚第八子,朱子门人,宝庆二年(1226年)知静江府,在任上,勤政为民,老百姓建生祠,刻"赵公德政碑"于水月洞石崖上,⑤ 此石刻尚存,颂文如下:

帝奠区宇,粤居南土。连帅之尊,桂其治所。始时桂人,憔悴数罟。诏公于蕃,拯其疾苦。宣上恩旨,涤以膏雨。疏剔蟊蠹,民胥蹈舞。喧喧歌谣,谓来何暮。帝曰嘉哉,宽我忧顾。赐玺增秩,事循汉故。维公之德,不茹不吐。施于有政,威以仁寓。安民民安,弗庸钩距。耘耨辑绩,仓箱筐筥。赋尔代输,屡捐帑贮。环堵晏眠,吏毋扣

---

① 朱杰人等主编:《朱子全书》卷32,《答张钦夫》,上海古籍出版社、安徽教育出版社2003年版,第1420页。

② 黄宗羲原著,全祖望补修,陈金生等点校:《宋元学案》卷71"岳麓诸儒学案",中华书局2009年版,第2379页。

③ 同上。

④ 张茂良,临桂人,雅有著作才,又笃耽古,故为文气高语洁,削去宋季朽琐之态,仕为潭州善仪主簿,与赵崇度交往,作《广西经略显谟赵公德政颂序》,其文甚藻丽。

⑤ 汪森编,黄盛陆等校点:《粤西文载》卷60,张茂良《广西经略显谟赵公德政颂序》,广西人民出版社1990年版,第291页。

户。平价发廪，以哺饥阻。敛散循环，邑有高庾。攻坚易朽，加惠黉
宇。有美南轩，绍其遗矩。吁嗟先贤，魑魅是御。揭祠烝尝，兰藉椒
醑。风化所系，人心起慕。什伍其旅，乃搜乃补。筑室万楹，蜂屯分
部。粤俗祀鬼，妖巫狎獠。发摘窜斥，绝其根绪。邻荒民流，裼负蓝
缕。赋粟结庐，于时处处。憁敛道殣，分命缁侣。喣免狸蚋，惠及骴
腐。凿石他山，康庄坦步。虹染广济，屹若砥柱。南渠可舟，浚堙疏
淤。潭潭督府，匠石斤斧。丽谯凌云，铁瓮安堵。篆带改观，水亭坡
墅。游刃所及，百废俱举。民不知役，约已有裕。江闽湖湘，跳梁狗
鼠。逾岭以南，寂然桴鼓。莫瑶岛居，种蔓盘瓠。易扰难安，颒首妥
附。为政以德，计效如许。稚耋相告，公我父母。今舍我去，如孩失
哺。我言匪私，感在心膂。俾炽而昌，奚斯颂鲁。公寿无疆，受天之
祜。爰作声诗，磨崖江浒。崖石岩岩，昭示千古。①

张茂良全面称颂了赵崇模的德政，赵崇模在"仁恕"思想的指导下，从
保民、养民、富民和教民几个方面，采用奖励耕织、轻徭薄赋、整顿吏
治、严禁扰民、开仓济困、加强关防、禁绝陋俗等多种行政措施，最后取
得了"百废俱举"、"民不知役"、土酋安分、风俗淳美这样一个治理效
果。通过张栻、赵崇模的行政，"民本"和"仁政"作为儒家政治学说的
核心在广西得到了广泛传播。

（2）传播理学

张栻自小心期圣贤，作《希颜录》，说："故予愿与同志之士以颜子
为准的，致知力行，趋实务本，不忽于卑近，不遗于细微，持以缜密，而
养以悠久，庶乎有以自进于圣人之门墙。"②

①祭祀理学先贤，宣传道统

宋理学家标举从尧、舜、禹、汤、文武、周公、孔子、孟轲到周敦
颐、二程、朱熹这样一个承续谱系，把程朱理学标榜为正统所在。张栻尊
崇这样一个道统，他在《论语说序》中说："学者，学乎孔子者也。……

---

① 汪森编，黄盛陆等校点：《粤西文载》卷 60，张茂良《广西经略显谟赵公德政颂序》，
广西人民出版社 1990 年版，第 291 页。

② 张栻：《南轩集》卷 33，《跋希颜录》，《四库全书》第 1167 册，上海古籍出版社 1987
年版，第 700 页。

秦汉以来，学者失其传，……本朝河南君子始以穷理居敬之方开示学者，使之有所循求，以入尧舜之道。于是道学之传，复明于千载之下。"① 又："昔者夫子讲道洙泗，示人以求仁之方。盖仁者天地之心，天地之心而存乎人，所谓仁也。人惟弊于有己，而不能以推，失其所以为人之道，故学必贵于求仁也。自孟子没，寥寥千有余载间，《论语》一书家藏人诵，而真知其旨归者何人哉？至本朝伊洛二程子始得其传，其论仁亦异乎秦汉以下诸儒之说矣，学者所当尽心也。"②

为维护道统，淳熙二年（1175 年）张栻毁原庙中的"淫厉"，修复和扩建了虞帝庙，在张氏看来，作为道统源头的虞舜，做到了"慈孝于家，仁敬于邦。友弟刑妻，取人与善。从容巨细，各极其极。如规之圆，如矩之方"③。与传统的儒家歌颂舜帝不同的是，张栻从天理人性的高度论证了虞舜道德性的来源，它是天理，人人与生俱来，因此，人人可以为虞舜，他说："天降生民，厥有常性。仁义礼智，父子君臣。爰及昆弟，夫妇朋友，是曰天叙，民所秉彝。"④ 张栻在修缮了虞帝庙之后，还为此立了一块碑，并请朱熹撰写了碑文，在这块碑文中，朱熹也指出，修建虞帝庙的目的是宣传虞帝的道德思想，教化人民。

作为接续道统的周敦颐和二程，张栻于淳熙二年（1175 年）六月在静江府学宫明伦堂旁边立三先生祠，其推尊理学的目的显而易见，"凡所谓为士者，故曰以孔孟为宗，然而莫知所以自进于孔孟之门墙，则亦没世穷年，怅怅然如旅人而已。幸而有先觉者出，得其传于千载之下，私淑诸人，使学者知夫儒学之真，求之有道，进之有序，以免于异端之归；去孔孟之世虽远，而与亲炙之者，固亦何以相异，独非幸哉！是则秦汉以来，师道之立，亦莫盛于今也。……故某之区区，首以立师道为急。继自今瞻三先生之在此祠也，其各起敬起慕，求其书而读之，味其言、考其行、讲论绅绎，心存而身履循之，以进于孔孟之门墙，将见人才之作兴，与漓江

　　① 张栻：《南轩集》卷 14，《论语说序》，《四库全书》第 1167 册，上海古籍出版社 1987年版，第 538 页。

　　② 张栻：《南轩集》卷 14，《洙泗言仁序》，《四库全书》第 1167 册，上海古籍出版社 1987年版，第 539 页。

　　③ 汪森编，黄盛陆等校点：《粤西文载》卷 37，朱熹《静江府虞帝庙碑铭》，广西人民出版社 1990 年版，第 115 页。

　　④ 同上。

为无穷矣，此某之所望也。"①

与推尊道统一致的是打击佛道，"尤恶世俗鬼神老佛之说，所至必屏绝之。盖所毁淫祀前后以百数，而独于社稷山川、古先圣贤之奉为兢兢，虽法令所无，亦以义起。"② 淳熙二年（1175 年）七月十五日，焚毁资庆寺所藏袈裟，禁绝晒佛衣盛会。惩治崇佛之人，"刑狱使者陆济之子弃家为浮屠，闻父死不奔丧，为移诸路，俾执拘以付其家，官吏有犯名教者，皆斥遣之，甚或奏劾抵罪③。

（2）以教人为善为办学目的

张栻从淳熙二年（1175 年）上任开始，就在广西兴建学校，"所为郡必葺其学，于静江又特甚"④。在淳熙四年（1177 年）应钦州知州岳霖之请而作《钦州学记》中他这样阐述道："学也者，所以成才而善俗也。……为之严学宫于此，详其训迪，以夫人伦之教、圣贤之言行熏濡之以渐，由耳目以入其心志，其质之美者能不有所感发乎？有所感发，则将去利就义，以求夫为学之方，而又以训其子弟，率其朋友，则多士之风岂不庶几矣乎！异时人才成就，风俗醇美，其必由侯今日之举有以发之。"⑤ 学校不仅可以作育人才，而且通过受教育之人化育成俗。在张栻的扩建下，桂林府学"殿庑崇邃，堂宇广深。师生之舍，环列庑外，隆隆翼翼，不侈不陋"⑥。他还从外地聘请其高足吴猎为静江府学教授，后者寻先师旧规，在广西建桂林精舍。还写了《静江府学记》、《宜州学记》、《钦州学记》、《雷州学记》（二篇）等大量学记文，宣传他的人才期待。

与为其他地方所写学记不同的是，他不再把希圣希贤、孔颜境界作为人才培养追求，而是以教人为善为办学目的和追求，他在《雷州学记》中指出："物欲蔽之，而不知善之所以为善故耳。盖二者之分，其端甚

①　汪森编，黄盛陆等校点：《粤西文载》卷 37，《三先生祠碑》，广西人民出版社 1990 年版，第 114—115 页。

②　朱杰人等主编：《朱子全书》卷 89，上海古籍出版社、安徽教育出版社 2003 年版，第 4140 页。

③　同上。

④　同上书，第 4139 页。

⑤　张栻：《南轩集》卷 9，《钦州学记》，《四库全书》第 1167 册，上海古籍出版社 1987 年版，第 501 页。

⑥　谢启昆：《广西通志》卷 133，广西人民出版社 1988 年版，第 3807 页。

微，而其差甚远。学校之教，将以讲而明之也。故自其幼，则使之从事于洒扫应对进退之间，以固其肌肤，而束其筋骸，又使之诵《诗》、读《书》、讲礼、习乐，以涵泳其情性，而兴发于义理。师以导之，友以成之，故其所趋日入于善，而自远于利。及其久也，其志益立，其知益新，而明夫善之所以为善，则其于毫厘疑似之间，皆有以详辨而谨察之。"①在这段话里，张栻着重强调了两个问题：一是何为善；二是善之所以然。

既然学校以教人为善为教学目的和方向，善到底来自何处？张栻认为善源自于天，是人之常性；但对这个善，张栻强调形而下的人伦日用，强调孝悌等人伦纲常，在《雷州学记》中说："而后知先王所以建庠序之意，以教之孝悌为先也。……盖孝悌者天下之顺德，人而兴于孝悌，则万善类长，人道之所由立也。譬如水有源，木有根，则其生无穷矣。故善观人者，必于人伦之际察之，而孝悌其本也。然则士之进学，亦何远求哉？莫不有父母兄弟也，爱敬之心岂独无之？是必有由之而不知者，盍亦反而思之乎？反而思之，则其所以用力者盖有道矣。古之人自冬温夏清、昏定晨省以为孝，自徐行后长者以为悌，行着习察，存养扩充，以至于尽性至命，其端初不远，贵乎无舍而已。"②

③刻书理学大师著述，传播理学

书籍刊行是理学在广西传播的主要途径。理学大师们的著书、讲义、语录等也随着印刷术的发展被刊行流传应用于其学术交流、兴教授课上。张栻重新刊刻《中庸》，张栻认为"《中庸》一篇，圣贤之渊源也，体用隐显，成己成物备矣。……其示来世，可谓深切著明矣。学者于此亦知所用其力哉！有以用其力，则于是书反复绅绎，将日新而无穷。"③又刻印《近思录》，张栻在《答朱元晦》中言："学中重刻，责沈纳一轴并十本去，《近思录》方议刻，欲稍放大字耳。"④《近思录》是朱熹、吕祖谦二人精选四子（周敦颐、二程、张载）论学文字和语录辑成的，目的是为

---

①　张栻：《南轩集》卷9，《雷州学记》，《四库全书》第1167册，上海古籍出版社1987年版，第503页。

②　同上书，第502页。

③　张栻：《南轩集》卷33，《跋中庸集解》，《四库全书》第116册，上海古籍出版社1987年版，第697页。

④　张栻：《南轩集》卷23，《答朱元晦》，《四库全书》第1167册，上海古籍出版社1987年版，第607页。

初学者提供一个关于道学的入门教本。它既是一本理学选集，也是宋代理学纲要性著作。作为一本理学入门的基础读物，张栻于广西刊行，其用意不难明了。其后门人詹仪之淳熙十一年（1184 年）历官静江府，刊行朱子《四书集注》。朱熹说："今侍郎丈乃以见爱之深，卫道之切，不暇以消息盈虚之理推之，至于刻画其书，流布远近，若将以是与之较强弱、争胜负者。"① 随着理学大师及其门人的入桂，理学家们著作、语录等也在广西地区纷纷出版刊行，传播开来。

为纪念张栻对广西理学文化的开拓之功，桂林"四贤祠"祭祀人物之一就是张栻。另外，景定五年（1264 年）广西经略使朱禩孙建宣成书院来祭祀张栻、吕祖谦。刘节《祭告宣成二贤祠》说："於戏！唐虞至于成周，集群圣之大成孔子也。春秋至于有宋，集诸儒之大成朱子也。二公友朱子而上师孔子者也。宣公仕于斯，成公生于斯，后人仰而服焉有余地矣！"② 后杨大异复建宣成书院，杨大异"从五峰受《春秋》"，《宋史》载："复建宣成书院祀张栻、吕祖谦。"③ 元臧梦解又重修，作了《重修宣德书院记》，阐述了他重建的原因和目的。明正德间，广西督学金事姚镆在桂林府城又修复宣成书院，亲撰《重修宣成书院上梁文》，并建张、吕"二贤祠"，提倡明体达用之学。姚镆还聘谈一凤为书院山长，谈一凤"选八桂俊士，延师分教"，"严立教条，析疑义，正文体，每励诸生以明体适用之学，绰有苏湖遗风"④。宣成书院从产生之日起，就成为广西的学术重镇，讲学不断，如明嘉靖年间广西监察御史林富于宣成书院组织规模盛大的讲学活动，聘请五位经师讲学，广西各地前来听讲的学生达 300人之众。此后，广西明经之士渐多，穷乡僻壤也渐渐崇学尚礼。康熙二十一年（1682 年），教授高熊征请于巡抚郝浴，在宣成书院旧址重建书院，祀宣、成二公，督学王如辰改名华掌，王如辰《重修桂林府儒学碑记》云："余督学粤西，而大中丞中山郝公适巡抚是邦。戢兵抚民之暇，首议

---

① 朱杰人等主编：《朱子全书》卷 27，《答詹帅书》，上海古籍出版社、安徽教育出版社 2003 年版，第 1200 页。

② 汪森编，黄盛陆等校点：《粤西文载》卷 75，刘节《祭告宣成二贤祠》，广西人民出版社 1990 年版，第 397 页。

③ （元）脱脱等撰：《宋史》卷 423，中华书局 1995 年版，第 12645 页。

④ 汪森编，黄盛陆等校点：《粤西文载》卷 65 "名宦小传"，广西人民出版社 1990 年版，第 45 页。

兴学，以明伦广教为拨乱反正之第一义。雍正二年，巡抚李绂复题曰宣成书院。"①

7. 陈孔硕、赵必愿在广西的理学传播活动

在宋代，伊洛传人在广西传播理学进入了平静期。绍熙至淳祐先后有陈孔硕、柴中行、崔与之、宋牷、方崧卿、方信儒、张彦清、李如圭、陈岘、张杓、李大有、詹仪之、吕祖泰、杨大异、李鉴、钟震、李闳祖、赵崇宪、赵崇模、赵必愿、张垓、赵师恕、董槐等。除上面已经述及的詹仪之、杨大异、赵崇模三人的理学传播外，值得一提的还有陈孔硕、赵必愿的理学传播。

陈孔硕嘉定年间任广南西路转运判官，在桂林任职期间，留下了论述理学中关于宇宙万物之本原的石刻，他论述道：

> 天地山泽，雷风水火。既画既分，有万斯多。万殊一分，皆备于我。八司厥位，一常主中。若枢得环，以应无穷。流形相嬗，自我陶镕。我坐斯亭，洞然八极。卷舒晦明，一出入思。八者旁罗，吾见其一。②

他认为：宇宙的本原是太极，太极的动和静产生出阴阳，由阴阳而立天地乾坤，阴阳二气交互作用生成金木水火土五种物质元素（即五行），又由五行推演转变出八卦，指向八方，殊连交错，造就了气象万千的物质世界。而由一中心（即太极）可观八卦动静，了天地万物于指掌间。

赵必愿乃理学家赵汝愚之孙，师从朱熹弟子黄幹，嘉定年间守全州，扩建清湘书院，创率性堂、燕居楼，并请魏了翁作《全州清湘书院率性堂记》。③ 在魏了翁看来，性乃大本要道，为群言之首，性又是善的。"性善说"，赋予了"性"道德意义，使之由一个宇宙本体过渡到道德本体。北宋张载也早有说明，他将"性"分为"天地之性"与"气质之性"，

---

① 王如辰：《重修桂林府儒学碑记》，载桂林市文物管理委员会编《桂林石刻》，内部资料，1977 年印。

② 陈孔硕：《卦德亭铭》，载桂林市文物管理委员会编《桂林石刻》，内部资料，1977 年印。

③ 魏了翁：《鹤山先生大全文集》卷 48，《全州清湘书院率性堂记》，《四部丛刊》第 205 册，上海书店 1989 年版，第 2 页。

天地之性是人和物都共同具备的，而气质之性是个人因其自身情况而各有特点，是有偏颇的。又说"性之于人无不善"。那人性之善的本质指什么？实际上，在理学之士思想中，人性之善就是仁义礼智、三纲五常的封建伦理道德，是同天理并存的绝对真理，是人伦社会的本源。因此，魏了翁说："真有以见夫仁义礼知之则，行乎君臣父子长幼朋友之间，皆吾性所本有，分所当为，而实不容以须臾离也。"① 可见，"性"已经是封建伦理道德的代名词，因此，遵从三纲五常是天经地义的，这也是魏了翁为清湘书院作记的目的所在。赵必愿把魏了翁等人的心性说通过书院，在广西传播开来。

8. 朱熹、魏了翁的理学思想对广西的影响

朱熹、魏了翁虽然未到过广西，他们却对广西的理学影响巨大。朱熹的著述中，有许多有关广西的文章，如《静江府学记》、《静江府虞帝庙碑铭》、《答詹帅书》、《跋蒋邕州墓志铭后》、《跋山谷宜州帖》等。

《静江府学记》作于淳熙四年（1177年），受张栻请求而作。朱熹提出了学校的目的是培养"君子之儒"，其关键就在于对待"人爵"和"天爵"的态度。"人爵"和"天爵"出自《孟子·告子上》："有天爵者，有人爵者。仁义忠信，乐善不倦，此天爵也；公卿大夫，此人爵也。"② 孟子认为"天爵"是"人爵"的前提和条件，"人爵"是"天爵"的自然结果，"古之人修其天爵，而人爵从之"③。朱熹完全接受了孟子的观点，他说："古者圣王设为学校，以教其民，由家及国，大小有序，使民无不入乎其中，而受学焉。而其所以教之之具，则皆因其天赋之秉彝，而为之品节以开导而劝勉之，使其明诸心，修诸身，行于父子、兄弟、夫妇、朋友之间，而推之以达于君臣、上下、人民、事物之际，必无不尽其分焉者。及其学之既成，则又兴其贤且能者，置之列位。"④ 他明确提出兴学建校的目的就在于让人明"天爵"，并进一步阐述了"天爵"来源和具体修为途径。他认为"天爵"来自于天，是人的天赋秉彝，可以通过

---

① 魏了翁：《鹤山先生大全文集》卷48，《全州清湘书院率性堂记》，《四部丛刊》第205册，上海书店1989年版，第4页。

② 焦循：《孟子正义》，中华书局2012年版，第796页。

③ 同上。

④ 汪森编，黄盛陆等校点：《粤西文载》卷25，朱熹《静江府学记》，广西人民出版社1990年版，第244页。

明心、修身而保有，而体现在父子、兄弟、夫妇、朋友、君臣、上下、人民、事物等关系的处理上。张栻把这篇序文传之学校，对静江府学办学方针和教学方法起到了一定的指导作用。《静江府虞帝庙碑铭》应张栻之请而作于淳熙二年（1175 年），此文论述了虞舜在人伦上的垂范意义，阐述了建祠缘由。《答詹帅书》是就詹仪之治理宽严、刻书等问题的回信，朱熹前后四封回信表达了自己的看法和建议。第一封信关于广西盐政。广西盐法，自绍兴实行客钞，31 年未变。范成大帅桂以后，改为官办。私商（客钞）为了赚钱，或囤积居奇，或垄断市场。官办由少数官员操纵卖盐大权，一些人从中渔利。詹仪之在广西实行客钞，中间有一段时间也实行过官办，老百姓告到了皇帝面前，皇帝曾派员到广西调查。淳熙十六年（1189 年）正月，詹仪之以"罔上害民"①之罪，"责授安远军（治所在今北京城西南）节度行军司马，袁州（治所在今江西宜春）安置"②。"光皇登极，念公故宫僚，许自便。既归而没，公论惜之"③。这种盐法，其实是孝宗自己批准实行的，到头来却把责任全推在詹仪之身上，故史称"代者蜚语"。其余三封信都是有关刻书的，其主旨在于告诫詹仪之不要刊刻他的诸经说。朱熹的《论语要义》、《论语训蒙口义》成于隆兴元年（1163 年），《论孟精义》（《年谱》是书后名《要义》，又改名《集义》）成于乾道八年（1172 年），《论孟集注》、《论孟或问》、《诗集》、《周易本义》成于淳熙四年（1177 年）。从这三封信我们可以看到：一是严谨的学术态度。朱熹恐误导后学，有失传递圣贤学术的重任，便对自己的著作字斟句酌，反复订正，直到去世前，还在订正四书。所以他说："诸经鄙说，初意浅陋，不足荐闻。……然亦自知其间必有乖缪以失圣贤本指、误学者眼目处，故尝布恳，乞勿示人。……乃闻已遂刊刻。"④"节次改定又已不少，其间极有大义所系、不可不改者，亦有一两文字，若无利害，而不改终觉有病者。今不免就所示印本改定纳呈，欲乞暇日一赐省览，即见

---

① 毕沅：《续资治通鉴》卷 151，《续修四库全书》第 345 册，上海古籍出版社 2002 年版，第 511 页。

② 同上。

③ 郑瑶、方仁荣同撰：《景定严州续志》卷 3"人物"，《四库全书》第 487 册，上海古籍出版社 1987 年版，第 551 页。

④ 朱杰人等主编：《朱子全书》卷 27，《答詹帅书》，上海古籍出版社、安徽教育出版社 2003 年版，第 1200 页。

前日之谬。本非可传之书，削而焚之，上也；镌而藏之，次也；必不得已，则改而正之，其字多于旧处，分作两行注字亦可，此则最为下策。虽未必便能不误学者，亦且粗满区区今日之心，然后患之来可以立竢。熹非自爱而忧之，实惧其不知妄作，未能有补于斯道斯民，而反为之祸也。"①二是字里行间，表达了惧祸之心，他说："又况贱迹方以虚声横遭口语，玷黜之祸，上及前贤，为熹之计，政使深自晦匿，尚恐未能免祸。今侍郎丈乃以见爱之深、卫道之切，不暇以消息盈虚之理推之，至为刻画其书，流布远近，若将以是与之较强弱争胜负者。熹恐其未能有补于世教，而适以重不敏之罪，且于门下抑或未免分朋树党之讥。盖未论东京禁锢、白马清流之祸，而近世程伯禹、洪庆善之事亦可鉴矣。岂可遽谓今之君子不能为前日之一德大臣耶？况所说经固有嫌于时事而不能避忌者，指为讪上而加以刑诛，亦何不可乎？去岁建昌学宫偶为刻旧作《感兴》诗，遂为诸生注释，以为谤讟而纳之台鉴，此教官者，几与林子方俱被论列，此尤近事之明镜。虽若无足畏避，然亦何苦而直触此奸憝之锋耶？"② 这些文字，体现出一个学人的忧惧之心，可见当时的文字狱和党争的严酷性和残酷性。

通过以上著述的解读可知，朱熹通过文章、书信等形式对广西产生影响。他与张栻关系的书信不少涉及广西的盐政、马政、治安、关防等问题；他的众多弟子如詹仪之、詹体仁、廖德明、赵崇宪、赵崇模、陈孔硕、李闳祖等也常去信咨询有关行政、兴学、刻书等问题，因此，朱熹有关道心人心、格物穷理、主静涵养等理学观念在广西得到了传播。

魏了翁于绍定年间被贬，在靖州（今湖南靖州）安置。在靖州，他不仅为广西撰写了《全州率性堂记》、《送清湘文元归土溪序》、《清湘腾景重己斋铭》、《清湘蒋成父一斋铭》等阐述其理学思想的文章，而且为广西培养了蒋公顺、滕处厚、文元三位本土理学之士，是理学真正接地气之人。关于魏了翁的理学影响将在下面章节加以论述，兹不赘述。

（三）入桂的邵氏后学及其在广西的理学传播

邵雍后学进入广西的有赵鼎和王安中。

① 朱杰人等主编：《朱子全书》卷27，《答詹帅书》，上海古籍出版社、安徽教育出版社2003年版，第1203页。

② 同上书，第1201页。

赵鼎（1085—1147），字符镇，号得全居士，解州闻喜（今属山西）人，登崇宁五年（1106 年）进士第，官至宰相。绍兴十四年（1144 年）九月，以交结叛将等罪名被流放吉阳军（今海南岛崖县北）。在吉阳三年，后不食而死。孝宗即位，谥忠简，赠太傅，追封丰国公。高宗祔庙，配享庙廷。所著拟奏、表疏、杂诗文 200 余篇，号《得全集》，行于世，《宋史》有传。赵鼎为邵伯温①门人，故《宋元学案》列入"百源学案"，与胡寅交好，为其同调，又因其学术影响力，《宋元学案》把他与张浚并论，立"赵张诸儒学案"。

王安中为晁说之弟子，晁说之为邵雍之后学。邵雍（1011—1077），字尧夫，死后赐康节，人称康节先生，河北范阳人，定居洛阳。一生精研数学，为北宋五子之一，著有《皇极经世书》。他的学术思想有两个特点，一是传自陈抟老子的象数，南宋朱震说："陈抟以先天图传种放，放传穆修，修传李之才，之才传邵雍。"② 二是提倡"安乐逍遥"的精神境界③。晁说之（1059—1129），字以道，又字伯以，因慕司马光之为人，自号景迁生，巨野（今属山东）人，或说澶州（今河南濮阳）人。元丰五年（1082 年）进士。元符三年（1100 年），知无极县，后历任监陕州集津仓、监明州船场，通判郴州，提举南京鸿庆宫、知成州。靖康初，召至京，任秘书少监兼谕德、寻以中书舍人兼詹事。落职，提举西山崇福宫。高宗即位，任徽猷阁待制兼侍读。建炎三年（1129 年），卒于舟中。晁说之以经术名世，著述众多，其学术出自多门。从司马光问学，传司马光《太玄》和疑孟之说，所著《易玄星纪谱》乃是受司马光学术影响的结果。又从康节弟子杨贤宝传其先天之学，晁说之主要继承了邵雍的"元运会世"的数学，创景迁学派，主要弟子有朱弁、王安中。王安中（1075—1134），字履道，号初寮。山西阳曲（今山西太原）人，以词名

---

① 邵伯温（1057—1134），字子文，邵雍之子也，官至提点成都路刑狱，利路转运副使。邵伯温承袭家学，与二程讲学论道，曾说："二程先生教某最厚。某初除服，宗丞谓曰：'人之为学忌标准。若循循不已，自有所立。'及某入仕，侍讲谓曰：'凡作官，虽所部公吏，有罪，立案而后决。或出于私怨，莫仓卒。每决人，有未经杖责者，宜慎之，恐其或有所立也。'某终身行之。"著有《易辩惑》、《河南集》、《闻见录》、《皇极系述》、《皇极经世序》、《观物内外篇解》。

② 朱震：《汉上易传》、《汉上易传表》，《四库全书》第 11 册，上海古籍出版社 1987 年版，第 5 页。

③ 参见陈来《宋明理学》，华东师范大学出版社 2005 年版，第 91 页。

家。哲宗元符三年（1100 年）进士。历任瀛州司理参军，大名县主簿、中书舍人、御史中丞。宣和元年（1119 年），任尚书右丞。宣和三年（1121 年）升为左丞，出镇燕山府。1124 年召还除检校太保、大名府尹兼北京留守司公事。后又内徙道州，复任左中大夫。绍兴四年（1134 年）卒，年 59。有《初寮集》40 卷、《后集》10 卷、《内外制》26 卷。其词集名《初寮词》1 卷，南宋时已单刻，今所见有《百家词》本、影汲古阁抄本、《宋六十名家词》本。王安中以谄事宦官梁师成、交结蔡攸获进，又附和宦官童贯、大臣王黼，赞成复燕山之议，出镇燕山府。少时从学于苏轼和晁说之，晁氏以"谨初"为戒，故牓其室为"初寮"。靖康元年（1126 年），被贬送象州安置，留居柳州，直到绍兴四年（1134 年）之前离开。在贬谪象州期间，与谢洪、谢泽二人交往。谢洪、谢泽皆象州人，宣和三年（1121 年）同榜进士，博学能文，时人誉为广西"二贤"。在绍兴间于柳州创建了广西第一所书院——驾鹤书院。他创建的驾鹤书院，"因观岩石屏立，上有空洞数处，遂创茅亭二所，曰'驾鹤书院'，曰'三相亭'"，常与友人在此"观书论诗，款洽终日不倦"①。不过，他所创建的驾鹤书院，虽名为书院，实则未见读书、讲学的行为，只是他当时吟咏性情、与人唱和之所，更谈不上传播邵雍之学了。即便如此，驾鹤书院毕竟是广西的第一所以书院命名之所，他的引导之功还是应当予以肯定的。

（四）入桂的张载后学和象山后学在广西的理学传播

进入广西的张载后学有张舜民。《宋元学案》卷 31："从横渠学，见于《晁景迂集》中，他书无所考也。考横渠之卒，先生为之乞赠于朝，以为孟轲、扬雄之流。且景迂及与先生游者，必不妄。"② 由于张舜民贬谪至广西，仅为邕州一监粮仓官，且停留时间短，未见有传播的学术活动。

宋代陆氏学派后学进入广西之人有林光朝、李浩、邹近仁等。林光朝前面已有论及，在此就介绍一下李浩、邹近仁。

李浩，字德远，一字直夫，建昌人，后徙居临川，号橘园，绍兴中进

---

① 谢启昆：《广西通志》卷 235 "胜迹略"，广西人民出版 1988 年版，第 6024 页。

② 黄宗羲原著，全祖望补修，陈金生等点校：《宋元学案》卷 31 "吕范诸儒学案"，中华书局 2009 年版，第 1121 页。

士，调曹州司户，累官直宝文阁。乾道六年（1170 年）知静江府兼广西安抚，官至侍郎。象山同调，《宋元学案》列入"象山学案"，子孙皆从学于象山。李浩在广西修整灵渠，使之通漕运和灌溉；加强戒备，免除边患；力阻南丹置买马场等，未有传播理学的学术活动。

邹近仁，字鲁卿，一字季友，德兴人。以特恩为静江法曹，再调龙阳丞。问学于慈湖①，与语，从容良久，即了然无疑滞。嘉定二年（1209 年），疾革，语其子曾曰："吾心甚明，无事可言，尔曹修身学道则为孝矣。"言讫而瞑。所著有《归轩集》。

二　宋代本土士人对理学的接受

宋代理学学派张载之学、邵雍之学、二程伊洛之学和陆氏心学先后都有后学进入广西。就其人数来说，洛学人数最多，尤其以朱熹和张栻门人为多；就其影响而论，也是洛学，朱子弟子廖德明、李闳祖、陈孔硕、赵崇模、赵必愿等，湖湘学张栻、吴猎、杨大异等通过兴学、讲学、刻书等多种方式传播朱子理学和湖湘学说。正是由于他们在广西的理学传播，一些本土士人也接触到了理学，他们或与理学人物交往，或外出拜师理学大儒，或潜心理学，进德修业。这些人主要有石安民、蒋元夫、蒋公顺、滕处厚、文元、陶崇、覃昌和韦旻，其中陶崇、覃昌、韦旻虽没有明确的师门记载，但相关文献都明确指出其潜心理学。

陶崇，字宗山，全州人，嘉泰二年（1202 年）进士，知信州，卒赠特进，谥文肃，著有《澂斋文集》（今不存）。精研义理之学，曾做理宗讲读官，理宗即位后，被召陈"保业、谨微、谨独、持久"② 之说。

覃昌，融县人，祖父覃光佃、父亲覃庆元崇奉儒学，祖、父以宦绩显，庆历五年（1045 年）进士，官至国子祭酒，有文集，不存。昌"独闭门讲学，以求道为己任。文峻而整，学精而核。其教人一本六经"③。

---

① 杨简（1141—1225），字敬仲，慈溪人，人称慈湖先生。乾道五年（1169 年）进士，历任绍兴府理掾、知乐平、国子博士、著作佐郎兼兵部郎官、将作少监、实录院检讨等官。著述主要有《慈湖遗书》、《慈湖诗传》、《杨氏易传》等。陆象山弟子，与袁燮、舒璘、沈焕并称"甬上四先生"，或"四明四先生"。《宋元学案》卷 74 "慈湖学案"。

② 汪森编，黄盛陆等校点：《粤西文载》卷 68 "人物小传"，广西人民出版社 1990 年版，第 178 页。

③ 同上书，第 164 页。

韦旻，上林人，应举不中，隐居罗洪洞，以读书、养生为乐，号白云闲叟。闭门力学，众人目之以"书楼"。元祐中曾与太守许德言论"尽心、养气、知性诸篇"①，许德言皆欣然忘倦。许德言，字钝斋，南海人，龙图阁学士，宣和中左降宾州（显谟阁待制），许德言之学，"本源一诚"。

文元，字宗之，广西全州人，曾问学于魏了翁，请魏了翁正其书，书上有"翱翔土溪之滨，咏歌先圣之道"，魏了翁问"土溪"一名的来由，二者就"土"进行了阐述。魏了翁说："大哉，土之为功也，……以五行言之，则水火之所寄，金木之所资，居中以应四方，冲气而生万物，其功不既大乎？而谁以易之？乾之四德，人之四端，而信不与焉，又以见无适而非此也。"② 大抵从天象、五行来说土的重要性。有关文元求学魏了翁的资料，今仅见于此。蔡方鹿在《魏了翁评传》中，将文元列为魏了翁的弟子，大概也是本于此。

石安民、蒋元夫、蒋公顺、滕处厚四人有明确的师门渊源，石安民，万斯同《儒林宗派》列入胡寅弟子；蒋元夫，《宋元学案》列"象山学案"和"岳麓诸儒学案"；蒋公顺、滕处厚《宋元学案》和《儒林宗派》列为魏了翁门人。下面就将对此四人的学术渊源及其学术思想做一简要剖析。

石安民，字惠叔，临桂人。绍兴十五年进士，历象州判官，廉、藤二州教官等。提倡德政，"文风大振"。喜为诗，奇丽雄深，晚归于平淡，有《惠叔文集》，今不存。关于其学术，汪森说："早从路允迪、沈晦、胡寅游，尤受知于张忠献及汪应辰。其后张孝祥帅桂，益敬爱之，为榜于堂曰'瑞文'。"③ 路允迪，字公弼，宋城人（今河南商丘）人，官至给事中。宣和五年（1123 年），高丽睿宗王俣卒，路允迪、傅墨卿奉诏出使高丽，回来后为妈祖上奏，朝廷赐庙额为"顺济"，正式列入国家祀典。靖康元年（1126 年），与滕茂实奉命出使割让太原、中山、河间三镇，被

---

① 陈梦雷编，蒋廷锡校订：《古今图书集成》第 62 册，中华书局、巴蜀书社 1986 年版，第 75480—75481 页。

② 魏了翁：《鹤山先生大全文集》卷 54，《送清湘文元归土溪序》，《四部丛刊》第 205 册，上海书店 1989 年版，第 13 页。

③ 汪森编，黄盛陆等校点：《粤西文载》卷 68 "人物小传"，广西人民出版社 1990 年版，第 176 页。

囚。次年，被放。建炎三年（1129 年）二月，路允迪为淮西制置使，分
守两淮。二月，提举洞霄宫。是年四月，罢为资政殿学士，提举醴泉观。
绍兴五年、绍兴八年在朝。"南迁寓桂林"当在绍兴元年至五年之间，在
桂林以讲学为事。沈晦绍兴八年在广西经略兼知静江府任上。胡寅坐与李
光书讥讪朝政，安置新州，绍兴二年徙全州。张浚绍兴七年贬居永州，绍
兴十六年贬连州，二十年徙居永州，绍兴二十五年起用，判洪州。二十六
年又贬居永州，绍兴三十一年起复。汪应辰在秦桧执政期间，在广西流落
了 17 年。石安民与路允迪、沈晦、胡寅、张浚和汪应辰的交往当在绍兴
十八年出仕之前，与其说交游，还不如说问学求教。路允迪学术路数不
知，沈晦为尹焞门人，胡寅、张浚和汪应辰都是别开一派的理学人物，其
中胡寅更是理学大师。寅之学可见《衡麓学案》，其学以辟佛为首，归复
儒学正统，其源出自其叔父胡安国。

由于石安民文集或残篇断句不存，其理学的接受情况不明。尽管如
此，临桂的石安民仍是文献可考的宋代广西士子接受理学的第一人。万斯
同《儒林宗派》列入胡寅弟子，归入程子学派。

蒋元夫，生卒年不详，清湘人（今全州）。有关他的文献记载，仅存
于黄佐纂《广西通志》、《古今图书集成》等书中。据黄佐纂《广西通
志》记载："蒋公顺，清湘人，远祖秀东汉末来居零陵，四传为蜀大司
马，……唐初刺零陵，没葬湘源，子孙因家焉。又十九传为忠良，号龙
溪，翁生三子，少曰炎，炎之族兄曰元夫，嗜学善属文，两请乡荐，贵贱
不欺。游张南轩、陆象山之门，作《本宗谱系序》载秀而下迄今凡一千
四十余年。"① 又《古今图书集成》载："按《尚友录》：元夫，清湘人，
嗜学，善属文，两请乡荐，贵贱不欺，游张南轩、陆象山之门，作《本
宗谱系序》载秀而下迄今凡一千四十余年，世数历历可考，宗族散居他
乡，其家风大振，重源而务本，慷慨而好义。"② 可知，蒋元夫为蒋公顺
族伯父，师从理学家张栻、陆九渊，《宋元学案》两立，入"象山学案"，
又"岳麓诸儒学案"。虽不知师从时间，但不会早于石安民的求学问道
时间。

---

① 林富、黄佐修纂：《广西通志》明嘉靖十年（1531 年）抄本。

② 陈梦雷编，蒋廷锡校订：《古今图书集成》第 36 册，第 441 卷，中华书局、巴蜀书社
1985 年版，第 44833 页。

　　宋代广西理学传播须关注的重点人物当为魏了翁。他于宝庆元年贬来湖南靖州，故广西士子可亲得为师。广西理学几位开山人物蒋公顺、滕处厚、文元皆于了翁有师徒名分。故广西理学将来之发展和他有相当关系。

　　魏了翁（1178—1237），字华父，号鹤山，邛州蒲江（今属四川）人。庆元五年（1199 年）进士，授签书剑南西川节度判官厅公事。开禧元年（1205 年），以武学博士对策，谏开边事，被劾狂妄，改秘书省正字。开禧二年（1206 年），迁校书郎，出知嘉定府，以养亲归里，筑室白鹤山下，授徒讲学，故自号鹤山。嘉定初，知汉州。历知眉州、泸州、潼川府。入朝权工部侍郎，被劾欺世盗名，谪居靖州，湖湘江浙之士多从之学。绍定四年（1231 年）复职。五年，进宝章阁待制，为潼川路安抚使、知泸州。史弥远卒，召为权礼部尚书兼直学士院。端平二年（1235 年），同签书枢密院事、督视京湖军马兼江淮督府。官终知福州、福建安抚使。谥文靖，追赠秦国公。著作有《鹤山集》、《九经要略》、《周易集义》、《易举隅》、《周礼井田制图说》、《古今考》、《经史杂钞》、《师友雅言》等。他与真德秀齐名，真德秀死后，魏了翁为其作《神道碑》，称说"志同气合，则海内无二"，有"生同志，死同传"之谊，后世往往将二人并称真魏，《宋史》卷 437 有传。

　　魏了翁立名后世有两方面的重要原因，一是在济王事件中的政治人格。嘉定十七年（1224 年）闰八月丁酉宋宁宗驾崩，权相史弥远矫诏传赵昀即位，这就是历史上的宋理宗，封原皇位继承人赵竑为济阳郡王，出居湖州。宝庆元年（1225 年）正月，宋理宗和史弥远利用"湖州事件"，缢死了济王赵竑，理宗并下诏贬济王为巴陵郡公。对济王冤死朝野舆论不平，史载，"济王不得其死，识者群起而论之"，魏了翁说：

　　　　今若内出手书，深惟既往之悔，明谕圣志，而图所以厚其终者，使天下晓然无惑于浮言，则日月之明其食其更，莫不咸仰此。所以通天下之志，而销祸乱之本。何疑何惮？而久不为此，此又臣之所未喻者二也。①

────────────

　　① 魏了翁：《鹤山先生大全文集》卷 17，《直前奏六未喻及邪正二论》，《四部丛刊》第 204 册，上海书店 1989 年版，第 4 页。

宝庆元年，因济王事件，史弥远利用李知孝、梁成大、盛章、宣缯、薛极等排挤打击，真德秀落职罢祠，后魏了翁以"倡异论"，降官三等，靖州安置，直到绍定四年魏了翁才官复原职。二是为理学正统地位的取得所作的努力得到后世理学家的肯定。何俊认为在南宋后朱熹时代的理学发展中，朱子学说沿着三个方向在发展：第一是向形态化推进并世俗化，第二是向现实政治的基础理论转化，第三则是向学术延伸。第一发展方向主要是黄幹、陈淳等奠定的，第二个方向则是真德秀和魏了翁促成，第三个方向则是由后学金履祥、黄震、王应麟等人促进。① 嘉定九年，身兼潼川府路宪漕仓司的魏了翁请为周程三先生赐谥，他说：

> 盖自周衰，孔孟氏没，更秦汉魏晋隋唐，学者无所宗主，支离伴涣，莫适其归。……而敦颐独奋乎百世之下，乃始探造化之至赜，建图著书，阐发幽秘，而示人以日用常行之要。使诵其遗文者，始得以晓然于洙泗之正传。……又有河南程颢、程颐亲得其传，其学益以大振。虽三人者皆不及大用于时，而其嗣往圣、开来哲、发天理、正人心，其于一代之理乱，万世之明暗，所关系盖甚不浅。②

第二年，魏了翁再次上疏请谥。嘉定十三年（1220 年）六月，赐周敦颐"元"，程颢"纯"，程颐"正"。嘉定十四年（1221 年），魏了翁再次为张载请谥。十六年（1223 年）正月，赐张载"献"。再加上嘉定二年赐朱熹"文"，嘉定八年赐张栻"宣"，次年赐吕祖谦"成"。理学得到了官方的正式承认。嘉定十七年（1224 年），理宗亲自主持大庆典，朝百官，崇奖程颐等理学家的后人。淳祐元年（1241 年）理宗颁布了如是诏书：

> 朕惟孔子之道，自孟轲后不得其传，至我朝周敦颐、张载、程

---

① 何俊：《南宋儒学建构》，上海人民出版社 2004 年版，第 350—351 页。

② 魏了翁：《鹤山先生大全文集》卷 15，《奏乞为周镰溪赐谥》，《四部丛刊》第 204 册，上海书店 1989 年版，第 1—2 页。

颐、程颐真见实践，深探圣域，千载绝学，始有指归。中兴以来，又得朱熹精思明辨，表里混融，使《大学》、《论》、《孟》、《中庸》之书，本末洞彻，孔子之道，益以大明于世。朕每观五臣论著，启沃良多，今视学有日，其令学官列诸从祀，以示崇奖之意。①

这表明朝廷公认了道统的确立，这从制度上完全实现了理学的官学化。对魏了翁为周敦颐、二程、张载等理学先师奏请谥号、建立先贤祠堂、刊行理学著作等积极活动，元代理学家虞集如是说：

然则所谓道统者，其可以妄议乎哉？朱元晦氏论定诸君子之言而集其成，盖天运也。而一时小人用事，恶其厉己，倡邪说以为之禁，士大夫身蹈其祸。而学者公自绝以苟全。及其禁开，则又皆窃取绪余徼幸仕进而已。论世道者能无尽然于兹乎？方是时蜀之临邛有魏华父氏，起于白鹤山之下，奋然有以倡其说于摧废之余，拯其弊于口耳之末。故其立朝惓惓焉，以周程张四君子易名为请，尊其统而接其传，非直为之名也。及既得列祀孔庙，而赞书乃以属诸魏氏，士君子之公论固已与之矣。②

关于魏了翁的学术渊源，《鹤山学案》有载。魏了翁 1205 年与朱子门人李燔、辅广相识后，取朱熹所注释的《论语》、《孟子》等书，"字字细读"，成为一位理学大家。他博通精史，考辨百子，且对朱子的理学有一定的发展，例如朱子关于人心之说，朱子说："盖人心不全是人欲，若全是人欲，则直是丧乱，岂止危而已哉！只饥食渴饮，目视耳听之类是也，易流故危。道心即恻隐、羞恶之心，其端甚微故也。"③ 朱子认为"人心"即自然的生理需求，故"觉于欲者"外还有何物？朱子并未言及，魏了翁对此有所发挥，"圣贤之论言寡欲矣，未尝言无欲也，所谓欲仁、欲善、欲立、欲达，莫非使人即欲以求诸道。至于富贵所欲也，有不

①　（元）脱脱等撰：《宋史》卷 42 "理宗二"，中华书局 1995 年版，第 821 页。

②　虞集：《道园学古录》卷 7，《鹤山书院记》，《四部丛刊》第 235 册，上海书店 1989 年版，第 2 页。

③　黎靖德编，王星贤点校：《朱子语类》卷 118，中华书局 1999 年版，第 2864 页。

可处，己所不欲有不可施，则又使人即其不欲以求诸非道，岁积月累，必至于从心所欲，而自不逾矩，然后为至"①。"欲立"、"欲仁"等诸项显然属于"道心"，朱子"人心"所留的余地似乎便是"人心"与"道心"相交的如此诸项。朱熹说："必使道心常为一身之主，而人心每听命焉。则危者安，微者著，而动静云为自无过不及之差矣。"② 魏了翁所言"人欲"，实则混淆"欲"的意义，"意向"、"希望"之意和"饮食男女"之意，朱子明指为"人欲"取后一意，此处之"欲仁"诸项显然是意动词，为前一意，虽有谬误，可见了翁对朱子学术贯彻之精神。他又说："此心之神明则天也，此心之所不安则天理之所不可，天岂屑屑然与人商校是非也！"③ "心安"与"不安"无非是孟子针对"三年之丧"所指的"汝心安否"，其实是将忠孝之道强硬地内在化为基本人格，而依此考虑对行为处事的感受，自然唯有"行仁义"，才会"心安"，"不行仁义"则"心不安"。了翁在此，将"心之神明"和"天理"贯通一体，依"人心"来推"天理"，颇异朱子，也不同象山与后起之阳明，此点当为魏氏独特之处。

蒋公顺，生卒年不详，字成父，清湘（今全州）人。以解安丰围，补官监施州靖江税，再调沅州黔阳尉，累官辟常德府桃源令，未赴任而卒。曾著《龙溪家翁传》，今不传。蒋公顺家族自父辈起，就崇尚理学，他"精研义理之学，从鹤山魏了翁游者七年，所得益广"④，从师时间发生在宝庆二年（1226 年），深得魏了翁推崇，魏了翁曾作《清湘蒋成父一斋铭》勉励他敬修德业，其铭曰：

　　蒋君筑室，命之曰"一"。原一之初，冲漠无迹。其物不贰，其生不测。两仪其感，五行异质。于爻用六，而著用七。卦八玄

---

①　魏了翁：《鹤山先生大全文集》卷 44，《四部丛刊》第 205 册，上海书店 1989 年版，第 14 页。

②　朱杰人等主编：《朱子全书》卷 76，《中庸章句序》，上海古籍出版社、安徽教育出版社 2003 年版，第 3674 页。

③　魏了翁：《鹤山先生大全文集》卷 65，《跋师厚卿遇致仕十诗》，《四部丛刊》第 206 册，上海书店 1989 年版，第 3 页。

④　汪森编，黄盛陆等校点：《粤西文载》卷 68 "人物小传"，广西人民出版社 1990 年版，第 178 页。

九，河图则十。引而伸之，时万时亿。而此一者，流行不息。职职
芸芸，各一太极。验之人心，虚灵湛寂。五行之端，五性之实。必
有事焉，不显不亲。是戒是惧，靡徐靡亟。致用之原，皆由此出。
始于尚纲，终入天德。蒋君敬之，一在尔室。真如实践，亹亹
无致。①

在此，魏了翁发挥了他的"一即太极"、"太极即性"之说。他认为天下
万物，而"一"统之，"一"即"太极"，"太极"就是仁、义、礼、智、
信这五性。因此，求一不在远而在一己之身，以敬修德，"一"就在己。
魏了翁也曾和其诗曰："发挥孔孟真三代，补葺嬴刘破六经。理义本心如
皦日，词章末伎谩流萤。"② 希望他希圣希贤，承继正学，潜心于性道、
义理的探讨，文章被他斥之为雕虫末技。从蒋公顺相关生平资料看，他也
是按照魏了翁为他所指引的学术道路在行进。

滕处厚，生卒年不详，字景重，清湘（今全州）人。历官马平步尉、
潭州甘泉酒库兼帅幕。为人守正不阿，人称其迂，为陶崇之甥。少聪颖，
精于《春秋》，好言天下事，议论慷慨。魏了翁居靖州（今湖南怀化靖
州）时，"往从之游"，成为门人。其理学思想深得魏了翁赞许，称赞他
为通经穷理之士，后留置门下教其子，为作《清湘滕景重己斋铭》，希望
他为为己之学，其铭曰：

> 人之一心，至一不二。所居广居，所位正位。君臣父子，夫妇兄
> 弟，尔性尔命，何关人事。古之学者，蓄德精义。各钦厥止，夫岂有
> 为。虽云善身，所以善世。舍曰为人，孰非为己。毫厘之差，厥缪千
> 里。气盈狗饩，气衰循利。气暴耻安，气柔耻异。尔性尔命，而人作
> 止。笃哉滕君，念兹久已。我铭申之，耸善扶志。③

蒋、滕二人都没留下完整的学术论述，只在《宋元学案》中，还保存了

---

① 汪森编，黄盛陆等校点：《粤西文载》卷 60，广西人民出版社 1990 年版，第 302 页。
② 魏了翁：《鹤山先生大全文集》卷 11，《和蒋成甫见贻生日韵二首》，《四部丛刊》第
204 册，上海书店 1989 年版，第 13 页。
③ 汪森编，黄盛陆等校点：《粤西文载》卷 60，广西人民出版社 1990 年版，第 302 页。

二人关于《易经》的一些论述。先看蒋公顺的论述：

> 税巽甫尝谓《易》上经似指体，下经似指用，先生云："经之有上下，本谓造化互相终始，于《乾》、《坤》体用皆不可分。如上经《坤》终于《复》，下经《乾》终于《姤》；上经《坤》尽于《复》，又二卦而《乾》尽，下经《乾》尽于《姤》，又二卦而《坤》尽。《乾》、《坤》之画，尽于《升》，遂继以《困》，则上下经不可分体用明矣。"①

针对税巽甫（即税与权，魏了翁弟子）将《易》分为上体下用之说，蒋公顺借魏了翁之说提出不同的看法，认为《易》是一个整体，上经、下经是相辅相连，和谐统一，不可以硬分体、用。鹤山云："成父从子渠阳山中，所得甚多。"②

滕处厚认为《易》有体用之别：

> 尝答其论《易》书曰：康节先天后天之说，所以发明尽心践形之义，而人未尽知也。先天之《易》，《乾》、《坤》以定上下，《离》、《坎》以列左右，此天地阴阳之定位，而人物之生，必得是理，必禀是气，是所谓性之体也。后天以《坎》、《离》居南北之正，则所以位天地命万物者，莫不本诸此。《离》之二爻自《坤》来变《乾》为《离》，盖《坤》道之光而为《离》，故《离》火外明，以明来自外也，元是《坤》体，故曰："畜牝牛吉。"《坎》之二爻自《乾》来变《坤》为《坎》，盖《乾》道之涵而为《坎》，故《坎》水内明，以明根于中也，元是《乾》体，故曰："有孚，惟心亨"，乃以刚中也，是所谓性之用也。大抵阳居尊而阴居卑，阴为虚而阳为实，此性之体，即《乾》南《坤》北是也。阳以刚实居中，而阴以文明发外，此不睹不闻之极功，为性之用，即《离》南《坎》北

---

① 黄宗羲原著，全祖望补修，陈金生等点校：《宋元学案》卷80"鹤山学案"，中华书局2009年版，第2682—2683页。

② 同上书，第2683页。

是也。①

这也从《易》出发，认为《易》有体用之别，其中《易》之《乾》、《坤》是性之体，而《坎》、《离》是《乾》、《坤》的功能或作用，故是性之用。略不同于蒋公顺，单就《易》内有体用一源说，这里将"易"、"理"、"性"结合起来，阴阳变化，化生万物人类，由《易》、《乾》、《坤》内所含之"理"也就是"性"决定的。这些观点显然来自魏了翁，魏了翁曾在《封事奏体八卦往来之用玩上下交济之理以尽下情》中以邵雍说为基础，详细论述了先后天图及其体与用：

> 臣尝读《易》，至天地定位，则乾与坤对；山泽通气，则艮与兑对；雷风相薄，则震与巽对；水火不相射，则离与坎对，此为先天八卦之序也。然而语其用，则地天而为《泰》，泽山而为《咸》，风雷而为《益》，水火而为《既济》，盖天道不下济，则地气不上跻；山体不内虚，则泽气不上通；雷不倡则风不和也；火不降则水不升也。于是而为《否》为《损》，为《恒》为《未济》。又即其大体而言，则水雷山皆乾也，火风泽皆坤也，其要则乾坤坎离。故先天之卦乾南坤北，而其用则乾上而坤下也。后天之卦离南坎北，而其用则离降而坎升也。大率居上者必以下济为用，在下者必以上跻为功。天地万物之理，凡莫不然，况乾天也，离日也，皆为君之象。坤地也，坎月也，皆为臣之象。其理顾不晓，然未有乾坤不交而能位天地，坎离不交而能育万物，君臣不交而能跻斯世于泰和也。②

先天八卦乾坤、艮兑、震巽、离坎相对，其用正则《泰》、《咸》、《益》、《既济》，反则《否》、《损》、《恒》、《未济》。先天八卦乾南坤北为体，乾上坤下为用；后天八卦离南坎北为体，离降坎升为用。如此解释，《宋

---

① 黄宗羲原著，全祖望补修，陈金生等点校：《宋元学案》卷80"鹤山学案"，中华书局2009年版，第2684—2685页。

② 魏了翁：《鹤山先生大全文集》卷17，《四部丛刊》第204册，上海书店1989年版，第11页。

元学案》认为"甚精"。

魏了翁的理学思想能够在广西开花结果，与他贬居靖州，开办书院讲学有关。魏了翁宝庆元年（1225 年，49 岁）因济王事件被贬谪靖州，直到 56 岁遇赦还蜀，在长达七年的靖州岁月里，他一方面建靖州鹤山书院，"湖湘江浙之士不远千里负笈来学"，特别是毗邻的全州，甚至桂林，求学问道之士想必应该不止蒋公顺、滕处厚、文元三人，只可惜他们的名字湮没在历史中；另一方面潜心理学意蕴的探讨，对《易》着力尤多，他曾在诗中写道："远钟入枕雪初晴，衾铁棱棱梦不成。起傍梅花读《周易》，一窗明月四檐声。"[1] 因此，其易学的自家体会也较多，在学生中的影响也最大，蒋公顺、滕处厚二人对易的探讨也就不奇怪了。

第二节　宋明理学在元代广西的传播及其接受

进入元代，虽然程朱理学在赵复、姚枢、许衡、刘因、郝经、窦默等的推动下，取得了独尊的地位，正如虞集所说："昔在世祖皇帝时，先正许文正公得朱子《四书》之说于江汉，先生赵氏深潜玩味而得其旨，以之致君泽民，以之私淑诸人，而朱氏诸书定为国是，学者尊信，无敢疑贰。"[2] 但在较长的一段时间里，理学还是兴盛于南方，全祖望说："关洛陷于完颜，百年不闻学统，其亦可叹也！"[3] 由于异族不足百年的统治、科举制度的时废时举、"七匠八娼九儒十丐"的地位等，整个元代许多理学之士选择了以教授为业、隐居不仕。再加上广西地区又长期处于战乱中，社会动荡不安，民生凋敝，外地到广西来传播理学的人士很少。据《宋元学案》、《元儒考略》、《闽中理学渊源考》、《粤西文载》等载录，入桂理学之士可考的仅吕思诚、臧梦解、元明善、周自强、祝蕃、宇文公谅、龙仁夫、黄清老等人，详见表 1—2：

---

① 魏了翁：《鹤山先生大全文集》卷 10，《十二月九日雪融夜起达旦》，《四部丛刊》第 204 册，上海书店 1989 年版，第 8 页。

② 虞集：《道园学古录》卷 39，《跋济宁李璋所刻九经四书》，《四部丛刊》第 236 册，上海书店 1989 年版，第 11 页。

③ 黄宗羲原著，全祖望补修，陈金生等点校：《宋元学案》卷首，《宋元儒学案序录》，中华书局 1986 年版，第 18 页。

表1—2　　　　　　　　　　　　元代入桂理学之士

姓名	任职	学术归属	治绩	入桂文献
吕思诚（1293—1357），仲实，平定州人，泰定元年进士，谥忠肃。	至元间广西肃政廉访金事	萧同诸儒学案，晦翁续传。	肃贪，惩治土官。	《粤西文载》卷63，第404页。《宋元学案》卷95"萧同诸儒学案"
臧梦解（？—1335），庆元（今浙江宁波）人，号鲁山。	至元三十年任广西肃政廉访副使	推崇程朱理学	关心民瘼，惩治贪官污吏，修复宣成书院，撰《重修县学记》。	《粤西文载》卷63页，第405页。《广西通志辑要》卷1
元明善（1269—1322），字复初，清河人，谥文敏。	湖广行省参知政事	从吴澄问经传奥义，后为弟子。	有志于学	冯从吾《元儒考略》卷3《宋元学案》卷92"草庐学案"
周自强，字刚善，新喻人，江州路总管致仕。	泰定间广西两江道宣慰司都事	师承不明，推崇程朱理学。	深入洞瑶，说以祸福，安定边境。	《粤西文载》卷63，第407页。《元史》卷192
祝蕃，字蕃远，玉山人，又徒贵溪。	至正间浔州经历	"静明宝峰学案"，从静明陈苑从游静明最早，象山五传。	正直廉洁，揭发同知保童杀无辜。保童以赂，迁延不即赴辩，卒缘赦免，而先生卒于邸舍。	《粤西文载》卷63，第407页。《宋元学案》卷93
宇文公谅，字子贞，吴兴人，至顺四年进士。	岭南廉访司事	师承不明，崇尚程朱理学。	平居虽暗室，必正衣冠端坐。	冯从吾《元儒考略》卷3《元史》（1976年）卷190"儒学二"

续表

姓名	任职	学术归属	治绩	入桂文献
龙仁夫（1253—1335），字观复，永新人。	湖广行省儒学提举	师承不明，崇尚程朱理学。	究经史，以道自任。	冯从吾《元儒考略》卷 2
黄清老（1290—1348），字子肃，人称樵水先生，福建邵武人，泰定四年进士。	湖广行省儒学提举	师承不明，崇尚程朱理学。	学者从远而至，率多成就	《闽中理学渊源考》卷 39 《道南源委》卷 5，第 4 页。

　　吕思诚、臧梦解、元明善、周自强、祝蕃、宇文公谅、龙仁夫、黄清老这几个理学人士中，臧梦解的学术活动最为活跃。首先他主持重修了宣成书院，在至元三十年（1293 年）一到任就过问宣成书院，当他得知宣成书院的田租不归宣成书院支配时，在他的主持下，田租得到归返。元贞二年（1296 年）重修宣成书院。其次写了《重修宣成书院记》、《重修灵川学记》和《重镌桂林府学释奠图记》三篇学记文章。《重修灵川学记》于 1296 年应灵川县尹岳璋之请而作，《重镌桂林府学释奠图记》于 1297 年应桂文学鲁师道而作，《重修宣成书院记》作于 1296 年。这三篇学记文章非常清晰地阐述了他的理学教育观。他认为学校的重要在于培养人才、"善风俗、美教化"。臧梦解所期望的人才是道德型人才，他说："学圣人必学颜子，学须以圣人为准的。"[1] 在他看来，孔子、颜子是人格完美者，是道的体现者，关于"道"，他阐述说："道在事物有形之形者也，道在人心无形之形者也，道在天地如水在地中，无在无不在也。学者能因其有在者求其无不在者，因其形者求其无形者，斯得之矣。然则求之之法当何如？曰人在此心，则有此道。道者日用事物，当然之理，皆性之德，无物不备，无时不存。不以智而丰，不以愚而啬，不以圣贤而加多，不以不肖而损少，特在学者能求与不能求之分耳。"[2] 有形之形，是指具体存

---

　　① 汪森编，黄盛陆等校点：《粤西文载》卷 29，臧梦解《重修宣成书院记》，广西人民出版社 1990 年版，第 349 页。

　　② 同上。

在的事物，而无形之形是指人心。道既存在于万事万物中，也存在于人心当中，充斥于天地之中就如同水在地中，无处不在。作为宇宙本原的"道"，是绝对存在、永不会消失的，可见臧梦解的"道"，是继承宋儒思想"理一分殊"而来。在此，作者把规律性和道德性等同，并主张通过对物的规律性认识去求无形的道德。接着，他进一步分析，既然道无处不在，那如何才能求得道呢？他说一切在乎人心，"人能弘道，非道弘人，道不虚行，待其人以后而行"①。他指出了体悟"理"的途径，是要靠人心，对于学子而言，也就是从一事一物中，穷尽其中蕴含的理，日积月累，然后由此及彼，由有形到无形，最终悟得天理，这也就是理学派的"格物致知"说。如何"格物致知"？首先要读书，读"伊周吕召"之书；其次践行于人伦日用、洒扫应对，这也是他在《重镌桂林府学释奠图记》中所表达的思想；最后他为广西的学子指出了入圣门径，就是勉励书院诸生以张、吕二公为榜样，"读其书，释其旨，汲汲焉，拳拳焉，勉其如宣成者，去其不如宣成者，则沿张吕，溯濂伊，接洙泗，使圣道之明千万世如一日，亦二先生之所喜，部使者之所望也"②。

与理学传播相一致的是，理学接受见于文献，较为可靠的是唐朝。唐朝，生卒年不详，字大用，桂林兴安人，生活于元末明初。③ 幼聪敏，记忆超群，初授业于乡先生唐赐之门，刻意力学。元至正甲申（1344 年）举湖北试不利，后官辰溪教谕。当时湖湘道路险阻，旧有的盐钞法弊病益多，官民深为不满，唐朝见此，上救弊之策，可惜不得采纳，遂辞归，授徒家塾，以淑后进。

曾"携书游西湖茶陵西畴刘先生而请益焉。先生见其文，大奇之"④。其具体师承无从考证，但从上述只言片语中不难得知，其思想承继宋儒而来，注重修养心性。据《古今图书集成》载，讲学时，他"必先示以濂

---

①　汪森编，黄盛陆等校点：《粤西文载》卷 29，臧梦解《重修宣成书院记》，广西人民出版社 1990 年版，第 349 页。

②　同上。

③　其事迹见载于《广西通志》、《粤西文载》，《文载》将唐朝列入明代，本文据《广西通志》、《古今图书集成》等改。

④　汪森编，黄盛陆等校点：《粤西文载》卷 69，广西人民出版社 1990 年版，第 187 页。

洛关闽粹论，使之体认自得，尝析心字之义，为《心法纂图》"①，又"原动静曲直之因，分天地阴阳之象，推其中虚之处为太极，画为性所自出，与情欲之所由，分判善恶为两途，昭然明白"②，大意指唐朝研析理学，探究动静曲直背后的原因，分析天地万物之象，指出其中虚无之本是太极，并有对"性"的产生以及人的情欲即私欲产生缘由的阐述。此外，还明确指出了善、恶是对立的两途。他说的"性之所出"和"情欲之所由"，以及分天地、阴阳、虚之处为太极等思想，都没脱离程朱理学本体论中的诸多范畴。因此，从倾向上认为唐朝是受程朱理学熏染。这些思想"昭然明白"，在当时产生了一定的影响，"学者从之，莫不知所趋向"③。时鄂省移桂行省平章，举荐他为桂林路教事，未几，居父丧后不复仕。洪武初，桂林被明兵攻陷，唐朝有感于此，作《五无吟》，自号五无斋。其著述除《五无吟》收录在《元诗癸集》外，其他的今不存。

第三节　宋明理学在明代广西的传播及其接受

整个明代 277 年，据《明儒学案》、《闽中理学渊源考》、《儒林宗派》等记载，入桂的理学之士如表 1—3 所示。

表 1—3　　　　　　　　　　　　明代入桂理学之士

姓名	任职	学术归属	治绩	入桂文献
胡纯，平阳人，翰林应奉，洪武初以耆儒硕学授官不久，贬桂林。	洪武初，谪居桂林。	闭户却扫，潜心性理之学。	待考	《广西通志辑要》卷1，第39页。

---

① 陈梦雷编，蒋廷锡校：《古今图书集成》第 63 册，第 90 卷，《理学汇编》，中华书局、巴蜀书社 1985 年版，第 76750 页。

② 汪森编，黄盛陆等校点：《粤西文载》卷 69，广西人民出版社 1990 年版，第 187 页。

③ 同上。

姓名	任职	学术归属	治绩	入桂文献
刘嵩，字子中，晋江人，洪武初以贤良方正荐授广西宾州判官。	洪武初，广西宾州判官。	泉南明初诸先生学派，推崇朱子之学。	不详	李清馥《闽中理学渊源考》卷57
李习，字伯羽，淮安人，官终太平府知府。	洪武元年，金判全州，后为同知。	治《尚书》，又旁通群经，攻性理之学，而师承不明。	兴利补弊，创建驿铺。	《粤西文载》卷64，第7页。
李德，字仲修，番禺人。	洪武中任义宁县正	晚年以理学为归，潜心伊洛之学。	劝学、赒济诸生，化成乡俗。	《粤西文载》卷64，第11页。
王暹，字希白，将乐人，洪武丙子举人，官终翰林院编修，著《声律发蒙解注》。	永乐间兴安训导	延平明代诸先生学派，推崇伊洛之学。	不详	《闽中理学渊源考》卷84
李绍，晋江人，正统间岁贡，后为合浦县令，邃于易。	正统间合浦县令	泉南明初诸先生学派，推崇朱子之学。	不详	《闽中理学渊源考》卷57
李龄（1406—1469），字景龄，潮阳人，宣德中进士及第，官至江西提学佥事。	宣德中为授宾州学正	明代潮州著名学者和理学先驱，与著名理学家李时勉、邱濬、胡居仁和陈献章等交往。	教士子敦本尚实，一言一动不苟。	《粤西文载》卷64，第17页。

续表

姓名	任职	学术归属	治绩	入桂文献
庄琛，字廷玺，晋江人，正统时授大理评事，擢广西按察佥事。	正统年间广西按察司佥事	庄遁庵先生槩学派	以仁恕清靖著闻	《闽中理学渊源考》卷 58 《古今图书集成》第 65 册，第 79392 页。
黄润玉（1389—1477），字孟清，号南山，鄞县人，官终含山知县。	景泰初，改广西提学佥事。	崇尚朱子之学。以知行为两轮，尝曰："学圣人一分，便是一分好人。"又曰："明理务在读书，制行要当慎独。"	讲学，严明规约。核军中所掠子女，归者万余口。徙南丹卫于平原，戍卒感激。	《粤西文载》卷 64，第 19 页。《明儒学案》卷 45 "诸儒学案上 3"，第 1070 页。
杨智，字思明，晋江人，登天顺八年进士，南京监察御史。成化四年上书，以有玷风宪特降三级为广西布政司，后转化州知州。	成化四年为广西布政司	泉南明初诸先生学派，从临漳林蒙庵学性理之学。	不详	《闽中理学渊源考》卷 57
丘天祐，字恒吉成化辛丑进士，官监察御史等职。	成化间差按广西	莆阳明初诸先生学派。饶平知县时，访陈献章于白沙，究性命之学。	不详	《闽中理学渊源考》卷 49
庄槩，琛之子，字世平，晋江人，成化间岁贡。	成化间广西陆川令	庄遁庵先生槩学派，蔡清受业师。	以清白、干练著称。	《闽中理学渊源考》卷 58

姓名	任职	学术归属	治绩	入桂文献
周孟中，字时可，庐陵人，官至左副都御使。	弘治元年广西副使，主管教育。	其学主敬，师承不明。	宽严得体，善著述，裁定广西旧志。	《粤西文载》卷64，第39页。范鄗鼎《理学备考》
林泮，字用养，闽县人，成化八年第进士，正德三年拜南京户部尚书。	弘治十一年广西左布政使，兼总理粮储和屯田。	林氏家世学派，家学礼，信奉程朱理学。	待考	《粤西文载》卷64，第39页。《闽中理学渊源考》卷44
徐问，字用中，号养斋，常之武进人。弘治壬戌进士。官至户部尚书。卒，赠太子少保，谥庄裕。	弘治间广西参政	学以朱子为宗	待考	《洛闽源流录》卷7《明儒学案》卷52"诸儒学案中6"
林文迪，字廷吉，宁德人，弘治乙丑进士，著《五峰遗稿》。	刑科给事中，遇事敢言，奉命清粮，卒于广西。	福宁明初诸先生派，信奉朱子之学，躬行实体。	奉命清粮	《闽中理学渊源考》卷91
张吉（1451—1518），字克修，别号古城，江西余干人。成化辛丑进士。官终贵州左布政使。	梧州知府，转广西按察副使，备兵府江。正德初，为广西参政。	初从乡先生学，后穷诸经及宋儒之书，久之见其大意，叹曰："道在是矣。"	暇日躬课诸生，为讲说圣贤修己治人之道，延师为士子讲习庙乐。	《粤西文载》卷64，第39页。《明儒学案》卷46"诸儒学案上4"，第1095页。

姓名	任职	学术归属	治绩	入桂文献
叶性,字叔理,闽县人,弘治二年乡荐,官终庆远同知。	正德间知庆远	成化以后诸先生学派,究心伊洛之学。	慈祥爱人,以理学诲士,一时翕然宗之。	《粤西文载》卷65,第55页。《闽中理学渊源考》卷46
许诰,字廷纶,灵宝人,弘治十二年进士,后贬全州判官,嘉靖十一年南京户部尚书,谥庄敏。	正德间为广西全州判官	师承不明,信奉洛学。	历险冒瘴,与魍魉伍,终无戚容。	《洛学篇》卷4《古今图书集成》第36册,第44553页。
杨旦,字晋叔,建安人,杨荣曾孙,弘治庚戌进士,嘉靖初起掌南院升南吏部尚书,论桂尊,被逼致仕。	正德十三年总督两广军务,兼巡抚。	建宁明初诸先生学派	讨平番禺、河源等地诸瑶。	《粤西文载》卷65,第51页。《闽中理学渊源考》卷85
李雍,字钦让,号雁山,晋江人,举弘治六年进士,终广东参政。	正德四年知南宁	县令李先生绍学派	安静不扰民,减租十之四以济困,南宁人祠雍名宦,载郡志。	《闽中理学渊源考》卷57《粤西文载》卷65,第54页。
方良永,字寿卿,莆田人,弘治三年进士,督逋两广,官终巡抚应天。	正德八年任广西按察使	傅卓居门人,素善王守仁,而论学与之异。	风采峻整,不严而肃。	《粤西文载》卷65,第52页。《闽中理学渊源考》卷55

姓名	任职	学术归属	治绩	入桂文献
章拯，字以道，兰溪人，弘治壬戌进士。	正德间贬梧州别驾，嘉靖二年为广西左布政使。	章懋从子，章派门人。章懋之学墨守宋儒，本之自得，非有传授。	纾民困，不扰民。	《粤西文载》卷65，第67页。《儒林宗派》卷14
周任，字以仁，江山人，弘治进士。	正德间知梧州	章懋门人，从之讲明理学，潜心体究。	行政有度，抑制宦官、武将，不敢胡作非为。	《粤西文载》卷65，第55页。《儒学宗派》卷14
张芝，字廷毓，歙县人，进士，正德间曾任广西提学。	正德间提学广西	金贲亨门人	其取士先道德而后词章，为一编书，条刺伊洛微言，导宗教本，务奖士节。	《粤西文载》卷65，第53页。《洛闽源流录》卷9
郑岳（1468—1539），字汝华，号山斋，莆人，弘治六年进士，官至江西左布政使。	正德三年为广西兵备副使	恭清陈时周先生茂烈学派，陈茂烈为陈白沙弟子。	征黑松洞奏捷，修茸城池。	《闽中理学渊源考》卷54《粤西文载》卷65，第53页。
余祐（1465—1528），字子积，别号讱斋，鄱阳人，登弘治己未（1499年）进士第。官至云南左布政，以太仆卿召，转吏部右侍郎，未离滇而卒。	正德间谪南宁府同知，嘉靖间初调广西。	胡居仁女婿，19岁从其学，吴与弼再传弟子，墨守胡居仁之学。	不详	《明儒学案》卷3"崇仁学案三"，第62—63页。《儒林宗派》卷14

续表

姓名	任职	学术归属	治绩	入桂文献
王启（1465—1534），字景昭，号学古，院桥柏山人，人称东瀛先生。明成化二十三年（1487年）进士，著述丰富。	正德四年（1509年）容县知县，罚米500石，继而免职候命于梧州。十六年转广西左布政使。	胡居仁弟子	体察民情，减除香贡，开库银以济民。	《洛闽源流录》卷5 《粤西文载》卷65，第51页。
陈褒，字邦进，宁德人，嘉靖二年进士，官终慈溪令。	贬判泗州，嘉靖间升广西兵备。	正嘉以后诸先生学派，以儒学显著而立朝又卓然。	有平定叛乱之功	《闽中理学渊源考》卷92
黄佐（1490—1566），字才伯，号泰泉，中山人，正德庚辰进士。历官江西提学佥事、右春坊、右谕德、侍读学士、掌南京翰林院事，谥文裕。	嘉靖八年提学广西	以博约为宗旨，博学于文，知其根而溉之者也。盖先生得力于读书，典礼乐律词章，无不该通，故即以此为教。	修书院、撤淫祠、行射礼、立乡社、择士民及瑶僮之子弟教之，风化大行。又修《通志》。	《粤西文载》卷65，第76—77页。 《明儒学案》卷51"诸儒学案中五"，第1199页。
张岳，字维乔，号净峰，惠安人，谥襄惠。正德丁丑进士。曾官兵部左侍郎，升右都御史，掌院事。	嘉靖间为广西提学佥事，行部柳州。	私淑蔡清，友于陈琛，究心程朱正学。	嘉靖间谪廉州，以原官分守钦廉，以副都御史抚两广，讨封川、征柳州、平连山贺县。	《明儒学案》卷52"诸儒学案中六"，第1226页。 《粤西文载》卷65，第63页。

续表

姓名	任职	学术归属	治绩	入桂文献
李中（1478—1542），字子庸，吉水人。正德甲戌进士。文成起兵诛濠，使参军事，官终右副都御史，总督南京粮储。	嘉靖间为广西左参议，寻以副使提督其省学校。	受学于杨珠之门，杨珠其学自传注以溯濂、洛，能躬理道。	日与诸生讲圣贤之学	《粤西文载》卷65，第76页。《明儒学案》卷53"诸儒学案下一"，第1261页。
郑世威，字中孚，号环浦，福建长安人，嘉靖八年成进士，官至都察院右佥都御史、左副都御史。	嘉靖间任广西按察佥事	恭敏马孔养先生森学派，其学一以濂、洛为宗。	待考	《闽中理学渊源考》卷45《洛闽源流录》卷10
陈绍儒，字师孔，南海人，嘉靖十七年（1538年）进士，后累官至南京工部尚书。	广西按察司副使，后为右布政。	其治心穷理，以濂、洛为宗。	督理钱粮，能诘发混窃奸宄，革除仓库积弊。	《南海县志》
王春复，字学乐，号塌斋，晋江人，嘉靖十七年进士。官终广西布政参政。	嘉靖间为广西布政参政，驻扎宾州。	在泰和县令任上，曾问学于罗钦顺和欧阳德。	出系囚、编保甲，立壮市。	《闽中理学渊源考》卷69
周璞，怀玉，福宁人，嘉靖四年举人。	嘉靖二十三年知上思州，后思恩知府。	吕柟门人，为薛瑄门派，以潜心力行见称。	谆谆讲论，兴废救弊，蛮俗一变。	《粤西文载》卷66，第87页。《儒学宗派》卷14

续表

姓名	任职	学术归属	治绩	入桂文献
章熙（1505—1575），字世曜，号西峰，潮州海阳人，嘉靖甲辰（1544年）进士。	1559年，改任广西按察司佥事。	讲究礼学，追求事功。	关心民瘼，纾解民困，筑城守边，号为严明。	《粤西文载》卷65，第75页。
陈祥麟，字士仁，莆田人，嘉靖丙戌进士，官至山东督学副使。	嘉靖年间征田州	师承不明，行履端庄，为官仁爱。	省徭役、革浮费、均田里、拓城池、废淫祠、建书院。	《道南源委》卷6
林应亮，字熙载，林春泽子，嘉靖壬辰进士，官至户部侍郎。	嘉靖二十四年，任广西副使，后广西左右布政使。	继承家学，邃于礼学。其父在吉州与罗钦顺讲学，在南曹复游吕柟之门。	陈兵府江，诸土司争为效力。	《闽中理学渊源考》卷44
谭大初（1504—1578），字宗元，号次川。嘉靖十七年（1538年）进士，官至户部尚书。	嘉靖三十二年出任广西参政	魏浚弟子，综究经史性理。	到任后值桂林遭水灾，米价腾贵，开梧州仓赈恤饥民。	《明史》卷201列传，第89页。
张冕，字庄甫，晋江人，嘉靖二十六年进士，官至广西参议分巡右江。	嘉靖三十五年桂林同知，广西抚夷佥事，驻节桂林，迁广西参议分巡右江。	张元玺之侄，张元玺为蔡清入门弟子。	减免差役、整顿市场等。	《闽中理学渊源考》卷64《粤西文载》卷65，第71页。

续表

姓名	任职	学术归属	治绩	入桂文献
李鹏举，归善人，举人。	嘉靖三十九年判梧州总粮，署怀集、容县。	从理学名士薛侃讲学于丰湖	暇进诸生讲心性之学，置学田、拓衙宇，百废俱兴。	《粤西文载》卷66，第85页。
庄国祯，字君祉，晋江人。嘉靖四十一年进士，官至南京刑部右侍郎，旋改户部，致仕归。	嘉靖间任广西副使	青阳庄氏家世学派	待考	《闽中理学渊源考》卷72
周满，字谦之，汉州人。嘉靖壬辰进士，官至都御使。	嘉靖间任广西副使	学宗张载，以志于圣人；教必遵蓝田《吕氏乡约》，以复于三代。	剿抚互用，维稳有功。	《洛闽源流录》卷8 《古今图书集成》第36册，第44014页。
丁自申，字朋岳，晋江人，嘉靖庚戌进士，官终梧州守。	嘉靖间守梧州	讲学论道，皆渊源于蔡子，上溯紫阳，不离其宗。	关心民生疾苦，改革弊政。	《粤西文载》卷66，第106页。 《闽中理学渊源考》卷60
林澄源，字仲清，嘉靖己未进士，官至四川右布政使。	广西按察副使，隆庆间广西按察使。	莆阳嘉隆以后诸先生学派	安抚土酋，备兵威清。	《闽中理学渊源考》卷56
朱一龙，字于田，惠安人。嘉靖二十九年进士，官终江西左布政使。	隆庆元年为广西分部右江	从学张岳，入"襄惠张净峰先生岳学派"。	作《抚夷通论》，安边有功。	《闽中理学渊源考》卷64

续表

姓名	任职	学术归属	治绩	入桂文献
俞大猷，字志辅，别号虚江，晋江人，《明史》有传。	隆庆二年广西征蛮将军	先后拜王宣及林福、赵本学等人为师，王宣、林福、赵本得蔡清之传。	隆庆五年擒杀广西古田僮（壮族）、黄朝猛、韦银豹等人。	《粤西文载》卷65，第101页。《闽中理学渊源考》卷62
李熙，字穆之，号序斋，晋江人，隆庆二年进士。	隆庆间广西备兵副使	嘉隆以后诸先生学派，自蔡清之后多从其学。	关心民瘼，剖断疑狱，筹划戎务，风化肃然。	《闽中理学渊源考》卷69
林大春（1523—1588），字井丹、邦阳，号石洲，潮阳县人。嘉靖庚戌科进士，历任行人司行人、户部主事、浙江提学。晚年归老，在潮阳18年，卒。	隆庆初，广西苍梧道金事。	嘉靖二十六年（1547年）再次赴考仍不第。归来之后，林大春与友人陈宗鲁在城北鸣莺亭读书，探究性命之奥。	与督抚吴桂芳协同全力整饬兵备。同时，林大春力倡营房改用瓦房，以减少火灾。自此，苍梧兵备为之一振。	（清）吴颖《潮州府志》卷6 "林提举传"
杨道会，字惟宗，号贯斋，晋江人。隆庆二年进士，湖广参政分守荆南道，官至布政右使。	隆庆间为广西按察副使，后广西提学副使。	温陵杨氏家世学派，理学文章兼之。	督学、平叛、肃贪。	《闽中理学渊源考》卷77 《道南源委》卷6

姓名	任职	学术归属	治绩	入桂文献
叶朝荣，字良时，福清人，隆庆改元恩贡。	万历十一年知养利州	福清叶氏家世学派，祖伊洛之学。	筑城、建学、凿塘、垦田，暇则与诸生谈说经术，士民立祠祀之。	《闽中理学渊源考》卷48　《粤西文载》卷66，第108页。
林茂槐，字稺虚，福清人，万历二十三年进士，授梧州推官。	万历二十四年司理梧州	隆万以后诸先生学派	是非明辨，性嗜学，进梧人士课艺，多所成就。	《粤西文载》卷66，第107页。《闽中理学渊源考》卷47
苏濬，字君禹，晋江人，宋苏缄之后，万历五年进士，官终贵州按察使。	万历广西按察副使备兵苍梧，转参政，领桂林道。	学宗蔡清，节侔陈琛。	为官公正廉洁，政尚简易，兴文化俗，修《广西通志》，并善于选拔人才。	《闽中理学渊源考》卷70　《道南源委》卷6
魏浚，字禹卿，松溪人，万历甲辰进士，都察院右金都御史，巡抚湖广。	万历间提学广西	成化以后诸先生学派	主持修造桂林学宫礼器，创办思恩州学。	《闽中理学渊源考》卷86
何乔远，字稺孝，号匪莪，学者称镜山先生。万历十四年成进士，官终崇祯二年南京工部右侍郎。	万历间谪广西布政司	何乔远学派，发明朱子之学	赴粤，慷慨夷犹，无迁谪意。	《闽中理学渊源考》卷75　《粤西文载》卷67，第149页。

续表

姓名	任职	学术归属	治绩	入桂文献
曾化龙,字大云,号霖寰,晋江人,万历四十七年进士,佥都御史巡抚登莱,移镇胶州。	万历间广西参议	万历以后诸先生学派,守程朱之学。	不详	《闽中理学渊源考》卷77
潘洙,字士鼎,晋江人,万历第进士,江西右布政转广东左布政。	万历间迁广西按察	万历以后诸先生学派,守程朱之学。	莅官所至,不妄取一钱,家日窘迫,终无改悔。	《闽中理学渊源考》卷77
曹学佺,字能始,侯官人,万历二十三年进士,官终广西右参议。	天启二年任广西右参议	天启以后诸先生学派,祖洛闽而确守乡先正之学。	惩治贪官,整肃弊政;抑制粮价,稳定局势;开设书院,兴办教育;调解冲突,促进民族团结等。	《闽中理学渊源考》卷48
黄道周(1585—1646),字幼玄,号石斋,漳浦人,天启二年第进士,历官翰林院修撰、詹事府少詹事。南明隆武时,任吏部兼兵部尚书、武英殿大学士。抗清失败,被俘殉国,谥忠烈。	崇祯十三年(1640年),江西巡抚解学龙举荐黄道周。崇祯大怒,下令逮捕二人入狱,永远充军广西。	黄石斋先生道周学派,究心明诚之学。	不详	《闽中理学渊源考》卷83《明儒学案》卷56"诸儒学案下四",第1332—1334页。

姓名	任职	学术归属	治绩	入桂文献
赖祐，字公弼，清流人，以监生任临桂教授。	临桂教授	嘉隆以后诸先生学派，"嘉隆以后诸先生皆崇尚闽学宗派"。	一时科甲多出其门	《闽中理学渊源考》卷88
徐登第，字时杰，南平人，官至容县令。	容县令	延平明代诸先生学派，教士以身心性命之学。	清守直行，后竟挂冠归。	《闽中理学渊源考》卷84
林子云，字质夫，临漳人。	融州教授	潜心理学，躬行实体。	不详	《道南源委》卷6
王守仁（1472—1529），字伯安，学者称为阳明先生，余姚人。弘治己未进士，官至南京兵部尚书、南京都察院左都御史。封新建伯，谥文成，万历十二年从祀于孔庙。	嘉靖六年节制湖广、江西、两广诸军事。	《明儒学案》立"姚江学案"	平定田州、思恩叛乱，创建敷文书院，亲自讲授良知、知行合一之学。	《粤西文载》卷65，第62页。《明儒学案》卷10
钟芳（1476—1544），字仲实，琼山人。正德戊辰进士，官至户部右侍郎。	嘉靖间任广西右参政	与王守仁、罗钦顺等交往、论学。	除贵县虎患，谕降洛容贼，讨田州，定平乐、剿藤峡，屡有军功。	周济夫《筼溪文集序》《粤西文载》卷65，第70页。

续表

姓名	任职	学术归属	治绩	入桂文献
季本（1485—1563），字明德，号彭山，会稽人。正德十二年进士，官终长沙知府。所著有《易学四同》、《四书私存》等。	王阳明在南宁时，为南宁教授，主持敷文书院。	先从学王文辕，后师事王守仁，其学贵主理。	以良知、知行合一教导诸生。	《王文成公文集》卷18　《明儒学案》卷13"浙中王门学案三"
陈逅，字良会，常熟人。正德十二年进士，嘉靖十七年，任河南按察司副使，后贬为民。	嘉靖三年，贬为合浦县主丞，嘉靖七年灵山教授。	潜心理学，志存及物。	掌教海天书院，常为书院生徒讲理学。	《王文成公文集》卷18
程文德（1497—1559），字舜敷，号松溪。浙江永康人嘉靖八年（1529年）进士，历官至礼部右侍郎、吏部左侍郎，谥文恭。	嘉靖间黜为信宜典史，总督陶谐延主苍梧岭表书院。	最初受业于章懋，后从王守仁讲学。其学以"真心"为为学之要，学说被后世称为"永康学"。	主持苍梧岭表书院，从学者众多。	《粤西文载》卷67，第148页。《明儒学案》卷14"浙中王门学案四"，第302页。

续表

姓名	任职	学术归属	治绩	入桂文献
耿定向（1524—1593），字在伦，号天台，黄安人。嘉靖三十五年进士，官至户部尚书，总督仓场事，谥恭简。	嘉靖间为横州判官	其学不尚玄远，以实地为主，苦口匡救。然又拖泥带水，于佛学半信半不信，终无以压服卓吾。	正学风、迪士类，建书院、聘师长，大力弘扬王阳明"良知"之学。	《粤西文载》卷67，第148页。《明儒学案》卷35五"泰州学案四"，第815页。
万表（1498—1556），字民望，号鹿园，宁波卫世袭指挥金事。年十七袭职，官至南京中军都督府。	广西副总兵，左军都督漕运总兵金书。	其学多得之龙溪、念庵、绪山、荆川，而究竟于禅学。	漕运上有建树	《明儒学案》卷15"浙中王门学案五"，第311页。
胡直（1517—1585），字正甫，号庐山，泰和人。嘉靖丙辰（1556年）进士，官至福建按察使。	嘉靖间任广西右参政，起湖广督学，移广西参政。	年二十六师从欧阳德，年三十复从学罗文恭。著书专明学的大意，疏通王阳明之旨。	修复洛容邑，建桂林书院、买田百亩给笔札膏烛，选学官明经者教，诸生各以其经受业。	万斯同《儒学宗派》卷15，第735页。《明儒学案》卷22"江右王门学案七"，第512页。

续表

姓名	任职	学术归属	治绩	入桂文献
王宗沐（1524—1592），字新甫，号敬所，临海人。嘉靖甲辰进士。万历三年，转工部侍郎，终刑部。	嘉靖间为广西督学，后为左布政使。	师事欧阳德，《明儒学案》入"浙中王门学案五"。	修宣成书院，建崇迪堂，亲自讲学，教导诸生反求本心，刻《湘皋集》。	《粤西文载》卷65，第77—78页。《明儒学案》卷15
赵贞吉（1508—1576），字孟静，号大洲，蜀之内江人。嘉靖十一年（1532年）进士第。官至拜文渊阁大学士，谥文肃。	谪广西荔波县典史	李贽认为其学得之徐樾，王阳明再传。	入湘山，读书僧舍。	《粤西文载》卷67，第148页。
查铎，字子警，号毅斋，泾县人。嘉靖乙丑进士，为刑科给事中。	嘉靖间广西副使，后领广西驿传。	师从王畿、钱德洪，笃信阳明致良知说。	短暂停留广西	《儒林宗派》卷15《明儒学案》卷25"南中王门学案一"，第580页。
沈宠，字思畏，号古林，宣城人。嘉靖丁酉中举。	官至广西参议	师事贡安国，贡安国学于欧阳德、王畿。	待考	《明儒学案》卷25"南中王门学案一"，第580页。

姓名	任职	学术归属	治绩	入桂文献
林富，字省吾，城东人，弘治壬戌进士，嘉靖八年为兵部右侍郎兼右金都。	嘉靖初为广西布政使，八年代提督巡抚。	王守仁闽中门人	平定田州、思恩叛乱，带兵进剿八寨、大藤峡。	《粤西文载》卷65，第62—63页。钱明《闽中王门考略》
翁万达（1498—1552），字仁夫，别号东涯，谥襄敏，揭阳人。嘉靖五年进士，官终兵部右侍郎兼右金都御史。明世宗褒其为"文足以安邦，武足以戡乱"，《明史》有传。	嘉靖十三年知梧州府，后广西右参政。	崇尚性命之学，与欧阳德、罗洪先、唐顺之、王畿、魏良政善通古今。	节俭用度，惩治豪强，平定叛乱等。	《粤西文载》卷65，第73页。《明史》卷198列传，第86页。
欧阳瑜，字汝重，泰和人。	嘉靖四十年任广西左江兵备金事	王守仁门人	清积牍，逐娼优，禁龙舟，释冤狱。	《儒林宗派》卷15《粤西文载》卷65，第62页。
钱一本（1539—1610），字国端，别号启新，常州武进人。万历癸未进士。万历间巡按广西。上书言皇太子册立改期，内批廷杖，并削籍。归讲学于东林书院。	万历十七年（1589年）贬任广西巡按	师从王时槐，为刘文敏再传弟子，刘文敏为王氏心学学派，列入王氏学派。	待考	《儒林宗派》卷15，第734页。《明儒学案》卷59"东林学案二"，第1435页。

续表

姓名	任职	学术归属	治绩	入桂文献
曾伟芳，字君彦，号沧岩，惠安人。万历己丑进士，官至兵部武选司员外郎，谪宾州州判，天启中赠布政使司参议。	谪宾州判官	大旨以王守仁之学为主	不详	《粤西文载》卷67，第149页。《四库全书总目提要》卷125
湛若水（1466—1560），字符明，号甘泉，广东增城人，登弘治乙丑进士第。官至南京礼吏兵三部尚书，谥文简。	客居滕州、龙州、平南、凭祥等地。	少师事陈献章，后与王守仁各立门户，学以"随处体认天理"为主旨。	往来广西各地，以兴学教人为己任。	《粤西诗载》卷1《明儒学案》卷37"甘泉学案一"，第876页。
李元善，南海人，进士。	广西左参政	陈献章弟子，得静虚之趣。	待考	《粤西文载》卷49 邵宝《送李大参赴广西序》
陈仁，字体元，归化人，嘉靖元年由明经授广西府通判。	嘉靖元年广西府通判	嘉隆以后诸先生学派，尝从湛甘泉若水学。	时粤地文教未辟，仁至大为阐扬，激励士类，莅民有惠政，致仕，归以讲究性命为事。	《闽中理学渊源考》卷88

续表

姓名	任职	学术归属	治绩	入桂文献
许孚远，字孟仲，号敬庵，德清人，嘉靖壬戌进士，官至南兵部右侍郎。	万历间转广西副使	从学唐枢，唐枢则是湛若水入室弟子，刘宗周之师，精研甘泉和阳明学说。后受学于徐用检，徐用检乃钱德洪弟子，许孚远之学以克己为要。	待考	《洛闽源流录》卷14 《明儒学案》卷41 "甘泉学案五"，第975页。
郭棐（1529—1605），字笃周，号梦兰，广东南海人。嘉靖四十一年（1562年）进士，官至云南右布政使。	广西右江副使	湛若水弟子，陈氏学派。	曾撰《宾州志》	《儒林宗派》卷14
钱薇（1502—1555年），字懋垣，号海若，海盐人，嘉靖十一年（1532年）进士。	嘉靖年间在广西查案	湛若水弟子，陈氏学派。	查出王佐、潘宇等贪官，荐举顾遂、李义壮等清官能吏。	《粤西文载》卷8，第198—199页。 《儒林宗派》卷14
杨惟执，揭阳人，隆庆四年知永安州。	隆庆四年为永安知州	崇尚心学	平定黄功东起义有功	《粤西文载》卷66，第99页。

在学术格局上，明代理学中的两大基本派别即程朱理学、阳明心学互

相竞争,大体分为三个阶段:明代前期①,进入广西的理学之士有胡纯、刘嵩、李习、李德、王暹、李龄六人。这六人师出或倾向程朱理学,这一时期一般视为宋明理学发展史上"此亦一述朱,彼亦一述朱"②的述朱期,"原夫明初诸儒,皆朱子门人之支流余裔,师承有自,矩矱秩然"③。明代中期,阳明心学胜程朱,在学派及思想倾向上,理、心二派各有其人。就程朱一派看,有黄佐、张岳、张吉等,他们在思想上也多倾向于程朱;心学派者,有王守仁、王宗沐、程文德、季本、湛若水等。晚明有曹道全、黄道周等人入桂,出现修正、调和两派的趋向。总体而言,程朱理学一直占据官方正统地位。明代理学之士入桂理学传播比较积极,如张吉,在梧州任上,闲暇之余,"躬课诸生,为讲说圣贤修己治人之道,使人知所嗜乡。尤严于丁祭,庙乐崩坏,延乐师吕应祯聚诸生习之"④。张岳嘉靖间任广西督学,"与诸生论学,一宗程朱"⑤,"督学所至,辄与人言明诚之学"⑥。李龄为宾州学正,"教士子敦本尚实,一言一动不苟"⑦。叶性正德间为庆远同知,"以理学诲士,一时翕然宗之"⑧。李中,为广西提学,"日与诸生讲圣贤之学,如家人父子然。时迎亲就养,诸生持二篚为献,亦如家人礼,不以为忤也"⑨。李鹏举,嘉靖三十九年判梧州总粮,"进诸生讲心性之学"⑩。他们之中尤以王阳明、黄佐为代表,基于黄佐和王阳明及其弟子在广西理学传播中的影响,下面内容将以二人为例加以

---

　　①　本文所言的明代前中后期,参考袁尔钜的说法。明代前期指太祖洪武—宣宗宣德年间;明代中期指英宗正统年—神宗万历年间;明代后期指万历晚期—天启、崇祯年间。袁尔钜:《论明代的理学和心学》,《中州学刊》1990年第1期。

　　②　黄宗羲著,沈芝盈点校:《明儒学案》卷10"姚江学案",中华书局1985年版,第179页。

　　③　张廷玉等撰:《明史》卷282"儒林一",中华书局1974年版,第7222页。

　　④　汪森编,黄盛陆等校点:《粤西文载》卷64"名宦小传",广西人民出版社1990年版,第39页。

　　⑤　同上书,第64页。

　　⑥　汪森编,黄盛陆等校点:《粤西文载》卷40,骆日升《少保张襄惠公祠堂碑》,广西人民出版社1990年版,第201页。

　　⑦　汪森编,黄盛陆等校点:《粤西文载》卷64"名宦小传",广西人民出版社1990年版,第17页。

　　⑧　李清馥:《闽中理学渊源考》卷46"同知叶叔理先生性",《四库全书》第460册,上海古籍出版社1987年版,第515页。

　　⑨　汪森编,黄盛陆等校点:《粤西文载》卷65,广西人民出版社1990年版,第76页。

　　⑩　同上书,第85页。

阐述。

一　黄佐在广西的理学传播

黄佐，嘉靖八年（1529 年）秋任广西提学，第二年冬因母病辞官归家，尽管在任只有短短的一年，但他"修书院，撤淫祠，行射礼，举节孝，立乡社，择士民及瑶僮之子弟而教之，风化大行"①。万历《广西通志》将其列入名宦传，清朝初年得以与王守仁等人同入广西名宦祠。概括起来说，黄佐理学传播主要有以下几个方面：

（一）兴复书院、创办社学

嘉定八年的广西是经历了思田土司和大藤峡大规模征剿之后的广西，人心浮动、百姓困敝。作为文教官员，他认为大兴文教在当时的广西是合适的，"自瑶夷为梗，边无宁居，燎原延于庙宫，茂草丛于斋庑，士之仅存者什不得一"②。士风不振，则民风难淳，他说："夫天下之士习颓惰之日久矣。其上焉者以诗书文艺为正学，其下焉者以逢迎趋走为圆机，能尽心尽职者寡矣。"③ 嘉靖九年（1530 年）他重建平乐的道乡书院和全州的湘山书院。另外，他又大力推行社学。社学，是州、县学的一种预备学校，始于元代。元制，五十家为一社，每社设一所学习机构，称"社学"。社学在广西始于明代，明朝洪武八年（1375 年）诏令天下建立社学，规定每乡每里建社学，以教授孝顺父母、尊敬长上、和睦乡里等人伦为主要内容，目的是通过"明伦敬身"、"明经修行"等手段，"思变其俗"。它所招收的对象，虽说要求凡少数民族子弟年龄在 8 岁以上，都要入社学听教诲，但在黄佐生活的时代，恐怕还只限于在编的少数民族富户子弟，大多数没在编的少数民族子弟很难获得读书机会。对社学的成效，黄佐本人还是满意的，他曾对他的学生谈过这样一件事：

予督学始至苍梧，沈大参良佐、王金宪世爵告以府江瑶老多钩官舟取赏者，近李方伯费百金乃免。予箧笥无有也，惟令指挥凌溥扬舲

---

①　汪森编，黄盛陆等校点：《粤西文载》卷 65，广西人民出版社 1990 年版，第 76—77 页。

②　苏濬纂修：《广西通志》卷 12 "学校志序"，载吴相湘主编《中国史学丛书》，台湾学生书局 1986 年版，第 250 页。

③　黄佐：《黄文裕公泰泉集》"养病陈情养亲疏"，罗学鹏《广东文献》三集，顺德罗学鹏春晖堂刻本。

先往，谕以上下礼法。比过大藤江，瑶老跪谒，舟行迅急，惟戒其改恶从善，唯唯听命。至足滩则同徒数百伏莽中，止令为首者三人出谒，予开悟以"人性本善，必先孝顺父母。父母养汝亦艰辛，何苦为恶以丧父母生成之躯？汝肯孝顺，吾将择汝子弟教于社学，亦孝顺报汝，矧成材又有显扬之日邪？柳州僮人已有登进士者矣，汝徭乃独无邪？人能为善，天必报之。"三人皆喜，举手加竹帽上曰："天使公来教也。"赏历各二册，拜跪称谢如礼，欣然而去。未几高宪使公韶过之，献双藤曰："已感教化，不敢复索金矣。"予乃撰《劝化文》，通行谕之。后至平乐，龙守大有领瑶童俸㑨、韦仲金等三十八人入见，皆知书循礼，遂遣入社学。①

黄佐之所以晓谕、劝导瑶民，是他认为人性本善，这是他在瑶僮身上所看到的。到了万历二十四年，这一过程在广西基本上有了一个大的转折。是年，广西提学杨道会颁布条约曰："粤西风气渐开，土司、瑶僮多所向化。先该平乐守黄文炳不鄙夷其人，悉心作养，渐有兴者。而前使者就中择髻虮稍聪颖者附于学，其人亦艳之，岁遣子弟入郭从师，褒衣博带，庶几中国之风，则培固陋为文区，化羯夷为冠裳，计无便于此者。诸路所当举行，不直平乐也。玺书专责成本道，岂容忽视？文到所司，亟行下土司，但有僮童慕义向学者，招之社所，择师教之。诸凡科条，一如内地社学之规，毋轻异类，毋厌烦琐。岁终将教成僮童若干人，新近诲养若干人，遵照敕谕申报，本道稽查。但有略晓文义，堪以作养者，许附童生一体送考。本道且以此之多寡有无为有司殿最。"② 明代广西创建社学 232所，其中壮族聚居区 95 所，其分布是：武缘县（今武鸣县）19 所，崇善县 20 所，田州 1 所，养利州 4 所，思明土府 2 所，南宁府 4 所，左州 2所，永康州 1 所，隆安 42 所。清承明制，大兴社学，清代广西共建社学69 所，比明代少 163 所，其中壮族聚居的柳州、南宁、思恩、镇安等府有 36 所，范围比明代扩大，如马平、柳城、罗城、忠州、归德、果化、

---

① 黄佐：《庸言》卷 7 "政教第七"，《续修四库全书》第 939 册，上海古籍出版社 2002 年版，第 313 页。

② 苏濬纂修：《广西通志》卷 12 "瑶僮入学"，载吴相湘主编《中国史学丛书》，台湾学生书局 1986 年版，第 267 页。

迁隆、天保等州县都在清代新设社学。

（二）严格学礼，礼中体认天理

黄佐一生非常注重礼的日用，兴复射礼。《礼记·射义》云："射者，仁之道也。射求正诸己，己正而后发。发而不中则不怨胜己者，反求诸己而已矣。孔子曰'君子无所争，必也射乎！揖让而升下，而饮，其争也君子。'"① 射礼讲究谦和、礼让、庄重，提倡"发而不中、反求诸己"，重视人的道德自省。射礼在两汉至宋元时取消，到了明朝，朱元璋强调射礼，洪武三年（1370年）举行大射礼。下令太学及郡县学生都要学习射箭。然而，这一诏令并未长期执行，广西曾于洪武三年在桂林府学建射圃令诸生习射，但射礼早废。此时黄佐重倡射礼，说："予督学时，令诸生习射。久之，容体比于礼，声音比于乐，宗室以及士庶莫不乐观，至有上书称赞谓观感之下，自觉人欲净尽、天理流行者。"② 从此可看出，黄佐在广西行射礼，其目的在于通过礼的约束所表现出来的衣冠、气度，收敛或消除欲念，从而体会到人欲净尽、天理流行的境界。与二程、朱熹等人通过涵养、格物穷理的修养不同的是，黄佐更强调礼，通过礼而练心。

（三）讲学

黄佐在提学广西之前，便曾"道谒王守仁，与论知行合一之旨，数相辨难，守仁亦称其直谅"③。嘉靖七年王守仁在南宁建敷文书院，宣讲心学思想，在当时的广西影响很大。而两年后黄佐在桂林讲学，批评陆王心学为佛："盖阳明之学，本于心之知觉，实由佛氏，其曰'只是一念良知，彻首彻尾，无始无终，即是前念不灭，后念不生'，此乃《金刚经》不生不灭，入涅槃觉，安知所谓中和也？"④ 而发挥他的"理一分殊"学说，"理一分殊"是理学本体论中的一个重要命题，理学家认为天地万物自然都由"理"产生，天下只有一个"理"，此理又分散在万事万物中，千差万殊的每个事物都包含这个"理"。黄佐在讲学中，与士子阐述"理一分殊"，无疑是把理学体系中的本体论思想传授给了

① 孙希旦：《礼记集解》，中华书局2010年版，第1448页。
② 黄佐：《庸言》卷7"政教七"，《续修四库全书》第939册，上海古籍出版社2002年版，第307页。
③ 张廷玉等撰：《明史》卷287"文苑三"，中华书局1974年版，第7365页。
④ 黄佐：《与徐养斋书》，黄宗羲《明儒学案》卷51，中华书局1985年版，第1200页。

他们。

（四）毁淫祠，倡节孝

黄佐尊崇道统，排斥佛老，《仙释辨》一文，开篇就说："大道隐而人心惑，圣学不明而无稽之言行。其为患兹大者二氏是也。广西之民贫矣，然浮屠老子之宫随在而有。稽诸郡乘所载仙释，大都无可称者，而俗崇信。"① 故致力于捣毁淫祠的工作，还发布一篇《禁淫祠榜谕》②，其全文如下：

访得广西愚俗，专敬淫祠，男女混杂，每因而行奸，民瑶乞灵则谋而为盗，孽虽自作，理实难容。近因临桂县东乡地名桐罡岭有伪号则天武婆庙淫祠一所，民间祈祷素号有灵。近日师巫邪术犯人周法聚等鸣锣击鼓以祈晴、烧香为由，本道当即拿获惩究，差委本府知事王彻前往本境将祠拆毁，讫解武婆邪鬼木像到道，转解赴城隍庙神前，将像断杖既毕，焚毁示众。是邪鬼不能保其身，又何能为福乎？且淫祠未毁拆之先，阴雨连日；既毁拆之后，天即晴霁，是素本无灵而愚俗妄为信奉可知也。

为此，拟合通行仰府清查巫流邪师，将合境淫祠尽行毁拆。每乡每里各立一社，建社学一所，各请生儒人等为师以教子弟。前面设乡社、里社正神，遇朔望，社师同父兄率子弟诣神前发誓要孝顺父母、尊敬长上、和睦乡里、莫作非为；如有不孝不悌、赌博行奸、窃盗作贼、生事害人，神祇降灾。如败伦伤化及为奸盗之人，神祇不降殃而听其自生自死，即是本社之神贪享民脂，与武婆邪鬼同罪，一体查究，量行焚毁。仰府行各州县乡城、瑶僮峒落，敢有私建淫祠、祭祀邪鬼者，拿送惩究。遵守施行。③

武婆庙在后来嘉庆、光绪两部《临桂县志》中均不见记载，可能确实是已经拆毁很久，后人无从知悉了。黄佐在全州，"表异孝子贞妇之闾，而

---

① 黄佐：《仙释辨》卷36"艺文"，苏濬《广西通志》，《明代方志选》，台湾学生书局1986年版，第752页。

② 黄佐：《黄文裕公泰泉集》卷3"文选"，罗学鹏《广东文献》三集，顺德罗学鹏春晖堂刻本。

③ 同上。

于名宦、乡贤二祠，尤致慎而不苟"①，他在任上曾经亲自接见过一个以孝行闻名的人物："窦桂，全州人，世业农，父母尝同时病，桂斋戒祷于神，愿以身代。病剧，痛极吁天，剜左臂肉，为羹以进。父母食之甘，病俱愈。及母卒，结庐守墓三年。提学黄佐召见。桂朴野无所言，第顿首而已。乃集诸生明伦堂，以鼓乐迎桂，至礼而遣之。"② 从推行教化、渗透理学的角度来看，禁毁淫祠而换以孔庙、忠孝、贞节等祠庙，既顺应民众崇信鬼神、祭拜祈福的心理，又借以标榜正统、彰显教化。

（五）编著广西第一部通史——《广西通志》

黄佐传世著作有《广东通志》70 卷、《广西通志》60 卷、《广州府志》70 卷、《广州人物志》24 卷、《罗浮山志》12 卷、《香山志》8 卷等，其中以《广东通志》的影响和作用为最大，"在明人之中，学问最有根柢，文章衔华佩实，亦足以雄视一时"③。

弘治癸丑年（1493 年）周孟中修《广西通志》，是广西修通志的开始。嘉靖乙酉（1525 年）由唐胄主持，郑琬、徐淮、杨梁等本土人参与，可惜没完成，唐胄升职离开。姚镆也曾一度想续修广西通志，后来离开也未能达成心愿。嘉靖己丑（1529 年）林富总督两广，第二年委托提学黄佐总理其事，黄佐受林富委托，在一年之中，确定了通志的编纂枢架，"发凡举例，因旧为新，删繁撮要，阐幽订误，为《图经》、为《表》、为《志》、为《列传》、为《外志》，总六十卷，以成公志，而是非取舍，则一皆裁决于公"④。"发凡起例"，"发凡"，即概括论述全书宗旨、内容、大纲等；"起例"拟定体例、编纂规则和方法等，"发凡起例"是全书的框架。《广西通志》的修纂格局由黄佐来确定，采图、表、志、列传、外志等 15 种编纂形式。这种体例正是后世所总结的"历史派"修撰方法，即模仿纪传体史书，以保存史料为主要宗旨，这是被清代大儒章学诚所赞赏的编纂体例，从这可以看出黄佐对于《广西通志》所起到的作用，他定修志的格局之后，其他的修纂志只是在他制定的格局之上进行增补而

---

① 蒋冕著，唐振真等点校：《全州名宦乡贤祠记》卷 20，广西人民出版社 2001 年版，第 207 页。

② 谢启昆：《广西通志》卷 258 "人物"，广西人民出版社 1988 年版，第 6513 页。

③ 永瑢、纪昀：《四库全书总目》卷 172，《泰泉集》，上海古籍出版社 1987 年版，第 453 页。

④ 蒋冕：《广西通志序》，载汪森编辑、黄盛陆等点校《粤西文载》第 53 卷 "杂事序"，广西人民出版社 1990 年版，第 103 页。

已。书稿未完，黄佐因母病归家，黄佐返粤之前，把修志之事委托给梧州府同知舒柏、周鈇及诸生严肃、李承简、李廷礼、莫遗贤、廖绍禋等人，由他们继续完成。舒柏，字国用，江西靖安人，正德十一年（1517年）举人，嘉靖七年（1528年）任梧州同知，后曾任南宁知府。周鈇，广东海阳人，弘治四年（1502年）乡试举人。而严肃等人应该是广西本地人，但是生平资料已经难以查实。舒柏、周鈇带领严肃等人，按照黄佐拟好的体例，并在唐宵原稿的基础上，最后完成了志书的修撰。

二　王氏心学在广西的传播及其接受

（一）兴学、讲学

明代的思恩府大概是以位于今广西西部右江支流的武鸣河流域的武鸣县为中心及其上游一带。田州府是以广西右江流域的百色为中心的区域以及田东、田林等县。到明代中期，思恩、田州二府在仅半个世纪内就相继发生了由土官、土目发起的思恩军民府土官岑浚之乱、田州府土官岑猛之乱和思恩、田州二府土目卢苏、王受之乱的三次叛乱。明朝对这三次叛乱采取了相应措施，改土为流，慢慢地巩固了统治地位。岑浚乃岑瑛之子，岑永昌之孙。《明孝宗实录》弘治十七年四月辛丑条载：

> 广西思恩府土官知府岑浚与田州府土官知府岑猛，积下相能，累肆攻劫，转掠上林、武缘等县，死者不可胜计。至是浚攻破田州府，猛仅以身免，其家属百五十人皆为所虏。两广总镇等官以闻，兵部请调三广兵剿之，上从其议。[①]

弘治十七年，以罪诛灭，自是改铨流官。岑猛被贬为福建沿海卫千户，二府改为流官思恩府，由张凤、田州府由谢瑚统管。

弘治十八年，平定岑浚之乱后，岑猛势力急剧扩张，于嘉靖五年（1526年）四月，一举发起讨伐。《炎徼纪闻》卷一"岑猛"[②]条载：

---

① 《明孝宗实录》卷210，台湾"中央"研究院历史语言研究所校印，1962年，第3908页。

② 田汝成：《炎徼纪闻》卷1"岑猛"，《四库全书》第352册，上海古籍出版社1987年版，第606页。

嘉靖五年四月，镇偕总兵官朱麒等发兵八万，以都指挥沈希仪、张经、李璋、张祐、程鉴等五将军统之，分道并进。猛谓其部下曰：岑氏世荷天朝，有罪可乞怜免也。兵至毋交锋，乃裂帛书状陈君门，言虮虱小臣，非有他意，惟天官察之。镇不听，督兵益急。猛长子邦彦守工尧隘，沈希仪击斩之。诸军继入，猛惧，谋出奔，而归顺州知府岑璋，猛妇翁也。其女失爱屏居，璋欲借此报猛，乃甘言诱猛走归顺，鸩杀之，斩首归官军。

嘉靖六年正月，当时两广都御史姚镆，上书提出"善后七事"，即①由于田州府诸夷杂居，不断对立，所以选任参将一名，由其训兵防御。②大小土目名称不一，必须按汉法改为千夫长、百夫长，按级别俸给，以求节减。③学校因长期废弃，故设学校官师进行修明、教化，以此改变夷风。④倒毁贼党之屋，建官署之仓，经费公支，不向百姓摊派。⑤平乱之后，公私财源枯竭，免嘉靖四年以前未纳的粮税，嘉靖五年之后的粮税暂停征收。⑥调整体制，改设流官，设仓库、司狱、阴阳、医学之官，各给其印。⑦奉议州土官知州被猛贼所杀，缺继者，并且仅有一名判府。因此，必须任命奉议州知州、吏员各一名，废前判官，田州府亦应改设流官。姚镆的七点提案，获得当局的批准并付诸实施。

平猛之乱后，土目卢苏反对改流，联通思恩土目王受等拥立岑猛之第四子岑邦相叛田州，由于卢苏、王受之乱，不仅仅限于田州府，而是扩大到攻击思恩府城。因此，明朝认为姚镆的策略不当，最后决定起用王守仁。王守仁于嘉靖七年二月，向朝廷陈述了"用兵十害，招抚十善"的见解。对苏、受采取了招抚、怀柔的政策。对田州的措施是采取：

（1）把田州改为田宁府，设流官知府。

（2）割田州府的八甲归田州，命岑猛之子岑邦相为州判官，让其统管州事。

（3）分田宁府的四十甲，设十八土巡检司，任命卢苏等土目为巡土检，让他们统管各土巡检司。对思恩府的措施是，把思恩分为九土巡检司，王受等土目任土巡检，并统管这九土巡检司。

思恩、田州二府的叛乱，是以土官统治地区的土著上层土官、土目为核心的。大藤峡、八寨之乱，是以流官统治地区的少数民族（瑶、壮）

为主体。对前者，王守仁采取招抚和"以夷制夷"的办法，而对于以夺田夺盐为斗争内容的大藤峡瑶、壮的反明斗争，采取的是镇压策略，嘉靖六年（1527年），王守仁先后镇压了大藤峡和八寨农民起义。

在采取剿灭、平定的同时，王守仁认为广西"境接诸蛮之界，最宜用夏变夷，而时当梗化之余，尤当敷文来远，虽亦俎豆之事，实关军旅之机"①。"用夏变夷"出自《孟子·滕文公上》："吾闻用夏变夷者，未闻变于夷者。"即用汉的礼教文化影响、开化壮、瑶文化。"敷文"即"宣扬至仁，诞敷文德"之义，以仁德来感化、同化当时的少数民族。王守仁于嘉靖七年（1528年）到达南宁后，接受参政汪必东、佥事吴天挺建议，动用军饷，建敷文书院。据《邕宁县志》记载，"敷文书院，在北门街口，即县学旧址。嘉靖七年新建伯王守仁征思田，驻邕时建。有正厅，东西廊房，后厅。日集诸生，讲学其中。后人因立公像于后厅，春秋祀之，名为文成公祠"②。田州、思恩、八寨等动乱，表面上看是军事斗争，实际源于意识形态和文化上的冲突，壮、瑶、苗、侗、仫佬、毛南、彝、水、仡佬等少数民族在风俗和文化传统上也与汉文化不同。敷文书院自嘉靖七年（1528年）创建后，它的命运与心学发展就紧密联系在一起。嘉靖十六年（1537年）和嘉靖十七年（1538年）明朝廷两次以"官学不修，别立私院"、"动费万金，供亿科扰"、"倡其邪学，广收无赖"等罪名，封查与王守仁、湛若水等有关的书院，南宁敷文书院亦遭到查禁。万历七年（1579年），张居正大规模禁毁书院，南宁敷文书院改为别署。万历十一年（1583年）才经陈希美、知府陈纪等修复，明末又毁于战火。清康熙九年（1670年）重建，到民国初年依然存在。

敷文书院以《白鹿洞书院学规》做学则，弟子季本③主持，山长定期讲课，讲课内容主要围绕"四书"、"五经"中的某些章节展开。季本用

---

① 王守仁撰，吴光等编校：《王阳明全集》卷18，《批广西布按二司请建讲堂呈》，上海古籍出版社1992年版，第626页。

② 莫炳奎修纂：《邕宁县志》卷2"学校一"，《中国方志丛书》第209号，台湾成文出版社1967年版，第884页。

③ 季本（1485—1563），字明德，号彭山。明会稽（今浙江绍兴）人。正德进士，授建宁府推官，监察御史，贬为揭阳县主簿，嘉定七年王守仁把他调入军中。少师王文辕，其后师事王守仁。其学贵主宰而恶自然。在治学方面苦力穷经，著述《易学四同》、《诗说解颐》、《春秋私考》、《四书私存》、《说理会编》、《读礼疑图》、《孔孟图谱》、《庙制考义》、《乐律纂要》、《律吕别书》、《著法别传》等。

王氏"心学"思想指导书院的教学，"诸生闻吾夫子良知之教，而又亲见夫德化之行，莫不奋然兴起，愿学圣人，……以本久在门下，尝闻此学，而方从事军前，日且闲暇，乃使之领书院事以申明之，……顾以致良知之说，乃吾夫子所雅言，以教人为尧舜者也"①。敷文书院除了传授心学理论外，也关注传统的伦理道德教育，"或兴起孝弟，或倡行乡约，随事开引，渐为之兆"②，还专门请福建莆田儒学生员陈大章为书院生徒讲冠婚丧祭礼仪，"于各学诸生之中，选取有志习礼及年少质美者，相与讲解演习。自此诸生得于观感兴起，砥砺切磋，修之于家，而被于里巷，达于乡村，则边徼之地，自此则化为邹鲁之乡，亦不难矣"③。王守仁则"日聚幕僚诸生讲学，更不议兵事。三司官莫密测其意，谓供假以纵敌，将密有指授也。或乘间进言曰：'招降诚善策，脱有不济，当云何？'公敛容谢曰：'岭徼苦兵久矣，吾实招之，非诱敌也。'公少年翕张纵横，至是亦厌功名，思休辑，厥学真有进哉。一日，讲良知万物一体。有问：'木石无知，体同安在？'时湖广两宣慰侍列，所部兵颇骄恣。公因答问者曰：'譬如无故坏一木，碎一石，此心恻然顾惜，便见良知同体，及乎私欲锢蔽，虽拆人房舍，掘人冢墓，犹恬然不知痛痒，此是失其本心。'两宣慰闻之耸然。"④"良知"是人先天的、不假外求的、不需要学习和思想而具有的道德意识和情感，"知是心之本体，心自然会知：见父自然知孝，见兄自然知弟，见孺子入井自然知恻隐，此便是良知不假外求。"⑤"良知"学说是王阳明心学中的核心范畴，是基于人都有先天的道德直觉和判断，他说："良知只是个是非之心，是非只是个好恶，只好恶就尽了是非，只是非就尽了万事万变。"⑥ 因此，王阳明通过创建书院，讲授良知之学，

---

① 汪森编，黄盛陆等校点：《粤西文载》卷51，《建敷文书院修德息兵序》，广西人民出版社1990年版，第52页。

② 王守仁撰，吴光等编校：《王阳明全集》卷18，《案行广西提学道兴举思田学》，上海古籍出版社1992年版，第631页。

③ 王守仁撰，吴光等编校：《王阳明全集》卷18，《牌行南宁府延师讲礼》，上海古籍出版社1992年版，第639页。

④ 汪森编，黄振中等校注：《粤西丛载》，广西民族出版社2007年版，第363页。

⑤ 王守仁撰，吴光等编校：《王阳明全集》卷1，《传习录》，上海古籍出版社1992年版，第6页。

⑥ 王守仁撰，吴光等编校：《王阳明全集》卷3，《传习录》，上海古籍出版社1992年版，第111页。

其目的是"决蔽启迷",让广西读书人知是非善恶,知仁义礼智,不生叛乱之心。

王阳明在广西期间还分别于嘉靖六年(1527年)和嘉靖七年(1528年)创建了宾阳敷文书院和田州学,并对苍梧道在梧州创建敷文书院和阐述阳明"知行合一"、"致良知"学说的请求给予了支持,为梧州建立了一个叫"尊经阁"的藏书楼,而以南宁敷文书院影响最大。

王阳明是在出征广西思田的路上讲学的,武鸣人为纪念这次讲学,在这棵大榕树的位置建立"阳明书院"。相对于程朱理学所用的书信、课堂,王守仁更倾向"面授"的讲学方式,这一点在《王阳明全集》附录钱德洪《刻文录叙说》一文说:"先生读《文录》,谓学者曰:'此编以年月为次,使后世学者,知吾所学前后进诣不同。'又曰:'某此意思赖诸贤信而不疑,须口口相传,广布同志,庶几不坠。若笔之于书,乃是异日事,必不得已,然后为此耳!'又曰:'讲学须得与人人面授,然后得其所疑,时其浅深而语之。才涉纸笔,便十不能尽一二。'"① 王阳明讲学,"不仅敷文书院生徒和南宁府、县学生员听讲,平民百姓也可以听他宣讲"②,"良知"之说也由此在广西尤其是南宁地区宣扬开来,广西书院发展逐渐呈现出心学化趋势。灵山县学,嘉靖七年(1528年)陈近为教官,他把王阳明论述心学的《尊经阁记》刻于尊经阁(或叫藏书楼)中。嘉靖十一年(1532年)都御史、两广督抚陶谐聘请王门弟子程文德主持岭表书院。

程文德(1497—1559),字舜敷,号松溪,浙江永康人。嘉靖八年(1529年)进士,授翰林编修。历任兵部郎中、南京国子祭酒等职。传世有《论学书》一部,其为学初从章懋,后入王门,专心"良知之学"。章懋属于程朱学派,著《原学》传世,认为"人形天地之气,性天地之理,须与天地之体同其广大,天地之用同其周流,方可谓之人"③。"人生而静之谓性,得乎性而无累于欲焉之谓学"④,其学问兴趣在于论"性"。程文

---

① 王守仁撰,吴光等编校:《王阳明全集》,钱德洪《刻文录叙说》,上海古籍出版社1992年版,第1574页。

② 蒙荫昭:《广西教育史》,广西人民出版社1999年版,第186页。

③ 黄宗羲著,沈芝盈点校:《明儒学案》卷45"诸儒学案上三",中华书局1985年版,第1077页。

④ 同上书,第1079页。

德兼习两家之学，不过其宗旨应归于王门，"此心不真，辩说虽明，毕竟何益？"①"大抵学问只是一真。天之生人，其理本真，有不真者，人杂之耳。"②"真心"显然受了王阳明知行合一观点影响，强调实践性。正如黄宗羲所说："以真心为学之要，虽所得浅深不可知，然用功有实地也。"③文德"真"字，应当也指工夫讲，"今只全真以反其初，日用间视听言动，都如穿衣吃饭，要饱要暖，真心略无文饰。"④文德之学大抵大甚精透，黄宗羲对他的评价也应妥当。程文德的学说在当时影响颇大，人称其学术为"永康学"。程文德主持岭表书院时，作为理学大师，程文德倡导"志于道德"，把成圣作为终极的人格追求，"必为圣人之志，则必学以志乎圣人之道矣"，"志于道德者，斯其至也，圣贤是也"⑤，提出以"自爱、辩志、务实、尚行、敦本、持谦"六条为修身治学宗旨。"诸生从游者众"，包括苍梧人李献忠，李献忠嘉靖间出仕，曾为茶陵州丞，为人清廉持重，孝敬双亲。在程文德主持岭表书院时，"从之游，甚见礼焉"⑥。

王氏再传弟子王宗沐，嘉靖间为广西督学，上任三天，则为诸生讲学，并在临桂创建阳明书院，教其反求本心之学。嘉靖三十三年（1554年），又刻《湘皋集》，并称："公起东南，以文学历事三朝，始终全名，为世所称道。顾以生一僻不及闻。今获游其乡而不得一读其文，且如公者，非特为一乡文学之所关，借而卒使其泯焉不传，是则可悼也已！于是始采落搜匿，尽得其遗稿，名《湘皋集》，合而致于武部郎殷君，则悉为删次，厘为三十三卷刻焉。"⑦此版本收藏在上海图书馆、广东中山图书馆，《四库全书存目丛书》集部收录复印本。嘉庆二十一年（1816年）俞廷举重刻，并由其子俞当霭校对，此版本今各大图书馆存有。

---

①　黄宗羲著，沈芝盈点校：《明儒学案》卷14"浙中王门学案四"，中华书局1985年版，第303页。

②　同上。

③　同上书，第302页。

④　同上书，第303页。

⑤　程文德：《程文恭公遗稿》卷22，《岭表书院论学上》，《四库全书存目丛书》集部第90册，齐鲁书社1997年版，第294页。

⑥　汪森编，黄盛陆等校点：《粤西文载》卷71，广西人民出版社1990年版，第262页。

⑦　王宗沐：《湘皋集》序，《四库全书存目丛书》集部第44册，齐鲁书社1997年版，第6页。

明中期广西书院心学化趋势明显，在思恩府，知府侯国治于嘉靖二十年（1541年）建阳明书院，明末毁。清道光八年（1828年）知府李彦章重建思恩府阳明书院。在武缘，万历年间建阳明书院。在宾州（今宾阳县），嘉靖七年（1528年）建敷文书院。在融县（今融水苗族自治县），嘉靖三十年（1551年）知县瞿宗鲁建正心书院。在隆安，王阳明平息思田举义后，设置隆安县，创建隆安县学，其他如田州、思恩、融水等地也有了传播心学的书院。它们或另建王公祀，或与其他名宦共祀，见于地方志书记载的就有20多处。明中期广西书院心学化，造就了程朱理学和阳明心学争鸣的局面。

（二）重修先哲祠庙，表扬社师耆老

王阳明在《批南宁府表扬先哲申》中说："据南宁府申称：'北门外高岭原有庙宇，以祠宋枢密使狄武襄公青，经略使余公靖，枢密直学士孙公沔，邕州太守忠壮苏公缄，推官忠闵谭公必缘，年久倾颓，止存基址；今思、田既平，所宜修复，以系属人心，以耸示诸夷。'看得表扬先哲，以激励有位，此正风教之首。"[①] 狄青、余靖、孙沔三人在镇压侬智高的战争中取得了赫赫战功，苏缄则是在抵抗交趾入侵时，邕州城破而全家自焚的忠烈人物，朱熹、真德秀等理学人物都曾为之撰文或修祠称扬他。嘉定七年批复重建狄青等人祠庙的申请，虽说有迎合王阳明之嫌，但也传达出王阳明本人劝导将士和威赫土目的目的。又嘉靖七年正月《批立社学师耆老名呈》：

> 据思明府申称："要令土人谭绩、苏彪加以社学师名号；乡老黄永坚加以耆老名号。"看得教民成俗，莫先于学。然须诚爱恻怛，实有视民如子之心，乃能涵育熏陶，委屈开道，使之感发兴起；不然则是未有信而劳其民，反以为厉己矣。据本县所申，是亦良法，但须行以实心，节用爱民，施为有渐，不致徒饰一时之名，务垂百年之泽始可。该道守巡官仍加荣来匡直，开其不逮。备行该府查照施行。[②]

---

① 王守仁撰，吴光等编校：《王阳明全集》卷18，上海古籍出版社1992年版，第637页。
② 王守仁撰，吴光等编校：《王阳明全集》卷18，《批立社学师耆老名呈》，上海古籍出版社1992年版，第626—627页。

王阳明知道中原礼教文化的传播是一个长期过程，正面典型通过本人的温良恭俭让而获得名声、地位，从而引导、劝化民众，最终实现礼同中原的文化结果。

（三）十家牌谕制度与乡治思想

为"防奸革弊"，王阳明还在广西各地施行十家牌法，《揭阳县主簿季本乡约呈》：

> 况本院近行十家牌谕，虽经各府县编报，然访询其实，类是虚文搪塞；且编写人丁，惟在查考善恶，乃闻加以义勇之名，未免生事扰众，已失本院息盗安民之意。①

在此没有具体说明十家牌法，但从他提督南赣时所做的《十家牌法告谕各府父老子弟》可以知道一二：

> 轮牌人每日仍将告谕省晓各家一番。
> 十家牌式
> 某县某坊
> 某人某籍
> 某人某籍
> 某人某籍
> 右甲尾某人
> 右甲头某人

此牌就仰同牌十家轮日收掌，每日酉牌时分，持牌到各家，照粉牌查审：某家今夜少某人，往某处，干某事，某日当回；某家今夜多某人，是某姓名，从某处来，干某事；务要审问的确，乃通报各家知会，若事有可疑，即行报官。如或隐蔽，事发，十家同罪。各家牌式：

> 某县某坊民户某人。

> 某坊都里长某，下甲首军户则云某所总旗小旗某。下匠户则云某

---

①　王守仁撰，吴光等编校：《王阳明全集》卷18，《揭阳县主簿季本乡约呈》，上海古籍出版社1992年版，第632页。

里甲下某色匠。客户则云原籍某处，某里甲下某色人，见作何生理，当某处差役，有寄庄田在本县某都，原买某人田，亲征保住人某某。若官户则云某衙门某官下舍人，舍余。

若客户不报写庄田在牌者，日后来告有庄田，皆不准。不报写原籍里甲，即系来历不明；即须查究。

男子几丁

某某项官，见任，致仕，在京听选，或在家。

某治何生业，成丁，未成丁，或往何处经营。

某有何技能，有患废疾。

某某处生员，吏典。

某见当某差役。

某见在家几丁，若人丁多者，牌许增阔，量添行格填写。

妇女几口

门面屋几间系自己屋，或典赁某人屋。

寄歇客人某人系某处人，到此作何生理，一名开写浮票写帖，客去则揭票；无则言无。①

王阳明这个十家牌谕制有助于解决大乱之后的治安问题，"此法南宁行之，地方渐以无事，真弭盗安民之要法也"②。他的十家牌谕制脱胎于保甲制，它的出现与明代乡约制度兴盛分不开。所谓乡约，是自治的一种体现，由乡民自动、自发地制订规约，处理众人生活中面临的治安、经济、社会、教育、礼俗等问题。到了明代，洪武二十八年朱元璋则"置民百户为里"，并引申为婚姻、死丧、疾病、患难、春秋耕获诸事的乡民互助，以使百姓亲睦，淳厚风俗。

随着阳明心学在广西的传播，一些学子加入了追慕和学习的行列，其中以陈大伦、吕调阳、张翀为代表。

陈大伦，生卒年不详，字伯言，宣化县（今南宁）人，其事迹记载

---

① 王守仁撰，吴光等编校：《王阳明全集》卷16，《十家牌法告谕各府父老子弟》，上海古籍出版社1992年版，第528—530页。

② 方瑜：《南宁府志》卷11"杂志"，载林小静主编：《南宁古籍文献丛书》之一，广西人民出版社2008年版，第747页。

于民国版《邕宁县志》卷37、《广西通志辑要》卷12等中。《邕宁县志》卷三十七《人物志》,在"陈大经"后附有其传,说为陈大经之弟,嘉靖八年(1529年)进士,嘉靖十一年(1532年)知宁都县事,常"咨询民间利病,亟为兴除,博者痛绳以法。创立社学,命塾师教童子歌诗习礼,时行赏赉,风俗丕变"①。他"善吟咏,及解官归,日与亲故唱和为乐,稿多不传,传者惟有永淳聚仙岩一绝"②,诗云:"此去邕州两日程,赤云千里隔蓬城。渔歌一夜顷相听,曲内分明怨不平。"③后任韶州知府,注重当地人才培养,大兴教育,修建明经书院,执经讲学,谆谆教导,启迪诸生。有关其学术师承,《广西通志辑要》说大伦"尝受学于王守仁"④,亦姚江之粤右派,讲学以明体实用为主。所著有《经义摭言》3卷、《敷文语录》2卷,明末毁于战火,故无从得窥其具体的思想。今除《永淳聚仙岩一绝》外,尚有《洞卢亭记》、《易安轩记》、《青山记》几篇诗文留存。

吕调阳(1516—1580),字和卿,号豫所,临桂人。《广西通志》及《桂林府志》、《临桂县志》等有载。他自幼聪明秀颖,获嘉靖二十九年(1550年)廷试一甲第二名,授翰林院编修,后历任国子监祭酒、礼部尚书、文渊阁大学士、太子少保、吏部尚书等。吕调阳能文能诗,与张居正合编《帝鉴图说》,纂修嘉靖、隆庆两朝实录,撰有《全州建库楼记》、《佛塔寺碑》、《勘定古田序》、《奉国中尉约奮墓志铭》等文章,收录在《粤西文载》中,所写诗歌今不传。他"性行端谨,学问纯明,讲帷多启沃之功,密勿有经济之助"⑤。据说他为穆宗帝讲学,每讲之先,必先斋沐,期以精诚悟主,往往引经据古以规时政,深得穆宗敬重。⑥

有关其师承,张居正说他"沉密简重,人莫窥其际,尝游国学,从祭酒永康程先生谈名理,后公为祭酒,遂以永康学教授诸生,先德而后

---

① 莫炳奎修纂:《邕宁县志》卷4,《中国方志丛书》第209号,成文出版社1967年版,第1528页。

② 同上。

③ 同上。

④ 沈秉成修,苏宗经等纂:《广西通志辑要》卷12"南宁府",《中国方志丛书》第70号,成文出版社1967年版,第297页。

⑤ 《明神宗实录》卷97,台湾"中央"研究院历史语言研究所校印,1962年。

⑥ 臧励龢等编:《中国人名大辞典》,上海商务印书馆民国10年初版,第343页。

艺，以其身为型范"①，可见受其影响颇深。吕调阳在阐发性理、义理等观点时，其思想倾向大抵不出其师，如他说："义与利不有同形而异情者乎？是故利一也，丰货以置私则利，谨节以饬度则义；货而悖入之则利，贞敛而严其守，无使悖出则义。"② "义"对公、节用而言，"利"对私、敛取而言，这里没有纯义利之辩，而是结合行政实事求是的剖析。

张翀（1525—1579），字子仪，号鹤楼，马平人。嘉靖三十二年（1553年）进士，授刑部主事。嘉靖三十七年（1558年）因弹劾严嵩父子，谪戍贵州都匀，在都匀开办书院，招收弟子讲学，从游者甚众，使得都匀文风大开。穆宗即位召回，历官吏部主事、湖广巡抚、兵部右侍郎，赐谥"忠简"，《明史》卷二百十，列传九十八有传，有文集《鹤楼集》和学术著作《浑然子》传世。《浑然子》包括神游论、田说、樵问、将、明心、士贵、体用论、兴废、祸福、忠孝、变化、穷理、求知、弭盗、用材、强弱、臣道、高洁，共十八篇，"皆设为主客问答，旁引曲证，以推明事物之理，大抵规仿刘基《郁离子》也"③。

张翀曾从学于瞿景淳④和徐阶。瞿景淳，字师道，号昆湖，《明史》列传第一百四有传。瞿景淳以制义名声于时，与王鏊、唐顺之、薛应旂齐名，并称"王唐瞿薛"，著有《瞿文懿公集》16卷，《制科集》4卷，《制敕稿》1卷，今存于《四库全书存目丛书》集部第109册。瞿景淳在《明乡进士梓堂邓先生墓志铭》文提到其师承时说："余生也晚，不及侍主一诸先生，而犹及侍先生。"⑤邓文度原姓蔡，字文度，"先生治学经史百家无不兼综，晚益好濂洛关闽之学，曰：'学不务省身克己，徒以记诵

---

① 汪森编，黄盛陆等校点：《粤西文载》卷74，《吕公墓志铭》，广西人民出版社1990年版，第370页。

② 汪森编，黄盛陆等校点：《粤西文载》卷36，吕调阳《全州建库楼记》，广西人民出版社1990年版，第88页。

③ 永瑢、纪昀：《四库全书总目》"总目三"卷125，《浑然子》，上海古籍出版社1987年版，第693页。

④ 张翀《鹤楼集》中有《寿瞿母太夫人七十序》一文，文章有："吾师昆湖先生，握起南服，入对大廷，赐翰林及第。文学德行卓然，为当代冠"句。参见柳州地方志编撰委员会办公室编《鹤楼集》，京华出版社2005年版，第105页。

⑤ 瞿景淳：《瞿文懿公集》，《四库全书存目丛书》集部第109册，齐鲁书社1997年版，第580页。

谈洽哗世者惑也。'"又："每晨起焚香，读易及程朱遗书。"① 可见，邓文度是一位推崇程朱的理学之士。又私淑邹守益，瞿景淳在《答东廓先生书》中说："淳颛蒙无似，然窃闻至训，心切向往久矣。"且"每欲缄书恭候，顾不能及门受业，不敢率尔。"② 瞿景淳信奉理学，推崇道统，在《原鲁先生祠堂记》一文中，他说："孔孟之后数千年而得周子、河洛二程，复羽翼之斯道，始明说者谓有得以接孟氏之传。迄今复数百年，接濂洛之传者考亭朱子之外，不多见。道在人心，不容终亡。"③ 但他更注重理学的教化功能，在《重刻五经序》中认可心学的地位，认为"孔子作经以训万世，而犹欲穷经者，求诸心。此颜氏博约之意，曾氏一贯之旨，心学之正传也"，并且认为"求诸经回得乎治心之义，以不负孔子之训"④。

张翀还有另外一个师承是徐阶。《明史》列传第九十八的吴时来传里有提到："时张翀、董传策与时来同日劾嵩。而翀及时来皆徐阶门生，传策则阶邑子，时来先又官松江，于是嵩疑阶主使。"⑤ 徐阶，字子升，号少湖，松江府华亭县人。徐阶师承聂豹，当年聂豹担任华亭县令时，14岁的徐阶曾受业其门，聂氏为王阳明再传弟子。聂豹，字文蔚，号双江，江西吉安永丰人，王阳明弟子。他全面接受了王阳明良知、知行合一等观点，认为："人只是一个心，心只是一个理，但对父则曰'孝'，对君则曰'忠'，其用殊耳。故学先治心，苟能治心，则所谓忠孝，时措而宜矣。"⑥"知行只是一事，知运于行之中。知也者，以主其行者也；行也者，以实其知者也；近有以知配天属气，行配地属质，分而为二，不知天之气固行乎地之中，凡地之久载而不陷，发行而不穷者，孰非气之所为乎?"⑦

---

① 瞿景淳：《瞿文懿公集》，《四库全书存目丛书》集部第109册，齐鲁书社1997年版，第579页。

② 同上书，第655页。

③ 同上书，第566页。

④ 瞿景淳：《瞿文懿公集》卷6，《重刻五经序》，《四库全书存目丛书》集部第109册，齐鲁书社1997年版，第548页。

⑤ （清）张廷玉等撰：《明史》卷98"列传"，中华书局1974年版，第5564页。

⑥ 黄宗羲著，沈芝盈点校：《明儒学案》卷27"南中王门学案三"，中华书局1985年版，第620页。

⑦ 同上书，第620—621页。

　　张翀认为明心很重要，他说："不求之天地而求吾心之所以为天地；不求之民物而求吾心之所以为民物；不求之古今而求吾心之所以为古今。于是乎此心之中有至学焉，是心学也者。"① 明心、正心就由此被张翀所强调，他说："有志于天下国家者，必先明诸心。能明诸心，天下国家可从而理也。不明诸心而欲有为于天下，譬诸操不舵之舟，以之航海，鲜不覆矣。然则明心有要乎？曰：有。静以观之，天地万物之情可见矣。"②"明"动词，使之明，朱熹说"明，明之也"，显然，"明"是修养途径、方法，如何才能"明"？张翀提出"静"，他在《神游论》中讨论动静之道时，认为："吾惟不动，是以极天下之动；吾惟不言，是以极天下之言；吾惟不视，是以极天下之视；吾惟不听，是以极天下之听。"③ 他描述了"静"的功用，即使不言、不动、不视、不听，而"心"能动游于天地之外，则是能极动、极视、极听等等。张翀所强调的"静"，并非动静之静，而是作为本体意义的"静"，他在《体用论》中有一段论述，他说：

　　　　浑然子曰："无动无静者，心之体也；有动有静者，心之用也。"或曰："尝闻之，心以静为体，以动为用。"浑然子曰："独不观之天地乎？春夏以发散之，秋冬以翕聚之，安知翕聚为发散之本耶？亦安知发散为翕聚之本耶？不翕聚则不能发散，不发散则不能翕聚，是二者交相为用焉者也，非体也。今夫车轮动而辕静，其体存乎毂。……是数者皆未闻以静为体而动为用也。"曰："然则圣人定之以中正仁义而主静之说，非乎？"曰："仁义者，翕聚发散谓也；中正者，贯乎仁义者也，主静者，凝乎中正者也。静非一动一静之静，乃无静者之静也。"④

---

　　① 张翀著，柳州地方志编撰委员会办公室编：《鹤楼集》卷2，《别履庵万督学序》，京华出版社2005年版，第108—109页。

　　② 张翀著，柳州地方志编撰委员会办公室编：《鹤楼集》卷1，《明心》，京华出版社2005年版，第35页。

　　③ 同上书，第29页。

　　④ 张翀著，柳州地方志编撰委员会办公室编：《鹤楼集》卷1，《体用论》，京华出版社2005年版，第37—38页。

　　这段话含义有这样几个意思，一是心的本体是心的内在的规定性和本质，二是动和静都是心的运动、作用，三是区分了作为内在本质的"静"和运动之"静"，中正是良知，仁义都是良知的体现，这种把仁义、中正分裂开来的观点很难解释人的本体。

　　张翀以他的气节和对都匀的文化开发为后人所津津乐道。他在都匀兴教倡学，开办书院，招收弟子讲学，使得当地文风大开。张翀也在自己的《鹤楼集》中多处提到自己有收弟子讲学情况，他为自己早逝的弟子徐生写了《哭徐生应翼文》，文中提到"子始集郡之多贤，谒余为门下友"①，可见，张翀的到来，让都匀的士子们争相拜谒，甘为弟子。又写道："方是时，余以天怒，恐怯不敢当。子退而旬日，复执礼于门外。余始进子于堂，坐而论道。上自盘古以迄于今，明而礼乐，幽而鬼神，以达于人物、事变、典籍、文字，靡不旁及。"② 其中就提到张翀为弟子讲学，论道解惑。张翀在《读书堂记》中写到自己号召鼓励都匀士子读书一事，其文如下："贵州虽在西南，去中州不甚远。六籍亦往往而备，今诸君能取而读之，与余升降堂中，一事商榷耶！诸君曰：'唯唯'，遂扁其堂曰：读书堂。鹤楼张子复移其破箧残编者，朝夕于此。"③ 由此可见，在张翀的号召下，都匀士子与张翀互相学习于读书堂中。

　　正如吴维岳在《鹤楼集序》中提到："都匀诸生群造其门，执经求从。弟子列则相与论古今忠孝事，及吾儒性命之学。"④ 都匀因为有了张翀的开化，风气异于周围其他郡县。又说："诸生从之游者，日录其所为诗文，次第成帙，谋锓以传。"⑤ 可见，有很多士人与张翀从游，并且乐意为张翀收录其所作诗文。另外，祁清所写的《鹤楼集叙》中说："都匀士咸知爱重公，每获公文，视同拱璧。"⑥ 由此可见，贵州士人是如此地爱戴和仰慕张翀，都匀士人与之从游且人数日众。张翀在讲学论道的过程

---

　　① 张翀著，柳州地方志编撰委员会办公室编：《鹤楼集》卷3，《哭徐生应翼文》，京华出版社2005年版，第151页。

　　② 同上书，第152页。

　　③ 张翀著，柳州地方志编撰委员会办公室编：《鹤楼集》卷3，《读书堂记》，京华出版社2005年版，第137页。

　　④ 张翀著，柳州地方志编撰委员会办公室编：《鹤楼集》，京华出版社2005年版，第2页。

　　⑤ 同上书，第3页。

　　⑥ 同上书，第8页。

中，逐渐提高了都匀士子的文化修养，也使得都匀文风大开。清光绪二十二年（1896 年）都匀知府区维翰为了纪念张翀文化教育的开辟之功，在明代观音寺的遗址上建造书院，取名为"鹤楼书院"，成为当地的一大名迹。明清及民国的多种《贵州通志》都为之立传，并将张鹤楼与在贵州文化教育史上有重要地位的王守仁、邹元标并称为"三迁客"，肯定了张翀在贵州文化教育史上的地位。

鉴于王阳明的声名及其对广西文化的影响，广西很多地方修祠纪念他，如苍梧名卿祠，[①] 明嘉靖元年知府周任建，祀路博德、马援、狄青、山云、王翔、叶盛、刘大夏、姚镆、王守仁。平南八公祠，[②] 祭祀人物之一为王守仁。明代宣化县有"文成公祠"，[③] 在敷文书院，嘉靖四十二年（1563 年）知府方瑜合祀姚镆。隆安县有王文成公祠，[④] 在学宫左，祭祀王守仁及知府蒋山卿、方瑜、姚居易。

三　湛若水在广西的活动及其学说在广西的接受

在王阳明到广西之前，湛若水于正德七年（1512 年）47 岁出使安南（越南中部）取道广西。途经梧州时，湛若水了解到梧州三府官员之间有矛盾，于是把驻梧州的总督林舜举（竹田人）、总镇潘世贞、总兵郭世臣请到总府谈话。总府是明代在各省区设立的军政机构——总督府、总镇府和总兵府者"三府"集中议事的地方。湛若水要求三府同心协力搞好地方行政，又命人立碑把历任的府员名字都刻在碑上，并作《总府记跋》，说："是故后之观题名者，曰某也然，某也否，某也贤，某也不贤，某也协以成功，某也乖以偾事，其将起敬其畏，是效是惩，勿使后人复议我也。"[⑤] 以后世评价相勖说。

正德七年十二月十六日到达藤江，作《藤江雨中》、《爱日二首》。除夕前，到达了广西桂东的平南县，作诗《平南遣兴》，有："神游八极，

---

①　谢启昆：《广西通志》，广西人民出版社 1988 年版，第 4158 页。

②　同上书，第 4170 页。

③　同上书，第 4183 页。

④　同上书，第 4185 页。

⑤　汪森编，黄盛陆等校点：《粤西文载》卷 59，湛若水《总府记跋》，广西人民出版社 1990 年版，第 275 页。

身囿两仪。宇宙为旅，万物为徒。"① 正德八年（1513 年）新春，师团路过横州，作诗凭吊秦观。正德八年正月十五日或十六日前往凭祥，作《龙州诗二首》，二月十日回到龙州，又应龙州土官赵良弼之请，作《龙州修复观音堂记》，在文中，他希望赵良弼体恤民情，好生谨刑，说："与儒道并列为三教，虽遐方异俗，莫不尊奉之。圣人之教，凡有所不及之地。……今太守崇信观音，苟得其大慈悲矣乎？则好生之心兴矣。苟得其不杀矣乎？则谨刑之念兴矣。"②

在明代，湛若水（号甘泉）学问可与王阳明相当，且两人私交甚笃。二人最初相见于弘治十八年（1505 年）的北京，当时王阳明 34 岁，湛甘泉 40 岁。这一年湛甘泉为翰林院庶吉士，而王阳明正在吏部讲学。第二年，王阳明上封事下狱，后被贬龙场驿，第三年湛甘泉赋诗九章为之送行，王阳明应答八首。正德五年（1510 年）王阳明遇赦内任，自此年十一月至二月，他们力倡圣学。正德七年（1512 年）二月，湛甘泉远使安南，阳明作了《别湛甘泉序》和《别湛甘泉》诗二首。湛若水正德七年二月出使，正德九年（1514 年）回到京城，正德十年（1515 年）50 岁时，逢母丧，回到广东的增城。归途中，甘泉在龙江与王阳明相见，互论格物。湛若水的门人虽不及王氏之盛，但源远流长，为明代儒学重要流派。《甘泉学案》："王、湛两家，名立宗旨，湛氏门人，虽不及王门之盛，然当时学于湛者，或卒业于王，学于王者，或卒业于湛，亦犹朱、陆之门下，递相出入也。"③ 王阳明主张"致良知"，湛甘泉为"随处体认天理"，黄宗羲说："天理即良知也，体认即致也，何异？何同？"④ 其实还是大有不同。

湛若水弘治七年（1494 年）拜师陈白沙，直至弘治十三年（1500 年）陈白沙去世。湛氏深得陈白沙的欣赏，一生也在传播白沙之学。白沙治学重静坐修养和发明本心，此志趣与阳明心学略有所合。白沙之学

---

① 汪森编辑，桂苑书林编辑委员会校注：《粤西诗载》卷 1 "四言古诗"，广西人民出版社 1988 年版，第 13 页。

② 汪森编，黄盛陆等校点：《粤西文载》卷 41，《龙州修复观音堂记》，广西人民出版社 1990 年版，第 223 页。

③ 黄宗羲著，沈芝盈点校：《明儒学案》卷 37 "甘泉学案一"，中华书局 1985 年版，第 876 页。

④ 同上书，第 877 页。

"以虚为基本，以静为门户"①，"为学须从静坐中养出个端倪来，方有商量处"②，"人心上容留一物不得，才着一物，则有碍"③。可见白沙学问是以静坐之修养论为根本，以"治心之学"为功夫，颇有禅家意味，湛若水虽学于白沙，却自立门户，宗旨是"随处体认天理"。他指责阳明心学，"但指腔子里以为心，故有是内而非外之诮"④，但他认同阳明的"大心说"，"天理无处而心其处，心无处而寂然未发者其处"⑤，虚灵之心是体认天理的根本，重"心"不重"性"，如此又别于二程及朱子学。《心性图说》："性者，天地万物一体者也。……心也而不遗者，体天地万物者也。"⑥"心"方为发动之机，万善之本，而"性"是笼统的有待认识的对象。"心无所不贯也"，"心无所不包也"，甘泉所谓之"心"，应有两层含义，其一"包乎天地万物之外"，其二"贯乎天地万物之中"，则"心"大可为世界万象之流合，小可为认知世界的人之本心。故他指责王学："故谓内为本心，而外天地万物以为心者，小之为心也甚也。"⑦ 阳明之"心"在甘泉看来仅为能知的认识本体，他又设一所知的客观世界为大"心"。如此主客贯通，万物一如，其中将"量"的差别泯同，不难见其受佛学影响，抑或庄子之"齐物论"思想也难说。《求放心篇》："塞者心之所以死也，昏者心之所以物也。其虚焉灵焉，非由外来也，其本体也。其塞焉昏焉，非由内往也，欲蔽之也。"⑧ 至此，还无甚新意，此说与佛道多相合，荀子"虚一而静"的认识论与此也无大别。他接着说："心体物而不遗，无内外，无终始，无所放处，亦无所放时，其本体也。"⑨ "本体"在他的系统内，并非探讨"存在"问题的本体论，"心"作为本体，"体物而不遗"，即具有"全知全能"的认识能力，乃发用之

---

① 黄宗羲著，沈芝盈点校：《明儒学案》卷5"白沙学案上"，中华书局1985年版，第79页。

② 同上书，第84页。

③ 同上。

④ 黄宗羲著，沈芝盈点校：《明儒学案》卷37"甘泉学案一"，中华书局1985年版，第877页。

⑤ 同上。

⑥ 同上。

⑦ 同上书，第878页。

⑧ 同上书，第879页。

⑨ 同上。

认知本体。他又说:"故欲心之勿蔽,莫若寡欲,寡欲莫若主一。"① 认知本体的澄明赖于减少欲念,控制生理欲求,如孟子说:"养心莫善于寡欲。"但"主一"所指为何物呢? 下文有答:"道无内外,内外一道也;心无动静,动静一心也。故知动静之皆心,则内外一。内外一,又何往而非道? 合内外,混动静,则澄然无事,然后能止。"②"主一"便是消解主体意识,如此则无"内外",摒除经验认识,如此则世界茹茹不动,混为一体,这个超判断、超认知的阶段则会"一心朗见",如同佛家法门之"空心不空色",将人性还原至原初状态。如此则"君臣父子之义"何处摆放呢? 故有湛氏天理的"体认说",二程朱子至"格物说","天理"须一事一物"格"出来,象山指其"支离破碎",阳明、甘泉均看重"本体"之心,自然世界须是一"全体之世界",甘泉虽重程朱学问,却也嫌其烦琐,将具体事物之"格物"发展为全然呈现之"体认","天理是一大头脑,千圣千贤,共此头脑,终日终身,只是此一大事,更无别事"③。"心只是一个好心,本来天理完完全全,不待外求,顾人立志与否尔!"④甘泉之学也难脱得禅门干系。王门入湛门也罢,湛门入王门也罢,实则两家大体精神颇为相近,都属象山心学一脉。

尽管湛若水没有在广西传播学术,但他的学说在广西有何世纶、甘思忠和吕景蒙等几位信奉者。

何世纶,生卒年不详,字伯起,号心斋。正德己卯(1519 年)举于乡,历官英德知县、古田尹,有惠政。"尝从吴清惠、湛文简二先生游"⑤,"吴清惠"即吴廷举,"湛文简"即湛甘泉,湛甘泉有《送古田尹何君世纶》诗:"邂逅郎星使,知是古田侯;今我长怀古,因君问井丘。"⑥

甘思忠,生卒年不详,字秉直,苍梧人,"闻陈白沙讲学,往从之,

---

① 黄宗羲著,沈芝盈点校:《明儒学案》卷 37 "甘泉学案一",中华书局 1985 年版,第 879 页。

② 同上书,第 881 页。

③ 同上书,第 888 页。

④ 同上书,第 889 页。

⑤ 汪森编,黄盛陆等校点:《粤西文载》卷 70 "人物",广西人民出版社 1990 年版,第 239 页。

⑥ 洪垣校刊:《泉翁大全集》卷 46,嘉靖十九年刻,万历二十一年修补本。

与吴尚书清惠公友善。"① 性至孝，精于兵略，任藤县丞。

李献忠，生卒年不详，苍梧人。嘉靖间曾为茶陵州丞。为人孝敬，推崇理学，与当时岭南书院山长程文德交往，《儒林宗派》卷 14 将三人列为湛甘泉门人，入陈氏学派。由于文献极少，其具体思想无从研究，大抵不出甘泉之学。

吕景蒙，生卒年不详，字希正，象州人，弘治甲子（1504 年）举人，官至监察御史。《梧州府志》载："从游湛甘泉之门，倡明理学，所论说粹然一出于正。"② 另《泉翁大全集》中收有他的《新泉问辩录序》一文，以湛甘泉后学自称，可见他出自湛甘泉之门。吕景蒙何时师从于他，今无从考证。吕景蒙著述甚多，所著有《藏用集》30 卷、《定性发蒙》、《象郡学的》及《柳州府志》16 卷，可惜不存。他的思想影响较大，得到理学大家张岳推崇，并立"理学名儒"③ 坊以旌表。其思想从《新泉问辩录序》可知一二：

> 秦汉以还，斯道不绝如线，迨至有宋，惟濂洛关闽之学沉浸六经，更倡迭和，固皆扩前圣之未发，补斯理之未备，非徒言也。善乎程子之言，有曰："圣贤之言不得已也，有是言则是理明，无是言则天下之理有阙焉。"今观斯录所载，诚天下空阔之理也，必有是言而后是理始明，非无用之赘言也。在先生若洪钟待扣，随感而应；在诸贤如群饮于河，各充其量。言岂先生之得已哉？使非诸贤问之审、辩之明，则先生之蕴亦终不可见矣。学者欲窥先生之蕴，若格物通、若学庸难语、若古文小学及此书之类观之，亦可以得其概矣。然此无非教也，若其宏纲大法，则惟在于随处体认天理一言而已。斯言也，即孔门求仁之谓。孔门弟子问仁多矣，圣人皆告以求仁之方，初未尝言仁之体，若语曾子"一以贯之"之理，是乃以己及物之仁体也。而语诸弟子以求仁之方者固多，惟克复之功为最大，"随处体认"云

_____

① 汪森编，黄盛陆等校点：《粤西文载》卷 70 "人物"，广西人民出版社 1990 年版，第 234 页。

② 吴九龄修，史鸣皋等纂：《梧州府志》，《中国方志丛书》第 119 册，成文出版社 1961 年版。

③ 汪森编，黄盛陆等校点：《粤西文载》卷 70 "人物"，广西人民出版社 1990 年版，第 233 页。

者，即四勿之意，乃指示学者以随事用力于仁之功夫也。仁者，至诚也，天之道也；体认天理者，诚之也，人之道也，下学而上达也。先生斯言，其有功于圣门、有补于世道也大矣。士之生于三代以后者，夫何去仁益远，为害益甚，故事惟求可，功惟求成。惟取必于智谋之末者多矣，而能循乎天理正者，几何人哉？故士之欲复乎天理，必自体认功夫始，然后有所持循，而可以求至于圣人之仁，可以图三代以上之治；否则心术之微、政事之末，皆苟焉耳。故曰："有天德然后可以语王道。"又曰："必有关雎、麟趾之意，然后可以行周官之法度。"斯言岂欺我哉！斯言岂欺我哉！蒙敬用书之篇端，以为有志者之一助云。①

　　　　　　　　　嘉靖壬辰春三月壬子，象郡后学吕景蒙序

此篇文章作于嘉靖十一年（1532 年），吕景蒙认为湛甘泉之学，有功于圣门，有补于世道，他的随处体认天理，即随处体认仁，仁为至诚。而"诚"是人之道，也就是人的本性和本源。求诚存仁，这是士子的追求目标。吕景蒙从六经开始言说六经中蕴含天理、天道。此道源远流长，到宋代濂洛关闽诸儒之学是乘继六经而来，含圣人之蕴，而明代湛甘泉之学，与濂、洛、关、闽之学一样，是圣人求仁之学。湛甘泉之学，学界多将之列入心学，② 但在这吕景蒙从其"体认天理"出发，把它视为求仁求诚，并认为湛甘泉之学是继濂、洛、关、闽之后的圣人之学，是道学正脉，这无疑把湛甘泉列为程朱传人。可知，吕景蒙的理学思想中亦有程朱理学的影响。又吕景蒙为周琦《东溪日谈录》所作序中道：

　　　夫道先圣人未名也，惟吾夫子始名之，曾子子思能述之，周程能发之，吾儒之学惟求乎此而已。夫以尧舜禹汤文武先夫子，而圣者也，其相授受之中天下之正道也。而夫子易传乃曰：形而上者谓之道，何也？盖未有形之器之先，无声无臭，浑浑噩噩，此太极本然之

---

① 洪垣校刊：《泉翁大全集》卷 67，嘉靖十九年刻，万历二十一年修补本。

② 侯外庐先生的《宋明理学史》中湛若水被认定为心学传人，被划定为心学，陈来《宋明理学》则认为湛若水是企图调和理学与心学，"随处体认天理"的学说和王阳明相近，两者掀起了明代心学思潮。

理,道之全体也。及夫阴阳迭运,万物化生,上而日月星辰之著明,下而山川草木之森列,大而君臣父子之伦,小而三百三千之仪,皆形而下者之器。而理之所以寓乎其内者,则道也。故曰形而上者谓之道,形而下者谓之器。大学之格致诚正示君子以造道之方也;中庸之戒惧慎独示君子以体道之要也。……千载而下,有周子发明太极之旨,亦欲君子修之而吉也,有程子发明斯道之旨,亦欲君子当终日对越在天也。夫以人而不知学,学而不知道,岂吾儒之所谓学哉?吾乡周东溪先生自居乡以至居官垂五十年,非儒不接,非道不谈,惟体验天地万物之性,以会经传之旨,根圣贤据儒正之说,而谈于人者,悉录焉。①

从上文吕景蒙首先对"道"这一名称的来源进行说明,认为最先圣人并未说明什么是道,直到孔子开始命名,曾子、子思进行叙述,周敦颐、二程阐发论说,道才形成体系,不难看出,这"道"即程朱理学。接着他就理学的经典命题"形而上者谓之道,形而下者谓之器"做了相当详细的论述。他认为道是圣贤相传相授而流传下来,是正天下的正道。从《易》说,认为道最初是浑然一体无声无味的,即太极,后来阴阳交替运行,化生万物,上到日月星辰下至草木山川,乃至人伦日用莫不体现了这一道。接着,说六经蕴含圣人之义,《大学》中的格物致知教人以造道之方,《中庸》中的戒惧慎独教人以体道之要。这"造道之方"和"体道之要",其实就是体认天理的途径方法以及心性修养的方式。从上分析,吕景蒙的理学思想大致可知,虽从湛甘泉游,主要是程朱理学的继承和延续。

梧州吴廷举与陈白沙、湛甘泉关系颇为特殊。吴廷举(1459—1525),字献臣,号东湖,其先祖原湖广嘉鱼(今湖北武昌)人。明洪武年间遣戍九江,再调广西苍梧,遂系籍于梧州。29岁登第,历任顺德知县、江西右参政、广东布政使、右都御史、南京工部尚书等职。吴廷举的师承,据《粤西文载》记载,"吴公好读书,无不窥索,积累至万卷。好文清及胡敬斋,录采其要言。作诗效陈白沙,览者见其志"②。又《明史》

---

① 周琦:《东溪日谈录》,吕景蒙《东溪日谈录序》,《四库全书》第714册,上海古籍出版社1987年版,第138页。

② 汪森编,黄盛陆等校点:《粤西文载》卷69"人物",广西人民出版社1990年版,第220页。

载："廷举好薛瑄、胡居仁学，尊事陈献章。"① 另明代徐咸《徐襄阳西园杂记》说："其（吴廷举）崇尚理学，抱负经济，遇义敢为，不避艰险，历官所至著名，在廷诸老莫之或先，亦近世之名臣也。"② 吴廷举私淑薛瑄、胡居仁，又尊事陈献章，作诗仿白沙，说明白沙对他影响不小。据湛若水在《南京工部尚书吴公神道碑》记载，吴廷举在顺德为县令时，"公事暇，即见白沙陈先生。往返数载，得闻理学梗概，为之根本。又学为诗，亦就规矩"③。吴廷举在顺德县令任上十年，问学于白沙多年，其理学素养来自陈白沙，作诗规矩亦得益于陈白沙，有弟子之实，但没有明确其弟子身份，《明儒学案》也未把他列入白沙弟子，只是在论及白沙弟子邹智时，提及吴廷举为其建居屋之事，他们之间是亦师亦友的关系。吴廷举和湛若水交情较深，二人相识于吴廷举为顺德县令时，他们之间诗文来往较多，现举《驿报湛元明将至清远用来韵作诗迓之》④ 和《陪湛元明游飞来寺》⑤ 两首为例：

仰看太清上，新月如蛾眉。展诵美人句，示我宿约违。
违约愧食言，再会有佳期。四海多兄弟，悠悠凤台思。
进寸退则尺，脚跟无倾敧。信来不成寐，阁日冽江涯。

清远飞来寺，每过辄上之。但见过去身，不见飞来时。
无乃山嶙峋，欲步无云梯。有木不可致，有石不可移。
若云除飞来，殿宇乃在斯。岂如乌鸟翼，而复如云垂。
黠僧神明照，归诸诸菩提。世还言益讹，不悟此事非。
受诋唐宋贤，胡不灭儒书。以兹论飞来，其理本无疑。
甘泉湛太史，修词百世师。订我清还约，示我游山诗。
烛下一展读，秀气光陆离。更长不终觉，呼笔书芜词。

这两首诗中兴奋之情充满诗句，可见二人关系。另外，吴廷举于湛若水有

---

① 张廷玉等撰：《明史》卷 201，中华书局 1974 年版，第 5311 页。

② 徐咸：《徐襄阳西园杂记》卷上，盐邑志林本。

③ 汪森编，黄盛陆等校点：《粤西文载》卷 73，《南京工部尚书吴公神道碑》，广西人民出版社 1990 年版，第 340 页。

④ 吴廷举：《东湖集》卷 1，光绪十五年（1889 年）刻本。

⑤ 同上。

知遇之恩，嘉靖元年（1522 年），明世宗即位，再次起用湛若水。经都御史吴廷举、御史朱节的推荐，复补翰林院编修，同修《武宗实录》。这就是湛若水所说的"水也亦尝受公之知"①。

四　周琦、蒋冕的理学接受及其思想

（一）周琦理学思想

周琦，生卒年不详，字廷玺，别号东溪，生活在明英宗、宪宗两朝，马平（今广西柳州）人。明天顺六年（1462 年）举人，成化十七年（1481 年）进士，官至南京户部员外郎。关于其师承，周琦在《东溪日谈录》中说："吾师伊洛阎先生，谓薛文清公曰：先生崛起于数百年之后，心印濂洛，神会洙泗。"②"阎先生"即阎禹锡，阎禹锡，字子与，洛阳人。年十九，正统甲子举人。第二年，授昌黎训导。母丧庐墓，诏旌其门。闻薛文清讲学，往从之游。补开州训导，遂以所受于文清者，授其弟子，人多化之。李文达荐为国子学正，转监丞。干谒不行，谪徽州府经历，寻复南京国子助教监丞，超升御史，提督畿内学政。其学术"励士以原本之学，讲明《太极图说》、《通书》，使文清之学不失其传者，先生之力也"③。可知阎氏秉持薛瑄④学术，并无甚新见，阎氏所传即为薛学。《儒林宗派》把陆坚、陆嘉鲤、周琦三人都列为阎禹锡弟子，入薛氏门派。

周琦的《东溪日谈录》记录了他的学问心得，也是明代广西唯一一部系统阐述理学思想的理论著述。《东溪日谈录》成书时间前后达 50 年，

---

①　汪森编，黄盛陆等校点：《粤西文载》卷 73，《南京工部尚书吴公神道碑》，广西人民出版社 1990 年版，第 341 页。

②　周琦：《东溪日谈录》卷 15 "薛河东之学"，《四库全书》第 714 册，上海古籍出版社 1987 年版，第 264 页。

③　黄宗羲著，沈芝盈点校：《明儒学案》卷 7 "河东学案上"，中华书局 1985 年版，第 125 页。

④　薛瑄（1389—1464），字德温，号敬轩，谥文清，山西河津人，山西又称河东，故《明儒学案》将其学定为《河东学案》。他恪守宋人矩矱，学"以复性为宗，濂洛为鹄"，诗有"七十六年无一事，此心始觉性天通"，是明代前期著名的理学家，被清人誉为"明初理学之冠"、"明代道学之基"。1441 年登进士第。宣德初授监察御史、差监湖广银场、山东提学金事，召为大理寺少卿。乞致仕。居家 8 年，从学者甚众。《河东学案》："先生以复性为宗，濂洛为鹄，所著《读书录》大概为《太极图说》、《西铭》、《正蒙》之义疏，然多重复杂出，未经删削，盖惟体验身心，非欲成书也。"

但成书以后，周琦本人并未付刊，直到嘉靖十六年（1537年），象州人吕景蒙在担任颍州州判时，才将从湛若水处得到的一部抄本整理付刊，后被《四库全书》收录。《东溪日谈录》为日记体著作，分13类：性道谈2卷、理气谈1卷、祭祀谈2卷、学术谈1卷、出处谈1卷、物理谈1卷、经传谈3卷、著述谈1卷、史系谈2卷、儒正谈1卷、文词谈1卷、异端谈1卷、辟异谈1卷。《东溪日谈录》是一部"下学上达"、"体用兼该"之书，"性道谈"和"理气谈"两类厘清太极、动静、阴阳、五行、理气等哲学范畴，是体。后11类为形而下的人伦日用，如"祭祀谈"论述的是明以前各种祭祀典礼、章法、仪式，强调祭祀要合乎祭法和道德，"出处谈"强调："君子出处贵两得其道，立朝则当致君，出牧则当泽民，大遇当功铭鼎彝，小遇当求无愧于心，退居林下亦当以道自守，使生重于乡，死祀于社，则两全矣。"①"物理谈"探讨了日、月、星辰、风雨、雷电等自然现象的产生及其原因。在"经传谈"、"著述谈"里，周琦认为"六经之在天下，如夜行有烛"，并分类阐述了《易》、《书》、《诗》、《春秋》、《大学》、《论语》、《中庸》、《孟子》这些儒家经典的重要作用。除了儒家经典外，他也认为朱子《小学》、朱子定本《孝经》、周子《太极图》和《通书》、张子《西铭》、邵子《皇极经世书》等周、张、程、朱之书，"发理之秘"②，是羽翼圣道之书。在"史系谈"中，周琦用历史事例，探究了历朝兴衰更替的原因。"儒正谈"以周敦颐、程颢、程颐、张载、邵雍、杨时、游酢、谢良佐、罗从彦、李侗、胡安国、胡寅、胡宏、朱熹（及其门人）、张栻、吕祖谦、陆九渊、真德秀、魏了翁、许衡、吴澄、刘因、薛瑄为正宗一脉，分析了理学大师们的学术特点和成就，并强调理学为为己之学和实学，反对世俗之徒本末倒置，不重心性修养，而以门第、科举、辞章、言语等为工具，博取功名的行径。"文词谈"继承程朱"文以载道"观，强调文章的工具性价值，即要求文章"必关世教，发义理"③，主张取法周、张、程、朱之文，反对取法老庄，

① 周琦：《东溪日谈录》卷7"出处谈"，《四库全书》第714册，上海古籍出版社1987年版，第180页。

② 周琦：《东溪日谈录》卷12"著述谈"，《四库全书》第714册，上海古籍出版社1987年版，第227页。

③ 周琦：《东溪日谈录》卷16"文词谈"，《四库全书》第714册，上海古籍出版社1987年版，第267页。

甚至韩柳之文。"异端谈"作者以孔孟之道为正统，批判墨、老、杨朱和佛学。"辟异谈"多叙述些怪异之事，并将这些与仁义、天理联系在一起，显得牵强。在具体的论证中，将学理、经史诠释与历史经验整合起来，力求将理论与现实政治一一印证。全书虽偏重于内圣，但最终目的还是在经世致用的外王上。由此可见，周琦在将理学由哲学转化成实践的过程中，是治心与格物、价值与工具并重的。这种体例安排，显然受到真德秀《大学衍义》的影响。周琦曾赞《大学衍义》说："真景元之学悉见于《衍义》，其衍《大学》之义皆本诸圣贤心术，以示帝王治道。著前代之兴亡，亦后学之龟鉴。其为虑也不止在于当代，而实及于万世。"① 不过，《东溪日谈录》为日记体形式所限，缺少缜密的逻辑联系。就某一问题看，探讨的深度和系统性也很难说《东溪日谈录》是一部系统、深入的理学著作。今除《东溪日谈录》外，《粤西文载》收录他的一篇文章《条陈地方利病疏》，文章言辞恳切，主张以德治理。周琦为人端直谨厚，见重乡里，道光十九年（1839年），柳州的士绅民众等为了表扬先贤，提倡后学，将明代柳州的八位著名人物供祭于祠中，即"明代柳州八贤"，周琦为其中之一。他的理学思想和治学精神，转变了明代中期柳州士子的学风，对明代柳州乃至整个广西产生了深远影响。

1. 在本体论上阐述无极、太极、理、气等核心范畴

他在《性道谈》中，详细解释了周敦颐《太极图》中各种符号所代表的含义，如说第一画"○"是"形容太极乃阴阳浑然之未发者"②，阐述周子"无极而太极"，太极生阴阳，阴阳变化产生五行，进而化生万物的宇宙本体论思想，予以继承，认为太极是"天地万物之本源，至极而无以加之理"③，也就是"太极即理"。他从"太极之理大"与"太极之理小"两个方面进行阐述。"太极之理大，而天地之一始终一混沌者是一大阖辟，方其动而生阳，以为阴之根者，其气转旋不已，久渐轻浮包裹于上下之间，以合乎阴浊未凝之气，天于是乎开；其静而生阴，以为阳之根者，其气渐凝于中，查滓坚实寓于轻清转旋气内，地于是乎辟，此太极为

---

① 周琦：《东溪日谈录》卷15"儒正谈"，《四库全书》第714册，上海古籍出版社1987年版，第262—263页。

② 周琦：《东溪日谈录》卷1"性道谈上"，《四库全书》第714册，上海古籍出版社1987年版，第140页。

③ 同上书，第141页。

天地之根本者也。"① 他认为，太极之理大，大在开天辟地，最初天地是
混为一体的，后太极动，阴阳生，阴阳动静变化而生气，其气浮于上者，
久而化为天，浊气沉于下者，久而辟为地，是故，太极是天地产生的本
源。此外，他说"太极之理小"，"小"在于万物以及万物的一岁一生也
是由太极产生，"其辟而生阳于静极之后，则冬至，一阳左行，万物由之
而出；其阖而阴于动极之后，则夏至，一阴右行，万物由之而出"②，其
意指太极阖辟，生阴阳，阴阳变化，则冬至、夏至更替，冬至到，万物开
始酝酿生长，夏至，万物开始潜伏收悉，故万物化生，一岁一生，都由太
极产生。因此太极之理无处不在，无时不有。天地有太极，有此理，万物
也含太极，也含此理，太极与万物是"一本"与"万殊"的关系。这一
点，无疑是对薛瑄"统体一太极，即万殊之一本；各具一太极，即一本
之万殊。统体者，即大德之敦化；各具者，即小德之川流"③ 的解说。针
对周敦颐的"无极而太极又曰太极本无极"之说，提出"盖无极即太极，
太极即无极"，他分析周子说"无极而太极"，是指"虽无形体实为至
理"；"太极本无极"是言"理虽至极本无形体"，前者是无形而有理，后
者是有理而无形。二者都认为太极是至理，区别在于有形无形，但这种区
别意义并不大。他说："吾观夫天地何如其大，万物何如其众，天地万物
之生何者而非太极。孔子曰：易有太极，周子加无极字以发之，朱子又以
无声无臭发无极，言其无形体也，以造化枢纽、品汇根柢。发太极，言其
为天地万物之根也，然则先天地万物而不见其始，后天地万物而不见其
穷，一至理而已，复何形体之有。"④ 周琦认为，天地之大，万物之众，
都是由太极化成而来。孔子只讲《易》有太极，周子加"无极"一词，
无极生太极，为万物之本源，朱熹进一步阐发太极是无声无臭无形的，并
把太极作为宇宙万物的根柢、本源。既然太极是天地万物之根源，在天地
万物出现之前早已存在，在天地万物出现之后也不会穷尽，就是宇宙间一

　　① 周琦：《东溪日谈录》卷1"性道谈上"，《四库全书》第714册，上海古籍出版社1987
年版，第141页。

　　② 同上。

　　③ 黄宗羲著，沈芝盈点校：《明儒学案》卷7"河东学案上"，中华书局1985年版，第112
页。

　　④ 周琦：《东溪日谈录》卷1"性道谈上"，《四库全书》第714册，上海古籍出版社1987
年版，第143页。

至理而已，又有何形体之辩。故他认为无极即太极，太极即无极，即理，是天地万物的本源。

在理气关系上，周琦提出了"理气一事"说，"天地间理气只是一事，浑融而无间杂"①，融为一体，是不可分割的。他反对"先儒凡论理气多分为二"、"理在一处，气又在一处，有彼此有先后"的说法，驳之说："以愚言之，阴阳之一动一静，理气便在动静内，非二五之气先行，而无极之理后到，非无极之理先动，而二五之气后行。"②从"无极即太极"、"太极即理"出发，太极动而生阴阳，阴阳动静变化而生两仪五行，所以阴阳动静之间，无极之理与二五之气已包含在内，不存在一先一后。无极之理与二五之气妙合，也就是阴阳会合，从而产生万物。又周琦从周子的"无极之真"、"二五之精"进行阐述，说"理"就是"无极之真"，是太极未动之前的状态，"气"是"无极之真"与"二五之精"妙合而成，是太极已动的状态。"太极未动之前主理，已动之后主气，盖未动之前含已动之气，已动之后行未动之理。理之与气固不得分彼此，亦不得分先后也。"③简单地说，他是说理是气的未发，气是理的已发，理中包含已动之气，气中含未动之理。二者合为一体不可分割、不分先后。

周琦的"理气一事"说，沿袭了薛瑄的理气说。薛瑄在继承朱熹理气说的基础上，提出自己新的见解，认为理气是不分先后的，气也不是由理产生。他说："理气密匝匝地，真无毫发之空隙。"④"理气浑然而无间，若截理气为二则非矣。"⑤理气一体、理气"无缝隙"是薛瑄理气说的核心，周琦作为薛瑄的再传弟子，在理气说上，恪守师说，这是无可厚非的。

但周琦并不完全墨守师说，在某些问题上，也有自己的见解。如在理气关系的道器论上，程朱都很强调形而上下之分，薛瑄却认为"器即函

---

① 周琦：《东溪日谈录》卷 1 "性道谈上"，《四库全书》第 714 册，上海古籍出版社 1987 年版，第 145 页。

② 同上。

③ 同上。

④ 薛瑄：《读书录》卷 8，《四库全书》第 711 册，上海古籍出版社 1987 年版，第 671 页。

⑤ 薛瑄：《读书续录》卷 1，《四库全书》第 711 册，上海古籍出版社 1987 年版，第 703 页。

乎道之中，道不离乎气之外。故曰道亦器也，器亦道也"①，把道、器视为一体，道就是器，器就是道。这一点，周琦并不赞同，他说："太极动静固生阴阳，阴阳即太极，然太极终究是形而上者之道，乃阴阳本然之体也；阴阳终是形而下者之器，乃太极动静之机。太极主理，阴阳未动静之时，阴阳主气，太极已动之时。当别论理气轻重而言之耳。"② 太极动静生阴阳，阴阳是太极已动的状态和结果，故阴阳即太极。但离开太极，阴阳不可能存在，所以太极为形而上之道，为阴阳本然之体，阴阳是形而下之道，为太极动静的征兆。太极主理，阴阳主气，因此，理气有轻重之别。这与他"理气一事"说并不矛盾。前者针对朱熹理气分离而来，后者是就太极与阴阳的关系而来。

2. 以"复性"为宗，不出程朱轨范

薛瑄学宗朱子，认为"性"即天理，同时"性"也具有道德伦理意义，分而成"仁、义、礼、智、信，散而为万善"，因此，他提出了"复性"说，主张通过心性修养，转变不善的气质之性，重回本体之性上。周琦一本薛瑄的复性说，主张"识得性善，求以复之"。他说："为学第一要识得性善，求以复之，便有著实功夫。"③ 它包含两个要点：一性善，二复性。首先看"性善"，他认为性源自无极之真，无处不善，"人物之生，形属气，性属理；气属二五之精，理属无极之真"④。理气不同属性，气属阴阳之精，理是无极之真；气生成物质的身体，理是人先天的道德本性和情感来源，这就为人的道德本体找到了依据，打通了天人之道。这是否就以为天道即人道？故周琦继续论述说："太极之性分见于天人，曰元亨利贞，曰刚健中正，此天之道；曰仁义礼智，曰仁义中正，此人之道。刚健中正其统体，而元亨利贞其流行也；仁义礼智其禀受，而中正亦礼智也。人之仁义礼智，即天之元亨利贞，其实一理而已，皆太极也。"⑤ 周

---

① 薛瑄：《读书录》卷 8，《四库全书》第 711 册，上海古籍出版社 1987 年版，第 545 页。

② 周琦：《东溪日谈录》卷 2 "性道谈下"，《四库全书》第 714 册，上海古籍出版社 1987 年版，第 147 页。

③ 周琦：《东溪日谈录》卷 6 "学术谈"，《四库全书》第 714 册，上海古籍出版社 1987 年版，第 173 页。

④ 周琦：《东溪日谈录》卷 1 "性道谈上"，《四库全书》第 714 册，上海古籍出版社 1987 年版，第 145 页。

⑤ 周琦：《东溪日谈录》卷 2 "性道谈下"，《四库全书》第 714 册，上海古籍出版社 1987 年版，第 147 页。

琦指出，天道和人道在具体趋向上有所不同，天道"元亨利贞"、"刚健中正"，人道"仁义礼智"、"仁义中正"，这是周琦对天道和人道的发挥。他的这个划分是就二者区别而言，就本质而论，天道与人道二者来源一样，都源自太极，如此便把三纲五常抬到了与天理等同的地位，实现了纲常人伦的绝对性和超越性。

按照以上周琦的逻辑推下去，就可以得出物人皆圣贤的荒谬结论，面对人非圣贤的现实，周琦把它归之为"情"。"性无有不善，其不善者情也。譬诸水焉，泉，心也，止而不流者性也，流而洋溢者情也。流之不汩泥沙而清，斯濯缨者，情之善也；汩泥沙而浊，斯濯足者，情之恶也。故浊者流也，非泉也，浊乃流之所自为也，岂泉之罪哉，是故不善者情也，非心与性也，心与性岂不善哉！"① 心统御性情，性和情是心的两面。静止的心是本然之心，是性，是道心，是"善"的发动之源，圣贤之所以为圣贤，在于能够保持本然之心。运动的心为情，受外界诱惑，会发生变化，产生情欲，此时的心为"人心"，为"恶"的根源，于是人便分出了贤愚高下、君子小人。进而，周琦探讨了"情"的来源，他认为，"情"源于"气质"，他说："心即性，性善，心岂恶耶？恶者，气质也，习涤也，气质梏而习染诱，不坏于其初者鲜矣。"② 性本为善，由于气质所桎梏和受恶习所诱，才导致性恶。这里的"心即理"是从"存心养性求其放心"来说，程朱理学认为性有仁义礼智，存得仁义礼智之心，则仁义礼智之性不会丧失。于是如何保有本然之心，改造气质就成为周琦的研究课题，为解答这个问题，他提出了"复性"说，"识得性善，求以复之"③。"复"即回复，转变不善的气质之性，重回本体之性；同时也强调"复性"是一个过程，其用功之法在"敬"，"性者小学之本源，敬者心学之功夫。天下之道孰能外性，外性则非吾之所谓道；天下之学孰能外敬，外敬则非吾之所谓学。"④ "敬"则"心存不敬则心不存。……严之以敬，则邪僻不生；邪僻不生，则仁实仁、义实义、礼实礼、智实智，而吾之性

---

① 周琦：《东溪日谈录》卷 2 "性道谈下"，《四库全书》第 714 册，上海古籍出版社 1987年版，第 151 页。

② 同上书，第 149 页。

③ 周琦：《东溪日谈录》卷 6 "学术谈"，《四库全书》第 714 册，上海古籍出版社 1987 年版，第 173 页。

④ 同上书，第 174 页。

不坏矣。"① "敬"有内外两层含义，在内是一种自我约束和人性的自觉，"终日对越在天，所谓天者理而已。理无时而不在，故君子无时而不敬。终日对越在天，只是不丧其敬而已耳"②。它通过"静"而获得，静坐中凝聚精神，去欲存养。自周敦颐提出"圣人定之以中正仁义，而主静，立人极焉"③ 后，主静就正式成为心性修养的方法，为后来理学家所尊崇，主张把一切外部事务的解决都放到内在的生命和心性上，程朱诸儒都对此有所阐释。同时，他认为"古人为学，惟安静笃实，所以承载得许多道理，今人于安静者，不谓之无用，便谓之迂疎，志不坚者未有不为之动摇矣。夫安静者，凝道之器也"④。他把"静"作为体认天理、性道的重要修养方法，是"凝道之器"，而忽视外在的客观性、独立性和重要性。"敬"在外则表现为礼节仪表，"其学得之于心，然后应之于身。故晬于面、盎于背，头容直、手容恭、足容重也"⑤，以及洒扫应对人伦日常。

3. 主张实学

周琦理学思想的另一大特色为实学。他认为"实学"首先应该是为己之学，所谓"为己之学"即内修之学，"体认性理，求之于心，践之于己"⑥，"体认天地万物之性是致知，紧要处何止在书，书只明此天地万物之性与圣贤复性之切。至于体认性善与工夫处，却又在人而不在书"⑦，"圣贤之学求于内，不求于外；求于本，不求于末"⑧。如此，他认为才是实学，"修于内者，求以实之于己，不求知之于人"⑨。很明显，周琦所说的"实"即本然之心，"求实"也是"复性"的过程。在他看来，"复

---

①　周琦：《东溪日谈录》卷 6 "学术谈"，《四库全书》第 714 册，上海古籍出版社 1987 年版，第 174 页。

②　周琦：《东溪日谈录》卷 2 "性道谈下"，《四库全书》第 714 册，上海古籍出版社 1987 年版，第 151 页。

③　周敦颐：《太极图说》，上海古籍出版社 1992 年版，第 10 页。

④　周琦：《东溪日谈录》卷 6 "学术谈"，《四库全书》第 714 册，上海古籍出版社 1987 年版，第 171 页。

⑤　同上书，第 174 页。

⑥　同上书，第 170 页。

⑦　同上。

⑧　同上。

⑨　周琦：《东溪日谈录》卷 15 "儒正谈"，《四库全书》第 714 册，上海古籍出版社 1987 年版，第 255 页。

性"即是"著实功夫"。而"著实"途径在"敬","严之以敬","则邪僻不生,邪僻不生,则仁实仁、义实义、礼实礼、智实智,而吾之性不坏矣"①。这一点,周琦是针对科举、辞章和言语、门户之立等世俗之学而言,他认为文字、科目、言语只不过是某些人猎取功名的手段,是末学,不过是"务虚名,要虚功而已"②。其次,针对佛老的"空"、"虚"主张,周琦主张实学应该是经世致用之学,上可以"正道以辅其主",下可以"实惠以及于民","立实功于世"。不过,周琦的经世致用是建立在个人修行之上,认为先有道德的人,后才会有贤明政治,同他前辈一样,主张贤人政治。这种唯道德论,忽略其行政能力和技术,显然是片面的。

总体上,周琦的理学思想,从《东溪日谈录》来看,主要体现在上述三方面,其观点也大多继承薛瑄而来。对他的学术思想,《四库全书总目提要》评论说:"一本濂、洛之说,不失醇正。盖河东之学虽或失之拘谨,而笃实近理,故数传之后,尚能恪守师说,不至放言无忌也。"③ 是很公允的。周琦为人端直谨厚,一生恪守理学矩矱,他的理学思想和其道德精神,转变了明代中期柳州士子的学风,对明代柳州乃至整个广西产生了深远影响。对此,"理学名儒"象州人吕景蒙说:"昔人谓吾柳人不知学,而知学,则自柳子厚始。夫子厚之学,词章之学也,至今柳人词章,往往有足称焉。岂知东溪日所谈者,为儒者之学乎?使吾柳人以子厚之功而学东溪之学,持之以往,则箭箭当中鸿心矣。"④

(二) 蒋冕的理学及其理学思想

蒋冕(1462—1532),字敬之、敬所,号湘皋。出身于书香门第、官宦之家,是三国时蜀国大将军蒋琬后人。曾祖蒋贯,官刑部员外郎,父亲蒋良曾任云南河西(今通海县)知县、广东都指挥使司副断事

---

① 周琦:《东溪日谈录》卷6"学术谈",《四库全书》第714册,上海古籍出版社1987年版,第174页。

② 同上书,第170页。

③ 永瑢、纪昀:《四库全书总目》卷93,《东溪日谈录》,上海古籍出版社1987年版,第53页。

④ 周琦:《东溪日谈录》,吕景蒙《东溪日谈录序》,《四库全书》第714册,上海古籍出版社1987年版,第139页。

（主管兵事卫刑狱）。蒋冕第一任先妻陈舜英，陈章之女，陈南宾后人。陈南宾，名光裕，茶陵浦江人，元末至正八年（1348 年）进士，曾为全州学正，遂定居全州。洪武十八年为国子助教，曾为朱元璋讲学，被朱元璋称为"此天下善讲书者也"。蒋冕继妻陈氏为陈金之长女。陈金，字汝砺，号西轩，湖广应城人，曾为两任两广总督。蒋冕 15 岁时就乡试第一名（解元），25 岁（1487 年）与其兄蒋昪同榜登进士，入翰林院，选庶吉士，任编修。历官翰林院编修、吏部侍郎、礼部尚书、户部尚书、太子太傅、大学士，嘉靖三年（1524 年）二月，出任首辅。两个多月后，因"议大礼"事件与嘉靖帝意见相左，被迫辞职，有作品《湘皋集》存世。《四库提要》评价蒋冕说："当正德之末，主昏政怠，独持正不挠，凡所建白，俱切时务。嘉靖初，大礼议起，冕固执为人后之说，卒龃龉以去，丰裁岳岳，在当时不愧名臣，其诗文则未能挺出。"①

要探讨蒋冕的理学思想，首先要了解他的理学思想渊源。蒋冕在全州学时，受吴伯璋影响较多。吴伯璋②，天顺间全州教谕，勤于教人。蒋昪、蒋冕二人从学于他。后到京师，从学于父亲挚友邱濬，《琼台先生诗话序》中说："岁戊戌，冕来京师，拜琼台先生于馆下，恳求学焉。辱先生念先父之旧，不以冕为不肖而弃之，俾占藉为弟子，循循教诲，以性命道德之懿，文章学问之要，政治理乱之端，修为涵养之方，委曲指示，务欲冕大有所造诣而后已。冕虽不肖，何其幸欤！……因虑平日之所闻，久则不能无遗忘也，著为诗话二卷，总若干则。……如程朱门人之录其师说者然，然未敢必其能成否也。"③"戊戌"即成化十四年（1478 年），此时邱濬 58 岁，邱濬《送蒋生归省诗序》说：

岁戊戌，予年五十有八矣，距礼老而传之岁，仅十有二春秋焉耳。适有丧子之戚，而清湘蒋生以故人子来见，悯予戚戚也，而慰解

---

① 永瑢、纪昀：《四库全书总目》卷 175，《湘皋集》，上海古籍出版社 1987 年版，第 679 页。

② 汪森编，黄盛陆等校点：《粤西文载》卷 64 "名宦小传"，广西人民出版社 1990 年版，第 33 页。

③ 邱濬：《琼台诗话》，蒋冕《琼台先生诗话序》，《四库全书存目丛书》第 416 册，齐鲁书社 1997 年版，第 544 页。

焉。跽而言曰：　"先生幸与先人有一面雅，冕愿执弟子礼以终身。……朝夕来予馆下，考德问业者三年。"①

不仅蒋冕，其兄蒋昪也从学于邱濬。蒋昪（1450—1526），字诚之，号梅轩。官至户部尚书，与蒋冕同学于邱濬，潜心义理之学，蒋冕《先兄资政大夫南京户部尚书致仕梅轩先生蒋公墓志略》评价他说："平素潜心义理之学，而必验之于行。持身处官，事无难易，一切揆之以理。心有未安，虽小节末务，不肯苟狥妄随。于先儒大穷理而务果断之说，终身诵之。"②

邱濬（1420—1495），琼山人，字仲深，号玉峰，深庵、玉峰、琼山，别号海山老人，景泰进士。为成化、弘治二朝的内阁大臣，学者多以琼山先生尊之，是明代著名学者。邱濬一生著述丰富，而以《朱子学的》和《大学衍义补》最为后人所知。黄佐在《湘皋集》序中言："成化、弘志间，……琼台邱文庄公起而振之，其积学修辞，直宗子朱子。"③ 清代徐开任的《明名臣言行录》评论说："国朝大臣律己之严，理学之博，著述之富，无有出其右者。"④

蒋冕称扬邱濬说："道德文章为天下宗。"⑤ 对邱濬近乎神般敬奉，"尝图先生小影置书馆中，朝夕瞻仰，以伸效颦之意。"⑥ 由此可知邱濬对蒋冕的影响，黄佐对此评述说："湘源蒋公实出其门，受知于公最深，问学之弘邃，制行之端谨，立朝之刚正，无一不肖似者。"⑦

蒋冕没有纯理学论述的文章，他的理学观点散见于文章中，他的理学

---

① 邱濬：《重编琼台稿》卷 15，《送蒋生归省诗序》，《四库全书》第 1248 册，上海古籍出版社 1987 年版，第 298 页。

② 蒋冕著，唐振真等点校：《湘皋集》卷 28，广西人民出版社 2001 年版，第 301 页。

③ 蒋冕著，唐振真等点校：《湘皋集》，黄佐《湘皋集序》，广西人民出版社 2001 年版，第 27 页。

④ 徐咸：《皇明名臣言行录后集》卷 4，《续修四库全书》第 520 册，上海古籍出版社 1995 年版，第 268 页。

⑤ 蒋冕著，唐振真等点校：《上琼台先生第一书》卷 20，广西人民出版社 2001 年版，第 212 页。

⑥ 邱濬：《琼台诗话》，蒋冕《琼台先生小影赞》，《四库全书存目丛书》第 416 册，齐鲁书社 1997 年版，第 546 页。

⑦ 蒋冕著，唐振真等点校：《湘皋集》，黄佐《湘皋集序》，《四库全书存目丛书》集部第 44 册，齐鲁书社 1997 年版，第 2 页。

思想受邱濬影响，主要阐述理学的政治运用。蒋冕的理学观点主要表现在以下几个方面：

1. 心分体用

"心"是理学的一个核心范畴，有关"心"的含义，理学家多有论及。蒋冕在他的一些奏、疏等文章中，阐述了他关于"心"的观点。在心性论上，蒋冕认为心分体用。蒋冕在《请讲学题本》中说："心体本静，而用则动，不系于此，必系于彼。声色货利，一或有动于中，妨政害事，其患将有不可胜言者。"① 他认为心有体用之分，其体为静，用为动，两者非静即动。这是承继朱熹的"心兼体用"说而来，朱熹道："心有体用，未发之前是心之体，已发之际是心之用，如何指定说得！"② 这里，"未发"、"已发"即蒋冕所言的"静"、"动"。心潜伏寂静，为其体，发而外显为某种情感是动，为其用。一个潜隐于内，一个发用于外，故动、静有别。又说："以心之德而专言之，则未发是体，已发是用；以爱之理而偏言之，则仁是体，恻隐是用。"③ 据此蒋冕提出养心说，"养心说"提出的另一个理由是德须日新，因为人非圣贤，心易受外界诱惑，日入于不德之境而不自知，因此得时时警戒、修德，他说：

> 盖天以一理赋于人，人得之以为德。圣人之德则不待于新而自无不新，贤人之德则不能不待于新。及其新之至也，亦可以无愧于圣人之德、之新。若夫众人去圣贤远矣，必勉强而日新之，然后其德亦日以新焉。有是德也，而不知所以新之，虽知新矣，而不能日新焉，吾见其善日以消，恶日以长，终于小人之归而已矣。嗟乎！心之有德，犹身之有面，首之有发，口之有齿也。……予素有志于新德，而日作日报，惧己之终归于小人也。尝作小斋于所居隙地，因以"日新"名之。又念夫斋之为义，盖谓夫闲居以养其德，若于此而斋戒者也。

---

① 蒋冕著，唐振真等点校：《湘皋集》卷10"请讲学题本"，广西人民出版社2001年版，第93页。

② 黎靖德编，王星贤点校：《朱子语类》卷5"性理二"，中华书局1999年版，第90页。

③ 黎靖德编，王星贤点校：《朱子语类》卷20"论语二"，中华书局1999年版，第466页。

爰书此置之壁间，当夫斋戒养德之际，朝夕观省，庶平日有所益焉。①

他的"养心说"主要针对君而论，指出为君者，要涵养本心，也就是仁心。他指出："人君一心关系最重。养之以善，则形于言动，发于政事，足以上合天意，下顺人心。生民蒙福，国祚绵长。"② 为王者若养善存仁，自然能体恤百姓，施以德治，顺天应民，从而天下大治。进而指出，自古圣贤之君没有不由养心而能致治者，尧舜之大治，正是在于养善心。后代治乱存亡，都是由于为君者不养善存仁，辅君者只"知求治而不知正君，知规过而不知养德"③ 而导致的。因此，他希望明朝统治者以养善心为本，来维系明朝封建统治，百姓安康。

那如何养心存善呢？在方法论上，蒋冕提出读书穷理，"臣等闻人君之心，惟在所养；养之善，则日进于高明；君心日进于高明，则治化可跻于太平矣。尧舜三代之君，所以养心者，必先务学"④。很明了，为人君者，要想治化天下，关键在涵养仁心，以德化之。而涵养仁心的前提必先务学，尧舜三代之君能取得天下大治，亦在于学。只有通过学，才能养善，而学则离不开书。他进谏要慎选儒臣中学行纯正的人，取经史诸书，分直进讲，专为论道讲学。而学的不是诗词章句，而是要"致力于本原"⑤。那何谓"本原"，如何才能学致"本原"呢？在《请御经筵题本》一文中，他说："窃惟人君学与不学，系天下治忽。自古帝王欲成天下之治，未有不由于学者。然帝王之学，与书生异。惟在讲明义理，以辨忠邪；考究古今，以知治乱；心无不正，德无不修；一日万机，躬亲裁决，则太平功业自此可致矣。自我累朝列圣嗣位之初，必开经筵，又举日讲百

———————

① 蒋冕著，唐振真等点校：《湘皋集》卷19，《日新斋记》，广西人民出版社2001年版，第193页。

② 蒋冕著，唐振真等点校：《湘皋集》卷10，《请讲学题本》，广西人民出版社2001年版，第93页。

③ 蒋冕著，唐振真等点校：《湘皋集》卷7，《乞罢黜以谢天下奏》，广西人民出版社2001年版，第64页。

④ 蒋冕著，唐振真等点校：《湘皋集》卷7，《请崇圣学题本》，广西人民出版社2001年版，第60页。

⑤ 蒋冕著，唐振真等点校：《湘皋集》卷7，《恳乞退休书》，广西人民出版社2001年版，第68页。

余年来继继承承，遵行不怠，钦惟皇上昔在潜藩，日勤讲学尧、舜、孔子之道，固以得其大纲，今山陵未毕，圣学方殷，……圣学由是而日新，圣治由是而日隆，实宗社万万年无疆之庆也。"① 所谓"义理"即辨别忠奸、考察治乱得失，这就是帝王之学；其辨识"忠奸"、考察"治乱"的根据就是儒家圣人先贤、尧舜孔子之道。他举说自明开朝以来，为君者莫不日开经筵席，日习诸书，日日讲解，其目的是为了讲明义理，学书中本原，得尧舜孔之道。随之他列举要学习的经书，并且教导要如何学，首先讲解后，为君者自己反复读诵十数遍，懂其文意后，再进行详细讲解。在详解完后，若有疑问，再就疑问，用通俗易懂的语言来解说其中的大义。而在这过程中，若有余暇，可以写下其学习心得，以便探讨。由此可见，蒋冕认为学习之法是，先知读书的方法，然后熟读各种经书，反复诵读理解，接着深入钻研以求得经书中的大义。只有在穷尽书中大义后，便能够正心、治身、修德，从而明义理，辨忠邪，正人伦，成太平功业。这种对每一事物都透彻研究以获得其内在精蕴的方法，其实就是朱熹所言的格物致知，这也与丘濬论著《朱子学的》的目的是相同的。丘濬说："四书五经，以及近世诸儒之书，穷理之具也，……既穷理矣，由是而治心，由是而治身，以之正伦理，成治功。"②

可见，蒋冕认为，心分体用，而体为静，涵养仁心是静，所以为君者须涵养仁心，这是治化根本。而要养心，就先要学，要研读诸经书，因为只有读书才能穷理，才能知大义所在。所以读书也是格物的一理。

2. 天理即礼

在蒋冕著述中，多次论"礼"，那何谓"礼"呢？在《再封还御批题奏》中他说："天地之常经，古今之通义，所谓礼也。"③ 而这"礼"是由圣人根据人情制定，"圣人制礼虽原人情，而必裁以至公之道。情欲为而礼不可为，圣人不敢徇情而违礼。礼之所在，天下万物之公议在焉"④。

---

① 蒋冕著，唐振真等点校：《湘皋集》卷 8，《请御经筵题本》，广西人民出版社 2001 年版，第 71 页。

② （明）丘濬：《朱子学的》，《四库全书存目丛书》子部第 6 册，齐鲁书社 1995 年版，第606—607 页。

③ 蒋冕著，唐振真等点校：《湘皋集》卷 7，《再封还御批题奏》，广西人民出版社 2001 年版，第 70 页。

④ 同上。

礼的制定原由人情，但是制定后礼是判定所作所为的客观标准，是"至公之道"，即便是圣人，也不敢徇情违背"礼"。换言之，礼是评价衡量万物最为客观公正的标准，这就把社会人伦道德中的"礼"上升到客观真理层次上的标准、规律，即理。而这一思想与其师邱濬一脉相承。邱濬在《朱子学的》序中言道："孔门教人，以仁为先，求仁之要，由礼而入，言礼则敬在其中矣。"① 由这句话可知"礼"是学孔入圣的关隘，由懂"礼"、守"礼"、知"礼"，便知圣人之"仁"，而求得"仁"，便得圣人之学。而"敬"是涵养的方法，涵养的目的是为了穷究"天理"，因此，"言礼则敬在其中"，其意是通过"礼"可以致"敬"，而通过持敬就能穷理，在这里，礼就是天理的体现，也即"理"。

蒋冕继承邱濬这一思想，并将之发扬应用到为君之道、社稷之安上，极力强调"礼"的不可违背性、绝对性，这在明世宗"议大礼"事上表现得尤为典型。正德十六年三月正德皇帝驾崩，而无子嗣，在杨廷和、蒋冕等几位阁臣与太后的密谋下，朱厚熜为帝，是为嘉靖帝。即位的第6天，嘉靖便想尊崇生父为皇考、皇妣，而杨廷和、蒋冕等内阁大臣则认为应尊明孝宗为皇考，另尊其生父兴献王为皇叔考，他本人对其生父应称侄皇帝。朱厚熜很不高兴，责令重议，杨廷和、蒋冕等仍一再坚持原议。蒋冕认为《礼》规定"为人后者为之子，不得复顾其私亲"，既然明世宗承武宗之统嗣，那就只能尊孝宗为皇，而不能以其生父母代之。今明世宗若欲在其父母尊号后加一"皇"字，与孝宗并祀于庙堂之内，严重违背了"尊无二上"之礼，是"忘所后而重本生，任私恩而弃大义，岂所以示至公于天下乎？且朝廷之所以号召天下，中国之所以表正夷狄者，以其有此礼义也，有此名分也。今一旦越礼不经，乱万世之纲常，惑四方之观听，此岂细故也哉"②！蒋冕认为，若为君者不尊礼，不以礼治国，则国家不能稳定安康，天下不会长久。所以"礼之所在，人心向背之是关，朝廷治乱之攸系"③。这与邱濬在《大学衍义补》中言，礼者"此其所以

---

① （明）丘濬：《朱子学的》，《四库全书存目丛书》子部第 6 册，齐鲁书社 1995 年版，第104 页。

② 蒋冕著，唐振真等点校：《湘皋集》卷 8，《乞俯从群议仍乞同赐罢黜题本》，广西人民出版社 2001 年版，第 82 页。

③ 同上书，第 81 页。

安上治民而能长世也欤"①的观点一致。为力证"礼出于天"、"礼"的绝对真理性,蒋冕借清宁殿后西三宫失火一事进一步阐发。认为失火之灾,"不可谓非天意也",是由于"圣心与天心相违",明孝宗执意为生父母加"皇"号,已经"坏万古之纲常,悖上天之典礼"②,故天降灾变,以示惩罚。可见,在蒋冕的思想中,"礼"即"理",出于天,是天理的体现,是天地间客观存在的绝对真理,是维系封建统治秩序和国家长治久安的最为重要的保障,是任何人都不能违背的。值得注意的是,蒋冕在强调"礼"的绝对真理性时,并未僵死空谈礼,而是将程朱之"礼"的理论与实际政治结合起来,从适用的角度来谈"礼",达到体用合一。这对明代中期因科举弊病僵化,成为士子学子机械地口诵心念的八股教材而逐渐式微的程朱理学的一个革新,其意义是深远的。

"大礼议"表面上是"继统"与"继嗣"的礼仪形式之争,而实蕴含着皇权与阁权的政治之争,蒋冕祭出"天理即礼",以天理压皇权,把"大礼议"上升到哲学高度,从根本上否定了嘉靖的行为。这种理学政治化的思想显然来自邱濬。邱濬《大学衍义补》就是一部明体实用的帝王之学,是邱濬为了补《大学衍义》在"治国、平天下"方面的缺失而作,成化十三年(1477年)己亥57岁开始撰述《大学衍义补》,成于成化二十三年(1487年)十一月,邱濬《大学衍义补序》中阐述了撰述动机:

> 当先皇帝在御之日,开经筵即缀班行之末,亲睹儒臣以真氏之书进讲。陛下毓德青宫,又见宫臣之执经者日以是书进焉。臣于是时盖已有志于是,既而出教太学,暇日因采六经、诸子百氏之阙也,缮写适完,而陛下嗣登大宝,盖若有待言者。臣学不足以适用,文不足以达意,偶因所见而妄有所陈,区区一得之愚,固无足取,而惓惓一念之忠,倘为圣明所不弃焉,未必无少补于初政之万一。③

① 邱濬:《大学衍义补》卷40,《明礼乐》,《四库全书》第712册,上海古籍出版社1987年版,第712页。
② 蒋冕著,唐振真等点校:《湘皋集》卷9,《乞慎典礼以回天意题本》,广西人民出版社2001年版,第84页。
③ 邱濬:《大学衍义补》,《四库全书》第712册,上海古籍出版社1987年版,第5页。

全书共 140 余万字，163 卷，目录 3 卷，卷首 1 卷，正文有 160 卷。其结构分为四个层次：要、目、子目、条。卷首一卷补《大学衍义》"诚意、正心之要"，有"审几微"一目，分为四个子目："谨理欲之初分"、"察事几之萌动"、"防奸萌之渐长"、"炳治乱之几先"。正文 160 卷为"治国、平天下之要"，分正朝廷、正百官、固邦本、制国用、明礼乐、秩祭祀、崇教化、备规制、慎刑宪、严武备、驭夷狄、成功化 12 目，12 目下又分为 119 个子目。各个子目又进一步分成若干条，每一条由若干引文加上最后的著者按语组成。每一目先有总论，次引正史，缀以前人议论及史实，末附按语抒发己见。是一部经世致用的帝王之书，是理学的政治化。纪昀在《〈大学衍义补〉提要》中评论："真氏原本，实属阙遗。濬博综旁搜，以补所未备，兼资体用，实足以羽翼而行。"①

但在暴虐的明代，蒋冕等士人以道统驭皇统的结果是惨烈的，嘉靖二年（1523 年）二月十五日，阁臣变相集体辞职。嘉靖三年（1524 年）二月，杨廷和被罢职。蒋冕继任首辅，不到三月，被迫离职，180 多个朝臣被罢官和调离，160 人遭廷杖，17 人死于酷刑，投入监狱 130 多人。

3. 主静涵养

理学家们认为，要达到天人合一这一终极理想境界，就要体认和存养心性，而主静是实现这一境界的重要方法。自周敦颐提出"圣人定之以中正仁义，而主静，立人极"② 后，主静就正式成为心性修养的方法，为后来理学家所尊崇，从蒋冕《湘皋集》诸篇中我们可以看出他对这一方法的服膺尊崇，他说："天地间固有或然之数也，而实有必然之理也。数虽存夫天，而理则在夫人。君子尽其理之在人者，而不诱诸数之在天者，则虽天地之大，气数亦将以吾之人事斡而回焉，此君子所以异于众人也。"③ "士不藉夫涵育长养之功，不可以出为世用，古今未有能易之者。"④ 进而他提出养心说，指出为君者，要涵养本心。那如何养心存善

---

① 　永瑢、纪昀：《四库全书总目》卷 93，《〈大学衍义补〉提要》，上海古籍出版社 1987 年版，第 52 页。

② 　周敦颐：《太极图书说》，上海古籍出版社 1992 年版，第 10 页。

③ 　蒋冕著，唐振真等点校：《湘皋集》卷 14，《送夏廷重分教玉林序》，广西人民出版社 2001 年版，第 133 页。

④ 　蒋冕著，唐振真等点校：《湘皋集》卷 14，《送王信夫司教义宁序》，广西人民出版社 2001 年版，第 133 页。

呢？蒋冕提出主静是实现这一境界的重要方法，他在《静学斋记》指出，他自幼致力于学，以为杜绝人事，处穷山深谷之中便可学圣人之学。但是"大肆力焉，不可得也。是以于圣贤身心体认之实，茫然未能知而得之"①。后人京师，受教于邱濬门下，邱濬主静之说对蒋冕有如醍醐灌顶，他说：

> 学既有日，先生因呼冕而告之曰："小子，知夫圣贤之学乎？所谓圣贤之学，无他焉，心而已矣。其所以求心之要亦无他焉，曰静而已矣。静以学焉，学以求诸心而无所放焉，学之道得矣。今夫静者，非处夫穷山深谷者也，非杜绝人事而不与之交接者也，使必处穷山深谷、杜绝人事而后学焉，则通都大道之中无一日可学也，无一人能学也，则学终不可为哉。是故，学不在外而在内，静不以境而以心。心在乎内，则虽日处尘寰可也，虽日接人事可也。由是于凡《易》、《书》、《诗》、《春秋》、《礼》、《乐》之经，左氏、公、谷、孔、郑诸子之传，濂、洛、关、建诸儒之书，迁、固而降以及胜国之史，董、贾、韩、柳、苏而降以及夫当代名人才士之文，皆于是乎含其英而咀其华，大肆其力焉。凡夫所谓身心体认之实者，使皆有以得之，如此则圣贤之学在是矣。小子勉之！"冕退而识之，而向者之思涣然冰释矣。因谓先生之言，皆冕之药也。②

可以看出，邱濬认为圣人之学，目的在明乎心性，而心性修养的功夫，则以静为主。只有心平气和、心无杂念，才能不受外界困扰。所以不论是身在穷山深谷还是尘寰闹市，只要潜心致静，就能达到契合天理的境界。接着他指出主静的具体途径，是读书。六经、濂洛之书，迁、固之史，韩柳之文，都是承继圣人之学，内蕴天理，要大肆其力，这样自然能得圣贤之学，得圣人之心，也就是周敦颐所言的"中正仁义"。在这，邱濬将主静的地位提升了，认为只要心能守静，就能澄明本心，无所不适。蒋冕对此十分推崇，将之视为"药"，虽无专篇论述他自己的见解，但是在其诗文

---

① 蒋冕著，唐振真等点校：《湘皋集》卷18，《静学斋记》，广西人民出版社2001年版，第188页。

② 同上书，第189页。

中得以体现，其中《宽斋》两首，很典型地表现出心静之后无所不适的
自得。

　　　　俯仰全无碍，中心自坦然。行藏随素分，得失付苍天。身外物皆
　　我，闲中日似年。谁言天地窄，寸步不能前。
　　　　鼎鼎百年内，悠悠天地间。吾生聊自得，尘事不相关。俯仰乾坤
　　大，逍遥岁月闲。一区方寸地，日月任循环。①

这两首诗可以说是蒋冕自道，平实语言中显露坦然胸次，心底澄澈，物我
两忘，所以我即物，物即我，融为一体，而无拘囿。因此，即便是一步之
窄，方寸之地，也能感觉天地日月周而复始、万物自生自长、循理流环的
生机规律。探究得此天理，外在得失、尘事自然无所羁绊，所谓"中心
自坦然"、"吾生聊自得"正是静而无欲的体现。

　　此外他还有一些描写景物的诗歌，也能体现这一特点，如《题菊花
猫犬》：

　　　　黄花香散晚风前，未见陶翁已可怜。猫犬相看俱适意，眼中何物
　　不欣然。②

宁静自暇之间，看到黄花在晚风中摇曳之姿甚是可爱，猫犬各自嬉戏相安
而处，周遭万物欣然充满生机。心澄然无事，自然专一，在物我两忘中体
会到与自然融为一体的快乐。

　　《隐人山居》：

　　　　幽人谢尘俗，结屋大江浔。流水闲中意，浮云物外心。鸟啼山阁
　　静，花积草堂深。阒阒风清夜，时闻琴瑟音。③

----

① 蒋冕著，唐振真等点校：《湘皋集》卷33，《宽斋》，广西人民出版社2001年版，第373
页。
② 蒋冕著，唐振真等点校：《湘皋集》卷37，《题菊花猫犬》，广西人民出版社2001年版，
第443页。
③ 蒋冕著，唐振真等点校：《湘皋集》卷33，《隐人山居》，广西人民出版社2001年版，
第365页。

流水、浮云、鸟鸣山静，风清月夜，远处琴音传来，不感寂寥。语言自然流出，刻画了寂静幽僻环境，表现出宁谧恬淡的心境，于静处当中得淡泊超尘之旨趣。

总之，这种主静体悟，在诗歌中，"'静'必然引向诗意的淡泊、平淡，努力达到'因闲观物时，因物招物'的忘情境界。"① 蒋冕这些平淡自然、极富理趣的诗，读来令人感悟很深，确实是不可多得的佳作。

综上，虽然从心分体用、天理即礼、主静涵养三个方面分别论述了蒋冕的理学思想，但是这三方面并非综括其思想的全部。事实上，在他的著述中，也论及"理一分殊"、"性命"等理学范畴，但多为一笔带过，而无较为详细的论述。此外，蒋冕毕竟是以他在政治上的功成名就而著名于时，而其文学创作，正如《四库提要》所言："濬以博洽著，诗非其所长。冕以端谨不阿著，论诗亦非其所长也。"② 所以后人对他的关注也不多。而他所处的明代中期，正值王阳明心学流布天下，而他为程朱后学，不被见载于《明儒学案》等书，也是极为可能的。

蒋冕的政治成就和理学思想，都在广西历史上留下了光辉的一笔，研究其理学思想，不仅可以全面把握他的思想价值，更重要的是，他以他的行为方式，将他所奉行的理学思想流传广西，对清代理学在广西的普及以及清代广西本土理学鸿儒的出现起了铺垫作用。

除以上提及的几位外，广西还有一些人崇尚理学，他们或潜心理学、或经世致用，如武缘李璧，全州陈邦俌、舒弘志、张昌胤，柳州简弼、徐养正，桂林张腾霄，恭城张所蕴，永福秧清、章润，宜山吴渊，阳朔龙泉，平南张濚，怀集梁方图，桂平覃熙，横州陆坚、陆嘉鲤父子。

李璧（? —1525），字白夫，号琢斋，武缘（今武鸣）人，壮族。弘治八年（1495 年）中举，曾任浙江兰溪县、仁和县教谕、四川剑州知州。其所著甚丰，有《名儒录》、《剑阁集》、《剑门新志》、《皇明乐谱》等，皆散佚不存。李璧师从章懋。章懋（1436—1521），字德懋，晚年又号瀫滨遗老，兰溪（今属浙江）人，成化丙戌会试第一。选庶吉士，授编修。

---

① 萧华荣：《中国诗学思想史》，华东师范大学出版社 1996 年版，第 170 页。

② 永瑢、纪昀：《四库全书总目》卷 197，《琼台诗话》，上海古籍出版社 1987 年版，第 264 页。

与同官黄仲昭、庄昶谏上元烟火，杖阙下，谪知临武。历南大理评事，福建按察司金事，考绩赴吏部，乞休，遂致仕。林居二十年，弟子日进，讲学枫木庵中，学者因曰枫山先生。弘治中起为南京祭酒，嘉靖初，以南京礼部尚书致仕，谥文懿。枫山之学，主张穷理尽性，"人形天地之气，性天地之理，须与天地之体同其广大，天地之用同其周流，方可谓之人"①，"人生而静之谓性，得乎性而无累于欲焉之谓学"②，"学者须大其心胸，盖心大则万物皆通。必有穷理工夫，心才会得大。又须心小，心小则万理毕晰。必有涵养工夫，心才会得小。不至狂妄矣"③，"其学墨守宋儒"④。得章懋师承，李璧"志溯伊洛，道存明诚"⑤，为人谦而有礼，言语温和，行事方正，孝亲悌兄，极其纯笃，"士林皆爱重之"。他认为人若不知古礼，如同未学；不知古乐，如同无耳；不知天文，如不识字。因此严于律己，穷读三经之礼以求能知古礼，诣见太常得古器，以求知古乐，特拜师灵台郎以学天文。他以这种自律精神，率身教士，勉励士子生徒要学而有得，学能成德，他谆谆教诲士子之余，"门生贫不可学，学舍敝不可讲，则皆出己财以资之葺之。至于辟学正路，构亭积书，刊科贡之榜，立题名之石，释奠有议，讲鼓有铭"⑥。"自筮仕以来，直躬率士，有古胡瑗之风"⑦。李璧对武缘文化产生过重大影响，对此，韦丰华说："李白夫先生生当明季，姚江之学派衍支流几遍天下，独能上宗孔孟，下绍程朱。……昔吾师黄凤泉先生尝谓李白夫为吾乡诗人首冠。不独其理学吏绩，非时所及也。今读此数诗，始信其品评之不谬。"⑧

陈邦俌，生卒年不详，字宋卿，全州人，他从小聪颖，16 岁领乡荐登正德甲戌（1514 年）进士，官礼部主客司主事，提督会同馆。后遭胡

---

① 黄宗羲著，沈芝盈点校：《明儒学案》卷 45 "诸儒学案上三"，中华书局 1985 年版，第1077 页。

② 同上书，第 1079 页。

③ 同上书，第 1078 页。

④ 同上书，第 1077 页。

⑤ 郎瑛：《七修类稿》卷 47 "事物类"，《续修四库全书》第 1123 册，上海古籍出版社2002 年版，第 318 页。

⑥ 同上书，第 317 页。

⑦ 同上书，第 318 页。

⑧ 韦丰华著，丘振声、赵建莉点校：《韦丰华集》之 "今是山房吟余琐记"，广西民族出版社 2009 年版，第 338 页。

士绅嫉妒，除官。回乡后，"杜门三纪，讲明心学。弟邦修，及后进有声者，皆出其门"①，影响很大。为人性情淡泊，卒后从祀乡贤，督学殷武卿为其所居堂题匾曰："正学清操。"所著有《太极图辩解》、《率性篇》、《静斋漫稿》等，今均不存。事迹见于《全州志》卷8、《粤西文载》卷70等。

舒宏志（1566—1594），字心矩，一字孺立，全州北隅人（今全州镇北门一带），明朝尚书舒应龙之子，少时聪颖有奇才，博览群书，过目不忘，以神童著称，18岁中举。万历丙戌（1586年）19岁中探花，并选为翰林院编修，28岁卒于任所。舒宏志留下来的文字不多，仅在全州地方志中有六篇文章，即《学始于不欺暗室说》、《真正英雄从战战兢兢来说》、《刻文章辩体序》、《新刻词林典故序》、《淡泊宁静说》、《续朱穆崇厚论》，共5000多字。舒宏志承袭程朱观点，认为人性本善，具有先天的道德性，但身体充满物欲，他说："水之性清，土泊之则清者浊矣；木之性静，风摇之则静者扰矣；人之性贞，欲眩之则贞者杂矣。"② 进而指出，"形生神发之后，知诱物化之余，不撄情于浓艳，则役志于纷华。试语之以淡泊，语之以宁静，鲜不相顾窃笑共指为迂谈，不知吾心吾性原自淡泊宁静中来"③。"形"是身体，"神"是附着于身体的灵魂、精神，"知"知识，"物"物欲，是指形神被外界诱惑而充满物欲，在此他接受了张载、朱熹等人对欲念来源的解释，认为它来自气质之性，具有先天性。为防止欲念，他提出来"淡泊"、"宁静"，他说："淡泊以明志，宁静以致远。……嗜好乱于中，众欲牵于外，惟不淡泊，故不宁静，终其身界界焉，志为物丧，而一无所表树。"④ 在如何"淡泊"、"宁静"问题上，他遵从"不欺暗室说"，他说："世之谈学术者则不欺尚矣，然冥冥易污，昭昭易饰，下学之始，谈何容易也？……人心险于山川，难于知天。外施仁义而内匿机心，即贤者犹或蹈之。……视于冥冥，听乎无声，冥冥之中独见晓焉，无声之中独闻和焉。……存诚于广众易，而存诚于幽独

---

① 汪森编，黄盛陆等校点：《粤西文载》卷70"人物"，广西人民出版社1990年版，第237页。

② 舒宏志：《淡泊宁静说》，温之诚、曹文深《全州志》卷11"艺文中"，嘉庆四年（1799年）刻本，第90页。

③ 同上书，第91页。

④ 同上书，第91—92页。

难，……幽有鬼责，明有清议，史册在前，谤嚣在后。天不可欺，民不可愚。作匿于幽，徒自欺耳，其何利之有？……借口强国富民，实贪天之功以利己，世儒以为学者之功，孰知夫阴为厚利，是为欺暗。……阴拾古人余沥，而自叱以为千古盛事，世儒以为学者之言，孰知阴窃名高，是谓欺暗。……而步趋舜禹以为亢，世儒以为有道君子而舆之，孰知夫阳为圣行而阴为盗跖，是谓欺暗。"① "暗室"本义是指无光亮或隐秘的地方，后称心地光明磊落、暗中不做坏事、不动邪念为"不欺暗室"，强调实践主体的道德自觉。除了"不欺暗室"外，他还非常看重"战战兢兢"，他说："明能辩有慎之矢，而我大智若愚，战兢而谢不敏，是谓真知；敏能若承蜩之迅，而我犹大巧若怯，战兢而不自多，是谓真才；勇能抉门斗关之强，而我犹大勇若怯，战兢而不自逞，是谓真勇。……自多其才则隳吾之宏业矣；自勇其才则败吾之勇敢矣，此英雄欺人耳。"② "战兢"即"战战兢兢"，出自《诗经·小雅·小旻》："战战兢兢，如临深渊，如履薄冰。"是一种身心收敛、不使放纵或张扬的身心状态。在《淡泊宁静说》一文中，舒宏志把诸葛亮当作人生的榜样，表示"淡泊以明志，宁静以致远"二句，是自己"终身佩服而不可须臾忘者"。他认为，人心之初，本来就没有一丝一毫私念的，但"形生神发之后，知诱物化之余，不攫情于浓艳，则役志于纷华；……不知吾心吾性，原自淡泊宁静中来"③。从《淡泊宁静说》可以看出舒宏志对人生的态度，《西事珥》一书说他"生而寡言笑，少嗜歌，无俗情"④。

张昌胤，生卒年不详，全州人，《全州志》载为张昌允，尚书张溓曾孙。15 岁（1621 年）中举，22 岁中崇祯戊辰（1628 年）会魁，授庶吉士，年 24 岁卒。⑤ 张昌胤著有《立志》、《辨志》等篇，今不存。其学术师承不明，崇尚王阳明良知学说，"与太史金声、刘之伦倡明理学，以王

① 舒宏志：《学始于不欺暗室说》，温之诚、曹文深《全州志》卷 11 "艺文中"，嘉庆四年（1799 年）刻本，第 80—81 页。

② 舒宏志：《真正英雄从战战兢兢中来说》，温之诚、曹文深《全州志》卷 11 "艺文中"，嘉庆四年（1799 年）刻本，第 82 页。

③ 蒋钦挥：《全州历史名人传记：舒弘志》，广西人民出版社 2005 年版。

④ 魏浚：《西事珥》卷 5 "舒太史三生闻见"，《四库全书存目丛书》史部第 247 册，齐鲁书社 1996 年版，第 789 页。

⑤ 汪森编，黄盛陆等校点：《粤西文载》卷 71 "人物"，广西人民出版社 1990 年版，第 284 页。

阳明先声良知为宗"①。金声，字正希，休宁人，崇祯元年成进士，工举子业，名倾一时，《明史》立传。刘之伦疑为刘之纶之误，字符诚，宜宾人，崇祯元年进士，与金声友善，上疏言事，超擢兵部右侍郎、副尚书，协理京营戎政。遵化、永平被围，驰援，战死，其事迹见《明外史》。可见，张昌胤年少英雄，志向宏伟，可惜年命不寿。

简弼，生卒年不详，马平（今柳州）人，《柳州府志》卷25将他与其兄简辅列为乡贤。简文之子，曾官肇庆府通判，登弘治（1504年）甲子乡举，任肇庆府通判，无意仕途，未满秩，辞官告归，建书林，教子自娱。据文献记载，"弼尤粹于理学，起居语默，俱中程度，与同邑周琦齐名"②。《粤西文载》记吕景蒙时，也说他推重邑乡贤周琦之学。另《古今图书集成》在谈及周琦时亦有："同郡有简弼者，登弘治乡举，通判肇庆，起居语默，俱中程度，亦以道学称。"③ 但今有关简弼生平经历，以及他思想渊源都无法考证。

徐养正，生卒年不详，字吉夫，号蒙泉，马平（今柳州）人。嘉靖二十年（1541年）进士，历任广东肇庆府推官、贵州提学佥事、户部侍郎、南京工部尚书等职。他任职云南时，"规条严肃，集诸生于五华书院，教以忠孝大节。……一夕自云：'真西山先生至'，起迎之，揖让而卒。颜色弗少变。盖公深有得于主静之学，不以死生厉害动其心。其生平德性，温然可亲，而直节劲气又浩然不可挫也。"④ 真西山，即真德秀（1178—1235），字希元，号西山，世称西山先生，浦城人，庆元五年（1199年）进士及第，开禧元年又中博学宏辞科，著述弘富，官至参知政事。南宋著名理学家，朱熹私淑弟子，有《大学衍义》、《读书记》、《文章正宗》、《续文章正宗》、《心经》和《政经》等存世。以理学和忠孝大义为后人所称道。徐养正恍惚间见到西山先生，起迎揖让而卒，这多少是出于对他的溢美神化。但他的一生确是以忠孝大节砥砺自己，对奸臣严嵩父子不屈不挠，汪森说他"不以死生厉害动其心"，是不为过的。徐养正

① 温之诚、曹文深：《全州志》卷8"人物上"，嘉庆四年（1799年）刻本，第30页。

② 舒启修，吴光升纂：《马平县志》卷7"乡贤"，《中国方志丛书》第126号，台湾成文出版社1970年版，第172页。

③ 陈梦雷编，蒋廷锡校订：《古今图书集成》第63册第172卷，中华书局、巴蜀书社1985年版，第74624页。

④ 汪森编，黄盛陆等校点：《粤西文载》卷70，广西人民出版社1990年版，第250页。

身上所体现出来的这种刚直不屈，其实是对封建王朝伦理秩序的极力维护，这一点，与真德秀有感于南宋末年朝政衰废，认为三纲五常是"扶持宇宙之栋干，奠安生民之柱石"①，是一致的，这种忠孝大节，对真德秀而言，与"性"、"理"是一体的，他说："理者何？仁义礼智是也。"②"何谓性？仁义礼智信是也；惟其有此五者，所以为名为人。"③ 由此要求人们"收其放心，养其德性"。汪森将徐养正"不以死生厉害动心"、"颜色弗少变"等归因于他"深于主静之学"，这大抵是汪森将他思想视为远承宋儒真德秀所本。徐养正著有《蛙鸣集》、《范运吉传》和两篇碑文。《蛙鸣集》已失，《范运吉传》和《沈公去思碑》、《资政大夫南京兵部尚书赠太子少保谥恭简屠公楷神道碑铭》今存。

张腾霄，生卒年不详，字子翀，临桂人。嘉靖元年（1522 年）举人。《广西通志辑要》等有其传，官邓州学正。他"讲心性之学，先德行而后文章，誉望日盛，忌者谗之，遂致仕，集邑中士教之。暇则寻幽选胜，意有所得，辄披襟举杓行吟而归"④，颇显示出浴沂舞雩、吟咏而归的"圣贤之乐"，所著有《古穰漫稿》、《楚客吟草》等集。

张所蕴，生卒年不详，主要生活在万历年间，字壮猷，恭城人，曾任灵川训导、东安教谕、黄州教授。其"宗西铭之学，……所至端师范，出其门者，率多名士。咸称'张学'。博得横渠之世业云"⑤。西铭，是张载伦理道德学说的代表，全文不足 300 字，却淋漓尽致地表现了他的宇宙观、道德观、人生观、人性论等，曾获得"孟子以后，未有人及此"之誉。张所蕴学宗西铭，并身体力行，侍奉祖母极孝，"以祖母春秋高请养，晨昏定省，垂二十年"⑥，正是"尊高年，所以长其长；慈孤弱，所

---

① （元）脱脱等撰：《宋史》卷 437 "儒林七"，中华书局 1995 年版，第 12961 页。

② 真德秀：《西山先生真文忠公文集》卷 32，《四部丛刊》第 209 册，上海书店 1989 年版，第 1 页。

③ 真德秀：《西山先生真文忠公文集》卷 30，《问格物致知》，《四部丛刊》第 209 册，上海书店 1989 年版，第 4 页。

④ 沈炳成修，苏宗经辑，羊复礼等纂：《广西通志辑要》，《中国方志丛书》第 70 号，成文出版社 1967 年版，第 60 页。

⑤ 汪森编，黄盛陆等校点：《粤西文载》卷 71，广西人民出版社 1990 年版，第 279 页。

⑥ 陶墫修，陆履中等纂：《恭城县志》，《中国方志丛书》第 122 号，成文出版社 1968 年版，第 325 页。

以幼其幼，圣其合德，贤其秀也"① 的写照。后乡人尊其德行，祀为乡贤。所著《图南会心编》，以"阐明正学"② 为主，今不存。

秧清，生卒年不详，永福人。景泰庚午（1450 年）举人。"自登贤书，不入城市，筑精舍于龙溪之马芒山下，潜心理学，终身坚隐不仕，人共仰之。"③ 秧清书舍，《古今图书集成》载："秧清书舍，按县志在马芒山下。"早毁，今不存。

章润，生卒年不详，字良玉，永福人。弘治十七年（1504 年）举人，历任德庆、海阳、四会教谕，"所至日进士于庭，诲以明体适用之学"④。淡泊名利，解官家居，终日赋诗饮酒，怡然自得，所著有《荆石吟稿》。

吴渊，生卒年不详，字希彦，宜山人。《粤西文载》载："潜心义理之学。景泰癸酉（1453 年）省解，授灵山学训，引年归。后进从游者，接迹而来，多所造就。"⑤

龙泉，生卒年不详，阳朔人。弘治辛酉（1501 年）举人，任延平教授。为官清廉仁厚，讲论性命之学。《粤西文载》记："凡士有婚丧不克者，俱协助，又给不举火者。日与弟子讲求身心性命之旨。卒于官。归橐如洗。"⑥

张溉（1462—1519），字仲溉，号泾川，平南人，后寓居全州。其事迹见于杨廷和《资德大夫正治上卿南京兵部尚书太子少傅致仕泾川张公溉神道碑铭》。张溉自幼天资聪颖，能文善记，成化十四年（1478 年）进士，历官翰林院编修、国子祭酒、南京礼部尚书、户部尚书、吏部尚书等，清修力学，为人刚直严明，嫉恶不辞于色，故与人寡合。为春宫讲读时，每讲必斋戒致敬。任为国子祭酒时，以师道自任，关爱学生，若遇学生生病患难，必赈济援助。讲学不殆，盛暑不辍。其思想以求心、养德为主旨，他认为学习主要在于存心，所谓存心，是存心之理，而这个"理"，是要在学习的过程中获得的。只要心之理得，学习的宗旨就能实

① 张载：《张子全书》卷 1，《西铭》，《四库全书》第 697 册，上海古籍出版社 1987 年版，第 82 页。

② 陶增修，陆履中等纂：《恭城县志》，《中国方志丛书》第 122 号，成文出版社 1968 年版，第 325 页。

③ 汪森编，黄盛陆等校点：《粤西文载》卷 69，广西人民出版社 1990 年版，第 205 页。

④ 汪森编，黄盛陆等校点：《粤西文载》卷 70，广西人民出版社 1990 年版，第 233 页。

⑤ 汪森编，黄盛陆等校点：《粤西文载》卷 69，广西人民出版社 1990 年版，第 206 页。

⑥ 汪森编，黄盛陆等校点：《粤西文载》卷 7，广西人民出版社 1990 年版，第 232 页。

现。而在求"心之理"的过程，也就是学习过程中，自然心有所体悟感受，这种体悟感受写之于文章或发于事业，都能一挥而就。在这里，张溁把"心之理"认为是"大本"，学习的目的是求"心之理"，不难看出，这种讲学思想深受理学格物致知说的影响。不仅张溁，其父张廷纶（生卒年不详，天顺四年进士）也崇尚理学，他的《咏畅岩山》一诗："二程夫子此藏修，学道渊源继鲁邹。云锁岩扉闲岁月，草迷石径自春秋。泉流似觉书声在，苔印犹疑墨迹留。信是高山真可仰，令人千载慕徽猷。"① 充分表现了对理学先儒的敬仰追慕之情。后张溁遭人诬陷，说以奇玩之物献奸臣刘瑾，他不作辩解，只称病辞归。定居全州后，日与贤士大夫登眺筋咏为乐，与当时贬谪全州的知州顾璘互相唱和，文事往来，传为佳话。张溁"为诗文力追古人，诗尤温厚"②，所著有《应制集》、《全湘忆录》、《泾川文集》等，今佚。

梁方图，怀集人，据《怀集县志》载云：梁方图，1629 年岁贡，崇祯间以明经历象、左二州教职，升平乐府教授，讲学不倦。"公为刊《家礼四训约要》以教民，皆感化。"③ 师承不详，16 岁即有志于理学，所著有《家礼四训约要》、《五经要旨》、《忠孝廉节》等，今不存。《家礼》即《朱子家礼》，《家礼四训约要》大概是对《朱子家礼》撮要节选而成，具体编排、内容不知。

覃熙，嘉靖庚子举人，宜山教谕，崇尚理学，师承不详，曾作宜山教谕，"启迪诸生，多明五子性理之学"④。五子，即指宋儒周敦颐、程颢、程颐、张载、朱熹。乡居，授徒里中，译讲《太极图说》，《太极图说》是周敦颐的哲学纲领，后代的理学门徒认为是"明天理之根源"。

陆坚，生卒年不详，横州人，举乡荐，曾任蒲城教谕。陆坚曾"从洛中阎禹锡讲性命之学，得伊洛正传，纂辑性理近思录等书"⑤，但从学

---

① 平南县志编纂委员会：《平南县志》"杂记附录篇"，广西人民出版社 1993 年版，第 972 页。
② 赖彦于：《广西一览》，《古今名人志略》，广西印刷厂 1935 年版，第 4 页。
③ 汪森编，黄盛陆等校点：《粤西文载》卷 71 "人物"，广西人民出版社 1990 年版，第284—285 页。
④ 黄占梅修，程大璋纂：《桂平县志》，《中国方志丛书》第 131 号，成文出版社 1968 年版，第 1498 页。
⑤ （宣统）《南宁府志》卷 37 "人物志"，载林小静主编《南宁古籍文献丛书》，广西人民出版社 2008 年版，第 1286 页。

时间和地点不知。

陆嘉鲤（？—1520），字汝龙，横州人，陆坚之子。弘治壬子（1492年）举人，官至上虞教导，任职期间，所到致力讲学，诱导生徒，其学术渊源承自家学。死后，岭南著名的理学家湛若水以"四德"旌表其墓，说他："不妄言笑，忠信不欺，教授于门，以抚巡之命，单骑谕后山之贼，下四百多人，入处于庙，斯不亦诚矣乎！诱生徒之勤而警其弗率者，助刘之丧，赒谭伟之贫，斯不亦仁矣乎！分教上虞时，迎养至亲，遭丧而归，匍匐致毁，斯不亦孝矣乎！却后山之贿五，辞束修之礼，以终其身，食不兼味，衣不取华，居不蔽风雨，斯不亦廉矣乎！夫诚以立其德，仁以达其用，孝以致其情，廉以律其身，四者备矣，扩而充之，以尽其性，斯不亦可训矣乎！陆子有四德焉。"① 湛甘泉认为陆嘉鲤具有"诚、仁、孝、廉"四德，可见陆嘉鲤的为人。嘉靖四年（1525年），入乡贤祠。

第四节　宋明理学在清代广西的传播及其接受

清代理学虽在最高层的干预下，仍是正统思想，但已不是显学，到了晚清，西学影响所及，理学更加衰微。清代，仅就徐世昌《清儒学案》②、唐鉴《学案小识》③、黄嗣东《道学渊源录》④ 等记载，可以确定的入桂理学之士见表1—3：

表1—3　　　　　　　　　　　清代入桂理学之士

姓名	任职	学术归属	治绩	入桂文献
陆奎勋（1663—1738），字聚侯，号星坡，平湖人，康熙辛丑进士，官检讨，著有《陆堂易学》等。	雍正十二年主持桂林秀峰书院，仿朱子白鹿洞书规，创立学规。	陆陇其族弟，并师事于他，生平诵法朱子，不遗余力。	讲学秀峰书院，订立学规。	《清儒学案》卷10"三鱼学案"，第327页。

① 洪垣校刊：《泉翁大全集》卷62，《明故广州府学教授陆君墓表》，嘉靖19年刻，万历21年修补本。
② 徐世昌编纂，舒大刚等点校：《清儒学案》，人民出版社2010年版。
③ 唐鉴：《学案小识》，《续修四库全书》第539册，上海古籍出版社2002年版。
④ 黄嗣东：《道学渊源录》，明文书局印行，光绪九年戊申九月刊行于凤山书舍。

续表

姓名	任职	学术归属	治绩	入桂文献
沈近思（1671—1727），字位山，号闇斋，又号庵斋，钱塘人，康熙三十九年（1700 年）中进士，官终都察院左都御史，总裁礼闱。	康熙五十二年，巡抚鹿祐荐卓异，迁广西南宁同知。	崇尚朱子理学，熊赐履门生，曾说："人欲穷理学孔孟，自朱子《四书集注章句》始；与修行敦伦，自力行朱子《小学》始。"	执法不避权贵，豪吏敛手。南宁山险多盗，力行保甲，严督缉捕，一年之内，四境安宁。	《清儒学案》卷 10 "三鱼学案"，第 330 页，又见张伯行卷 12 "敬庵学案"。
郝浴（1623—1683），直隶府定州（今河北定县）人。号雪海，后更号复阳。顺治己丑进士，授刑部主事，后改湖广道御史，巡按四川。	广西巡抚，康熙二十二年（1683 年）七月十五日病逝于桂林任上。	郝浴与魏象枢交往深厚，与孙奇逢论学，深信二程之学。	抚恤百姓，革除弊政，增兵守边；建立书院，以劝来学；主持编纂《广西通志》。	《清儒学案》卷 20 "环溪学案"，第 535 页，又见卷 19 "柏乡学案"。
李绂（1675—1750），字巨来，号穆堂，临川人。康熙三十八年进士，由编修累官内阁学士，历任广西巡抚、直隶总督，因参劾下狱。乾隆初起授户部侍郎。著有《穆堂类稿》、《陆子学谱》、《朱子晚年全论》、《阳明学录》、《八旗志书》。	雍正二年（1724 年）四月，任广西巡抚。雍正三年（1725 年）八月，被任为直隶总督，在广西巡抚任上仅一年零五个月。	信奉陆王心学，论学主象山，并力申阳明致良知之说。尝谓朱子"道问学"之功居多，陆子"尊德性"之见为卓。	惩贪肃暴，勤政爱民，土苗畏威感德，竞相释怨言和；平息了广西、广东两省矿产之争；严加惩处贪腐，南宁知府、土龙州被革职，查核了康熙年间广西巡抚陈元龙等贪污。	《清儒学案》卷 55 "穆堂学案"，第 1464—1465 页，又见卷 "钓台学案"、"梁村学案"、"谢山学案"、"果堂学案"。

姓名	任职	学术归属	治绩	入桂文献
官献瑶（1703—1784），字瑜卿，号石溪，福建安溪人。乾隆四年（1739 年）进士，历官提督陕甘学正，迁司经局洗马，乞养归。著《石溪文集》、《诗集》等，《清史》有传。	乾隆九年至十二年广西学政	蔡世远门生，后从学于方苞。	养人以品行，教人先经学、理学，而后及于古文、时文，刊印经书以及《四经性理精义》、《近思录》等，随地颁发。	《清儒学案》卷48"凝斋学案"，第1310—1311 页，又"望溪学案"，又"梁村学案"。
徐恪，字昔民，江阴人，康熙丙寅拔贡，官枣强、广西罗城知县。著有《周易引说》等。	康熙二十四年官罗城知县	少承家学，学宗程朱，著书明道，与蔡世远交游论学。	在任上，有惠政。	《清儒学案》卷48"凝斋学案"，第1311页。
孟超然（1730—1797），字朝举，号瓶庵，闽县人。乾隆庚辰进士，典试广西，督学四川，归乡讲学不出。	乾隆三十四年广西副考官	私淑雷鋐，入"翠庭学案"，宗程朱理学，以惩忿窒欲、迁善改过为修身立命之本。	廉正不阿，遇士有礼。	《清儒学案》卷66"翠庭学案"，第1735页。
唐鉴（1778—1861），字栗生，号镜海，湖南善化人。嘉庆十二年（1807 年）进士，改翰林院庶吉士，后历任检讨、御史、府、道、臬、藩等官，道光二十年（1840 年），内召为太常寺卿。著有《朱子年谱考异》、《学案小识》、《畿辅水利备览》等。	道光元年平乐府知府，母病归乡。服阙，再守平乐。	服膺程朱之学，于宋宗程朱，于明宗薛、胡，于清宗张、陆，排斥心学，以为害道。当时倭仁、曾国藩等从游。	平民徭之狱、立五原学舍，延师教读书。	《清儒学案》卷140"镜海学案"，第3740—3741页。

姓名	任职	学术归属	治绩	入桂文献
贺长龄（1785—1848），字耦庚，号耐庵，湖南善化人。嘉庆十三年（1808年）进士，历任江西南昌府知府、广西按察使、山东巡抚、江宁布政使、贵州巡抚、云贵总督兼署云南巡抚。道光二十七年（1847年），乞病归，又被前事追究，革职，次年卒。	典试广西，道光四年闰七月十一，由山东兖沂曹济道道员升任广西按察使。有《皇朝经世文编》《耐盦文存》等传世。	与唐鉴交往，入"镜海学案"。	关心民瘼，改革弊政	《清儒学案》卷140"镜海学案"，第3759—3760页。
王巡泰，字岱宗，自号零川，临潼人，乾隆甲戌进士，官终吏部。	乾隆年间为兴业县令。	孙景烈门人，攻关闽之学，恪守师教。孙景烈私淑李颙，学以求仁为要领，以主敬为功夫。	所任有实政	《关学续编》卷2，第110—111页。
姚莹（1785—1853），字石甫，一字明叔，安徽桐城人，姚鼐从孙。嘉庆十三年进士，历任和县知县、台湾道台、广西按察使等，有《中复堂全集》传世。	咸丰初年为广西按察使，参与镇压太平天国起义。	其学体用兼备，不为空谈。早年从姚鼐学古文，为文自抒胸臆，不求形似。	做官清廉自守，注意时务，有政声。	《清儒学案》卷88"惜抱学案"，第2361—2362，又"四农学案"、《古微学案》、"校邠学案"。

续表

姓名	任职	学术归属	治绩	入桂文献
胡虔（1753—1804），字雒君，安徽桐城人。经姚鼐推荐，在翁方纲、毕沅、秦瀛、谢启昆等人的幕府进行学术活动。	嘉庆五年（1800年），谢启昆主修《广西通志》，虔为总纂。	23岁成为姚鼐门人。精于考据，尤长于地理。	工古文，精考据，尤长于方志之学，修《广西通志》，又纂《临桂县志》32卷。	《清儒学案》卷89"惜抱学案"，第2392页。
谢启昆（1737—1802），字蕴山，号苏潭，南康人。乾隆辛巳进士，官至广西巡抚。著有《树经堂诗集》、《树经堂诗续集》、《树经堂文集》等。	嘉庆四年（1799年）九月，为广西巡抚。嘉庆七年（1802年）六月卒于广西巡抚任内，时年66岁。	翁方纲门生，翁方纲之学调和汉学、宋学，"以绁绎经义为务，教人以笃守程朱传说，以衷汉唐精义，反复言之，不惮与诸儒立异。"姚鼐与之交游，入"惜抱学案"。	治民抚瑶、筑湘漓之堤，祀名宦祠。	《清儒学案》卷89"惜抱学案"，第2395—2396页。
张之洞（1837—1909），字孝达，号香涛、香岩，又号壹公、无竞居士，晚年自号抱冰，南皮（今河北南皮）人，同治癸亥进士，历任四川学政、山西巡抚。1883年中法战争爆发，任两广总督、湖广总督，1906年升任军机大臣。1908年11月，以顾命重臣晋太子太保，次年病卒，谥文襄。著述宏富，有《𬨎轩语》、《书目答问》等。	1884年中法战争时，升调两广总督。	治学主张"中学为体，西学为用"，合汉宋中西以求体用兼备之学，规模闳远，"先生实事求是师汉儒，检束身心师宋儒。"一生成就在教育，他开启了中国近代教育。	起用冯子材，取得镇南关大捷，维护了国家权益。	《清儒学案》卷187，第3759页。

姓名	任职	学术归属	治绩	入桂文献
殷元福（1662—1726），字梦五，号永城，新乡人，康熙三十二年（1693年）进士，历任柳城、融县和江苏无锡、武进任县令20年。	康熙年间在广西柳城、融县任县令。	崇奉程朱理学，朱轼聘其主持杭州敷文书院。精研易学，尊程朱之说，著有《寓理集》、《知非草》。	在任四年，重农课士，行乡饮及宾兴礼，撰柳城志。	《道学渊源录》卷25，第535—536页。
斐裹，字九章，新安人，康熙己亥进士，历广西贵县、溧阳知县、兵部员外郎。	康熙年间贵县知县	私淑曹端，又孟云浦、吕德明之学，其学自慎独而力行仁孝，根心顺达不穷。	治绩不详	《道学渊源录》卷83，第603—678。
刘长佑（1818—1887），字子默，号荫渠，金石镇人。1852年以拔贡随江忠源率乡勇赴广西镇压太平军及天地会起义。后历官两广总督，广东、广西巡抚、云贵总督。光绪十三年（1887年）病卒原籍，著有《刘武慎公遗书》。	同治元年，升任两广总督，留防广西，同治十年后再任广西巡抚。	师从欧阳厚均、丁善庆，受曾国藩器重，与江忠源为挚友。	惩治贪赃枉法，打击官员腐败；选拔官员不拘一格；妥善解决土司问题；蠲免钱粮，减轻百姓负担；大兴文教，建桂山书院、镇安考棚。	《刘长佑集》

续表

姓名	任职	学术归属	治绩	入桂文献
涂宗瀛（1812—1894），字阆仙，号朗轩，安徽六安人。同治元年（1862 年）大挑一等，历任江宁府、苏松太道员、湖南按察使、湖南布政使、广西巡抚、河南巡抚、湖南巡抚，官至湖广总督。著有《涂朗轩尚书政书》、《重建江宁普育堂志》等。	光绪二年（1876 年）三月任广西巡抚，十一月调任河南巡抚。	早年研究理学，尝从吴廷栋、倭仁等人问学。其自述云："乙巳（1845 年）春明，谒竹如先生于京都，并晋见镜海、艮峰、涤生、兰泉、丹溪诸先生，得先儒语录读之，始知未可以乡党自好之流自囿。"	建学塾，刊《孝经》、小学诸书，使之诵习；又自撰歌词以劝诫。	《道学渊源录》卷 30，第 885 页。
马丕瑶（1831—1895），字玉山，安阳人。同治元年（1862 年）进士，历任山西平陆县、永济县知县，解州（今山西运城）、辽州（今山西左权县）知州，太原府知府，署理山西按察使和山西布政使。光绪十三年（1887 年）任贵州按察使，接着又任河南省布政使。十五年（1889 年）秋，任河南省巡抚。二十年（1894 年）十月授广东巡抚，后因忧愤国事卒于任上。	光绪十五年（1889 年）八月任广西布政使，后为巡抚，十八年（1892 年）离开。	"幼而好读宋五子书"，与倭仁、李棠阶相与问学解难，以理学经世，在地方官任上，多有建树。	龙州县建思齐、思诚等书院，并撰写对联、碑记，以希贤希圣勉士。又在桂林开设书局刊刻经籍，分发各县书院，并令各建书楼收藏。允许符合条件的土民参加科考。	《道学渊源录》卷 30，第 965 页。

续表

姓名	任职	学术归属	治绩	入桂文献
廖寿丰（1836—1901），字谷似，又字暗斋，晚自号止斋，嘉定人。同治十年（1871年）进士，官终浙江巡抚，著《廖中丞奏议》。	光绪年间广西巡抚，平捻军。	潜心濂洛关闽之学，光绪中期，与倭仁讲学。	在任上，比较注意礼治教化，提倡正学，在士林中培养讲理学的风气。	《道学渊源录》卷30，第92—929页。

以上诸人大多身居高位，在广西的作为涉及土司的关防和管理、吏治的整饬、治安的维持、生产的发展、人才的培养、风俗的教化等各个方面，尤其热衷于兴学讲学，如郝浴，康熙初年所治理的广西是刚经过三藩战火后民生凋敝、百废待兴的广西，在广西三年，除整顿吏治、调剂军务、解决民生问题外，还大兴文教，捐资给乡举士子衣冠、学租以提升士气；补乡试、建立书院以劝来学的士子。

李绂虽在广西巡抚任上仅一年零五个月（雍正二年四月—雍正三年九月），但作为不少。他刻《韩子粹言》及诗论数种，购书数千卷。主持修复了宣成书院和全州学，并建议在土官治内广设义学，他说："未读诗书不知理义，虽具人形无殊鸟兽，故劫杀成风，牢不可破，诚使各土司兴起学校，敦请师儒，广设乡塾，聚土民子弟俊秀者，训以诗书，讲明理义，自然潜消凶习，返其天良。……今宜饬令土司每村三十家以上者即设一义学，六十家以上者设两义学，……所读之书，除宋儒王应麟《三字经》，皆劝学之语，梁臣周兴嗣《千字文》有雅仓之用，并照常为入门之学外，其正书以'四书'、'小学'及《圣谕广训》三书为主。"① 他兴复学校的目的很明确，就是要以义理之学开化民智，用礼教改造民风民习。

雍正十二年，陆奎勋应两广总督鄂弥达（1735年1月5日—1738年

---

① 李绂：《穆堂初稿》卷39 "条陈广西土司事宜疏"，《续修四库全书》第1422册，上海古籍出版社2002年版，第28—29页。

8月30日在任）之请，出任秀峰书院①山长，主持书院事务。他仿朱熹白鹿洞遗意，创立学规《秀峰书院学规六条》② 规范诸生，六条具体内容如下：

一存心。心者，身之主宰。持之于动，则能随时而应事；涵之于静，则可知性而达天。然心之为物，放之易而存之难。孟子云："学问之道无他，求其放心而已矣。"朱子教人，先主敬而辅以穷理，是乃存心之要也。

一立品。喻义喻利，人品攸分，吾儒为己之学，固不可以嗜利，并不可以好名。夫实至者名自归，岂必有心以袭取哉？昔范文正公为秀才时，便以天下为己任，非高自期许也。平时有真人品，他日乃有真事功。孟子论士，在尚其志，居仁由义而大人之事备，故立品之道，立志为先。

一遵朱注。朱子一生殚力于四子书，所撰《论孟集注》、《学庸章句》，而外复有《或问》、《语类》、《精义》、《集义》诸书，其析疑辨惑，嘉惠后者至矣。前明未季，背注行文虽有才华，总归魔境。诸生幸际昌期，所当恪遵朱注，言言体认，字字研精，即圈外之注，亦须口诵心维默契。夫所以采录之故，再以余力究心于《或问》、《语类》二书，则书理明而行文中款矣。

一穷诸经。易宗朱子《本义》，而胡双湖之《附录纂注》不可不

---

① 秀峰书院在临桂县（今桂林市内），雍正十一年（1733年）奉旨建，赐银1000两。在叠彩山脚下，规模宏伟，"傅叠彩，面秀峰"。前讲堂5间，中书厅5间，东西厢学舍各15间。嘉庆四年（1799年），上赐书籍千卷。嘉庆五年（1800年）巡抚谢启昆扩建秀峰书院。扩建后，立汉经师陈元木主于书厅，"所以兴励粤士者，固在通经致辞用，而不徒文艺之工而已"。同治十年（1871年）护理广西巡抚康国器重修并奏请钦颁"书岩津逮"匾额。光绪十六年（1890年）巡抚马丕瑶于书院西斋设桂桓书局，中有藏书楼、读书堂，可供书院生徒读书其中。光绪十九年（1893年）巡抚张联桂于秀峰书院内增设"逊业堂课"，招收生徒60人，治经史，分内外课，重经世致用之学。光绪二十八年（1902年）裁书院，改为育才馆。光绪三十一年（1905年）改办广西政法讲习所。著名山长有刘定逌、黄明懿、马俊良、胡虔、张鹏展、黄暄、朱琦、吕璜、郑献甫、王拯、蒋琦龄、曹驯等。刘定逌为书院制定学规，提出"四法"、"四戒"，定课程六则，严谨有法，并述家训《三难通解训言述》悬于讲堂，光绪七年（1881年）山长曹驯复制刊刻。百余年来，对书院生徒的进德修业，起着积极的训戒作用。

② 陆奎勋：《陆堂文集》第20卷，《四库全书存目丛书》集部第270册，齐鲁书社1997年版，第733—735页。

阅；书宗蔡氏《集传》，而董季亨之书传亦宜参观；诗宗朱子《集传》，更宜参阅吕成公《读诗记》，许白云《名物钞》；春秋宗胡《传》，而记事之详宜读《左传文法之妙》，兼阅公谷二家；礼记宗陈氏《集说》。

一专精制义。书理极板，功在平时；题理极活，或单或排，或割截或连章，临期须细心揣摩，先得命题之意，然后布局选调修辞，则文自露精彩矣。平奇淡浓体无一定，要必以醇正为宗，大约论语题难在得圣贤神吻，学庸题无取深奥，能使书理雪亮便是佳文，孟子题兼尚才气，即以古文为时文，亦无不可。前明传稿虽多，必推王唐归胡者，以其理明而辞达耳。国朝文风极盛，名作如林，若张京江之典雅，韩长洲之秀润，尤当奉为章程者也。至于五经之文，则旨贵明通，辞尚简要。

一练习后场。乡会两试兼重三场，盖士必有体有用，乃称全才也。能为制义，未有不能作论者，《孝经》性理俱有，《御纂》之书所当细心观览以究旨归。骈体中以表为难，上则规摹徐、庾，丽句翩翩，次则取法苏、汪，清词亹亹。表既合式，即拟汉代之诏、唐宋之诰，亦如驾轻车就熟路，况五判寥寥数语乎？第读书必兼读律，结语断罪所宜细心，五策今古兼通，斯能擅场。欲知古，阅《文献通考钞》，自悉源委，间阅邸抄，以识时务，上有圣君政悉举而弊咸革，更无庸效贾生之愤激、坡公之憨直，但当敬承治益求治、安愈求安之至意，规画周详，敷陈得体，则草茅经济未尝不可以坐而言，起而行也。其余称诗制赋，虽文士所宜兼优，但场期伊迩，用志须专，姑俟异日再为商榷。

从以上引文不难看出，陆奎勋崇尚朱子之学，并视之为切己、明体达用之学，他所希望建构的是朱子所规范的人才。

同治十一年（1872年），巡抚刘长佑建桂山书院（今桂林市第二人民医院内），亲自撰写书院大门的对联"桂林无杂木，山水有知音"。桂山书院向全省招生，设孝廉课，所以又名孝廉书院。孝廉课始于道光间巡抚郑祖琛创设，后因战乱停止，至此时恢复。并聘请广西名流郑献甫、王拯讲授孝廉，所有月课的试卷，他都亲自批阅。桂山书院的设立，对广西教育起到很大的促进作用，为广西培养了大批人才。后来康有为到桂林讲学，就是以桂山书院为讲坛，宣扬维新思想。光绪七年（1881 年）巡抚杨重雅添设"字课"，侧重书法。光绪二十八年（1902 年）书院停办。著名山长有郑献甫、朱琦、蒋琦龄、周干臣、蕲邦庆、周璜、石成峰、唐景崧、李骥年等。

马丕瑶主政广西期间，在龙州县建思齐、思诚等书院，并撰写对联、碑记，以希贤希圣勉士。清光绪十六年（1890 年）广西巡抚马丕瑶奉命阅兵至龙州，思州土官黄熙元派本地优贡生黄焕中、邓之瑜，廪生黄广业、张联璧等，请得马的准许，设书院于思乐县思州街。马丕瑶撰碑记、联额，并赠书籍等，以便生童研读。后废科举，该院课士亦废。宣统元年（1909 年）弹压委员康傅诗令改书院为静南初等小学堂，今为思州小学。思诚书院，位于广西宁明，又名伯江书院。清光绪十六年（1890 年）冬，黄守忠请得马丕瑶之准建于伯江圩。废科举，课士亦废。宣统元年（1909 年）弹压委员康傅诗令改为养心初等小学堂，今为北江乡小学。光绪十六年（1890 年）巡抚马丕瑶命在蔚南书院建藏书楼，奏颁书籍数万余卷给书院，并为宾阳书院先后捐赠书籍。

与上面所论及郝浴、李绂、陆奎勋、刘长佑等人相比，在理学传播方面，唐鉴、谢启昆、马丕瑶等最具代表性。

一　唐鉴、谢启昆、马丕瑶等人在广西的理学传播及其影响

（一）唐鉴在广西平乐的理学传播及其影响

唐鉴是晚清程朱理学的核心人物。清道光二十年（1840 年）内召为太常寺卿，入京供职。随之倭仁、吴廷栋、何桂珍、吕贤基、曾国藩等人向他问学求业，于是形成了以他为中心的理学团体，晚清程朱理学在道同间也由此获得了复兴。唐鉴宗程朱，他的《学案小识》（清道光二十五年，1845 年）以程朱理学为清代学术的主体，按"传道学案"、"翼道学案"、"守道学案"、"经学学案"（3 卷）和"心宗学案"（1 卷）秩序，严格编制出一个以程朱理学为主干的儒学道统传承体系。倭仁说："唐敬楷先生《学案小识》一书，以程朱为准的，陆王之学概置弗录，可谓卫道严而用心苦矣！"[①] 受唐鉴思想影响，曾国藩、倭仁等人笃信理学，倭

---

　　①　倭仁：《倭文端公遗书》卷 4，《日记》，清光绪元年（1875 年）求我斋刊本，第 239 页。

仁问学，唐鉴告知："学以居敬穷理为宗，此外皆邪径也。"① 曾国藩问检身之要、读书之法，唐鉴告知：

> 当以《朱子全书》为宗。时余新买此书，问及，因道此书最宜熟读，即以为课程，身体力行，不宜视为浏览之书。又言治经宜专一经，一经果能通，则诸经可旁及，若避求兼精，则万不能通一经。先生自言生平最喜读《易》。又一言为学只有三门："曰义理，曰考核，曰文章。考核之学，多求粗而遗精，管窥而蠡测。文章之学，非精于义理者不能至。经济之学，即在义理内。"又问："经济宜何如审端致力？"答曰："经济不外看史，古人已然之迹，法戒昭然；历代典章，不外乎此。"……又启一检摄于外，只有"整齐严肃"四字；持守于内，只有"主一无适"四字。又言诗、文、词、曲皆可不必用功，诚能用力于义理之学，彼小技亦非所难。又言第一要戒欺，万不可掩着云云。②

唐鉴所说"义理"乃居敬穷理，"整齐严肃"、"主一无适"即居敬，源自伊川。此后，曾国藩笃守程朱之学，可见唐鉴对他的影响。

道光元年（1821 年）因诸城刘镮的举荐，唐鉴任广西平乐知府。当时平乐盗窃成风，居民好斗。唐鉴就任后，缉捕盗贼，清理积案。不数月，治安好转。道光十二年（1832 年）至道光二十年（1840 年），再守平乐时，平定了湖南江华瑶王赵金龙起义。随后，一方面加强军事管制、发展生产、安抚人心；另一方面兴学推行礼教文化。唐鉴在平乐斥资修缮道乡书院并资助士子读书经费，这在《谕发膏火田总管值年首士执照》一文中有详细说明：

> 照得本府前次捐银六百八十两为道乡书院置买潮水村田业，经历年首士办理之善、筹画之周，以其盈余为之扩充，既以价银九十二两

---

① 倭仁：《倭文端公遗书》卷 4，《日记》，清光绪元年（1875 年）求我斋刊本，第 215 页。

② 曾国藩：《曾国藩全集》第 16 册，《日记》"道光二十一年"，岳麓书社 2011 年版，第 92 页。

买中关十六甲铺屋一所，余归恤贫项下开销。又以价银一百五十两买中关十二甲铺屋一所，又以价银二百八十两买南门大街铺屋一所，每年租银为修理文庙及书院等处之费，……每年值首总管两人、值年两人，公举殷实老成者为之，年底更递，留二换二。四人不必尽居城者，城中二人，乡间一人，外县一人。值岁科考年头，该值首约齐九学出贡首廪，将每年膏火薪火及恤贫等项目公同核算，开列清单，粘贴书院，以示公而无私。为此合与执照，使值首有所据依。倘二三十年后此照或有损坏，准呈府依式另换，其首士姓名，按年于执照内填注明白：

　　一、二万斛拟以一半筹备膏火，一半酌发月糈，正课生员拟定八名，童生拟定六名。生员每人每月膏火银八钱或六钱，童生每名每月膏火银六钱或四钱，值首每于月初按名按课分发，除正腊两月，合计须发银一百两，附课不定额数，住斋者无论正附同发米三十斛以为薪火之助。若不住斋，均不发米。其或偶遇大歉，所收不敷所出，听值首公同商议，通变办理，此系设膏火滥觞之始。

　　一、每年膏火薪水之余，遇有乡试，值首与书院肄业生员中式，奖以银二十两或十六两作为锦袍之赠，误中副车及拔萃科者折半。

　　一、恤贫一项值首以潮水村之息买十六甲铺屋收租，开销则每年所收各处田亩租谷专办书院膏火薪火之用，如盈余，值首仍前设法生息，数年后又可增置田产。[①]

设立膏火（膳食）制度，由官府给予每生食米，经费来源学铺收租银和地租纳银，经费收支由专人经理，按规定范围开支。生源两种：一是"生员"，即"秀才"，县署考试合格者；二是"童生"，即未取得秀才资格之人。生员分为三等：成绩最好的为廪膳生员，简称廪生；其次是增广生员，简称增生；最后为府州、县学定额之外，增收附于诸生之末者，称为附学生员，简称附生。书院学生有"住斋"和"不住斋"之别，即相当于现在的住校生和非住校生，显然唐鉴鼓励学生住斋学习。从所记载看，道乡书院规模还是较小，廪生、增生仅有八名，童生六名。"恤贫"

---

　　① 唐鉴：《唐确慎公集》卷5，《谕发膏火田总管值年首士执照》，《四部备要》第90册，中华书局1989年版，第95—96页。

一项比较特殊，是针对该地实际情况而设定的，可见唐鉴兴学的态度和力度。

据《平乐县志》（民国本）记载，他延请荔浦李蘅为道乡书院掌院，从学者甚众，一时文风大变。为此，订立了《道乡书院学规四则》，四则为：

> 一曰立志。希圣希天全视乎此。……士子束发入学，先当定其趋向，所趋远大，则其成也必远大；所趋卑陋，则终于卑陋，志岂可不立哉！……日对诗书，取圣贤之言，行以为步趣；闻严师益友之督责以加诫奋勉向上之心，不间于瞬息，是未有学而无成，成之未有不臻于远大者也。
>
> 一曰勤学。勤则不至于间断，无间断则诗书之浸灌、义理之涵濡，日入日深，及其后也忘其为勤，而德纯且一矣。诸生每日温经几卷，读史记卷，于所读书得新知几处？于所不知者从先生问得几条目，立课程登记，每月逢三逢九作课文，必穷尽题中之理，以己意阐发之，取其真实，不贵浮华。诗则义本，风雅温柔敦厚是其教也。若能随事讲求，始终不懈，何患德之不纯乎！
>
> 一曰敬师。记曰师然后道尊，道尊然后民知敬学。"敬"之一字学者彻始彻终之要诀也，而弟子之于师尤为敬之，自然流露而有所不容己者。于此而不敬，尚望其居恒之常存敬畏乎？夫肆本凶德，慢亦轻心，施之于言则尤见之于事，则招祸往往有一语不加谨，一步不加防，而患随之，并终身之羞辱丛集焉而莫得而解免者，是不可辩之不早也。是以君子戒谨恐惧，于不睹不闻之地尚且如临师保，以为指视之特严，况身当师保之前，为严惮宜何如也。立敬立长，始欲敬身者，当先知敬师。
>
> 一曰择友。益者三友损者三友，夫子言之详矣。学者守夫子之教，去损取益，其切磋琢磨为何如乎。而嗜好不绝于内，纷华不屏于外，动而相引，将有入于邪僻而不自知者矣。是贵立志以端趋向，勤学以励功修，敬师以持身心，而后所取皆正，人所与居皆严惮之士，有善相劝，有过相规，疑则可以共晰义，则可以共趣志。①

① 唐鉴：《唐确慎公集》卷5，《谕发膏火田总管值年首士执照》，《四部备要》第90册，中华书局1989年版，第94—95页。

清代的道乡书院在县城北门内凤凰山下，针对的是汉人子弟。因此，他首先提出了"希圣希天"的书院培养目的，周敦颐《通书·志学》："士希贤，贤希圣，圣希天。""希"，仰慕、企求之意，"圣"即尧、舜、禹、汤、文、武、周公、孔子、孟子儒家道统中的先师圣贤。"天"，人良知良能之所出，"天道行而万物顺，圣德修而万民化"，"圣人之法天，以政养万民，肃之以刑"。其次提出希圣希天的途径和方法，"勤"即用功，不过用功的对象不是知识本身，而是体会、领悟圣贤之道、天理人性。"敬"即尊敬，强调的是对待老师的一种敬畏态度和仪态上的恭敬。"择友"，关注的是氛围环境对人的影响。

　　除了重建道乡书院外，还创立了五源书院。五源书院是道光十二年（1832 年）由唐鉴发起，富川训导朱德铖负责经办，并同地方著名人士唐绍景、任良辅、王上达、王上元为首事，劝捐创建，地址在宋塘，系周台坝村周天福、周末祥兄弟捐献，招收宋塘源、三辇源、龙窝源、平石源、倒水源等自然村的瑶族子弟，唐鉴将之命名为五源书院。它是富川境内的第一所瑶族书院，原院有正院一间，立孔子牌位，为先生讲学之所；右厢书楼一间，是藏书之地；左厢为先生寝室和厨房。天井两旁是学生宿舍，清道光十四年（1834 年），广西学正池春生拨书 39 部共 822 本给该书院，供师生诵读。书院设山长 1 人（最后一任山长是蒋士书），还有掌教等人负责书院的管理与教学。讲学内容包括"四书"、"五经"、《尔雅》及《五种遗规》。每届三年由讲学先生按成绩优劣，选送优者到县城考秀才。光绪末年改称五源学堂，开设国文、算学、史学、地舆学、交际大全等科。宣统三年更名为五源书房，民国期间先后称为五源学堂、五源小学、五源国民基础小学；新中国成立后也在其旧址办起了坪源小学，直至 1957 年拆去兴建坪源完小，历时 120 年。

　　另外，在道光十四年还在宋塘源、三辇源、龙窝源、平石源、倒水源开办五原义学，曾国藩因此把它比同"石渠阁"。唐鉴认为，"义学"在移风易俗、教养蒙童方面具有先天优势，他说："性以习成，学莫先于蒙养塾居闾左，教莫切于乡师。凡有血气心知，孰不欲多识文字而以生涯困乏，又何暇从事简编？有心者所贵为之义举也。夫家塾党庠有关于教化，民风土俗须借润于诗书。"① 义学资金主要来自本地绅士和各家各户。房屋则多是村中的庙宇寺观以及大族公祠，塾师多选自本村监生或童生中有德行之人，薪水则从学田收入中出。唐鉴本人除捐银捐钱外，还捐书、讲学。

　　唐鉴之所以开办五源书院和五原义学，是在大乱之后他深刻认识到该地对于巩固国本的重要，作为理学家，他认为兴办学校，使百姓"服习诗书、渐摩礼义"②，衣冠人文是最根本的解决之道，如此行为的理据来自他的性道观，他说：

　　　　壬辰楚南有事，祁中丞檄余守富川。余稔知十三源之猺其尚衣冠，重礼义，随民籍入庠序者有人，而宋塘、三莘、龙窝、平石、倒水五源尚未改故习，然每与之言顺逆之事，未尝不义形于色也。于是授以团练之方，教之以坐作进退尊卑长幼之礼，皆欣欣然乐而从之，尝私相谓曰："我辈亦人耳，遂不可读诗书、学义礼乎？"余闻之，择其子弟之秀者，与之以四子书，为之村设一蒙师，以分授之。而五源皆具状以义学请。阅数月，宋塘山之学成，三莘继之，倒水、龙窝、平石亦继之。余每一至，儿童绕膝，捧书背诵者竟日不绝，已忘余之为官，又岂自知其为猺人哉！夫天之生人，畀人以至灵之性，即畀人以向善之心，猺岂有异耶！惜学粗立而余适膺荐北上，未尝得目睹其衣冠人文之盛也。③

　　　　因与语，加以慰劳，并示以孝悌忠信、礼义廉耻诸大端，无不欣然喜悦，欲读书从事于义理，于是群焉有建立义学之议。夫人受天地之中以生，其性之善天地畀之也，虽地有夷险、习俗有淑慝，皆不得而泯之。五源猺户之立义学亦宜矣。……捐置钱七百余千兴建书院、讲堂、斋舍，屹然以成。巡抚粤西官保祁公闻而嘉之，奖劳有加，亲加题额以赐，所以鼓励五源。而凡如五源者，皆宜知所向化矣。是役

---

① 唐鉴：《唐确慎公集》卷5，《谕发膏火田总管值年首士执照》，《四部备要》第90册，中华书局1989年版，第93—94页。

② 唐鉴：《唐确慎公集》卷2，《富川县宋塘三莘义学序》，《四部备要》第90册，中华书局1989年版，第54页。

③ 唐鉴：《唐确慎公集》卷3，《五原学舍图记》，《四部备要》第90册，中华书局1989年版，第63页。

也建议于壬辰之夏，落成于癸巳之春，富川训导朱德钺为之定基址、辨方位，往来劝相始终其事云。①

"壬辰"即道光十二年（1832年）。以上两段引文主要阐述开办瑶学的内在理据。他认为人都秉承了天理，汉人与瑶人的区分不在是否异族，而在文化的先进与后进；人与圣贤的差别不在本性而在本然之心的存养和放逸。在他看来，瑶、壮、苗等不少人之所以叛乱无常、持械斗狠，都是本性的迷失，而通过学习程朱之书可以使其迷途知返，恢复其道德本性，他曾说："瑶亦人也，以人视瑶，则瑶易治，以瑶视瑶，则瑶难驯。人但知惩瑶以重民，不知抚瑶正所以安民也。假使官斯土者，凡遇民瑶械斗之案，平情办理，何至仇杀酿成事端。"② 事实上，五源书院和五原义学的开办，达到了他的预期效果，他曾这样描述自己视学的情形："余每一至，儿童绕膝，捧书背诵者竟日不绝，已忘余之为官，又岂自知其为猺人哉！"③

（二）谢启昆、胡虔的《广西通志》

清代，在谢启昆、胡虔修撰嘉庆版《广西通志》之前，还有郝浴和李绂的《广西通志》。清郝浴在广西巡抚任上，主持编纂了清代第一部《广西通志》，这部通史是在督迫下完成的。康熙十一年康熙令各省仿《河南通志》修志书，但遭三藩之乱，广西未完成。康熙二十二年，由于礼部限三个月完成，两广总督吴兴祚命广西巡抚郝浴主修，郝召集廖必强、黄裳吉、梁辊，在资料缺乏的基础上，匆促修撰，用时仅两个月修成。

雍正二年李绂任广西巡抚，他提出"志，固史之属也"，指出了地方史志的意义和作用，李绂说："地必有志，所以大一统、征文献、备王会之盛而尊朝廷也。其事甚难，僻远则尤难。广西在岭以南，禹迹所不至，然南交之宅首见于虞书，尧山舜祠在焉。通冠裳不可谓不久。陈祭酒父子起苍梧，治《春秋》，请立左氏学，文章烂然，江以南著述未有先于广西

---

① 唐鉴：《唐确慎公集》卷3，《新建五源书院碑记》，《四部备要》第90册，中华书局1989年版，第64页。

② 唐尔藻：《唐确慎公行状》，《唐确慎公集》，光绪元年（1875年）刻本。

③ 唐鉴：《唐确慎公集》卷3，《五原学舍图记》，《四部备要》第90册，中华书局1989年版，第63页。

者也。……雍正二年，余奉简命抚兹土，宣扬帝德与民人更始。辟书院、
训课诸生，多士彬彬，几与邹鲁等。念山川风气，应昌明之运，光天之
下，蛮烟瘴雨，氛销沴息。今之广西非昔之广西也。考文征献，以备王会
一统之盛典。"① 立凡例、统内容，初稿修成，离任后由按察使甘汝来审
校刊刻。李、甘均学博之士，体例内容均超前志，李系狱，其志书亦遭
焚，以致失传。我们只能从李绂自序和金志、谢志中了解一二。李志考订
认真、征引赅博，资料与篇幅大超前志，谢启昆修嘉庆《广西通志》时
就曾大量征引李志资料，粗略统计即达 790 条，故梁启超赞其为雍正诸志
中的佼佼者。

谢启昆在《汪焕章廿四史同名录》中说："史以名治者也，《春秋》
以道名分。"② 又在《上翁覃溪师（庚申）》中说："无论以一卷之诗，数
册之文，有关风教，供人循玩，即为文人，是皆可以不朽。"③ 谢启昆重
视史料的道德价值，故赵翼在《〈树经堂咏史诗〉序》中说他的史学旨意
是："今又从史迁以来至宋元凡二十一史，标举人伦，推究治乱。悉以七
律从事，则更独天生面，自成一家言者也。"④ 在此史学观指导下，谢启
昆非常重视修史，《广西通志》是由他主持大局，由胡虔为总纂，在继承
和发展的基础上编纂的。从嘉庆五年（1800 年）正月开始，用时一年四
个月的时间就完成 280 卷。对《广西通志》的意义，萧穆指出："吾乡胡
征土虔为总纂，体例皆其手定。论者以为可与阮文达所修《广东通志》
相匹。"⑤ 蔡呈韶在《临桂县志序》中直接说到胡虔修志的作用："会谢
蕴山中丞公来抚粤西，开通志局，复不弃谫劣，使预分纂，统其事者，为
桐城胡孝廉雒君，雒君工古文辞，精考据，尤长地理学。……而侯亦属雒

① 李绂：《穆堂初稿》卷 31，《广西通志序》，《续修四库全书》第 1421 册，上海古籍出版社 2002 年版，第 569 页。

② 谢启昆：《树经堂文集》卷 3，《汪焕章廿四史同名录》，《续修四库全书》第 1458 册，上海古籍出版社 2002 年版，第 315 页。

③ 谢启昆：《树经堂文集》卷 4，《上翁覃溪师》，《续修四库全书》第 1458 册，上海古籍出版社 2002 年版，第 329 页。

④ 赵翼：《树经堂咏史诗》序，谢启昆《树经堂咏史诗》，嘉庆元年刊本。

⑤ 萧穆：《敬孚类稿》，《续修四库全书本》第 1561 册，上海古籍出版社 2002 年版，第 52 页。

君裁定焉。"① 全书正文 279 卷，分为典、表、略、录、传五类。为训典一；为表四：郡县沿革、职官、选举、封建；为略九：舆地、山川、关隘、建制、经政、前事、艺文、金石、胜迹；为录二：宦迹、谪官；为列传六：人物、土司、列女、流寓、仙释、诸蛮，共 22 目，合卷首《广西通志·叙例》1 卷，共 280 卷。《叙例》云："宋高似孙剡录，先贤各传，每事必注其所据之书。潜氏《临安志》，征引尤富，开地志引书之例。"②

这部通志体例完善，内容详尽，既吸收前人成果又有独特创新，备受时人的赞誉，《广西通志》为后世的学者所器重，备受赞誉。著名学者阮元赞誉它说："载录详明，体例雅饬。"③ 并且他遵从《广西通志》的体例修成（嘉庆）《浙江通志》、《广东通志》、《云南通志》。梁启超更是盛赞："其价值与章氏（学诚）《鄂志》（《湖北通志》）埒，且未经点污，较《鄂志》更好。卷首列《叙例》二十三则（实为二十四则），遍征晋、唐、宋、明诸旧志门类体制，舍短取长，说明所以因革之由，以修志为著述大业，自蕴山始也。故其志为省志楷模，虽以阮芸台之博通，恪遵不敢稍出入，继此更无他论。"④

（嘉庆）《广西通志》一经刊刻颇受学界重视，并迭经翻印，主要版本有九种。最早的版本是嘉庆七年（1802 年）本，由湖南零陵刻。第二版是桂垣书局在同治四年（1865 年）将原版中破损的书版重新补刻，书口注"同治四年补刊"。第三版是光绪十七年（1891 年）马丕瑶任广西巡抚后，因为谢志"自嘉庆至今，年代已久，残缺滋多"，所以"余忝抚是邦，奏开书局，因请曹谨堂太史、赵霭臣观察更加校勘，掇拾补苴，是书仍灿然大备。校成，为志其缘起于此"。此版书口处注有"光绪十七年补刊"、"光绪十七年重刊"、"光绪辛卯补刊"、"光绪辛卯年刊"等字样。第四版是桂林蒋氏存远堂刊刻本，将马丕瑶《重刊嘉庆广西通志后跋》由卷首移至卷末，1988 年广西师范大学历史系点校本《广西通志》即以第四版为底本。第五版为台湾文海出版社据同治四年本影印。第六版

---

① 蔡呈韶修，胡虔纂：《临桂县志》，《中国方志丛书》第 15 号，成文出版社 1967 年版，第 1 页。

② 谢启昆修，胡虔纂：《广西通志》，广西人民出版社 1988 年版，第 13 页。

③ 阮元：《广东通志》，《重修广东通志叙》，《续修四库全书本》第 669 册，上海古籍出版社 2002 年版，第 2 页。

④ 梁启超：《清代学者整理旧学之总成绩》，商务印书馆 1999 年版，第 142 页。

为台湾成文出版社据同治四年本再次影印。第七版为江苏广陵古籍刻印社据第三版影印。第八版为广西师范大学历史系文献研究室据第四版校勘本。第九版为 2002 年上海古籍出版社《续修四库全书》本。

胡虔在修纂《广西通志》的同时，还主纂了《临桂县志》，这可以从嘉庆七年（1802 年）版的《临桂县志》的衔名和蔡呈韶序、金毓奇序、朱依真序以及光绪三十年（1904 年）的《临桂县志》的吴征鳌序中看出胡虔为《临桂县志》做出的贡献。史称，嘉庆七年（1802 年）冬，《临桂县志》成，凡 30 卷，体裁笔削皆出于虔。由于谢启昆去世，胡虔在桂林的学术事业完成后，转入广东，具体时间不详。嘉庆九年（1804 年）春夏之际，胡虔卒于粤之南海，终年 52 岁。

（三）马丕瑶与桂垣书局及其理学书籍在广西的刊行

广西刻书源于何时，尚未见确切的文献记载，刻于北宋绍圣三年（1096 年）王叔和的《脉经》应是目前知道的最早的一部广西版刻书。①

南宋广西刻有《三家婚丧祭礼》书，《三家婚丧祭礼》共五卷，是司马光、程颐、张载三家有关婚丧祭礼合集，司马光《书仪》（《司马氏书仪》或《温公书仪》）共十卷：卷一，表奏、公文、私书、家书；卷二，冠仪；卷三，婚仪上；卷四，婚仪下；卷五至卷十，丧仪一至丧仪六，是关于书札体式、典礼仪注的著作。《横渠张氏祭仪》一卷，今不存。《朱子语类》中对张载之礼评价是："横渠所制礼，多不本诸《仪礼》，有自杜撰处。如温公，却是本诸《仪礼》，最为适古今之宜。""叔器问四先生礼。曰：'二程与横渠多是古礼，温公则大概本《仪礼》，而参以今之可行者。'"② 程颐《伊川程氏祭仪》一卷，是关于祭祀的祭礼祭仪。

元代广西刻书未见记载。

明代广西渐成气候，刻印的理学著作或理学人物的著述或理学之士所刻的书有：成化间广西右参议林同刊陈淳《北溪先生字义》二卷附《严陵讲义》一卷。林同，字道卿，福建龙溪人，天顺八年进士，历官浙江参政、广东布政使。《北溪先生字义》，原名《字义详解》，又称《四书字义》或《四书性理字义》，是陈淳学生王隽根据陈淳晚年讲学笔记整理而成的。《字义》对朱熹的哲学范畴分上、下两卷，卷上为命、性、心、

---

① 陈相因、刘汉忠：《广西刻书考略（上）》，《广西地方志》2000 年第 4 期。

② 黎靖德编：《朱子语类》卷84 "礼一"，中华书局 1989 年版，第 2183 页。

情、才、志、意、仁义礼智、忠信、忠恕、一贯、诚、敬、恭敬；卷下为道、理、德、太极、皇极、中和、中庸、礼乐、经权、义利、鬼神、佛老；对这些范畴做了阐释，并解释了各范畴之间的相关性。南宋以后，此书被认为是学习朱熹哲学的入门教材。

张芝督学广西，编《伊洛微言》（已佚），以奖士节。张芝，字廷毓，歙县人，进士。正德间，广西提学，"其取士，先道德而后词章。一时学者仰之如山斗云"①。

嘉靖三年（1524年）李中刻宋人程颢、程颐的《二程全书》62卷，包括《遗书》、《外书》、《文集》、《易传》、《经说》和《粹言》。《遗书》即《河南程氏遗书》，由朱熹编定。朱熹又编定《外书》12卷，是《遗书》的补编。张栻编《文集》。《易传》即《程氏易传》，是程颐注解《周易》的心得。《经说》程颐注解儒家经典四书四经（不含《礼经》）的著作。杨时编《粹言》2卷。

嘉靖十四年（1535年）布政使万潮刻《宋丞相崔清献公言行录内集》2卷、《外集》3卷。万潮（1488—1543），字汝信，江西进贤人，正德六年进士。官至右副都御使，巡抚延绥。嘉靖十二年（1533年）广西按察使，后广西左布政使。"崔清献公"崔与之，谥清献，参看"宋代人桂理学家及其理学传播"节次。嘉靖三十三年（1554年），广西按察司金事王宗沐刊蒋冕撰《湘皋集》33卷。嘉靖三十五年（1556年）刻《欧阳南野集》30卷。欧阳德，字崇一，泰和人。嘉靖癸未进士，官至礼部尚书，卒谥文庄。30卷分别是《内集》10卷，皆讲学之文；《外集》6卷，皆应制及章奏、案牍之文；《别集》14卷，则应俗之诗文也。欧阳德学宗阳明心学，故以倡导良知学说之文为内，而其他则以外、别命名。

嘉靖七年（1528年）刘士奇刊刻《定性书》，刘士奇，字邦正，顺德人。嘉靖七年知梧州，仁明廉恕，庭无留狱，刻《定性书》，以揭示"理学本源，以变化多士"②。《定性书》是程颢回答张载"问如何定性"的一封回信，为明道哲学最为重要的代表作之一。在修养方法方面，程颢

①　汪森编，黄盛陆等校点：《粤西文载》卷65"名宦"，广西人民出版社1990年版，第53页。

②　金鉷等监修：《广西通志》卷67"名宦"，《四库全书》第567册，上海古籍出版社1987年版，第119页。

提出了"定性"的理论。所谓"定性"即"定心",即如何使人做到内心的安宁与平静。他认为,要使内心平静,不受来自外部事物的干扰,虽接触事物,却不执着、留恋于任何事物,"内外两忘",超越自我。这一"定性"的理论,是程颢发挥了孟子的"不动心"思想,也吸取了佛、道二教的心理修养经验后而成的。章太炎先生称,明道之学,"大端当以《定性书》为主"①,则明道哲学之精微处,从此篇可见一斑矣。

崇祯年间,左州教谕兼太平学篆梁方图于左州州署刻印自著《家礼四训约要》等。

在清政府文化政策倡导下,光绪十四年(1888年)前后,广西巡抚沈秉成与布政使马丕瑶筹划在桂林设立书局,因沈秉成不久调任而无果,马丕瑶任巡抚后,校刊了一批地方文献。

光绪十五年(1889年)九月,马丕瑶上奏《筹设书局机坊折》,陈告广西经道光、咸丰年间兵燹,经史典籍荡然之况:

> 近年兵燹后,人士流离,藏书悉毁,旧刊片版无存,寒畯购无力,每届考试,不过零星书贩,或舛错模糊,或洋板缩本,难资诵读。且多系时艺讲章,无以为绩古培才之助以至流风日沫俗尚嚣凌即闻刊布一二种或行或辍未能推广流传,将欲力挽颓风,必先广贮经籍将省城开一书局,先刊六经读本,续刊有关实学诸书。②

同年十一月初二,清廷批准所奏。次年春,马丕瑶择址桂林秀峰书院西斋,创办桂垣书局。参与者有赵蔼臣、黄兆怀、张璞完、黎彤蕴、冯达夫、来熊、张熏、周劼本、吴征鳌、欧阳中鸪、周黻卿、曹驯、石子轩、谢光绮、周嵩年、祁永膺、宾光华、李钦、莫永成等。桂垣书局在光绪十六年(1890年)至光绪三十二年(1906年)的十六七年时间里,先后刻印的理学之书计有:《近思录》、《阳明先生集要三编》、《在官法戒录》等。《阳明先生集要三编》是明代著名思想家王守仁有关论著的精选集,

---

①   章太炎:《章太炎全集》第 3 册卷 4 "检论·通程",上海人民出版社 1985 年版,第 455 页。

②   马丕瑶:《马中丞遗集》卷 1,《筹设书局机坊折》,马氏家庙刻光绪二十四年(1898 年)刻本。

按类编排，分为理学编 4 卷、经济编 7 卷、文章编 4 卷共 15 卷，是一本了解王阳明心学的简要便捷读本。《在官法戒录》为陈宏谋编辑的《五种遗规》之一，于乾隆八年（1743 年）成书。"法"仿效，"戒"惩戒，"见善者而以为法见不善者而以为戒也"。是书卷一为总论，所辑史上名人对吏治的精辟论述；卷二、卷三为法录上、下，所举历史上的清流名臣事迹，从汉相萧何到本朝朱瑾，以为官者效法；卷四为戒录，记录从汉酷吏张汤至前朝贪官卢纮的不法行径，以为官戒。《在官法戒录》辑成后，世多传刻。

理学著作、书籍的刊行一方面便于阅读、交流和收藏，另一方面印刷刊行数量大、流通快的特点更易于理学的传播。

二　清代广西的理学接受及其广西学术的成立

清代广西本土理学之士，据不完全统计，有陈宏谋、陈宏诚、陈兰森、陈继昌、杨家修、陈仁、高熊征、谢济世、吕璜、朱琦、龙启瑞、王拯、蒋励常、蒋启扬、蒋琦龄、俞廷举、赵润生、赵炳麟、张鸿翮（壮）、张鸿翻（壮）、张有朱（壮）、张鹏展（壮）、李懋培、梁汝阳、刘定逌（壮）、韦天宝（壮族）、韦丰华（壮族）、黄嗣宪、黎建三（壮）、郑献甫（壮）、覃武保、周璜、李孝先、曾士扬、岑永贞（壮）、卿祖培等。与中原大兴训诂考据之风迥异的是，广西理学经过长期的传播和输入，发展到清代形成尊崇理学、研究理学的学术风尚，是理学在广西发展的兴盛期和成果期。

高熊征，生卒年月不详，字谓南，岑溪县人，顺治间副贡。因参与平定吴三桂、孙延龄叛乱有功，于康熙十九年（一说十八年）补授桂林府学教授，后调思明府学教授，曾为两浙盐运使。高熊征崇尚理学，在《文公书舍记》一文中把程朱的义理之学称为圣学，说："汉晋以还，佛老徒出，圣学榛芜，天人理昧，讲而明之，孰有过于周、程、张、朱数夫子者乎？……孔子、孟子，始为之者也；周、程、张、朱数夫子使天下晓焉者，而昌黎公则群惑而正之者也。"[1] 他一生倾心教育，兴复华掌书院和南坡书院，重修思明府学，"虽教授寒儒，乃能留心造士如此，可不谓

---

① 谢启昆：《广西通志》卷 137 "建置十二·学校六"，广西人民出版社 1988 年版，第 3955 页。

举其职者耶!"① 对于清初广西义学之盛行有促进作用。

黄嗣宪,字异度,临桂廪生。性明敏,潜心理学。邑士请业者,先德行而后文艺。顺治乙亥,以文行兼优,且食饩日久,举授怀集教谕。邑当兵燹之余,人文凋敝,嗣宪为设条规,殷勤训课,一时士习翕然不动。②

俞廷举,生卒年不详,字介夫,号石村。广西全州人,诗人、历史学家、医学家、风水大师,有"粤西才子"之称。俞廷举生当乾嘉之际,由于受家庭和社会的影响,曾一度热衷于科举功名,乾隆癸未(1763年)被送入桂林秀峰书院读书,与当时的同学朱芬谷、朱野塘、沈北溟、朱桂水号"飞云五子"。乾隆戊子(1768年)中举,后被推荐做了四川定水县令,并深受四川布政使查铁桥器重。在任上,勤于职守,由于为民申冤,得罪顶头上司,辞官归乡。他在给查铁桥的信中写道:"天下用人之道,莫大于察吏安民。民之安否,系乎吏之贤不肖;吏之贤不肖,又系乎上之察与否。察则不肖者惧,或可改而为贤;不察则贤者危,亦难乎其为贤矣。"③ 这一段关于察吏安民的论述鞭辟入理,实足为后世借鉴。由于受家庭影响,崇尚理学,其父从小勉励他说:"不能为朱、程、周、张,亦当为韩、柳、欧、苏,毋以一举人、进士了事。"④ 故而"一生闭户读书,足迹不入城市,从不同流合污,有玷声名者以此"⑤。其著述有《一园文集》、《金台医话》(中国医籍)、《静远楼诗集》、《四川通志》等。其中,《一园文集》曾在嘉庆二十一年(1816年)刻印,1935年又重刊,但仅印百余本,2001年再刊。俞廷举的理学集中于读书目的的论述上,俞廷举认为读书在于追求圣贤之道,它是"真人品、真学问、真事功"⑥,"真人品"即立身于"孝悌、忠信、礼义、廉耻","如遇君言仁,遇臣言忠,遇父言慈,遇子言孝,遇兄弟言友,遇夫妇言敬,遇朋友言信。遇男

① 谢启昆:《广西通志》卷139"建置十四·学校八",广西人民出版社1988年版,第4015页。
② 谢启昆:《广西通志》卷261,广西人民出版社1988年版,第6534页。
③ 俞廷举著,唐志敬等点校:《一园文集》卷3,《辨书》,广西人民出版社2001年版,第61页。
④ 俞廷举著,唐志敬等点校:《一园文集》卷5,《先大夫厚山府君阡表》,广西人民出版社2001年版,第108页。
⑤ 同上。
⑥ 俞廷举著,唐志敬等点校:《一园文集》卷3,《上刘埕圃文衡书》,广西人民出版社2001年版,第63页。

子言孔、孟、朱、程，遇妇女言婉昵淑慎，遇富贵言施，遇贫贱言守"①。在论及具体如何落实孝悌、忠信、礼义、廉耻行为时，他完成继承了程颐、朱熹"主敬"之说，认为："学问之道，在于一求放心。自天子以至于庶人，一是皆以修身为本。……圣人千言万语，无非教人正心诚意，将已放之心收入腔子里来。所谓学问之道无他，求其放心而已矣。……欲入其门，惟程子主敬一说，可以补小学之阙。盖主敬可以收其放心而立大本，大本既立，然后大学功夫可以循序渐进，无往不通。大抵主敬之功贯始终，一动静，合内外，彻上彻下，小学大学，皆无不宜者也，敬之时义大矣哉。"②"真学问"即以《小学》、《近思录》、《朱子全书》、《性理大全》等书为学习对象，从中涵养、体悟圣贤之道，"此非十年读书、十年养气，格物致知、四子六经、宋儒诸书会通一贯、深造自得不能"③，除此，别无他途。因此他主张文以载道，"道"即品节德行，他说："文以载道。道者，天下第一义也。……于异端邪说则辟之，于诐行淫辞则放之。砥行励名之人虽微，必阐三祝九如之事，虽颂亦规。凡有关世教人心，鲜不大书特书；即微物琐论，皆寓至理名言，此之谓道，此之谓文。……夫古人论文，以理为上，气次之，笔又次之。理者何？仁、义、礼、智，忠、孝、节、廉，四书、六经是也。……然而文章一道，能争上流者，则莫如立品，人品高者文品亦高，圣经贤传非欺我也。"④ 诗歌主张"性情之正"，说："正者，本也；葩者，末也。天下事先本而后末，诗与文无二理也。文贵有品，诗亦贵有品。品者何？正是也；正者何？孝弟、忠信、礼义、廉耻之道是也。"⑤ "唯劝善惩恶之心，写温柔敦厚之辞，俾读者得以兴起感发，是诗之旨也。"⑥ 俞廷举的文学观沿袭程朱之学，甚少创建。

　　李懋培，生卒年不详，字子展，又字去非，贵县人，举人。李彬之

　　① 俞廷举著，唐志敬等点校：《〈一园文集〉自叙》，广西人民出版社2001年版，第24页。
　　② 俞廷举著，唐志敬等点校：《一园文集》卷1，《师说》，广西人民出版社2001年版，第9页。
　　③ 俞廷举著，唐志敬等点校：《〈一园文集〉自叙》，广西人民出版社2001年版，第24页。
　　④ 同上。
　　⑤ 俞廷举著，唐志敬等点校：《一园文集》卷4，《〈静远楼诗集〉自序》，广西人民出版社2001年版，第82页。
　　⑥ 俞廷举著，唐志敬等点校：《一园文集》卷4，《左北溟〈见猎草诗〉序》，广西人民出版社2001年版，第79页。

子,大概为康熙庚午举人,《贵县志》载:"幼承家学,究心理窟,深得程朱宗旨。"① 又:"与同邑梁孝廉倬云兄弟反复辩,论阐发尤多,《通书》、《西铭》诸精义条分缕析,以昭学者,一时宗仰。"② 只可惜《一通集》不存,只能见其思想碎片。

梁汝阳,生卒年不详,与李懋培同时,字乔云,梁汝南之弟,中副榜,授教谕,擢延津知县。史载:"髫龀之时,父母偶有恙,辄不食,居忧,哀毁骨立如其兄。……喜读理学书,尝以新建伯功烈彪炳,而《传习录》不无与朱子异,作《辩疑》四十三则。"③《辩疑》今不存,《新建堂集》、《语诸生诗》等也不传。

曾士扬,生卒年不详,主要生活在康熙时期,苍梧人。性聪颖,少举于乡,潜心程朱之学,尝谓:"欲学圣贤,当先主敬。"④ 不仅继承程朱"主敬"学说,而且身体力行,"训迪后进,肃然有规矩,虽燕居必盛服端坐,隆冬酷暑,手不停披,郡邑乘,多其手辑"⑤,曾修《苍梧县志》。

黎建三(1748—1806),字谦亭,平南人,壮族,出身于官宦世家。乾隆三十三年(1768年)举人,历任甘肃省安化、海城、金城、安西、山丹等地知县,直做到嘉庆甲子他56岁归里时为止。为官廉正,能体恤民情,著有《素轩诗集》和《素轩词剩》等。由其长子黎君弼编辑成帙,孙黎士华校订传刻,大都是做官以后25年间的作品。其理学思想强调道德,追求圣人格。清人梁上国说黎建三"根柢六经,陶熔诸子"。

卿祖培(1766—1822),字锡祚、滋圃,广西灌阳县人。清嘉庆六年举人、嘉庆七年进士,历任翰林院庶吉士、编修,湖广道监察御史、工科给事中、兵科给事中、内阁侍读学士、太常寺少卿等。为政关注士风,曾说:"《朱子全书》应颁学宫,饬谕各省学政,责令士子,人人熟读,以端学术而植人才。"⑥《朱子全书》共六十六卷,分十九门。卷一至卷六为

---

① 欧卿义修,梁崇鼎等纂:《贵县志》卷16"人物",《中国方志丛书》第69号,成文出版社1967年版,第962页。

② 同上。

③ 欧卿义修,梁崇鼎等纂:《贵县志》,《中国方志丛书》第69号之2,成文出版社1967年版,第963页。

④ 谢启昆:《广西通志》卷261,广西人民出版社1988年版,第6625页。

⑤ 同上。

⑥ 黄嗣东:《道学渊源录》卷86,明文书局印行,清光绪戊申九月刻本,第45页。

"学"，卷七至卷九为"大学"，卷十至卷二十五为《四书》，卷二十六至卷四十一为《易》、《书》、《诗》、《礼》、《乐》，卷四十二至卷四十八为性理，卷四十九、五十为理气，卷五十一为鬼神，卷五十二至卷五十七为道统，卷五十八至卷六十为诸子，卷六十一、六十二为历代史论，卷六十三至卷六十四为治道，卷六十五至卷六十六为杂论、诗赋等，是李光地等于康熙五十二年（1713 年）奉敕编次。卿祖培此时提出整饬学风、重新确立程朱理学的学术地位的观点，是逆学术潮流而上的，可见其学术宗尚和卫道决心。

覃武保，生卒年不详，字心海，号臣山，容县人。嘉庆二十一年（1816 年）解元，历官贵州都匀通判、荔波知县等地。为学讲求根柢，从所著《四书性理录》看，他的学术根柢即理学，可惜著述不存，难以见其具体论述。

李孝先，生卒年不详，字南陔，贺县人。光绪十六年（1890 年）进士及第，曾任翰林院庶吉士，其作"多家庭训诫语，乃知其笃于程朱之教，篇什流连，情之厚而发为性真也"①。"性真"即性情之正和真情实感，"性情之正"是理学的诗学观，朱熹在传统"美刺"观基础上提出"情性之正"说，"正"即内容和观点符合纲常伦理，"吾观其诗之工，而知其它日流传，不在词翰之荣，而在是编之见于性情著为中和，足以垂嘉名于后世也"②。现举《自励二首》以观其诗歌旨意：

> 失马与得鹿，古人善比喻。安命更乐天，吾色何不豫。万事信有定，弗庸过忧虑。所愧德不修，反躬惕然惧。卅年匆匆过，六州真错铸。立命有袁学，功过分条著。迁改自兹始，及时戒犹豫。

> 破迷奋斧锧，磨垢勤鉴锬。欲将德业崇，先攻私愿去。燕息常战栗，懍乎若朽驭。岂必畏人非，神明难自恕。积善非觊报，人胜天无据。修身以俟天，惺计谁毁誉。

"袁学"即袁了凡所著《了凡四训》。袁了凡，本名袁黄，字坤仪，明代

---

① 李孝先：《葛园诗存》，贺县华美商店印，民国 24 年（1935 年）抄本。
② 李孝先：《葛园诗存》，梁培煐《葛园诗存序》，贺县华美商店印，民国 24 年抄本。

江苏吴江人。进士出身，做过宝坻县知县。《了凡四训》作于69岁，四篇文章：第一是立命之学，第二是改过之法，第三是积善之方，第四是谦德之效。是他一生生活体验的总结，原本作为训诫儿子《训子文》，后为启迪士人，故改今名。虽说立命袁学，但"私愿"、"战栗"等修为方式确实是理学家路数，看来他具有一定的理学素养。

周璜，字黻卿，周必超之子。同治七年进士，《送刘坪同年归雪苑序》一诗自述说："幼读四子书，至可以仕则仕，可以止则止，辄心焉慕之。"①"四子书"即孔子、曾子、子思、孟子的《论语》、《大学》、《中庸》、《孟子》四部儒家经典，说明从小接受了儒家学说影响。后以亲老辞归桂林，主宣城书院、榕树、桂山书院近30年，以体用兼备教育学子。"体"则修身立德，"用"即通经致用，"体"是"用"之前提和条件，"用"是"体"之目的和检验，二者相须而行，成己成人。

赵润生（1850—1905），字钟霖，号柳溪，广西全州县绍水镇乐家园人。光绪五年（1879年）举人，二十年（1894年）进士，官至南洲直隶厅通判。光绪三十一年（1905年）七月初六，赵润生因脑溢血卒于南洲直隶厅通判任上，享年56岁。崇尚理学，一生戒惧谨慎，恪尽职守。《清史·循吏》说他："宦湘十年，凡四易任所，至案无留牍，必严查保甲以清良莠。每决一讼，必两造均服，始具结；下乡轻骑简从，夫马必自备，遇儒者殷殷教诲若子弟，豪强巨猾必严惩不少贷。"他注重对儿子的教育，《庭训录》就是他教子的书信，由其子赵炳麟编辑成书。

赵炳麟（1876—1932），名竺垣，字柏岩，号清空居士，全州人。光绪二十年（1894年）进士，历官翰林院编修、御史等职。1925年，赵炳麟离开山西，在北京养病。1927年，逝于北京，终年51岁。1929年，归葬全州河山之阳。

赵炳麟，推崇程朱之学，"读朱子之书，慕朱子之志"②，编辑《朱子论治本疏》，认为朱熹"述帝王之治理极其精微，论乱亡之陋习极其

---

① 周璜：《聊自娱斋文集》，1986年复印本。
② 赵炳麟撰，黄南津等点校：《赵柏岩集》卷1，《读朱子〈仪礼经传通解·学礼〉书后》，广西人民出版社2001年版，第16页。

沉恫"①。但对王阳明心学也不排斥，而是力图调和，赵炳麟《读王文成集序》说："炳麟尝读《王文成集》，客有见而议者曰：'是陆子之徒，而朱子之敌与？'炳麟曰：'朱陆互相发明，未容轩轾，文成又谁徒而谁敌耶？'……朱子入道以沉实，文成入道以高明，及至于道，一也。……炳麟又案：文成良知之旨，实本陆文安本心之说；而与朱子不合处，多在《大学》一书。朱谓'先格致而后授之以诚意'，王谓'即格致即诚意'，或分或合，或虚或实，各有所得。惟慎独一关，两贤均极力用功，不肯轻忽。可见朱入道在心，陆入道在心，王入道亦在心，求之言多不合，求之心无不合。学者于其不合者，各取其是；于其合者，深观其通，庶乎得之。"②　"炳麟则以其行有合，其言虽殊，无愧圣贤一也。"③　在功用上，主张明体达用。赵炳麟则认为心有体用，则有道心、人心，因此，"辨道心之微，而有以保之则微者著；辨人心之危而有以定之则危者安"④，随后提出"静"的修养方法，说："非静不明，非明不辨，是故主静之学为万事之本矣。"⑤　"构危境，设难事，如立万丈高崖，如临万军劲敌，时作一挽回天心，打出地狱的思想，必不肯一死塞责，偷生苟安也。"⑥

　　他的一生都在奔波，敢于言事，体现了一个理学人物的气节人格。在翰林，参加了康有为发起和领导的保国会，戊戌变法失败后，赵炳麟险遭横祸。1906 年授福建京畿道御史，上任次日即上疏，正纲纪、重法令、养廉耻、抑悻进、惩贪墨、设乡职，以整顿朝政。又上《论立宪预防流弊第二疏》，认为新编官制流弊太多，"政柄之倒持，权臣之专国"⑦，矛

---

　　① 赵炳麟撰，黄南津等点校：《赵柏岩集》，《汇呈朱子论治本各疏》，广西人民出版社 2001 年版，第 329 页。

　　② 赵炳麟撰，黄南津等点校：《赵柏岩集》卷 1，《读王文成集序》，广西人民出版社 2001 年版，第 11—12 页。

　　③ 同上书，第 11 页。

　　④ 赵炳麟撰，黄南津等点校：《赵柏岩集》卷 2，《重印〈敦艮斋遗书〉序》，广西人民出版社 2001 年版，第 126 页。

　　⑤ 同上。

　　⑥ 赵炳麟撰，黄南津等点校：《赵柏岩集》卷 1，《养真斋功课序》，广西人民出版社 2001 年版，第 9 页。

　　⑦ 赵炳麟撰，黄南津等点校：《赵柏岩集》卷 1，《论立宪预防流弊第二疏》，广西人民出版社 2001 年版，第 413 页。

头直指袁世凯和奕劻，直声震朝野，有"铁面御史"之称。1907 年，上《筹辽备倭疏》，指出"数年之后为我大患者，其在日本"①，认为"舍练兵以外，实别无对待之策矣!"② 1908 年，上《劾袁世凯疏》，谓袁世凯留在军机是"国本未定，后患无穷"③，要求载沣除去袁世凯。但载沣慑于袁的势力不敢下手，仅以"足疾"令袁回河南"养病"。赵又上《密陈管见疏》，建议除袁，后因张之洞的原因不成。1910 年，上疏弹劾奕劻，列十二大罪，谓奕劻"贪庸亡道，负国背君，罪大恶极，天怒人怨"④，得罪宗室，被迫回广西任桂全铁路督办。1911 年 11 月 16 日，被清廷选为宣慰史，推辞不就。袁世凯夺权后，欲加迫害，赵遂隐居故里。1912 年，寓居上海，与曹东寅及李瑞清谋刺袁世凯，不成。回广西，隐居于家乡，筑"万松草堂"，过着书斋生活。与赤兰辅合股办铁厂，名"裕国公司"，是为全州县内民办矿业先声。1915 年 12 月 12 日，袁世凯北京称帝，赵欲东渡日本避难，遇陆荣廷在柳州起兵讨袁，约赵赞助，同出湖南赴国会，躲过一难。1916 年 3 月，自湖南回广西，随陆荣廷讨袁。1917 年 10 月，赵为避新旧桂系之乱，应阎锡山之邀，出任山西省实业厅厅长。上任伊始，其好友赵启霖来信责难，炳麟回信言："古来所谓失节者，第一要义在作贰臣，此帝制时期则然。今国体共和，自总统以至庶僚，皆为人民服务，称曰'公仆'。"⑤ 他的一生行事，就是对理学的最好诠释。

　　清代的广西理学进入了一个总结的时代，各具特色，异彩纷呈，除上面所论及的理学人物及其观点外，还有代表广西理学最高成就的理学人物陈宏谋，《清儒学案》、《学案小识》为之列专案，与孙奇逢、陆陇其、李光地、唐鉴等理学大家并列，因此被时人称为"理学名臣"、"岭南大儒"，可见其学术影响。在文学方面，"岭西五大家"以集体形式出现在

①　赵炳麟撰，黄南津等点校：《赵柏岩集》卷 2，《筹辽备倭疏》，广西人民出版社 2001 年版，第 436 页。

②　同上。

③　赵炳麟撰，黄南津等点校：《赵柏岩集》卷 5，《劾袁世凯疏》，广西人民出版社 2001 年版，第 473 页。

④　赵炳麟撰，黄南津等点校：《赵柏岩集》卷 6，《劾庆亲王奕劻疏》，广西人民出版社 2001 年版，第 498 页。

⑤　赵炳麟撰，黄南津等点校：《赵柏岩集》，《潜并庐杂存》卷 1，广西人民出版社 2001 年版，第 99 页。

道同咸时期的文坛上，广西也成为后期桐城派重镇之一，具有全国性影响；即使王鹏运、况周颐的"临桂词"的发生、发展也与理学有着千丝万缕的关联。此外，壮族文人刘定逌的理学教育思想，全州蒋氏、上林张氏的家族理学等共同对广西文化发生了深刻影响。

（一）"临桂学"及其特点

理学在广西的传播总体上经历了广西的理学化和理学的广西化两个阶段，广西的理学化即理学在广西的传播，影响其文化，从而导致其一定程度的变化，这将在下章论及，兹不赘述。理学的广西化，即理学在传播过程中，受到广西文化的修订、同化而发生变化。其实，从北宋开始理学就已经开始了地域化，[①] 产生了具有本土特色的理学地域变体，如"关学"、"洛学"、"闽学"、"湖湘学"等等。只不过理学的广西化发生较晚，其标志则是陈宏谋及其所代表的"临桂学"的出现。

临桂学创始人陈宏谋是临桂人，因此徐世昌在《清儒学案》中把陈宏谋所代表的学术称为"临桂学"，列"临桂学案"。唐鉴《学案小识》、黄嗣东《道学渊源录·清代篇》等都专题论述陈宏谋的理学思想及其理学实践。

1. 陈宏谋生平及学术师承

陈宏谋（1696—1771），原名弘谋，因避乾隆讳，改名宏谋，字汝资，号榕门，临桂县两乡横山村人。祖籍湖南郴州，远祖于明末避乱迁至广西临桂。祖父陈世耀，为人忠厚、孝友；父亲陈奇玉，勤俭、仁厚。陈宏谋兄弟三人：兄陈宏诚、弟陈宏议。儿子陈钟珂，是陈宏诚之子，后过继于他。

雍正元年恩科第一，次年进士及第，为翰林院庶吉士、授检讨。雍正四年，经张廷玉推荐，为吏部封司郎中兼文选考功两司，得公正勤俭好名声而受到重用，选为浙江监察御史，查考试积弊，办事得体，疏请"禁将来，宽既往"，受到召见，雍正对张廷玉说："陈宏谋识大体，必知文章。"充任山西省乡试副主考官，复命受到褒奖，并被任命为扬州府知府，仍兼监察御史之职。雍正九年（1731 年）江南驿盐道，代理安徽布政使，仍带御史衔。雍正十年（1732 年）回乡处理父母后事。后为云南

---

① 杨念群：《儒学地域化的近代形态：三大知识群体互动的比较研究》，载刘德增主编《儒学传播研究》，中华书局 2004 年版，第 526—564 页。

布政使，在六年云南布政使任上，陈宏谋开荒种田，设义学，任实政，云南总督张允庆说："陈宏谋以实心行实政，视国事如家事，臣所不如。"江西发生灾情，陈宏谋被任命为江西巡抚，在任三年，修浮桥、整饬常平仓和社仓、设义学。乾隆九年（1744年）为陕西巡抚，大力发展桑蚕业，开渠凿井，后由于荐人不当，受到开缺回籍的处分。随即河南发生水灾，被任命为河南巡抚。福建发生旱灾、风灾，陈宏谋又被任命为福建巡抚。湖南水患不断，又被任命为湖南巡抚，它采用掘围放水宽湖和筑堤蓄水防洪相结合，免绝了洞庭湖水患。乾隆十八年（1753年）升任兵部尚书，仍兼管湖南巡抚政务。又迁吏部尚书，十月加太子太傅，经筵讲官。陈宏谋一生历官甘肃、江西、陕西、江苏、湖北、河南、福建、湖南巡抚、两广两湖总督等21职、12省，最后官至东阁大学士。乾隆三十六年（1771年），以太子太傅致仕，卒于山东韩庄船上，年76。入贤良祠，谥文恭，《清史稿》有本传。纂录宏富，达40多种、千卷之多，《皇朝经世文编》收入陈宏谋的著述达53篇之多，仅次于顾炎武的著述。计有：《大学衍义辑要》6卷、《大学衍义补辑要》12卷、《吕子节录》4卷、《补遗》2卷、《养正遗规》3卷补1卷、《教女遗规》3卷、《训俗遗规》4卷、《从政遗规》2卷、《学仕遗规》4卷补4卷、《在官法戒录》4卷，《培远堂偶存稿》10卷。

曾国藩曾奉陈宏谋为"经济之学"的楷模，《清史稿》对陈宏谋评价说："乾隆间论疆吏之贤者，尹继善与陈宏谋其最也。尹继善宽和敏达，临事恒若有余；宏谋劳心焦思，不遑夙夜，而民感之则同。宏谋学尤醇，所至惓惓民生风俗，古所谓大儒之效也。"[1] 被人称为"岭南儒宗"、"太平宰相，理学名臣"。他的理学思想的政治实践的成功，对广西后学影响巨大，吕璜《跋〈陈文恭公家书册〉》说："尝爱陈榕门先生'学问须看胜过我者，境遇须看不如我者'二语，佩之勿谖。"[2] 王拯说："锡振方童子时即心向之，比长读公书，过横山，式公之间，慨然想见其为人。"[3] 陈宏谋彪炳的政绩是在他理学思想指导下取得的，是经世理学的实践成

---

① 赵尔巽等撰：《清史稿》卷307，中华书局2003年版，第10564页。

② 吕璜：《月沧文集》，附录《吕璜自订年谱》，黄蓟《岭西五家诗文集》，1935年排印本。

③ 王拯：《龙壁山房文集》卷5，《陈文恭公家书跋尾》，黄蓟《岭西五家诗文集》，1935年排印本。

果，他说：

> 迨入仕途，官场事宜尤未娴习，临民治事茫无所措，未优而仕，不学制锦，心窃忧之。然平时偶有得于圣贤之绪论，合之今时情事，多所切中，此心稍有把握，措之事为，幸免陨越，不至如夜行者之怅怅何之，乃益悔前此之鲜学，而古训之不可一日离也。因于簿书余闲，时一展卷，借兹陈编，以祛固陋，凡切于近时之利弊、可为居官箴规者，心慕手追，不忍舍置，不敢谓仕优而学，亦庶几即仕即学之意云尔。①

> 昔人谓人不可以世务妨读书，只当以读书通世务。弟窃谓苟以理道之心应世，则世务正无妨于读书，而且有益于读书也。每见人于世情，能觑破一分，于身心有一分体贴，则于古圣贤言语，便觉津津有味。同一书籍，而或则以为迂远，或则以为亲切；且即一人之身，而前视为迂远，后又视为亲切，皆此意也。《遗规》数种，刻成附寄，自顾本无一知半解，可以问世，惟就眼前所见，觉有切于时，而利于病者，即为采入。不取过高难行之论，其文词之浅深，以及人之或古或今，或近或远，或穷或达，均可不论，高明阅之必有以教我也。②

以上两段文字说明，他的行政思想来自于前圣往贤的言语，成果是他自觉地实践的结果。他主张读活书，即体悟书的精髓，用之修身，用之经世，沈德潜说："暨观先生之政，固见先生之学，读先生之文，尤足见先生之学也。"③ "及入仕，本所学以为设施。立政必计久远，规模宏大，措置审详。"④

陈宏谋学宗朱子，说："诸儒语录，不免偏胜有疵，一经朱子，悉归醇正，有如布帛菽粟，可以疗饥，可以御寒。"⑤ 进而至于宋五子、薛瑄、高攀龙等，沈德潜说："先生深于学问，一生手不释卷，研究宋五子之奥

---

① 陈宏谋：《从政遗规》，光绪十七年开封府刊本。
② 陈宏谋：《培远堂手札节要》卷中，《寄宫怡云书（辛酉）》，民国 38 年石印本。
③ 陈宏谋：《文恭公文集》，沈德潜《文恭公文集序》，乾隆三十年吴门穆大展局刻本。
④ 赵尔巽等撰：《清史稿》卷 307，中华书局 2003 年版，第 10563 页。
⑤ 徐世昌编纂，舒大刚等点校：《清儒学案》卷 64，《寄家圣泉法书》，人民出版社 2010 年版，第 1679 页。

义，远绍薛文清、高忠宪之薪传。"① 对王学则有所批评，他说："明王文成（阳明）复倡良知之说，其弊与陆子静同。夫专提良知，未免偏于知而略于行。即添致字以补行字工夫，毕竟重知而轻行。将一切学问、博学、审问、择善、固执、多见多闻功夫，看作支离骛外之事。其徒相传，竟至专重尊德性，不重道问学。在阳明，有学术、有事功，不愧有用之道学，本非禅学，而久之将入于禅也。"② 他的这种学术思想倾向，一方面受清初学术"尊朱黜王"之风影响，另一方面陈宏谋学宗朱子也与求学经历有关。清初学者在总结明代的灭亡时，看到了空疏误国的恶果，于是以顾、黄、王为代表，提出经世之学，顾炎武大力提倡"修己治人之实学"③，陆世仪提出"凡以教天下之士，务为实学，使出处皆有裨于世"④。陆陇其指出："须知吾人不可不敦者，实行不可不务者，实学若不从实行上着力，虽终日讲学与不学者何异？"⑤ 另外，张履祥、张尔岐、张烈、吕留良、汤斌、熊赐履、李光地、张伯行等学者灌注了实用与经世的内容而形成了经世理学。当然，清初一段时期学术上的这股崇实之风与康熙、雍正的有意作为分不开。康熙、雍正都崇尚践行，康熙认为"躬行"、"实行"、"实践"才是真理学，他说："日用常行无非此理。自有理学名色，彼此辩论益多。……朕见言行不相符者甚多，终日讲理学，而所行之事全与其言悖谬，岂可谓之理学？若口虽不讲，而行事皆与道理符合，此即真理学也。"⑥ 又说："道学者必在身体力行，见诸实事，非徒托之空言。今视汉官内务道学之名者甚多，考其究竟，言行皆背。"⑦ 康熙尊朱，编《朱子全书》、《性理精义》等理学著作，把朱学著作钦定为科举必读之书，特进朱熹于十哲之下，以程朱后裔世袭五经博士，亲自书写

---

① 陈宏谋：《文恭公文集》，沈德潜《文恭公文集序》，乾隆三十年吴门穆大展局刻本。

② 陈宏谋：《学仕遗规》卷 1，《真西山文集抄》，广西省乡贤遗著编印委员会编印《陈榕门先生遗书》，民国 32 年排印本。

③ 顾炎武：《顾炎武全集》第 18 册，《日知录》卷 7 "夫子之言性与道"，上海古籍出版社 2011 年版，第 308 页。

④ 陆世仪：《桴亭先生文集》卷 3，《续修四库全书》第 1398 册，上海古籍出版社 2002 年版，第 460 页。

⑤ 陆陇其：《松阳讲义》卷 4 "子夏曰贤贤易色章"，《四库全书》第 209 册，上海古籍出版社 1987 年版，第 918 页。

⑥ 中国第一历史档案馆：《康熙起居注》第 2 册，中华书局 1984 年版，第 1089 页。

⑦ 同上书，第 1194 页。

"学达性天"匾额颁发宋儒周、张、程、邵、朱祠堂。重用理学名臣，重用崇实官员，曾评价于成龙①说："于成龙不言理学，而服官自廉，斯即理学之真者也。"陈宏谋自幼跟随长兄陈宏诚，陈宏诚（1625—1764），陈宏谋长兄，字汝和，号容庵，长陈宏谋20岁。陈宏诚崇尚程朱理学，屡试不第便教授乡里，曾以"有功夫读书便是造化，以学术济世方见文章"为立身处世之则。陈宏谋从五岁起入学堂读书，所学课业皆由陈宏诚督促，其兄对他来说既是良师又是益友。

"吾平生知遇之感，笃于三庵"，"三庵"即杨、朱、徐三人。杨即岳叔杨家修，杨家修，字静庵，临桂人，康熙五十二年举人。少孤，母氏课读。未冠，以能文称。既而以经术教授里中。② 杨静庵学识渊博，常以"经世宰物"教育陈宏谋，后陈宏谋称"即今者，临民应务，莫不出当年之指授"。24岁补廪生，拜朱惕庵为师，学于华掌书院，得字"汝咨"。朱惕庵以经世的实学授徒，陈宏谋以"必为世上不可少之人，必为世人不能作之事"自勉。还常去华掌书院聆听广两学政徐省庵（徐树屏）讲学，徐省庵，名树敏，江苏昆山人，他常到华掌书院为诸生讲解文章，他教育诸生要"立身惇行，毋役纷华"。27岁乡试，得到主考官朱景先、副考官德龄（楦村）二人欣赏，朱更以"清而不刻，和而不流"相期许。入仕途后，深得张廷玉的赏识，以"培远"期许。后得少宰王沛檀荐举为翰林院庶吉士。又得到鄂尔泰的赏识和器重，与之"往复辩论，不觉移时，所言者皆国计民生之大要"③。

2. "诚一不欺"与"设诚致行"

陈宏谋的政治品格，沈德潜概括为"诚一不欺"④，他解释说："盖诚

---

① 于成龙（1616—1684），字北溟，别号子山，山西永宁州（今山西离石）人。谥"清端"，赠太子太保。于成龙明崇祯十二年（1639年）举副贡，顺治十八年（1661年），广西罗城为县令。建立保甲，打击犯罪；招募流民，恢复生产；访问农事，奖勤劝惰。后为知州、知府、道员、按察使、布政使、巡抚和总督、加兵部尚书、大学士等职。在20余年的宦海生涯中，三次被举"卓异"，以卓著的政绩和廉洁刻苦的一生，深得百姓爱戴和康熙帝赞誉，以"天下廉吏第一"蜚声朝野。《清儒学案》卷20"环溪学案"。

② 谢启昆：《广西通志》卷261，广西人民出版社1988年版，第6541页。

③ 陈宏谋：《文恭公文集》，培远堂偶存稿，卷6《祭相国鄂文端公文》，乾隆三十年吴门穆大展局刻本。

④ 陈宏谋：《文恭公文集》，沈德潜《文恭公文集序》，乾隆三十年吴门穆大展局刻本。

无伪，一则无贰，不欺则忠，诚以处己，恕以待物，而心自定焉。"① 陈宏谋的"诚"有两个含义，一是内外、表里一致。《中庸》云："诚者天之道也，诚之者人之道也。"② 周敦颐说："诚者，圣人之本。'大哉乾元，万物之始'，诚之源也。'乾道变化，各正性命'，诚斯立焉。纯粹至善者也。故曰：'一阴一阳之谓道，继之者善也，成之者性也。'元亨，诚之通；利贞，诚之复。"③ 明确指出人的道德本体源自于乾元，天道之诚则成为人道的内在依据，"诚"既是天地万物的本体，也是人伦道德的本体；既是天道，又是人道。二程认为："无妄之谓诚，不欺其次矣。"④ 并对"无妄"解释说："动以天为无妄，动以人欲则妄矣。'无妄'之义大矣哉！""虽无邪心，苟不合正理，则妄也，乃邪心也。"⑤ 朱子继承并发展了前人对"诚"的阐释，构建了自己"诚"的学说，形成一个完善、系统的"诚"学体系，并把"诚"抬到一个非常重要的位置，认为"诚"是"无妄者至诚也，至诚者，天之道也"⑥。此外，朱子在释《中庸》中"诚者天之道也，诚之者人之道也"句说："诚者，真实无妄之谓，天理之本然也。诚之者，未能真实无妄，而欲其真实无妄之谓，人事之当然也。"⑦ "诚"一则为天理之本然，二则为人道之当然，诚作为天理之本然，必为人道之根本，所以作为"天道"的"诚"和作为"人道"的"诚之"，具有内在的统一性。

一则表里如一出于忠心。《论语》就曾多次提到"无倦"和"忠"，《论语·子路》："子路问政。子曰：'先之，劳之。'请益。曰：'无倦。'"⑧ 又《论语·颜渊篇》："子张问政。子曰：'居之无倦，行之以

---

① 陈宏谋：《文恭公文集》，沈德潜《文恭公文集序》，乾隆三十年吴门穆大展局刻本。
② 阮元：《十三经注疏》，《礼记正义》卷53《中庸》，中华书局1987年版，第1632页。
③ 周敦颐：《通书》卷1"诚上"，上海古籍出版社1992年版，第3页。
④ 《二程集》，中华书局1981年版，第92页。
⑤ 程颐：《周易程氏传》卷2"无妄"，中华书局1981年版，第822页。
⑥ 同上。
⑦ 朱杰人等主编：《朱子全书》，《中庸章句》，上海古籍出版社、安徽教育出版社2003年版。
⑧ 钱穆：《论语新解》第13章，《子路》，生活·读书·新知三联书店2003年版，第327页。

忠。'"① 居于官位，心无厌倦。推行政事，皆出于忠心。官居久易生懈怠之心、不耐烦之情，这是人之常情，陈宏谋对此有深切体会，因而时时自我警醒说："居官莅事牒诉纷错，日出事生，欲每事躬亲料理，未有不以为苦者。一有厌苦之心，便有不耐之意，或草率了事，或假乎他人，或阘茸稽延，或急遽无序，民亦多蒙其累，事便不得其平，不耐烦之流弊良不浅矣。"② 因此陈宏谋曾作《自箴十则》来修炼，此十则为："谨言语以寡过，节饮食以尊生，省嗜好以养心，耐烦劳以尽职，慎喜怒以平气，戒矜张以集事，绝戏谑以敦体，崇退让以和众，慎然诺以全信，减耗费以惜福。"③

"诚一不欺"是陈宏谋心存天理的结果："心为身之主，如树之根，如果之蒂，最不可先坏了。心里若存天理，存公道，行出来，便都是好事，便是君子者的人。心里若存的是人欲，是私意，虽欲行好事，也有始无终；虽欲外面做好人，也被人破。"④ 这不仅是本性使然，更是学力使之然，是他经过了长期"存心"、"克己"功夫之后而成的，他说：

> 士人惟身心最为切近，其用功亦惟存心克己二者最为吃紧。此处用得一分功夫，便有许多得理之事，所谓所操者约而所及者广也。然官场中所汲汲讲求以为要务者，却不在此，但须仪文习熟，机缘凑合，便为得手。程子云："世人事事要好，惟自己一个身心却不要好。待事事好时，此身心却先已不好了。"今日官场内，正所谓身心先已不好者也。⑤

"存心"即保存本然之心，"本然之心"即"诚"。在如何存心或保有"诚"的问题上，陈宏谋承袭了朱熹"克己"学说，他说："及至临事稍涉利害，则每每止图目前，不顾久远；只顾一己，不顾天下。良由看得一

---

① 钱穆：《论语新解》第12章，《颜渊篇》，生活·读书·新知三联书店2003年版，第317页。

② 陈宏谋：《从政遗规》卷上"耿恭简公耐烦说"，光绪十七年开封府刊本。

③ 唐鉴：《学案小识》卷5"翼道学案"，《续修四库全书》第539册，上海古籍出版社2002年版，第415—416页。

④ 陈宏谋：《从政遗规》卷上"杨椒山遗嘱"，清光绪十七年开封府刊本。

⑤ 徐世昌：《清儒学案》卷64，《寄托庸书》，人民出版社2010年版，第1679页。

身之富贵太重,故看得君民之事较轻耳。年来尝以此观人,即以此自责。"① 又:"弟窃谓人生境界,本无一定,心以为不足,则常不足;心以为有余,则常有余。十年前每年月俸不满百金,八口衣食,均给于此,有不足之时,亦有有余之时。今者过蒙恩遇,岁将万金而逐月公私事务,有有余之时,亦有不足之时。可见人之一生,可以终身在有余之中,亦可以终身常在不足之中矣。"② 陈宏谋看重平心静气,他说:"理所当为,事在得为,自当以心入之,以身先之。惟宜平心静气,求其有济,尽其在我而已。"③ "静"则能"性气宜平,心思宜专。平则不偏,专则不杂。不偏则事理得,不杂则可免始勤终怠之弊。非如世俗之以退缩为平,以固执为专也。"④ "静"则能洞若观火,掌控全局。二则反躬自省,实践"恕"道。他说:"吾人一生,安所得尽如我意之地而处之,安所得尽如我意之人而与之。惟有虚心观理,理之既得,然后尽其在我,恕其在人,毋矫激,毋因循,总期于事有益,即或事出意外,而返己无愧,心亦安之。诸葛武侯以吾心如权,不能为人轻重者,理既得也。"⑤ 又:"余尝谓人之聪明才力,多不用以自责,而用以责人,不用以集所长,而用以护所短。兹编其对症之药也,故身世之事,非知之艰,行之维艰。余谫陋无似,防检多疏,早夜孜孜,功不补过。今既取是编而节录之,又序而刻之,诚欲宝此苦口之良剂,以药余身心也。"⑥

　　受清初"达用"思潮影响,陈宏谋注重将"内圣"的朱学转化为注重"外王"的经世实学,提出"设诚致行"主张,"设诚致行"两见《培远堂手札节要》:

　　　　南北分袂,后会为难,惟望于修己治人之道,切实体察,理所当为,力所能勉者,设诚致行,渐次推广,毋负平生所学。宦境荣悴,时会偶然,吾辈不必计,亦不必眆计也。⑦

---

①　徐世昌:《清儒学案》卷64,《寄鄂文端公书》,人民出版社2010年版,第1681页。

②　陈宏谋:《培远堂手札节要》卷上,《寄杨星亭嗣璟书》(丙辰),民国38年石印本。

③　陈宏谋:《培元堂手札节要》卷下,《寄刘参戎连捷书》,民国38年石印本。

④　陈宏谋:《培元堂手札节要》卷上,《寄刘含章新翰书》,民国38年石印本。

⑤　同上。

⑥　徐世昌:《清儒学案》卷64,《吕子节录自序》,人民出版社2010年版,第1678页。

⑦　陈宏谋:《培远堂手札节要》卷下,《寄朱佐汤书》,民国38年石印本。

即仕即学，阅历有得，一经出守，见之施行，凡关吏治民生之事，官场所视为迂而且劳者，设诚致行必有实效也。①

"致行"一则见于身心，即个人道德、操守，"学也者所以学为人也。天下无伦外之人，故自无伦外之学"②。"士人以德行为本，而以门内尤为根本切要之地，此处认真培养，根深末茂，源远流长，正不可量。"③ 陈宏谋侍亲孝，雍正七年（1729年），侍奉双亲于扬州任上。就在乾隆二十八年（1763年），陈宏谋升协办大学士后，他在给家人的信中写道："更念父母当年生我取名'成儿'，望我读书成名，……今日身列揆席，位登政府，官曰宰相，宅曰相府，……九原之下其有知乎？其无知乎？呼之不应，叩之无声！吾不能亲至坟前告祭，家中宜备牲酒、香纸到坟一告。"④不仅如此，陈宏谋对其兄弟，也能做到"兄友弟恭"。乾隆十九年（1754年），陈宏谋在家书中告诫其子钟珂说："大爹足疾、腰疾，不能常出行走，尔不可不常常亲侍。"⑤ 1764年4月1日，乾隆皇帝垂问陈宏谋的家世，陈宏谋谈起自己从小受胞兄陈宏诚的启蒙教育，情真意切，乾隆特御书"友恭笃庆"匾额为陈宏诚祝寿。

二则见于事功，即国计民生。"诚一不欺"落实到行政实践上就是"实"。"实"既有态度上的真诚、务实，又有行政实践上的求实、实效。包括实心、实情、实政、实效。其含义是：

一是以民心为己心，以官事为家事。他说：

地方官勤政秉公，体民心以己心，筹民事如家事。官有平政理讼之实功，民自收移风易俗之实效，教养出其中，化导亦出其中。⑥

居官者平时于民生，无一点休戚相关之意，语及化导转移，则以为迂阔，而不切于事情；筹及有备无患之道，则又以为难而有累于

---

①　陈宏谋：《培远堂手札节要》卷下，《寄曹立斋槐书》，民国38年石印本。
②　陈宏谋：《养正遗规》卷上，清光绪十七年开封府刊本。
③　陈宏谋：《培远堂手札节要》卷上，《寄石达沂书》，民国38年石印本。
④　陈宏谋：《陈宏谋家书》，广西师范大学出版社1997年版，第225页。
⑤　同上书，第206页。
⑥　陈宏谋：《培远堂手札节要》卷下，《寄熊绎祖书》，民国38年石印本。

己。遂觉民生疾苦，毫无可以置力，惟待其迫切有犯，则从而峻法及之。①

这体现了博施济众"仁"的情怀和克己复礼的道德修养，每一民都与自己直接相关，不论官位大小、居地美恶，都实心为政，务期为民兴利避害，为国解忧释纷，他说：

凡有益于民生之事，不以小而忽，不以难而阻。②

吾辈一日有一日之功，惟思每日必有及民之事，乃不虚此一日。③

行其有利于民者，去其有害于民者。④

视国家之利害皆我之利害，天下人之贤愚，皆我之贤愚，上下千古，参赞位育，无非我分内之事，迹似待我者轻，其实待我者极重。⑤

一介之士，存心利物，于物必有所济，况堂堂百里侯耶？总之下情必要上达。倘奉上行，必就本处民情土俗据实上闻，于详尽之中，寓委婉之意，则于事有济，而上下得体也。地方虽云简僻，然一处有一处之风俗，一处有一处之利弊，随处筹划，方为尽心于民，幸毋以事不到前即为无事可办也。⑥

有司司牧之官，以民心为己心，视官事如家事，自能勤于治理，切于兴除，虽无大兴大革之事，而积少成多，弭患未然，阴受其福者，不知凡几。⑦

士大夫言之可听，行之不力者，皆由心肠太冷之故。冷则于斯世斯民，皆觉不甚亲切，不曰："毋动为大。"则曰："何苦乃尔？"⑧

---

① 陈宏谋：《培远堂手札节要》卷中，《寄周力堂学健书》，民国38年石印本。
② 陈宏谋：《培远堂手札节要》卷下，《寄陆广霖书》，民国38年石印本。
③ 陈宏谋：《培远堂手札节要》卷中，《寄罗文思书》，民国38年石印本。
④ 陈宏谋：《培远堂手札节要》卷中，《寄常青岳书》，民国38年石印本。
⑤ 陈宏谋：《培远堂手札节要》卷中，《寄鄂文端公书》，民国38年石印本。
⑥ 陈宏谋：《培远堂手札节要》卷上，《寄内弟杨晦叔声显书川》，民国38年石印本。
⑦ 陈宏谋：《培远堂手札节要》卷下，《寄钱相人琦书》，民国38年石印本。
⑧ 陈宏谋：《培远堂手札节要》卷中，《寄雷翠亭书》，民国38年石印本。

陈宏谋每到一处首要任务即体察民意，《寄家圣泉书》说："生平无他嗜好，每处一地，临一事，即就其地其事，悉心讲求，以期稍有裨益。"① "忆予所莅之处，先将四境道里材庄，民情风俗，列单致询，令各县照单答复。其村庄之疏密，山河之险易，地界之远近，则另绘一图。"② 在天津，他多次乘小舟考察水利，最终采用疏导方法制住了水患；在江苏，经过实地考察，浚白茆口以泄太湖水，保障了苏州、松江等府的安全；在湖南任上，亲临洞庭，发现洞庭之患在于围湖造田，于是禁止在洞庭湖围湖造田，水不为患。

二是实实在在之事，着眼点为当时民生之事，如他说："努力宦途，为地方做些好事，以展素蕴，不枉朝廷恩遇，亦不枉读书一场也。所谓好事者，如百姓苦累处，设法调剂，减得一分，民受一分之益。至于地方水利田工、读书化导之事尤当随时措注者。"③ 体恤民情，关心民瘼，是陈宏谋一贯的官风。上疏弹劾广西巡抚金鉷谎报垦荒 20 万亩以邀功升官、贪赃舞弊，金鉷为鄂尔泰门人，结果陈宏谋调任云南布政使，金鉷为刑部郎中。雍正十一年（1733 年）在云南布政使任上，更奏金鉷，雍正以"陈宏谋处事一向识大体，其所陈之事似有根据"，责命云南广西总督尹继善查实上报，后由于雍正驾崩，不了了之。乾隆即位后，陈宏谋连参三本弹劾金鉷，引起乾隆帝不满，严厉批评陈宏谋道："从前云南布政使陈宏谋折奏广西借垦报捐一事，与金鉷所奏互异；朕已令督臣鄂弥达、抚臣杨超曾秉公确查，毋得偏徇，目今尚未覆奏，而陈宏谋又复具折哓哓渎陈，陈宏谋身为滇省藩司，此并非伊任内之事，其始初之奏，犹云据已知而直陈，以备采择，既降旨交于他人查议，则伊事已毕，惟有静候，无再言之理。乃伊不待督抚诸臣议覆，而又为是渎奏，俨然似以为不如伊所奏不止者，是诚何心？且伊为粤人，即所言尽是而从之，犹启乡绅挟制朝政之渐，况未必尽实乎？殊属冒昧之至，着交部严加议处，以为将来之戒。"④ 清对官员处分有三等：一罚俸，二降级，三革职，陈宏谋交部严加议处后，被降二级为直隶天津巡河道。乾隆二年（1737 年）十月，鄂

①　陈宏谋：《培远堂手札节要》卷上，《寄家圣泉书》，民国 38 年石印本。

②　陈宏谋：《学仕遗规》卷 4，《王文山寻子斋偶钞按语》，广西乡贤遗著编印委员会《陈榕门先生遗书》第 12 册，民国 32 年排印本。

③　陈宏谋：《培远堂手札节要》卷上，《寄内弟杨晦叔声显书》，民国 38 年石印本。

④　中国第一历史档案馆：《乾隆朝上谕档》第 1 册，档案出版社 1998 年版，第 226 页。

弥达复奏证实捐垦田亩多有不实，乾隆豁免了广西新赋如数，金鉷、张铖革职，借垦报捐之员，议追捐费，这段长达六年的公案最终尘埃落定。陈宏谋不顾官位，敢于为民请命，使广西百姓十分感激，至今广西瑶族等少数民族还把陈宏谋作为他们信仰的神来崇拜。乾隆二十年（1755 年），在甘肃任上，奏减茶税。雍正八年（1730 年）在扬州任上，即疏陈办理赈恤事宜。雍正十三年（1735 年），在云南布政使任上，立厂煮粥赈恤灾民，所费之半出自他本人的俸禄。乾隆十三年（1748 年），又急赈耀州与十六州县，给灾民口粮一月。乾隆十六年（1751 年），在河南抢救黄河缺口，急赈灾民。乾隆十七年（1752 年），调福建，又赈恤泉州遭受台风、洪水灾害的民众，并急调台湾大米接济漳、泉等郡。乾隆二十年（1755 年），湘米大熟，他怕谷贱伤民，即调湖南大米运入江南。乾隆二十一年，在湖南，又筹办社仓谷，以备灾年所需。乾隆二十七年（1762 年），在江苏奏请加赈淮、扬、徐数州灾民，买湘米 20 万石济之，事后又买民谷还仓，使常年无缺。

二要兴利。如他在云南增加铜厂投资，大力鼓励滇民开采铜矿。在江西，因为钱贵，他奏准在从云南运铜往京都路过九江时，留下 55.5 万斤，开炉鼓铸，在六座旧炉的基础上增设四炉。又下令民众开采银矿、铅矿，发掘地下资源。在陕西，他下令启用汉中宁羌州铜绿沟的旧矿场，并开采华阴川铜矿与白铝矿，开炉铸钱。这样，不仅促进了矿产业的发展，抵制了洋铜，而且防止白银外流。雍正八年（1730 年），在扬州疏浚城河。雍正十年（1732 年），兴修家乡水堰。乾隆元年（1736 年），在云南兴修水利。乾隆三年（1738 年），天津分巡河道，专以水利为务。乾隆六年（1741 年），在江西督修水利，禁止私宰耕牛。乾隆十年（1745 年）在陕西，修筑咸阳各属县城墙河堤、开浚甘泉。劝农凿井灌田，实为救旱良法。又根据陕西自然条件，劝民种桑养蚕；又劝种甘薯，以补正粮之不足。后数年内几度出任陕西巡抚，力劝农民凿井灌田，多种桑树，在他大力倡导鼓励之下，陕民不数年已大获蚕利。乾隆十六年（1751 年），在两江总督任上，治理河患。乾隆十九年（1754 年），在福建，整治水利设施，杜绝水患。乾隆二十二年（1757 年），在江苏，疏浚田家桥、林子河、萧县沟渠等。陈氏外宦几十年，历经大半个中国，开凿水井、力劝农桑，治理大至黄河、洞庭湖、海河、运河，小至乡县小河、塘不计其数。

三是"不计目前，只计久远"，不图虚名，为长治久安之事。乾隆二年（1737 年）六月，天津永定河暴溢，在防洪上，吏部尚书顾琮察勘，请仿黄河筑遥堤之法。乾隆三年（1738 年），陈宏谋调任直隶天津道。即任后，陈宏谋实地勘查，赞同顾琮筑遥堤之法，说："况事势之顺逆难易，本难一一预料，惟视其关系何如耳。所关不甚紧要，则逆而难，自不如顺而易；如所关者大而且远，则与其顺而坐失机宜，毋宁逆而幸其有济，即不克济于今日，或者济将来耳。夫成大功者不顾小嫌，建远略者难期近效。窃以为永定河一劳永逸在今日此举。"① 又："吾辈居官，当事事从民生起见，计久远，不计目前；尚事实，不饰虚文，方不负朝廷为民设官之义，亦不虚此生读书济世之意。至于缓急轻重，随宜变通，则又当虚心审度，以求其中平心遇物，以协于众，然后事克有济也。"② 因陈宏谋充分认识到社仓在备荒中的重要性，在任上，积极筹划社仓、常平仓，在云南、陕西、湖南、福建等任上，广建社仓，如乾隆七年（1742 年）江西布政使任上，陈宏谋檄颁《社仓规条》："若社仓则名虽官谷，均宜分贮各乡，听民借还。年之生息，听民借还，则民无远涉之苦，年年生息，则谷有日多之势，以民养民，补赈济平，粜之未及，社谷之利莫大于此。"③ 乾隆二十一年（1756 年），在湖南，陈宏谋制定《社仓条规二十一则》，对于劝捐方法、奖劝内容、立仓要求、借还程序、收息及免息数额以及地方官、社长各自的职责和权力等，做了明确规定：

　　社谷原备农民籽种，耕田之家，无论佃田、自田，凡无力者，皆许借领。一切贸易及不耕之民，概不准借。衿监、衙役、兵丁之家有务农者，仍准亲属出名借给，如系有力亦不准借。借谷应观其耕田及户口多寡，或数斗或一石，每户多者不过二石。每户借谷，必须本地有业者或三人、或四人公保，有殷实者一二人亦可作保。……同赴社长处认明，方准借给。……每年正月内开印前后，官将众社长传到，面加款待，谆切开谕劝导，面给印簿二本，出借时社长将逐户姓名、借数及保人填于印簿，俟借毕，于簿内结一总数，一本缴官，一本同

---

① 陈宏谋：《培远堂手札节要》卷上，《寄顾用方琮书》民国 38 年石印本。
② 陈宏谋：《培远堂手札节要》卷上，《寄孙隽书》，民国 38 年石印本。
③ 陈宏谋著，广西乡贤遗著编印委员会编印：《陈榕门先生遗书》卷 13，《社仓规条》，民国 32 年排印本。

借领存社长处。其出借迟早听社长就地酌定，一面报官，一面出借，官不为扣，亦不候官批示也。……官遇查勘公出，携带印簿，经过村庄，随处抽问。……社仓斛斗官须验明印烙，……其（借谷）每石收息一斗，以三升为社长折耗、铺仓等费，以七升归社仓作本，出借悉照旧例遵行。……地方有势棍刁徒、不应借之人强借多借及无保人而强借者，许社长禀官官即究处。今年借谷未还者，次年不许再借，宁可今冬还仓，次春再借，不许抽换借领，酿成流底亏空。……实贮在仓之谷，存半借半，……社长乃主持一社出纳之人，任劳任怨，利济乡里，毋论绅衿士者，官宜敦请委任。……选充之后，官给执照戳记，……其更换或一年、二年、三年，或轮充官司因地因时因人酌行，不为限制，社长中有侵冒不法者，查明立即革究更换，……每仓至多不过四五百石，有应分仓，即于适中之地酌令建仓。……社谷还仓以九月为始，十一月全完。……如有未完及完不足数者，社长将完欠姓名数目开单报官。……本户力不能完，即着保人代为先完，仍与欠户名下追还保人。每仓全完之后，社仓将印簿结一总数缴官，官即亲往盘查，止用丈量积算。……捐输社谷，听民自情愿。……秋收之后，地方官每社另发劝捐印簿一本，有愿捐者，登入印簿，俟交仓之后，社长报官，照前条请奖。……捐谷息谷积久渐多，即于本乡里分社，更可就近借还，不许移贮别社。……再多则可变价为该社地方修桥、建学等项义举之用。地方有偏灾赈粜及一切公事均不可动用社谷。……地方官新旧交代，止就各社长所报印簿查核，领状相符，取具社长，甘结存案，即可接收，出结交代。……交收以后，平时随便可以查验，不必分委佐杂，多差胥役，四处分查，致社长有供应之费，奔走之劳。地方偶有偏灾，所借之谷，秋后免息还仓。今年借谷未还者，次年不准再借；本年不还，次年仍收加一息谷，必须详明批定，方准免息，……社长三年经理无过，地方官详明给匾奖励。①

这份条规内容极其详尽，对社谷用途、偿还和管理做了具体而可行的规定。

四是兴学印书，并认为这是化民成俗的根本，他曾说："化民成俗，

---

① 张延珂、袁继翰：《长沙县志》卷10 "积贮"，同治十年刻本。

必由于学。"雍正十二年（1734 年），在云南布政使任上，兴办义学，普设书院。到乾隆二年（1737 年），在云南已建义学七百余所。乾隆三年（1738 年），在天津分巡河道任上，治理水患之余，又极力整顿天津、河南两府义学，培育治世治水良才。乾隆七年（1742 年），在江西布政使任上，整顿豫章书院，并亲定学约十则，使教学颇有依规，学员学业大进。后直至乾隆二十四年（1759 年），仍致力于兴学施教。如在两江总督任上，还奏明将通州新涨河田拨为苏州公学之经费。67 岁高龄时，还捐俸禄置永福县渔村等处庄田于临桂义学，使学校经费得不匮乏。

每到一地，都亲自到书院讲课，查阅学生的课试文章。阅后常做出评语和题解。他为学生上作文课，命题之后，必作题解，对经书义理加以深入阐发，以便学生练习作文，晚年其将讲学汇编成《课士直解》。《清学案小识》载沈德潜回忆任紫阳山长时，陈宏谋以江苏巡抚身份为书院学生讲学授课的情景：

> 潜居吴下，亲被德施，又忝主教紫阳。每当课士，辄与公接。公命题，必为讲义，剖析圣贤精蕴，毫发不爽，潜亦受公教益。①

陈宏谋一生，曾倡议重刊了不少古今书籍，其中尤以他早年在云南任布政使时所刊印的经书古文为多，"于各乡设立义学，即令本地生童训诲读书。又刊发《朱子治家格言》万余本，并刊《家礼》、《四礼翼》等书。总之不知者以为迂，而知者以为此根本功夫。我之本意，总望化得一人是一人耳"②。陈宏谋在云南任职四年，"刊刻《孝经》、《小学》、《近思录》、《纲鉴》、《正史约》、《大学衍义补》诸书，用以省身，即用以劝学"③。为了振兴广西的文教，他除了创设义学外，还捐资刊印了《十三经注疏》、《通鉴》、《通志》、《文献通考》，连同以前刊印的《小学》、《正史约》及《五种遗规》等书，一并分发到广西全省 72 间义学和 8 间书院，供士子们读书之用。在任职江西期间，撰辑《豫章书院学约》10则，并附仪节 10 条刊刻颁示。任福建巡抚时，赠当地鳌峰书院有百余种

①　沈德潜：《文恭公文集序》，陈宏谋《文恭公文集》，乾隆三十年吴门穆大展局刻本。

②　陈宏谋：《培远堂手札节要》卷上，《寄四侄钟粲书》，民国 38 年石印本。

③　沈德潜：《文恭公文集序》，陈宏谋《文恭公文集》，乾隆三十年吴门穆大展局刻本。

近千册书。他每任一地均有赠书，这成了一种常例，历行 12 省，21 任，这样算来累计赠书当是个惊人数字。

三则在学术上经史并重。二程提出"明经致用"、"治经，实学也"的命题，朱熹主张广读经史，指出"读史当观大伦理、大机会、大治乱得失"，寓经世于史学中。真德秀主张"性命道德之学"与"古今事变之学"结合起来，以达到经世致用的目的。陈宏谋的著述内容多关社会风俗、道德人心，为箴规药石，体现了经世思想。这些纂辑以《五种遗规》为代表，《五种遗规》根据儿童、妇女、官吏、士人和社会上的工农百姓道德教化的需要，"以觉世牖民为己任"，遂于公务之余，采录前人关于养性、修身、治家、为官、处世、教育等方面的著述事迹，分门别类辑为遗规五种，《五种遗规》一经刊出，便流传到社会，几乎成了当时社会教育的必读之书，并深得统治者的赞许。

《养正遗规》2 卷，陈宏谋辑于乾隆四年（1739 年），作于津门之任上（津门即天津，作于天津巡河道任上），后来在江西巡抚任上又加以补充。分上、下两卷，辑录了朱熹的《白鹿洞书院揭示》、《沧州精舍谕学者》、《童蒙须知》，程端蒙和董铢的《朱子论定程董学则》，陈淳的《小学诗礼》，真德秀的《教子斋规》，方孝孺的《幼仪杂箴》，高贵亨的《洞学十诫》，颜之推的《颜氏家训》，程端礼的《朱子读书法》、《朱子治家格言》，吕得胜的《小儿语》，吕坤的《续小儿语》、《社学要略》，陆世仪的《论小学》、《论读书》，唐彪的《父师善诱法》，朱用纯的《治家格言》等书的主要有关儿童养正、立身的论述。对于编辑该书的宗旨，陈宏谋在《养正遗规自序》中阐述说："天下有真教术，方有真人材。教之端自闾巷始；人材之成自儿童始。大《易》以山下出泉，其象为蒙，而君子之所以果行育德者，于是乎在。故蒙以养正，是为圣功，义至深矣。"[1]"养正"也是陈宏谋编辑本书的动机。

《训俗遗规》成书于乾隆七年（1742 年）江西布政使任上，针对此地诉讼繁多之弊而作，他认为："狱讼繁多，良由人心渐习于浮薄，或因一念之差，或纤毫之利，或系一时之忿戾，遂至激而成讼，辗转株连，纠葛日众。"[2] 他辑录了司马光的《司马温公居家杂仪》、朱熹的《增损吕

① 陈宏谋：《五种遗规》，《养正遗规序》，光绪十七年开封府刊本。
② 陈宏谋：《五种遗规》，《训俗遗规序》，光绪十七年开封府刊本。

氏乡约》、陆九韶的《居家正本制用篇》、袁采的《袁氏世范》、王演畴的《讲宗约会规》、王士晋的《宗规》、顾炎武的《日知录》、张履祥的《训子语》、王之的《言行汇纂》、史典江的《愿体集》、杨继盛的《椒山遗训》、王守仁的《王阳明文钞》、陈抟的《心相编》、吕坤的《好人歌》、黄佐的《庸言》、李应升的《诫子书》、陆世仪的《思辨录》、魏禧的《日录》、朱用纯的《劝言》等治家格言，其中不少是劝人行孝、忍让和睦之类的说教。有自序，各篇均有按语。该辑《序》说："古今之治化见于风俗，天下之风俗征于人心。人心厚则礼让兴而讼端息矣。"① 《训俗遗规》所载的一些内容大多浅显易行，如《增损吕氏乡约》，立约简明，仅有"德业相劝"、"得失相规"、"礼俗相交"和"患难相恤"四条目，认为如有贤明官员，"有望于居乡之贤者，推己及人，为善乎乡"②，化导民众，就会出现"父诫其子，兄勉其弟，莫不群趋于善，而耻为不善之归"的现象，达到"人心日厚，民俗日淳，讼日少而刑日清"③ 的太平盛世。

《从政遗规》，成于乾隆七年（1742 年）江西布政使任上。辑录内容主要有吕祖谦的《官箴》、何坦的《常言》、王应麟的《困学纪闻》、许衡的《语录》、薛瑄的《要语》、王守仁的《告谕》、李廷机的《宋贤事汇》、高攀龙的《责成州县约》、吕坤的《明职》、《刑戒》、颜茂猷的《官鉴》、顾炎武的《日知录》、于成龙的《亲民自省六戒》、熊宏备的《宝善堂居官格言》和《官长绅士不费钱功德例》等。辑录成书的目的在于为初入仕途的人提供入仕门径，他说："迨入仕途，官场事宜尤未娴习，临民治事茫无所措，未优而仕，不学制锦，心窃忧之。……若仅以因循陋习，了官场之故套，何以上副圣训，以下符民望?"④ 所以，他对于"凡切于近时之利弊、可为居官箴规者，心慕手追，不忍舍置"⑤。他说自己辑书的目的是"惟奉兹古训，随时考镜，转相传布，以此自勉，即以此勉人"⑥，首列吕祖谦《官箴》，认为"见居官者必先自立，然后可以

---

① 陈宏谋：《训俗遗规》，光绪十七年开封府刊本。
② 陈宏谋：《训俗遗规》卷1，《朱子增损吕氏乡约》，光绪十七年开封府刊本。
③ 陈宏谋：《训俗遗规》，光绪十七年开封府刊本。
④ 同上。
⑤ 同上。
⑥ 同上。

有为。士大夫不讲气节，虽有才华，徒工奔兢，患得患失，何所不至耶！至于谨小慎微、慈祥恺悌，任理而不任气，此儒术之异于俗吏也"① 的论述鞭辟入里，故列在卷首。薛瑄《要语》云："言之平正无疵，而亲切有味若此。人能悉心体究，严义利之辨，观物我之源，则心地日就光明，规模日就宏远。"② 王守仁的《告谕》先告后刑，陈宏谋给予了很高的评价，认为它"动之以天良，剖之以情理，而后晓之以利害，看得士民如家人子弟，推心置腹，期勉备至，民各有心，宜其所至感动也"③。与此同时，陈宏谋指出当时官府告谕公文："不论理而论势，止图词句之可听，不顾事情之可行，不曰言出法随，则曰决不宽恕，满纸张皇，全无真意，官以挂示，便为了事，而民亦遂视为贴壁之空文矣。"④ 显然，陈宏谋选取该篇，希望矫正时弊。历官多年，深知不耐烦之弊，因此陈宏谋对耿定向的《耿恭简公耐烦说》极为赞赏，说："入情入理，切中锢病，并谓耐烦更在廉之上，尤自来观箴所未及也。"⑤

　　《教女遗规》成书于乾隆七年（1742 年）江西布政使任上，共 3 卷。辑录了班昭的《女诫》、蔡邕的《女训》、宋若莘的《女论语》、吕德胜的《女小儿语》、吕坤的《闺范》、温以介的《温氏母训》、唐彪的《人生必读书》等，主要是女子德言容功方面的修行和礼仪，陈宏谋认为："天下无不可教之人，亦无可以不教之人，而岂独遗于女子也！"⑥ 因此本书"采古今教女之书，凡有关女德者，裒集成编。事取其平易而近人，理取其显浅而易晓"，其目的是"欲世人之有以教其子，而更有以教其女也"⑦。陈宏谋教育的出发点是"相夫教子"，他说："在家为女，出嫁为妇，生子为母。有贤女然后有贤妇，有贤妇然后有贤母，有贤母然后有贤子孙。王化始于闺门，家人利在女贞。女教之所系，盖綦重矣！"⑧ 针对"近世女子好华饰，趋巧异，几乎以四德为诟病"⑨ 的世态，陈宏谋以

---

①　陈宏谋：《从政遗规》卷上，《吕东莱官箴》，光绪十七年开封府刊本。

②　陈宏谋：《从政遗规》卷上，《薛文清公要语》，光绪十七年开封府刊本。

③　陈宏谋：《从政遗规》卷上，《王文成公告谕》，光绪十七年开封府刊本。

④　同上。

⑤　陈宏谋：《从政遗规》卷上，《耿恭简公耐烦说》，光绪十七年开封府刊本。

⑥　陈宏谋：《教女遗规》，光绪十七年开封府刊本。

⑦　同上。

⑧　同上。

⑨　陈宏谋：《教女遗规》卷上《曹大家女诫》，光绪十七年开封府刊本。

"始之以卑弱，终之以谦和"① 的《女诫》为"对症良剂"，以班昭为"百代女师"，故将班昭《女诫》"列诸卷首，以为教女者则焉"②。在女子教育读物方面，陈宏谋认为宋若莘编的《女论语》很有特色，它"条分缕析，便于诵习。言虽浅俚，事实切近。妪媪孩提，皆可通晓"③。而吕坤的《闺范》"前列嘉言，后载善行"④，"子道、妇道、母道胥备焉。所载懿行，可以动天地、泣鬼神。至今读之，凛凛犹有生气。诚哉地维赖以立，天柱赖以尊。孰谓女德为无关轻重哉！"⑤ 仅《闺范》一篇，就占去《教女遗规》55%的篇幅！可见陈宏谋多么注重榜样的作用。

《在官法戒录》成书于乾隆八年（1743年）四月陕西巡抚任上。分总论、法戒录、法录下、戒录四部分。辑录了历代书传所载封建官吏的善行和劣迹，并逐条加以指评论断，目的是让人见善者以效法，见不善者以自戒。陈宏谋认为，"凡国计民生，系于官即系于吏"⑥。《总论》首篇引《太公阴符经》，认为"治乱之要，其本在吏"⑦。指出"吏有十罪"，即苛刻，不平，贪污，以威力胁民，与吏合奸，与人无惜，作盗贼、使人为耳目，贱买贵卖于民，增易于民，震惧于民。谆谆告诫为吏者："当知己与命官，虽有尊卑，其为民生休戚所系则一，不可不自勉也。"⑧《法戒录》首篇引《汉书》萧何事迹，认为萧何为沛县吏掾时"已具宰辅器识"，任相后"训后惟在节俭，尤非富贵中人也"。下卷首篇引《唐书》孙伏伽事迹，评论道："以小吏得微职，能于上前慷慨论事，不畏逆鳞，则为吏时必能主持公道，扶植善类，不肯颠倒曲直，陷入于罪者也。及骤膺宠命，喜色不形；广坐陈说往事，不以小吏为讳。"⑨《戒录》首篇引

---

① 陈宏谋：《教女遗规》卷上《曹大家女诫》，光绪十七年开封府刊本。

② 同上。

③ 陈宏谋：《教女遗规》，《宋尚宫女论语》，光绪十七年开封府刊本。

④ 陈宏谋：《教女遗规》，《吕新吾闺范》，光绪十七年开封府刊本。

⑤ 同上。

⑥ 陈宏谋：《在官法戒录》，广西乡贤遗著编印委员会编印《陈榕门先生遗书》，民国32年排印本。

⑦ 陈宏谋：《在官法戒录》卷1，《总论》，广西乡贤遗著编印委员会编印《陈榕门先生遗书》，民国32年排印本。

⑧ 同上。

⑨ 陈宏谋：《在官法戒录》下卷，广西乡贤遗著编印委员会编印《陈榕门先生遗书》，民国32年排印本。

《汉书》张汤事迹，认为"张汤为酷吏之首其深刻残猛，自儿时已然"①，而其父"不闻有义方之训，反使书狱，以宠异之"②，终于使张汤断送了性命。作为官吏的张汤固然罪有应得，死有余辜，但张汤父亲不可辞引导不当之咎。《在官法戒录》运用了大量事例，并通过评说，可以使人明白为官为吏的基本要求和常规政务，也可以赞同陈宏谋的自述："观是录者，善恶灿陈，荣辱由己，何去何从，必有观感而兴起者矣。"③

总之，陈宏谋主张实心为实政，不居讲学之名，从心而出，因心而发，随世体恤，匡时济世，"有一分实心，自有一分实效，规模既定，持之以久，自克观成有日也"④。正因为如此，他对坐而论道，高谈天理性命的朱学末流不屑："近世言学，亦知尊尚朱子，而用功止凭口耳，呈技惟在词章。终日读书作文，未知所读之书于己何益，所作之文于世何用。其业居然读书，人亦未尝不以读书人目之，究之于身世，毫无所益。甚有所行所存与书全相反者，使世人谓书可以不读，读书不必有用，皆由于此。"⑤ 由此他也痛斥为文而文的文章之学，他说："为诗词、歌赋而读书者，风云月露之学也，纵极富丽，何裨民物？为身心性命而读书者，经世服物之学也，似乎迂远，终归实用。果能从身心性命上用工，考古证今，心有所得，措之身世则为不朽之事业，敷之词翰则为有用之文章，以云诗赋，莫高于此。"⑥ 更反对为升官富贵的科举："制义取士，义取阐发精蕴，囊括古今。而沿习既久，遗本逐末，谈声调，工剿袭，幅无心得之语，人尚空衍之文，于古今事，全不关会，于圣贤之言本意，亦鲜发明。士人习为口头禅，而亦世逐以敲门砖目之，时文之颓弊，而学术之空疏，大半由此。"⑦ 他的文章几乎都是经世之文，或内容关涉国计民生、社会风俗，或语涉劝诫，不炫辞藻，切中要害即可。在他的著述中，对如性、命、诚、敬、仁义礼智信、忠信、忠恕、道、理、太极、中庸、经权、义

---

① 陈宏谋：《在官法戒录》下卷，广西乡贤遗著编印委员会编印《陈榕门先生遗书》，民国32年排印本。

② 同上。

③ 陈宏谋：《在官法戒录序》，广西乡贤遗著编印委员会编印《陈榕门先生遗书》，民国32年排印本。

④ 陈宏谋：《培远堂手札节要》卷中，《寄周人骥书》，民国38年石印本。

⑤ 徐世昌：《清儒学案》卷64，《寄家圣泉法书》，人民出版社2010年版，第1679页。

⑥ 徐世昌：《清儒学案》卷64，《寄朱晓园书》，人民出版社2010年版，第1683页。

⑦ 陈宏谋：《培远堂手札节要》卷上，《寄汪槐堂灏书》，民国38年石印本。

利等理学的重要范畴并未如许多理学名家一样有精细入微的概念辨析、严密周到的逻辑论证。他的理学观点散见于书信手札、序跋中，针对行政或某一具体事件而发。

3."临桂学"的影响和地位

临桂后学有陈兰森、陈继昌和王杰。

陈兰森（1234—1804），陈宏谋长孙，陈钟珂之子，乾隆丙子科（1756年）举人，丁丑科（1757年）进士，翰林院编修，能诗文，官至江西布政使、刑部郎中。乾隆二十八年（1763年）以后不离陈宏谋左右，潜心著述，有《四书考辑要》、《三通序目》存世。并不热衷于开宗立派或学术交往，其学术受陈宏谋影响，志在经学和史学的研究。其学术多秉承陈宏谋之意而作，而其论述多引先儒成说，缺乏独特的学术见解，如《四书考辑要》，"其引古以六经三传及先儒成说为主，记载先后以事为断，于'四书'中典章制度、人物地名，均详加注释，大致取其简明，不取其富丽；取其切要，不取其浮泛。书为秉承祖训而作"①，故其学术影响不大。《三通序目》为陈兰森收集资料整理，陈宏谋加以审定而成。《课士直解》，原系陈宏谋为后学讲习经文的讲稿，后见积集颇厚，便汇编为集子，由陈兰森整理刊行，收入《陈榕门先生遗书》。

陈继昌（1791—1856），原名守睿（一说守壑），号莲史，人称"陈三元"。陈宏谋玄孙，曾祖陈钟珂，祖父陈兰森。父陈鼎勋，家居不仕。本生父陈元焘，举人出身，亦能诗文，官内阁中书。陈继昌为人刚正，官声清白。和陈宏谋一样，主张实学，初授翰林院修撰，历任陕西乡试副考官，陕甘主考，知山东兖州府事，江西按察使，通永河道巡察使，山西、直隶、江宁布政使，江苏巡抚，内阁中书等职。为政期间，所到之处，弘扬教化，兴修水利，奖励农桑，体恤民瘼，清廉勤政，洁身自律。受陈宏谋影响，热爱学问，崇尚理学，平日在他的书房中，素设南宋理学大师朱熹的牌位，每天早上开卷读书之前，必定肃然敬拜，方始开读。潜心研究朱子学，著有《读书心解》、《礼学须知》、《如话斋诗稿》等。但所著《读书心解》、《礼学须知》，仅心得札记，并不系统，也没有后学。

王杰（1725—1805），字伟人，号惺园，一号畏堂，陕西韩城人，历乾隆和嘉庆两朝，"直道一身立廊庙，清风两袖返韩城"，可谓对其为官

---

① 徐世昌：《清儒学案》卷64"临桂学案"，人民出版社2010年版，第1685页。

一生的真实写照。其主要著作有《惺园易说》、《葆淳阁集》等。在江苏巡抚陈宏谋门下当幕僚时，接受其性命躬行之说。但他年轻时曾问学于武功孙酉峰，学术更多承继和弘扬的是关学，"临桂之学"就此衰落。

总之，从开宗立派数量、参与人数和范围来看，随着时代的变迁，广西理学之士在不断吸收理学思想的同时，促进了理学的各种流派在广西的传播，虽然广西的理学之士创新有所不足，但是它作为宋明理学不可或缺的组成部分，为全面而准确地揭示宋明理学的地位和影响，有极其重要的价值。同时理学思潮传入，深刻影响了宋明时期广西士子的价值观念，进而对广西文化产生了不可忽视的影响。

在临桂的交游中，除《清儒学案》提及的陈法、沈起元、王步青、尹会一、雷鋐、杨锡绂外，还有陈仁这个重要人物值得提及。陈仁，字寿山，武宣人，雍正十一年（1733年）进士。历官湖北粮道，调四川建昌道。从学于方苞，方苞在《陈西台墓表》有这样的记述："（陈）仁及吾门十年，自翰林改官台中，颇知慕古贤节概，……行身之不苟，而知子孙之性质多类其祖宗。"① 现存《用拙斋诗文集》诗2卷、文2卷，48篇，为门人沈德潜编次，应是陈仁生前所编，成集于乾隆年间、道光间，现存有民国26年排印本，有张汝谦的序。

陈仁讲友为陈宏谋，二人常以道义相切劘，有赠陈句云："前辈典型有公在，大臣风节是吾师。"② 文集中，与陈宏谋往返书信有《与西安巡抚榕门族兄书》、《与西安巡抚榕门族兄书》、《答江苏巡抚榕门族兄书》、《与两广总督可斋族兄书》等。第一封《与西安巡抚榕门族兄书》，从内容上看，作于陈宏谋第二次任陕西巡抚（1748—1752）时，是时陈宏谋忧虑子嗣。陈宏谋一共生有六个女儿，四个儿子，四个儿子全都夭折。当乾隆十年（1744年）钟瑛死时，陈仁去信劝慰说："吾兄有志于圣贤久矣，岂明不及此耶。或者宗祀忧深，不觉情之过耳。弟上卜天心，下观人事，将必有良子顺孙以报德，愿少宽无恐。"③ 后来陈宏诚三子陈钟珂出嗣给他。陈钟珂，字鸣远，学业淹贯，乾隆六年举人，进士。另一封

① 方苞：《望溪先生文集》卷12，《陈西台墓表》，《续修四库全书》第1420册，上海古籍出版社2002年版，第459页。

② 陈仁：《用拙斋文集》，民国25年排印本。

③ 陈仁：《用拙斋文集》，《与西安巡抚榕门族兄书》，民国25年排印本。

《与西安巡抚榕门族兄书》作于第二次陕西巡抚任上，谈及西北时局，陈仁认为不在外患而在准噶尔部，这还是比较有先见之明的。《答江苏巡抚榕门族兄书》作于乾隆二十二年（1757 年）陈宏谋任江苏巡抚时，讨论招嫉之事。陈宏谋好名，《陈榕门先生年谱》记载说乾隆二十六年（1761年）陈宏谋 66 岁，两请陛见，均遭拒绝，谕旨中有"陈宏谋在督抚中，尚属能办事，而生平好名习气始终未除等语"[①] 即可佐证。《与两广总督可斋族兄书》作于陈宏谋乾隆二十二年（1757 年）十二月任两广总督时，此信陈仁与陈宏谋讨论的是广西瑶壮地区盗窃之风，陈仁去信的目的希望陈宏谋严打，他说："地方官非不究问，但专务以德化，概从宽大。而猺庄冥顽，人心疲玩，以为官法不加，肆无忌惮。"[②]

陈仁的主要理学观点有这样几个：①关于性学。陈仁《性学》，是一篇勾勒性学发展的文章，作者简单回顾了从尧、舜、孔子、孟子、子思、告子、荀子、扬雄、韩愈、王安石等人的性善恶观，而承袭的是朱熹性学观，认为"理不离气，气不离理，理气合而性乃全"[③]，由此可知，他和陈宏谋一样，推崇朱子学说。②纲纪即天理。对于天理，他关注的不是宇宙本体层面的意义，而是道德本体，他说："夫道于人固未易全，然子臣弟友、动作礼仪威仪无一非道，得其一亦可谓道，况其有四三者乎！余观自古圣贤豪杰，备道在躬，天理所寄以为心，而籍之纪纲乎民物者！"[④]天理即心，天理即纪纲，纪纲即子臣弟友等道德伦常。③文章与政事通。受方苞的影响，陈仁主张文的经世务实性，强调文的工具性，在《张恬墅文集序》中，陈仁对此有较为全面完整的表述：

> 文章一艺与政事通。古之作者道充于中，不得已而后有言。或心有不平，假文以鸣之。故文不苟作，作则凿然有当于实用，而政事皆有可观焉。何者？文以明道。政事者道之散殊也，尧、舜、禹、汤、文、武、皋、夔、稷、伊十数圣人，所言即所行，所行即所言，无所为文也。孔孟程朱皆以有为于世也，其立言之功，直与天地参，亦不

---

① 陈宏谋：《培远堂文集》卷 10，《陈榕门先生年谱》，广西乡贤遗著编印委员会编印《陈榕门先生遗书》，民国 32 年排印本。

② 陈仁：《用拙斋文集》，《与两广总督可斋族兄书》，民国 25 年排印本。

③ 陈仁：《用拙斋文集》，《性学》，民国 25 年排印本。

④ 陈仁：《用拙斋文集》，《广东候坤族兄七十寿序》，民国 25 年排印本。

得以文名之。盖充于道、明于政未有不达于辞者也。①

　　首先肯定了文的作用，文可以做，但不应该用于吟风弄月。其次文不是目的而是手段，因文不在言辞而在传达政事或情绪，他所说的"政事"即国计民生、政治事务，"文章与政事通"这个观点显然更加强调的是文章的经世功能，比起"文以载道"、"文以明道"、"文从道出"等观点较为宽泛，在这一点上，显然受到了方苞的影响。方苞学宗宋儒，文章源于经术，其"义法说"对后世影响较大。④宗经征圣。宗经征圣观自来有之，朱熹的格物致知就很强调书本，通过读书来格物。通过读书，建立价值评判标准，然后再反己及身，提高自身道德。因此，读什么书就显得非常重要，朱熹把书规定在儒家传统经典的范围内，最终成就圣人。陈仁《与覃羹书》强调宗经，"望足下潜心六籍，以圣贤为必可学，以豪杰为必可几，专一其志，不为他物见夺，久之事事都觉从前不是，都见己不如人，这便是学业进益处，况所见愈深则所为愈力，道虽无穷，其必直椎而前，以蹈古人之迹也，灼灼明矣。"②

　　宋明清以来，广西本土理学之士不足百人，在这百人中，没有一人进入正史的儒林传或道学传；且在这百人之中，开宗立派的只有陈宏谋的"临桂学"③。他治二程、朱熹之学，强调明体达用、知行合一。应该说，他所做的这一切，是对正统理学传统的发挥，也是对当时学者特别是汉学家批评宋学之无实无用所做出的一个回应。只不过因他所沿袭的仍是程、朱套路，学理上并无新的发明，故此回应显得并不十分有力。从其所处的时代看，汉学考据占据学坛中心位置的格局基本形成，宋明义理之学想要从低潮中回升，必得别有发明、开出新局面，但陈宏谋不具备这样的魄力，他对理学的态度仍是以守成为上，认为：

　　　　今日讲学，只须辨别何为有益，何为无益，正不必分门别户，另立宗主。至于制义，原以发明四书，而四书之理有因制义而晦者，皆

　　①　陈仁：《用拙斋文集》，《张恬墅文集序》，民国 25 年排印本。
　　②　陈仁：《用拙斋文集》，《与覃羹书》，民国 25 年排印本。
　　③　徐世昌：《清儒学案》卷 64 "临桂学案"，人民出版社 2010 年版。

由作文不肯认清书理之故。文字虽佳，奈不切题何！①

这种"不必分门别户，另立宗主"的想法，以及"将四书、六经发明，得圣贤之道"，"便是真正学问"的主张，使得他习惯于对程、朱义理亦步亦趋，不作更张，即便深知"四书之理，有因制义而晦者"，也是归罪于作文者的"不肯认清书理"，而非指责"四书"及其制义。可见，因循固守、平实切用，是陈宏谋为学之特色所在。

又因其学术的实践性特点，其影响要更多地依靠个人的人格魅力和行政地位，限制了学术发展空间，再加上陈宏谋本人一生为官，无力把大量精力放在培养后学身上，后继乏人，门庭不大，故影响有限。

（二）桐城派与"岭西五大家"

1. 桐城之学的传入与"岭西五大家"的产生

清人桂的各学派，就其影响而论，应该首推桐城学派。桐城学派与广西的渊源甚早。方苞弟子官献瑶乾隆年间曾为广西学政。其后姚鼐弟子胡虔、好友谢启昆等人在嘉庆年间进入广西，弟子姚莹为镇压太平天国起义进入广西。但这些人进入广西，或忙于政务和著述，或史料缺失，不见有桐城学术的传播活动。而广西士子在他们之前就有主动从学方苞的陈仁，陈仁《上方望溪先生书》说：

> 九月惟端世兄抵石首县任，过武宣，叩先生起居，入夏遘厄疾，秋乃瘥。仁闻之且骇且喜。既又思先生之病皆有所由名：矻矻遗经，虽笃老而手未尝停批，此积劳而病也；以天下百姓为心，见时政有阙失，辄忧郁形于色，或终夜不眠，此积忧而病也；又春秋已高，寝食偶不加检，则精神顿减，此积衰而病也。然硕果犹存，后生小子，有所鹜式，不可谓非天之无意也。世尝说正人君子多不克其寿，其然？岂其然乎？②

文中称方苞先生，自称"后生小子"，足见其师从关系。从学十年，甚得方苞文章精神，道光年间广西巡抚梁章钜评其文章说：

---

① 陈宏谋：《培远堂手札节要》卷下，《寄靖果园书》，民国38年石印本。
② 陈仁：《用拙斋文集》，《上方望溪先生书》，民国25年排印本。

武宣陈寿山观察（仁）有诗名，……闻观察尝在方望溪先生门下者十年，先生称其行已不苟。余尝见其所撰《四节妇记》，甚得古文法，不愧望溪宗派。惜集佚不传，粤人但知其工吟咏也。①

陈仁虽得方苞嫡传亲授，但对弟子门派并不热衷，方苞本人就"自矜重，不假借后生"②，因此桐城文章学并没在陈仁这里发生影响，直到吕璜出现，桐城之学才在广西被传播、接受，产生了影响广西文学的"岭西五大家"。

"岭西五大家"是对嘉庆、道光年间广西吕璜、朱琦、龙启瑞、王拯和彭昱尧五位"桐城派"古文学家的合称，是后人根据他们共同的文学宗向和创作影响所给出的称谓，并最终确立于民国24年刊成的《岭西五家诗文集》。

首先吕璜在榕经、秀峰书院倡导桐城文章，朱琦、彭昱尧、龙启瑞、王拯从其学桐城古文。吕璜在浙江期间，问学于姚鼐弟子吴德旋，故清徐世昌《清儒学案》把他和龙启瑞、朱琦列入"惜抱学派"。吕璜（1771—1838），字礼北，号月沧，广西永福人，是"桐城派"在广西的奠基人。清嘉庆十六年（1811年）进士，曾任浙江庆元、奉化、钱塘等知县及杭州西海防同知等职，号为循吏。吕璜小时候就开始研读宋儒著作，对程朱之学甚为信服，"每对有宋大儒之书，辄肃然起敬，叹为天地之元气所结，而世道人心所由维持于不蔽，幸有此也，真有德之言也"③。锐意桐城古文，"僚友有李海帆，曾请业于惜抱，因以讲求为文之法；又间闻之于姚春木，及得见吴仲伦，贻书往返，备得惜抱之说"④。1834年，吕璜罢职回乡后，受聘于榕湖讲舍，后又为秀峰书院山长，极力宣扬桐城义法，开启了广西文学桐城的先风。在众多求学诸生中，以朱琦、彭昱尧、龙启瑞、王拯等最为突出。他们都崇奉桐城义法，恪守桐城理论，并以此来指导自己的古文创作。

---

① 梁章钜著，蒋凡校注：《三管诗话》，广西人民出版社1996年版，第107页。

② 徐世昌：《清儒学案》卷51"望溪学案"，人民出版社2010年版，第1386页。

③ 吕璜：《月沧文集》卷2，《答毛生甫书》，侯绍瀛《粤西五家文钞》，光绪二十四年刻本。

④ 徐世昌：《清儒学案》卷89"惜抱学案下"，人民出版社2010年版，第2409页。

　　在 1839—1847 年间朱琦、龙启瑞、王拯、彭昱尧等在京问学梅曾亮。道光十九年（1839 年）朱琦来到京师，开始与梅曾亮交游。此后，龙启瑞、王拯、彭昱尧等人相继进京赴考。登门求教之际，京中桐城文风则再盛一时，对此，朱琦咸丰三年（1853 年）的记载是：

　　　　伯言居京师久，文益老而峻，吾党多从之游，四方求碑版者走集其门。先是吾乡吕先生以文倡粤中，自浙罢官，讲于秀峰十年。先生自言得之吴仲伦，仲伦亦私淑姚先生者。是时，同里诸君，如王定甫、龙翰臣、彭子穆、唐子实辈益知讲学，及在京又皆昵伯言，为文字饮，日夕讲摩。当是时，海内英俊皆知求姚先生遗书读之，然独吾乡嗜之者多。伯言尝笑谓琦曰："文章其萃于岭西乎！"①

龙启瑞《彭子穆遗稿序》咸丰三年（1853 年）说：

　　　　梅先生古文为当代宗匠，子穆、少鹤暨朱伯韩琦、唐仲实启华及不肖每有所作，辄相就正，得先生一言以为定，……方是时，海宇承平既久，粤西僻在岭峤，独文章著作之士未克与中州才隽争鹜而驰逐。逮子穆与伯韩、少鹤、仲实先后集京师，凡诸公文酒之宴，吾党数子者必语海内能文者，屈指必及之，梅先生尝言："天下之文章其萃于岭西乎！"②

梅曾亮此语实有渊源，乾隆之末，姚鼐古文辞有盛名，历城周书昌说："天下之文章，其在桐城乎！"③ 作为姚门高第，不可能不知此句话的出处和分量。当时他用类此的话来揄扬和肯定朱琦等人的文章，一则增加了岭西群体的文学影响力，他们的影响已超出了广西，波及了全国。在人们的心目中，广西作家已进入了当时全国屈指可数的作家行列中。二则确立了他们对桐城之学的接续、衍生之功，"岭西五大家"一名也就胎息于此。

────────────

　　① 朱琦：《怡志堂文初编六卷》卷 6，《续修四库全书》第 1530 册，上海古籍出版社 2002 年版，第 246 页。

　　② 龙启瑞：《经德堂文集》卷 2，《彭子穆遗稿序》，《续修四库全书》第 1541 册，上海古籍出版社 2002 年版，第 575 页。

　　③ 《曾国藩全集》第 14 册 "诗文"，《欧阳生文集序》，岳麓书社 2008 年版，第 204 页。

曾国藩作于咸丰五年（1855 年）之后的《欧阳生文集序》中，论及桐城派于广西的流衍，进一步确立了吕璜、朱琦、龙启瑞、王拯四人的文章地位：

> 仲伦与永福吕璜月沧交友，月沧之乡人有临桂朱琦伯韩、龙启瑞翰臣、马平王锡振定甫，皆步趋附吴氏、吕氏，而益求广其术于梅伯言。由是桐城宗派流衍于广西矣。①

咸丰四年（1854 年），经朱琦、龙启瑞等人倡议，由唐岳整理梅曾亮、吕璜、朱琦、彭昱尧、龙启瑞和王拯等六人的文集，刊印了《涵通楼师友文钞》，共 9 卷：梅曾亮 2 卷、朱琦 2 卷、王拯 2 卷、龙启瑞 1 卷、彭昱尧 1 卷以及梅曾亮、王拯和龙启瑞词 1 卷。文集编入梅曾亮文章是为表明师承关系，也确立了文统；吕璜、朱琦、龙启瑞、王拯和彭昱尧五人文集是五人作品的第一次合编，这为日后"岭西五大家"称谓的产生提供了事实依据。

光绪二十四年（1898 年），侯绍瀛编纂《粤西五家文钞》，谢元福述及编纂缘起时说：

> 嘉道之际，永福吕礼比、临桂朱伯韩两先生始以桐城之文导乡党，马平王氏、临桂龙氏两先生复起而和之，于是粤西之文且为世所指名，上元梅郎中伯言至谓"海内文章，殆在粤西"。虽一时好尚，遂辟吾乡文辞之正轨，则亦若有运会存乎其间，非偶然也。吾友侯东洲大令习闻诸先生之学，闲尝约采其本集诸文荟为一编，复傅以吾师郑先生之文，命曰五家文钞。②

这是广西古文家文集汇编中最早出现的"五家"之说。"五家"是吕璜、朱琦、龙启瑞、王拯和郑献甫，至于此书以郑献甫代彭昱尧，是因彭昱尧文集没搜集到，而以郑献甫文集补足空缺。

---

① 曾国藩《曾国藩全集》第 14 册"诗文"，《欧阳生文集序》，岳麓书社 2008 年版，第 204 页。

② 谢元福：《粤西五家文钞叙》，侯绍瀛编纂《粤西五家文钞》，光绪二十四年刻本。

光、宣间揭阳姚梓芳，拟用聚珍版刻印吕璜、朱琦、龙启瑞、王拯、彭昱尧五人文集，"五大家"之名在此时得到确认和成立。

黄蓟民国 24 年根据临桂唐氏涵通楼所刊的《涵通楼师友文钞》，刊《岭西五家诗文集》，其叙中说：

> 有清道光、咸丰之际，桐城之学流衍于广西，而月沧、伯韩、翰臣、定甫、子穆诸子诗古文辞并著名当世，湘乡曾文正公于《欧阳生文集序》述其渊源特详，长沙王益吾、遵义黎莼斋两先生复相继以其文选入《续古文辞类纂》，由是天下学者莫不知有"岭西五大家"矣。①

于是"岭西五大家"作为一个文学名称正式成立。

2. "岭西五大家"的文学主张及其创作

桐城派是理学的文学经世产物。清初思想者如顾炎武、王夫子、黄宗羲等人目睹王学末流空疏误国的惨痛后果，提出经世理学主张。在这个前提下，或主张经学经世，或主张史学经世，或主张考据经世，而文学经世则直接产生了桐城派。桐城戴名世首倡"言有物"，道、法、辞并重，精、气、神合一的文学主张，开了桐城派先声。

桐城派散文创始人是方苞。方苞（1668—1749），字灵皋，亦字凤九，晚年号望溪，亦号南山牧叟，安徽桐城县人，著有《方望溪先生全集》。康熙四十五年（1706 年）进士及第，官至礼部侍郎。方苞究心理学，说："宋五子之前，其穷理之学未有如五子者。五子之后，推起绪而广之，乃稍有所得；其背而驰者，皆妄凿墙垣而植蓬蒿，学之蠹也。"② 遇有时人攻击程朱学说，反复辩说，极力维护程朱。曾论为学宗旨："制行继程朱之后，文章在韩、欧之间。"③ 论文提倡"义法"，说："义即《易》之所谓言有物也，法即《易》之所谓言有序也。义以为经，而法纬之，然后为成体之文。"④ 准确地说，"义"即程朱之义理；"法"则指韩

---

① 黄蓟：《岭西五家诗文集叙》，《岭西五家诗文集》，1935 年排印本。

② 徐世昌：《清儒学案》卷 51 "望溪学案"，人民出版社 2010 年版，第 1351 页。

③ 同上书，第 1352 页。

④ 方苞：《望溪先生文集》卷 2，《又书货殖传后》，《续修四库全书》第 1420 册，上海古籍出版社 2002 年版，第 318 页。

欧之法度，"义法"为桐城派散文理论奠定了基础，后来桐城派文章的理论即是方苞"义法"的继续发展完善。其创作典正雅洁，李光地赞其文章"韩欧复出，北宋后无此作也"①。接续方苞"义法"有所创获的是刘大櫆。刘大櫆（1698—1780），字才甫，一字耕南，号海峰，桐城人，曾官黟县教谕。从方苞交游，深得方苞的推许，以为可与韩愈、欧阳修并列。论文强调"义事、书卷、经济"，主张在艺术形式上模仿古人的"神气"、"音节"、"字句"，创作上熔铸众体，才华横溢。后姚鼐与之游，得其桐城文法。姚鼐是桐城派集大成者，壮大了古文的声势，在桐城派中地位最高。姚鼐（1732—1815），字姬传，一字梦毅，桐城（今属安徽）人。其室名惜抱轩，学者称惜抱先生，故称此学派为惜抱学派。乾嘉之际他以善古文辞名天下。乾隆三十八年（1773年），清廷开四库全书馆，姚鼐破格被荐入馆充纂修官。后因与总纂官纪昀意见不合，乾隆三十九年（1774年）42岁的姚鼐辞归故里，从此退出仕途。他主张"道与艺合，天与人一"，"义理、考据、词章"合一，强调文章必须以考据、词章为手段，来阐扬程朱义理。让程朱义理与文学结合，天赋与学力相济，他还将多种风格归纳为"阳刚"和"阴柔"两大类，对后世影响很大。最后，他把文章的艺术要素提炼为"神、理、气、味"和"格、律、声、色"八字。方苞、刘大櫆、姚鼐三人文章为学者所宗尚，称桐城派，三人也被称为"桐城三祖"。

姚鼐之后，桐城学术经转相授受，门派壮大，门徒众多，浙江的邵懿辰，江苏的鲁一同、吴德旋，山西的冯志沂，江西的吴嘉宾，湖南的吴敏树、孙鼎臣、邓显鹤、曾国藩、杨彝珍，广西的朱琦、王拯、龙启瑞、彭昱尧等皆从梅曾亮讲论。梅曾亮（1786—1856），原名曾荫，字伯言，江苏上元（今南京）人，道光二年（1822年）中进士，曾入安徽巡抚邓廷桢与江苏巡抚陶澍之幕，然都历时不久。道光十二年（1832年），他再次入京，十四年（1834年）授户部郎中官，直到道光二十九年（1849年）去官回乡，在京师度过了近20年的官宦生涯，晚年主讲扬州梅花书院，著有《柏枧山房文集》、《诗集》、《文续集》、《诗续集》、《骈体文》等，另编有《古文词略》24卷。所交管同、方东树、姚椿、毛岳生等，皆文学之士。18岁时拜姚鼐为师，系统接受了桐城文章之学。梅氏论文首先

---

① 徐世昌：《清儒学案》卷51"望溪学案"，人民出版社2010年版，第1351页。

主张"因时"，要求文章要反映社会危机、民生问题、痼疾时弊等，这是对桐城固守义理的一大突破，是他对桐城之学的发展，也是主要贡献所在。但并未完全突破桐城藩篱，他说的"因时"仅仅指的是文章的内容，但文章的指向，梅曾亮还是主张归于义理，根植"六经"。其次继承和发挥刘大櫆的"气"说，在桐城三祖中，刘大櫆重气，他说："昔人云：'文以气为主'，气不可以不贯。"梅曾亮把刘氏的观点进一步发挥拓展，他说："夫古文与他体异者，以首尾气不可断耳。有二首尾焉，则断矣。退之谓六朝文杂乱无章，人以为过论。夫上衣下裳，相成而不复也，故成章。若衣上加衣，裳下有裳，此所谓无章矣。其能成章者，一气者也。"①强调行文一气呵成、自由疏宕。再次主张"气直体曲"，他说："文气贵直而其体贵屈。不直则无以畅其机，不屈则无以达其情，故善为诗文者主乎达而已矣。"②"气"就其表达而言，追求一泻千里的气势和明白晓畅，"体"就文章结构而言，主张的是顿挫、转折，追求曲折尽意、一唱三叹的审美享受。最后在具体技法上，特别注重从音节、字句上体会古人之神气，他说："欲得其气，必求之于古人，周秦汉及唐宋人文，其佳者皆成诵乃可。夫观书者，用目之一官而已，诵之而入于耳，益一官矣。且出于口，成于声，而畅于气。夫气者，吾身之至精者也，以吾身之至精，御古人之至精，是故浑合而无有间也。国朝人文，其佳者固有得于是矣。诵之而成声，言之而成文。"③郭绍虞先生在《中国文学批评史》中写道："盖后世文人既以古文相号召，则势不能不取则于古作。然而取则古作，学其字句则嫌太似，学其法度又怕太拘，若欲学其精神则理论虽高，奈苦无下手之处。论文到此，真入穷途。所以桐城文人在音节字句上以体会古人之神气，则学古有途径可循；同时再在音节字句上以体验己作之是否合古，于是作文也有方法可说。"④可谓中肯之论。

广西桐城之学最先就传自吴德旋。吴德旋（1761—1840），字仲伦，

---

① 梅曾亮：《柏枧山房全集》卷 2，《与孙芝房书》，《续修四库全书》第 1513 册，上海古籍出版社 2002 年版，第 620 页。

② 梅曾亮：《柏枧山房文续集》，《舒伯鲁集序》，《续修四库全书》第 1514 册，上海古籍出版社 2002 年版，第 102 页。

③ 梅曾亮：《柏枧山房全集》，《与孙芝房书》，《续修四库全书》第 1513 册，上海古籍出版社 2002 年版，第 620 页。

④ 郭绍虞：《中国文学批评史》，上海古籍出版社 1979 年版，第 645 页。

江苏宜兴人。会考落第便绝意科举，而致力于古文创作。至 26 岁，于京师游学，与恽敬、张惠言一起学习古文，并习读了姚鼐的《古文辞类纂》。他十分倾慕姚鼐，"侧闻今天下为古文者，惟桐城姚惜抱先生学有原本，而得其正，然无由一置身其侧，亲承指授以为恨"①，嘉庆十二年（1807 年）吴德旋师事姚鼐。著《初月楼文稿》等。

吴德旋论文以"六经"本，强调"义法"，行文追求雅洁，说：

> 六经，圣人之文，其言至精至大，万物毕具。圣人既没，迄乎战国之时，诸子百家纷纷淆乱，准孟子、荀卿，采六经之文以著书，发明仁义礼乐之旨。……自是厥后，作者代兴，而司马子长、韩退之杰然相望于千百年中，如山之有泰华焉。……盖古之为能文者，理莫畅于孟子、荀卿，法莫备于子长、退之。此四君子者，其文皆本于六经，由其道可以上达于孔氏，后之学为文而求合于圣人之道，舍四君子，其奚适哉？②

上面这段话主要含义有：①"六经"是圣人之文，所传达的是圣人之道，为"义"所在。这一点被吕璜所继承，《示经古书院三首》之二中说："将为古文章，汉唐多可宗。北宋有作者，亦复称豪雄。其义相六经，其语羞雷同。学诗溯汉魏，千九百年中。师资转益多，毕竟将安从。取法必最上，超超自行空。老氏贵知希，诗文理常通。人世交口誉，境地知未崇。果且进于古，笑讥或易丛。倘求合于人，古音听谁聪。"③ 在平常与一些后辈的讨论中，他劝勉后进通过读宋儒之书来加强自身的修养，"以先品行而后文艺相语，教以读《性理》、《近思录》诸儒书"④。②取法路径，"由唐宋以上窥秦汉，于汉人先马而后班"⑤，以四子之文为准的，孟

---

① 吴德旋：《初月楼文集续钞》卷 8，《姚惜抱先生墓表》，光绪十年（1884 年）刻本。

② 吴德旋：《初月楼文集》卷 4，《小岘山人文集序》，光绪十年（1884 年）刻本。

③ 吕璜：《月沧文集》卷 1，《示经古书院三首》，黄蓟《岭西五家诗文集》，1935 年排印本。

④ 吕璜：《吕璜自订年谱》，北京图书馆编《年谱丛刊》第 135 册，北京图书馆出版社 1999 年版，第 457 页。

⑤ 吕璜：《月沧文集》卷 2，《答毛生甫书》，侯绍瀛《粤西五家文钞》，光绪二十四年刻本。

子、荀卿、司马迁、韩愈四人之文既有"义"，又有"法"，研读、揣摩可以上窥圣人之道，下学作文之法。为此，他进一步指出："上等之资从韩文入，中资从柳、王二家入，庶几文品可以峻，文笔可以古。人皆喜学欧、苏，以其易肖，且免艰涩耳，然此两家当于学成后，随笔写出，无不古雅，乃参之以博，其趣庶不流于率易。"① 吕璜在这一点上有所修正，他在《示经古书院诸生三首》之一中说："古人贵通经，所贵在致用。近人务说经，乃务以哗众。群经述作殊，大旨条贯失。汉唐笺注家，谈言只微中。宋贤炳薪传，道积鉴斯洞。论足周圣涯，亦足醒昏霜。奈何猥琐流，嚣然复聚讼。党护故纸堆，张汉而抑宋。瓦砾偶抬取，浪羽怪石供。供之犹自可，持作弹丸弄。岂知仁义府，高坚屹不动。"② 吕璜强调的重点不在经而在"致用"，"用"是宋儒之用，即身心性命，他在《答毛生甫书》中说："文所以载道，操觚家类无不知之，然见道有浅深，……每对有宋大儒之书，辄肃然起敬，叹为天地之元气所结，而世道人心所由维持于不蔽，幸有此也，真有德之言也。"③ 他首先强调"德"，所发挥的还是传统的"有德者有言"之说，因此他"不欲为文人之文，务根极于道德尤为大，《易》修辞立诚之训，有深旨焉"④。"窃意我辈幸生有宋大儒之后，舍其书无以观理蕴之深"⑤，"盖穷经主乎义理，时藉有宋大儒之书厚其养焉，匪惟熟讲于古作家律度，独有师承也"⑥。关怀社会风俗、国计民生，这就是吕璜的"道"，他比吴德旋所论要狭窄。

其次，吴德旋论文强调古文之法。姚鼐论文非常讲究"法"，"文之精"之"神、理、气、味"与"文之粗"之"格、律、声、色"有机地统一起来。还从文章的审美角度把文章的风格美分为"阳刚"、"阴柔"两大类。《古文绪论》非常注重句法、字法、章法的探讨，如"章有章

---

① 吴德旋：《初月楼古文绪论》，《续修四库全书》第1714册，上海古籍出版社2002年版，第469页。

② 吕璜：《月沧诗集》，《示经古书院三首》，黄蓟《岭西五家诗文集》，1935年排印本。

③ 吕璜：《月沧文集》卷2，《答毛生甫书》，侯绍瀛《粤西五家文钞》，光绪二十四年刻本。

④ 同上。

⑤ 同上。

⑥ 吕璜：《月沧文集》卷2，《答吴仲伦先生书》，侯绍瀛《粤西五家文钞》，光绪二十四年刻本。

法，句有句法，字有字法，到纯熟后，纵笔所如，无非法者"①。强调文章风格的刚柔、阴柔协调，说："淡非浅薄之谓，浅薄则人人能之，正为文所当戒者也。文章之道，刚柔相济。《史记》及韩文，其两三句一顿，似断不断之处极多；要有灏气潜行，虽陡峻亦寓绵邈，且自然恰好，所以为风神绝世也。"②《古文绪论》中尤其对文章语言的"雅洁"要求颇高，探讨尤为深入：

> 古文之体，忌小说，忌语录，忌诗话，忌时文，忌尺牍，此五者不去，非古文也。国初如汪尧峰文，非同时诸家所及，然诗话尺牍气尚未去净，至方望溪乃尽净耳。诗赋字虽不可有，但当分别言之，如汉赋字句，何尝不可用？六朝绮靡，乃不可也。正史字句，亦自可用，如《世说新语》等太隽者，则近乎小说矣。公牍字句，亦不可阑入者，此等处，辨之须细须审。③

桐城古文之所以风行一时，在于他们对字法、句法、章法、修辞及文章风格等作文之法有自己一套全面完整的理论和易于操作的方法，他们虽强调"义"，但事实上更注重琢磨"法"。在这一点上吕璜完全接受了桐城观点，崇尚"雅洁"，他说："春泉诗无一险怪字、绮艳语，纯明雅澹。"④吕璜接受桐城文章后，与吴德旋、毛岳生等人书信往返，探讨文章大法，甚至寄文求教，其文章有较为浓厚的桐城色彩，吕璜现存文章80多篇，辑为《月沧文集》2卷，其中相当部分为"书"、"序"类文章，吕璜往往于此中多论文章心得、心性道德，体现了其文章"意淡心闲"的"阴柔"美。不过，吕璜谨守规矩，文章拘牵过多，端正有余而自由疏放不足。

《古文绪论》在吕璜的推崇和讲授下，成为朱琦、龙启瑞、王拯等人的古文指南，朱琦对此深有感慨道："文字无今昔，六经为根荄。夫子抱

---

① 吴德旋：《初月楼古文绪论》，《续修四库全书》第1714册，上海古籍出版社2002年版，第469页。

② 同上。

③ 同上。

④ 吕璜：《月沧文集》卷3，《归春泉诗集序》，侯绍瀛《粤西五家文钞》，光绪二十四年刻本。

遗篇，狂简慎所裁。讲席秀峰尊，百史能兼赅。……弟子逡逡进，白发笑口开。论道有绳尺，举酒方欢诒。指谓旧师友，徜徉不我猜。初月照高炯，乃自桐城来。义法守方姚，无异管与梅。示我震川文，有若饮醪醴。……忆昔束发初，执卷心忽摧。每恨古人远，津逮难沿徊。岂期生并世，几席获追陪。勖以坚操履，闭门绝梯媒。庶几传朴学，一使志业恢。"① 在"五大家"中，朱琦最先接受吕璜的文章观点，后又与梅曾亮交游。

自受梅曾亮古文理论和创作指导后，朱琦、龙启瑞、王拯、彭昱尧等人的理论和创作都达到了一个新的高度。朱琦（1803—1861），字濂甫，号伯韩，广西桂林人，朱凤森②之子。道光十一年（1831 年）举人，十五年（1835 年）进士。由翰林院庶吉士历任编修、给事中、御史、道台。性刚毅，屡上书论政，以直言敢谏与苏廷魁、陈庆镛称"谏垣三直"。道光二十六年（1846 年）辞官南归，主持桂山、孝廉、秀峰书院。太平军起，家居办团练。后以道员守杭州，城陷死难。赠太常寺卿，予骑都尉世职，祀昭忠祠。朱琦一生行事，深受理学影响。早年游学京师，正是唐鉴、倭仁等人大力宣扬理学之时，据《清稗类钞》记载："临桂朱伯韩观察琦，尝从倭文瑞（仁）、唐确慎、李文清诸公游，与闻道学之统。"③ 朱琦自己也说："余获侍先生（倭仁）久，粗有闻。"④ 所以倭仁的理学思想，尤其是他"躬行实践"的为学之方，最为朱琦所服膺。朱琦气格强调"刚"，他说："要培植正气，正气不足，回护牵掣，必有见到做不到处。"⑤ 又："伯韩谆谆以刚字相勉，谓必如此，而后能任重致远，迁善不勇，改过不勇，皆萎靡之故。"⑥ 朱琦时常和倭仁讨论理学修养的问题，逐步提高了自己的理学水平，深得倭仁的赞赏，倭仁说："朱伯韩侍御居

---

① 朱琦：《怡志堂诗初编》卷 2，《续修四库全书》第 1530 册，上海古籍出版社 2002 年版，第 150—151 页。

② 朱凤森，嘉庆六年进士，官河南浚县知县，有政声。滑县教匪起，率团练御之，屡破贼，城守卒完。迁河南府通判。殁，祀名宦。

③ 徐珂：《清稗类钞》第 8 册"文学类"，中华书局 1984 年版，第 3883 页。

④ 朱琦：《怡志堂文初编》卷 6，《续修四库全书》第 1530 册，上海古籍出版社 2002 年版，第 251 页。

⑤ 倭仁：《倭文端公遗集》卷 4"日记"，清光绪元年求我斋刊本，第 272 页。

⑥ 同上。

谏垣能尽其职，不合而去，无几不平之意，盖得讲学之力。"① 郑献甫在《朱伯韩侍御小传》中对朱琦评价道："在词馆时以诗与张亨甫、何子贞齐名；在谏垣时以直言与陈颂南、苏赓堂齐名，在本籍时又以文与吕月沧、龙翰臣齐名。"② 现存《怡志堂文集》60 多篇文章，"琦学宗程、朱"③，理学气味浓重。清徐世昌《清儒学案》、黄嗣东《道学渊源录》、刘师培《清儒得失论》和史革新《程朱理学与晚清"同治中兴"》皆把他列为广西理学代表人物之一。

桐城之学对朱琦的文论和创作的影响主要表现在：①"严于义法"的文章原则，认为："为文先养气。""气定志益坚，尤须审诚伪。"④ 朱琦所说的"气"，并不同于梅曾亮的气为文气、文势之说，而是宋明理学范畴中的道德之气，因此他才说需要辨识"气"的真伪虚假，才需要长期的涵养功夫。因此他的文章在内容上多经术、义理之文。《辩学》指斥士风趋利，《名实说》抨击大臣庸懦颟顸，都是有的放矢之文，此外多篇《孟子说》文章，都是"植体经训，原本忠孝"⑤ 之文。而在论述义理、考据、辞章三者之间的关系上，遵从桐城之说，认为："于古也合，于今也分，专取之则精，兼贯之则博；得其一而昧，其二则隘；附于此而攻于彼，则陋；有所利而为之，而挟以争名则伪。"⑥ 这点也表现在他讲求文章义理、考据和辞章相结合，如《周易述传序》、《诗经大义后序》等，对《易经》、《诗经》的学术源流叙述错落有致，条理清晰；《团练纪略后序》、《妙香轩集唐诗序》则对"团练"、"集句"的起源进行了一番考察；《自记所藏古文辞类纂旧本》、《北宋篆隶二体石经记》则对书的版本、真伪等问题有着独到的见解。②接受梅曾亮"因时"和《古文绪论》的"经世致用"观，文章内容主要集中于时事、时弊，务为有用，如《名实说》、《答客问》、《读酷吏传》、《书郑比部四策后》等，现举《名

① 倭仁：《倭文端公遗集》卷 4 "日记"，清光绪元年求我斋刊本，第 372 页。

② 郑献甫：《补学轩文集》，《朱伯韩侍御小传》，侯绍瀛《粤西五家文钞》，光绪二十四年刻本。

③ 赵尔巽等撰：《清史稿》卷 165 "列传"，中华书局 2003 年版，第 11596 页。

④ 朱琦：《怡志堂诗集》，《王礼思州牧》，黄蓟《岭西五家诗文集》，1935 年排印本。

⑤ 朱琦：《怡志堂文初编》，谭献《怡志堂文集叙》，《续修四库全书》第 1530 册，上海古籍出版社 2002 年版，第 210 页。

⑥ 朱琦：《怡志堂文初编》卷 1，《辩学上》，《续修四库全书》第 1530 册，上海古籍出版社 2002 年版，第 211 页。

实说》一文以说明：

孰难辨？曰：名难辨。名者，士之所趋，而易惑天下。有乡曲之行，有大人之行。乡曲、大人其名也；考之其行，而察其有用与否，其实也。

世之称者，曰谨厚、曰廉静、曰退让。三者名之至美者也，而不知此乡曲之行也，非所谓大人者也。大人之职在于经国家、安社稷，有刚毅大节为人主畏惮，有深谋远识为天下长计，合则留，不合以义去。身之便安不暇计也，世之指摘，不敢逃也。

今也不然，曰：吾为天下长计，则天下之衅必集于我；吾为人主畏惮，则不能久于其位。不如谨厚、廉静、退让，此三者可以安坐无患，而其名又至美也。夫无其患而可久于其位，又有天下美名，士何惮而不争趋于此？

故近世所号为公卿之贤者，此三者为多矣。当其峨冠襜裾，从容步趋于庙廊之间，上之人不疑，而非议不加，其沉深不可测也。一旦遇大利害，抢攘无措，钳口挢舌而莫敢言，而所谓谨厚、廉静、退让，至此举无可用。于是始思向之为人主畏惮而有深谋远识者，不可得矣。

且谨厚、廉静、退让三者，非果无用也，亦各以时耳。古有负盖世之功而思持其后，挟震主之威而唯恐不终，未尝不斤斤于此。有非常之功与名，而斤斤于此，故可以蒙荣誉、镇薄俗、保晚节。后世无其才而冒其位，安其乐而避其患，假于名之至美，僩然自以为足，是藏身之固，莫便于此三者，孔子之所谓鄙夫也，其究乡原也，是张禹、胡广、赵戒之类也。甚矣其耻也！

且吾闻大木有尺寸之朽而不弃，骏马有奔踶之患而可驭。世之贪者矫者肆者，往往其才可用。今人貌为不贪不矫不肆，而讫无用，其名是，其实非也，故曰难辨也。

曰乡曲无讥矣，然岂无草茅坐诵而忧天下其人者乎？而士之在高位者，伈伈睍睍曾乡曲之不若，何也？是故君子慎其名，乡曲而有大人之行者荣，大人而为乡曲之行者辱。①

该文以充沛的才气和深厚的学识，论辩滔滔，针砭时弊，切中肯綮，语言生动活泼。总之，朱琦的古文创作不囿于藩篱，自成一体，"学桐城，能自以才力充拓之，故常沛然有余"，"理正辞醇，气味深厚"②。最后，能自觉运用桐城理论进行文学评点，如朱琦在《李竹朋诗序》中标举姚鼐"阴柔阳刚"的风格论来品评诗文：

> 余笑曰：然人所禀有刚、有柔者，天生也。其资乎学以救偏而增美者人也。人事极则天机自与之相应，其不相应者，必毗于刚与柔，即美矣，而非其美之至。……故曰其为人伉直者，词劲以达；为人和雅者，词温以平；为人沉深者，词郁以厚。推类而言，词虽百变，虽技之小者，各肖其人以出。惟天与人一，艺与道合，而后不毗于所偏，而为美之至。姚子姬传有言，古今文字阴阳刚柔而已。其得阳与刚之美者，如霆、如电、如崇山巨壑、如决大川；其于人如凭高视远，如君而朝万万众、如鼓万勇士而战之。其得阴与柔之美者，溠乎其如叹，邈乎其如有思，煖乎其如喜，愀乎其如悲。观其词、审其音，则其人性情举以殊焉。③

龙启瑞（1814—1858），字翰臣，一字辑五，临桂（今桂林市）人。道光二十一年（1841年）状元，历官翰林院修撰、顺天府乡试同考官、湖北学政、通政司副使、提督江西学政、江西布政使，同治十一年（1872年）入"江西名宦祠"。有《经德堂文集》、《古韵通说》、《字学举隅》、《经籍举要》等著述存世，《清史稿》把他列入"儒林传"，清徐世昌《清儒学案》、黄嗣东《道学渊源录》和史革新《程朱理学与晚清"同治中兴"》把他列为广西理学代表人物之一。

---

① 朱琦：《怡志堂文初编》卷2，《名实说》，《续修四库全书》第1530册，上海古籍出版社2002年版，第218页。

② 朱琦：《怡志堂文初编》，倭仁《怡志堂文集跋》，《续修四库全书》第1530册，上海古籍出版社2002年版，第253页。

③ 朱琦：《怡志堂文初编》卷4，《李竹朋诗序》，《续修四库全书》第1530册，上海古籍出版社2002年版，第235页。

　　龙启瑞推崇姚鼐文章，他说："昔姚姬传先生谓经义可为文章之至高，而士乃视之甚卑，因欲率天下为之。尝精选名家文为一编，以迪后学。……余尝欲用姚先生之言以诏告吾乡之后进，今读先生之集，益见文之高卑系乎人之用力，因为士之自励于学者劝也。"①

　　龙启瑞对"法无定法"之说则有了更深刻的理解：

　　　　然窃怪今之文所以靡弱而不逮于古者，则亦有故焉。自汉班、马、贾、董之俦，其人皆笃学早成。因以其馀著书而传后世，故其文成法立，非有所规摹结束而为之也。逮唐之韩、柳，宋之欧、苏者，出其文乃始有法，然皆洒脱放旷，务尽其中之所欲言，且人人自为面目，初未尝画为一途，谓天下之文尽出于是也。自明归震川氏，出而论文之道始归于一。夫归氏之文，其于韩、柳、欧、苏者诚未知何如？要可谓具体而微者也，特其生当有明文运衰薄之后，一二荒经灭古者踳驳败坏之馀，于是寻古人之坠绪而一一以法示之，彼其心诚救时之弊耳，然而其才或有所蓄而不敢尽也。继归而起者，为国朝方灵皋侍郎，其于义法乃益深邃。方之后为刘为姚，要皆衍其所传之绪而绳尺所裁。断断然如恐失之，故论文于今日昭然如黑白之判，于目犁然如轻重长短之决于衡度也，虽高才博学之士苟欲倍而驰其势，有所不能。吁，后有作者习归方之传，而扩而大之可也，如专守其门径，而不能追溯其渊源所自，且兢兢焉惟成迹之是循，是束缚天下后世之人才而趋于隘也。②

　　在"义法"说上，接受桐城学说。主张以文载道，以道驭文，说："有宋大儒朱子出，得圣贤不传之道统于千载之上，……为学而身不齿于圣贤之林，虽多文为富，犹无学也。然则居今之世，而为古之儒，舍朱子小学，奚所从入哉。"③因此，他十分强调"四书"、"五经"的重要性，称之为

　　① 龙启瑞：《经德堂文集》卷2，《朱约斋先生时文序》，《续修四库全书》第1541册，上海古籍出版社2002年版，第576页。
　　② 龙启瑞：《经德堂文集》卷3，《致唐子实书》，《续修四库全书》第1541册，上海古籍出版社2002年版，第595页。
　　③ 龙启瑞：《经德堂文集》卷2，《重刊朱子小学序》，《续修四库全书》第1541册，上海古籍出版社2002年版，第578页。

"文章学问之本"，认为时文、试帖、律赋，其根柢在"四书"、"六经"中，而对桐城"经世致用"上有自己的发挥，他把"经"引上了考据和历史，以治经经世，以"史鉴""匡时"，强调学问，说：

> 治经自是学人第一要义，而求其有裨实用，则史籍较经籍为多，荀卿子曰：欲观后王之迹，则于其灿然者已，今之史册是也。经术固不可不明，然行之贵得其意，如徒拘于章句训诂，则是俗儒之学。若欲按其成法推而行之于世，则如井田封建用之于古则治，用之于今则乱。苟非其人，道不虚行，故空谈经学者，正如夏鼎、商彝，无适于用。要惟约其理而返之于身，因以推之于世而不泥于其迹者，庶有当焉。①

龙启瑞注重发挥经术的经世功能，注重在文章中阐述经籍的当下意义。不过受当时学术风气影响，龙启瑞的学术倾向于朴学，其学术贡献和成就也主要在音韵学、文字学上。他结交汉阳学者刘传莹，切磋经义，潜心研究音韵学。他贯穿音韵学的各个名家，如顾、江、苗、段和王、孔、张、刘诸家之书，而著《古韵通说》、《字学举隅》、《小学高注补正》、《庄子字诂》等作品。同时强调历史的借鉴作用，除了有《是君是臣录》、《班书识小录》、《通鉴识小录》等史学著述外，其文集中也多史论文章，这些文章都是他认为对当时有借鉴作用的，如《春秋王不称天辨》、《春秋君弑贼不讨不书葬》、《论外臣书归书入例》、《跋苏明允集后》、《及晋处父盟文公二年》、《逆妇姜于齐文公四年》等考论周详，深于学问，如《论外臣书归书入例》：

> 《春秋》外臣之书入者四，惟"许叔入于许，善其有兴复之美，其它如郑良霄、宋公之弟辰及仲佗、石彄、公子地、乐大心，大抵皆叛臣。书归者六，惟宋华元、陈侯之弟、黄卫公、孟彄为无大罪，他如卫孙林父、楚公子比皆党援大国，卒成篡逆之事；晋赵鞅则身为畔逆，因韩、魏之援而得返国者也。其书复归入者三，曰卫元咺、宋鱼

---

① 龙启瑞：《经德堂文集》卷3，《致冯展云侍读书》，《续修四库全书》第1541册，上海古籍出版社2002年版，第594页。

石、晋栾盈而已。晋赵鞅及郑良霄、宋辰诸人之罪，不薄于鱼石、栾盈、孙林父与楚公子比，则较之元咺，殆有甚焉，而不书复归与复入者何？曰：鞅固未出其国也。不出其国，不得言复归也。郑良霄、宋辰诸人及乐大心，或自许，或自曹，或自陈、卫，孙林父、楚公子比皆自晋。自者，有所由来，其归也易矣，亦不必言复也。然则卫元咺非自晋欤？曰：元咺之迹，不与赵鞅诸叛人同，且国无内援，非公子比之类。其归而无君命，则较之孙林父又有间也。书复归，从晋志也；曰复者，不宜复者也。咺于武叔之杀，可以去矣，不甘于一去，而诉君于晋，因藉晋之势，以摈其君而以专其国，其于栾盈、鱼石之盗邑以叛者，相去几何哉？若赵鞅、宋辰诸人，则不必言复，而叛君之罪已明矣。故曰大夫无复道者，此说是也。[1]

该文史料丰富，论述客观，条分缕析，逻辑严密，体现了学人之文的本色。唐岳说："翰臣于《春秋》为专家之学，其所论辩皆发前人所未发，能得圣人之微言奥旨而又持论平允，非近世之穿凿者，文亦综博贯穿，隽絜爽畅。"[2]

彭昱尧（1811—1851），字子穆，又字兰畹。广西平南县人，道光二十年（1840年）举人。道光十四年（1834年）受知于当时广西学政池生春，从学于秀峰书院，接受了吕璜的桐城之学。一生未曾出仕为官，有《致翼堂文集》存世，有论7篇、序6篇、读4篇、议1篇、书4篇、传状3篇、碑志2篇、记3篇、赋1篇、哀辞11篇等，这些文章大都经过梅曾亮及王拯、龙启瑞、唐子实、朱琦等的点评，极有史料价值。

其古文风格经历了二次转变。第一次转变发生在学桐城之法后，自觉地以"法"驭"才"，以"义"驭"气"。彭昱尧在五家中最富才气，文风纵横捭阖，有三苏之风，如《伊尹论》、《论周东迁》、《晋献公杀其世子申生论》、《三以天下让论》、《秦穆公论》、《曹参论》等史论文章皆作于道光乙未年（1835年），此时正是他受知于池生春、读书于秀峰书院之

---

① 龙启瑞：《经德堂文集》卷1，《论外臣书归书入例》，《续修四库全书》第1541册，上海古籍出版社2002年版，第570页。

② 龙启瑞：《经德堂文集》卷1，《春秋王不称"天"辨》后注，黄蓟《岭西五家诗文集》，1935年排印本。

时，此时的他意气风发、才华横溢，如《读金滕》文：

> 武庚一竖子耳，然其振臂一呼，淮夷响应。观于多方一诰，知当时叛周者，不仅洛之顽民，然则武庚之叛，不可谓无人也。……危疑匡怯，其气馁弱而不振。当时决计东征，以身任天下之安危者，惟周公。然则武庚之叛，在周亦不可谓有人也。使风雷弗彰，金滕不启，周公或不幸忧谗而死。武庚挟其遗民余孽乏众，以摄邦君庶士之心，长驱河洛，直窥周室，周之为周，尚可问也。①

文章作于道光乙未年（1835年），论证圣人之圣在于"弭患预防"。气势纵横，文辞论说，自出机杼，极富才气。池生春说："激昂才气，自将不可一世。""有眉山苏氏父子之风。"梅曾亮评说："辨甚雄，稍失之亢。"② 第二次转变发生在京师游学期间，道光十九年（1839年）会试落榜，此后四次应考皆如此，不过，在京师游学期间，在王拯引见下，拜见了梅曾亮，并得到了梅曾亮的指点，文章为之一变，对此王拯有详细描述：

> 君时方锐治诸经，为古文词，奔腾浩瀚有苏洵、苏辙父子之风。感知于楚雄公，尤激昂淬厉，才气自将不可一世。时为歌词纵恣横逸、光色万变，相引而益奇。……又闻当世所称归、方义法者于吕，而折节从之，一屏才气，委蛇绳尺。……君又以所质吕先生者质之，于是君文盖数变。……呜呼！君之材使学大成，其为文章吾不知其于古人者将何如？而天不假其年以死。既死，而所为文章吾不知其于古人者将何如？而以吾观之，其于当世所号为能者殆未或逊，而粤之人士之知所学为古文词者，实自君始。……其诗文曰《怡云楼稿》若干卷，将与子实定之以行世云。咸丰三年月日。③

---

① 彭昱尧：《致翼堂文集》卷1，《读金滕》，黄蓟《岭西五家诗文集》，1935年排印本。

② 彭昱尧：《致翼堂文集》卷1，《读金滕》后注，黄蓟《岭西五家诗文集》，1935年排印本。

③ 王拯：《龙壁山房文集》卷7，《彭子穆墓表》，《续修四库全书》第1545册，上海古籍出版社2002年版，第230—232页。

彭昱尧的古文，基本上遵循了桐城派传统的"义法"理论，首先在内容主旨多关涉道德风尚，价值评判也以此为标准，如《谢氏家庙碑》里：

> 子孙得展其追远之诚，仁之至，义之尽也。今之所谓祠堂者，其祠既合族为之，虽有当祧，其势不能。然借以敦睦其宗族，绵延其孝思，亦以孝治天下者所不禁，而仁人孝子所窃取焉者也。①

故梅曾亮评价说："详实，体表亦得，少有疵句。"② 其次推崇雅洁，如他《伊尹论》最后一段："志微而事显，所世将有为其显者，志信而事疑，所世将有徒袭其疑者。处嫌疑而合乎道者曰权，惟圣人能秤权，不可以训后世之为人臣子者，故孔子谨之。"③ 文字简洁精练，说理透彻，被梅曾亮先生称赞说："磊落而甚洁净。"④

彭昱尧文章以才气胜而神韵自成一格，如《马氏姊哀辞》一文：

> 道光十七年十月甲子，昱尧自桂林归平南，马氏姊病，吾母匿之不以告。越三日丙寅，吾母曰：而姊病矣，趋往视之。日中而至，则以日出而殁，弥留之际，有剥啄其扉者，则讶曰："吾弟其来乎？"及病革不能言，犹张目以俟。呜呼！以骨肉天亲，思一晤以诀而不可得，可恫也已。余之视姊疾也，将及其里，遇采荍媪于途，其一曰马氏妇死矣。其一曰是归宁其母，而中蛊于路者。其一曰马氏惟季妇贤，如短命何？余聆之而悸，复幸其讹，入门而姊果死。姊之事吾母也，婉而柔；其事夫也，顺而健。柔嘉和其妯娌，贤声洽于里媪，而竟短其年，则命也。余女兄四人，惟伯姊随其婿为令而去；仲姊则壮而寡，且夭其爱子；三姊则穷而蒌，姊则窭而札。余兄弟亦落拓偃蹇，岂气类相感者然。天道幽远，尚可问哉？尚可问哉？姊适马君飞

① 彭昱尧：《致翼堂文集》卷2，《谢氏家庙碑》，黄蓟《岭西五家诗文集》，1935年排印本。
② 彭昱尧：《致翼堂文集》卷2，《谢氏家庙碑》后注，黄蓟《岭西五家诗文集》，1935年排印本。
③ 彭昱尧：《致翼堂文集》卷1，《伊尹论》，黄蓟《岭西五家诗文集》，1935年排印本。
④ 彭昱尧：《致翼堂文集》卷1，《伊尹论》后注，黄蓟《岭西五家诗文集》，1935年排印本。

鹏，教授里巷间，剥衣减食，戚然抱饥馁忧。其殁也，年三十六，子二女一，并幼。其辞曰：……①

文章通过"马氏姊听门"、"路闻其讹"细节描述，融身世于描述，娓娓道来，感人至深，与归有光的散文有几分神似，因此梅曾亮评："此直似熙甫妙处。真骚人之言也。"② 可此文作于道光丁酉年（1837 年），唐启华注释说："此子穆丁酉作。当时吾粤未知有归震川也，使得其遇而又假之年所造，孰能测其所至耶！"③ 广西人得知归有光文章，那是 1834 吕璜教授广西之后，朱琦说吕璜："示我震川文，有若饮醴醅。元气自开阖，众妙归胚胎。废兴虽百变，真意无隔阂。"④ 看来人同此心、心同此情。对此，龙启瑞在《致翼堂诗文集序》中评价说："文则早年似柳子厚未至柳州前作，及见梅先生后，其神韵益近震川。"⑤

王拯（1815—1876），初名锡振，字定甫，号少鹤，亦作少和，别署忏甫、忏庵、茂陵秋雨词人，又号龙壁山人，广西马平人。道光二十一年（1841 年）进士，授户部主事，充军机章京。太平天国起义爆发后，王拯随大学士赛尚阿到广西督师，条奏《团练十则》。咸丰年间，升任大理寺少卿。同治三年（1864 年），迁太常寺卿，署左副御史，擢通政使。曾多次上疏议政，以直言见忌，被降职，告老还乡，主讲于桂林榕湖经舍、秀峰讲舍。兼善诗、词、书、画，著有《龙壁山诗文集》、《茂陵秋雨词》、《归方评点史记合笔》等。王拯论学反对乾嘉汉学，认为"所谈既不以行于身，为文至不能通其意"，喜读经书及"朱子《小学》、《近思录》诸书"，表现出明显的理学倾向。对王拯的学术思想形成，宗稷辰说："定甫孤苦自立，其在桂林学成于吕、池二先生之门，于觉性益见通浚，即未能坚忍致力，偶有过差。吕、池二先生已先丧，无有切磋砥砺之者，赖其

---

①　彭昱尧：《致翼堂文集》卷 2，《马氏姊哀辞》，黄蓟《岭西五家诗文集》，1935 年排印本。

②　彭昱尧：《致翼堂文集》卷 2，《马氏姊哀辞》后注，黄蓟《岭西五家诗文集》，1935 年排印本。

③　同上。

④　朱琦：《怡志堂文初编》卷 2，《闻吕先生论文有述》，《续修四库全书》第 1530 册，上海古籍出版社 2002 年版，第 151 页。

⑤　龙启瑞：《经德堂文集》卷 2，《彭子穆遗稿序》，《续修四库全书》第 1541 册，上海古籍出版社 2002 年版，第 575 页。

老姊时为提策儆戒，使其本心至性出入危险而讫不至于沦泪。……每至论大节、讲大义、决大疑，灼然若火燃，泉达而不可遏，视世俗之行习直如尘埃粪壤，而绝无所累乎其初。凡此皆定甫之受姊诲者深，故能守其师说，任万变而不渝也。"①王拯学术思想的最终形成，则得益于中进士后留京交游的日子。在京城时，从梅曾亮游，又与朱琦、龙启瑞友善，与朱、龙等并称"粤西五大家"，是桐城派古文流衍广西的代表人物之一，清徐世昌《清儒学案》列入"姚氏学案"。

桐城对他的影响首先体现在他真诚地推崇桐城文章之学，目为正宗，这在他的文章中多有表达，如《答陈抱潜书》一文：

> 方氏文章为当世宗，国朝百余年来高才博学之士卒莫能过，非漫然也。仆生偏隅罕藏书，于方氏书幸皆见之。观其治经能得古圣微言大义，不为琐固僻之谈，而于《周官》、《仪礼》尤能剖析真，发微阐幽，举刘歆等窜乱之罪，启千古之蒙。其为文章笃雅淳厚，尽去一时才人策士乡塾稗官之习，心诚好之。比来京师，稍见当时贤豪者所为文章，或博辩而多诡杂，或澹泊而实空疏，或俗俚之见未去于胸，则其言恒詟鄙而背道，求其趋向之正无与方氏比者。独惜其规轴微隘而文采弗彰，未能兼采古人如老庄、淮南、列御寇、孙、吴、贾、晁之众长，出以弹压一世高才博学之士，此其未竟之绪。有贤哲者衍而充之，去其隘以即于宏，俾天下长短巨细魁荄奇特之众长，咸乐就吾之径途而一出于正。此为功于对圣立言之道甚巨，所日企之而未见也。所示临川李氏较方氏说，良有所见，乃仆以为此微疵耳。岂得以寸朽而弃连抱之木乎哉？夫贵耳而贱目，荣古而虐今，此俗儒懵识者所为。足下闻李氏之片说，未及究方氏全书，岂宜轻夫。名高者忌众，方氏晚达有重名，好招集人士，故者多，而为人薄行有后才为文好荡轶者尤首之，足下万万无是因辩说及之也，辄肆妄言惟察不宣。②

---

① 宗稷辰：《躬耻斋文钞》后编，卷7《又书定甫碑传铭赞等文稿后》，咸丰六年（1856年）越岘山馆刊本。

② 王拯：《龙壁山房文集》卷2，《答陈抱潜书》，清光绪癸未初版民国铅印本。

这篇无异于一篇卫道宣言，他确立方苞在清文坛上的地位，批驳李氏非难方苞之说为"片说"，直斥为"为文好荡轶者"。他认为，方苞的文章地位崇高，无人能及。其文发明义理、剖析真赝、发微阐幽、片言只语、道破真理；而言语雅洁。当然，他也认为方苞文章还未达最高境界，还存在内容狭隘、文辞雅洁有余而文采不足的缺点。很显然，王拯对方苞的推崇最主要还是着眼于内容主旨。这与他对文章功用的认识有关，《赠余小颇出守雅州叙》说：

> 　　三代之时文章、政事、道出于一，故其世隆则其文盛，为之者率一时之后王君公，于身所行而发于言，吾读诗书，典、谟、训、诰以《国风》、《雅》、《颂》之文，其志正以栗，其气穆而深，其治理清明严肃之象，皆载之以出。……后世寡识之士乃欲效其所为，若必将自致其身于阒然寥寂之区，而后为能用其专精之力者，彼其言多晃漾以为高，恢张以为大，其于天地名物凡天下之所有事实，未尝深涉焉。夫身未履其事而口侈其言，则所见不亲，使其为之，将有不顾而背去者，文章政事之道遂判然为二，不可复合，三代以后之文之所以日降而莫知所极也。……悠游敷政，必有所以举其职者，然后本其所得于民事者，一昌于文。①

他认为文章、政事、道应三位一体，"道"为体，"政事"为用，文章仅是工具，他所说的"道"包括靖国安邦之理和一己之德，也即传统儒家所坚守的"内圣外王"、成己成物。在这里，王拯完全忽视了文章的独立性和审美价值，认为只要用于政事，传达了"道"，言辞、结构、修辞、音节等技巧性东西统统就能在文章中自然呈现，与桐城三祖肆力于文章技巧有所不同，他的这个说法又把文章拉回到传统。从前面所引资料看，王拯对文辞在表达上的作用看法比较模糊，甚至矛盾，他对方苞文章缺乏文采是有所微词的，但在此处又不主张文章的独立性，甚至反对为文之文和为情之文。但在实际的创作中，王拯之文非常注重言辞、结构、修辞、音节等技巧的推考讲究，如他的《须砧课诵图记》一文，就是研读、模仿

---

① 王拯：《龙壁山房文集》卷4，《赠余小颇出守雅州叙》，《续修四库全书》第1545册，上海古籍出版社2002年版，第181页。

归有光《项脊轩记》一文技巧而成功的范例：

> 《须砠课诵图》者，锡振官京师所作也。锡振之官京师，姊刘在家奉其老姑，不能来。今姑殁矣，姊复寄食二姊，阻于远行。锡振自官京师之日，日蓄志南归以迄于今，颠顿荒忽，琐屑自牵，以不得遂其志。念自七岁时先妣殁，遂来依姊氏。姊适新寡，又丧其遗腹子，茕茕独处。屋后小园数丈余，嘉树荫之，树阴有屋二椽，姊携锡振居焉。锡振十岁后就塾师学，朝出而暮归，比夜则姊恒执女红，篝一灯，使锡振读其旁。夏夜苦热，辍夜课，天黎明辄呼锡振起，持小几就园树下读。树根安二巨石，一姊氏捣衣以为砠，其一使锡振坐而读，读日出，乃遣入塾。故锡振幼时每朝入塾所受书，乃熟于他童。或夜读倦闲，逐于嬉游，姊必涕泣告以母氏劬劳瘁死之状，且曰："汝今弗勉学，母氏地下戚矣。"锡振哀惧泣告，姊后无复为此言。呜呼！锡振不肖，年届三十矣。念十五六时，犹能执一卷就姊氏读，日惴惴然。于悲哀穷戚之中，不敢稍自放弃，自二十后出门，不复读，业日益荒怠，念姊氏教不可忘，故为图以自省，冀使其身依然日读姊氏之侧，庶免其臁弃之日深，而终于无所成耶。为之图者同年友陈君名铄，知余良悉，故图属焉。①

文辞雅洁，情致婉曲，"所为文雅若敛退，类情指事，啴谐通恕，肖其心之所出。"② 此篇清末《续古辞类纂》、《续古文观止》等选本均选录其中。他的《先考妣行实》、《亡室张宜人述》等，亦深得归有光之法，梅曾亮就以归有光之文相比，宗稷辰所评："至其悼亲怆故，表微章幽，远兼韩柳欧曾之长，而近多取法震川，使人寻味而不忍释。"③ 对此王拯说："顾自鄙陋，匿不敢出以示于人，在京师日，独尝录焉，就正先生，遽不鄙夷，诱掖扬导，屡举胜朝归氏熙甫文相况许。夫熙甫之文，昌黎、庐陵而后，本朝方、姚氏未出之先，盖数百年一人而已。蒙如锡振岂足望其一二。"① 有如此风格，一则由于自身秉性，二则得力于表达技巧的学习，王拯《书归熙甫集项脊轩记后》对此记载说："往时上元梅先生在京师，与邵舍人懿辰辈数人日常过之，皆嗜熙甫文。先生日谓舍人与余曰：'君等皆嗜熙甫文，孰最高？'而左手《震川集》与邵，右手一纸与余，曰：'第识之，以觇同否。'余纸书《项脊轩记》，先生取邵手所举集中文，即此也，乃相与皆大笑。"②

道、咸间，"岭西五大家"在全国有一定影响，其成就是自觉接受桐城之学的结果，也是理学在文学领域经世的成功范例，经过长时间的理学涵育，广西的理学在文学上终于得到了收获。

3. 桐城之学与"临桂词派"的兴起

"临桂词派"的兴起也与桐城之学有很大关系。"临桂词派"是晚清以临桂词学大师王鹏运、况周颐为领袖，及其同乡倪鸿、刘福姚、邓鸿荃、阳呈页、龙继栋等为骨干，并加上韦业祥、韦懿贞、杨怀震、崔瑛、崔肇琳、罗一清、陈柱、钟德祥、谢兰、韦启瑞、黄焕中、符恒理等广西词人，组成的一个词学创作派别。③ 该派王鹏运、况周颐与朱祖谋、郑文焯一起，被称为"清末四大家"，王鹏运为四大词人之首。王鹏运（1849—1904），字幼霞，亦作佑遐，号半塘老人，晚号鹜翁。清同治九年（1870 年）中举，后应进士不第。历官内阁中书、侍读学士、江西道监察御史、礼科给事中等 10 余载。从政期间，寄希望于政治改革，积极参加强学会、保国会活动，并为康有为上送奏章，争取变法强国。光绪二十二年（1896 年），上疏直奏，反对兴建颐和园，声震朝廷内外。戊戌变法失败后，险遭杀身之祸。后弃职南下，讲学于上海南洋公学，汇刻《花间集》以迄宋元诸家词为《四印斋所刻词》，校勘精审，词家有校勘之学自此始。平生词作甚多，有《袖墨词》、《虫秋词》、《味梨集》、《鹜翁词》、《蜩知集》、《校梦龛词》、《庚子秋词》、《春蛰吟》、《南潜集》

①　王拯：《龙壁山房文集》卷 2，《与梅伯言先生书》，《续修四库全书》第 1545 册，上海古籍出版社 2002 年版，第 154—155 页。

②　王拯：《龙壁山房文集》卷 5，《续修四库全书》第 1545 册，上海古籍出版社 2002 年版，第 203 页。

③　李启军：《简论晚清临桂词学大师王鹏运和况周颐的词学成就》，柳州师范专科学校，1997 年。

等，后删定为《半塘定稿》2卷，《剩稿》1卷行世。况周颐（1859—1926），清末词人、词学评论家。本名周仪，因避宣统皇帝溥仪讳，改名周颐，字夔笙，号玉梅词人，晚号蕙风，出身于名宦书香之家。12岁同年成为秀才，18岁被选入国学，成为优贡。20岁中举人，光绪十四年（1888年）任内阁中书，后历任会典馆纂修、江楚编译官书局总纂、安徽宁国府盐厘总办等职。光绪二十一年（1895年）离开北京南下，在扬州、苏州、南京、湖北、四川等地漂泊。辛亥革命以后，定居上海，以卖文终其一生。

　　二人的词学深受桐城派影响。"岭西五大家"之一的朱琦家居时，曾在王半塘家的家塾讲过课，他晚年的《杉湖别墅记》一文，记的就是王家的一处居所，可知他与王家的过从是很密切的，当时王半塘只有五岁。王半塘与王拯关系特殊，王拯文宗桐城，词尚常州词派，是广西"三大中兴词人"之一，又是王鹏运亲戚，王鹏运的曾祖父王会是王拯的叔伯兄弟。王半塘在京期间，参加以广西籍官吏为中坚的"觅句堂"的文学团体活动，其引路人即是王拯。况周颐12岁时受业于王拯，得王拯教导甚多，"岭西五家"的精神通过王拯传下来了。王半塘论词，"夙尚体格"，提出"重、大、拙"的词学理论，这跟桐城精神有神似之处。而王鹏运的词学理论，又直接启发、引导了况周颐，所著《蕙风词话》发挥了王鹏运"重、拙、大"的词学观点，影响较大。

（三）全州蒋氏的理学思想及其实践

1. 以诚为主，以德造士

　　全州蒋氏远祖据说是蒋秀，东汉末居零陵，四传为蜀大司马蒋琬。蒋琬少子蒋贯徙居洮阳县北石龙潭，洮阳旧属零陵，明后为全州。经不断繁衍生息，成为一个官宦大家，据蒋琦龄统计，"自南宋迄本朝，族人之举进士者四十余人，举人三百八十余人，释褐登朝，自宰辅以至守令四百余人"①。

　　也是理学之家。在宋代，有蒋元夫、蒋公顺为理学门徒；在明代，蒋冕更是以理学扬名后世，蒋励常对此颇感骄傲，在《家文定公祠堂碑记》、《新建家文定公祠堂启》等文中表达了尊崇。在清代，则有蒋励常、

_____

　　①　蒋琦龄著，蒋世玢等点校：《空清水碧斋诗文集》卷8，广西人民出版社2001年版，第205页。

蒋启扬、蒋琦龄等信奉程朱理学。蒋励常（1751—1838），字道之，号岳麓，全州县龙水村人。乾隆丙午年（1786 年）举人，辛酉大挑二等，补融县训导，六年后辞职。后受张培春之请，主持清湘书院 10 年。著有《岳麓文集》，由其孙蒋琦龄及其曾孙蒋冠英等刊刻于咸丰九年（1859年），2001 年广西人民出版社重刊《岳麓文集》。其理学思想主要记载于《十室遗语》和《养正编》。《十室遗语》分性理、说经、评史、经世、善俗、劝学、论文、谈兵、述艺、杂记 10 个部分。《养正编》则分孝亲编、弟（悌）道编、谨行编、信言编、泛爱编、亲仁编、学文编 7 个部分，每一编下都举实例来印证。

　　蒋励常祖父蒋颐秀字友张，号损斋，又号晓泉，"赋姿英特而笃于孝友，平生致诸家庭，足为乡里所矜式者不可胜述"①。雍正壬子举人，乾隆癸酉知河南泌阳县，为政一以忠信慈和为主，有诗集《梦庵小草》。蒋励常父蒋振闾，字朝玉，乾隆十七年（1752 年）举人，历官陕西安定、四川平武、直隶新乐、吴桥知县。任职期间，不畏酋蛮，为民请命，鞠躬尽瘁。蒋励常有三子：启征、启扬、启奂。蒋启扬（1795—1856），字明叔，号玉峰。清道光二十年（1840 年）进士，由翰林院编修累官至顺天府尹，此后 30 多年先后在江西、河南等地为官。1856 年任河东河道总督时，病逝于治河工地，忠勤有声，著有《问梅轩诗草偶存》和《问梅轩文稿偶存》。蒋励常孙六人，以蒋琦龄最为有名，为启扬长子。蒋琦龄（1816—1875），字申甫，全州人。道光二十年（1840 年）中进士，历任汉中知府、西安知府、四川盐茶道、顺天府尹。性耿直，好论事。后以养老乞归，在衡州、桂林等地书院讲学，终老全州。著有《空清水碧斋诗集》、《空清水碧斋文集》，今藏国家图书馆、桂林图书馆。

　　蒋励常师承不明，而其学术崇尚程朱理学，《行述》记载说："一生以存诚主敬，为学济人利物，为事真实力行。"② 批评王氏心学说："中间抹却圣人教人学人为学许多层次，宜其自以为直截而以朱了为支离，信心之过，

---

　　① 蒋励常著，蒋世玢等点校：《岳麓文集》卷 6，《晓泉府君墓记》，广西人民出版社 2001年版，第 67 页。

　　② 蒋励常著，蒋世玢等点校：《岳麓文集》，《行述》，广西人民出版社 2001 年版，第 33页。

杂于禅而不自知也。"① "阳明谓：'尊德性、道问学，不宜分作两件。'是矣，然道问学即所以尊德性，朱子何尝不然，此不待言者也。尊德性不可不道问学，此朱子下学上达之功，陆、王以为支离，薄而不为者也。"②

　　蒋励常学以诚为主，归于忠厚。从宇宙本体上说，蒋励常认为"诚"即"天理之极"，他说："尽天理之极，无一毫人欲之私，只是一个诚字。"③ "天理"不是"诚"，"天理之极"才是"诚"，是一种"无一毫人欲之私"的状态，也就是说，"天理"并不是人欲净尽状态，这是因为蒋励常认为"气即理也"，他说："先儒谓：一阴一阳之谓道，气即理也。形而上下则理自为理，气自为气。天理宰乎气之中，气即理之发见于外者，形而上固是理，形而下便非理乎？"④ 他坚持气为理载体，理为气内在根据，附着在气其中，气理二者不可分割，因此蒋励常所说的"理"是包含了道德本体和人欲两层意义，并不是程朱理学观念中的"天理"，所以他才会说"诚"是"天理之极"。从道德本体上说，"诚"是道德本体，即仁义礼智的自然而然呈现的状态，对此，他在《恕庵序》中解释说："仁义礼智，性所固有，必其动于不能自已者为诚，一有所强则伪矣。"⑤ 在蒋励常这里，"诚"还是一种修炼功夫，他说："故秦镜之下无遁形，虚衷之断少覆盆，旨哉言乎！人心犹镜也，本体无不明。尝读《中庸》至至诚如神章，以为至诚，方守之中，不假一毫私意之萌，譬之藻鉴高悬，一翳不存，自尔纤尘毕照。凡深泽所谓'蔽皆私意为之'也。人能去得一分私，胸中便添得一分明。不然，尘垢日积，磨砻弗事，有终其身于昏瞀，耳明何自得哉？因慨然曰：此《大学》明明德之事，《中庸》诚则明之功也。"⑥ "诚"是养出来的："致知在养，养在寡欲。"⑦

---

　　① 蒋励常著，蒋世玢等点校：《岳麓文集》，《十室遗语》卷1，《性理》，广西人民出版社2001年版，第111页。

　　② 同上。

　　③ 同上书，第103页。

　　④ 同上。

　　⑤ 蒋励常著，蒋世玢等点校：《岳麓文集》卷3，《恕庵序》，广西人民出版社2001年版，第35页。

　　⑥ 蒋励常著，蒋世玢等点校：《岳麓文集》，《十室遗语》卷5，《经世》，广西人民出版社2001年版，第172页。

　　⑦ 蒋励常著，蒋世玢等点校：《岳麓文集》，《十室遗语》卷1，《性理》，广西人民出版社2001年版，第106页。

"养身莫善于寡欲。君子养其身以有为也，非养生之谓也。故曰：以忘生徇欲为深耻。"① "寡欲"首先是心有所属，意思是排除外来引诱，守住"吾真"，他说："吾心有神，神即吾心。既为吾心，常安吾身。吾心奚赖，有精舍在，宜安其内，勿驰于外。心外诱者，实妄且怪。须力绝之，方不为害。心自此得宁，神自此得凝。尚须无分动静，无别久新。非礼勿视，非礼勿听。收视反听，以守吾真。吾真得守，吾身得久。优哉游哉，长此不朽。"② "神"即"吾真"，"吾真"即"诚"，也就是仁义礼智这些道德原则，它们都源于圣经圣典，为此，他非常强调读圣贤书，比如"四书"、"六经"，以培养是非观念和道德评判标准，为此他仿《论语》，专门为子侄编《养正编》一书，按孝、弟、谨、信、泛爱、亲仁、学文分类，采摘嘉言善行且词义浅显而雅驯，附于每类之下，其目的在于"俾得优游涵泳于其间，庶几哉，天真以是而养，才识以是而启矣。作圣之基，将于是乎在，而何患乎污俗之染哉！"③ 其次在态度上持"敬"，他说："'敬'字，无事时非此无以敛其心；有事时非此无以事其事。朱子谓小学，却未当得敬，敬已自包得小学。然当小学时，而不知主敬即洒扫应对诸事，恐亦做得不自然。"④ "程子以主一无适、整齐严肃言敬。主一无适，所以敛其心；整齐严肃，所以检其身。非主一无适不能整齐严肃，非整齐严肃不能主一无适。此内外交致之功。"⑤ 他认同二程"主敬"、"主静"之说，认为只有内心有所畏惧，才有所戒惧，不敢为所欲为。最后落实到行为上就是讲礼仪，做到"非礼勿视，非礼勿听"。

　　"诚"表现在教育思想中，就是对德的强调。在《录〈白鹿洞书院川教条〉示士小序》一文他阐述道：

---

　　① 蒋励常著，蒋世玢等点校：《岳麓文集》，《十室遗语》卷7，《砥行》，广西人民出版社2001年版，第187页。

　　② 蒋励常著，蒋世玢等点校：《岳麓文集》卷7，《金丹百炼铭》，广西人民出版社2001年版，第79页。

　　③ 蒋励常著，蒋世玢等点校：《岳麓文集》，《养正编序》，广西人民出版社2001年版，第243页。

　　④ 蒋励常著，蒋世玢等点校：《岳麓文集》，《十室遗语》卷1，《砥行》，广西人民出版社2001年版，第106页。

　　⑤ 同上。

书院造士之区也，顾造士莫先于德器，而文艺次之。学者读圣贤书，当思圣贤立言，非博辩是逞，将以为后之立身砥行者法耳。圣贤之所是，即吾人之所宜遵，当一一有以勉诸己。圣贤之所非，即吾人之所宜戒，必一一有以问诸身。沉潜既久，将有日进于道而不自知者。由是而出则为名宦，处则为名儒，以树勋名，以型乡国，岂异人任耶？即从此摘笔为文，亦非时学所能逮，何也？吭圆者鸣，不期善而自善；翮健者飞，不期高而自高。有德者必有言，理固然也。不然，徒掇拾先辈之陈言，以妄希一时之幸获，非惟事有难必，即幸而获售，一旦置身仕版，平昔之浮华既归于无用。当前之职守，更非所素娴，则得失足以撄其心，利害足以变其守，其不至失身而蹈于下流也，鲜矣。①

首先，德行和事功、文艺就地位而言，蒋励常认为德行是第一位的，是前提和条件；事功、文章是德行的自然延伸，事功、文章的独立性完全消失在德行之中，只要德行高明，事功、文章自然不学而能，不学而工，这完全是有德者必有言观的继续。其次，就其作用而言，在此他并没有完全抹杀文的作用，文可以"明镜以察形，往古以知今。文者，弟子所资以考证其行能、涵濡其德性者。不学文，则孤陋寡闻，而所行失据"②。只不过是小道而已。对文的段落、顿挫、运气等技法，蒋励常也还是有所探讨和自己的心得的，如他说：

文章之妙，莫妙于陡。陡便不平，陡便有力。所谓"笔在纸上要竖得起"，则精力俱振也。然陡之患在突。陡仍不突，以前有安顿也。忆少时与友人阅《西厢传奇》至"蓦然见五百年"句，喜其用笔之陡，然使夫人先无暂至庭前之命，则唐突甚矣，尚得为妙乎？即此可类推。③

作古文须先分段落。而每段起结及每段中小段起结，尤当细为别

①　蒋励常著，蒋世玢等点校：《岳麓文集》卷4，广西人民出版社2001年版，第42页。

②　蒋励常著，蒋世玢等点校：《岳麓文集》，《学文编》，广西人民出版社2001年版，第261页。

③　蒋励常著，蒋世玢等点校：《岳麓文集》卷9，《论文》，广西人民出版社2001年版，第204页。

白。起有突起者，有以承上文为起者，有以转为起者，有以束上为起者。结有遥结本段者，有结本段而逗起下段者，有预伏后段者，有回应前段者。又有以提为起，以宕为起，皆在突起例。有以撇为收者，有以点出通篇主意为收者，皆在迳结本段例。能一一辨别于古人文字，思过半矣。然此亦其大略，推之以极，其变是又存乎其人，非胶柱刻舟之谓也。①

文字最患陈腐。昌黎《送王埙序》太原王埙一段，但觉矫变非常，初无些子腐气，以其工于用喻也。东坡通其法于诗，故每出奇无穷。②

蒋励常理学思想散见于文章之中，并不系统，也没有严密的逻辑论证，其对"诚"的理解也只是对周敦颐、程朱之说的重复。但蒋励常及蒋启扬、蒋琦龄的影响和地位不在于其对理学理论的完善或阐述，而在于其理学实践对当时当地所带来的影响。

2. 出则为名宦，处则为名儒

蒋励常一生大部分时间居于家乡，力行"诚"，劝善化俗、敦睦乡邻、救济宗族是他所热衷和究心之事，正如《行述》所说："府君禄养七载，不名一钱。先太宜人蓄二三百金，临终付府君助施济，府君归，并以不孝启扬俸余立义仓，储谷以赡贫乏，设收放规条，呈官立案，为经久计。府君乐善好施出于至性，见人急难若于己有疾焉。凡亲族婚嫁死葬之费，罔不周给。子弟人聪俊者，为延师课读，岁发衣被以施寒者，合药饵以活病者，制棺以送死者。查婢女有夫者还之，墟墓无后者封筑之。自少至老，孳孳不倦，不计家之有儋石储否也。"③

受蒋励常的影响，蒋启扬也强调"诚"，不过他不是从理论的角度对"诚"进行逻辑辨析，而是在行政中落实"诚"，《全县志》说他："其居官治事，一于诚，不知有祸福；处僚友上官，一于恕，不知有嫌怨，……

---

① 蒋励常著，蒋世玢等点校：《岳麓文集》，《十室遗语》卷9，《论文》，广西人民出版社2001年版，第204页。

② 同上书，第205页。

③ 蒋励常著，蒋世玢等点校：《岳麓文集》，《行述》，广西人民出版社2001年版，第30页。

服官四十年无私产，置义仓济穷人。"① "诚"则"与民相感通"②，每到一任所，遵循吏所为，以民心为心，关心民瘼，富民、教民。同时，他建先贤祠、修书院，并作《训俗迩言》等，以移风易俗。"政拙民不扰"③，"与民无扰民气和"④，努力实践其"荫作棠阴万户春"的行政理想，虽未能实现"起为苍生真丈夫"⑤ 的宏愿，但尽忠职守，是一个无负于国，有益于民，不愧于天，不怍于己的循吏。

蒋琦龄同其父辈一样，谨遵"出则为名宦，处则为名儒"的家训，"处则为醇士，出则建殊勋"，关心国事，尽忠国家，从劝谏和上《中兴十二策》两件事可得知一二。1860 年，英法等联军进犯中国，从天津运河两岸向北京进攻，咸丰帝派恭亲王奕䜣留守北京主持议和，自己携后妃、皇子和一批王公大臣，以北狩（指天子冬季打猎）为名，匆匆离开圆明园，逃往热河（今河北承德）避暑山庄。就在咸丰离开圆明园之际，蒋琦龄满怀忠悃，也赶到圆明园，欲面陈意见时，咸丰帝已仓皇出走；蒋琦龄又单骑度太行、奔晋阳，欲纠合守宦、官绅，做迎西幸之举。因事出多变，机会错过，复又无成。1861 年 8 月 22 日，31 岁的咸丰连气带病，死在热河，蒋琦龄便乞养回籍。路过寿阳，想到国家的艰危局面，又想着自己四处奔波却于事无成，蒋琦龄以不胜愤懑之忧，写下了《寿阳呈祁太保相国六十韵》。同治登基后，下诏求直言，蒋琦龄自泽州驰进奏《进中兴十二策疏》（同治元年三月十五日），力主"崇正学以端正本"：

> 处多事之秋而高谈理学，鲜不以为迂矣。岂知世之治乱，原于人心、风俗；人心、风俗原于教化，教化原于学术。正学不明，欲以施教化、厚风俗、致太平，必不可得矣。是学术者政教之本也。国初，理学调停于朱、陆之间，其实沿前明余派所宗尚者，陆、王而孙奇

---

① 温之诚、曹文深：《全州志》卷 8 "人物上"，嘉庆四年（1799 年）刻本。

② 蒋启扬：《问梅轩诗草偶存》卷 6，《行馆清寂，独坐无理，率赋长篇赠郭菊亭明府》，广西人民出版社 2001 年版，第 61 页。

③ 蒋启扬：《问梅轩诗草偶存》卷 2，《留别新城士民》，广西人民出版社 2001 年版，第 17 页。

④ 蒋启扬：《问梅轩诗草偶存》卷 4，《义宁州受代留别士民》，广西人民出版社 2001 年版，第 46 页。

⑤ 蒋启扬：《问梅轩诗草偶存》卷 1，《杨花农〈戴笠出山图〉》，广西人民出版社 2001 年版，第 7 页。

逢、汤斌、李中孚诸人，敦崇实践，类能救姚江末流之失，其粹然为程朱之学者，不过陆陇其、张伯行数人。赖圣祖仁皇帝表彰扶持，一以程朱为归，于是正学昌明，国运隆盛，人材辈出，流风余韵至今赖之。而毛奇龄、阎若璩之辈，扬孔郑之余波，为考据之汉学与程朱相难，亦肇于其时。迨至乾隆，文治日盛，好古力学之士益以考订博洽相尚，厌性理之空谈，以记诵为实学。中叶开四库之馆，纪昀等司其事，钩元提要，凡遇宋儒之书，必致不满之词，微词讥刺，于濂洛关闽为尤甚。风尚所趋，于是乾嘉以还，遂以宋儒为诟病，性理道学群相鄙夷，偶一及之，借供笑柄。翁方纲之不背程朱，适成左祖，姚鼐之文以载道，终属支离。虽有一二豪杰如陈澧、韩梦周者偶出其间，类如捧土塞河，无所补救。盖周、程、张、朱之学至是或几乎熄矣。夫以性道之空谈，较见闻之赅洽，诚觉汉学实而宋学空矣。然亦思圣贤之学果何学哉？非以学为人子，学为人臣，入事父兄，出事长上者耶？以心身之践履，较口耳之记诵，果何实而何空也？又况文字训诂、器数形名，为道所寓，不可以为道。讲求既精，反躬无毫末之涉。文为制度，宜于古或不可用于今。束发受书，至于槁项讨论精详，临事不获一用，夫治闻殚见，著作等身，乃于天理民彝之实、身心家国之要漠然。初未介意，概乎其未有闻此可谓之学也哉。宜夫世教衰微，人才匮乏，士无气节，民不兴行，凌迟流极，以有今日。今则加以泰西新入群为利诱，充塞害政，尤未知所底极。然则欲正人心、厚风俗，以开太平，非崇正学、以兴教化不能也。则盍仰法圣祖，提倡宗风，退孔郑而进程朱；贱考据而崇理学。今世之能为宋学者，如倭仁、李棠阶，已为硕果之余，宜隆以师传之任，责以教胄之事，如古之胡缓、孙明复；就成均以设科，如近代之汤斌，虽公卿可从请业，优崇其恩礼而郑重其事，以风示天下，豪杰兴起，四方风动，是在朝廷一转移间而已。夫上行下效捷于影响；君师合统，尤易见功。果能表章扶持以承先圣，将正教昌明，邪说自沮，上礼下学，贼民自以不兴。孝弟忠信可使制梃以雪国耻矣。臣之所请崇正学者，此也。①

---

①　蒋琦龄著，蒋世玢等点校：《空清水碧斋诗文集》卷 2 "奏议"，广西人民出版社 2001年版，第 45—47 页。

蒋氏的这种观点在当时具有普遍的代表性。方宗诚认为"世衰道微宜倡正学"，他说："现在人才衰少，邪教流传，当急倡明大道，以兴世教、正人心，庶足以起衰振靡。京师为首善之区，更宜讲明正学，以为四方之表率。"① 咸同之交，当人们在危机中茫然四顾之时，理学又一次受到传统士大夫的心灵召唤，他们希望其能充当这衰世的"救星"，以挽救王朝没落的命运。随后，清廷颁发了一道"昌明正学"、"宗尚程朱"的上谕，其云：

> 我朝崇儒重道，正学昌明，士子循诵习传，咸知宗尚程朱，以阐圣教。惟沿习既久，或徒骛道学之虚名，而于天理民彝之实际未能研求，势且误入歧途，于风俗人心大有关系。各直省学政等躬司牖迪，凡校阅试艺，固宜恪遵功令，悉以程朱讲义为宗，尤应将《性理》诸书随时阐扬，使躬列胶庠者咸知探濂、洛、关、闽之渊源，以格致诚正为本务，身体力行，务求实践，不徒以空语灵明流为伪学。至郑、孔诸儒，学尚考据，为历代典章文物所宗，理无偏废。惟不得矜口耳之记诵，荒身心之践履，尤在职司教士者区别后先，熏陶乐育，士习既端，民风斯厚。②

这道上谕尽管提到于宋学、汉学都要重视，告诫不得有所"偏废"，但其中心思想是在强调"宗尚程朱"的重要性，命令各地学官强化程朱理学方面的教育，要求士人"探濂洛关闽之渊源，以格致诚正为本务"，亦步亦趋地去实践程朱等人提出的理念，可以视为清朝统治者为提倡理学而发出的政治动员令。在这种政治号召的影响下，程朱理学在同治一朝走了红运，出现了种种"复兴"的迹象。

也正是因《中兴十二策》，同治下诏，擢升蒋琦龄，他以母病为由，请求终养，不再出仕。回到全州后，他辟"东园"，自称"湘中老农"，

---

① 方宗诚：《校刊何文贞公遗书叙》，《柏堂遗书》第 43 册，《柏堂集余编》卷 3，光绪年间志学堂家藏版，第 13—15 页。

② 刘锦藻：《皇朝续文献通考》卷 97 "学校考五"，《续修四库全书》第 817 册，上海古籍出版社 1995 年版，第 121 页。

"招同人往来吟咏以为乐"。并购田千亩，设立义庄，周恤宗族，扶危济困，又成立两所义塾，延请师长教导族内子弟，生活过得恬淡而充实。尽管归隐田园，但他始终关注国情，心忧天下，其《绝笔》诗："气愤如山死不平，竟教田野毕残生。朝廷何日封京观，愿驾胥涛戮海鲸。"① 是他此时心情的真实写照。

（四）刘定逌的教育思想及其弟子的理学发挥

刘定逌②（1720—1806），字叙臣，号灵溪，武缘（武鸣县）人。父刘王珽拔贡出身，曾任兴安司训。入学受知于杨清恧学使，乾隆九年（1744 年）举人，十三年（1748 年）进士，任翰林院编修，二十二年（1757 年）受诬罢黜归乡，以教书为业，著有《三难通解训言述》、《罗衣古寺碑记》、《灵水庙碑记》、《灵溪时文》、《重修武缘县儒学碑记》和数十首诗歌。

刘定逌"潜心于穷理尽性之学"③，名节学问，倾动岭峤，被称为广西"第一名流"。在人品上，刘定逌希圣希贤，追求孔颜气象，《写怀二首》云："平生壮志在希颜，梦寐箪瓢陋巷间。一点灵明千古事，竿头百尺几时攀。""万仞山头万仞山，层崖绝壁小心攀。要从万仞峰头立，细把工夫问孔颜。"④ "万仞峰头立"表达的是希圣希贤的志向，圣贤即孔颜。"功夫"既为修为的途径和方法，也包含了决心和毅力之意。《有悟》诗云："本来面目认真吾，四子六经是楷模。白日青天放眼孔，斩钉截铁做工夫。"⑤ 刘定逌本人立定孔颜之境，常常在排除欲念后体会"静"之心灵状态："夜静天机寂，心虚万物空。可谁堪做伴，明月与清风。"⑥ "潇洒微尘外，空虚一物无。残灯还照我，兀坐老团蒲。"⑦ 在"空"、"虚"中体会天理，甚而至于达到"夜坐乾坤大，闲中日月长，虚心观造

---

① 蒋琦龄著，蒋世玠等点校：《空清水碧诗文集》，广西人民出版社 2001 年版，第 518 页。
② 温德溥修，曾唯儒纂：《武鸣县志》卷 9 "列传"，南宁达时印务局，民国 4 年铅印本，第 34 页。
③ 张鹏展：《峤西诗钞》，清道光二年（1822 年）清远楼刻本。
④ 温德溥修，曾唯儒纂：《武鸣县志》卷 10 "附录·诗歌·诗"，南宁达时印务局，民国 4 年铅印本，第 107 页。
⑤ 同上书，第 106 页。
⑥ 同上书，第 107 页。
⑦ 同上。

化，物我一齐忘"①，"读书何所乐，乐在读书心。读到忘言后，旷然无古今"② 的状态。显然，刘定逌的"物我一齐忘"造句源于庄子的"万物与我为一"，不过，刘定逌的"坐忘"忘掉的是欲望的我，剩下的是本心呈现的自我。在事功上，就人伦关系而言，他认为孝悌、仁爱是真事业；就学问而言，他认为立定程朱理学，潜心"四书"、"六经"是真学问；就行政而言，关注民瘼、系心国事，这正如他为桂林秀峰书院所撰写对联："于三纲五常内，力尽一分，就算一分真事业；向六经四子中，尚论千古，才识千古大文章。"③ 对于他而言，培养理学人才就是他的事功，"时温《论》《孟》两三句，日课童蒙四五人。莫谓山中无事业，等闲教读即经纶"④。张鹏展说："先生殚精四子书及先儒语录，文章卓然成家。蒋砺堂先生志其墓，称其'潜心于穷理尽性之学，主讲院以明善、复初、迁善、改过为训云'。"⑤ 稍后的壮族学者韦丰华，他在《今是山房吟余琐记》一书中评论刘定逌时说："生平笃志圣贤之学，以品行坊表士林。……欲知先生之全量，当于理学中求之乃可。"⑥ 这很符合实际。"刘定逌堪称十八世纪壮族大教育家、大儒家"⑦，培养了张鹏展等一批理学信徒。从乾隆二十二年（1757 年）到病逝，历时数十载，辗转于秀峰书院（在桂林市）、阳明书院、葛阳书院、宾阳书院（在宾阳县）、浔阳书院（在桂平县）等各大书院为山长，育人无数，"士之游其门下者，祁祁济济，称极盛焉"⑧，著名者有张鹏展等。

其理学思想主要体现在教学活动中，刘定逌一生以造就完人为其教育

---

① 刘定逌：《偶得》，转引自萧万源《中国少数民族哲学史》，安徽人民出版社 1992 年版，第 559 页。

② 温德溥修，曾唯儒纂：《武鸣县志》卷 10 "附录·诗歌·诗"，南宁达时印务局，民国 4 年铅印本，第 106 页。

③ 刘定逌：《秀峰书院撰写对联》，载韦丰华《韦丰华集》，《今是山房吟余琐记初编》，广西师范大学出版社 2012 年版，第 46—47 页。

④ 刘定逌：《隆安江上遇梁生乔楚赋赠》，转引自萧万源《中国少数民族哲学史》，安徽人民出版社 1992 年版，第 556 页。

⑤ 张鹏展：《峤西诗钞》卷 5，清道光二年清远楼刻本。

⑥ 韦丰华著，丘振声、赵建莉点校：《韦丰华集》，《今是山房吟余琐记初编》，广西民族出版社 2009 年版，第 343—344 页。

⑦ 何成轩：《儒学在壮族地区的传播》，《孔子研究》1995 年第 9 期，第 104 页。

⑧ 韦丰华著，丘振声等点校：《韦丰华集》，《今是山房吟余琐记后编》卷 2，广西民族出版社 2009 年版，第 409 页。

目标，以明善复初、迁善改过为训诲读书六字诀，《秀峰书院学规》提出立志、立身、熟读、熟思为为学四法和去名心、去欺心、去骄心、去吝心为为学四戒。他认为人生一世，应该有所追求，不能做浑浑噩噩的"庸才"，也不能做胆大妄为的"刻薄鬼"，更不能做不学无术而高谈阔论的"狂奴"，要做人格完备之"完人"。他所谓的"完人"即是"宇宙间有体有用"① 之人，刘定逌所指的"体"为道德本体，也即人与人交往所必须遵行的道德原则，确切地说就是仁义礼智信、忠孝廉耻等道德规范。"用"即经世致用，并不纯以道德高尚为完人的评判标准，只是把道德作为"用"的前提和条件，强调做事先做人，也就是传统所说的"内圣外王"。

在如何造就"完人"问题上，刘定逌主张"明善复初、迁善改过"②，同理学先贤主张一样，他认为人心本善，但由于气质、情感，人心又容易被诱惑、放逸，以致陷入不仁不孝的境地，这就需要一番自我警醒、磨砺功夫，也就是理学家们常说的练心功夫。要练心，首先就要明白心该放于何处，何者为正，何者为邪，即刘定逌所说的"志"，刘定逌认为读书穷理才能明志，他说：

> 读书穷理，以明其志。循规蹈矩，以习其义。一日之内，自旦而昼、而夕、而夜，立定课程，循序渐进。读正经之书，习正经之字，存正经之心，交正经之友，行正经之事，讲正经之话。毋畏难，毋苟安，毋因循，毋姑待，毋旁杂，毋间断，毋妄语，毋多言。③

"志"也就是人生目的和价值评判标准确立，"读正经之书"可以明志，所谓正经书，即"四书"、"五经"和《太极图说》、《西铭》、《二程文集》、《朱子语类》等，通过读这些书以确立人生方向和价值观。"穷理"不是穷物理，而是通过物理体会道德人伦，"习其义"，"义"即宜，即为人处世的分寸，分寸感的获得就要处理立志、心和义三者关系，他说：

---

① 刘定逌：《三难通解训言述》，载温德溥修，曾唯儒纂《武鸣县志》卷 10，南宁达时印务局，民国 4 年铅印本，第 85 页。

② 张鹏展：《峤西诗钞》，清道光二年（1822 年）清远楼刻本。

③ 温德溥修，曾唯儒纂：《武鸣县志》卷 10，《三难通解训言述》，南宁达时印务局，民国 4 年铅印本，第 85 页。

"志者心之所之，义之帅也。须是把平日旧染积习的开头攻破得开，直从自己的心头上立定学做好人，直向上去的主意。"① "义"则是"一日之内，人人各有当尽之职，当循之分。职之所当然者，义也。义之发于言，则为庸德之言。义之见于行，则为庸德之行。而皆统之于心"②。最终一切又都统一于自我之内心，"义者，心之制也；言者，心之声也；行者，心之表也"。③ 在这里，他把成己作为成物的前提和条件，把个人的生命和心性化约为一切万有的本原与基础，看作是世间最真实的存在，把一切外部事务的解决都放到内在的生命和心性上，忽视外在的客观性、独立性和重要性，所以最后要解决的就是如何练心的问题了。其次围绕练心，他从礼仪、本性、情绪、人伦等各个方面做了规定和要求，他说："人之所以为人，学也。学之为道，何也？其事貌言视听，其性仁义礼智，其情喜怒哀乐，其伦君臣、父子、夫妇、兄弟、朋友，其文《易》、《诗》、《书》、《礼》、《乐》、《春秋》，其功格致诚正、修齐治平，其施自身而家而天下。《大学》所谓明德新民、止至善者是也。"④ 很清楚，刘定逌以六经作为学习修养的教材，特别推崇《大学》。宋代大儒朱熹曾把《大学》提出的"明德"、"新民"、"止于至善"称为《大学》的三纲领，把格物、致知、诚意、正心、修身、齐家、治国、平天下称为《大学》的八条目。刘定逌正是继承发挥了朱熹提出的"三纲要"、"八条目"这套政治伦理哲学，并把"三纲要"、"八条目"当作造就"完人"的具体内容。最后在为学秩序上，他也有明确的要求，提出来了"宜立志"、"宜立身"、"宜熟读"、"宜熟思"的为学四法和"去名心"、"去欺心"、"去骄心"、"去吝心"的为学四戒。规定课程六则，开设"四书"、"小学"、"性理"、近体排律诗、古文、时文等科目。

张鹏展（1760?—1841），字南嵩，壮族，上林人。乾隆五十三年（1788年）举拔贡，同年中举，次年（1789年）举进士，授翰林院检讨、武英殿纂修。升福建道监察御史，后又升太仆、太常寺正卿，通政使司通

---

① 温德溥修，曾唯儒纂：《武鸣县志》卷10，《三难通解训言述》，南宁达时印务局，民国4年铅印本，第85页。

② 同上书，第84页。

③ 同上。

④ 温德溥修，曾唯儒纂：《武鸣县志》卷4，《重修学宫记》，南宁达时印务局，民国4年铅印本，第36—37页。

政使。在山左（今属山东省）主持学正时，编纂《山左诗续钞》。后辞归乡里，先后受聘为桂林秀峰、上林澄江、宾州宾阳等书院山长，共达20余年。编定《峤西诗钞》，著有《兰音房诗草》、《离骚经注》、《读鉴释义》、《女范》等，均已散佚，现存《谷贻堂集》和部分诗作。

张鹏展的理学来源有两个：一是刘定逌，刘定逌服膺程朱理学，张鹏展曾于上林书院师从刘定逌，与其结下一生师生情谊。二是他的家庭，他出生于一个信奉理学之家。其曾祖父张鸿翮，号朔庵，康熙五年（1666年）举人，曾官永宁州（今广西永福）学正。因乱避居于归顺州（今靖西县），以教授生徒为业，留下不少诗文，是清初著名的壮族诗人，程朱理学的信奉者。曾叔祖张鸿翻，生卒年不详，号恒夫，上林人。康熙四十一年（1702年）举人，终身不仕，以教授门徒为生。其为人"敦重礼法，律己甚严，言笑弗苟，虽燕褻不去衣冠"①。潜心程朱理学，摈斥佛老，"尝立崇正祠，严祀朱子，而明其志焉"②，每日爇香礼拜。《杂诗》其一："曷为称曰儒，儒称不可苟。忠信儒所存，礼义儒所守。今日读书人，实无名则有。子云谈天人，不愧儒名否。予亦心之忧，遑责他人厚。欲效古儒流，画虎恐成狗。"③ 其诗《孔颜乐处》抒发尊孔慕道的自得之趣，是理学家语录的韵律化：

> 人生天地内，不与万物同。岂无百忧感，胡云乐在中。箪瓢勿之改，岂竟同说空。我想圣贤心，人欲已净尽。旷然若太虚，日星常焕炳。非无雷雨时，不碍空虚境。人患欲不去，时与天理争。战斗无休息，安得心清宁。圣贤心无欲，天理常流行。忽然罹百忧，有处忧患理。当愁理须愁，当喜理须喜。逆顺道与俱，心无泰和否。俯仰无留惭，宽然天地间。圣贤乐如是，强制安得班。克己以复礼，学孔在希颜。④

诗描述的孔颜境界是一个天理流行、人欲净尽、空虚澄明之境，对此作

---

① 黄诚沅：《上林县志》卷11"人物部上"，广州市龙藏街西雅印，第618页。
② 同上。
③ 张鸿翻：《杂诗》，张鹏展《峤西诗抄》，清远楼藏版，清道光二年清远楼本。
④ 同上。

者充满了企慕之情。诗穿插了大量的理学术语，缺少诗味，其他如《读〈论语〉》、《杂诗》数首，也是程朱理学思想的演绎。著有《家训》、《女训》和《童蒙训》等书，主要宣传道学教义、世道人心。祖父张友朱，字景阳，号麓旺，康熙二十年（1681 年）中乡试副榜，官义宁（今广西灵川）教谕、庆远府（今广西宜州）教授。为人孝友，每月朔望必到母亲墓前跪拜，生日则啜泣不食。"平生一举一动，必遵礼法，虽盛暑葛袍从不离体"[1]，"嗜宋儒书，每日必以绳头细楷钞写《小学》、《近思录》为日课焉"[2]。父亲张滋，字衍盈，号灵雨，乾隆六十一年（1796 年）举人，后又中明通榜，官全州学正，也是苦读儒训的文人，"持躬之正，事亲之孝，爱弟之挚均造致极"[3]，年六十还率子侄早晚进膳，伺候于父母之侧。

受家庭影响，张鹏展的理学思想以静为主，躬行为本，注重孝悌人伦。张鹏展曾在故里家中大门书写了一副对联：

> 静以修身俭以养德
> 入则笃行出则有爱

这副对联体现了体用兼备的思想。他认为，"修身"、"养德"为体，"笃行"、"有爱"为用；"修身"、"养德"在于成己，"笃行"、"爱"在于及物，这实际上就是传统的"内圣外王"思想的表达。"内圣"他强调了"修"和"养"，这是他认为"忠、浩、廉、节"等德行的修炼和培养是一个长期的过程，需要"静"和"俭"这样的养德立身途径和手段，"静"是一种没有杂念、欲念，虚空澄澈的心灵状态，是一个本我的呈现。"俭"即节制嗜欲、用度，以此来减少或消除欲念的干扰，保持淡泊情怀，恢复本我。"外王"他强调"笃行"、"有爱"，"笃行"就居家而言，"有爱"就居官而言。"笃行"即践履，强调切于身，实地用功，切实用力，强调在人伦日用上，如孝悌、睦邻、宗亲等方面用功用力。张鹏

---

[1]　黄诚沅：《上林县志》卷11 "人物部上"，广州市龙藏街西雅印，第619 页。

[2]　同上。

[3]　同上书，第620 页。

展本人，据《上林县志》记载，"事父母尽孝养之诚"①，把对父母的孝扩展至邻里、百姓，这就是"有爱"。"有爱"就是要在官位上关怀桑梓、关心民瘼、关心国家。张鹏展回老家上林，看到地方官借购兵粮，强行按户征派，"重重扰累，百姓苦不堪言"，不避嫌忌，上《奏请严谨采买以安民心疏》，在奏疏中，他指出，"民间之不便，莫甚于采买"② 的事实，要求"严禁采买以安民心"、"以杜弊端"，以此求得"民气常静，此乃久治长安之道"③，此奏最终得到采纳。同年，又上《奏请严禁滥役以奠边民疏》，希望在位者体恤民意，严厉禁革。原来，在乾隆年间，为防止安南侵扰，规定思恩、南宁、太平、镇安、泗城各府，按户出民夫为各军事堡垒搬运军需物资。可此规定并没有随边患解除而罢黜，再加上贪官污吏从中盘剥，弊病百端，民不堪命，"奔走流离，实难度日"④，此奏最终也得到了重视，遂应其要求，撤销了这个规定，造福了家乡百姓。再有一个关心民瘼的典型例子就是在乾隆五十七年（1592 年）京城大水，他奉旨救灾，不仅营救灾民脱险，且赈以衣食，"全活者三万余人"⑤。嘉庆十八年（1813 年），清镇压河南滑县"教匪"李文成的起义，无辜居民株连甚广，铸成不少冤狱，作为御史的张鹏展据情疏陈，"分别审慎治罪，由是良民不遭冤死者不可胜数"⑥。出于对国家根基的担忧，他在嘉庆十四年（1809 年）光路寺少卿任上，上《正人心疏》，亟论民风、士风、仕风的颓靡、浮华，提出"崇实、黜浮、守正为主，要以躬行为本"⑦ 的整饬主张，这种主张与他以静为主、躬行为本、注重孝悌人伦密切相关。在官任上积极有为，招致了同僚的猜忌怨恨，有人议其沽名钓誉，他反驳说："吾以书生见用为上耳目，恒惧有负国恩，人言何恤？第尽吾心所得为耳！"⑧ 他的"所得"即其座右铭："居官必思于物有济，遇事惟求此心所安。"⑨ 张鹏展如此行政品格，正是他实践其理学思想的结果，正如

①　黄诚沅：《上林县志》卷 11 "人物部上"，广州市龙藏街西雅印，第 620 页。
②　同上书，第 622 页。
③　同上书，第 621 页。
④　同上。
⑤　同上。
⑥　同上书，第 622 页。
⑦　同上书，第 621 页。
⑧　同上。
⑨　同上。

《上林县志》所评价的那样："鹏展为学，务在实践，内外相应，其行必称其言。"①

　　另外，张鹏展对桑梓的关怀之情还体现在对本土文学文献的保存和热爱上。《峤西诗钞》编纂于嘉庆十八年（癸酉年，1813年），编定于道光二年（壬午年，1822年）澄江书院，前后10年，收入粤西258位诗人的诗作2100多首（其中壮族诗人30人，诗作360多首），附以小传，间加评语，凡21卷，17.7万多字。关于《峤西诗钞》编纂缘起，张鹏展在《峤西诗钞序》中说得很清楚："嘉庆庚午奉仁宗睿皇帝命，充山东乡试主考，并督学山东。见德州卢雅两运使纂其乡人诗，……续之曰《山左诗续钞》。任满携刷版入都，分送诸友时，吾乡之宦于京者卿敦甫、何弨甫、卓宽甫咸以为吾粤西诗素无辑本，何不采取汇纂，俾不尽埋没，亦敬梓之意也。"② 其编纂动机不仅在于担忧粤西诗歌埋没，而且在于他对诗歌的认识，他说："山川之精气为人，人心之精者为言，言之委婉成文者为诗。其发抒于人伦日用之间，为忠爱、为孝慈、为节义、为廉介、为恬适，胥足炳耀于山川，其精气不可掩也。"③ 首先，他认为诗是人之心灵的艺术表达，不仅需要情感，还要艺术表达能力。其次，诗有诗教功能。诗歌是忠爱、慈爱、节义、廉介、恬适等道德内容的抒发，也就是要求诗歌内容以伦理道德为主，"吟咏性情之正"，所谓"性情之正"，即以理节情，以至于"正"。因为他认为诗歌虽然为吟咏性情之作，但它关乎政治，查看风俗，"涵咏之兴，本于性情；性情之移，积为风俗；风俗之成，关乎政治"④。因此，他反对仅仅在诗歌中掠华敷藻，比偶谐声，剽陈缀琐。《峤西诗钞》一书按照科举年限安排先后顺序，对于送到较迟或无从考证其确切时间的文学隐逸之士，按照大约时间排序。而诗歌按照"以存乡献"的原则采入和"务以存真"的编排方式荟萃成篇，它最大限度保存了明清时期广西本土诗歌。《峤西诗钞》并没有从编排体例和诗歌选择标准上体现他的诗教观，其诗教观仅仅体现在诗人简介和诗歌的简单评价上。黄诚沅评价说："网罗繁富，三管韵语以此编为大备焉。"⑤ 清末

① 黄诚沅：《上林县志》卷11"人物部上"，广州市龙藏街西雅印，第622页。
② 张鹏展：《峤西诗钞序》，《峤西诗钞》，清远楼藏版，清道光二年清远楼刻本。
③ 同上。
④ 转引自韦玖灵《儒学南传与壮族思想发展》，香港新闻出版社2003年版，第321页。
⑤ 黄诚沅：《上林县志》卷13"艺文"，广州市龙藏街西雅印。

临桂人廖鼎声有《论诗绝句》褒扬他辛勤汇编《峤西诗钞》的功绩云："遗绪难忘重峤西，半生辛苦遍搜稽。君家《感遇》曲江曲，《拟古》七篇应与齐。"①

从嘉庆二十五年（1820 年）辞官回乡，张鹏展在家乡待了 20 年。先后受聘于秀峰（在桂林）、澄江（在上林）、宾州（在宾阳）等书院山长，造就后学，培养了不少人才，著名弟子有思陇乡黄金声、武缘进士韦天宝。

韦天宝（1787—1821），字介圭，号䌹斋，清武缘（今武鸣县）人，壮族，19 岁就读于桂林秀峰书院，拜入张鹏展之门，潜心理学研究。清嘉庆十五年（1810 年）中举人，先在家乡教授童生子弟，嘉庆二十四年（1819 年），受聘山西代州斗山书院山长，制订书院学规 10 条，受各方好评。嘉庆二十五年（1820 年）中进士，分发四川省重庆府巴县知县，道光元年（1821 年）行至成都，仅 5 个月，未及上任即病逝，时年 35 岁。张鹏展为其高徒早逝深表哀思，亲笔作《韦天宝传论》一文，赞扬韦天宝的人品才华。其所作诗文由其子韦丰华辑为《存悔堂遗集》8 卷（手抄本）传世。

韦天宝父韦有纲，清嘉庆戊辰年（1808 年）举人，先后授广西永宁州（今永福县）学政、兴安县教谕。韦有纲信奉理学，"先大父南泉公，生平笃于根柢之学，直以吟风弄月为闲事"②。受家庭影响崇尚理学，韦天宝酷爱先儒之书，特别是宋明理学，所著诗文，均多发明于宋明儒学，其《士先器识论》一文，系统论述了他的理学观，全文照录如下：

> 士不易为也，亦不可不为。为士者，必有为士之实，故不易为；不为士，则无以自立于天地古今之际，故不可不为。然为士者，非别有所为而为之，亦取其所自有者而为之。诚以其所自有者，固自大而远也。古人云："士先器识。"器识者何？即大学之所谓明德也。朱子云："明德者，人之所得乎天，而虚灵不昧，所以具众理而应万事者也。"惟其能具众理，故其为器也大；惟其能应万事，故其为识也远。盖自天生人，即予之以五常之性，性载于心。众理者，性之理

---

① 廖鼎声著，朱奇元校：《拙学斋论诗绝句考略》，民国 25 年。

② 韦丰华著，丘振声、赵建莉点校：《韦丰华集》，《今是山房吟余琐记初编》卷 1 "十三"，广西民族出版社 2009 年版，第 339 页。

也，而心具之。故心者，所受之器也，心之量无所不包。万事者，性之事也。诗所谓有物有则也，而心应之。故心者，所从知之识也，心之灵无所不通。然器与识，亦非分而为二也，自人之受于天者而言，则有器，因有识，由诚而明也；自人之尽人合天者而言，则必有识，乃有器，由明而诚也。故大学必先正心，正心必自格物致知始。士者，入大学者也。大人之学至于平天下而极，平天下之道，归于絜矩。矩者，器也，絜之者，识也。絜矩者，非他，慎德而已。慎德者，非他，明明德而已。以明德为矩，则天地之理，民物之原，皆在吾器中也。然而此非一日之故也，正吾心，以葆吾明德，则其量自大。而意不能诚，则心虽欲正而不能。欲诚意以正心，必先知其所当，诚之为善为恶，是故致知在格物。物者，即吾性吾命之理，散殊见于万物者也。格之，则物之理，皆仍化为吾心之理。知之所以至，而意可诚，识之所以大也。见其大而心自泰，器之所以宏也。由是而性命之理，得足以絜矩，而通天下之志，类万物之情，斯平天下之事，可举而措之，裕如矣夫。至于能平天下，乃无愧于大人之学，乃足为士也，故曰："士先器识。"而不然者，士尚可问乎哉？或曰：子之所谓器者，乃以大学平天下而言，得无言大而夸乎？而非也，大学以平天下为极，而其实皆自吾心而推之，此之谓絜矩之道，即所谓器识也。絜矩之道，无间于内外，无间于远迩，苟致力于此，即穷而在下，则慎独以求自慊。其行己也，不过入孝出弟，素位而行；其应事接物也，不过一介不与，一介不取，持守坚定，而其胸臆之间，已有天下为己任之思。此其器已大，其识已远也。三代之上如伊尹，圣门之中如颜、曾是也；三代以下如武侯，淡泊以明志，宁静以致远，亦庶几近之。而要皆自致力于身心性命中来也，而要皆其所自有也，此则士之所为器识也。如此，乃足以为士，故士不易为也。必如此为士，乃能自立于天地古今之际，故士不可不为也。曾子曰："士不可以不弘毅。"弘者，器之大而能受也；毅者，识之远而能守也。夫子讥管仲器小，盖以其未尝致力于此也，或曰：致力奈何？曰：居敬以为主，而其工夫之次第，亦如大学所谓格致诚正者而已。①

---

① 温德溥、曾唯儒纂：《武鸣县志》卷10，《士先器识论》，民国4年铅印本，第89—91页。

全文仅仅 924 个字，却包含着丰富的思想内容，主要有：器识心性的主体思想、絜矩慎德的品行修养、弘毅居敬的修行途径、格物致知的认识过程和持守致用的处世之道。首先，韦天宝认为，"器"即"心"，"识"即"理"，二者不能分而为二，而且尽善尽美，因为它是大学里的"明德"，"明德"即朱熹等人所说的"天理"、"性"，它源自于天，先天性地存在于人的内在。虽则如此，人要呈现"识"，还得经过由"由诚而明"和"由明而诚"两个过程。"诚"，就是诚实，即意念诚实。《大学》有诚意篇。朱熹也说过："诚其意只是实其意。"王阳明也很重视"诚意"。"明"，就是彰明。《大学》中多处提到"明明德"，"明德"，意为彰明美德，就是要把人所固有的德性彰明起来，使之发扬光大，这是《大学》的根本原则。人的"五常"之性即仁、义、礼、智、信这些德性是与生俱来的，彰明美德就要经过《大学》所说的正心、诚意、格物、致知，也就是他所说的絜矩修养之道。其次，"絜矩"即恕道，即推己及人之道，站在对方的立场思考，从而达到"己所不欲，勿施于人"的境界。"慎独"意为独处时也不逾矩。至此已经十分清楚，韦天宝"器识"论的着眼点并不是什么客观外界的知识的获取、事物规律的探求，而是内在的道德品行修炼。韦天宝论述絜矩慎独的品行修养之后，还阐发了他持守致用的处世之道。也就是穷则要品行高尚，具体就是要"入孝出弟，素位而行"；达则"持守坚定"，以"天下为己任"。最后，韦天宝指出"器识"的修为途径在于"居敬"，修为秩序则是"格致诚正"。朱熹非常重视体知主体的修养，他说："盖为学之道，莫先于穷理，穷理之要必在于读书，读书之法莫贵于循序而致精，而致精之本则又在于居敬而持志，此不易之理也。"① 可见，韦天宝完全继承了程朱"居敬"、"穷理"的修养论，他的《器识论》，也完全是修养论，旨在论述何为"士"和如何成为一个"士"，其观点和思想逻辑也完全是程朱修养论的承袭和发挥。

韦丰华（1821—1905），字剑城，别号大明山散人，广西武缘（今南宁市武鸣县）罗波村人，韦天宝"遗腹子"。幼年入私塾即被县令招入县署教读，后到桂林秀峰书院就读。清同治年间拔贡，后多次赴京应试皆名落孙山，一生穷困潦倒，以教书为生。同治五年（1866 年），在家乡创办

---

① 朱杰人等主编：《朱子全书》第 20 册卷 14，上海古籍出版社、安徽教育出版社 2003 年版，第 668 页。

琴泉义学，并执教 11 年。光绪二年（1876 年），任县岭山书院山长，掌院 10 余年。此后，又分别执掌思恩府学 8 年，执掌府属阳明、西邕书院多年，直至 80 岁高龄始辞馆回乡。

韦丰华理学渊源有两个：一是家庭熏陶，其父韦天宝就是一个理学追随者；二是受黄凤泉、钮松泉、黄暄、黄佐清、陆锡璞等人影响，其"受业师黄凤泉先生见而许以可学焉。……历游父执黄春庭太史、陆龙川征君之门，且得受知师文宗钮松泉殿撰，不时训示"①。黄凤泉为其族大父柏堂公弟子，与其父为好友，"先君子亲之曰，非究心宗儒书不可。授以《朱子全集》，由是其造诣益进。"② 黄暄、黄佐清、陆锡璞三人则是他在秀峰书院求学时的老师，黄暄当时为院长，黄佐清为监院，陆锡璞掌经古院，这些人皆为韦天宝旧友，韦丰华在此求学，得到了他们悉心指导，"示以读书作文正路"③，"抚军周稚圭太老师之琦亦格外栽培"④。

韦丰华的人格期待是"完人"，所谓"完人"即"穷则独善，达则兼善，尽其分之所当为，而无或亏其性之所固有者也"。他说的"完人"与刘定逌所说的完人不同，刘把"完人"界定在道德的完备上，而韦丰华的"完人"包括德、才、学、识和能，对其一生，自己的评价则是近乎"完人"，他说："然当其幼而读也，不敢以孤贫自阻，虽似有志之人；比长而习举业也，熏香摘艳，敢与当世之文人学士交驰骋于名场中，又似有才之人；既壮而适遭世变也，谨身操行，不敢以诡随自纵，贪冒自汗，则似有学之人；其激昂感奋，务为邑里障洪流、奠盘石，复似有能之人；及垂暮而艰苦备历悯凶备遭也，终不敢以抑塞沦淹，自渝素履，则又似有守之人。"⑤ 这是韦丰华对自己一生的总结。而就其影响而言，主要有两个方面：一是办团练，"务为邑里障洪流、奠盘石"系指在家乡组织团练一

---

① 韦丰华著，丘振声、赵建莉点校：《韦丰华集》，广西民族出版社 2009 年版，第 3 页。
② 韦丰华著，丘振声、赵建莉点校：《韦丰华集》，《今是山房吟余琐记初编》卷 1，广西民族出版社 2009 年版，第 344 页。
③ 韦丰华著，丘振声、赵建莉点校：《韦丰华集》，《附录》，《大鸣山散人年谱》，广西民族出版社 2009 年版，第 435 页。
④ 同上。
⑤ 韦丰华著，丘振声、赵建莉点校：《韦丰华集》，《大鸣山散人年谱跋》，广西民族出版社 2009 年版，第 450 页。

事。韦丰华 30 岁时被李森委以团练事务，前后 5 年。特别是在清咸丰三年（1853 年）三月，奉县署令率团练到陆斡豆俎山（今陆斡村那豆屯）围剿堂会陆九成部遭溃败。咸丰九年（1859 年），奉思恩府知府徐引的命令率团练配合官军，于罗波六塘大梁村堵截、围剿太平天国翼王石达开部。咸丰十年（1860 年），以军功被授予"选用知县"，同年经县考试，取为拔贡。同治四年（1865 年），持练卫团，多方联络，偷袭韦朗村堂会农军后侧，为被围的思恩府官军解围，后奉右江道统宪令，起团参加捣毁曾聚集堂会起义者上万人的据点韦朗村。二是兴学、教学，作育人才。韦丰华在教学中，也以培养道德人才为己任，他还特别把《斗山书院学规十则》抄录出来，"以示学者"，以"崇理学、敦德行"，培养有知识、品行优良的学生。韦丰华对当地教育的一个重要贡献在于兴办"琴泉义学"，"琴泉义学"在韦丰华的倡议下，从 1864 年开始，经过三年筹资建设，1866 年义学方得落成。其创建初衷正如《武缘县图经》所载：

> 学校未尝聚一邑之士子鼓箧其中，书院又不能合四乡之童子负笈其中，则以义学之设为书院之助，当亦士大夫所务也。而于大都宜，于远郡宜，于穷乡尤宜。粤之边邑有武缘县，县之东隅有止戈乡，咸丰以来，兵燹贼氛交于道路，士子不能赴试，使者不能按临，如是者十有余年矣。诗书之事日荒，学校之籍日少，行数十里、数百里而衣儒衣、业儒业者几于了无。①

琴泉义学在 41 年的存续时间里，韦丰华在该校执教 12 年，以真性情、真学问作为人才培养目的，他说："常以真学问语人，……先儒道学之统，其有归哉。"② "希贤希圣无难事，每诵伊川四句箴。"③ "理学程朱得正宗，只今谁复继芳踪？先生本有传薪在，后进何疑负笈从。伏枥漫怜心似骥，挥毫群许笔犹龙。百城莫道诸侯小，万卷能当万户侯。"④ 所谓"真

---

① 黄君钜、黄诚沅：《武缘县图经》卷 4 "学校"，清宣统三年铅印增补光绪本，第 15 页。

② 韦丰华：《今是山房吟余琐记后编》第 4 卷 "二〇〇"，广西民族出版社 2009 年版，第 433 页。

③ 韦丰华著，丘振声、赵建莉点校：《韦丰华集》，《今是山房吟余琐记后编》卷 4，广西民族出版社 2009 年版，第 433 页。

④ 同上。

学问"即根植于"先儒性理"、"精于义理"①之学，他所谓的"义理"即程朱所宣称的仁义礼智等道德原则，坚持把培养和提升人的道德素养作为办学目的和方针，强调德育优先原则，在此，还是在重弹父辈们有德者必有文的老调，坚持认为品行是第一位的，文、学问等是第二位的，没有真性情就没有真学问、真文章。不过，在具体探讨诗歌理论时，韦丰华还是能根据诗歌的特点，提出自己一些独到的见解，如他说：

> 诗之为道，情景而已。触景生情，寓情于景。然描景易，写情难。景，人所同；情，己所独。宇宙间共此月露风云，共此山川草木，共此虫鱼鸟兽，共此饮食男女，共此君臣父子，兄弟朋友，乃即事成吟，各随其欣戚悲欢，而纷然错出。古今来所推为佳构者，竟如人面然，百无一同。其或有仿佛近似，亦必其人之际遇同，所见同，所感同，其心同，其性情同，其学问才思同，而究无几也。……然则虽描摹填砌，工整严密，神趣终是枯竭，是犹土木偶人，塑得端重庄严，令人触目起敬，究不若一花一鸟之飞扬活动，妙有天趣，足使人目遇之而神不觉为之往也。故余尝熟复"文生于情有春气，兴之所到无古人"二语。窃谓凡学吟咏者，欲得好诗，必有春气而无古人乃可。②

诗论并没有遵从传统的"性情之正"说，突出地强调了两点：真情和个性。而二者的融结，便是"春气"。"春气"是韦丰华品评诗歌的重要审美标准，是其独创的概念，它是一种自然流出的、活泼泼的生命活力，"佳作由来生趣足，无须岛瘦与郊寒"，其内涵张扬着诗情画意。诗失去了"春气"，也就失去了诗的动人、感发的力量，如同木偶、假人，即使有华词丽句，也难以让人有好的审美享受。"春气"形成要件一是材料要新鲜、生动，"谈及骚雅，苦学力绵薄，每自以不十年读书为恨。然情景

---

① 韦丰华著，丘振声、赵建莉点校：《韦丰华集》，《今是山房吟余琐记后编》卷4，广西民族出版社2009年版，第432页。

② 韦丰华著，丘振声、赵建莉点校：《今是山房吟余琐记初编》"二十"，广西民族出版社2009年版，第342—343页。

偶触，间得佳句，亦有可诵者"①。二是技巧上融情于景，情景交融，"不难写景写情难，情景交融乃洽冠"②。三是才学见识，于是他说："作史有三长，乃成信史。作诗者，亦必有作史之三长，乃得佳诗。无才则落笔必庸俗；无学则出言必浅薄；无识则命意必卑鄙。而具三长者，又必以真性情贯之。有真性情则超脱者，乃归诸浑厚；宏肆者，乃归诸切挚；精刻者，乃归诸雅正。"③ 这可以说是对上述"欲得好诗，必有春气而无古人乃可"的重要补充。

（五）谢济世、郑献甫（壮）的理学反思

谢济世（1686—1754），字石霖，号梅庄，全州人。康熙四十七年（1708 年），举乡试第一，康熙五十一年（1712 年），成进士，被选为翰林院庶吉士，检讨。其在翰林院时，与山西人孙嘉淦、山东人李元直、贵州人陈法并称"翰林四君子"，"皆清直介立，论事引义慷慨，志相得也"。

雍正四年（1726 年）转御史，时年 38 岁，考选为浙江道监察御史，到任刚刚半月，即具本参奏河南巡抚田文镜"营私负国、贪虐不法"十大罪状。上谕曰："文镜秉公持正，实心治事，为督抚中所罕见者，贪赃坏法，朕保其必无，而济世于督抚中独劾文镜，朕不知其何心？朕训诫科道至再至三，诚以科道无私，方能弹劾人之有私者。若自恃为言官，听人指使，颠倒是非，扰乱国政，为国法所不容。朕岂不知诛戮谏官史书所戒？然诛戮谏官之过小，酿成人心世道之害大。礼义不愆，何恤于人言，朕岂恤此区区小节哉？"④ "文镜劾属吏黄振国、邵言纶、汪诚等，李绂讼言其枉，并谓河南诸吏张球最劣，文镜纵弗纠。"⑤ 田文镜奏先入，李绂奏后入，雍正不支持李绂，而谢济世弹劾状又提及黄振国、邵言纶诸事，卷入广西巡抚李绂劾田文镜案，谓："济世言与绂奏一一吻合，今诘济世

---

　　① 韦丰华著，丘振声、赵建莉点校：《今是山房吟余琐记初编》"二十五"，广西民族出版社 2009 年版，第 345 页。

　　② 韦丰华著，丘振声、赵建莉点校：《今是山房吟余琐记初编》"二十"，广西民族出版社 2009 年版，第 343 页。

　　③ 韦丰华著，丘振声、赵建莉点校：《今是山房吟余琐记初编》卷 2 "73"，广西民族出版社 2009 年版，第 362 页。

　　④ 赵尔巽等撰：《清史稿》卷 293，中华书局 2003 年版，第 10328 页。

　　⑤ 同上。

劾文镜诸事，济世皆茫无凭据，俯首无词，是其受人指使，情弊显见。"①
故被雍正疑为朋党，交刑部议处。雍正因其任言官未久，下旨免死，于十
二月初八日充军阿尔泰。

三年后，被告"注释《大学》，毁谤程、朱"，"复下狱"，十一月二
十七日，谢济世与同案陆生楠被绑赴刑场作陪。

乾隆帝即位后，复任御使，乾隆三年（1738 年）授湖南粮储道。乾
隆六年（1741 年），令儿子梦珠将已进呈御览的《易在》付梓，而梦珠
将其所注各经均行锓版。随即有人密告其离经叛道，与程朱不合，但乾隆
仅令销毁了事。乾隆七年（1742 年），揭发衡阳知县李澎"征赋纵丁役索
浮费"②，为湖南巡抚许容反诬而罢官入狱，又得雪冤。任湖南驿盐长，
但新任巡抚蒋溥"嗛济世，密进所著书，斥为离经叛道"③，"复言其老
病"④，乾隆最终准其奏，令谢济世致仕归家，时为乾隆九年（1744 年）。
乾隆十九年（1754 年）病卒。终其一生，"直声震天下"⑤，袁鼎生先生
归纳为"雅正刚直与拙硬顽强"的刚性精神。其著述有《梅庄杂著》、
《中庸大义疏》、《大学注》、《论孟笺》、《易在》、《以学居业集》、《纂言
内外篇》、《经史评》、《离骚解》、《西北域记》等，后胡思敬汇编其遗留
下的著作成《谢梅庄遗集》，共 8 卷，今广西图书馆、桂林图书馆等
有存。

谢济世遵从道统，但他的承续秩序与宋明理学家们所遵从的道统不
同，宗孔子、孟子，以下则无传人：

> 窃惟致治必以王道，王道本乎圣功。二帝三王之心，传递至孔、
> 曾、思、孟。孔、曾、思、孟之微旨，著于论、孟、学、庸。⑥
> 亚圣殁，圣道息。隋之儒文中子拟孔圣，庇牟尼，未游门庭，先

---

① 赵尔巽等撰：《清史稿》卷 293，中华书局 2003 年版，第 10328 页。

② 同上书，第 10330 页。

③ 同上书，第 10331 页。

④ 同上。

⑤ 李元度：《国朝先正事略》卷 15，《谢梅庄观察事略》，《续修四库全书》第 538 册，上
海古籍出版社 1995 年版，第 342 页。

⑥ 谢济世著，黄南津等校注：《梅庄杂著》卷 1，《进〈学庸注疏〉疏》，广西人民出版社
2001 年版，第 16 页。

尝同，何可同！'"① 指斥程朱之说为非，所以他的解释阐述多尊古义，并且不同意程朱的某些观点，而提出自己的见解，而于陆象山、王阳明更为其不取，如他说："自孔安国创为则图画卦之说，刘歆、马融辈皆习而不察，至宋欧阳修始疑之。厥后朱子又拆图书之点画，以配先天之卦位。殊不知先天止有天、地、山、泽、雷、风、水、火，何曾有五行？即配以五行，亦与图书五行之方位不合，即勉强配合亦是位卦，不是画卦。故明儒焦竑、归有光等仍疑之。然虽疑画卦之说之非，而于圣人则图书之义，从未有发明者。"② 又比如"格物"，他所谓的"物"含义是人，而不是朱子所说的万物，"穷理"之"理"含义为天人性命之理，探讨的是修齐治平、尽性至命，而非万物内在规定性。他甚至批评程朱之说背叛孔孟，如在《原性》一文中，他这样说：

> 天之生人也，予之性与命，命不齐而气随之，水气清而荡，火气正而暗，木气温而稚，金气肃而惨。芸芸者率皆杂，气杂则性朦胧，克念作圣，罔念作狂，故习不可不慎也。……在宋儒原非有心宗诸子、畔孔孟。彼见相近之言，既疑性未必善，又见忍性，性也有命之言，愈疑性有不善，而又不敢显悖性善之旨。于是乎杂气质于性之中，令气质为性分过，而不知近即善，忍性之性无不善。"性也有命"之性，"君子不谓性"，原无妨于性之善。今杂人气质，则公然有不善，性反为气质受屈也。③

他遵从孟子"性善说"，把"性"规定为仁义礼智，对人而言；"命"解释为福善祸淫，对天而言；"气"按金木水火土五行分为水气、火气、木气、金气、土气。性犹如镜子，气则如蒙在镜子上的水气、尘垢，命为福善祸淫，因此人有善善恶恶。天创造人的时候给予人的是性与命，而不是性与气，气是命之补充。这里没有解释清楚"命不齐"的含义，以及命

---

① 谢济世著，黄南津等校注：《梅庄杂著》卷7，《纂言外编》，广西人民出版社2001年版，第229页。

② 谢济世著，黄南津等校注：《梅庄杂著》卷2，《圣人则图书解》，广西人民出版社2001年版，第35页。

③ 谢济世著，黄南津等校注：《梅庄杂著》卷2，《原性》，广西人民出版社2001年版，第46—47页。

与气二者的区别与联系。

从上论述可知，谢济世立论偏激，语言也比较激烈，因此招来各方责难，《清史稿》记载，说："顺承郡王锡保以济世撰《古本大学注》毁谤程、朱，疏劾，请治罪。上摘'见贤而不能举'两节注，有'拒谏饰非，拂人之性'语，责济世怨望谤讪，下九卿、翰詹、科道议罪。"[①] 乾隆六年（1741 年）在九月二十一日谕示军机大臣，称：

> 朕闻谢济世将伊所著经书，刊刻传播，多系自逞臆见，肆诋程朱，甚属狂妄，从来读书学道之人，贵乎躬行实践，不在语言文字之间辨别异同。况古人著述既多，岂无一二可以指摘之处？以后人而议论前人，无论所见未必悉当，即云当矣，试问于己之身心，有何益哉？况我圣祖将朱子升配十哲之列，最为尊崇。天下士子，莫不奉为准绳。而谢济世辈倡为异说，互相标榜。恐无知之人为其所惑，殊非一道同风之义，且足为人心学术之害，……尔等可寄信与湖广总督孙嘉淦，伊到任后，将谢济世所注经书中，有显与程朱违悖抵牾，或标榜他人之书，令其查明具奏，即行销毁，毋得存留。[②]

《易经注》、《论语》、《中庸》三书注释并谢济世对《孝经》、《孟子》、《书经》、《春秋》、《礼记》等其他经书的注释共 154 本、刊板 237 块全部销毁，并勒令谢济世将已印出送亲友之书一律追回销毁。

通观其学术思想，还是不出理、性、道等理学范畴，探讨的还是道德人格提升问题，只不过在个别观点上与程朱不同，在清中叶的理学者中，谢济世可谓独树一帜，学术独立。徐世昌《清儒学案》以为李绂交游，列入"穆堂学案"，似乎并不恰当，其实二人交集并不多，且学术上李绂主张陆王之学，于朱子多所不取。《广西一览》说他："讲学能持独立精神，为学术思想解放之先锋。"[③] 在此，值得一提的是他对天地的认识，他说："天积气，气扛地。地似球悬，人如蚁丽。凸者山，凹者海。海水

---

①　赵尔巽等撰：《清史稿》卷 293，中华书局 2003 年版，第 10328 页。

②　王先谦：《东华续录》"乾隆十四"，《续修四库全书》第 372 册，上海古籍出版社 2002 年版，第 75 页。

③　赖彦于：《广西一览》，古今名人志略，广西印刷厂 1935 年版。

演而为山泉，山泉澩而仍为海水。"① 这是《原道》的第一则，是对天地宇宙的基本认识。

郑献甫（1801—1872），原名存纻，别名小谷，常自称识字耕田夫、草衣山人，象州人，壮族。道光十五年（1835 年）进士，在京任了一年刑部主事，因愤嫉官场腐败，辞官南归。他一生主要从事教学与著述，先后在广西雒容设馆教学，在广西德胜书院、庆江书院、榕湖书院、秀峰书院、象台书院、柳江书院，广东顺德之凤山书院、广州越华书院等任主讲。同治十一年（1872 年），在桂林孝廉书院病逝，终年 71 岁。一生著述丰富，有《四书翼注》、《愚一录》、《补学轩诗集》16 卷、《补学轩散骈体文集》、《补学轩文集外编》4 卷、《象州志》等，是清代两广著名的经学家、教育家和文学家，在历史上被誉为"两粤宗师"。

初，受知于伍实生，伍实生乃桐城弟子。后师从陈澧，《清儒学案》（卷 174—175 学案）列入其门下。陈澧之学，"兼以郑君、朱子为宗，主通汉宋之邮，意在补偏救弊，不为无益无用之学，其宗旨特为醇正"②。受陈澧的影响，郑献甫推崇儒学，自称"寒儒"。在诗歌理论上，与前代相比较，郑献甫受袁枚"性灵"观影响，主张"性情"、"学问"、"才情"、"阅历"，在《答友人论诗书》中写道："夫诗不特当有才情，当有学问，并当有阅历。"③ 又"且夫文也者，性情之清奇，学问之深博，才气之激昂，郁于其中而溢于其外耳"④。论文主张有德者必有文，他说："然其人果能明道理、识时务，则发于文者必雄爽而不靡；其人果能笃操行、深涵养，则发于文者必淡永而不器。"⑤ "见识"超出了"道"、"理"范畴，操行也并不足限于三纲五常的人伦道德，对这一问题的认识更加通融、宽泛。立德修身成了郑献甫墓志文笔下的亮点，他作的墓文常常大赞死者的孝顺、仁义、友爱、清正等德行："事父以孝闻，及居丧，则庐于

① 谢济世著，黄南津等校注：《梅庄杂著》卷 6，《纂言内篇》，广西人民出版社 2001 年版，第 194 页。

② 徐世昌：《清儒学案》卷 174 "东塾学案上"，人民出版社 2010 年版，第 4530 页。

③ 郑献甫：《补学轩文集》卷 3，《答友人论诗书》，侯绍瀛《粤西五家文钞》，光绪二十四年刻本。

④ 郑献甫：《补学轩文集》卷 3，《与友人论记事言文字书》，侯绍瀛《粤西五家文钞》，光绪二十四年刻本。

⑤ 郑献甫：《补学轩文集》卷 3，《赠诸葛敬亭书》，侯绍瀛《粤西五家文钞》，光绪二十四年刻本。

墓者数月。……其立身若迂，规行矩步，而无南宋之伪；其居乡若豪，排难解纷，而无季汉之祸；其设教若严，尊闻行知，而无东林之弊。"① "虽为诸生，而诚直端方，具于幼学，初入塾，应对洒扫，进退秩如也。诸昆或舌耕于外，或力作于田，独君朝夕侍亲。书籍之难记者，手录之；甘旨之难供者，手治之，故尤为父母所怜。处己勤苦，而与人质朴。"② 墓文极力遵循"父慈、子孝、兄良、弟悌、夫义、妇听、长惠、幼顺"，体现出一种敦厚的教化规范和儒家的中庸之德。但他不满程朱理学的教条主义和科举制艺的死板僵化，主张抛开程、朱、陆、王，返归于孔子。他在《原学》中说：

> 学莫杂于汉，莫昌于宋，莫一于明。而人才则明不如宋，宋不如汉。夫才之出于学，物之所出于范，皆所以陶冶而始成也。而治物者恃吾有定范而已，而物之或方或圆或曲或直或奇或偶不拘也；育才者恃吾有正学而已，而人之或勇或智或文或质或通或迂不通也。是以陶冶无不至，而物受范，才常受学。……至宋而道学之帜张，专以孔孟为宗，而诸子之书废矣。至明而制艺之文出，专以程朱为宗，而诸儒之说息矣，而论功烈则不如萧曹魏丙，论经术则不如贾董匡刘，论文章则不如枚马迁固，而矫诞无用之人、空疏不学之辈，则日新月异而岁不同。余尝求其故，而不觉慨然也。学术之有关濂洛，犹植物之有梗楠杞梓，而动物之有麟凤龟龙也，以之为天下之宗，而非以之拘天下之格，是故异材辈出，奇人代兴。若尽命其肖乎，是则蒙羊以虎皮，被鱼以龙服，适足坏天下之才而已。……晋人之谈玄谈老庄也，宋人之谈玄谈孔孟也。谈老庄者尚知非，谈孔孟者皆自是，故古人德行之学亡。宋人之讲学讲性命也，明人之讲学讲文章也。讲性命者尚好名，讲文章者直图利，故古人章句之学亡。③

以上这段话表明了郑献甫这样几个观点：第一他认为宋人讲性命，而人人

---

① 郑献甫：《补学轩文集》卷4，《冼爱榕先生墓碑》，侯绍瀛《粤西五家文钞》，光绪二十四年刻本。

② 郑献甫：《补学轩文集》卷4，《敕封文林郎诸生姚君健堂墓表》，侯绍瀛《粤西五家文钞》，光绪二十四年刻本。

③ 郑献甫：《补学轩文集》卷1，《原学》，侯绍瀛《粤西五家文钞》，光绪二十四年刻本。

自以为孔孟传人，失去了反省能力和道德实践，虽满口仁义道德而德行之学消亡。这种观点未免以偏概全；第二他认为天之生人，秉性不一，而人才的多样性和丰富性就在其中。但是随着程朱理学成为思想正统，在元明清更成为科举的规范，出现了人才单一，甚至伪道学充斥的现象，对此郑献甫统统归咎于程朱。但他并没有认识到程朱理学只是学术，其造成如此现象的并非学术本身，而是政治，是政治利用了学术，把它变成了为巩固统治、钳制思想的工具，科举也就成了少数人渔猎功名、攫取富贵的工具，变成了有识之士眼中的俗学，他耻于以之相称，故自称经生，并对伪道学讥讽道："且余所素志特经生耳，人之相目亦文士耳，于当时所谓汉学、宋学者皆未尝究心，其能敷衍语录，低头拱手为子高谈性命乎？"[1]郑献甫本人其实也研究心、性、道、理、气等理学范畴，比如他对人性物性就比较感兴趣，写了《人性物性论》一文，其文曰：

孟子言人之性善，其以物较之乎？荀子言人之性恶，亦以物较之乎？……然愚窃信荀子而疑孟子，故不可不论。夫世所贵人之性而贱物之性者，谓其无君臣父子之伦也，谓其无尊卑上下之别也，谓其无礼义廉耻之心也。姑勿论蜂蚁知忠，羔羊知孝，关雎知别，鹿鸣知友，然问禽兽诚不知父子，然有行弑者乎？禽兽诚不知夫妇，然有行强者乎？禽兽诚不知礼义，然有行劫者乎？物则无有，而人则皆有。由斯以谈，孰善孰恶，庸待辨乎哉！先王知其然也，故不设治物之官而设治人之官，……且夫人物之性可以灵蠢，分而论人物之性，则不可以善恶分，物不可以为善，亦不可以为恶，蠢故耳。人可以为善，又可以为恶，灵故耳。不用其灵以为圣为贤，而用其灵以为奸为盗，则大负天地所生……故物无劫而人有劫，然则人果异于禽兽者几希耶，抑甚于禽兽者数倍耶。……则亦不过残其异类，害其异种，安有弑逆之祸哉！[2]

①　郑献甫：《补学轩文集》卷3，《赠诸葛敬亭书》，侯绍瀛《粤西五家文钞》，光绪二十四四年刻本。
②　郑献甫：《补学轩文集》卷1，《人性物性论》，侯绍瀛《粤西五家文钞》，光绪二十年刻本。

人性论在中国哲学史上是一个颇具争议的问题，孟子的"性善论"，告子的"性无善恶论"、荀子的"性恶论"和扬雄的"性善恶混论"比较有代表性，宋明理学沿着孟子的"性善论"在发挥。郑献甫并没有沿孟子、程朱的心性论继续发扬，而是信奉荀子的"性恶论"，他认为在现实生活中，耳目所及，人常常有禽兽不如的行为，表现在：①弑父弑母、抢劫、杀人放火，为蝇头小利而钩心斗角，只有人能干得出来，而动物干不出来，反而动物还有善、孝的一面。②国家政府的兴起源于人性之恶，有犯罪才有刑法，才有执行刑法的机构和人，这从另一个角度证明人性之恶，而非善。③人与动物相比，人有智慧、心机，用于德行则可以成圣成贤，用于邪恶，则做起坏事来，比动物邪恶。④动物很少同类相残，人则同类相残、相害。实际上，郑献甫把荀子的性恶论推向了极端，反复论证人比动物还要恶数倍。这种看法，并不符合荀子的原意。郑献甫的论证方式和某些论点，和近代学者章太炎提出进化论的论证方式和论点颇为相似，值得注意。这段话既是对人性、物性的探讨，又是对孟子、宋明理学家们性善论的反思和批驳，虽语涉愤激，但也不难看出郑献甫独立、自由的学术精神。

第二章

传播的性质及其特点

宋明理学在广西传播的性质，可以从四个方面加以确认：第一，从传者和受者的文化地位看，具有官方性；第二，从传播渠道看，在宋元明很长一段时间里是主动和单一的传播；第三，从传播过程的核心要素上看，是文化差异性传播；第四，从传播的功效看，是通俗性传播而非学理上的探究。传播的性质决定了传播的特点，宋明理学在广西的传播呈现出教化性、启蒙性和注重事功等特点。

第一节　传播的官方性

所谓传播的官方性，指的是权力为其权力的巩固，利用行政资源，通过学校和科举等官方渠道进行的理学传播。

一　广西的学校及其理学教育

宋明以来，府学、县学、社学、义学、书院、私塾等在广西各地相继创建，对于理学在广西地区的传播起了很大作用。其中府学、县学、社学、义学等基本上属于官学。广西书院基本上是官员以个人名义，动用官银创建的，具有官学性质。私塾则在广西兴起较晚，是学校传播的补充。

广西府学、州学、县学开始于隋代，隋文帝开皇十七年（597 年），令狐熙任桂林总管时，为各州县 "建城邑，开设学校，华夷感敬，称为大化"①。

① 魏征等撰：《隋史》卷56 "令狐熙传"，中华书局1991 年版，第1386 页。

从宋代修复隋唐所办府学、州学、县学看，唐朝在广西所建大致有12 所，其中县学 8 所：岑溪、北流、灌阳、古县、博白、永福、武缘、灵山；州学 2 所：容州学、象州学；府学 2 所：桂林府学、柳州府学。

宋代除修复隋唐 12 所学校外，创办 20 所，它们是：来宾县学、天河县学、宾州学、陆川县学、浔州学、郁林州学、兴业县学、贵州学、宜州学、全州学、永淳县学、贺州学、梧州学、苍梧县学、灵川县学、融州县学、宜山县学、昭州县学、藤州县学、上林县学。另外，还有 9 所州、县学创建时间不详，但志书有宋代修葺和迁建活动的记载，即阳朔县学、兴安县学、义宁县学、洛容县学、荔浦县学、邕州学、横州学、廉州学、钦州学等。数量大大超过了前代，大部分分布在广西的东北部、东南部和中部，而且在壮族聚居的庆远、横州、融县、宜山、来宾、天河等地已出现了州、县学。

元朝时，恢复了宋前期的学校制度。恢复、修葺了宋前期 41 所学校中的 35 所。由于元朝统治者实行民族歧视政策，而且壮族地区处于战乱状态，无暇顾及教育，致使许多州县学处于停滞状态。

明政府十分重视教育事业，洪武二年（1369 年）朱元璋就曾说："朕惟治国以教化为先，教化以学校为本。"① 在全国大兴办学之风，中央设立国子监，地方设府、州、县学，乡村设社学、义学，由此广西的府、州、县学得到空前发展。据《广西通志》统计，明代广西府、州、县学为 69 所，其分布是：桂林府辖 2 州 7 县，有官学 10 所；柳州府辖 2 州 10 县，有官学 13 所；庆远府辖 4 州 4 县，有官学 5 所；平乐府辖 1 州 7 县，有官学 9 所；梧州府辖 1 州 8 县，有官学 10 所；浔州府辖 4 州县，有官学 4 所；直隶郁林州 5 所；南宁府辖 10 州县，只有 4 个州县有儒学；土司统治区太平府（今崇左县境）辖 20 个州县，于洪武三年（1370 年）改流，洪武二十八年（1395 年）便"首建学校，复兴社学"，有 4 所；思恩府辖 2 州 1 县，有官学 2 所；思明土府辖 3 州，有官学 1 所；廉州府辖 1 州 2 县，有 4 所；镇安府辖 14 个州县寨峒司，皆无儒学；养利州（今大新县）于万历三年（1575 年）改流后即建立州学 1 所；永康县（今扶绥县北）于万历三十八年（1610 年）改流，两年后创建州学 1 所。除上石西州有社学外，其余皆无儒学和社学。

---

① 张廷玉等撰：《明史》卷 69 "选举"，中华书局 1974 年版，第 1686 页。

清代官学规模空前，府、州、县都有地方官学。广西共设置府、州、县学 82 所，82 所中的 68 所是恢复前代的，14 所是在壮族地区新开办的。它们是：镇安府学（今广西德保县）、泗城府学（今凌云县）、太平土州学（今大新县）、奉议州学（今田阳县）、土田州学（今田阳县）、崇善县学（今崇左县）、西林县学、东兰州学、归顺州学（今靖西县）、西隆州学（今隆林县）、天保县学（今德保县）、恩阳州学（今田阳县）、镇边县学（今那坡县）、防城县学。

社学，是州、县学的一种预备学校，始于元代。元制，50 家为一社，每社设一所学习机构，称"社学"。明洪武八年（1375 年）诏令天下建立社学："延师以教民间子弟，兼读《御制大诰》及本朝律令。……弘治十七年令各府、州、县建立社学，选择明师，民间幼童十五以下者送入读书，讲习冠、婚、丧、祭之礼。"① 藤县南山社学创建于明洪武八年（1375 年），是现存地方志记载的最早的一所社学。明洪武二十八年（1395 年）知府陈维德在崇善县建社学（今崇左县），这是广西少数民族地区最早出现的社学。到了万历二十四年（1596 年），社学在广西有一个大的发展，是年，广西提学杨道会颁布条约："今社学之建，广西都邑，处处有之，大县十余所，小县一所。"② 明代广西创建社学 232 所，其中壮族聚居区 95 所，其分布是：武缘县（今武鸣县）19 所、崇善县 20 所、田州 1 所、养利州 4 所、思明土府 2 所、南宁府 4 所、左州 2 所、永康州 1 所、隆安 42 所。清朝很重视社学的建立，"社学，乡置一区，择文行优者充社师，免其差徭，量给廪饩。凡近乡子弟十二岁以上令入学"③。清代广西共建社学 69 所，比明代少 163 所，其中壮族聚居的柳州、南宁、思恩、镇安等府有 36 所，范围比明代扩大，如马平、柳城、罗城、忠州、归德、果化、迁隆、天保等州县都在清代新设社学。

义学是各地用公款或私资举办的免费学校，最早出现在汉代，宋代个别地方出现，但大都是由宗族的公产出资，仅限于本族子弟入学。清朝政府为了加强其统治，在全国范围内提倡义学，下令在各省、府、州、县立

---

① 张廷玉等撰：《明史》卷 69 "选举"，中华书局 1974 年版，第 1690 页。

② 苏濬纂修：《广西通志》卷 12 "社学"，载吴相湘主编《中国史学丛书》，台湾学生书局 1986 年版，第 266 页。

③ 赵尔巽等撰：《清史稿》卷 106 "选举志一"，中华书局 2003 年版，第 3119 页。

义学，聘请名师，聚集孤寒生童学习。其性质当在官办的社学与私塾之间，属于民间捐资、官方补贴的基础性、普及性、义务性的童蒙教育。康熙五十九年（1720 年），"令广西土属设立义学，土属十五处各立义学一所。令该抚择本省举人贡生学品兼优者，每属发往一员教读土，属子弟有文艺精通者，就近流官州县附考取进"①。创建于康熙二十年（1681 年）的永安州（今蒙山县）义学是广西创办的最早一所义学，清一代广西共创建义学 213 所，按区域分则为：桂林地区及桂林市共 56 所、南宁地区及南宁市共 37 所、梧州地区及梧州市共 23 所、柳州地区及柳州市共 20 所、钦州地区及北海市共 10 所、玉林地区及贵港市共 31 所、百色地区和河池地区分别有 29 所和 7 所。

明清以后，广西学校教育的主要类型除地方官学（府、州、县学、社学、义学），还有私塾。广西的私塾始创于汉代，发展于宋代，普及于明清。私塾，包括家塾、族塾等。家塾即富裕人家延请塾师到家中教自家子弟，塾师报酬由主家负担。据《田阳县教育志》记载，该县在宋代以后，田州土官都办有家塾。明代田州土官岑伯颜于明洪武年间设学延师，专教岑氏家族子弟。岑氏家塾对其子弟采取两级教育体制：经学馆和蒙学馆。蒙学馆属于初级的读书识字教育，带有启蒙性质；经学馆属于高级的应试教育，老师讲解"四书"、"五经"，学习做八股文的方法。岑氏家族每年花在聘用教师的束修银，在 200 两银子左右。除了教师费用，在家塾中读书的族中子弟，每人每月酌给膏火笔墨纸张银 2 两。岑氏家族每年有房地产和田租银收入共 700 余两，用作家庙家塾专项开支。其中家庙三季祭祀用银 150 两，维修费用 150 两，余下 400 多两为教育经费，用于添置祭器、书籍及资助科考。忻城土官莫廷臣，于明嘉靖年间，在县城设置学校，专教莫氏家族子弟。除此之外有不少土官办的私塾，雍正《太平府志》载，太平、安平、万承、思城，土官皆延师教其子弟，子弟多长文艺。

族塾，以族产作为膏火，教育本宗族学童。科举家族重视教育，延聘名师硕儒，除在家中课读其子弟外，还在自办的族学中教育其族人。武缘县刘氏家族于宋末就办有专门教育本族子弟的刘氏族塾。宋末元初，张天宗跟随文天祥抗元失败后到归顺州那签，也曾在此设乡塾，延师教授弟

---

① 乾隆敕撰：《皇朝文献通考》卷 69，《学校考七·直省乡党之学》，《四库全书》第 633 册，上海古籍出版社 2003 年版，第 663 页。

子。《百色市志》称，清康熙五十九年（1720 年）百色粤东会馆建成，当时百色集镇居民已增至几百户，为适应交往、贸易和少数土官绅商子弟为学习书算或科举需要，私塾、私馆开始出现。武宣县清末有私塾 23 间，塾师 27 人，学生 407 人。融县有私塾 15 间。"北流县私塾，始于唐元和年间，宋后遍及城乡。"① 柳州知名私塾就有 28 间。《贵港市教育志》记载，到了明清，贵港私塾遍布城市乡村。

这些学校从办学目的、教育内容、教科书、课程设置、学规、考试题目等几方面，无不体现着理学化特色。

1. 办学目的和指导方针

当时广西的不少官学祭祀理学大师，如贺县，康熙间知县许之豫建"七贤祠"，祭祀韩昌黎、周濂溪、程明道、伊川、张横渠、朱紫阳、张南轩。平南府学祭祀宋周子及二程。来宾县学教育就以"父子有亲，君臣有义，夫妇有别，长幼有序，朋友有信"的五伦作为办学的指导思想，以"忠君、尊孔、尚武、尚实"为教育宗旨。

2. 采用程朱经典作为教科书

元仁宗规定科举考试的主要内容是从朱熹的《四书章句》和《四书集注》中设问，《诗经》用朱熹的注释本，《周易》兼用朱熹和程颐的注释本。明代以朱元璋的《御制大诰》、明代律令、《朱子小学》、《孝经》、《孝顺事实》、《百家姓》、《千字文》等为主要教材。清代府、州、县学的教材是"四书"、"五经"、《性理大全》、《资治通鉴纲目》、《大学衍义》、《历代名臣奏议》和《文章正宗》等，如郁林州学，以"四书"、"五经"、八股文、五言八韵诗等授课，特别注重经书制艺和八股文。容县县学，教材为经书、性理、通鉴、百家子史诸书。藤县县学以"四书"为必读教材，"五经"为选读教材。社学普遍采用"四书"、"经史"和《御制大诰》、《本朝律令》等作为主要教材，除此之外，还教授冠、婚、丧、祭等礼节内容，一依《朱子家礼》为准的。义学如德化义学，有《三字经》、《增广贤文》、《千家诗》、《百家姓》、《幼学故事琼林》等，若要参加童生试的，还需学"四书"和"五经"。那马义学蒙童教授《三字经》、《百家姓》，中级童生增学《幼学故事琼林》、《唐诗》等。

---

① 北流县志编纂委员会编：《北流县志》第 24 编"教育"，广西人民出版社 1993 年版，第 829 页。

对生徒的学习也有严格的要求，规定有看、听、读、写字、作文、实用等学习环节，并要"字求其训，句求其义，章求其旨"，"时时刻刻依据而行"。私塾的入学年龄无统一规定。小的七八岁，大的十多岁，甚至二十多岁。私塾的教学内容则基本统一，主要是《三字经》、《百家姓》、《千字文》、《千家诗》等。如那劳岑氏家族，以《三字经》、《昔时贤文》、《增广贤文》、《朱子治家格言》、"四书"、"五经"等为内容。宜山女馆加授《四字女经》等。私塾的教学很重视读、写基本功的训练，每日功课总是读书、写字、讲经、作对、背书、吟诗等项目。结束后进入经馆续读，学"四书"、"五经"、《唐诗》、《古文评注》、《声律启蒙》等。

3. 课程设置

广西学校教学内容围绕义理、心性等展开，注重修养教育，如明代的宾州学，"陶乎理义，有圣贤之余化，……有冠冕之遗风"[①]。天河，明代少数民族聚居之地，他们歆慕汉文化，把子弟送入学校，学校教其"求其放心"[②]之道。

在清朝末年，学堂推行"癸卯学制"，以"中学为体，西学为用"，"中学"还是以程朱理学作为教学的原则和方针，"修身"、"读经"课程占据相当大一部分教学时间，如表2—1。

表2—1 清代广西学党课程表

内容 科目 年级	修身	读经	中国文学	算术	体操	国画
一年级	摘读朱熹等人有益风化的诗歌	读《孝经》、《论语》，每日40字	习字，附动静、虚实	二十以内数之加减	运动游戏	

---

① 汪森编，黄盛陆等校点：《粤西文载》卷42，《宾州学进士题名碑》，广西人民出版社1990年版，第241页。

② 汪森编，黄胜陆等校点：《粤西文载》卷42，《天河县学举人题名碑》，广西人民出版社1990年版，第245页。

续表

内　容　科目　年级	修身	读经	中国文学	算术	体操	国画
二年级	同上	读《论语》《大学》，每日 60 字	集字成句之法	百以下数之加减	同上	
三年级	同上	读《孟子》，每日 100 字	同上	常用之加减乘除	同上	
四年级	同上	读《孟子》，《礼记》每日 100 字	同上	常用之加减乘除珠算	同上	
五年级	同上	读《礼记》每日 100 字	同上	教小数	同上	
每周节次	2	12	4	6	3	2
五年总计	400	2400	800	1200	600	400

4. 学规

道光十四年（1834 年）广西学使池生春编撰刊刻了《小学》一书，发布全省。其书参校陈宏谋《小学集注》、尹嘉铨《小学义疏》而成，由"总论"、"内篇"、"外篇"构成。"总论"引用朱子、黄幹、陈淳、真德秀、薛瑄、胡居仁、汤斌、陆陇其等人小学之言。"内篇"分为"立教"、"明伦"、"敬身"、"稽古"四部分；"外篇"分为"嘉言"、"善行"两部分。池生春说："此书之美善，详于总论。"池生春次年又以粤西节署芝草堂名义刻印《塾规二十四条》①。《塾规二十四条》全文如下：

1. 童子十余岁不可早读时文，令其就试。须将十三经烂熟于胸。不能读十三经者，五经则必须全读，并令略观前史，俾之胸襟开拓，

---

① 池生春：《塾规二十四条》，道光十五年（1835 年）粤西节署芝草堂刻。

自然能文矣。

2. 读经之法，须字字疏解，触类旁通，使义理融贯。……

3. 朱子《学庸章句》、《论孟集注》，必须全部熟读，不遗一字。……

4. 读经之后，《国语》、《国策》、《史记》、《汉书》纵不能全读，亦须多选熟读，然后将八大家文之小品，结构易明者授之，以疏沦其性灵。性灵既开，然后将大篇选读，自然议论日生，笔力驰骤。……

5. 童子读时文先授以王罕皆《八集》，挨序选读。第一要讲书理，书理既明，方可与之论层次。……

6. 合掌之病（八股文做法）。……

7. 作文必先相题，在初学尤所宜讲。实字观义理，虚字审精神，此前人不刊之语（作文法）。……

8. 《八集》卷首所载茅鹿门四则，……皆前人甘苦备尝之言，以婆心开后学者，宜日日讲习。

9. 文中用典故，须要大雅，俚俗则无味；须要镕化，全出则无味。……

10. 文章要讲字法。……

11. 初学作赋，每苦无生发，以不讲层次之故也。……

12. 层次既分，然后可运典。……

13. 四六太多，则转运不灵，唐人多不过两联。……

14. 结处之用颂用歌，犹之离骚之乱也。……

15. 题系本朝时事，起处便可颂圣。……

16. 试帖无关于诗道，故文为诗家所不屑。……

17. 试帖题即纤小，也不可用香奁体。……

18. 比喻之题。……

19. 血脉动荡全在虚字。……

20. 题旨，唐人挨次点下，但求理顺，不论何处。今则必于四句内点之。……

21. 一、三、五不论之说极为纰漏。……

22. 写字须知把笔，不能把笔，终不能成书家。……

23. 作字须临唐碑，以其有矩蒦可寻也。……

24. 士先器识而后文艺，童子入塾之初，尤须端其蒙养，所读经书，其中嘉言善行须与之剖析讲明，令其字字体之于身心，见之于行事，异日成就，方为有体有用之才。本院刊发朱子《小学》，易服膺而无失也。

《塾规二十四条》规定了这样几个主要内容：①先器识而后文艺，"器识"即胸怀和见识，"见识"即人生的基本信仰和价值观，"文艺"指的是时文和作文的方法等。"士先器识而后文艺"这个观点最初由唐代刘晏明确提出，他是根据孔子"弟子入则孝，出则弟，谨而信，泛爱众，而亲仁。行有余力，则以学文"①　"志于道，据于德，依于仁，游于艺"②　等"德"、"艺"观而提出的，孔子认为"艺"（礼、乐、射、御、书、数）只不过是"据德、依仁"之余事，"道"、"德"、"仁"先于"艺"，重于"艺"。②为学秩序上，提出了经学→史学→八大家文→时文这样一个学习的先后顺序。"经学"指的是十三经，特别强调了对朱子《学庸章句》、《论孟集注》的研读，"必须全部熟读，不遗一字"。"史书"包括《国语》、《国策》、《史记》、《汉书》等书。"八家小品文"即茅坤所编《唐宋八家文钞》。"时文"选王步青③《八集》。③探讨了作文的技巧，作为一省学官，科举人数直接关系到他的政绩，所以他在学规中有十多条关于作文技法的规定也就可以理解了。

书院是中国古代一种有别于官学的独特教育组织，始于唐，盛于宋、元，繁荣普及于明、清。最初功能为修书、藏书、校书，慢慢发展为教书之所。广西书院产生于南宋宁宗、理宗两朝。南宋广西书院的数量，李国钧《中国书院史》列 10 所、白新良的《中国古代书院发展史》列 11 所、陈业强《广西书院研究》列 12 所。本书据广西方志和《古今图书集成》所载录，共 11 所，见表 2—2。

---

① 钱穆：《论语新解》，《学而篇》第一，生活·读书·新知三联书店 2003 年版，第 10 页。

② 钱穆：《论语新解》，《述而篇》第七，生活·读书·新知三联书店 2003 年版，第 170 页。

③ 王步青（1672—1751），清初著名儒学大家，金坛人，字汉阶，一字罕皆，号巳山。性冲澹，以文名。他在雍正元年（癸卯年，1723 年）被赐为进士，官至翰林院检讨，晚年因故辞官，归故里金坛后，著书授徒为业。著有《巳山文集》10 卷，别集 4 卷，及《笃鸿草》、《四书朱子本义汇参》45 卷。

表 2—2　　　　　　　　　　　　宋代广西书院简介

所在地	名称	创建时间	创建者	文献出处
全州	清湘书院	嘉定八年	林岊	（嘉庆）《广西通志》卷 134
	升乡书院	宋淳祐间	待考	仅见于苏濬《广西通志》
	明经书院	待考	知州邓公（待考）	待考
桂林	宣成书院	景定五年或之后	朱禩孙	（嘉庆）《广西通志》卷 133
宜山	龙溪书院	嘉定九年	张自明	（嘉庆）《广西通志》卷 135
柳州	驾鹤书院	绍兴年间	王安中	（嘉庆）《广西通志》卷 135
	真仙书院（兴文书院）	嘉定年间	李兴时	（嘉庆）《广西通志》卷 135
	正心书院	嘉定年间	待考	（嘉庆）《广西通志》卷 135
容县	勾漏书院	绍兴年间	邑人（待考）	（嘉庆）《广西通志》卷 137
	思贤书院	淳熙间	谭维寅	《古今图书集成·职方典·梧州府部·学校考》
富川	江东书院	宋嘉定十四年	毛基	（嘉庆）《广西通志》卷 136

　　谢志指清嘉庆间谢启昆修的《广西通志》，苏志指明万历间苏濬纂修的《广西通志》，其中有几所书院的记载颇有出入，值得考证：

　　其一，思贤书院，又名"四贤祠"或"思贤堂"。首见于《古今图书集成》，其创建者为谭维寅，《广西通志》引其载录，但其他广西方志均无记载。据考，谭维寅应为"谭惟寅"，在《粤西文载》载谭惟寅条有，"淳熙十四年知容州，建'思贤堂'"，另《广东通志》、《大学衍义补》、赵琦美《铁网珊瑚》可证。谭惟寅，高要人，淳熙十四年知容州，为纪念元次山、王翃、戴叔伦、韦丹和王次翁五人治理容州的善政，以效其行事而建思贤堂。后明万历四十六年知县侯应遴重修，改建为南山书院。

　　其二，兴文书院，又名"真仙书院"，书院创建时间说法不一，今《融水苗族自治县志》载录为"嘉定年间"，《广西通志》载为"庆元间"。据陈傅良《止斋集》卷 12 载李兴时于庆元年间出守融州，可知"兴文书院"应创建于庆元年间。李兴时，字叔起，籍贯一说宁德人，一说江西人。

　　其三，江东书院，创建时间一说宋嘉定十四年（1221 年），谢志载为淳祐年间。而考其创建者毛基，当为嘉定十四年建。毛基，号履齐，宋会稽太守，秀峰进士，沉潜性学，并于南宋宁宗前期、理宗后期当过大夫，后辞官为民回到自己的故乡秀水村。嘉定十四年（1221 年），他在秀水河的东边灵山脚下修建"江东书院"，比梧州的绿漪书院早 250 年，这是当前史料可查到的桂东地区最早的书院。

其四，升乡书院，仅见于《苏志》，宋淳祐间建，在全州升平乡。除此之外，广西各通志和全州各志未见载录，其真实性还有待进一步查证。

其五，正心书院，融县境内。据《融水苗族自治县志》在载录兴文书院条时说："与此同时，正心书院亦建立，地址不详。"① 可知，"正心书院"所建时间与兴文书院同时，谢志亦载但创始人和地址不详，待考。

其六，宣成书院，其创建时间一说为景定三年，一说为景定间。据《宋史》本纪卷 45 载，理宗景定五年六月朱禩孙"知静江府、广西经略使"，故宣成书院应创建于景定五年或之后。

据有关史料的不完全统计，南宋 442 所书院中，有 317 所是可以确定其创建或兴复于南宋的，另有 125 所则分不清是南宋还是北宋所建，但在南宋时期皆有活动。广西地区的书院初创于南宋时期，主要分布在北部和东部地区。

元代及明初，广西的书院没有发展，元代还出现衰退现象。据旧志载，元代 406 所书院中，有 282 所是新建的，124 所是兴复的旧有书院。而在广西地区兴复 2 所，新建书院仅 1 所，新建书院即璜溪书院。据蒋励常《璜溪书院圣像碑考》，璜溪书院在大田村一带，原为柳开读书室，嘉定八年，郡守林岊即其地为读书堂。宝庆三年，赐额曰"清湘书院"，因而改名为"清湘书院"，而旁为柳侯祠。元统元年，杨廷镇撤而新之，修葺柳侯祠也，号璜溪书院。璜溪书院建成于至正七年（1347 年），正堂以贮先圣遗像之碑，而柳侯旧像居房之右。

明朝历时 277 年，恢复前代书院 4 所，新建书院 66 所，共 70 所书院，占广西自南宋至民国所建书院 347 所的 20.17%，为广西建书院的第一个高潮时期，这与王守仁重视教育是分不开的。

整个清代广西书院有 255 所，与明代相比数量大大增加，且分布地广，不但府州县所在地建有，一些镇都有，且新建书院大都集中在百色、崇左、河池等少数民族聚居地，这是雍正改土归流后力推同化政策的

---

① 贾星文等编：《融水苗族自治县志》，生活·读书·新知三联书店 1998 年版。

结果。

　　理学从一开始就与广西书院密不可分。书院或为理学人物所建，或因理学人物而建，或为理学人物的讲习之所。其书院的学者也多为理学之士，如清代刘定逌、张鹏展、吕璜、蒋琦龄、朱琦、王拯、高熊征、黎申产等，都曾在桂林秀峰书院、榕湖书院、桂山书院、文公书院、宾阳书院、宁江书院等做过山长，因而广西书院具有浓厚的理学特点。其理学特质表现在以希圣希贤、进德修业为教育目的，如明代王同沐在谈及郁林书院创建的目的时说："暇则进诸文学掌故，陈说先王相与探身心性命之旨。而嫌于无专所也，因建书院，群人士其中。"① 清代田阳的崇正书院，明确提出"崇正学，息邪说"这样的办学原则。茶山书院② 就鼓励学生以圣贤为做人楷模：

　　　　学止口耳，中鲜根柢。平居非不高谈名教，一旦临事，顿改初辙，而贪功营利，厉民病国之事，遂至公行而不可禁。无他，学非古大儒为己之学。是故听其议论，洋洋若自以为圣贤有所不能过。及徐考其所行，乃至下固蹐跼，甘以其身蒙天下之恶声，而恬不以为怪也！……然则学当何如？曰：勿学二氏之幻，幻则无君父；勿学张苏之辩，辩则蔑仁义；勿学京郭之鬼，鬼则入谶纬；勿学荀杨之驳，驳则堕荆榛。必也，求之四子，以立其本；体之六经，以明其理；参之二十一史，以识天地古今治乱安危之变，帝皇王伯因革损益之故，君子小人进退消长之由。去其非，从其是，绝其似，存其真，如是焉，而修身齐家治国平天下之要，皆不等他求而得。何也？吾所谓古大儒为己之学，固即尧舜禹汤文武周公孔子以来相传之道也。不然，不知而不学，与学之而不力，与力之而但以邀世取荣，则

　　① 汪森编，黄盛陆等校点：《粤西文载》卷29，《观察徐苏二先生与郁林书院记》，广西人民出版社1990年版，第362页。
　　② 茶山书院，在苍梧县（今梧州市内），康熙三十五年（1696年）苍梧知县刘以贵以县义学旧址改建为茶山书院。康熙四十九年（1710年）知府李世孝扩建，更名回澜书院。雍正三年（1725年）重修，巡抚李绂题名传经书院，以纪念汉经师陈元。雍正十二年（1734年）又改为回澜书院。乾隆三十四年（1769年）知府吴九龄重修讲堂，仍改名传经书院。光绪三十二年（1906年）改办苍梧师范讲习所。

书院虽不作可矣。①

刘以贵认为所处社会民风不淳，仕风不正，全在于立根错误，学佛道，学张苏、学荀杨，走向人生歧途。学习是为了提升自己的道德，明确提出茶山书院的办学目的在于传授尧、舜、禹、汤、文武、周公、孔子以来的圣贤之道，取法路径就在理学四子，立定之本在六经，强调了理学在生徒价值观构建上的作用。

为实现希圣希贤的目的，有的书院则直接以《白鹿洞书院揭示》为院规，如宜山龙溪书院"揭白鹿洞学规于堂"，兴业右南书院"恭书朱子白鹿洞规于左，因为学约若干条，以附其右"，《白鹿洞书院揭示》②原文：

> 父子有亲，君臣有义，夫妇有别，长幼有序，朋友有信。
>
> 右五教之目，尧、舜使契为司徒，敬敷五教，即此是也。学者学此而已，而其所以学之序，亦有五焉，其别如左：
>
> 博学之，审问之，谨思之，明辨之，笃行之。
>
> 右为学之序。学、问、思、辨，四者所以穷理也。若夫笃行之事，则自修身以至于处事接物，亦各有要，其别如左：
>
> 言忠信，行笃敬，惩忿窒欲，迁善改过。
>
> 右修身之要。
>
> 正其义不谋其利，明其道不计其功。
>
> 右处事之要。
>
> 己所不欲，勿施于人。行有不得，反求诸己。

明代大教育家王阳明亦对这个学规给予了高度评价："夫为学之方，白鹿之规尽矣。"③

---

① 刘以贵：《茶山书院记》，载广西壮族自治区地方志编撰委员会编《广西通志》，广西人民出版社1995年版，第55页。

② 朱杰人等主编：《朱子全书》卷74，上海古籍出版社、安徽教育出版社2003年版，第3586—3587页。

③ 王守仁撰，吴光等编校：《王阳明全集》卷7，《紫阳书院集序》，上海古籍出版社1992年版，第239页。

　　藤县藤州书院《规约》① 则要求："气质之宜变化也"、"言动之宜谨饬也"、"诵读之宜勤奋也"、"问辨之宜详察也"、"文体之宜醇正也"、"诗学之宜讲求也"、"书法之宜端楷也"。这个规约要求德行的有气质变化、言动谨饬两条，其他都是读书的具体方法和要求。

　　道光本《庆远府志》记载嘉庆二十一年府学教授唐仁著学校条规：

　　　　一敦实行。圣门论学，开宗明义，即以孝悌勉人，而决其无犯上作乱之事，以示夫本之所在，而当务之为急。……

　　　　一居实心。人之所以异于物者以其心也，人之所以异于人者亦以其心。尽其心则人与天相和，丧其心则人与物无殊。夫心所涵者理也，理所由存者诚也。思诚之要莫如忠，则尽己之心而不涉于虚浮之谓也；存诚之法，莫如敬，则提醒此心而不流于惰慢之谓也。……

　　　　一致实功。学者言行交修，身心共励，今人读书乃穷理之一端耳，然亦未可以浅尝卒事焉。……诵诸口，会诸心，体诸身，将圣贤之蕴融贯于吾胸中，则以之为文粹然义理之言，以之为铿然风雅之韵，此其功之不可以袭取者也。

　　　　一收实效。儒者不求名亦不逃名，要在务其实耳。……若夫学之不讲而攒营是务，行险侥幸，卒与草木同朽耳，乌在其得名哉？②

在教材教学内容上，汉唐诸儒以"五经"为主要教材，理学家除继续使用"五经"外，尤重《论语》、《孟子》、《中庸》、《大学》四书。与汉唐诸儒注重对儒经中名物制度的考据训诂不同的是，理学家则强调儒经的道德教化意义，要求从中"求圣人之意，以明夫性命道德之归"③。平乐道乡书院贮有"四书"、"五经"、《性理大全》、《朱子语类》等书。味经书院把《学庸章句》、《论孟集注》、《近思录》、《通书》、《太极图》、《西铭》、《语录》、《东莱博议》等作为教学的重要内容。龙州同风书院学者

---

　　①　广西壮族自治区地方志编撰委员会编：《广西通志》，广西人民出版社1995年版，第55页。

　　②　广西河池市地方志办公室点校：《庆远府志》卷11 "学校志·试院·学规"，广西人民出版社2009年版，第189—190页。

　　③　朱杰人等主编：《朱子全书》卷75，《中庸集解序》，上海古籍出版社、安徽教育出版社2003年版，第3640页。

所当研究的书目有：十三经、二十四史、钦定诸经注疏、《通鉴辑览》、《资治通鉴》、《朱子纲目》、《大学衍义》、《近思录》等。平南知县裘侯彬为武城书院购买《皇清经解》、《十三经注疏》、《佩文韵府》、《紫阳纲目》、《昭明文选》、《科场条例》等6种书籍，供书院诸生阅读。藤县藤州书院书目有《诗》、《书》、《易》、《礼》、《三传》、《三礼》、《国策》、《国语》、《庄子》、《离骚》、《史记》、《汉书》、古文八家、周程张朱五子之书等，总之，以读儒家经典为主，并广泛涉猎诸子百家之书。

　　除了以上所讨论的办学目的、教学内容、教材等方面体现理学在广西传播的官方性外，还体现在礼典活动上。《礼记·文王世子》说："凡始立学者，必释奠于先圣、先师，及行事，必以币。"①意思是说，凡是建立学校，一定要用"释奠"的礼仪祭祀"先圣"和"先师"。郑玄为之作注说："释奠者，设荐馔奠之，不迎尸也。"②贞观二十一年（647年），唐太宗规定，释奠于春、秋的仲月举行。释奠仪式，当有规格，国学释奠，以国子祭酒为初献，祝词称"皇帝谨遣"，司业为亚献，国子博士为终献。州学，以刺史为初献，上佐为亚献，博士为终献。县学，县令为初献，县丞为亚献，主簿及县尉等为终献。太宗这一国学遣官释奠、州县由守令主祭的规定，提高了释奠的规格，为后世所沿用。值得注意的是，州县长官为了达到教化的目的，不仅当地乡贤三老、地方名达、所有学生参与，而且把这种庄重肃穆的仪式向士民开放，会在举行仪式时发表讲话。祭祀活动的礼仪往往以朱熹《绍熙州县释奠仪图》为蓝本而进行。按朱熹《绍熙州县释奠仪图》记载：州县正式举行释奠仪式前，要举行斋戒仪式，祭祀开始后，参加祭祀者在司仪的引导下向祭祀对象鞠躬、跪拜、行献礼、诵读祝文。整个过程，礼仪相当复杂，包含大量俯伏、跪拜、鞠躬等各类身体动作。显然，这一套祭祀礼仪并不是简单地奉献祭品及重复各种形体动作，它所表达的是一种象征意义，以此来激励学子们在读圣贤书的同时，能近距离看到先圣先贤们的形象产生心灵的震撼与虔诚，见贤思齐，从而产生立志学习、规范自己行为的精神力量。

　　"释奠"时间，元政府多次下旨规定国家岁时致祭，诸儒月朔释奠，如"至元三十一年（1294年）七月，皇帝圣旨谕中外百司官吏人等：孔

---

① 孙希旦：《礼记集解》卷20"文王世子第八"，中华书局2010年版，第560页。
② 同上书，第559页。

子之道垂宪万世，有国家者所当崇奉。曲阜林庙、上都、大都、诸路府、州、县邑应设庙学、书院，照依世祖皇帝圣旨，禁约诸官员、使臣、军马，毋得于内安下，或聚集理问词讼，亵渎饮宴，工役造作，收贮官物。其赡学地土产业及贡士庄田，诸人毋得侵夺，所出钱粮，以供春秋二丁、朔望祭扫，及师生廪膳。贫寒老病之士，为众所尊敬者，月支米粮，优恤养赡，庙宇损坏，随即修完。作养后进，严加训诲。"① 而后各朝沿袭而已，除了国家规定的岁祭和朔望谒祠等常祭外，如果学校或书院文庙、祠宇落成，神像安放，木主新进，皆须举行释奠释菜之礼。释奠的规格和时间在广西各学校得到了遵守，全州学，祭祀 "每岁春秋丁祭后三日，州之守贰率学之师生行礼"②。郁林州学，"春秋释奠，晨夕肄业。……虽然万古一理，万人一心，明伦设教，本于孝弟"③。除了 "释奠"，还有 "释菜"，古代祭祀先师、先圣之礼。没有音乐，仅在神主之前放一些苹、蘩之类的菜。郑玄注曰："菜，谓芹藻之属。"④ "释奠" 礼重，"释菜" 礼轻，"释菜" 时间一般在每月朔望，或逢三八期，民国本《邕宁县志》记述书院讲学制度："每月朔望，或逢三八期，释菜于先师，诸生环侍讲堂，相次执经问难，考论六经异同，与夫国家治平之略，人己义利之辨。以故圣贤大义微言，赖此延而勿坠。既退，复课以文艺，以觇其才，而旌奖之，此书院之制也。"⑤

　　所用祭器，遵照朱熹《文公礼器图》采办，如桂林府学的春秋释奠，"桂庠春秋释奠祭器，金属爵二十八、象樽三、牺樽二、龙杓一、羹壶五、簠二十四、簋如数、豆四十、大小者香篆九、瓶二、洗二、锡二百八十、斝百有七、壶六、香柜三、磁属碗碟各八、木属牲口二、大盘一十八、小盘百有五、竹属筴如豆之数、筐数九。金属造于前元戊子，锡与磁

　　① （元）《庙学典礼》卷 4，《崇奉孔祀教养儒生》，《四库全书》第 648 册，上海古籍出版社 1987 年版，第 372—373 页。

　　② 蒋冕著，唐振真等点校：《湘皋集》卷 20，《全州名宦乡贤祠记》，广西人民出版社 1990 年版，第 206 页。

　　③ 伯笃鲁丁：《郁林州学记》，载汪森编，黄盛陆等校点《粤西文载》卷 26，广西人民出版社 1990 年版，第 272 页。

　　④ 孙希旦：《礼记集解》，中华书局 2010 年版。

　　⑤ 莫炳奎等修纂：《邕宁县志》卷 3 "学校志一"，《中国方志丛书》第 209 号，台湾成文出版社 1967 年版，第 895 页。

木之属造于圣朝。观其制度精致，咸出《文公礼器图》，诚非苟作"①。

关于祭祀对象，根据汉代经学家的解释，先圣是指周公，先师是指孔子。后汉初，封孔子为商汤的后代，接续先王的祭祀。到东汉，国家才正式把孔子作为国家的公神，其地位和社稷神同等。唐代，命令每个县都要建庙祭祀孔子。每年春秋两次大祭，每月初一和十五两次小祭。大的祭祀起初由学官主持，后来改由地方官主持。贞观二年（628 年），房玄龄等提出，周公、孔子固然都是圣人，但国学应该祭孔子，得到太宗的首肯，于是罢周公，以孔子为先圣，颜渊配享。贞观四年（630 年），唐太宗又命令各地州学、县学都要建孔子庙，以敦行儒学，这是我国普遍建立孔庙的开始，后来扩展到书院。广西孔庙主要由明伦堂、大成殿、名宦祠、乡贤祠等建筑组成，与学堂一起合称学黉宫或黉学，如横州学宫，气势雄伟，蔚为壮观：中有棂星门、泮宫（即学宫）、名宦祠、乡贤祠、佾舞亭、大成殿、崇圣祠；东有礼门、更衣亭；东庑四间庑外有孝悌祠、文昌阁；西有义路、牺牲所、西庑四间庑外有明伦堂。又如思恩府学宫，有大成殿，在大成门东边是名宦祠，西边是乡贤祠，大成殿后面有崇圣殿，崇圣殿后面又有经阁楼房，崇圣殿左面明伦堂，明伦堂后忠义祠、节孝祠。

每所学校的祭祀对象都不会完全相同，当然，孔子是每一所学校首要祭祀的对象。其次四配，即颜渊、曾参、子思、孟轲。再次"十二哲"，据《论语·先进》，孔子曾经用德行、言语、政事、文学四科评定他的学生的优长："德行，颜渊、闵子骞、冉伯牛、仲弓；言语，宰我、子贡；政事，冉有、季路；文学，子游、子夏。"开元八年（720 年），唐玄宗诏令国学祭祀孔子时，以这十人为"十哲"配享。其后，颜子升位，补上曾子，曾子配享后，补上子张。康熙五十一年（1712 年），增补朱熹为第十一哲。乾隆三年（1738 年），清人又增补有若为第十二哲。再其次是先贤、先儒。据《广西通志》（谢志）、清桂林府学（府册）所祭祀先贤人物有北宋五子周敦颐、程颢、邵雍、张载、程颐。先儒有杨时、罗从彦、李侗、吕祖谦、蔡沈、陈淳、魏了翁、陆九渊、黄幹、真德秀、王柏、赵复、许谦、吴澄、胡居仁、王守仁、罗钦顺、何基、陈澔、金履祥、许衡、薛瑄、陈献章、蔡清、陆陇其等理学人物。庙后建祠，祠内从祀先儒

---

① 陈琏：《桂林府学祭器记》，载汪森编，黄盛陆等校点《粤西文载》卷27，广西人民出版社 1990 年版，第 284 页。

有周辅成、程珦、蔡元定、张栻、朱松年等理学之士。河池文庙先儒中有理学人物李纲、张栻、陆九渊、黄幹、真德秀、杨时、尹焞、胡安国、李侗、吕祖谦、袁燮、何基、赵复、金履祥、方孝孺、胡居仁、罗钦顺、吕柟、刘宗周、孙奇逢、陆陇其、张履祥等。

广西书院还有自己特定的祭祀对象，如宣成书院祭祀张栻、吕祖谦，就是要学者"沿张吕、溯濂伊，接洙泗，使圣道之明千万世如一日"①。桂林的"濂溪书院"，奉祀周敦颐，表明承袭的是周子之学。桂平的二程夫子讲堂，为清嘉庆三年（1798年）桂平监生蒋幡所建，祭祀二程。蒙山眉江书院，在永安州（今蒙山），原为义学，康熙四十八年（1709年）改为眉江书院，光绪三十一年（1905年）改为成达学堂，祭祀朱熹。郁林州（今玉林市）的瑞泉书院，崇祯十三年（1640年）兵巡道金九陛、知州潘起鹏建，立朱熹庙。创建于万历初年的武缘县阳明书院，祭祀王阳明。天保县秀阳书院，乾隆八年（1743年）署知府陈谟建，祭祀六贤于右夹室，王阳明祠在书院正学堂东。书院祭祀系统代表着书院的道统，正如书院研究专家邓洪波所言："可以起到强化学派认同的作用。祠堂之上排列的开山祖师及各个时期的代表人物，象征书院的精神血脉，表明书院的学术渊源、风尚与特色，是学术传统的具体化。"②

宋元以还，特别是明清时期，学校的祭祀空间得到不断拓展，乡贤祠、名宦祠、启圣祠、忠义祠、孝悌祠等往往建在其内。名宦、乡贤之祀至明朝中期得以全面制度化，并为清代所继承。明弘治中，"有旨令天下郡邑，各建名宦乡贤祠，以为世劝。"③ 所谓"名宦"，"宦于其地，而去后见思，是之谓名宦"④；所谓"乡贤"，"生于其乡，而众共称贤，是之谓乡贤"⑤。进入名宦乡贤之列，必是"礼，经法施于民则祀之，以死勤事则祀之。又曰：'凡有道者，有德者使教焉，死则祀于瞽宗"⑥，其目的正如蒋冕

---

① 汪森编，黄盛陆等校点：《粤西文载》卷29，臧梦解《重修宣成书院记》，广西人民出版社1990年版，第349页。

② 邓洪波：《中国书院史》，东方出版中心2004年版，第158页。

③ 蒋冕著，唐振真等点校：《湘皋集》卷20，《全州名宦乡贤祠记》，广西人民出版社1990年版，第206页。

④ 同上。

⑤ 同上。

⑥ 汪森编，黄盛陆等校点：《粤西文载》卷37，《伯温·杨先生祠碑》，广西人民出版社1990年版，第122页。

所说:"名宦如是而祠之,则凡仕而居官者,孰不劝乎? 乡贤如是而祠之,则凡生而居乡者,亦孰不劝乎? 崇先正以示轨范于后之人,礼行于一堂,而有以风动乎一郡,扶世导民,其所关系非小小也,而可以不慎哉?"① 现举周孟中《桂林名宦祠碑》② 所载宋代入名宦的理学之士如表 2—3:

表 2—3　　　　　　　　　　宋代入名宦的理学之士

人名	入祀地	文献出处
李浩	桂林	《粤西文载》卷 39 周孟中《桂林名宦祠碑》
高登	桂林	《粤西文载》卷 39 周孟中《桂林名宦祠碑》
赵抃	庆州、桂林	《粤西文载》卷 39 周孟中《桂林名宦祠碑》
程珣	桂林	《粤西文载》卷 39 周孟中《桂林名宦祠碑》
廖德明	桂林	《粤西文载》卷 39 周孟中《桂林名宦祠碑》
崔与之	桂林	《粤西文载》卷 39 周孟中《桂林名宦祠碑》
苏缄	邕州、桂林	《粤西文载》卷 39 周孟中《桂林名宦祠碑》
张廷坚	桂林	《粤西文载》卷 39 周孟中《桂林名宦祠碑》
黄庭坚	庆州、桂林	《粤西文载》卷 39 周孟中《桂林名宦祠碑》
邹浩	桂林	《粤西文载》卷 39 周孟中《桂林名宦祠碑》
胡铨	桂林	《粤西文载》卷 39 周孟中《桂林名宦祠碑》
李光	桂林	《粤西文载》卷 39 周孟中《桂林名宦祠碑》
刘子羽	桂林	《粤西文载》卷 39 周孟中《桂林名宦祠碑》

据不完全统计,明代入名宦、名贤的理学之士见表 2—4:

表 2—4　　　　　　　　　　明代入名宦的理学之士

人名	入祀地	文献出处
李龄	宾州	《广西通志》卷 66
李中	桂林	《广西通志》卷 66

---

① 蒋冕著,唐振真等点校:《湘皋集》卷 20,《全州名宦乡贤祠记》,广西人民出版社 1990 年版,第 207 页。

② 汪森编,黄盛陆等校点:《粤西文载》卷 39,周孟中《桂林名宦祠碑》,广西人民出版社 1990 年版,第 157 页。

续表

人名	入祀地	文献出处
王守仁	南宁等地	《广西通志》卷 66
黄佐	桂林、全州	《广西通志》卷 66
张岳	桂林	《广西通志》卷 66
王宗沐	桂林	《广西通志》卷 66
王启	容县	《粤西文载》卷 65
苏濬	南宁	《闽中理学渊源考》卷 70
李雍	南宁	《郡志》和《闽书》
翁尧英	怀集	《粤西文载》卷 66
叶朝荣	大新	《闽中理学渊源考》卷 48
何乔远	桂林	《闽中理学渊源考》卷 75
叶性	庆远	《粤西文载》卷 65

据不完全统计，清代入名宦的理学之士见表 2—5：

表 2—5　　　　　　　　清代入名宦的理学之士

人名	入祀地	文献出处
郝浴	桂林	（嘉庆）《广西通志》
周春	岑溪	徐世昌《清儒学案》卷 87 "耕厓学案"
姚莹	桂林	徐世昌《清儒学案》卷 89 "惜抱学案"
谢启昆	桂林	徐世昌《清儒学案》卷 89 "惜抱学案"

据不完全统计，入乡贤的理学之士见表 2—6：

表 2—6　　　　　　　　宋明清三代入乡贤的理学之士

朝代	姓名	入祀地	文献出处
宋	石安民	桂林	《粤西文载》卷 39，周孟中《桂林名宦祠碑》。
明	梁方图	怀集	《古今图书集成·名贤列传七》明 7
洪武	梁经	北流	《粤西文载》卷 69
永乐	陶成	玉林	《粤西文载》卷 69

续表

朝代	姓名	入祀地	文献出处
嘉靖（1551年）	李璧	武缘县县城孔庙	《粤西文载》卷69
清	刘定逌	武缘县县城孔庙	《武缘县志》
清	蒋励常	全州	《清史》卷75"循吏传"
同治十一年（1872年）	龙启瑞	江西名宦祠	李荣典、甘广秋：《临桂县志》，方志出版社1996年版。

通过祭祀仪式，缅怀和追慕祭祀对象的高尚品质，激发士人的道德使命感与社会责任感，把成圣成德作为自己理想人格的范型，不断地进德修业，成己成物。

二　广西的科举及其科举的理学化

（一）科举与广西的科举人才

广西士人群体是伴随着学校的普及和科举的推行而产生的。在隋以前，代表性人物有：申朔，苍梧人，建武初举孝廉科；养奋，郁林人，永元中举方正科；士燮，苍梧广信人，建安中举孝廉科，又举茂才科；邓盛，苍梧人，太尉马日磾辟为曹掾；士壹，士燮弟，司徒丁宫辟；士匡，壹子，吴广州刺史吕岱征辟为师。闻名全国的仅有以经学名世的陈钦、陈元、士燮等人。

唐至清，仅以进士为例，唐至五代广西地区产生了赵观文等11位科举人才，不过具有全国性影响的曹邺、曹唐则以文学名世。宋代广西有进士279人，占全国进士总数约0.67%。宋以后，人才多样，但几乎毫无例外都有科举背景，如王世则、冯京等。元代共开科举16次，两榜共计取进士1100余人。受民族歧视政策的影响，广西应举者不多，中式者更少，但具体数字待查。明代文科进士广西239人，包括蒋昇、蒋冕、吴廷举、张澯、李璧、吕调阳、周琦、张翀、徐养正等。清代文科进士广西587人，占全国进士总数约4.82%。如谢赐履、陈宏谋、谢良琦、谢济世、蒋良骐、张鹏展、陈继昌、郑献甫、龙启瑞、蒋琦龄、赵炳麟等。除进士外，还有举人、秀才等，从能够统计到的人数，我们可以看到一个庞大的读书人群体。

（二）科举的理学化

作为国家的"抡材大典"，科举取士一向为统治者高度重视。元代以来，以程朱学说作为取士准则，其所具有的意识形态功能显露无遗。

1. 科目和内容

元代，元仁宗延祐元年（1314 年）正式推行了一系列科举考试制度，延祐二年（1315 年）始行会试，正式开科取士。自此以后直至元末，除元顺帝元统三年（1335 年）曾停罢科举一次外，元王朝的科举考试每三年开试一次，再未间断过。其乡试的程序，明确规定为，"八月二十日，蒙古、色目人，试经问五条；汉人、南人，明经经疑二问，经义一道。二十三日，蒙古、色目人，试策一道；汉人、南人，古赋诏诰章表内科一道。二十六日，汉人、南人，试策一道"①。会试亦即礼部试，由中书省和礼部主持，其内容与乡试同。殿试又称廷试、御试，是元朝科举考试的最后一关，它由天子亲自主持，考试地点设在国史院。史称："御试，三月初七日，前期奏委考试官二员，监察御史二员、读卷官二员，入殿廷考试。每举子一名，……汉人、南人，试策一道，限一千字以上成。蒙古、色目人，时务策一道，限五百字以上成。"② 科举考试的标准方面，元代规定，考生答题时，《诗经》采朱注，《尚书》用朱熹门人蔡沈之说，《周易》主程朱之说，《春秋》用程颐私淑弟子胡安国作的传。除《诗》、《书》、《易》三经允许兼用古注疏，《春秋》许用三传，《礼记》用古疏外，其他儒家经典一律以程朱理学的阐发为主。由于科举考试的导向，天下士子非程朱之书不读。

明代科举的科目和程序沿袭元代而稍变其试士之法，洪武十七年（1384 年）明廷明确规定乡试、会试、殿试程序、内容之法：

> 科目者，沿唐、宋之旧，而稍变其试士之法，专取四子书及《易》、《书》、《诗》、《春秋》、《礼记》五经命题试士。盖太祖与刘基所定。其文略仿宋经义，然代古人语气为之，体用排偶，谓之八股，通谓之制义。三年大比，以诸生试之直省，曰乡试。中式者为举人。次年，以举人试之京师，曰会试。中式者，天子亲策于廷，曰延

---

① 宋濂等：《元史》卷 81 "选举"，中华书局 1995 年版，第 2020 页。
② 同上。

试，亦曰殿试。分一、二、三甲以为名第之次。一甲止三人，曰状元、榜眼、探花，赐进士及第。二甲若干人，赐进士出身。三甲若干人，赐同进士出身。状元、榜眼、探花之名，制所定也。而士大夫又通以乡试第一为解元，会试第一为会元，二、三甲第一为传胪云。子、午、卯、酉年乡试，辰、戌、丑、未年会试。乡试以八月，会试以二月，皆初九日为第一场，又三日为第二场，又三日为第三场。

初设科举时，初场试经义二道，《四书》义一道；二场，论一道；三场，策一道。中式后十日，复以骑、射、书、算、律五事试之。后颁科举定式，初场试《四书》义三道，经义四道。《四书》主朱子《集注》，《易》主程《传》、朱子《本义》，《书》主蔡氏《传》及古注疏，《诗》主朱子《集传》，《春秋》主左氏、公羊、谷梁三传及胡安国、张洽《传》，《礼记》主古注疏。永乐间，颁《四书五经大全》，废注疏不用。其后，《春秋》亦不用张洽《传》，《礼记》止用陈澔《集说》。二场试论一道，判五道，诏、诰、表、内科一道。三场试经史时务策五道。

廷试，以三月朔。乡试，直隶于京府，各省于布政司。会试，于礼部。主考，乡、会试俱二人。同考，乡试四人，会试八人。提调一人，在内京官，在外布政司官。会试，礼部官监试二人，在内御史，在外按察司官。会试，御史供给收掌试卷；弥封、誊录、对读、受卷及巡绰监门，搜检怀挟，俱有定员，各执其事。举子，则国子生及府、州、县学生员之学成者，儒士之未仕者，官之未入流者，皆由有司申举性资敦厚、文行可称者应之。其学校训导专教生徒，及罢闲官吏，倡优之家，与居父母丧者，俱不许入试。①

明代科举程序比元代更加完善和细密，最大的不同在于八股取士。八股取士虽有统一录用人才标准的作用，然而讲学举业皆以程朱理学为枢纽，文章定于一格，又悬以利禄的诱惑，士人遂失其治学本源，遂使当时学术研究存在"一意宗朱，而人趋人诺，不敢有所异同者"②的状况。

---

① 张廷玉等撰：《明史》卷70"选举二"，中华书局1974年版，第1693—1694页。
② 曹学佺：《周易可说》"总论"，《续修四库全书》第13册，上海古籍出版社2002年版，第8页。

清袭明制，而稍有变化，其科举具体之法如下：

有清科目取士，承明制用八股文。取《四子书》及《易》、《书》、《诗》、《春秋》、《礼记》五经命题，谓之制义。三年大比，试诸生于直省，曰乡试，中式者为举人。次年试举人于京师，曰会试，中式者为贡士。天子亲策于廷，曰殿试，名第分一、二、三甲。一甲三人，曰状元、榜眼、探花，赐进士及第。二甲若干人，赐进士出身。三甲若干人，赐同进士出身。乡试第一曰解元，会试第一曰会元，二甲第一曰传胪。悉仍明旧称也。世祖统一区夏，顺治元年，定以子午卯酉年乡试，辰戌丑未年会试。乡试以八月，会试以二月。均初九日首场，十二日二场，十五日三场。殿试以三月。

二年，颁《科场条例》。礼部议复，……首场《四书》三题，《五经》各四题，士子各占一经。《四书》主朱子《集注》，《易》主程《传》、朱子《本义》，《书》主蔡《传》，《诗》主朱子《集传》，《春秋》主胡安国《传》，《礼记》主陈澔《集说》。其后《春秋》不用胡《传》，以《左传》本事为文，参用《公羊》、《谷梁》。二场论一道，判五道，诏、诰、表内科一道，三场经史时务策五道。乡、会试同。乾隆间，改会试三月，殿试四月，遂为永制。……

乡、会试首场试八股文，康熙二年，废制义，以三场策五道移第一场，二场增论一篇，表、判如故。行止两科而罢。四年，礼部侍郎黄机言："制科向系三场，先用经书，使阐发圣贤之微旨，以观其心术。次用策论，使通达古今之事变，以察其才猷。今止用策论，减去一场，似太简易。且不用经书为文，人将置圣贤之学于不讲，请复三场旧制。"报可。七年，复初制，仍用八股文。二十四年，用给事中杨尔淑请，礼闱及顺天试《四书》题俱钦命。时诏、诰题士子例不作，文、论、表、判、策率多雷同剿袭，名为三场并试，实则首场为重。首场又《四书》艺为重。二十六年废诏、诰，既而令《五经》卷兼作。论题旧出《孝经》，康熙二十九年，兼用《性理》、《太极图说》、《通书》、《西铭》、《正蒙》。五十七年，论题专用《性理》。世宗初元，诏《孝经》与《五经》并重，为化民成俗之本。宋儒书虽足羽翼经传，未若圣言之广大，论题仍用《孝经》。……（乾隆）

二十二年，诏剔旧习、求实效，移经文于二场，罢论、表、判，增五言八韵律诗。明年,首场复增《性理》论。……四十七年,移置律诗于首场试艺后,《性理》论于二场经文后。五十二年,高宗以分经阅卷,易滋弊窦。且士子专治一经,于他经不旁通博涉,非敦崇实学之道。命自明岁戊申乡试始,乡、会五科内,分年轮试一经。毕,再于乡、会二场废论题,以《五经》出题并试。永着为令。……

光绪二十四年,湖广总督张之洞有变通科举之奏。二十七年,乡、会试首场改试中国政治史事论五篇,二场各国政治艺学策五道,三场《四书》义二篇、《五经》义一篇,其它考试例此。用之洞议也。行之至废科举止。①

科举制度以"四书"文衡士,与程、朱之道表里相依。明清官学教育的本质正如孙鼎臣所说:"夫天下固有不待教而从之者,盖爵赏为之招也。是以天下之习不惟其教,而惟其所取。所取而为科举之文欤,则其学为科举之学,奚惑焉。"②

2. 清广西乡试题目举例

元明清广西乡试,试题来自"四书"、"五经",尤重"四书",现将陆鉴、况嵩年《国朝广西历科题名录》③清乡试题目约举一二如下:

顺治十四年丁酉科中式四十名,是年开始乡试,题目:节用而爱人　尊贤之等　于此有人则弟。

顺治十七年庚子科中式三十名,题目:其事上也二句　序事所以二句　乐取于人句。

康熙二年癸卯科中式三十五名,题目:君子尊贤二句　子庶民也二句　修其身而一句。

康熙五年丙午中式三十名(废八股用策论),题目:诲人不倦论。

---

① 赵尔巽等撰:《清史稿》卷108"选举三",中华书局2003年版,第3147—3153页。

② 盛康:《皇朝经世文续编》卷66"礼政六贡举",孙鼎臣《论治》,光绪二十三年思刊楼刊版。

③ 陆鉴、况嵩年:《国朝广西历科题名录》清刻本,版存广西省城布政司,东辕门衖蒋永存堂,道光十二年新镌。

雍正元年癸卯科中式五十八名（是年加额十名，二月乡试，八月会试），题目：子曰吾之于人也一节　舜好问而好察迩言　立贤无方。

乾隆二十四年己卯科中式四十五名（是科闱中裁去表判，增用五言八韵律诗一首，永著为令。）题目：请益曰无倦　人一能之　孔子也至所愿　月中桂树得秋字。

乾隆二十五年庚辰恩科中式四十五名（本年皇太后七旬万寿，又值西域平定，武功告成，正科会试后举行恩科乡试。）题目：樊迟问仁二节　保佑命之二句　颂其诗读四句　日暖万年枝得同字。

由上可知，元明清的科举制度已经理学化了，士子不管愿意与否，都必须依程朱之说而立论，求得荣华富贵。

第二节　传播的主动性和单向性

理学在广西的传播经历了发生、停滞、发展和成熟的历程，直到标志着理学在广西成熟的标志和"岭西五大家"的出现，先进、系统的理学在该地区的传播都呈现出主动性和单向性特点。

理学在广西传播的主动性和单向性是由它与中央政权及其与中心文化的时空决定的。所谓主动性指长期以来理学对广西的输血型传播，是宋代以理学为主流的学术思潮充当了信息源的作用，然后成梯级向四周散开，其接受时间的先后和它与信息源的远近和族性有关。广西北有五岭把它与中原分割开来，西北面为绵延的云贵高原，其间为高山深壑带，阻隔了广西与云贵地区的交通；其南面濒临南海，张岳《两广到任谢恩疏》："两广之地，实古百粤之区。内丛万山，外连巨海，风气殊异，僚僮杂居。"[1]因此，在漫长的岁月里，岭南与内地基本处于封闭和隔绝状态，形成了文化上的相对封闭性和落后。以宋代为例，从科举人数看，两宋合计28933名进士，广西仅有279人。宋代产生状元118名，广西仅冯京、王世则2

---

[1]　汪森编，黄盛陆等校点：《粤西文载》卷8，张岳《两广到任谢恩疏》，广西人民出版社1990年版，第185页。

人，明代无，清代状元总数为 114 人，广西 3 人。两宋时期共有宰相 131 人，其中没有一个是广西人。《宋史·文苑传》中没有广西人。《宋史》正传和《循吏传》共传叙的 1518 人中，只有 2 人来自广西。词是宋代最具代表性的文学样式，然而唐圭璋所编的《全宋词简编》中也没有一个广西籍词人。《宋元学案》所列宋代学者 1700 多人，两浙 680 人，福建 314 人，江西 183 人，江东 121 人，其他各路都在百人以下，夔山路仅仅 2 人，广西路 3 人。

作为北宋时期兴起的理学，从南宋开始，随着大一统文化建设的推进，呈现出主动性特点。如人伦道德教育方面，原广西地区，家庭和血缘观念并不强，"父子别业，父贫则质于子"，针对此，宋仁宗天圣七年（1029 年）诏："广南民自今祖父母、父母在而别籍者论如律，已分居者勿论。"[①]《元史·世祖本纪》中说，元世祖在至元年间曾诏令地方长官利用孔庙进行伦理道德教育，通过祭孔，加强了社会教化；他又令从臣秃忽思等人辑录《毛诗》、《孟子》、《论语》等，供其学习之用。

所谓单向性，指的是理学在广西的传播，并非双向，接受方长期以来只有接受而没有反馈。只是在陈宏谋的"临桂学派"出现后单向性才有所改变，陈宏谋及其所代表的"临桂学派"，以其成功的理学行政实践，丰富了理学的教养思想及其行政实践。

尽管如此，理学在广西的传播还是滞后的。首先，就书院而论，广西最早的书院始于南宋，而中原地区最早的书院出现于五代末、北宋初。其次，从数量上看，南宋时，全国有书院 136 所，广西已有 12 所。元代全国书院发展处于停滞状态，广西也只有璜溪书院 1 所为其新建。明代，全国有书院 1200 余所，广西则有 70 所。清代，全国有书院 1800—2600 所，广西则有 255 所，就理学人物而言，在《宋元学案》的记载中，广西理学人物只有蒋元夫、滕处厚和蒋公顺 3 人；在《明儒学案》的记载中，也只有周琦 1 人；在《清儒学案》中，也仅有陈宏谋、陈兰森、吕璜、朱琦、龙启瑞、王拯、郑献甫 7 人，这与全国庞大的理学群体是无法相比的。

---

① 李焘：《续资治通鉴长编》卷 108，《四库全书》第 315 册，上海古籍出版社 1987 年版，第 666 页。

第三节　传播的差异性

一　宋明理学传播与文化区域的差异性

汉文化进入广西，其主要途径有两个：一是桂东南，然后溯西江、浔江、黔江、邕江和左右江，向桂西南和桂中方向发展。南越国的政治中心在番禺（广州），赵佗及其部属都是中原汉人，熟知汉族礼仪文化，他们不断将中原文化介绍给岭南，"稍以诗礼化其民"，故史有"岭南之文始尉佗"之说。当时南越政权与广西的交通联系，主要是溯西江而上进入广西，因此，地处西江上游的今梧州、玉林两地区，自然首先受到这个政治中心的辐射。二是通过湘桂走廊，进入现代的兴安、桂林一带，因此桂北、桂林一带接受中原文化的辐射较早，沿湘江南下，影响桂中，然后以柳州为中介西折，沿着今黔桂铁路的大致走向，向桂西北延伸。

与此相联系，古代广西也存在着三个文化区，即以桂柳话为基础，以漓江流向为线索，以桂林为中心的"漓江文化区"；以粤语为基础，以今梧州为中心的"西江走廊文化区"；以古代壮语为基础，以民族文化为特色，范围包括今百色河池两地区的"左右江文化区"。

由于地理文化环境的不同，三个文化区域表现出迥异文化倾向，"漓江文化区"重文化、尚气节；"西江走廊文化区"与广东相近，商品意识强；"左右江文化区"崇武尚勇。

在这三个文化区域中，"漓江文化区"是广西政治文化中心。以科举人才为例，唐代进士的 10 人主要集中在藤县、临桂、富川、博白、灵山、兴安、阳朔 7 个县份，属于文化教育比较发达的桂北、桂东地区，而文化教育较为落后、少数民族聚居的桂西、桂南地区则尚无参加科举的记录。

有学者做过统计，宋代 279 人（含特奏名、恩赐）文科进士，如以县为单位，按进士人数的多少为序，则具体的排列情况大致如下：全州 37 人、桂林 31 人、宜山 29 人、平乐 28 人、柳州 26 人、富川 18 人、恭城 15 人、灵川 9 人、南宁 8 人、阳朔 7 人、桂平 7 人、荔浦 6 人、永福 6 人、临桂 6 人、兴安 5 人、灵山 5 人、藤县 4 人、象州 4 人、横县 4 人、贺县 3 人、融安 3 人、宾阳 3 人、博白 2 人、钦州 2 人、北流 2 人，其余苍梧、郁林、昭平、鹿寨、来宾等县各 1 人，另有籍贯无考者

4 人。

　　明代桂北地区科举鼎盛，如柳州府在明代号称"声名文物之盛郡"、"岭南甲郡"，特别是马平县，《马平县志》中说："马平僻处岭表，秦汉时仅属羁縻。自唐柳侯来守是邦，建学明伦，而都人翕然向化。故其碑记曰：'道尧舜孔子，如取诸左右，此尤大彰明较者也。'"① 王守仁也在《送李柳州序》中盛赞柳州："柳虽非中土，至其地者，率多贤士。是以习与化移，而衣冠文物，蔚然为礼仪之邦。"② 而偏远的桂西一带少数民族地区，除了庆远（今宜山）尚有 29 人为进士外，其余各州、县如兴业、崇明、平南、扶绥、荔浦、武鸣、鹿寨、那坡、都安瑶族、马山、太平、思恩、河池、隆安、百色、资源、隆林、蒙山、岑溪、德保、平果、天河等少数民族聚居的桂西、桂南地区没有进士。

　　清代从进士增长的幅度看，桂西地区排在第一，桂东其次，桂北第三，桂南最低。从明清两代四个地区进士所占的比例看，虽然桂北地区占到了全广西的 60% 左右，但是其比例呈现出明显降低的趋势，降幅达到 9%。比如其属下的象州，"五州科举在宋时始盛，如谢氏兄弟之联春榜是也。考宋时及第者旧志得四人，明时及第者旧志得二人，元则寂寂无闻焉。国朝开科取士，吾乡于康熙间始行乡试，于乾隆间始隽会试，至今（同治年间）又百年，接踵才五人"③。而与此同时，桂东则出现大幅度增长的趋势，其进士比例上升了 11%，桂东进士数量的快速增长，是清代广西进士人才地理分布上的一个显著特点。比如在梧州，据同治《梧州府志》载："（梧州）虽在炎疆边徼，泮水槐市之间，弟子诜诜称极盛焉。"④ 郁林州"虽僻处炎陬，而人文蔚起，士气不佻"⑤。清人孔广平也在《修文庙碑记》中称兴业"文教振兴，人文蔚起，埒于中州。士多敦

① 舒启修，吴光升等纂：《马平县志》卷 5 "学宫"，《中国方志丛书》第 128 号，成文出版社 1970 年版，第 190 页。

② 王守仁著，吴光等编校：《王阳明全集》卷 29，《送李柳州序》，上海古籍出版社 1992 年版，第 1052 页。

③ 李世春修，郑献甫纂：《象州志》，《中国方志丛书》第 130 册，成文出版社 1968 年版，第 191 页。

④ 吴九龄修，史鸣皋等纂：《梧州府志》，卷 6 "建置志"，《中国方志丛书》第 119 号，成文出版社 1961 年版，第 131 页。

⑤ 冯德材等修，文德馨等纂：《郁林州志》卷 6，《中国方志丛书》第 23 号，台湾成文出版社 1975 年版，第 84 页。

本务实，咸知崇至圣之道"①。浔州府有着悠久的文化传统，人多业儒，士子翕然向学，清人胡南藩在《重修浔州府学记》中称"以正郡之彬彬，多文学也，视前代加盛"②。从举人的地理分布看，从明代到清代，广西举人数从5065人减少到5019人，这其中，桂林府居于首位，占全省中式总数的50%以上；玉林府和梧州府次之；而土司统治的桂西南、桂西和桂西北，庆远、泗城、太平和镇安四府中式举人总数还无平乐一府中式人数多。但是桂北和桂南增幅下降，而桂东和桂西大幅度上升，其中桂东增长31%，桂西增长21%。可以说清代桂东地区文化教育的兴盛是全面的，而不是局部的。而且随着改土归流的成功推行，原先作为人才空白地带的桂西也普遍设立学校，科举中式的人数越来越多，成为人才增长幅度最大的地区。

与科举人才的地理分布所呈现出来的特点一样，本土理学之士的分布也呈现出桂东北（包括桂林府、柳州府、庆远府）、桂东南（包括梧州府、平乐府、浔州府、郁林州）、桂南（包括南宁府、廉州府）和桂西（包括思恩府、太平府、镇安府、泗城府）的不同，具体情况见表2—7：

表2—7　　　　　　　　广西本土理学之士的地理分布

地区 ＼ 朝代		宋	元	明	清
桂北	桂林府	7	1	16	18
	柳州府				
	庆远府				
桂东	梧州府			7	8
	平乐府				
	浔州府				
	郁林州				

---

① 苏勒通阿修，王巡泰等纂：《（续修）兴业县志》卷9，《中国方志丛书》第16号，台湾成文出版社1975年版，第98页。

② 黄占梅、程大璋等修纂：《桂平县志》，《中国方志丛书》第131号，成文出版社1968年版，第2086页。

续表

朝代 地区		宋	元	明	清
桂南	南宁府	1		4	8
	廉州府				
桂西	思恩府			1	
	太平府				
	镇安府				
	泗城府				

　　两宋广西确切可考的理学之士有石安民、蒋元夫、蒋公顺、滕处厚、文元、陶崇、韦旻、覃昌8人。8人中有5人来自全州，这与全州特殊的地理位置有关。湖湘为理学重镇，湖湘学派的创始人胡安国与程门高足杨时、游酢有密切的学术交往，其子胡宏秉承父学，且从学于杨时。胡氏父子隐居衡山，创碧泉书院、文定书堂，授徒讲学。名相张浚之子张栻从学胡宏于文定书堂，为宏所激赏。后张栻主讲岳麓，与朱熹、吕祖谦齐名，号称为"东南三贤"。湖湘学派以性为本体的哲学思想及经世务实的学风为自己显著的学术特色，八九百年间，一直深深地影响湖南思想界、学术界。到晚清，清唐鉴、曾国藩在全国都是颇具影响的理学人物。随着他们中的理学大儒以及门人弟子的学术往来活动，形成了理学的辐射源，而全州在宋属于湖南，不可避免地成为湖湘理学的辐射地带。另外，全州理学之士也主要集中出现在绍定、端平年间，这是因为绍定年间理学大家魏了翁在靖州开书院授门徒的结果，一时风向所趋，便出现了蒋公顺、滕处厚、文元几位理学之士。湖湘文化经过灵渠从湘江进入漓江水系，然后沿漓江南下至柳州，影响桂中，最后以柳州为转折向西北方向而去，沿今黔桂铁路走向向桂西北延伸。受湖湘文化的影响，桂北漓江文化区的理学风气很浓，当时的临桂为当时广南西路的治所，在政治、军事、经济、文化等方面有重要的地位，被誉为"西南会府"人文荟萃，石安民得以和张浚、沈晦、胡寅、汪应辰、张孝祥等人交往，从而受到理学熏陶。在湖湘文化的熏陶之下，这一带的广西人讲究道德修养，注重忠义气节，具有浓厚的忠君爱国思想。南宋末年马暨的抗元，元末邓祖胜的抗明，明末瞿式耜、张同敞的抗清，都具有强烈的"以身报国，不事二主"的色彩。桂

林表彰"守节自律"、"誓不更嫁"的烈女节妇，自宋代始，历朝皆有。而清人撰的《临桂县志》载录了该县烈女 1610 人，是广西各州县之首，以上诸例足以说明理学在此的影响。

明代本土理学之士在各个文化区域都有代表人物，特别是桂东的发展明显，这与广东理学的兴盛有极大关系。秦汉以后，岭南才逐渐接受较为发达的中原文化（华夏文化）的浸润，南宋以后，历元、明、清三朝，直至清末民初，占支配地位的乃是程朱理学。在明代产生了陈白沙、湛若水等具有全国性影响的理学大家，他们的门人弟子遍布天下，使广东成为当时心学发展的核心地区之一。而广西东南部地区如梧州、玉林等地与广东山水相连，交通便利，因此，广西东部成为广东心学的辐射地带，出现了吕景蒙、何世纶、甘思忠、陈大纶等追随者。

清代桂南理学发展在清比较突出，出现了 8 位理学之士，这 8 位理学之士分布集中在武鸣和上林，有着强烈的家族色彩和地域色彩。张鹏展家族信奉理学，曾祖、祖、父都潜心理学，受其熏陶，张鹏展也推崇理学。正是由于有这个家庭背景，他问学于当时广西的理学人物刘定逌。后来，韦天宝问学于张鹏展，也信奉理学，写有《士先器识论》一文。受其影响，其子韦丰华也推崇理学。

本土理学之士的地理分布呈现出集中桂北、推及桂东桂南、桂西基本空白的分布情势，与广西文化的区域性特点一致，表现出强烈的地域差异。地理差异的形成，不仅与土司制度有关，而且与文化教育发展的不平衡有关。广西广大的西部和南部地区，长期以来由土司管辖，为其统治需要，实行封闭管理和愚民教育，剥夺广大土民读书受教育的权利，这是理学之士难以在桂西产生的一个重要原因。

二　宋明理学的接受对象的差异性分析

在宋代，理学接受者多为科举之家，如全州蒋姓，仅从明代科举看，就有进士 11、举人 70 多人。[①] 滕姓也为全州著姓，历代都有科举仕宦者。在明代，陈氏为全州大姓，仕宦、科举不断，仅《粤西丛载》卷 9 "荐绅盛世"记载，就有举人 9 人、进士 5 人。全州舒姓，也是大姓，

---

① 汪森编，梁超然等校注：《粤西丛载》卷 9 "荐绅盛事"，广西人民出版社 2007 年版，第 393—394 页。

明代科宦绵延，舒宏志还是万历丙戌年探花。或为传统儒学之家，如覃昌，其祖父覃光佃、父亲覃庆元崇奉儒学。张溁，平南张氏，官宦之家，父亲张廷纶官至户部主事，而他本人官至兵部尚书。

他们中的绝大多数人有仕宦经历，如陶崇曾为御前讲官，著有《澈斋文集》；石安民曾历官廉州、滕州教授，象州判官；蒋公顺累官为常德府桃源令；滕处厚历官马平步尉、潭州甘泉酒库兼帅幕。覃昌，虽身居融州，但出身儒学之家，学问广博，自己又有官至国子祭酒的出仕经历，完全有机会和能力接受正在兴起的理学。韦旻后虽隐居不仕，但也有过读书科考的经历。元末明初的唐朝，曾为辰溪教谕。明清两代，本土理学之士如周琦、覃熙、张翀、简弼、徐养正、蒋昇、吕景蒙、吕调阳、陈宏谋、龙启瑞、朱琦等都有出仕经历。总之，理学家与"普度众生"的释氏不同，只能从"士"阶层寻找"传道"对象，影响的对象是"士"，而不是一般的"民"。对于普通民众，宋明理学不但没有机会向他们讲授心、性之学，而且即使有机会，也必然徒劳无功。

广西的"士"从自身求学的目的、文化素质、身份地位等方面进行分类，可以归纳成以下几类：

1. 以理学为志趣者

为获取知识、提高自身的道德修养而求学。这些学子用心钻研学术，人数虽不多，但是学术素养更高。覃昌，祖父覃光佃、父亲覃庆元崇奉儒学，祖、父以宦绩显。昌独闭门讲学，以求道为己任。[1] 韦旻，曾与太守许德言论"尽心养气、知性"。秧清，中举后，"潜心理学，终身坚隐不仕，人共仰之"[2]。梁方图，16 岁即有志于理学。陈宏谋长兄陈宏诚，崇尚程朱理学。陈仁，崇尚理学，学于方苞。刘定逌归乡后潜心于穷理尽性之学。张鸿翮，康熙四十一年（1702 年）中举后，终身不仕，潜心于程朱理学。

2. 求科举的读书人

广西读书人数量庞大，是理学教育和学术传播的主要对象，他们为参加科举考试而求学，如蒋琦龄、赵润生、赵柏岩、蒋励常、张鹏展、韦丰华、郑献甫皆如此。在元明清科举已经理学化了的现实下，大量的读书人

---

① 谢启昆：《广西通志》卷 261，广西人民出版社 1988 年版，第 6551 页。
② 汪森编，黄盛陆等校点：《粤西文载》卷 69，广西人民出版社 1990 年版，第 205 页。

求取功名就必须接受理学教育。

3. 为官的士大夫

他们也是理学传播对象之一。多年的寒窗苦读之后，一部分人进入官僚集团，成为社会统治阶层的一部分。他们当中的一些人，为追求学术上的精进和道德上的自我完善，向理学家请教，成为理学门人，如吴廷举，在广东顺德知县任上，在公余之暇，"即见白沙陈先生，往返数载。得闻理学梗概，为治根本"①，作诗效陈白沙，并于明弘治九年刊《白沙先生诗近稿》，此版本为现存白沙集一些重要的版本之一。而大部分求学的士大夫常采用书信的方式向理学家请教，如文元，曾问学于魏了翁。他们对于理学的信仰与推崇，提高了理学在社会上的地位，有利于理学的广泛传播。

4. 土司子弟

土官及其弟子、后裔，他们通过科举做官，其中不少人崇尚理学，或受过理学的熏陶。田州协理岑永贞，岑坚之子，聪颖好学，孝友笃行，博览群书，尤精性理。康熙时期的十四世土官莫振国，能够写出以理学为指导、较为系统的教育文献——《教士条规》②，就充分说明理学对土司子弟的影响，关于"土司子弟"接受理学的情况将在下一节详述。

三　宋明理学传播的民族性差异

广西是多民族聚居的区域，宋代以前，中央政权的政治管辖并未在多大程度上强化文化上的交流，儒家传统的文化理念对广西各族民众的日常生活并未形成过多的影响。宋代之后，随着士大夫阶层地位的上升和宋明理学思想的发展，广西陆陆续续出现了许多带有理学色彩的民间学术团体，但生活在广西的少数民族接受汉文化的程度和先后都有不同。大体说来，壮族受众较多，接受的时间也较早。在汉代，就有壮族的陈钦、陈元父子。到唐代，广西澄州有韦敬办、韦敬一兄弟。到宋代，仅广西境内中进士的儒士就有 279 人，其中当然不乏壮族文人，此外，还有黎志、韦

---

① 湛若水：《南京工部尚书吴公神道碑》，载汪森编，黄盛陆等校点《粤西文载》卷 73，广西人民出版社 1990 年版，第 340 页。

② 莫振国：《教士条规》，莫汉中《忻城莫氏土司官族诗文选注》，融水县印刷厂 2000 年版。

经、韦民堂等，亦均为宋代获进士功名的壮族儒生，这些壮族士人对理学在广西壮族中的传播无疑发挥着极为重要的作用。宋元明清，广西的少数民族理学之士如覃昌、韦旻、李璧、覃熙、刘定逌、韦天宝、韦丰华、张鸿翿、张鸿翽、张鹏展、郑献甫等，皆为壮族。

其实，刘定逌、张鹏展也并不是真正意义上的壮族人，而是壮化了的汉族人。① 刘定逌始祖刘禄，宋朝末年为邕州判官。刘禄之父原为宋朝大官，宋灭，全家数十口殉难。刘禄远在他乡为官，无家可归，便移至武缘县葛阳镇蛰居，融入壮族之中，子孙蕃衍，人丁兴旺。刘家诗书传家，为当地著名的书香门第。刘定逌父亲刘王珽，考中贡生，曾任兴安司训。张鹏展的远祖本是汉族，迁住上林上百年，早已融入了壮族之中，逐渐变成了新的土著，但在文化上恪守儒学，科第不断，书香绵延。汉族"壮化"也是壮族地区民族关系发展的一种常见现象，自宋以来，在壮族地区西部与东部都存在，但以西部地区为多。一些学者认为，汉唐至宋元间进入桂西地区的汉人均被壮人所同化，明清时期进入者亦有部分壮化。② 其所依据的史料为光绪《新宁州志》载："新宁本诸苗地，然遍询土人，其远祖自外来者，十之八九。初至多在城市，渐而散处四乡，与土民结婚，通声气。数传后，岩栖谷隐，习惯自然，人人得以獞猺目之矣。非猺而猺，非獞而獞，其居使之然也。"③ 事实上，太平府也有类似现象："太平城郭居民有因仕宦落业者，有各省商贾落业者，有由宋皇祐从军而来者，稽其各家世谱，出自山东者，十之六七，出自江南、河南江西广东者十之三四。有历四五世、七八世不等。"④

壮族的刘定逌、张鹏展、郑献甫等，他们都对理学有很深的研究，有的被称为"岭南大儒"，特别是与其本民族的思想结合，从而在发展理学以及对理学向本民族的传播方面，做出了重大贡献。

---

① 参考韦玖灵《儒学南传与壮族思想发展》，香港新闻出版社 2003 年版，第 308 页。

② 顾有识：《试论历史上的壮汉互为同化》，《广西民族研究》1999 年第 3 期。

③ 戴焕南修，张棨奎纂：《新宁州志》卷 4 "土属志·诸蛮"，《中国方志丛书》第 200 册，成文出版社 1970 年版，第 359 页。

④ 甘汝来等纂修：《太平府志》卷 14 "风俗"，《日本藏中国罕见地方志丛刊》，书目文献出版社 1992 年版。

第四节　传播的通俗性

广西理学虽缺乏可堪观瞻之大家气象，但因时制宜、因材施教，成为广西士子精神的重要滋养。宋代士人政治兴起，一改隋唐两朝武官行政、节度疆域之弊，政治风尚之教化之风大兴。自宋代以降，入桂官员不乏理学之士，这些入桂的理学人士多因地制宜，将传播儒家思想作为重要活动，解读儒家典籍，化民育德，如张栻在兴复桂林学府时，建周敦颐、二程三先生祠，以树立楷模，延续道流，"故某之区区首以立师道为急，继自今瞻三先生祠者，味其言考其行，心存而身履行之，以进于孔孟之门墙，将见人才之作兴与漓江相无穷也"①，并非张栻无理学材质，因广西"师道"未立，须先"进于孔孟之门墙"，士子须体贴儒家之精神，才是为学前提，张栻也只可因材施教，"味其言考其行"，只要求达到"身履行之"的目的，对广西有待成就的士子来说，理学家的要求仅为使儒家的整个伦理纲常系统简单易行，所以广西理学传播表现出通俗性特点。

一　理学传播以基本概念为主

理学家们争论的核心话语，如"天理"、"性"、"心"等概念，在各个理学的流派中，都居于思考的核心地位，争论的焦点在于每个理学家赋予这些概念的内涵不尽相同罢了。理学入广西后，体系化的趋势并未能延续，如何使理学范畴对现实的实践行为产生指导，理学体系被断章取义也就难以避免，如臧梦解为了阐释"理一分殊"，只糅合几家之说，简易说教："道在事物有形之形者也，道在人心无形之形者也，道在天地如水在地中，无在无不在也。学者能因其有在者求其无不在者，因其有形者求其无形者，斯得之矣。"② 如此解读自然不如"月映万川"之形象。理学之旨趣在辩说不在譬喻，"事物"与"人心"，以"有形"、"无形"相区别，虽然或无大碍，但"人心"如何发用，毫无着落之处，"水在地中，

---

① 汪森编，黄盛陆等校点：《粤西文载》卷 37《三先生祠碑》，广西人民出版社 1990 年版，第 114—115 页。

② 汪森编，黄盛陆等校点：《粤西文载》卷 29，《重修宣城书院记》，广西人民出版社 1990年版，第 349 页。

无在无不在",尚须意会,"因其有在者"、"因其有形者"去探究"无不在者"、"无形者",由具体到抽象,由个体到一般的方法确实给出,但进路却只字未提,臧梦解之学恐怕难有受用,实在把理学精到处都生吞活剥而已。明代理学之士张吉,弘治间任职广西时,"督学所至,辄与人言明诚之学"①,只言片语难以把握其学术宗旨,但其"明诚之学"实以实功实利为归宿,无甚理论拓展,"升教令,严武备,察奸吏,择将领,次第兼举,推诚御下"。"推诚御下"之说不知为他人评点抑或张氏自知其能,"推诚"以"御下"之"诚"实则无异于"执一御众"之术,如此之"诚"恐怕无贯通天人的可能。宋明理学传入广西之后,理学话语在当地逐渐形成一种潮流,由于书院这种读书讲学的形式遍地开花,大批当地士人在"理"、"心性"、"格物"等范畴也阐发出了一些区场上的特色。我们有必要将理学的一些核心概念在文中区别对待,因为这些概念在不同情况下,发生了一些影响相对深远的讨论。

1. 理

"理"可以说是理学家思想的重心所在,用哲学的话语描述,那就是理学家的世界观。虽然诸如《易传》这样的古老文献中也出现过"穷理尽性以至于命"的说法。但是"理"并未跃升为总纲。自从程颐"自家体贴出天理","理"作为精神总纲此后愈加清晰和发育,朱熹"未有此事,先有此理",陆九渊"人皆有是心,心皆有是理,心即理也",甚至与"理"本位相对峙的心学大师王阳明对朱熹等人的微词所在也仅是"心摄于理"和"理摄于心"的差别而已,所以,"理"的观念的传播需要引起相当关切,因为它可能涉及理学思想在广西传播过程中的具体走向,是入"程朱理学",抑或"陆王心学",抑或别出心裁,如蒋勋常在《性理》一文中对"气"、"理"、"欲"等加以了辨析,但只是对周敦颐、朱熹等人的观点的理解,并没有新的发现,如关于"皇极"(无极)和"太极",他认为"皇极"即"天理",至善之极,而"太极"有善与不善,谓:"皇极为至善也可,谓太极为至善则不可。东西南北皆倚于一偏,惟皇极为中,故可拟至善之义。若太极,则两仪、四象、八卦之始,太极中有至善,两仪、四象、八卦中亦各有至善。以至善属太极,则两

---

　　① 汪森编,黄盛陆等校点:《粤西文载》卷39,载骆日升《少保张襄公祠堂碑》,广西人民出版社1990年版,第200页。

仪、四象、八卦皆不得有至善乎？"① 接着，他又对"气"加以论述，他认为"道"运动便是"气"，而"理"则搭载"气中"，因此，他认为"气即理"，不应该再把"气"分为形而上和形而下，"形而上下则理自为理，气自为气。天理宰乎气之中，气即理之发见于外者，形而上固是理，形而下便非理乎！"② 天地万物皆禀"气"而生，"天理"自存于心，"或问降衷秉彝，其名虽异，要之皆是一理"③。但气有清浊，人便有贤愚、美丑，"吾心此理，万物亦此理。吾心之理无不明，斯于万物之理无不明。苟蹈于偏，则所见皆偏溺于欲，则为欲所蔽"④。进而，蒋励常继承张载、朱熹观点，把"性"分为"天理之性"和"气质之性"，他说："同是种之美者，及播而种之，则有生有不生，有能成实有不能成实者，地气使然也。此气质之性，美恶分焉。"⑤

2. 心性

心和性，本是中国哲学史上的一对重要范畴。理学所言的心性，在继承孟子心性说基础上，衍生出张载的"心通性情"、朱子的"心分体用"、王阳明的"至善者性"等学说。在此问题上，程、朱、陆、王学说虽异，但在心性论的道德本体阐发上却是一致的，"性"、"心"都与伦理道德相结合，融为一体，是"善"、"诚"、"真"，又是"天理"、"道"。

理学家十分着意于"意念"未发动之时，这便是"已发"和"未发"的问题，《中庸》上已提出"喜怒哀乐之未发谓之中，发而皆中节谓之和"⑥，《大学》讲到"知止而后有定，定而后能静，静而后能安，安而后能虑，虑而后能得"⑦，理学家虽大多排佛，但从行走坐卧乃至学术的养成和佛法都不无关系，虽不"参禅"，但"静坐"的功夫是必要的，二程、朱熹、王龙溪都深谙此道。所以，理学家的"诚"、"敬"，并不是

① 蒋钦挥、唐振真等点校：《岳麓文集》，《十室遗语》卷1"性理"，广西人民出版社2001年版，第103页。

② 同上。

③ 同上书，第104页。

④ 同上书，第103页。

⑤ 同上书，第105页。

⑥ 郑玄注：《孔颖达疏》"礼记正义"，阮元《十三经注疏》卷52，中华书局1987年版，第1625页。

⑦ 郑玄注：《孔颖达疏》"礼记正义"，阮元《十三经注疏》卷60，中华书局1987年版，第1673页。

简单的修养之法，而是由"命"到"性"，是和认知能力和践行德操密不可分的，程颢讲"涵养须用敬，进学则在致知"，"敬"与"知"并非打成两段，而是一体两面，"进学"与"涵养"是相辅相成的功夫，这和儒家传统并无二致，孟子"养浩然之气"、"养心在于寡欲"都在表达向外获取感性要素和向内转化为知性认识之间密切的联系。"诚"和"敬"是修养之道，亦是为学之道。广西士子"宗室以及士庶莫不乐观，至有上书称赞谓观感之下，自觉人欲净尽、天理流行者"①，"恪遵魏文靖公（魏了翁）之教，知有君臣之分，身虽为卤，而王公不缺位也。"② 可见，广西士子所接受的理学熏陶和理学教育，更多地是侧重伦理道德思想，这对他们的价值取向无疑会产生深刻的影响。

3. 格物穷理

中国古代的思想家大多并不关注绝对意义上"真"和"假"的问题，故此，长久以来，知识论并没有演化为独立的思维体系，相对西方思想中影响深远的"经验论"与"唯理论"、"唯名论"与"实在论"这样的学术思潮，中国的思想家更多地并未把认识世界的方式作为十分显要的问题单独解决，不过宋明的理学家由于共同的理论难题，那就是"内圣"如何得以实现，无"圣人"则无"天道"可言，"道统"这个载体就无非是个理论预设而已。"圣人"的问题便尤为迫切，"圣人"在治理天下的过程中扮演"全能"的角色，在认识世界的过程中就必须具备"全知"的可能，所以通达"大埋"就是理学家们认识论的落脚所在。需要明确地区分一下，近代西方哲学发生了认识论，从古希腊哲学家明确的认识对象"自然"、"存在"、"本真"，基督会士的"上帝"，到康德之后，"认识的对象是什么"变成了未知之物，即"人可以知道什么"变成了症结所在，但是，理学家的旨趣大不相同，对于我们认识的潜力有多大，这并无关紧要，认识的对象是"天理"不容分说，关键在于"天理"是什么，答案是给定的，"君臣父子"、"仁义忠信"，这些便是天理，这和孟子是一以贯之的，无非是"心学"、"理学"各自的求证方法不同，"尊德性"

---

① 黄佐：《庸言》卷7"政教第七"，《续修四库全书》第939册，上海古籍出版社2002年版，第307页。

② 揭傒斯：《重修全州学记》，载汪森编，黄盛陆等校点《粤西文载》卷26，广西人民出版社1990年版，第270页。

与"道问学"、"格物穷理"与"明心见性"的方法论的差别,其实是"殊途同归,一致而百虑",所以理学家的认识论重心不在"认识的结果"而在于"认识的方法"。蒋励常全面继承朱子"格物致知"说,说:"凡物莫不有理,格物是我尽力去想,必要想到那物理尽头处。物格,是一切物理已被我想到那尽头处。"[①] "所谓学即格致工夫,所谓修即诚正工夫。恂栗则意无不诚,心无不正矣。威仪则身无不修矣。盛德至善即从恂栗威仪见得,非二者之外又别有所谓盛德之善也。"[②] "思欲格物,则固已近道矣,以收其心而不放也,且心系乎此,自不暇他及也。"[③] "愚意所谓事,即伦纪纲常、身心日用、家国天下之事也。所谓格即平日多见多闻,博学详说,遇事而穷其当然之理也。"[④]

二 理学传播以人伦教化为核心

人类进入文明时代后,宗教都在长时期内扮演重要角色。几乎所在宗教都绕不开一个基本关怀——生死问题。孔子的出现,带动了人文关怀的转向,"未知生,焉知死"、"祭如在,祭神如神在"、"未能事人,焉能事鬼",对于生命另一种形态的不可知性,儒家宁要当世的征途,平常日用之道便也需要耐心雕琢,践行"三纲六纪"的人伦,达到"圣人"境界。和理学家的核心关怀一致,无论是讨论"天道",还是"人欲",落脚点都在维护纲常名教,他们肯定人性本善,认为实践人伦道德、复性、学圣人是人生目的。实践的顺序是由己及人不断向外推。其内容包括理气论、心性论、修养功夫等。广西在历史上,长时期游离于中原文化影响之外,相对于儒家思想被官方化和模式化的中原而言,理学思想在广西的传播,颇类似于孔孟在春秋战国时期的"有教无类",即开学术之风气,故此,理学之士在广西讲学,并不会遭遇许多来自儒家思想内部的理论交锋,而当地土著文化也无力在较高层次上对理学思想进行理论上的解读,故此,理学在广西传播担负的使命无外乎"化民育德"、"移风易俗"、"化夷为夏"等宗旨,而不会如中原理学家一样,需要精密的理论设计来实现

---

① 蒋钦挥、唐振真等点校:《岳麓文集》,《十室遗语》卷1"性理",广西人民出版社2001年版,第107页。

② 同上书,第118页。

③ 同上书,第107页。

④ 同上书,第108页。

"排佛抑道"、"回归道统"等目的，更何况还有儒家内部"新学"（王安石派）、"蜀学"（三苏派）以及陈亮、叶适等事功派的批驳，理学家在如此复杂的文化和政治环境中若想屹立不倒，那么最关键的因素便是理论的纯熟与完备，如此方可占领理论制高点，才可能有授受和传承。在面对当时广西的文化时，入桂理学之士认识到改变陋俗，让人们过上人伦道德生活，融入汉文化是最为迫切的，也是必需的，至于体会民胞物与的精神、学道爱人、探究理气论等为基础明德新民的教化理论和人心善恶的根源、明德新民的理想以及格物穷理、主敬涵养、克己复礼等自明明德的修养功夫反而是其次的，而且对这些纯理学理论的接受需要传播者专门传授，更需要接受者的系统学习。因此，入桂理学之士在道德标准上，对读书人及庶民百姓的要求不同，他们希望读书人为学目的不在科举富贵，而在穷理，变化气质，成己成物，"行以成己；施之于政，则以成物而已"，最终达到圣人之域。在入桂理学人士中，张栻将他的义利观与他的教育思想紧密联系在一起，极大地影响了广西士子，他说："有所感发，则将去利就义，以求夫为学之方。"① 又："学者潜心孔孟，必得其门而入，愚以为莫先于义利之辨。"② 对此，张九垓说："盖义者，天理之裁制，士为民之秀，以明义也。彼喻于利者，放于利者，乌足以言士？夫子罕言利，孟子不言利，此圣贤乘世立教之大法。"③ 理学的宗旨就是"存天理，灭人欲"，要求人们把一切非分的欲念摈弃，以成就圣贤人格。

在广西的理学人物中，陈宏谋、刘定逌、蒋励常、赵润生、赵炳麟等都主张读书以穷理、变化气质为学目的，以成圣为做人的最高境界，陈宏谋在《评朱子白鹿洞书院揭示》中说："学也者，所学为人也。"④ 那"为人"的标准是什么呢？拿陈宏谋的话就是："天下无伦外之人，故自

① 张栻：《南轩集》卷9，《钦州学记》，《四库全书》第1167册，上海古籍出版社1987年版，第502页。

② 张栻：《南轩集》卷14，《孟子讲义序》，《四库全书》第1167册，上海古籍出版社1987年版，第539页。

③ 张九垓：《义宁县学记》，载汪森编，黄盛陆等校点《粤西文载》卷26，广西人民出版社1990年版，第264页。

④ 陈宏谋：《评朱子白鹿洞书院揭示》，广西省乡贤遗著编印委员会编印《陈榕门先生遗书》，民国33年排印本。

无伦外之学。"① 这里所说的"伦理道德"其主要内涵为忠、孝、仁、义。蒋励常强调"力学笃行","事事必求躬行实践,不为性命空谈"②。后人评价说他:"造士以德行为先,而文艺次之,刊朱子白鹿洞书院教条揭于讲堂,并序其所以立教之意于前,反复千余言。日与诸生讲学,未尝少倦。遇笃行单寒之士,资其衣食,使其肄业。删辑九经注疏,集前贤言行,依《论语》弟子章分句,类比为《养蒙编》,并著《类藻》、《摘艳》等书。"③ 赵润生强调说:"读书必须明体达用,作事不可急功近名。"④他所谓的"体"即中学、西学,"总求有体有用。中学西学固宜旁搜博采,又要独具眼力,择善而从,不善而改。……你学西文西语,既得端倪,即宜温习,久之自能人妙。……算学亦关实用,宜择师考究,不可安于不知。"⑤ 清末,面对衰微的国势,许多有识之士纷纷提出自己的振兴主张,有主张全盘西化者,有主张"中学为体,西学为用"者,如张之洞。赵润生显然受到了这股思潮的影响,也主张学习西方,不过并非以西方的一切为根本,来否定中学,而是把西方的技术、专门知识嫁接在中学的大树上。"用"为纲常伦理、日常洒扫应对,"吾辈读书当以忠孝为本,然求忠臣者必于孝子之门,是孝又为忠之本也"⑥。"人生在世,总要立定做人脚跟。既称为人,自与草木、鸟兽不同。无论达而在朝,穷而在野,君臣、父子、夫妇、兄弟、朋友各有分际,各有义务;各尽分际,各尽义务"⑦。就实现途径而言,他以"四子六经植其根柢,以百家诸氏扩其才用"⑧,这是因为"四子六经"这些儒家经典,是价值评判标准,只有建

---

① 陈宏谋:《评朱子白鹿洞书院揭示》,广西省乡贤遗著编印委员会编印《陈榕门先生遗书》,民国 33 年排印本。

② 蒋励常著,蒋世玢等点校:《岳麓文集》,《行述》,广西人民出版社 2001 年版,第 31 页。

③ 同上书,第 29 页。

④ 赵炳麟著,黄南津等点校:《赵柏岩集》,"附录"《训子大概》,广西人民出版社 2001 年版,第 358 页。

⑤ 赵炳麟著,黄南津等点校:《赵柏岩集》,"附录"《谕长子炳麟》,广西人民出版社 2001 年版,第 375 页。

⑥ 赵炳麟著,黄南津等点校:《赵柏岩集》,"附录"《临别训子书》,广西人民出版社 2001 年版,第 359 页。

⑦ 赵炳麟著,黄南津等点校:《赵柏岩集》,"附录"《谕长子炳麟家书》,广西人民出版社 2001 年版,第 371 页。

⑧ 同上书,第 367 页。

立起儒家的价值观，才符合当时社会的要求和期待。其子赵炳麟则认为读书的目的在于修德，特别强调对"仪"的践行，如《读朱子〈仪礼经传通解·学礼〉书后》所叙，"学无贵贱，无上下，自纲常之大，至名物之微，总宜体诸躬行，不仅求之记问。……朱子悯微言之将绝，集《仪》、《礼》经传通解，创为学礼一门，补礼制之阙遗，折群言之嚣乱。自乡学以至国学，无不详其叙次，辨其节文。近而君臣父子之经，远而天地阴阳之气，寻原探本，释结解疑。而于保、傅之法，尤深切著明，斟酌尽善，欲正君心以正万民也"①。

如前文所述，宋明理学是在儒家的伦常传统和佛教文化的传播以及特定的时代背景等诸多因素的共同影响下产生的。理学传入广西后，因为本土文化的发育水平相对有限，所以理学思想并未过多地受到本土思想的排挤，这是理学思想传播的有利条件。但是另一方面，因为作为理学思想根源的儒、释、道三教在广西的发展水平和中原地区相比都有较大差距，故此，广西的本土士人对思想理论批评和改造的能力也就较为有限，各种因素叠加，理学在广西的传播过程中，最主要的特点便是因循传统、缺少创新。当然，理论思辨层次上的不足并不代表实践中缺乏活力，广西理学之士还是不失时宜地将理学思想和当地情形结合，对文学创作和民风民俗的演变等诸多方面产生了影响。

至于一般百姓，教化的目的在于阐明人伦，希望他们孝顺父母、尊敬长上、和睦宗姻、周恤邻里，各依本分、各修本业。不作奸犯科、持械斗狠、争讼倾轧。只要能懂得孝悌忠信等行为准则，能遵守法令就可以了，使人们过上人伦道德的生活。为此，入桂理学之士如张栻、王守仁、黄佐、唐鉴等通过刊刻劝谕榜文、宣布法律条文、鼓励善行、惩戒恶性、树立道德榜样、打击和禁止淫祀、改革陋俗等。此外，一般的理学之士都重视刑罚辅助教化的作用。

三　强调事功

理学家过于关注个人的心性养成和纯粹的理论辨析，往往缺乏对实功实效的关注，当然，绝不是他们缺乏天下国家的历史使命感，作为士大夫

---

① 赵炳麟著，黄南津等点校：《赵柏岩集》，《读朱子〈仪礼经传通解·学礼〉书后》，广西人民出版社 2001 年版，第 15—16 页。

的成员，"平治天下"是他们人生价值的重要评判，不过，因为"士大夫与君王共治天下"这个重要的政治命题并非可以轻松驾驭，而且儒家所关注的大本大源的问题是对君王德行的养成，"君仁莫不仁，君义莫不义"，所以，他们忽视具体的生产实践也就在所难免，范仲淹说过："儒者自有名教，何必治兵。"甚至保家卫国相对于培养孝子贤孙的事业都不是什么大事，两宋盛而不强，军事上节节失利也就不难理解了。入桂的理学之士却不同于此等气象，因为广西相对中原地区，不仅是文化发展的差异，生产生活的技术水平也相对落后，理学之士一方面大力兴办教育，输入礼教观念。另一方面注重事功。儒家倡导"仁政"、"为政以德"，这和崇尚武力的蛮荒文明是不可同日而语的。"华夏"与"夷狄"并非是民族差异，而是文化差别，中原的士大夫早已认识到这一点，"民本"和"仁政"作为政治学说的核心在入桂理学之士那里得到了贯彻落实。积极发展生产、兴修水利，使当地经济发展取得长足进步，在这一层面上讲，入桂的理学之士融合了"事功派"与"学程派"的分歧，促进了理学各种内部差异在广西当代文化的融合。入桂理学之士都认为，谈教化要先养民，国家必须为民制产，才能讲教化。其中劝农、赋税、社仓、救荒等制度规划，就是养民的一些措施。在这方面，张栻、赵崇宪、赵崇模、唐鉴等是其代表，前面章节已有论述，兹不赘述。

四　广西理学思想的特点及其局限性

理学是在中国文化的成熟时期内产生的学术思潮，虽然其内部流派纷呈，但是，各种理学思想都具备了共同的特质，那便是思辨色彩和相对完备的系统性，这在先秦时期的学术中是不多见的。从周敦颐到刘宗周，其间的理学人物无不有意识地在构建自己"大而全"的理念世界，从周敦颐的"无极而太极"到朱熹"天理人欲之辩"，理学可称为涵盖世界观、认识论和伦理学的完备哲学系统，故此，在理学之士进入广西后，如此纷繁复杂的理论系统在传播的过程中，不可能做到巨细无遗和面面俱到。基于广西本土文化的发展状况，理学之士在广西的传播思想的过程中自然有所拣选，理论要清晰明了，容易被当地士人接受，因为广西的本土人士在当时大多不甚开化，普通的读书育人的传统并未养成，如此说来，似乎理学的各个派别之间的内部争论，如"尊德性"与"道问学"之争、"性即理"与"心即理"之辩，似乎很难得到呼应，其创见也就乏善可陈了。

所以，理学在广西的传播过程中，基于理论本身的派系林立并不突出，理学演变为一种文化上的启蒙运动，这是广西理学传播中有别于中原地区的一个特点。因此，广西理学呈现出尊程朱轻陆王、重义理轻考据、崇实行黜虚妄的特点。

1. 尊程朱轻陆王

隋唐以后，由于佛教思想在中原地区的广泛传播，儒家学说因其缺乏超出世间的终极关怀而境况堪忧。自中唐以来大批士人都将捍卫儒家学说的正统地位作为刻不容缓的事，自韩愈构造起"道统"学说后，在儒家传统的经学体系之外，又发展起来儒家的这种文化史观，或者可以称为历史观——"道统"。朱熹构筑了一个从尧、舜、周公、孔子、孟子到周敦颐、张载、二程、朱熹的道统，可以简单地概括为"君王以仁义治天下"。这种理论是针对时局补偏救弊的，一方面抵御佛教文化入侵，培养文化本位；另一方面无形中升格了文人阶层的社会地位。到宋代，"士大夫与君王共治天下"的口号都是"道统"的功用。理学传入广西后，"道统"理论的构建亦显得十分迫切，一方面，"道统"占据着学术的制高点，有不容置疑的权威地位；另一方面，培育边疆地区的文化认同也是士大夫的用意所在，他们采用文化渗透来维护中央政府的权威。

"道统"观念有其严密的理论体系，从心性论、实践论、历史观到圣人说，构成了完善的学术系统，这种理论框架迅速对广西士人产生了号召力。宋明理学兴盛以后，既有"尊德性"，也有"道问学"，但对于"君臣父子"的名分观念和"三代陶唐"的历史观是没有歧见的，故此，儒家的名教和经学也随着"道统"观念的巩固得以迅速传播，士绅阶层致力于"四书"、"五经"以便考取功名，乡党之流也随着遍地开花的"乡约"、"家训"的出炉，愈发地循规蹈矩，遵奉礼教，理学思想传入广西，迅速强化了当地各界对于中原地区的文化认同，理学化对于广西更加直观地表现为儒家化的色彩。

许多广西理学之士尊崇这样的"道统"，蒋冕说："子周子挺生濂溪，倡明孔孟不传之绝学，以开程朱理学之源。"[①] 蒋励常则说："道学者，托

---

① 蒋冕著，唐振真等点校：《湘皋集》卷19，《全州修学记》，广西人民出版社2001年版，第203页。

始于唐、虞而发明于孔、孟，天下不可一日不讲，而人人所当自勉也。"①
朱琦的《辨学》、《孟子说》等系列文章都明确地表明了他崇尚程朱之学
这一点。按照崇圣、征经这一逻辑，赵炳麟编辑《汇呈朱子论治本各
疏》，认为朱熹"述帝王之治理极其精微，论乱亡之陋习极其沉恸"②。壮
族刘定逌终生崇奉孔孟思想，"追踪濂洛关闽之学，直窥《大学》明德新
民、止至善之真传"③，如《写怀二首》之一云："平生壮志在希颜，梦
寐箪瓢陋巷间。一点灵明千古事，竿头百尺几时攀。"④ 壮族诗人韦绣孟，
表达了力倡程朱理学，承载朱熹、陈宏谋的意愿，"方今异域且尊经，旁
行文字勤搜采。圣教本同日月明，细大不捐毋异解。国危士议强纷吷，任
人坐笑蠡测海。群公持正力起衰，一发千钧勇百倍。愿开讲院挽文澜，奚
只词坛奏诗凯。鳅生愧未盛会逢，也自登场学傀儡"⑤。

　　"程朱"和"陆王"两派可称作宋明理学的正派，不仅因为其影响深
远，门人众多，而主要在于其深厚的理论根基。朱熹和王阳明分别为
"理派"和"心派"的集大成者，朱熹早王阳明两朝，故"理学"较
"心学"颇为早熟，朱子学在明中叶王阳明世出之前，始终居于正统学术
地位，民间学人都以朱子门人相称，科举亦以朱子的《四书章句》为标
尺，"理学"兼统官学的科举和私学的书院。到了明代，王阳明龙场悟
道，心学开始广泛传播，但是程朱理学和阳明心学之争似乎并未进入广西
士人的学术视野。清代"康乾盛世"使广西的"入于王化"，因此"程朱
理学"和"陆王心学"不但没有引起广西士人的警觉和反感，更是大行
其道，日渐昌盛。不过，整体上讲，"程朱"派的影响要远胜于"陆王"
派。其原因在于：

　　其一，广西士人对儒学的浸润毕竟不及中原之深厚，故儒家名教的诸
多学说更需要借助诸多重要理念的强化，来得以加强。先秦孟子倡导的

---

　　①　蒋励常著，蒋世玢等点校：《岳麓文集》，《十室遗语》卷5《经世》，广西人民出版社
2001年版，第169页。

　　②　赵炳麟著，黄南津等点校：《赵柏岩集》，《汇呈朱子论治本各疏》，广西人民出版社
2001年版，第329页。

　　③　刘定逌：《重修学宫记》，载温德溥修，曾唯儒纂《武鸣县志》卷4，南宁达时印务局，
民国4年铅印本，第37页。

　　④　温德溥修，曾唯儒纂：《武鸣县志》卷10"附录·诗歌·诗"《写怀二首》，南宁达时印
务局，民国4年铅印本，第107页。

　　⑤　韦绣孟：《茹芝山房吟草》，广西人民出版社1993年版，第354页。

"义利之辩"、"生性之别"、"心性才理"等观念无不彰显于中原士人的言谈文章。"程朱理学"要"存天理,灭人欲",实现这一道德训教的普世化,必然要抬出"天"来,"理"在宏观世界可以极大化为"天",但还必须要微观世界极小化为个体人的"性",如此方可"天人合一,物我无分"。

其二,贯通"天"与"性"的联系,"程朱理学"对过往儒家读经尊孔的经学传统的突破之处,便在于明晰了作为存在主体的"性",也就是"人性"和普世价值的"理",也称作"天理","人性"是作为人的规定性,"天理"便是规定人性的内容,"天理"就是"忠孝仁义"的形态,犹如声音在话筒作用下转化为电波传输到通话人,在另一方又通过音箱或话筒将电波转换为声音,"天理"便是这种电波,贯通天人两端,在人心这种解读设备接收后,便显现出"忠孝仁义"的内涵,这种将儒家传统说教的道德意味转变为带有神秘色彩的哲学意味的方法,中原士子颇为新奇,而且对名分观念的强化却更胜传统经学一筹,当然,这些特质对于处于后发优势的广西理学来说,都是颇有功用的。首先,树立外在的权威观念"天理";其次,以"天理"为内在化形态的"人性"自然可以抗拒"人欲",将外在规范对人的约束转化为人内心世界的冲突,如此则降低了本地士人对作为"舶来品"的名教的反感,这便是"程朱"学大行其道的有利条件。

其三,"陆王心学",虽说在中原之时,因其"简易工夫"更胜"程朱"一筹,但在广西,因许多儒家命题才得以普及,名分观念深入人心尚有待时日,儒家传统和学术氛围尚需"百日筑基"的功课。再一点,"心学"发展到阳明之后,颇有"直接人心,不假外求"的意味,要求放弃任何诸如"天理"、"纲常"的理论预设,凭"当下一点灵明"的直觉来顿悟,再加上"知是行的主意,行是知的工夫"这种"体用合一"的模式,则需要如佛家"形质神用"、"寂而常照,照而常寂",抑或道家"当其无,有器之用"、"有之以为利,无之以为用"等主客体观念或形式与功用等思辨能力的养成,故此,对广西的理学后生来讲,着实"不知所云",种种区别,"程朱学"在广西之胜于"陆王学"是清楚明了的。

2. 重义理轻考据

一种文化形态的发展伴随人类文明的发育跌宕起伏,宋明理学虽然盛极宋元明三代,但是伴随明王朝的覆灭,理学家的历史使命似乎走向终结，明末三大遗老：顾炎武、王夫之、黄宗羲不约而同地把亡国的命运归结为理学轻谈性命、不重事功对整个民族的戕害，伴随着清朝的入主，"文字狱"使文人谈文色变，"避席畏闻文字狱，著书都为稻粱谋"。形势的发展也不容得文人们去自家体贴"性命天理"，更何谈"褒贬时政"，训诂考据之学虽被龚自珍视为"稻粱谋"，却贯穿于整个清代。

不过在广西，恰好是另一番气象，在中原大兴训诂考据之风时，广西的理学之士却掀起了"重义理，轻考据"的学术风尚。据最早系统载录广西文献者当推清代谢启昆《广西通志·艺文略》所录，始自汉成帝时期的陈钦，止于清嘉庆初年，历时近 2000 年，存广西人士著作 240 余种，约 460 多部。其中经存 14 部，佚 33 部；史部存 16 部，佚 18 部；子部存 14，佚 30 部；集部存 22 部，佚 72 部；传记存 31 部，佚 26；杂记佚 13 部，存 21 部；志乘佚 93 部，存 63 部。在所载录的文献中，经部和子部（47＋44）中，应该算是较为纯粹的学术，在这类学术著述中，理学人士的作品略举如表 2—8：

表 2—8 　　　　　　　　　　　广西理学人士作品

作者	乡贯	朝代	著作
吕调阳	桂林	明	《帝鉴图说不分卷》（存，《四库存目丛书》，史部第 282 册）
唐瑄	阳朔	明	《大学中庸直讲》（佚）
			《诗经说意》（佚）
蒋冕	全州	明	《琼台诗话》（存，四库存目丛书）
吴廷举	梧州	明	《春秋繁露节解》四卷
			《湖广通志》（存，《天一阁书目》）
			《东湖奏疏》（《千顷堂书目》，未见）
			《西巡类稿》8 卷（存，《四库全书书目》）
李璧	武缘	明	《剑门新志》（佚，《金志》）
			《名儒录》（佚，《金志》）
			《乐谱》（佚）
陈邦偁	全州	明	《太极图辩解》（佚）
			《遵周录》（佚）
			《率性篇》（佚）

续表

作者	乡贯	朝代	著作
吕景蒙	象州	明	《定性发蒙》（佚）
			《象郡学的》（佚）
			《柳州府志》16 卷（佚）
			《藏用集》30 卷（佚，《粤西文载》）
张所蕴	恭城	明	《图南会心编》（佚）
张翀	柳州	明	《浑然子》（存，《续四库全书》）
周琦	柳州	明	《东溪日谈录》（存，《四库全书》）
梁方图	怀集	明	《五经要旨》（佚，《粤西文载》）
			《忠孝廉节传》（佚，《粤西文载》）
谢济世	桥渡	清	《离骚解》（佚）
			《古今大学注》（佚）
			《箧藏十经》（佚）
			《中庸大义疏》（佚）
			《论孟笺》（佚）
			《易在》（佚）
			《纂业内外篇》（佚）
			《经史评》（佚）
蒋励常	龙水	清	《十室遗语》（存）
			《养正编》（存）
蒋启敭	龙水	清	《教士汇编》（存）
陈宏谋	桂林	清	《大学衍义补辑要》（存）
			《四书考辑要》（存）
			《五种遗规》（存）
			《呫订古文详解评注》（存）
			《纲鉴正史约》（存）
			《司马正文公年谱》（存）
			《甲子纪元》（存）
			《吕子节录》（存）
			《重订正史约》36 卷（存）
			《湖南通志》6 卷（存）
陈钟珂	临桂	清	《历代纪年便览》1 卷

续表

作者	乡贯	朝代	著作
高熊征	岑溪	清	《思明府志》6 卷（佚）
			《太平府志》（佚）
			《安南志纪略》（佚）
			《梧州府志》（佚）
章极	永福	清	《主敬遗编》（佚）
吕璜	永福	清	《初月楼古文绪论》（存）
龙启瑞	桂林	清	《经籍举要》（存）
			《古韵通说》（存）
			《字学举隅》（存）
			《增广字学举隅》（存）
			《字学举隅续编》（存）
			《庄子字诂》（存）
			《诸子精言》（存）
			《尔雅经注集证》（存）
			《小学高注补正》（存）
			《班书识小录》（存）
			《通鉴识小录》（存）
			《家塾课程》（存）
			《是臣是君录》（存）
			《粤西团练辑要》（存）
			《经德堂藏书录》（存）
			《临文便览》（存）
			《昌黎诗选》（存）
			《眉山诗选》（存）
			《山谷诗选》（存）
			《遗山诗选》（存）
			《翰臣诗选》（存）
王拯	柳州	清	《归方点评史记合笔》（存）
郑献甫	象州	清	《愚一录》（存）
			《四书翼注论文》12 卷（存）

续表

作者	乡贯	朝代	著作
刘定逌	武鸣	清	《灵溪诗稿》（佚）
			《灵溪时文》（存）
			《论语讲义》（佚）
			《四书讲义》（佚）
			《三难通解训言述》（存）
			《读书六字诀》（佚）
张鹏展	上林	清	《离骚经注》（存）
			《读经释义》（存）
			《谷贻堂全集》（存）
			《兰音山房诗草》（存）
			《女范》（存）
			《峤西诗钞》（存）
覃武保	容县	嘉庆	《四书性理录》（佚）

从表 2—8 看，考据著述除龙启瑞、郑献甫多有涉及外，理学之士的学术著作主要还是围绕 "四书"、"五经"，阐述其义理。以二程为代表的理学派注重对 "四书" 的研究，努力宣讲 "四书" 在学者治学中的主导作用。到了南宋中期，随着朱熹、张栻等理学宗师对于 "四书" 的倡导，"四书" 之学遂成为理学的代名词，也是理学教育传播活动的主要教材。受此影响，从明以后，广西学者重性理之学，"读有体有用之书，精有守有猷之学；以四子六经植其根柢，以百家诸氏扩其才用"[1]。但这类书保存不易，佚失严重，也只能从仅存的《浑然子》、《东溪日谈录》、《十室遗语》、《养正编》、《教士汇编》、《三难通解训言述》等窥见一斑，这在前面章节已论及，兹不赘述。

从学术影响看，以被收入《四库》和《续四库》、《四库存目丛书》等为例，在唐代，被四库收入的有曹邺的《曹祠部集》、曹唐的《曹唐诗》，宋代则有宋释契嵩的《镡津集》，明代有张鸣凤的《桂胜》和《桂故》、周琦的《东溪日谈录》，共 10 部作品。《续四库》收入广西人

---

[1]　赵炳麟著，黄南津等点校：《赵柏岩集》，广西人民出版社 2001 年版，第 367 页。

作品有：《初月楼古文绪论》、《怡志堂诗初编》、《怡志堂文初编》、《龙壁山房诗草》、《龙壁山房文集》、《尔雅经注集证》、《古韵通说》、《经德堂文集》、《别集》、《浣月山房诗集》，共 8 部作品。《四库存目丛书》收入（明）张翀的《浑然子》、（明）张鸣凤的《羽王先生集》、（明）蒋冕撰、（明）蒋兆昌辑的《琼台诗话》3 部作品。三大丛书共收入广西 11 位作者的 17 部作品。11 位作者中有 7 位为理学之士；理学专著有《浑然子》和《东溪日谈录》2 部，可见理学对广西学术的影响。陈宏谋所辑撰的《五种遗规》，虽并不以理学术语命名，但实是理学著述。包括养性、修身、治家、为官、处世、教育等方面的内容，概括了封建社会的伦理道德规范。该书问世以后，曾一再刊刻，大量印行，广为流布，影响深远。《中国大百科全书》教育卷中之"中国古代教育内容和方法"一栏的条目，仅有"四书"、"五经"等数条，其中就有陈宏谋的《五种遗规》。

　　另外，非理学之士也有一些理学著述，如龙文光的《尊圣志》、唐应求的《警心录》、陆显仁的《格物广义》和《四书道源》、张廷纶的《明心斋稿》、杨乔的《静观录》和《学道堂稿》、冯承芳的《静观录》、周思宣的《待养要义》、刘名誉的《慕龛治心韵语诗钞》等。《慕龛治心韵语诗钞》，选有程颢《偶成》、《春日偶成》、邵雍《首尾吟》、朱熹《斋居感兴》（录十二首）、王阳明《长生》、《良知》、《答人问道》、罗洪先《解组诗》、吕新吾《三逝吟》、曾国藩《不求歌》、唐鉴《杂咏》等理学人物的诗。选本的目的正如其《自叙》所说："自风雅既熄，五言七言代有兴作，大都缘情绮靡，吟风弄月之什，求其善谈名理，有当兴观者，颇难其选，……专择其朴质、说理切中身心性命者，得若干首，手录成帙，旁注鄙意。"① 可见，宋明理学对广西的学术的非同一般。反观，非理学之士的考据之作，如《六书管见》、《四书不二字》、《说文解字句例初稿》、《词林正韵》等，大都集中出现在道光至民国这段时间，这些著述相比理学著述，数量少而且影响不大。

　　这固然和广西文化上的后发有关系，理学在广西此时方兴未艾，中原地区严酷的文化高压对广西影响有限，各种因素促成了清代广西的理学风尚。本土士人推崇程朱之学，反对考据之学，在清广西理学之士中，蒋琦

---

① 刘名誉辑刻：《慕龛治心韵语诗钞》，光绪二十二年排印本，吴云记书庄印。

龄算是反对乾嘉考据之学较为有代表性的一个，他认为考据文学为不实之学，他在《答何镜海观察书》一文中说：

> 于是近沿毛朱，远宗孔郑，以性理为空言，以考证为朴学，适际文运之隆，网罗典籍风尚。宏博纪文达诸公扬之于前，戴东原诸人承之于后。鄙夷宋儒，唾弃理学，遇笃行之士诮为迂愚，值意气之杰斥为谬妄。莫不重口耳而轻践履，贱义理而贵名物。夫方寸所具，理欲而已，理去则欲留于中。一身所接，义利而已，义亡则利诱于外。物各有理，而理不欲其明，兹其所以模棱乎？事各有义，而义不复顾，兹其所以无耻乎；作伪方自以为能，从众则莫能独实，兹其所以良心死，而患中于风俗人才乎。①

3. 崇实行黜虚妄

实行是与思辨相对的概念，主张实践和实际作为，即在学术上，强调实学；在修养上，强调道德的实践性、自觉性和自省性；在社会政治活动中，主张学贵有用、经世致用。

何谓"实学"？周琦认为，是能"求之身心，见之事业"②的崇实精神，这是与释氏"诸法皆空"、老氏"以无为本"相对而言的一个概念。"求之身心"一是强调道德实践的重要性，认为只有通过实践，才能养成良好的道德风尚。二是重视道德修养的自觉性和主动性，强调道德的自律。三是提倡反躬自省，严于律己，强调履行道德义务的动力在行为者自身。"见之事业"一是强调了经世致用，上"正道以辅其主"，下"实惠其民"；二是学术上主张圣人之学、君子之学，反对追求文辞、考索的俗学，"圣贤之学存乎心，世俗之学存乎言。存乎心者，求其心之自得而无事乎言语；存乎言者，事乎言语而心实无所得。"③斥墨子、杨朱为异端，说："墨氏学仁，失之兼爱，流至于无父；杨氏学义，失之为我，流至于无君。"④斥佛、老为虚妄，说："佛、老为虚妄。学老氏者，有内丹外丹

---

① 蒋琦龄、蒋世玢等点校：《空清水碧斋诗文集》，《答何镜海观察书》，广西人民出版社2001年版，第152页。

② 周琦：《东溪日谈录》卷6，《学术谈》，文渊阁影印四库全书本。

③ 同上。

④ 周琦：《东溪日谈录》卷17，《异端谈》，文渊阁影印四库全书本。

之说，学之可以长生；学佛氏者，有禅学打坐之说，学之亦可以长生。老佛于今存乎否乎？而学之者亦存乎否乎：苟存焉，吾不从之，是不欲长生，是自弃也；苟不存焉，吾从之，是妄求也，自欺也。"① 陈宏谋非常强调实学，他认为实学，即是"俱可见之施行，非空谈性命者"②，所谓"施行"即如他说："为诗词歌赋而读书者，风云月露之学也，纵极富丽闳，何裨民物；为身心性命而读书者，经世服物之学也，似乎迂远，终归实用。"③ 很明显，"施行"即"实用"，它包含着两个指向：一是把解决社会现实的社会与人生问题作为学术的终极目的，二是落实于个人修养，着重心性的实际修养和"践履"，把追求"内圣外王"的"圣贤"之学作为人生的最高理想，这观点显然受了朱熹的影响，朱熹说："新民必本于明德，而明德所以新民。"④ 在他看来，"明德"（内圣）是体，"新民"（外王）是用，二者缺一不可。如果只注重"明德"、"修身"，而不经世济民，即是有体而无用；反过来，如果忽视"明德"，一味追求事功，则是有用而无体。不过，在经世和身心性命之间，陈宏谋更为强调身心性命（内圣），他说："士人惟身心最为切近，其用功亦惟存心克己二者最为吃紧。此处用得一分功夫，便有许多得理之事，所谓所操者约而所及者广也。"⑤ 为此，他主张士子要读有用之书，他认为读书是为了一则见于事功，二则见于身心："古人穷经足以致用，凡不能致用者，不可谓之穷经。然穷经而不能求其切于身心伦物者，亦必不能致用。"⑥ 他反对为晋身而读书，"以读书为克治身心之事，毋以文章为敲门之瓦。"⑦ 也反对为吟风弄月而读书、作文，"本朝魏环溪、汤潜庵二公，罢官以后，家居廿余年，读有用之书，行无愧之事，为政于家，式化乡里。言动举止，与古圣贤相印证，随所阅历，笔之于书，即为范世之大文，与经生家伊唔诵读，吟咏风月迥不相同。"⑧ 在他看来，为学的目的在于穷理致用，出为

---

① 周琦：《东溪日谈录》卷 17，《异端谈》，文渊阁影印四库全书本。
② 陈宏谋：《培远堂手札节要》，民国 38 年石印本。
③ 同上。
④ 黎靖德编，王星贤点校：《朱子语类》卷 61，中华书局 1986 年版，第 1477 页。
⑤ 陈宏谋：《培远堂手札节要》，民国 38 年石印本。
⑥ 同上。
⑦ 同上。
⑧ 同上。

名臣，入为德范。

　　理学在广西，虽无甚大主张的出现，却也颇有建树，礼教及儒学夹杂着"天理性命"之学同为理学之士所传播，广西士气勃勃，"宗室及士庶莫不乐观，至由上书称赞谓观感之下，自觉人欲净尽，天理流行者"，"存天理，灭人欲"实为朱子核心主张，后世亦为人诟病，广西局面似乎为朱子说之乐而成矣。"人欲净尽"、"天理流行"，自我感觉实在不错，虽然难免有溢美之词，确是理学家的宗旨总归落到实处，后世子孙多有学术可依傍，"恪遵魏文靖公之教，知有君臣之分，身虽为卤，而王公不缺位"。如此"入于王化"的目标总算实现，理学家费尽心力阐发"天理"、"人心"的学说，无非是要达到如此目的，如孟子说："杨子为我，是无君也，墨子兼爱，为无父也，无君无父，为禽兽也。""知有君臣之分"，王公故免于堕为"无君无父"的嫌疑，免于沦为禽兽，人自然进入人伦的境界，超越自然之境界。"为我"与"无君"、"兼爱"与"无父"之论实为孟子牵强附会之说，"为我"之反面应为"为人"，"兼爱"之反面为"偏爱"。孟子抬出"君"、"父"来，断绝平等主义与自我主义的进路，广西士人虽有道德之虚名，恐质朴之社会风尚也一去不返。

　　理学之传播，必然会改变社会之原始风貌，广西理学数百年进程，虽未必大化于人心，但对礼数及儒学多有推波助澜的作用。周孟中讲学陆川县时，要求学子"穷理以明道，立诚以达本，尊君而亲亲，重义而轻利"、"格致诚正，戒惧慎独"，上述主张虽无逻辑的内在联系，却把儒家各时期学说一股脑说了出来，如此的治学主张颇为普遍，如程文德讲学，倡导"志于道德"、"必为圣人之志，则必学以至乎圣人之道矣"等等说法，儒学借理学家之言，以书院为平台获取了充分发展。

　　理学入广西，于理学似无多少裨益，于广西却影响不在小可，理学体系构建的思辨风尚并未被广西士子过多借鉴，故于学术来说，受益有限，于文化上讲，广西借理学传播这一历史事件，加速融入国家的主体文化，可以说大有功于"王化"，士人的文化向心力加强，国家的文化号召力得以落实。自宋至清，广西科场应举的士人日益增长，建树颇丰，至清代出现陈宏谋这样位高官显的人物，不可说无理学之功。

　　综上所述，广西自古便是多民族聚居的区域，春秋时期属于百越国的一部分，秦始皇统一全国之后，又在公元前214年占据了百越之地，设南海、象郡和桂林三个行政区划，今天的广西大部分区域都隶属于秦时的象郡和桂林郡。不过，在以后的历史进程中，中央政权的政治管辖并未在多大程度上强化文化上的交流，虽然唐代以后，广西由于布匹和丝麻等贸易活动一定程度地带动了经济的繁荣，但是由于中国古代民间的教育体制许多是以家庭或家庭教育的私相授受为主要模式，使得学术思想的传播缺乏地方政府的推广和干预，儒家传统的文化理念对广西各族民众的日常生活并非形成过多的影响。宋代之后，随着士大夫阶层地位的上升和宋明理学思想的发展，书院这种办学模式也慢慢地进入广西，其影响也在广西慢慢地显现出来，产生了蒋元夫、石安民、蒋公顺、滕处厚、文元等本土理学之士，填补了宋代广西理学的空白，宋代可以说是宋明理学在广西的播种期，为理学在广西的落地、生根奠定了坚实的基础，为明清理学在广西的普及化、世俗化开辟了道路。元代，宋明理学在广西的传播处于停滞状态，传播人数少，而有文献可考的本土理学之士仅唐朝一人，是宋明理学在广西传播的衰落期。明代是理学在广西的发展期，广西可谓人才辈出，学风大盛。如明代武缘人李璧被推崇为"今之胡瑗"；明代柳州人周琦，《广西通志》说他一生服膺濂洛程朱，有完整的理学著述，但还没出现像广东陈白沙、湛若水一样的理学大宗。清代作为广西理学发展的成果期，其标志性成果有二：一是出现了"临桂学派"。陈宏谋及其对程朱学术思想的创造性实践，在当时影响较大，被一些理学专著，如《清儒学案》、《学鉴小识》、《道学渊源录》立"临桂学派"专案，这还是广西学术史上的第一次。二是产生了"岭西五大家"。吕璜、朱琦、龙启瑞、彭昱尧、王拯5人，他们认同桐城派文学主张，并自觉地运用到文学创作和品评中去，成果丰硕，而其作为"桐城派"余脉而发生了全国性影响。

（1839 年），在泗城、镇安两府接壤之地奉议州城（今田阳县）合建考棚，便于两府武生就近考试。同治年间，刘长佑在镇安建立考棚，以方便考生就近赶考。这些规定，进一步推动了广西区少数民族教育。明魏浚在论及土司子弟常到流官地区参加科举考试时说："粤西学臣敕内，独有教习僮童一款，令州县立社置傅，岁以所教成者闻。颇谙文理者，收之黉序，雍容济楚，不异中华。用夏变夷，此为上策。"① 又说："两江诸土酋子弟，向慕文风尤甚，来试者曰：土童亦从恕收。于中实有聪敏能文可与中土颉颃者。"②

　　伴着科举，少数民族文人群体产生了。据顾绍柏的统计，"少数民族聚居州县在明清有进士 130 人（其中包括一名榜眼和一名探花）、举人 1864 人，两项相加近两千人"③。这一数字背后，是一个庞大的被理学浸润的读书人团体。分民族而论，壮族文人则集中产生于明清两朝。思恩土府儒学于正统十二年（1447 年）设立后，逐步"增广生徒"，形成了"崇儒重道"的局面。庆远府，明代登科第，不绝于当世。恩城州土官赵朝缙，"初为府生员，后袭职，有善政，以耆德著"④。东兰州土官韦虎林（嘉靖十二年袭职），"颇知文墨"。宁明州土官黄广成，与解缙"讲学论文"。田州岑铺，"好图书，经史"。明末恩城土州官族赵素养兄弟三人"咸有才名"，赵养素本人"幼习诗书"，"善能右军楷书，更优文词"⑤。泗城州土官岑绍勋，是嘉靖年间的一位壮族文人，官至知州，为人疏宕不羁，爱好诗文。瑶族文人集中产生于清。至于其他民族，如毛南族，清乾隆年间才渐兴起学校教育；水族地区，虽在洪武十七年（1384 年）建荔波县儒学，但是在清初，水族地区才开始出现了一些知识分子。

　　但有一个事实不容忽视，少数民族知识分子大都来自土司、土目、官族以及地主和稍有经济实力的农商之家，如忻城土司官族子弟考取举人的 6 人，被选为拔贡的 2 人、恩贡 4 人、岁贡 14 人、副贡 6 人，廪、增、附

　　① 汪森编，黄盛陆等校点：《粤西文载》卷 61，魏浚《诸夷慕学》，广西人民出版社 1990 年版，第 337 页。

　　② 同上书，第 338 页。

　　③ 顾绍柏：《晚近壮族文人诗歌与韦绣孟》，《民族文学研究》1988 年第 5 期，第 445 页。

　　④ 谢启昆：《广西通志》卷 60 "职官表四十八·土司二"，广西人民出版社 1988 年版，第 1761 页。

　　⑤ 谷口房男、白耀天编著：《壮族土官族谱集成》，广西民族出版社 1998 年版，第 414 页。

曾伯在给宋理宗的《帅广条陈五事奏》中，就有宜州（今宜州市）"僮丁"的记载。他们主要分布在百色、田阳、田东、平果、德保、靖西、那坡、田林、隆林、乐业、凌云、河池、宜州、罗城、环江、巴马、南丹、天峨、凤山、东兰、都安、大化、天等、大新、隆安、龙州、上林、崇左、扶绥、凭祥、宁明、马山、横县、宾阳、邕宁、武鸣、忻城、来宾、象州、武宣、合山、鹿寨、融安、柳江、柳城、钦州、上思、防城等地。而在明代以后，"壮族传统文化进入了全面接受汉族文化涵化"的时期①。

关于瑶族的来源，说法不一，或认为源于"山越"，或以为源于"五溪蛮"，或认为瑶族来源是多元的，但大多数人认为瑶族与"荆蛮"、"武陵蛮"等有渊源关系。秦始皇建立统一的多民族的中央集权制国家后，汉人进入长沙、武陵蛮地区。西汉时，武陵蛮地区的蛮人按丁计税，到了后汉仍对蛮族征收"徭税"。永和元年（136年），由于"徭税"过重，包括瑶族先民在内的武陵蛮纷纷起义。南北朝时，瑶族先民已分布到"东连寿春（今安徽寿县）、西通上洛（今陕西商县一带）、北接汝颍（今河南东部及安徽西北部）"的广大地区。唐代瑶族主要分布在湖南及广东、广西境内，史称莫徭蛮。宋范成大《桂海虞衡志》说："瑶之属桂林者，兴安、灵川、临桂、义宁（治所在今临桂县五通镇）、古县诸邑，皆迫近山瑶。"② 在元朝，因官兵剿杀，瑶民被迫迁徙分转各地。元、明、清时期，瑶族的分布已遍及广西、广东以及湖南西南部和云南、贵州的部分山区，其内部逐渐形成平地瑶、布努瑶、茶山瑶、盘瑶四大支系。

侗族，自称为"干"，汉族称之为"侗家"，苗族称之为"达故"，新中国成立后称为侗族，自称为"布金"，起源于百越民族骆越。侗族的祖先原居住在梧州、浔江一带，后来向西北迁徙，分布在三江侗族自治县、龙胜各族自治县及融水苗族自治县。自宋代作为单一民族的族称载入史册，迄今已有1000多年的历史。

仫佬族，自称为"伶"或"谨"，壮族称之为"布谨"。学术界有的认为它是广西土著，源于骆越。秦汉之后称为"僚"、"伶"，晋代称"濮僚"，南北朝称"木笼僚"，宋代称"穆佬"，元代称"木娄族"，明清称

---

① 白耀天：《壮族丧葬礼仪述论》，《广西民族研究》1993年第4期。
② 范成大著，孔凡礼点校：《桂海虞衡志》，《志蛮》，中华书局2004年版，第142页。

"犵狫"、"木佬"、"姆佬"、"木老苗"、"伶"、"伶人"等等。仫佬族是从僚、伶中分化出来形成的单一民族，其时间大约在宋代，仫佬族人最晚在元代或明初就已经住在罗城一带。

水族最早见于明代邝露《赤雅》、李宗昉《黔记》等书中。水族是从"百越"部族发展而来的，与侗、壮、布依、仫佬、毛南等民族同出一源。大约到了明代，水族才从侗族分化出来。主要分布于南丹、宜州、融水、环江等地，多与当地壮、汉民族杂居在一起。

毛南族，与壮、侗族等风俗习惯相近，源于百越中的伶僚。宋代之前，称为僚人。毛南族的名称，最早见于宋人周去非《岭外代答》一书，"自融（州）稍西南曰宜州，宜处群蛮之腹，有南丹州安化三州一镇，荔波、嬴河、五峒、茅滩、抚水诸蛮"①。宋、元以后的史籍中又有"茆滩"、"茆荔"、"茅难"的记载，都是作为地名、山名或行政区划而载入史册。元明清时期，或称"葫滩"、"毛滩"、"毛南"。毛南族分布在广西的环江、河池、南丹和都安等县（自治县）内。少数与当地的壮、汉等民族交错杂居，形成了大聚居小分散的特点。

仡佬族的祖先为西南"僚人"，汉代就有僚人在西南活动的记载，但没有出现类似"仡佬"的读音。唐宋以后开始出现了"葛僚"、"仡僚"、"仡佬"等记载。到了明代，有关著述明确记载了仡佬与僚的关系。广西的仡佬族则是清雍正年间才从贵州迁入今广西隆林一带。由于人口稀少，与壮、汉、苗族杂居。

苗族来自汉代的长沙蛮、武陵蛮，明初由贵州迁入，主要居住在融水、隆林、三江、龙胜四个自治县中，其余则散居在资源、西林、融安、南丹、都安、环江、田林等县（自治县）境内，与壮、汉、瑶、侗、毛南、水等民族杂居，具有大分散小聚居的分布特点。

回族是自宋代迁来广西的。桂林白姓回民，其祖先于元时来广西任廉访副使，尔后定居桂林。柳州回民的祖先，是随宋朝大将狄青率领的镇压侬智高起义的部队而来的。明清以来，回民陆续从湖南、河北、山东、广东、云南等省迁来。据1982年第三次全国人口普查统计，广西回族人口有19279人，60%分布在桂林、柳州、南宁，其余分布在临桂、灵川、永

---

① 周去非：《岭外代答》卷1"地理门"，《四库全书》第589册，上海古籍出版社1987年版，第392页。

福、平乐、百色、鹿寨、阳朔等县。在城镇的回民多集中于几条街道居住；在农村则多自成村落聚居。

彝族是羌氏后裔，广西那坡彝族来自滇南，西林彝族源于云南的东川、会泽、曲靖一带和云南的滇西。广西彝族不是同时期、同一地点迁徙而来，而是经历了一个较长的时间分期分批而完成的。

京族过去称越族，1958 年改为京，是在明代从越南东京湾的涂山等地迁到今防城各族自治县江平区的山心、沥尾、巫头三地及恒望、潭吉、红坎、竹山等地区。清朝政府曾在江平地区设立"江平巡检司"，清末属防城县管辖。

总之，广西各少数民族混杂而居，正如《新唐书·卢钧传》所说："蕃僚与华人错居，相婚嫁，多占田营第舍。"① 明人王士性说："盖通省如桂平、梧、浔、南宁等处，皆民彝杂居，如错棋然，民村则民居民种，壮村则壮居獞耕，州邑乡村所治犹半民也。右江三府则纯乎彝，仅城市所居者民耳，环城以外悉皆瑶獞所居。"② 杂居格局，使文化相互影响，如横县谢氏在《谢氏族谱》序中所说："太祖命世祖迁横，负有化蛮责任，故尽量将中原文化输来，厥后子孙争自磨琢，向学不辍，故历世入蟾宫而折桂者，后先辉映，游泮水而采芹者，联肩累迹。"③ 文化输出的结果便是读书人不仅成为理学接受者，而且积极传播理学，理学深入到少数民族地区，影响其生活的各个方面。

少数民族地区的教育分为两种情况，一种是土司子弟及其上层子弟教育，二是以"土著"身份编户入籍、供给赋税的"熟壮"、"熟瑶"，而居住深山山区的"蛮民"、未开化的"生"人则没有受教育的机会。

第一种土司官族子弟的教育。明王朝一开始就规定土官子弟世袭必须要有求学经历，如成化十一年规定："土官子弟，许入附近儒学，无定额。"④ 弘治十六年（1503 年）规定："以后土官应袭子弟，悉令入学，渐染风化，以格顽冥。如不入学者，不准承袭。"⑤ 嘉靖二十六年（1547

---

① 欧阳修等修纂：《新唐书》，《卢钧传》，中华书局 1995 年版，第 5367 页。

② 王士性：《广志绎》卷 5 "西南诸省"，《四库全书存目丛书》史部第 251 册，齐鲁书社 1996 年版，第 779 页。

③ 谢修森：《谢氏族谱》上册，民国 35 年本。

④ 张廷玉等撰：《明史》卷 69 "选举一"，中华书局 1974 年版，第 1686 页。

⑤ 张廷玉等撰：《明史》卷 310 "湖广土司"，中华书局 1974 年版，第 7997 页。

年），命归顺土官子孙，照例送学、食廪、读书。至清朝初年，王朝对土司官族子弟读书识礼更加注意。康熙五年（1666 年）九月议准，"土司子弟愿习经书者，许在附近府县考试。文义通达，每县额取二名，俾感于忠孝礼义，则争斗之风自息"①。康熙二十五年（1686 年），议准各土司子弟，愿读书之人，准送附近府州县学，令教官训课。学业有成者，加以奖励。雍正元年（1723 年），于太平土州设立学校，令生童就近肄业。对于其中学习成绩优秀者，给予应试出仕机会："应袭之官男，宜及早教育也。承袭者，率以年至十五为合例。彼弱冠时，即居民上。苟不读书，无异一木偶也。积奸头人，视愚稚可欺，乘机滋事，最为民害。请饬以后，凡序应袭者，自幼必令延师课读，讲明伦常大义，略谙治体。斯奸徒知所顾畏，不敢肆其欺诈，是亦除民害之一要。"② 入学读书，接受汉文化教育，是这些官族子弟承袭的前提和条件，所谓的汉文化教育，主要是孝悌、仁义、忠信等人伦道德的教育和学习。

与被迫接受政府规定兴建学校不同的是，早在明代，岑瑛就主动在统辖区域兴建学校。岑瑛（1386—1455），字济夫，明朝广西思恩土司（在今平果县旧城镇政府所在地），岑伯颜之孙，永乐十八年（1420 年），岑瑛承袭了兄长岑瑞的思明州刺史。《土官底簿》载：

> （永乐）十八年，弟岑瑛袭职，杀贼有功，正统三年，升田州知府，仍掌思恩州事；四年，改为思恩府。岑瑛就授本府知府，杀贼有功，升亚中大夫。十二年，复改为思恩军民府。岑瑛任前职，杀贼有功，即升正议大夫。天顺元年七月，奉圣旨，岑瑛既历练老成，累有军功，不为例改升都指挥同知，仍听总兵镇守官调用，还写敕与他知道，钦此。③

记载表明，明代的土官大多"以征战为务，不知尚学"，岑瑛打破土府不设儒学的惯例，通过钦差御史及广西布政使、按察使代奏办学。正统十二

---

①　《圣祖实录》（一），《清实录》第 4 册，中华书局 1985 年版，第 281 页。

②　甘汝来：《甘庄恪公全集》卷 8，《条陈土司利弊议》，乾隆五十六年赐福堂刻本。

③　不注撰人：《土官底簿》卷下"思恩军民府知府"，《四库全书》第 599 册，上海古籍出版社 1987 年版，第 390 页。

年（1447年），思恩军民府府学在府署附近的塘流屯创办，是为广西土官办学之始。府学"设儒学，置教授一员、训导四员"。《广西通志》也说："思恩有学，民知读书，蛮夷习尚一变，实瑛之倡也。"① 万节《思恩府学记》云："思恩之学校既设，人伦既明，教化既行，则诸番之长慕侯（岑瑛）之风而兴起者，必众矣。"② 思恩军民府府学兴办才几年，陆颖便在景泰四年（1453年）癸酉科考试中脱颖而出，成为思恩的第一位举人，明人汤琛在《思恩府儒学科举题名碑》中说："思恩以文辞举者，自陆生始。前乎此者，未之闻也。"③ 继陆颖之后，思恩士子不断进入科场。有明一代，广西共出文举人5098人，其中思恩府出163人，虽远不及桂林等府，却名列少数民族地区前茅。景泰五年（1454年），明朝廷又"从瑛请，建庙学"。其后子孙岑宜栋以《诗》、《书》教化民众，在田州建文庙，立州学，创建化成书院，亲自作《化成书院记》，置学田以为书院经费来源。同时另于田州各里创建义学七所（即鹅州义学、兼州义学、灵溪义学、工尧义学、上隆义学、恩城义学、武隆义学），以招收官族子弟和民间子弟入学受教。忻城莫氏土司办塾馆，延师教授官族子弟。清朝时期，土官莫振国④在土司衙署内设义学三间，聚官族子弟，选堡目、土民中较聪明的少年入学，延名士以课读。

第二种以"土著"身份编户入籍、供给赋税的"熟壮"、"熟瑶"。明太祖昭告天下，要"文教以化远人"。明王朝建立后，朱元璋十分重视学校教育，把教育视为治国安邦之本，在全国大兴办学之风。不仅"天下府州县皆立学"⑤，就是"宣慰、安抚等土官，俱设儒学"⑥。并规定府、州、县学生员专治一经，以礼、乐、射、御、书、数，设科分教。从明朝初年到万历三十六年（1608年），明王朝在广西土司地区共设立府、州、县学有罗城县学、迁江县学（今来宾县境）、恭城县学、富川县学、

---

① 谢启昆：《广西通志》，广西人民出版社1988年版。
② 汪森编，黄盛陆等校点：《粤西文载》卷27，万节《思恩府学记》，广西人民出版社1990年版，第293页。
③ 汪森编，黄盛陆等校点：《粤西文载》卷43，汤琛《思恩府儒学科举题名碑》，广西人民出版社1990年版，第255页。
④ 莫振国（1690—1729），于康熙五十年（1711年）承袭忻城土县莫氏第12任土官。
⑤ 张廷玉等撰：《明史》卷75"职官四"，中华书局1974年版，第1851页。
⑥ 同上书，第1852页。

永安州学（今蒙山县境）、桂平县学、隆安县学、上思州学、新宁州学（今扶绥县境）、太平府学等，占当时广西全境府州县学总数 66 所的 15%。

这些学校招收普通百姓优秀子弟，嘉靖初，唐胄"迁广西提学佥事，令土官及瑶蛮悉遣子入学"①。《明太祖实录》卷 197 亦记载说，洪武年间，曾在"忻城山洞瑶蛮"处，"建学立师"。万历十六年（1588 年），广西巡抚刘继文上《制驭粤西土夷切要四事》，提出："一训官男以移土习，……稍长，送入府学读书习礼。……立学社，以教僮竖。"② 万历十八年（1590 年），提学副使，"许其（瑶僮）龆龀以上，微通文义者，附于庠。……各村落皆遣子弟入郭从师"③。富川县、桂平县、郁林州"诸夷惟獞最众，獞生在在有之。富川、桂平多瑶獞来试者，谓之瑶童。又郁林有狼生数人"④。

不过一些学校，由于经费、生源问题，屡兴屡废，如当时的广西荔波县（今属贵州省），自洪武十七年（1384 年）设县治，洪武二十六年（1393 年）正月，而"罢广西荔波县儒学"⑤，理由是"生员皆苗蛮瑶僮，駃舌之徒，教养无成，不堪选贡，徒费民供，无益国家"⑥。广西思恩、忻城二县儒学，也因"生员被拘略，今忻城全无一人，思恩止有四人，县民稀少，多是瑶、僮，非但言语不通，不堪训诲，抑且不愿入学，徒存学官，无所施教"⑦，最后于宣德元年（1426 年）裁掉。

清代继续加强广西民族地区的教育，康熙二年（1663 年），清朝统治者向泗城土府派出儒学教授，泗城土府所属安隆长官司等地于康熙五年（1676 年）改流设西隆州（驻今广西隆林）、西林县。康熙十年（1671 年），泗城土府儒学建立了学宫，童生旧无定额。康熙五十年（1711 年）和雍正元年（1723 年），先后建立了西隆州、西林县学。归顺州（驻今靖

① 张廷玉等撰：《明史》卷 203，中华书局 1974 年版，第 5357 页。

② 《明神宗实录》卷 205，《制驭粤西土夷切要四事》，台湾"中央研究院"历史语言研究所校印，1962 年，第 3 页。

③ 谢启昆：《广西通志》，广西人民出版社 1988 年版。

④ 魏浚：《西事珥》卷 20"诸夷慕学"，《四库全书存目丛书》史部第 247 册，齐鲁书社 1996 年版，第 775 页。

⑤ 《明太祖实录》卷 224，台湾"中央研究院"历史语言研究所校印，1962 年，第 2 页。

⑥ 同上。

⑦ 《明宣宗实录》卷 21，台湾"中央研究院"历史语言研究所校印，1962 年，第 7 页。

西县旧州）和东兰州于雍正七年（1729 年）改流，雍正十一年（1733 年）建立了州学，各设学正一员，取进文武童生各四名。雍正十一年（1733 年），镇安府置府学，添设教授一员，取进文武童生各 12 名。

由于各地经济文化发展不平衡，清政府大力兴办社学、义学，且义学有取代社学之势。从康熙年间到乾隆年间，怀远县（今三江侗族自治县）、恭城、归德土州（今平果归德）、果化土州（今平果果化）和迁隆土巡检司（今宁明迁隆）等相继建立了社学。义学兴办后，各地社学数量日减，如怀集县原有社学 10 所，康熙二十八年（1689 年），全部改为义学。平乐原有社学二，一在西门外塔街，一在府儒学左，俱废。康熙三十五年（1696 年），吴中朗在兴安建"瑶僮义学"。雍正十三年（1725），张昕在象州安中里中平圩建瑶僮义学。雍正十三年广西总督鄂弥达在广西设瑶童义学。乾隆三年（1738 年），岑溪知县何梦瑶在岑溪大、水汶圩、南渡埠分别建瑶僮义学 3 所。乾隆四年（1739 年），兴安县又在融江、沭水、东田、高田四处建"瑶地义学"，"召僮、瑶子弟读书"。乾隆初年，御史薛韫奏广西"设瑶童义学"。白山土巡检司（今马山，在康熙年间"置乡塾"）、下雷土州（今大新下雷）在雍正、乾隆年间相继建立了义学。上映土州（今天等）、忠州土州（今扶绥忠州），在雍正、乾隆年间相继建立了义学。到清末，桂西大部分州县都设立了州县学、书院、义学、社学等，且多数是在清雍正（1723 年）以后建的。以上所关涉的官学、义学或社学都建在城邑或"熟蕃"居住之地，例如恭城瑶族中的平地瑶，他们自唐代起就是编户入籍的"熟瑶"或"良瑶"，成为王朝的"民人"，从而获得教育机会，"僮人散处乡村，衣服饮食与齐民无异。……敦诗说理所在皆有，身列胶庠者，后先相望，由明经、孝廉入仕籍者，且相接踵。其余耕凿相安，皆知教子弟读书识字，几不辨其为僮矣"[①]，所以，宋初就有周渭考中进士之事。在广西左右江地区，"诸土酋子弟乡慕文风尤甚"[②]。明代桂西镇安府，"城郭军民杂处，俗颇朴，民知

---

①　全文炳、苏煜坡：《贺县志》卷 2，《中国方志丛书》第 20 号，成文出版社 1967 年版，第 70 页。

②　魏浚：《西事珥》卷"诸夷慕学"，《四库全书存目丛书》史部第 247 册，齐鲁书社 1996 年版，第 775 页。

力田，士知向学。郭十里外，俱獞夷，椎髻跣足，间道汉音"①。而居住深山山区的"蛮民"、未开化的"生"人，这些人中的绝大多数被孤立于汉文化之外，没有接受教育的机会。即使有一部分能接受教育，那也是在改土归流以后的事了。

为了加速文化的同化进程，历朝政府采用以下方法加强教育：一是设专门名额，录取壮族、瑶族等考生。如明洪武三年（1370年）为25名，成化四年（1468年），土司学三年贡2人。清对少数民族地区科考，也有相应的优惠规定，如清康熙五年（1666年），"每县额取2名"②。康熙二十五年（1686年），朝廷令各土司官有愿送子弟就近府、州、县学读书者，就近流官州县附考录取。康熙五十一年（1712年），清政府允许在云南、贵州、广西三省增加进士名额一人。雍正元年（1723年），"设立广西太平土州学额，取文武童生各四名。以养利州训导一员移驻土属，就近教督。至十年，定廪增额各四名"③。雍正十二年（1734年），太平土州学、西林县学四年一贡。雍正十三年（1735年），同意将西隆州学（在今隆林各族自治县）、思恩县学（在今环江毛南族自治县）按照左州、养利州、永康州之例四年一贡。南宁府属上思州学（在今上思县），庆远府属河池州学（在今河池市）、天河县学（在今罗城仫佬族自治县），平乐府属永安州学（在今蒙山县）、修仁县学（在今荔浦县），柳州府属来宾县学、罗城县学（在今罗城仫佬族自治县），按照奉天府例三年一贡。嘉庆二年（1797年）和三年（1798年），朝廷批准西隆州学、龙胜厅、罗城县学、怀远县学各设苗学额2名。平乐、富川二县学均额外取进瑶童2名。道光二年（1822年）议准，兴安、灌阳二县瑶童应试，10人以上酌取1名，20至30人酌取2名，不为定额。清咸丰五年（1855年）始在大扒四冲设瑶学，学额2名，光绪八年（1882年）瑶学扩至七冲，学额共3名。

二是放宽少数民族考生入仕条件。比如南宋时，科举考试合格后，有资格参加吏部举行的"南选"，录取者可出任地方官，"解额颇宽，虽左

---

① 羊复礼修，梁年等纂：《镇安府志》卷8"风俗"，《中国方志丛书》第148号，成文出版社1967年版，第166页。

② 《圣祖实录》卷20，《清实录》第4册，中华书局1985年影印版，第281页。

③ 乾隆敕撰：《皇朝文献通考》卷70，《四库全书》第633册，上海古籍出版社1987年版，第665页。

右江溪峒亦有解额二名"①。明代承袭前代，如洪武二十八年（1395 年），就规定："岁贡初试不中者遣复学，停廪肄业，提调官、教官、训导取招生员，限次年再试，两广、四川限两年再试，复不中者，照例充吏。"②明永乐元年（1403 年），"令广西土官衙门照云南例，生员有成材者不拘常例，从便举贡，如十年之上学业无成者，准就本处充吏。二年，令岁贡照洪武二十五年例，……广东、广西限三月（到部）"③。康熙四十三年（1704 年），"令湖广各府州县熟苗中有通晓文义者，准与汉人一体应试，广西土司之民人子弟及贵州苗民并照此例"④，不过所任多教官、吏员。

三是严禁冒籍入学。为保证少数民族地区考生的权利，明政府还严查考生的籍贯，如弘治十三年，奏准："凡广西、云、贵等处，但有冒籍生员食粮起贡，买到土人例过所司起送公文，顶名赴部投考者，俱发口外为民，卖与者行移所在官司追赃问罪。"⑤ 又："万历四年，题准：广西、云南、四川等处，凡改土为流州县及土官地方建有学校者，令提学官严加查试土著之人，方准考充附学，不许各处土民冒籍滥入。"⑥ 雍正六年（1728 年），雍正谕礼部曰："今滇、黔、楚、粤等省苗民向化，新增土司入学额教，上虑不肖士子冒充苗籍，阻土民读书上进之路。"⑦ 嘉庆三年西隆州增设苗童学额 2 名，严格准入程序，"如有民童冒入考试，即将保结各生及教职等官照例办理"⑧。

四是增设考舍，便利考生。乾隆三十八年（1773 年），庆远设立了考棚，思恩县（今环江县）学士无须再赴柳州府赶考。再如道光十九年

---

① 周去非：《岭外代答》卷 4 "试场"，《四库全书》第 589 册，上海古籍出版社 1987 年版，第 426 页。

② 李东阳等重修：《大明会典》卷 76 "礼部三十五"，《四库全书》第 617 册，上海古籍出版社 1987 年版，第 728 页。

③ 同上。

④ 乾隆敕撰：《皇朝文献通考》卷 69，《四库全书》第 633 册，上海古籍出版社 1987 年版，第 660 页。

⑤ 谢启昆：《广西通志》卷 165 "经政略十五·学制一"，广西人民出版社 1988 年版，第 4585 页。

⑥ 同上。

⑦ 乾隆敕撰：《皇朝文献通考》卷 70，《四库全书》第 633 册，上海古籍出版社 1987 年版，第 678 页。

⑧ 谢启昆：《广西通志》卷 165 "经政略十五·学制一"，广西人民出版社 1988 年版，第 4593 页。

第三章

宋明理学影响下的少数民族文化

广西自古以来，便是多民族杂居，虽然唐代以后，中央政府有意识地对广西施行"变夷为夏"的策略，但是土司制度使地方政权有较大的自主行政能力。此外，因为各民族的文明发育程度参差不齐，儒家的人文精神和亲缘伦理虽然吸引了大量本地士绅阶层的关注，但是土著文化的生存土壤并未得到根本冲击，形成了多元文化融合的局面。

广西的理学传播是儒家"忠孝仁义"思想的重要传播过程。借助理学的传播，儒家伦理观念得以广泛影响到市井生活中，故宋明理学对广西各民族文化发生的影响不仅仅是"天理性命"等名辩风气，还涵盖了儒家伦理思想的传播，主要体现在宗教信仰、家族观念、伦理道德观念、社会救助以及乡村治理、风俗习尚等方面。

第一节　宋明理学与广西少数民族士人群体

在广西生活的 12 个民族，除了壮、侗、仫佬、毛南、水为土著外（共同祖先为百越族群的一支——西瓯骆越民族），其他汉、瑶、苗、回、京、彝、仡佬等民族，都是秦汉以至明清时代，陆续由中原和西南各地迁来的。

壮族是广西的土著民族，起源于古代百越的骆，在周代，他们的祖先就以瓯邓、桂国、损子、产里、九菌等名载于古籍。秦汉至隋唐，又以西瓯、骆越、乌浒、俚、僚等名见称。而作为一个民族则形成于两宋时期，南宋淳祐年间（1241—1252 年），壮族开始从前期的俚僚部族中分化出来，完成了成为一个共同体的过渡，而且在语言、分布地域、经济生活方式及文化心理等方面，都具有其共同的民族特征，广南西路经略安抚使李生共 100 多人。田林可以读书识字的，主要是土司及两个长官司治所附近村屯的岑、覃、潘、许四姓的子弟。从雍正十年（1732 年）到光绪二十年（1894 年）163 年间，全县只有进士 6 人、贡生 24 人、武举 2 人。不过，他们的汉文化水平还是不高，陆祚蕃在《粤西偶记》中说："边徼文教不兴，人才朴陋。生童岁科试止奏一艺，每一题必有一篇恶烂文字。不过四百言，彼此抄袭，非古非今，不程文墨，如精神血脉、一腔一掬等句，奉之如拱璧。又大半俱别字，阅之令人气塞。"① 在一些较偏僻地区，甚至无人了解汉文："上司出榜安瑶僮，军民激变法不饶。……水间一棒没痛痒，户户又科赍榜钱。夷人文字何曾识，乡老落来遮屋壁。"② 明成化间，柳州山乡的壮族能通官语惟村老。嘉靖间，平乐壮人普遍"不习汉语，不识文书"③。清康熙间，广南壮族"蛮语难通"；白山，道光十年（1830 年）尚能解汉语者甚少。

造成这一状况，一方面，土司设立的各种教育机构只为土司家族的子弟服务，如田州（今田阳县）土官岑伯颜，于洪武间（1368—1398年）设学延师，专教岑氏家子弟。约在明嘉靖初年（约 1523 年），忻城第四任土官莫廷臣首先在土司衙署内设官族私塾，"延名士，聚官族子弟课读其中"。第六任土官莫镇威承袭为官后不久，于明万历三年（1575 年）开办社学一间，专教子侄课读。第十一任土官莫元相曾作《劝官族示》悬于土县衙署前，鼓励族人"读书明理"。第十二任土官莫振国于清康熙五十三年（1714 年）承袭为官，出面募捐，在土司衙署右侧建立义学三间，延名士掌教，聚官族子弟及堡目土民俊秀者，肄业其中。另一方面，也必须指出，清王朝在鼓励"土民"读书应试的同时，也对其入学考试资格做了严格的限制。据记载，乾隆三十三年（1768 年），"议准广西土民，佃种土官之田，向听土司役使充兵，若准其应试，一经上进，势必不服差徭。其果有志向上，退还所佃之田，实无原籍可归者，方准令土司送考。如退佃准考之后，仍隐占土官田地，托避徭

① 陆祚蕃：《粤西偶记》，《四库全书存目丛书》史部第 128 册，齐鲁书社 1996 年版，第429 页。

② 桑悦：《赍榜谣》卷 7 "七言古诗"，载汪森编辑《粤西诗载》，广西人民出版社 1988 年版，第 231 页。

③ 苏濬：《粤事论》，黄宗羲编《明文海》卷 349，《四库全书》第 1457 册，上海古籍出版社 1987 年版，第 77 页。

役，该地方官严查究处"①。嘉庆十年（1805 年）清廷重申，番哨隶置等项土民，身充贱役，仍照旧规不准报考应试。这些规定一直得到土官的认真贯彻和执行，成了他们实行愚民政策的依据。如南丹土州，人分七等，一等土官及官族、二等客人（汉民）、三等目家、四等归内民家、五等哨民、六等农奴、七等家奴。并规定广大的哨民、农奴、家奴则不能读书，更不能参加科举考试。安平土官规定，只有官族、客家（从外地迁来汉人）或祖宗已有功名的人才能考秀才。在崇明，土官规定哨人世代不得参加科举考试，土籍人参加科试，须交入官籍（汉籍）金，而入籍金由土官随意定夺。《凤山县志》记载，乾隆二十五年，东兰土州（驻今凤山）罗斌有文武才，"愤土司的限制，私赴柳州投考，以一巨石塞马道，学使怪之，斌陈述土司限制应考，学使特为准考，即录入郡武生"②。忻城土民韦景新读书有成，报考童生，因为父亲当差兵，"出身贫贱"，土司不准报考。此外，土官对非官族子弟读书和参加科举严加限制，"恐其录取者，得达府县，直陈土官扰民情弊"③，即使有少数非官族子弟获往应试，亦须先请得土官"照准"，并给土官"酌送苞苴乃可"，故都安自明嘉靖七年至清同治十二年的 300 余年间，仅有非官族子弟周之祯 1 人获取癸酉科举人。迨光绪年间，应试中举者，仅有潘岳森（土官子弟）、吴云鹏和韦举科 3 人④。

　　总之，广西少数民族士人产生于明清两代，特别是清改土归流后，他们从读书到科举，接受的是理学教育，如宁明壮族文人崔毓荃⑤著有《省身百咏》一卷，是书崔毓荃到广州后便呈送给了陈坤培⑥作为见面礼，陈

---

　　①　乾隆敕撰：《皇朝文献通考》卷 72，《学校考十·直省乡党之学四》，《四库全书》第 633 册，上海古籍出版社 1987 年版，第 721 页。
　　②　谢次颜、潘鼎新、黄文观等修纂：《凤山县志》，1957 年，广西博物馆油印本。
　　③　都安瑶族自治县县志编纂委员会：《都安瑶族自治县志》第 26 篇"教育"，广西人民出版社 1993 年版，第 655 页。
　　④　同上。
　　⑤　崔毓荃（1876—约 1934），广西宁明人，字薰生。清光绪二十一年（1895 年）州试，冠童子军。早年，郑孝胥督贬边广西龙州，崔以诗干谒，受称许。民国后，在家乡执教于县立两等小学。1920—1923 年在广州、明江县、万承州等地为官，因不堪其劳，旋辞官归里。著有《薰生诗草》。
　　⑥　陈坤培，生卒年不详，字厚斋，马平人，陈炳焜侄儿。陈炳焜任广东督军之后，就任命陈坤培为第一师师长。

氏立即为之付梓，可见对他的赏识。崔毓荃为之感动，作《余有〈省身百咏〉》诗一卷奉呈陈厚斋。《省身百咏》以诗歌形式阐述理学的修身养性、内圣外王观，分为《正心》、《修身》、《齐家》、《化俗》、《述师》、《惜阴》、《尚志》、《改过》、《敬长》、《友爱》、《忠厚》等一百题。虽为诗歌，却偏重于道德说教。个别土官还表现出相当的理学素养，如忻城土官莫振国，在康熙年间土司衙署内设义学三间，又著《教士条规》十六则，以激励教学，这十六则是：

　　一崇道统。道统渊源为纲纪，万化之本由尧舜汤文，以及孔子始集群圣之大成。孟子私淑诸人，时值杨墨，榛芜辟而辟廓如也。宋周、程、张、邵诸子，皆为理学正派。自杨龟山有道南之叹，三传而及朱子，遂为诸儒之宗。观其与诸贤议论，往复辟金溪之清虚，摈同甫之功利，其言详且审矣。明成祖命诸儒编辑《性理大全》等书，斯道之传于今为昭。凡读书怀古者，谁非羽翼之侣？务期寻源溯流，无使正学为异端所窃也，幸甚。

　　一讲性学。《易》曰："各正性命。"《书》曰："厥有恒性。"性学不可不讲也审矣。孔子之言性相近。孟轲之言性善说，似异而归则同。从兹体会，道由此明，学由此进。若荀、杨、陆、王诸人，纷纷各是，终归于偏。自周子《太极》、《通书》，默契真原，复经程朱阐扬，而性学大明。程子曰："性即理也。"朱子曰："性在气中。"因气而变于相近。善性之旨，分明解破真善，发孔孟之复矣。故学莫先于论性，论性莫若深明理气之不杂不离，须以孔孟之书，接于目者留于心。

　　一博经史。凡读书稽古，要明理而达事。经专于道理，史专于时事。读经者学问之原本可得，史者治乱之是非可明。若拘一隅，未能博洽，何异井窥之见而不知天地之大，守锱铢之箧而目眩帑藏之多。……

　　一文礼乐。礼乐之作，由性情而起，进退、疾舒、动静、语默，斯须不可弃。……

　　一敦实行。人生天地间，躬行为先。圣教首严弟子，迈年尚作抑戒。自古忠臣孝子，未有不从饬励中来。……

　　一谨士趋。士子闭户潜修，惟端趋向。若不矜不谨，少有梯媒，便攀援竞进；获一私窦，辄奔趋若鹜。行谊既亏，入则有玷官墙，出则有坏乡党，奔竞之风必由此而倡。……

一尊严师。学圣人尚不敢私心自用，况尔后生小子乎。……

一重益友。《易》垂"盍簪"，《诗》歌"第杜"，切磋琢磨，惟友是辅。……

一会讲章。诗书有奥义，有可以言传者，有不可以言传者，仔细寻绎，始能得其意味、致其精微耳。……

一勤著作。名山之作，大多为传人起见。经史子书，当日之焦思竭虑何如，为后学者无只字之传。虽腹有鬼簿，谁氏点出。……

一戒息惰。人生斯世，前责我后，待我一息尚存，此志不容少懈懒。……

一慎言语。太上立德，其次立言。琬琰竹册，千古辉煌。恐漫不经心，一言失出，驷马难追。……

一防静驰。学问之道无他，求其放心而已。放而不求，谓之坐驰。……故静持功夫为学者第一着紧处。……

一遏嗜念。程伯子《春日偶成》云"云淡风轻近午天"，此嗜念净尽景界也。……

一乐为善。东平王格言："为善最乐。"诚见纲常明教许多快活处。……诸士悉心讲究，衾影有知，羹墙有见，日乐此不疲，自是天地间一完人。

一速改过。年届五十，方知四十九年之非。圣贤且不敢自谓无过。偶尔错，辄失之东隅，收之桑榆，未为晚也。……①

这里，强调了"道统"的重要性，从而在根本上确立了读书的方向，进而更为明确指出学术所宗，就要"讲性学"，这里所说的"性"，其实更确切地说，是程朱理学的"理"，由此也可知他的理学素养。进而指出读书的最终目的是探求为圣之道，因此，要研读经史，"读经者学问之原本可得；读史者治术之是非可明"。在学习的态度上，《教士条规》认为学习要勤奋，所谓"人生斯世，前责我，后待我，事为许多，勤且做不了，

---

① 广西河池市地方志办公室点校：《庆远府志》卷11 "学校志·试院·学规"，广西人民出版社2009年版，第183—189页。

懒如何做得"？还要用心，潜心研究大学问，要"仔细寻绎"，即要寻根究底，不但要知其然，还要知其所以然。读书不仅是纯粹的读书，还应学以致用。个人的特点不一样，因此，其擅长的方面也不同，"诸士有心著述，贯天人者，学广川；明治思者，学贾傅；理可质先哲者，学昌黎之正大；论可济当时者，学眉山之著"，这样才能够"无遗憾"。达到这样的境界，在学识上当然就比较"博"而"精"了。其成圣的途径在于"敬"和"礼"，"习礼知和，敬以致敬，和以导和，风移俗易"。"敬"就是在内心有所戒备、畏惧，是在欲念已发之后的不敢为状态；礼，规定社会行为的法则、规范、仪式的总称，是从外在对个体的约束，具体要求则是谨士趋、尊严师、重益友、慎言语等。而且还要求把"敬"和"礼"落实到人伦日常，"人生天地间，躬行为先"。最后，达到"仁"的境界。总体上说，《教士条规》在很大程度上体现了理学对人才的要求，换句话说，在土司意志指导下，所培养的人才乃为理学人才，以德为先，表现在对内，严于自律、克己修身的自省自律；对外，守道直行、注重节操。

第二节　宋明理学影响下的士人的人格气质

程朱在构建自己的理想人格时，以成圣为最高理想，所谓"言学便以道为志，言人便以圣为志"[1]。理想人格首先体现为"忠"，即表现在国家观念上，主张大一统；在国家危难时，有忧患意识；在国家存亡时，抱持宁为玉碎、不为瓦全的生命态度。

国家至上，自觉维护国家统一，反对侵略。中国政治首要特色是国家统一理念，儒家大一统理论成为其爱国主义传统的思想基础。在晚清，面对着灾难深重的国家，不少少数民族士人写下了许身报国的爱国诗篇，龙州文人赵荣章写道："和戎罢战征袍卸，拊髀依然肉未生。"[2] 直到晚年还喊出："只因报国身先许，杀贼雄心事未完。"[3] 对清政府边防内部互相猜

---

① 朱子编：《二程遗书》卷18，上海古籍出版社1992年版，第146页。

② 赵荣章：《书感二首》，载区震汉、莫庭光修，叶茂荃等纂《龙州县志》，1957年广西博物馆油印本。

③ 欧阳若修等编：《壮族文学史》（第三册），广西人民出版社1989年版，第1049页。

忌、争权夺利有着清醒的认识，如《难中口占二首》之一："蚩氓何罪戍穷边，未竟胸怀剧可怜。治盗求功争草草，纵兵贻患恨年年。好谈时事憎多口，为惬民情过有缘。独剩此心常不死，群黎四境尚颠连。"① 之二："生来鲠骨浑忘偏，世险何容独自全！怨海竟成三字狱，帝阍难扣九重天。杀机早伏知如此，热血徒存矣悯然！只有乡民遗直在，上书申辩竞争先。"② 又如韦陟云③，光绪二十一年（1895年），面对中日甲午战争的战局，羁留北京的他多次与友人共议从军报国之志："我去君应惜，君来我独亲。半生江海客，万里帝乡人。舟楫经行惯，春城出入频。何当飞习檄，一洗车后尘！"④ 又诗曰："海风清，海水明。海水定还动，海山纵复横。儒生逢世患，返旆欲东征。何日随光弼，干戈定两京？"⑤⑥ 另一位宁明诗人崔毓荃在《庚子五月，闻京师为八洋蹂躏，皇上出奔长安，诸王公及其宫嫔受其荼毒。我心怆然，叹作一首》写道："八洋虎视扰京华，戍火胡尘掩帝车。万里鹓鸾愁落日，六宫粉黛委寒沙。中兴谁击曾门鼓，孺子空悲易水筑。北望燕台遥问讯，菖蒲今好插谁家。"⑦ 作者时年25岁，诗中表达了对国家复兴的期待，也对自己的无能为力充满了悲愤、无奈、怅惘等复杂情感。有的甚至亲上前线，如宁明的吴懋勋、黄焕中等人，他们参加了唐景崧和刘永福的部队，奔走在抗法前线。黄焕中（1832—1911），字尧文，号其章，宁明人，面对沦落的国土，他焦虑、痛苦和愤怒，"再看成战国，寰宇少宁居。兵火顽童戏，先灵涸泽鱼。繁

① 赵荣章：《难中口占二首》，载区震汉、莫庭光修，叶茂荃等纂《龙州县志》，1957年广西博物馆油印本。

② 赵荣章：《难中口占二首》，转引自韦湘秋《广西百代诗踪》，广西人民出版社1995年版，第579页。

③ 韦陟云（1843—1922），字蕴浦，号郇五，壮族，广西象州县大乐乡大乐村人。生平好学，爱作诗赋，是近代壮族诗人。清同治十二年（1873年）中举人。光绪四年（1878年）十月，任云南报捐局主事。光绪六年七月，在京鉴定，八月正式入户部为主事，十月改加员外郎衔，后被革职，著有《红杏·山房·诗稿》。

④ 韦陟云：《日间与曹贻臣言及从戎来往事》，载象州县志编纂委员会编《象州县志》，知识出版社1994年版，第678页。

⑤ 韦陟云：《渤海即事》，载韦湘秋《广西百代诗踪》，广西人民出版社1995年版，第588页。

⑥ 韦陟云：《夏至东郑明府镜之》，载象州县志编纂委员会编《象州县志》，知识出版社1994年版，第678页。

⑦ 崔毓荃著，刘映华注释：《薰生诗草》，广西人民出版社1997年版，第14页。

华经一烬，道义荡无余。我亦□征伐，蛮夷待扫除。"① "秦始河山百二重，而今无地觅尧封。郑洪义举斜阳冷，葛岳高才碧水空。人事何曾哀乐尽，野花依旧寂家红。鱼龙残夜谁能啸，只此伤心万方同。"② "莽莽乾坤竟陆沉，惨然泣下泪沾襟。国权堕落悲何及，人事猖狂恨不禁。大局疮痍奚用问，频年祸乱迭相寻。忧时我为苍生叹，世变如斯感喟深。"③ 黄焕中对民族危难充满孤愤，"廿载劳劳许国身"④，"四海渐无干净土，全家都在乱离天。壮怀不洒临歧泪，万感今朝独黯然"⑤！光绪九年（1883年）他入刘永福幕府，他的爱国思想，正是在他参加黑旗军反抗法国侵略者的斗争中逐步形成的，"忆昔威名著日南，搴旗斩将投丁男。不才忝附从军骥，细柳驰驱共策黔"⑥。"横腰大剑血模糊，胜似陈汤斩虏奴"⑦，抒写了立功疆场的壮志豪情。对抗战充满胜利信心："壮年始历任干戈，既倒狂澜挽折波。李杜文章嗟莫及，蔺廉胆肝喜相碧。"⑧ 同时，还有如《秋兴》等大量诗篇，把矛头对准了贪腐无能的清王朝，诗中写道："南越已闻传檄定，北京又报羽书飞。运筹为国情甘分，怒策题桥愿竟违。"⑨ "国事岂容分党误，同心或望凯歌班。"⑩ "空言徒议总无功，权利纷纷醉梦中。遍地有人悲夜日，长天作客怅秋风。未谙国事心难白，话到瓜分泪亦红。寰海哀鸿沦浩劫，中华愧煞主人翁。"⑪ "画舫那知亡国恨，金樽销尽少年愁。"⑫ 在《感时四首》中他还写道："如此烽烟唤奈何，酒阑拔剑自高歌。建功谁是班都护，处世难当拽落河。"⑬ 这些诗篇，不仅表达了他对投降行径的痛恨，而且也表达出了有心杀敌、无力回天的忧愤。

---

① 李文雄、曾竹繁编纂：《思乐县志》卷10，民国37年石印本复印，第50页。
② 同上书，第59—60页。
③ 同上书，第52页。
④ 同上书，第58页。
⑤ 同上书，第57页。
⑥ 同上书，第48页。
⑦ 同上。
⑧ 同上书，第60页。
⑨ 同上书，第55页。
⑩ 同上。
⑪ 同上。
⑫ 同上书，第55页。
⑬ 同上书，第54页。

维持地方秩序。在广西历史上，为维护统一而自觉地参与维持地方秩序的士人不少，清末广西理学人物朱琦、龙启瑞、王拯、韦丰华等人都被卷进了咸丰时期的太平天国战争，朱琦亲上前线，带兵打仗；龙启瑞成立民团。对朱琦、龙启瑞、王拯、韦丰华等人参与镇压太平天国战争，不少人对此加以责难，认为这是发生在他们身上的污点。其实在当时的形势下，在社会剧烈动荡、人们的切身利益受到直接威胁而国家又无力行使其保护的职责的时候，他们出来维护一方安全（当然包括而且主要是他们自身的安全）的现象并非个别，显然是地方自保的关键角色，而且他们是把这一利益攸关的问题、而不是别的问题放在了首位。

有忧患意识。理学虽然以德行、心性为外王的前提和条件，但还是以重建人间秩序为终极关怀。在理学影响下，广西士人大多具有担当精神，参与政治，在国计民生、边境等方面提出自己主张。壮族诗人韦绣孟贯串于他作品的始终是他那强烈的忧患意识。可以这样说，举凡近代史后半段发生的重大事件，在他的作品中均有直接或间接反映。中法越战（1883年12月至1885年4月间），他作了《甲申感事》，诗曰：

> 越雉不闻再入关，狼封豕突又连山。中朝将帅辜恩久，异族旌旗列阵殷。王蔺备兵能死敌，班超投笔竟生还。伏波铜柱今安在，已界烟蛮雾瘴间。
>
> 变守为攻战复和，风云扰攘日生波。尘氛交广飞鹰疾，秋入滇黔怒马多。五月渡泸怀诸葛，十年按剑有廉颇。戎机一误南疆挫，大笑先生魏绛讹。[①]

此诗作于光绪十年（1884年），作者认为是个别人主和而贻误战机造成的。中日甲午战争发生，他作了《畿辅四时词》；八国联军攻打北京，他写了《感事六首》；慈禧、光绪结束逃亡生活，离西安回北京，他写了《回銮恭纪得四十四韵》；家乡发生了使清廷震恐的农民起义，他写了《闻桂事棘感赋》，平定后作《闻桂事平喜赋》。辛亥革命、民国成立、袁世凯篡权、《俄蒙协约》签订、袁世凯称帝、护国运动爆发、南北议和、

---

① 韦绣孟：《茹芝山房吟草》，广西人民出版社1993年版，第40页。

护法运动、戊戌变法、废除科举、开经济特科等事件，他的诗作都有反映，他的诗就像是一部生动形象的历史大事记，深深地镌刻出时代的印痕。直到晚年，他还对列强割据现状犹忧愤不已："皓首遭归绿野堂，印排诗草灿成章。名家辈出争名世，国手交攻痛国殇。漫说蛊驱先海鳄，转因鱼食忆河鲀。黄尧大地供肴割，独揾征袍泪满行。"① 对他来说，忧国忧民已深入骨髓，随时都想一吐为快。

居乡则安贫乐道，出则为循吏名宦。理学是在博采儒、佛、道等众家思想精华的基础上，建构起来的包含宇宙观、人性论、道德观、认识论等庞大精微的理论体系，这无疑注定了理学思想必然具有抽象的思辨和逻辑推理，广西士子对这些如"理欲"、"心物"、"义理"、"诚"、"天人"等理学范畴的接受、思考、追问的过程，其实就是于无形中接受理性精神熏染、培养理性思维的过程，这种理性精神影响到他们的思维方式，使得他们改变以往观察分析事物的方式，用一种愈趋客观的方式去看待万事万物，把理性的思辨精神贯穿到人生经历中，认为人生也同万物一样有自身的发展规律，不应被普通的感观上的喜怒哀乐所左右，而以平静的心态看待人生，对种种人生际遇都能理性对待，从而以一种洒脱、达观的态度立身处世。南宋以后，广西诸多志书上记载着许多"潜心理学，终身坚隐不仕"、"潜心义理之学"、"杜门三纪，讲明理学"等终身不离理学之域之人。

也有出则廉洁爱民者，如明武缘人李璧。李璧强调学以立德为本，去功利之心，以德为政。明正德十年知剑州，正德十六年调任云南临安府同知，在职六年，政绩显著，"兴学校，正风俗，修堤池塘堰，复射圃、建书院，刻《名儒录》以教诸生，拓城池，毁淫祠，课士劝民，之兼山祠，修剑阁，立养济院，政教所被，路不拾遗，尤好与诸生讨论经史，为稽古之学"②。归结起来，就是"养民"和"教民"二途，"养民"即保障百姓基本生活，"教民"推行礼教，正风俗，正所谓"仓廪实而知礼节"。他采取的"养民"措施包括修正土地、修筑堤堰等恢复和发展农业生产，保证百姓丰年有吃有喝，在荒年免于饥寒流离。另外，还积极完善救济机

---

① 韦绣孟：《茹芝山房吟草》，广西人民出版社1993年版，第377页。

② 黄君钜等纂修：《武缘县图经》卷5"士女上"，清宣统三年（1911年）铅印增补光绪本，第35页。

构，建有"兼济院"，以救助孤苦无依、流离失所之人。他至今还遗惠后人的政绩是整修剑州至保宁府（阆中）的三百里官道，广植柏树，创造下"三百里程十万树"的世界奇观——翠云廊。李璧植柏、补柏、护柏的举动，对翠云廊的形成起到了极其重要的作用，剑州人民为了怀念先后担任知州的李璧和杨如震两位德政卓著的父母官，于明万历八年（1580年）在今剑阁县普安镇修建二贤祠，并铸铜像供奉。后祠毁于火灾，清光绪十一年（1885年）重建于今普安镇小玲珑社区内。"教民"方面，他采取了这样几个方面的措施：第一，兴学，建书院。正德十年（1515年），知州李璧、州判赵思仁倡铸明伦堂铜钟，并于正德十二年（1517年）修葺学宫。明正德十四年（1519年）李璧将兼山书院（实为黄裳祠庙）改建于州城东，延师教徒，以广文教。明嘉靖三十二年（1553年）知州陈叔美迁建于学街（今剑阁中学校址）。正德十四年，他又在剑州城的东街、西街、学街、江口各设社学一所。第二，"刻《名儒录》以教诸生"。《名儒录》是李璧专门为当地学子编选的一个学习教材，今佚，无从知道其编选原则和内容。官事之余，还亲自讲学，"尤好与诸生讨论经史，为稽古之学"。第三，恢复射圃，习射礼，推行礼教。李璧本人推崇古礼，于古礼颇有心得，曾编辑了《三礼经注疏》，考证订正钟律、乡射、冠婚的仪节。第四，保存剑州地方文化。李璧对剑州的文化事业也极为关心，看到剑阁的遗文古碑，如唐代李白的《蜀道难》、柳子厚的《剑门路》及杜甫的一些诗，碑刻大部分损坏，十分痛惜，便召集能工巧匠重新刻立。完工后写了《修复剑阁遗碑记》一文，劝告后人要爱护古迹文物，后人称为"学有成书，政有成绩"。明嘉靖三十年武缘县将其列为乡贤，在县城孔庙中立其神位，供人瞻仰。又如平南人黎建三，年轻立志学圣贤，他在《咏怀五首》其一自述其志说："儒生何树立，志学垂圣言。文章浩烟海，六籍潴其源。品汇综群圃，理窟探天根。业崇行弥裕，身贱道自尊。嗟予当少壮，烛日笑屡扪。篱鹦抢枋莽，未识鹏与鲲。《尔雅》苦不熟，声偶徒啾喧。望洋惊灏渺，衣汗流惭痕。白头始发愤，心塞两眼昏。居积恨弗早，负此岁月恩。尚思破万卷，云梦八九吞。近以淑吾身，因之窥圣门。跛鳖致千里，适越期南辕。好修无穷达，晚节古所敦。"[①] 此诗表达了这样几个含义：（1）儒学是成己之学，因此，他立志

---

① 黎建三：《素轩诗集》卷6，《咏怀五首》，道光壬寅年刻本。

以圣贤为理想人格追求，不断地进德修业。(2) 他所体认的“儒生”，并非考据意义的儒生，而是潜心理学群集，探讨“天根”的理学之徒。(3) 征圣宗经，黎建三博览群书，根抵六经，潜心天理性命之学。(4) 立身苦不早，但也表达了不管穷达、希圣希贤的志向。他认为，富贵、穷达非自己所能掌控，而“道”是可以求得的，“富贵有定命，圣贤固履贫。求富未得富，反自焚其身。多金亦多累，况本荷锄人。乐道讵可期，保此方寸春”①。“乐道”即乐于道之意，也就是理学家所崇尚的“孔颜之乐”。他说若士子心向往圣人那样的境界，以“孔颜之乐”为乐，即便是穷窘贫困，都丝毫不损自己的修养。若以一时的功成名就，醉心于华服、大车显耀权势，图声色享受，是不可能达到圣人境界的。黎建三以圣贤为榜样，心有“孔颜之乐”，把安贫乐道化为清廉自守、仁义爱人，忧乐同民，《旱》、《斗米谣》、《所愿行》等诗就是对他官德的最好注释。《旱》：

> 三春萧飒吹秋风，飞沙百里黄蒙蒙。天光熵熵夏日赤，农夫估客无颜色。去年收获仅十一，县官督逋如束湿。富人仓廪陈相因，穷檐升合同琼食。况复今年春，民事那可说，秧针干萎青草死，低田生棘高田裂。可怜野老空较量，日日举头项欲折。更闻道路言，里长相追逼。楼船急牵挽，处处促供役。敢辞冻馁事上官，自痛凶荒救无策。吁嗟斯言使人哭，我亦穷愁相迫蹙。含酸为作忧旱词，吞声试为父老读。父老举手谢，天高视听下。桑林致祷语岂多，八埏四极沾傍沱。②

这首诗，作于山丹县知县任上，诗人用白描的手法，通过农夫和富人、官吏和自己的对比，描绘出了在天灾之后的农夫和富人的不同生活状况，穷人冻馁相加，困苦无依；富人凶年之后无凶年，仓廪丰实，山珍海味。这种贫富差距不仅有天灾，更有人祸，里长促役、县官督逋，才是百姓濒临死亡边缘的真正原因。此诗可贵之处正在于此，作为官僚机构中的一员，作者敢于大胆对此加以揭示。不仅如此，诗人对自己无力

① 黎建三：《素轩诗集》卷2，《咏怀二》，道光壬寅年刻本。

② 黎建三：《素轩诗集》卷1，《旱》，道光壬寅年刻本。

改变这一现实表达了无可奈何的感慨，从中体现了诗人与民同乐的博大情怀。《斗米谣》：

> 荒年穷氓无托处，眼前生计在儿女。春来即有半亩田，争如瓮乏升斗贮。卖儿买斗米，女子一斗余。深知死不免，且复救须臾。但愿儿女活，宁计老贱躯？富人粟红腐，中人无完裤。大官一夕宴，所费千儿具。吁嗟乎！卖儿买米不满提，人命贱比犬与鸡。吁嗟！何以为蒸黎。①

同上首诗一样，作者通过穷人、官人生活的对比，揭示了当时社会的贫富差距：穷人卖儿卖女还无力为生，官员一餐"所费千儿具"。与上首诗不同的是，作者的笔触直接对准了官员，不仅描述了奢靡情形，而且深刻指出了官员公款吃喝，正是民不聊生的根本原因。在此，诗人似乎认识到造成社会巨大的不公不在官员本身，而在社会制度，所以最后诗人只能吁嗟长叹，惭愧为民父母官。由此可知，诗人虽身在官僚体制之中，但还保持着体制外的社会良知和批判精神。最后，经过内心的挣扎、纠结，在《所愿行》一诗中表达了为民作为，欲"挽天河往下注"积极的一面：

> 山人少年头白早，人讶多愁容易老。即看解组归青溪，六百余日何时好。去冬贫病真仓皇，亲属凋落增悲伤。扁舟初无一片石，计拙宁复谋仓箱？龙公贵雨等珠贝，数百手指半月粮。独持长镵出门立，白日惨淡天苍茫。自春徂夏地犹赤，百里溪壑可斗量。黄童皓首尔奚罪，饥馑接踵何由当。枯蕨甘脆苦蓼香，壮者为盗老弱亡。颇传官长议赈恤，敛资投册胥吏狂。我思荒政法，救死如救焚。钱便与米便，以实不以文。九重闾阖不可叩，原隰哀鸿那忍闻。山人何所愿？愿得手挽天河往下注，秧针浡浡泥没路，五月早毕公家赋。老病苏息壮力田，我亦含哺鼓腹歌尧天。②

---

① 黎建三：《素轩诗集》卷3，《斗米谣》，道光壬寅年刻本。
② 黎建三：《素轩诗集》卷3，《所愿行》，道光壬寅年刻本。

最终，《平南县志》留下了这样的评语："遇事仁恕，捐金三千，筑山丹河堤，民立碑颂德。"① 清人梁上国说："今读其诗而知其性情之和平忠厚，且以知其政之恺悌慈祥；读其诗而知其学问之明通淹贯，且以知其政之敏镇廉能。"

崇尚气节人格。气节，指志气、骨气与品节。人之所以有气节，首先在于人有尊严，有道德意识，如张鹏展所说："天地生万物，我得名为人。百体若臣仆，灵者心之神。卓然天地表，爰号曰天君，衾影苟有愧，五官徒具陈。"② 张鹏展为人，秉持道德，居官守正。据地方志记载，他奉命巡视江南时，"有豪胥乘车，与司员争道，且唆御者肆口辱骂。鹏展执胥至署，欲律惩之，啖以千金不为动"③。

郑献甫在清道光十五年（1835 年）考中进士，任刑部江苏、云南司主事。一年零二个月后，以双亲年老乞养为由，辞官回乡。同治六年（1867 年）五月，清廷以他"孝友廉洁守正不阿"赏给五品卿衔。对于郑献甫辞官，研究者说法不一，何成轩认为他不甘愿接受官场和名位的束缚，宁可终生过一种与官场不即不离的"半隐"生活④。

有的士人不仅能坚持人格独立，而且敢做社会的良知，正直敢言，如韦天宝。韦天宝清嘉庆十五年（1810 年）考取举人后，土司慕其才华，聘为幕僚。凤山土州，今属凤山县。东兰和凤山改土归流前统称兰阳。雍正七年（1729 年）东兰开始改流，东兰由流官治理，凤山归土官管辖，凤山直到光绪三十一年（1905 年）才完成改流。他赴凤山土司，沿途见土州辖区内的老百姓十分贫穷，而赋税、徭役深重，极为感慨。在《将抵凤署感作》⑤ 一诗中写道：

① 郑湘畴纂：《平南县志》第一编，《中国方志丛书》第 213 号，成文出版社 1974 年版，第 57 页。

② 张鹏展：《谷诒堂全集》，《杂诗》清远楼藏版。

③ 黄诚沅：《上林县志》卷 11 "人物部上"，民国 23 年上林县图书馆铅印本，第 622 页。

④ 何成轩：《高扬主体意识彰显独创精神——简论郑献甫哲学思想的特色》，载苏彩、黄铮主编《历史文化名人郑献甫论丛》，广西人民出版社 2005 年版，第 55 页。

⑤ 温德溥修、曾唯儒纂：《武鸣县志》卷 10 "附录·诗歌·诗"，《抵凤署感作》，民国 4 年铅印本，第 109 页。

十日兰阳道，穷檐不忍看。

官贪征赋急，丁少避徭难。

鸡黍供宾减，人烟入望寒。

辎轩谁下问，康济苦无端！

就任后，力图改变现状，便写了《凤山救弊条议》，建议革除弊政。这个做法从根本上损害了地方统治者的利益，因此他不得不辞职归里。

对于广西士人包括少数民族文人的气节人格、正直清廉，李文凤在《月山丛谈》中总结道：

乡先辈清俭之德，诚后学所当敬仰师法者也，如吾郡之邢公正，梧之吴东湖，平南之张泾川，全州之蒋敬所，世虽有所评，然各有不可及者。邢公初出守廉州，兼理珠池，及代去，不持一珠以归。官至方伯，未尝治第。死之日，分诸子，惟衣衾束带，无他长物。东湖自先世戎籍，受屯田四十亩，及历仕数十年，不增尺寸，尝于祖墓前辟地作书屋，其间制十景以咏其事。黄太泉谓余曰："向见东湖十咏，谓当如洛阳名园之盛。及过其处，广不盈亩，可笑也。"其子无宅以居，闻巡按陈少岳宗夔，欲为营之，未知果否？张泾川位至留都司马，亦未尝治第，庳屋敝椽，齐民不若也。蒋敬所位至宰相，其宅亦仅可为太祝厅事而已。视他宰相之居，什伯倍蓰矣。①

综上所述，宋明理学，把以三纲五常为核心的伦理道德学提升到天理高度，所谓"君君、臣臣、父父、子子、兄兄、弟弟、夫夫、妇妇，万物各得其理"②，"为君尽君道，为臣尽臣道，过此则无理"③ 等等，莫不是强调这些伦理纲常的天经地义，从而使之成为普天之人自觉自愿接受和践履的道德规范和行为准则，慢慢地内化成他们思想的组成部分，这样

① 汪森编辑，黄振中等校注：《粤西丛载》卷6"名贤轶事"，广西民族出版社2007年版，第295—296页。

② 周敦颐：《周元公集》卷1，《四库全书》集部第176册，上海古籍出版社1987年版。

③ 周敦颐：《周元公集》卷5，《四库全书》集部第176册，上海古籍出版社1987年版。

"无形中人们就把自己与社会融为一体，与封建国家的前途命运联结在一起。遂之对封建国家的责任感、使命感和主人翁感与日俱增，不由自主地密切关注封建王朝的兴衰隆替"①。理学思潮深刻影响了宋明时期少数民族文人的价值观念，涌现出不少的富有正义感和民族气节的知识分子。如恪守义利、以德为先的价值观，理性观照、达观处世的人生观等，诚如学者所言："一个时代哲学思潮的兴起，必然引起价值体系的变革和价值观念的变化，价值体系和观念的变化，必将影响到文学的方方面面。"②

第三节　捣毁淫祠与正统思想的推行

宋元明清时期的广西，民族问题尖锐，和民族问题一起呈现出来的是宗教信仰问题。为解决这一问题，自宋王朝南迁开始，就努力在该地区构建正统的儒家礼教文化秩序，到明清两代呈现出加速趋势。在这一大势下，入桂理学大儒如张栻、王阳明、唐鉴等，他们以构筑礼教文化秩序为己任，捣毁淫祠淫祀，对乡民施行教化，塑造儒学人格。这些策略也得到了本土士人的普遍接纳，正如一些史籍所称"衣冠礼度，并同中州"。

一　淫祠淫祀及广西少数民族地区的淫祠淫祀

所谓淫祠或淫祀，就是指未被纳入国家祭祀祀典而为法律所禁止的民间宗教和民间信仰。孔子说："非其鬼而祭之，谄也。"③ 故《礼记·曲礼下》说："非其所祭而祭之，名曰淫祀，淫祀无福。"④ "非所祭而祭之"包含了祭祀对象和祭祀主体两方面的含义，从祭祀对象而言，淫祠或淫祀就是指不在国家祀典中的神明；从祭祀主体而言，祭祀者的祭祀权利有等级差异，就是说祭祀那些不该由自己祭祀的神祇。《国语》卷4谈到古人制祀的标准时说："夫圣王之制祀也，法施于民则祀之；以死勤事则祀

---

① 刘树友：《宋代理学研究（下）》，《渭南师专学报（社会科学版）》1992年第3期。

② 宋克夫、韩晓：《心学与文学论稿：明代嘉靖万历时期文学概观》，中国社会科学出版社2002年版，第9页。

③ 钱穆：《论语新解》，《为政篇第二》，生活·读书·新知三联书店2003年版，第49页。

④ 郑玄注：《孔颖达疏》，《礼记正义》，阮元《十三经注疏》卷5，中华书局1987年版，第1268页。

之；以劳定国则祀之；能御大灾则祀之；能捍大患则祀之，非是族也，不在祀典。"① 上述五条就是宋以来所遵循的立祀基本依据，到了明代，立祀管理体制得到了明晰：

1. （洪武元年十月）丙子，命中书省下郡县访求应祀神祇。名山大川、圣帝明王、忠臣烈士，凡有功于国家及惠爱在民者，具实以闻，著于祀典，令有司岁时致祭。②

2. （洪武二年正月）辛丑，命天下：凡祀典神祇，有司依时致祭。其不在祀典而常有功德于民，事迹昭著者，虽不致祭，其祠宇禁人撤毁。③

3. （洪武三年六月）癸亥，诏定岳镇海渎城隍诸神号。诏曰："永惟为治之道，必本于礼，……天下神祠无功于民，不应祀典者，即淫祠也，有司无得致祭。"④

4. 甲子，《禁浮祠制》曰："朕思天地造化能生万物而不言，故命人君代理之。前代不察乎此，听民人祀天地，祈祷无所不至，普天之下民庶繁多，一日之间祈天者不知其几，渎礼僭分莫大于斯。古者天子祭天地，诸侯祭山川，大夫士庶各有所宜祭，其民间合祭之神，礼部其定议颁降，违者罪之。"于是中书省臣等奏："凡民庶祭先祖，岁除祀灶，乡村春秋祈土谷之神，凡有灾患祷于祖先。若乡属邑属郡属之祭，则里社郡县自举之。其僧道建斋设醮，不许章奏上表、投拜青词，亦不许塑画天神地祇及白莲社、明尊教、白云宗、巫觋扶鸾祷圣、书符咒水诸术，并加禁止，庶几左道不兴，民无惑志。"诏从之。⑤

---

① 《国语》卷4，上海古籍出版社1988年版。

② 《太祖实录》，《明实录》第1册卷35，台湾"中央研究院"历史语言研究所校印，1962年，第632页。

③ 《太祖实录》，《明实录》第1册卷38，台湾"中央研究院"历史语言研究所校印，1962年，第760页。

④ 《太祖实录》，《明实录》第1册卷53，台湾"中央研究院"历史语言研究所校印，1962年，第1033—1035页。

⑤ 同上书，第1038页。

以上几条资料显示：（1）对祭祀主体的职权有明确规定。只有天子可以祭天，祭天下的名山大川，祭祀所有的神祇。而诸侯不能祭天，只能祭祀处于自己境内的名山大川。普通百姓，能够祭祀的公神就更少，除了灶神，几乎只能祭祀自己的祖先。这里从祭祀对象和祭祀主体进一步明确了淫祠淫祀的含义，违背这种等级差异的祠祀也是淫祠和淫祀。（2）是祭祀对象有明确规定，主要有两类：一类是名山大川、风雨雷电等自然神，一类是先师前贤、名宦乡贤、忠烈义士、贞烈节孝。（3）宋元以来对于未被列入祀典的诸神，有三种处理方式：一是通过一定的历史过程和申报程序，可以获得朝廷赏赐的庙额、封号，载入祀典，成为国家祀典体系中的神明。对少数民族的一些宗教习俗，一般说来，宋元明清以来的历朝，都比较尊重，也比较宽容。在任的官员，也为本土的自然神、历史人物、神话人物和地方性神灵祭祀，积极申请赐额加封，力图把地方神灵直接纳入到国家控制的范围内。因此，本土大多数神祇，如花王庙，在明代，就开始走出家户，成为公开祭祀的神祇。二是允许其作为民间信仰继续存在，如谢启昆《广西通志》在记载"班夫人庙"就说，崇善的班夫人庙，与苍梧之三界庙、永康之大王庙都是淫祀，但民众信奉，"从俗"，这说明国家祀典对民间信奉还是留有一定的空间的。三是宣布为淫祠加以禁止。

淫祠或淫祀除祭祀对象和祭祀主体两方面的含义外，还有祭祀仪式是否符合相关规定的第三含义，符合相关规定则是正祠正祀，否则则被视为淫祠淫祀，祭祀仪式的规定主要为祭祀祖先而设，张载倡导"宗子法"。"宗子法"规定，只有宗子才能祭祖，支子不祭，否则，则为淫祀。陈淳说："古人宗法，子孙于祖先亦只嫡派方承祭祀，在旁支不敢专祭。"[1]又："士人只得祭其祖先，自祖先之外，皆不相干涉，无可祭之理，然支子不当祭祖而祭其祖，伯叔父自有后而吾祭之，皆为非所当祭而祭，亦不免为淫祀。"[2] 明王朝明确为淫祠的祭祀加以禁止，《明会典》规定：

1. 其不当奉祀之神而致祭者，杖八十。[3]

---

　　① 陈淳：《北溪字义》卷下"道"，《四库全书》第709册，上海古籍出版社1987年版，第48页。

　　② 同上书，第50页。

　　③ 申时行等修：《明会典》卷165，《续修四库全书》第789册，上海古籍出版社1995年版，第28页。

2. 凡私家告天拜斗，焚烧夜香，燃点天灯七灯，亵渎神明者，杖八十；妇女有犯，罪坐家长；若僧道修斋设醮，而拜奏青词表文，及祈禳火灾者，同罪，还俗。①

3. 若有官及军民之家，纵令妻女于寺观神庙烧香者，笞四十，坐夫男；无夫男者，罪坐本妇。其寺观神庙住持及守门之人不为禁止者，与同罪。②

4. 凡师巫假降邪神，书符咒水，扶鸾祷圣，自号端公、太保、师婆，及妄称弥勒佛、白莲社、明尊教、白云宗等会，一应左道乱正之术，或隐藏图像，烧香集众，夜聚晓散，佯修善事，扇惑人民，为首者绞，为从者各杖一百，流三千里。③

5. 若军民装扮神像，鸣锣击鼓，迎神赛会者，杖一百，罪坐为首之人。④

6. 里长知而不首者，各笞四十。其民间春秋义社，不在禁限。⑤

以此来看广西少数民族聚居区的普通民众的祭祀，可谓淫祠淫祀盛行。

广西少数民族聚居区的祭祀，从祭祀对象看，壮族所祭祀的"莫一大王"、花王庙、花婆庙、蚂蚜、布洛驮、米洛甲、蛙神、送花娘娘、白马三姑、铜鼓神等，瑶族的盘王庙、"二圣猴王"、三王庙（夜郎王子）、飞山宫、六甲人、民主相公、苏灵公、陶五、苏六、陶金明、刘金相、胡公度、蒋六将军、盘都镇大王等，侗族的村村寨寨供奉的"萨堂"或称"萨坛"，仫佬族各村寨设立了"婆王"、"盘古大王"、"雷王"、"英王罗大庙"等，毛南族崇拜的三元、三光、三娘、瑶王、太师六官、灵娘、欧官、蒙官、覃三九、陆桥、花林仙官、良吾、六曹、仲定、六甲神兵、六公、托生、洪周、普天、三召、莫一、莫二、莫三、莫四、莫五、行游、南曹、抄书、沙罗、风水、名利、杜丹、盘古、秀才仙家、蒙官、万岁娘娘、三娘，京族供奉的镇海大王、高山大王、广达大王、安灵大王和

① 申时行等修：《明会典》卷 165，《续修四库全书》第 789 册，上海古籍出版社 1995 年版，第 29 页。

② 同上。

③ 同上。

④ 同上。

⑤ 同上。

兴道大王、后神、海公、海婆（在出海的渔船船头设海公、海婆神位）、杜光辉（沥尾岛杜姓降生童所奉祀的"祖师神"）、三婆（妇女保护神、送子神。巫头岛灵光禅寺供奉观音。沥尾、山心、红坎等地三婆庙供奉观音、柳行公主和德昭婆。以农历二月十九日、三月三日、六月一九日、九月十九日的祭祀为盛事）等，苗族祭祀的历史人物和神话人物曼尤（曼尤是苗族的女英雄，苗族把她比作神仙崇拜），仡佬族和水族的神灵有房门婆、田神、坎神、梅山神等，都被视为淫祀。而壮俗、瑶俗、侗俗所笃信的鬼神占卜更是被历朝政府定为旁门左道，为重点打击和禁绝对象，如《粤西丛载》"上鬼"条有如下记载：

> 岭南风俗，家有人病，先杀鸡鹅等以祀之，将为修福。若不差，即刺杀猪狗以祈之。不差，即次杀太牢以祷之。更不差，即是命也，不复更祈。死则打鼓鸣钟于堂北，至葬讫。初死旦夕大叫而哭。
>
> 南蛮传俗尚巫鬼，大部落有大鬼主，百家则置小鬼主一姓。
>
> 粤西夫死，谓之鬼妻，人无娶者。
>
> 粤人淫祀而上鬼，病不服药，日事祈祷，视贫富为丰杀，延巫鸣钟铙，跳跃歌舞，结幡焚楮，酾酒椎牛，日夕不休。事毕，插柳枝户外，以禁往来。其中寒热瘟疫者，谓之中草子，多以不药。死者相枕，可哀也。①

巫术盛行。巫术大体包括鸡卜、鸡卵卜、鸡骨卜等等。比如：

> 越人信祥而易杀，傲化而俚仁，病且忧，则聚巫师用鸡卜。始则杀小牲，不可则杀中牲，又不可则杀大牲，而又不可则诀亲戚、饬死事，曰："神不置我已矣！"因不食，蔽面死。以故户易耗，田易荒，而畜字不孳。董之礼则顽，束之刑则逃。②
>
> 邕州之南，有善行术者，取鸡卵墨画，祝而煮之，剖为二片，以验其黄，然后决嫌疑、定祸福，言如响答。据此，乃古法也。《神仙

---

① 汪森编辑，黄振中等校注：《粤西丛载》卷18"风气习俗"，广西人民出版社2007年版，第755页。

② 柳宗元：《柳河东全集》，柳州复大云寺记，中国书店1991年版，第310—311页。

传》曰：人有病，就茅君请福，煮鸡子十枚以内帐中。须臾，茅君
掷出，中无黄者病多愈，有黄者不愈，常以此为候。①

岭表占卜甚多，鼠米卜、箸卜、牛卜、骨卜、田螺卜、鸡卵卜、
篾竹卜。俗尚鬼故之。②

道士、法师及仙姑所行之科仪及法事，举凡丧葬、问疾、酿典、谢土、祭
祀等等，遍及少数民族民众生活的各个层面。

从祭祀仪式看，神灵混杂，祭祀仪式不拘常理。神灵混杂，表现在一
个寺庙供奉着不同系列的神，东兰武篆弄台村拉外屯的牙合庙③，修建于
清嘉庆年间，里面所供奉的神祇既有十八罗汉、观音，又有桃园结义的关
羽、张飞，还有岳飞。又如百色的者仙下屯观音庙④，它初修于康熙三十
六年（1697 年），其后康熙五十一年（1712 年）、乾隆六十年（1795
年）、嘉庆十六年（1811 年）、道光五年（1825 年）、同治七年（1868
年）屡次重修，主祀观音菩萨，同时附祀"花婆"。兴安文庙⑤（在今县
城看守所处），庙内有孔子、观音等塑像。状元桥，在兴安金峰殿（县西
三里处），奉观音、五谷真仙、岳武穆、齐天大圣等塑像。建于康熙时期
的南宁市牛角湾（今北宁街）馥莲寺⑥安放孔子、岳飞像，后来加塑三宝
佛供奉。瑶族，"天界功曹、地界功曹、阳界功曹、梅山教主、天宫大
帝、太上老君、今公、灶王、三元、女娲三姑、盘王、救苦观音、山魈、
目连大王、割草郎君、花林父母等，上至天堂，下至地府，外至道佛神
圣、内至瑶族祖先，可谓包罗万象。汇多神于一体，熔不同的宗教于一

---

① 汪森编辑，黄振中等校注：《粤西丛载》卷18 "风气习俗"，广西人民出版社 2007 年
版，第 743 页。

② 同上书，第 746 页。

③ 东兰县志编纂委员会编：《东兰县志》第 10 编 "社会"，广西人民出版社 1994 年版，第
612 页。

④ 百色市志编纂委员会编：《百色市志》第 104 章 "宗教寺庙"，广西人民出版社 1995 年
版，第 861 页。

⑤ 兴安县地方志编纂委员会编：《兴安县志》第 57 章 "宗教寺庙"，广西人民出版社 2002
年版，第 639 页。

⑥ 南宁市地方志编纂委员会编撰：《南宁市志》文化卷 "宗教志"，广西人民出版社 1998
年版，第 684 页。

炉，正是瑶族宗教信仰上的最大特点"①。

神灵混杂体现了实用性和功利目的性。他们往往是根据个人、家庭、家族或村寨民众的利益，从某种具体的需求目的出发，向有关的职能神求拜，如想生子时就敬花王圣母，上山狩猎则敬山神。有些人根据"年庚八字"、"五行生肖"，崇拜不同对象：年庚缺"木"者，即祭拜古树；缺"水"者，拜祭山泉水井；还有拜巨石②等，求其保佑。

祭祀祖先不合祭仪，从元明以来，特别是明，规定民间祭祀遵照《朱子家礼》，可广西少数民族聚居区祭祀不尊《朱子家礼》的情况非常普遍，如京族人家中，在与厅堂相对之处，设一砖石供台，高一米多，上层供天官，下层供本家祖先，守护一家之地，这显然不合祭仪。京族法师，做法事挂佛和十殿阎王像，佛、道、巫三位一体等。又如侗族，平时厨炊用的三脚灶是象征性崇拜物，不论祭供"萨堂"或列祖列宗，都在火塘边焚香设祭，面对三脚灶虔诚膜拜，于是三脚灶被视为传家之宝。兄弟分家时，按例由长者继承三脚灶，表示继承祖先遗物和香火。而灶下火灰则必须平分，意味着各人都得到"萨堂"圣母和列祖列宗的佑护及福荫，日后可恃以发家。祭祀仪式不拘规定也体现了组织松散而随意，广西各少数民族民间宗教没有固定的信仰组织，成员自发参加、场地随意；没有专职的宗教祭师，其巫婆、师公等大多是一些不脱产或半脱产的民众成员，他们在为人占卜问鬼、请神驱邪时，虽然都要收取一定的费用或要人请吃酒肉，但平时都要参加一些力所能及的体力劳动。而人为宗教不仅有专职的宗教祭师，而且他们的经济来源主要由宗教组织负责。

有关少数民族地区的"尚淫祀，杀人祭鬼"③，"俗好淫祀，轻医药，重鬼神"④ 等记载不绝。对此入桂官员，特别是理学之士采取了有破有立的文化政策，一方面捣毁淫祠，另一方面建立正祠，力图把少数民族地区普通民众的宗教信仰纳入正统文化秩序的轨范中。

二 捣毁淫祠，禁绝淫祀

宋元明清入桂官员，特别是理学官员，无不把捣毁淫祠作为文化建设

---

① 俸代瑜：《瑶族文化多元一体特点浅析》，《广西民族研究》1993 年第 4 期。

② 地方志编撰委员会编：《融水苗族自治县志》，生活·读书·新知三联书店 1998 年版。

③ （元）脱脱等撰：《宋史》卷 90 "地理"，中华书局 1995 年版，第 2248 页。

④ （元）脱脱等撰：《宋史》卷 249 "范质传"，中华书局 1995 年版，第 8796 页。

的突破口，除前面提到的张栻、黄佐外，还有宋胡颖、明陈璇、唐慎、周刚、徐琪、姚镆等，本节将主要讨论他们的捣毁淫祠情况。

胡颖，字叔献，潭州湘潭人。博览群书，尤长于《春秋》。绍定五年进士，历官知平江府兼浙西提点刑狱、湖南兼提举常平、广东经略安抚使、广西经略安抚使，寻迁京湖总领财赋，《宋史》列有本传，"性不喜邪佞，尤恶言神异，所至毁淫祠数千区，以正风俗"①。因此，百姓风闻所至，皆以帝王、名臣为淫祠冠名，陈璇《桂林淫祠辨疑》一文对此有所记载：

> 予闻桂林属邑，有周文王、太伯、孟母、汉高祖、张良、韩信等庙，莫究所以。及观《建武志》，邕州亦有高祖祠，云马伏波征蛮，酋长请降，愿朝汉天子，于是立高祖祠以祭之。又父老相传曰：宋胡颖守潭，专毁淫祠，惟前代帝王及忠臣烈士祠不毁。后颖转官广西，乡人闻风，皆以淫祠易以帝王名臣之号，幸免一时，相传至今，虽不能改。以其所言近理，彼溺于淫祀者，尚当省哉。②

这段文字表明：一是胡颖捣毁淫祠的态度坚决，力度很大，所至"毁淫祠数千区"，致使民间出现了挂羊头卖狗肉的行为。从另一个角度也说明，当时民间信仰的盛行，巫风劲吹。二是胡颖的捣毁淫祠恐怕也只是雷声大雨点小，至少在广西如此。民间出现的以帝王、名臣为淫祠冠名的现象他竟没有察觉，以致以周文王、太伯、孟母、汉高祖、张良、韩信等命名的淫祠保存了下来，这也不能不说是对胡颖捣毁淫祠行为的一个讽刺。

唐慎，永州人，据《永州府志》记载，永乐丁酉（1417 年）乡荐，授监察御史，后巡按广西，官至按察司兵备金事。《粤西文载》记载："正统间巡按广西，去淫祠。民云：'凡着褚衣过祠门者，降灾。'慎闻之，即着绯衣，往焚其像，庐其庙。邪慝乃息。"③看来这个唐慎还是一

①　（元）脱脱等撰：《宋史》卷416"范质传"，中华书局1995年版，第12478页。

②　汪森编，黄盛陆等校点：《粤西文载》卷58，陈璇《桂林淫祠辨疑》，广西人民出版社1990年版，第252页。

③　汪森编，黄盛陆等校点：《粤西文载》卷64"名宦"，广西人民出版社1990年版，第18页。

个不信邪、敢承担之人，以个人实践方式而不是行政命令力证降灾一说的子虚乌有，淫祠的捣毁也就在情理之中了。

周刚，字文叙，吴人。天顺间为融县知县，"俗好淫祠，溺邪说，力禁之"①。融县是苗、瑶、侗等少数民族聚居之地，淫祠遍地，恐怕"力禁之"也难以有实际的改观。

徐琪，字廷实，海阳人，官刑部郎中，奉诏使安南有功，有《安南纪事诗集》。"□□府训导，学宫后有五显祠，毁之。刚好二子相继死，或以为祟。曰：'天命也，鬼能祸福人哉！'终不惑"。② "五显祠"是一个极具地方特色的祠庙，所祭祀对象因地而异，所祭何事难以考知。

陈璇，字治之，揭阳人。举人，嘉靖十年任灵川教谕，"修建学宫，议毁淫祠佛刹，以增饰之"③。拆毁淫祠佛刹，用来修建和修饰学堂，这种带有功利目的捣毁淫祠佛刹史籍中多有记载。

姚镆，字英之，慈溪人。弘治癸丑进士。正德间任广西督学金事时，在桂林进行了一次捣毁淫祠活动：

> 时桂城有二妖曰"山魈"、"卓望"者为幻。一日纵火焚生员徐左室旁小庐，又掷瓦石击其卧榻，碎之。镆命佐具词，乃为文告城隍。遣逻者于各祠庙索二妖像，锁至城隍庙除之。乃索诸庙不正绘像，命官悉焚焉。时一女子托神为奸，亦执而治之，听民娶以为妻。自是妖风遂息。④

从这段记载看，这是一次精心组织捣毁淫祠活动，姚镆大张旗鼓，煞有介事，拘役"山魈"、"卓望"二妖像至城隍庙，数落罪状后加以销毁。声势浩大，拆毁的不仅是淫祠，而且包括诸庙绘像不正的神灵。这次捣毁行为比较彻底，"自是妖风遂息"，也达到了他推广礼教的目的。

有破就有立，建构一套在理学思想指导下的信仰系统以推行儒学，激

---

① 汪森编，黄盛陆等校点：《粤西文载》卷64"名宦"，广西人民出版社1990年版，第28页。

② 汪森编，黄盛陆等校点：《粤西文载》卷65"名宦"，广西人民出版社1990年版，第45页。

③ 汪森编，黄盛陆等校点：《粤西文载》卷66"名宦"，广西人民出版社1990年版，第95页。

④ 同上书，第61页。

励风俗，构筑起理学人格。

三　建立正祠，推行正统思想

少数民族聚居地宋元明清以来正祠所祭祀的对象，《广西通志》李志、金志、谢志都有所记载。为了更加直观地说明，现以谢启昆《广西通志》所载为依据，列表3—1：

表3—1　　　　　　　　　　少数民族地区建立的正祠

府	县	庙坛	修建时间和人	文献出处
柳州府	罗城（仫佬族）	社稷坛	雍正十一年建	卷143 第4108 页
		先农坛	雍正五年，乾隆二十五年修。	卷143 第4108 页
		云雨风雷山川城隍庙	雍正十一年修	卷143 第4108 页
		厉坛	所修时间不详	卷143 第4108 页
		雷神庙	康熙间于成龙建	卷143 第4108 页
		城隍庙	康熙间于成龙建	卷143 第4108 页
		关帝庙	康熙四十年修，雍正九年刘永建启圣祠于庙左，乾隆十九年重修。	卷143 第4108 页
		于公祠	乾隆二十三年金岳建，祭祀于成龙。	卷143 第4108 页
		名宦乡贤祠	在学宫内	卷143 第4108 页
		节孝祠	雍正四年建	卷143 第4108 页
	融县（苗族、侗族、瑶族）	社稷坛	雍正十一年建	卷143 第4110 页
		先农坛	雍正四年建	卷143 第4110 页
		云雨风雷山川城隍庙	雍正十一年建	卷143 第4110 页
		厉坛	所修时间不详	卷143 第4110 页
		雷神庙	所修时间不详	卷143 第4110 页
		安灵庙	宋有灵，建庙。	卷143 第4110 页
		城隍庙	元至元间修	卷143 第4110 页

续表

府	县	庙坛	修建时间和人	文献出处
柳州府	融县（苗族、侗族、瑶族）	关帝庙	所修时间不详	卷143 第4112 页
		香山庙	祭祀宋梁熹、吴辅。	卷143 第4112 页
		名宦乡贤祠	在学宫内	卷143 第4112 页
		忠义节孝祠	在学宫左，雍正十一年知县刘克一建。	卷143 第4113 页
庆远府	天河县	社稷坛	雍正十一年建	卷143 第4127 页
		先农坛	雍正五年建	卷143 第4127 页
		云雨风雷山川城隍庙	雍正十一年建	卷143 第4127 页
		厉坛	所修时间不详	卷143 第4127 页
		城隍庙	雍正十一年建	卷143 第4127 页
		关帝庙	雍正八年吴正一、赵弘建。	卷143 第4127 页
		龙江庙	祀江神	卷143 第4127 页
		名宦乡贤祠	在学宫内	卷143 第4127 页
		节孝祠	在先农坛左侧	卷143 第4127 页
	思恩县	社稷坛	雍正十一年建	卷143 第4127 页
		先农坛	雍正五年建	卷143 第4127 页
		云雨风雷山川城隍庙	雍正十一年建	卷143 第4128 页
		厉坛	所建时间不详	卷143 第4128 页
		城隍庙	明万历年间建，清重修。	卷143 第4128 页
		名宦乡贤祠	在学宫内	卷143 第4128 页
		节孝祠	在东门外	卷143 第4128 页
	东兰州	社稷坛	所建时间不详	卷143 第4128 页
		先农坛	嘉庆二年署知县黄世发修	卷143 第4128 页
		云雨风雷山川城隍庙	所建时间不详	卷143 第4128 页
		厉坛	所建时间不详	卷143 第4128 页
		城隍庙	所建时间不详	卷143 第4128 页
		关帝庙	所建时间不详	卷143 第4128 页
		名宦乡贤祠	在学宫内	卷143 第4128 页
	那地土州	城隍庙	所建时间不详	卷143 第4128 页
		关帝庙	所建时间不详	卷143 第4128 页

续表

府	县	庙坛	修建时间和人	文献出处
庆远府	南丹土州	北帝庙	宋建，明嘉靖间修。	卷 143 第 4128 页
		城隍庙	明建	卷 143 第 4128 页
		关帝庙	所建时间不详	卷 143 第 4129 页
		宝王庙	南丹厂，祀司银矿之神。	卷 143 第 4129 页
	忻城土县	城隍庙	所建时间不详	卷 143 第 4129 页
		关帝庙	所建时间不详	卷 143 第 4129 页
	东兰土州同	元帝庙	所建时间不详	卷 143 第 4129 页
		城隍庙	所建时间不详	卷 143 第 4129 页
		关帝庙	所建时间不详	卷 143 第 4129 页
	永顺长官土司	城隍庙	所建时间不详	卷 143 第 4129 页
思恩府		社稷坛	雍正十年建	卷 143 第 4129 页
		先农坛	雍正五年建	卷 143 第 4129 页
		云雨风雷山川城隍庙	雍正十年建	卷 143 第 4129 页
		厉坛	所建时间不详	卷 143 第 4129 页
		真武庙	所建时间不详	卷 143 第 4129 页
		城隍庙	所建时间不详	卷 143 第 4129 页
		关帝庙	所建时间不详	卷 143 第 4129 页
		旗纛庙	所建时间不详	卷 143 第 4129 页
		马王庙	所建时间不详	卷 143 第 4129 页
		顾公祠	祀明顾兴祖，天顺间岑瑛建。	卷 143 第 4130 页
		山公庙	祀明山云，正统间岑瑛建。	卷 143 第 4130 页
		柳公祠	祀明柳溥，天顺间岑瑛建。	卷 143 第 4131 页
		王公祠	祀王守仁，有祀田。	卷 143 第 4132 页
		名宦乡贤祠	在府学，康熙十一年知府金梦麟建。	卷 143 第 4132 页
		忠义节孝祠	在府学内，嘉庆二年建。	卷 143 第 4132 页

府	县	庙坛	修建时间和人	文献出处
思恩府	武缘县	社稷坛	明建，雍正十一年修。	卷143第4132页
		先农坛	雍正五年建	卷143第4132页
		云雨风雷山川城隍庙	雍正十一年建	卷143第4132页
		厉坛	所建时间不详	卷143第4132页
		大鸣山庙	县东，每岁八月十五祭。	卷143第4132页
		灵水庙	乡人祠之，以重三、重九祭。	卷143第4133页
		真武庙	所建时间不详	卷143第4133页
		城隍庙	明万历建，康熙间知县孟麟修。	卷143第4133页
		关帝庙	明万历建	卷143第4133页
		忠义节孝祠	雍正三年知县王克建	卷143第4133页
	上林县	社稷坛	明建，雍正十一年修。	卷143第4134页
		先农坛	雍正五年建	卷143第4134页
		云雨风雷山川城隍庙	雍正十一年建	卷143第4134页
		厉坛	所建时间不详	卷143第4134页
		真武庙	所建时间不详	卷143第4135页
		城隍庙	明隆庆间知县罗嘉修	卷143第4135页
		关帝庙	康熙间知县张绍振修	卷143第4135页
		张光庙	祀唐韦厥	卷143第4135页
		节孝祠	乾隆二十八年奉文建	卷143第4135页
	土田州	先农坛	雍正五年建	卷143第4136页
		北帝庙	所建时间不详	卷143第4136页
		城隍庙	所建时间不详	卷143第4136页
		关帝庙	所建时间不详	卷143第4136页
		五公祠	明建，祀狄青、王守仁、林富、张祐、马援五人。	卷143第4136页
	上林土县	城隍庙	雍正元年建	卷143第4136页
	兴隆土司	岑瑛庙	所建时间不详	卷143第4136页
	定罗土司	先农坛	雍正五年建	卷143第4136页
		真武庙	雍正五年建	卷143第4136页

续表

府	县	庙坛	修建时间和人	文献出处
思恩府	旧城土司	岑瑛庙	所建时间不详	卷 143 第 4136 页
	下旺土司	大厅庙	祀岑州亨、岑瑛、岑璲、黄宗显，皆有德于民。	卷 143 第 4137 页
	那马土司	关帝庙	所建时间不详	卷 143 第 4137 页
		黄旸庙	嘉靖中土官黄旸有德，立像祀之。	卷 143 第 4137 页
	都阳土司	岑公庙	祀思恩土知府岑瑛	卷 143 第 4137 页
泗城府	凌云县	社稷坛	所建时间不详	卷 144 第 4138 页
		先农坛	雍正六年知府刘兴建	卷 144 第 4138 页
		云雨风雷山川城隍庙	所建时间不详	卷 144 第 4138 页
		厉坛	所建时间不详	卷 144 第 4138 页
		真武庙	康熙间建	卷 144 第 4138 页
		城隍庙	明崇祯土知州岑继禄建，康熙间修。	卷 144 第 4138 页
		关帝庙	明万历知州岑云汉建，康熙间修，乾隆四十一年知府董世明修。	卷 144 第 4138 页
	西隆州	社稷坛	乾隆二年建	卷 144 第 4138 页
		先农坛	乾隆二年建	卷 144 第 4138 页
		云雨风雷山川城隍庙	乾隆二年建	卷 144 第 4138 页
		厉坛	乾隆二年建	卷 144 第 4138 页
		雷神庙	所建时间不详	卷 144 第 4139 页
		城隍庙	乾隆二年建	卷 144 第 4139 页
		关帝庙	乾隆二年建	卷 144 第 4139 页
		北府庙	康熙间知州郑功勋建	卷 144 第 4139 页
		忠义节孝祠	乾隆二年建	卷 144 第 4139 页
	西林县	社稷坛	雍正十一年建	卷 144 第 4139 页
		先农坛	雍正十年建	卷 144 第 4139 页
		云雨风雷山川城隍庙	所建时间不详	卷 144 第 4139 页
		厉坛	所建时间不详	卷 144 第 4139 页
		城隍庙	康熙六年建	卷 144 第 4139 页

府	县	庙坛	修建时间和人	文献出处
泗城府	西林县	关帝庙	康熙二十年建	卷144 第4139 页
		北府庙	乡民致祷	卷144 第4139 页
		节孝祠	乾隆四十九年知县高世锁建	卷144 第4139 页
平乐府	恭城县（瑶族）	社稷坛	明成化十三年建，雍正十一年修。	卷144 第4144 页
		先农坛	雍正五年建	卷144 第4144 页
		云雨风雷山川城隍庙	雍正十一年建	卷144 第4144 页
		厉坛	所建时间不详	卷144 第4144 页
		城隍庙	明成化十三年建，康熙三十六年知县吴绍微修。	卷144 第4144 页
		关帝庙	明万历三十一年建	卷144 第4144 页
		周公庙	祀宋周渭，乡人感德立祀。明成化十四年建，雍正元年知县王昌龄修。	卷144 第4145 页
		节孝祠	在梓潼观左，雍正三年知县方显建	卷144 第4145 页
	富川县（瑶族）	社稷坛	雍正四年建	卷144 第4145 页
		先农坛	雍正四年建	卷144 第4145 页
		云雨风雷山川城隍庙	雍正十一年建	卷144 第4145 页
		厉坛	所建时间不详	卷144 第4145 页
		龙神庙	所建时间不详	卷144 第4145 页
		城隍庙	明万历三十八年知县张文耀建	卷144 第4145 页
		关帝庙	所建时间不详	卷144 第4145 页
		旗纛庙	所建时间不详	卷144 第4145 页
		李王庙	祀唐李靖，土民祀之。	卷144 第4145 页
		太尉庙	祀宋毛炳	卷144 第4145 页
		赵公祠	祀宋辰州赵明，邑人李伯宗建。	卷144 第4145 页
		名宦乡贤祠	在文庙左右	卷144 第4145 页
		忠义祠	文庙明伦堂右，雍正二年建。	卷144 第4145 页
		节义祠	在养济院后，雍正二年建。	卷144 第4145 页

府	县	庙坛	修建时间和人	文献出处
南宁府	隆安县	王文成公祠	祀王守仁、蒋山卿、方瑜、姚居易。	卷 145 第 4185 页
	上思州	社稷坛	雍正十年建	卷 145 第 4192 页
		先农坛	雍正五年建	卷 145 第 4192 页
		云雨风雷山川城隍庙	雍正十年建	卷 145 第 4192 页
		真武庙	所建时间不详	卷 145 第 4192 页
		城隍庙	明嘉靖间迁建，顺治十八年重建，康熙间知州戴梦雄修。	卷 145 第 4192 页
		关帝庙	雍正七年	卷 145 第 4193 页
		名宦乡贤祠	在文庙启圣祠左右	卷 145 第 4193 页
		节孝祠	在学宫左	卷 145 第 4193 页
	归德土州	真武庙	所建时间不详	卷 145 第 4193 页
		城隍庙	所建时间不详	卷 145 第 4193 页
	果化州	南岳庙	所建时间不详	卷 145 第 4193 页
	土忠州	真武庙	所建时间不详	卷 145 第 4193 页
		城隍庙	所建时间不详	卷 145 第 4193 页
		关帝庙	所建时间不详	卷 145 第 4193 页
	迁隆峒	先农坛	所建时间不详	卷 145 第 4193 页
		真武庙	所建时间不详	卷 145 第 4193 页
		城隍庙	所建时间不详	卷 145 第 4193 页
太平府	崇善县	社稷坛	明嘉靖署知府余光迁建，雍正十年知府屠嘉正重建。	卷 146 第 4195 页
		先农坛	雍正六年建	卷 146 第 4196 页
		云雨风雷山川城隍庙	明正德迁，嘉靖间迁壶关，雍正十一年重建。	卷 146 第 4196 页
		厉坛	所建时间不详	卷 146 第 4196 页
		真武庙	所建时间不详	卷 146 第 4196 页
		龙神庙	乾隆二十四年查礼建	卷 146 第 4196 页
		雷坛庙	所建时间不详	卷 146 第 4197 页

续表

府	县	庙坛	修建时间和人	文献出处
太平府	崇善县	城隍庙	明知府何楚英修	卷 146 第 4197 页
		城隍庙	在县城	卷 146 第 4197 页
		关帝庙	康熙二十五年参将吴联修	卷 146 第 4197 页
		旗纛庙	明洪武间修	卷 146 第 4197 页
		伏波祠	明万历间修	卷 146 第 4197 页
		班夫人庙	班夫人溪峒世家女，以兵助马援征讨征侧、征贰。	卷 146 第 4198 页
		李公祠	祀元太平路总管李维屏	卷 146 第 4198 页
		胡公祠	祀明知府胡世宁	卷 146 第 4198 页
		翁公祠	祀明翁万达，明嘉靖修。	卷 146 第 4199 页
		三公祠	祀翁万达、胡世宁、郭湍，雍正十一年屠嘉正重建。	卷 146 第 4200 页
		李公祠	祀知府李友梅	卷 146 第 4200 页
		高公祠	祀知府高不矜	卷 146 第 4200 页
		忠义祠	在府学内	卷 146 第 4200 页
		节孝祠	以壶山书院改建	卷 146 第 4200 页
	左州	社稷坛	雍正十一年建	卷 146 第 4200 页
		先农坛	雍正五年建	卷 146 第 4200 页
		云雨风雷山川城隍庙	雍正十一年建	卷 146 第 4200 页
		厉坛	所建时间不详	卷 146 第 4200 页
		城隍庙	康熙间王文昌重建，知州刘正国重建。	卷 146 第 4200 页
		关帝庙	康熙间知州韩文屏建	卷 146 第 4200 页
		伏波庙	康熙间知州纪振边建	卷 146 第 4200 页
		周公祠	祀明知州周墨，嘉靖间知州邓体静建。	卷 146 第 4200 页

府	县	庙坛	修建时间和人	文献出处
太平府	养利州	名宦乡贤祠	在文庙内，雍正四年知州王国祚建。	卷146 第4200 页
		社稷坛	雍正十年建	卷146 第4201 页
		先农坛	雍正五年建	卷146 第4201 页
		云雨风雷山川城隍庙	雍正十一年建	卷146 第4201 页
		厉坛	所建时间不详	卷146 第4201 页
		元帝庙	明万历建，知州傅天宠重建。	卷146 第4201 页
		城隍庙	明建，知州傅天宠重建。	卷146 第4201 页
		关帝庙	明弘治间知州罗爵建，康熙间知州傅天宠重建。	卷146 第4201 页
		叶公祠	祀明知州叶朝荣	卷146 第4201 页
		名宦乡贤祠	雍正七年知州徐德秩修	卷146 第4201 页
		大王庙	祀宋狄青将滕某	卷146 第4202 页
	宁明州	社稷坛	雍正十年	卷146 第4202 页
		先农坛	乾隆十四年知州孙超建	卷146 第4202 页
		云雨风雷山川城隍庙	雍正十年	卷146 第4202 页
		厉坛	所建时间不详	卷146 第4202 页
		龙神庙	乾隆五十四年巡抚孙永清建	卷146 第4202 页
		城隍庙	所建时间不详	卷146 第4202 页
		关帝庙	雍正十年建	卷146 第4203 页
		文昌祠	在明江学宫西	卷146 第4203 页
	龙州厅	北帝庙	所建时间不详	卷146 第4203 页
		城隍庙	所建时间不详	卷146 第4203 页
		关帝庙	所建时间不详	卷146 第4203 页
		胡公庙	祀明副使胡智，宣德间平息交趾与龙州人争端。	卷146 第4203 页

续表

府	县	庙坛	修建时间和人	文献出处
太平府	明江厅	社稷坛	所建时间不详	卷146 第4203 页
		云雨风雷山川城隍庙	所建时间不详	卷146 第4203 页
		厉坛	所建时间不详	卷146 第4203 页
		城隍庙	明万历间建，康熙间重建。	卷146 第4203 页
		赵公祠	所建时间不详	卷146 第4203 页
	太平土州	名宦乡贤祠	在学宫内	卷146 第4203 页
	万承土州	城隍庙	土知州许□重建	卷146 第4203 页
		伏波庙	所建时间不详	卷146 第4203 页
		王公祠	祀清副总兵王起云	卷146 第4203 页
	全茗土州	元帝庙	所建时间不详	卷146 第4204 页
		城隍庙	所建时间不详	卷146 第4204 页
	龙英土州	北帝庙	所建时间不详	卷146 第4204 页
		城隍庙	所建时间不详	卷146 第4204 页
	佶伦州	北府庙	所建时间不详	卷146 第4204 页
		城隍庙	所建时间不详	卷146 第4204 页
	结安土州	真武庙	所建时间不详	卷146 第4204 页
		城隍庙	所建时间不详	卷146 第4204 页
	都结土州	先农坛	所建时间不详	卷146 第4204 页
		城隍庙	所建时间不详	卷146 第4204 页
		关帝庙	所建时间不详	卷146 第4205 页
	土江州	伏波庙	所建时间不详	卷146 第4205 页
	上下冻土州	城隍庙	所建时间不详	卷146 第4205 页
	凭祥土州	桃椰祠	明建，祀知府江一桂。	卷146 第4205 页
	上龙土司	元帝庙	所建时间不详	卷146 第4205 页
		成国公庙	祀明大将朱能，永乐中征安南，龙人建祠。	卷146 第4205 页
		胡公祠	祀明副使胡智	卷146 第4206 页

府	县	庙坛	修建时间和人	文献出处
镇安府	天保县	社稷坛	雍正十年重建	卷 146 第 4206 页
		先农坛	雍正九年知府孔传堂建	卷 146 第 4206 页
		云雨风雷山川城隍庙	雍正十年重建	卷 146 第 4206 页
		厉坛	乾隆三年知府沈嘉重建	卷 146 第 4206 页
		真武庙	康熙四十九年建	卷 146 第 4206 页
		火神庙	乾隆十年知府张光宗建	卷 146 第 4206 页
		龙神庙	乾隆十九年知府傅聚建	卷 146 第 4206 页
		城隍庙	所建时间不详	卷 146 第 4207 页
		关帝庙	所建时间不详	卷 146 第 4207 页
		旗纛庙	所建时间不详	卷 146 第 4207 页
		名宦乡贤祠	在学宫内,雍正十二年知府陈舜明督建。	卷 146 第 4207 页
	奉议州	社稷坛	雍正十一年建	卷 146 第 4207 页
		先农坛	雍正五年建	卷 146 第 4207 页
		云雨风雷山川城隍庙	雍正十一年建	卷 146 第 4207 页
		厉坛	所建时间不详	卷 146 第 4207 页
		城隍庙	所建时间不详	卷 146 第 4207 页
		关帝庙	所建时间不详	卷 146 第 4207 页
	归顺州	社稷坛	雍正十一年建	卷 146 第 4207 页
		先农坛	雍正五年建	卷 146 第 4207 页
		云雨风雷山川城隍庙	雍正十一年建	卷 146 第 4207 页
		厉坛	所建时间不详	卷 146 第 4207 页
		真武庙	所建时间不详	卷 146 第 4207 页
		龙神庙	所建时间不详	卷 146 第 4207 页
		城隍庙	所建时间不详	卷 146 第 4207 页
		关帝庙	所建时间不详	卷 146 第 4207 页
		名宦乡贤祠	学宫内,雍正十一年知州骆为香督建。	卷 146 第 4207 页
		节孝祠	雍正五年建	卷 146 第 4207 页

府	县	庙坛	修建时间和人	文献出处
镇安府	小镇安厅	先农坛	乾隆三十一年改土归流后建	卷146第4208页
		城隍庙	乾隆三十三年建	卷146第4208页
		关帝庙	乾隆二十三年建	卷146第4208页
	向武土州	元帝庙	所建时间不详	卷146第4208页
		南岳庙	明万历末建	卷146第4208页
		城隍庙	乾隆二十一年知州判张梓、土知州黄焕章建。	卷146第4208页
	都康土州	南岳庙	所建时间不详	卷146第4208页
		城隍庙	所建时间不详	卷146第4208页
	上映土州	先农坛	所建时间不详	卷146第4208页
		城隍庙	所建时间不详	卷146第4208页
		关帝庙	所建时间不详	卷146第4208页
	下雷土州	先农坛	雍正五年建	卷146第4209页
		真武庙	康熙二十五年修，乾隆十九年知府傅聚重修。	卷146第4209页
		城隍庙	康熙四十九年重修	卷146第4209页
		关帝庙	雍正四年修	卷146第4209页

注：谢启昆说李志、金志皆没记载凭祥府属之安平、茗盈、镇远、思陵、思州、下石、西州、罗白、罗阳诸土司祠庙，因此本表也未列入上述土司的祠庙情况。

　　以上祠庙几乎所有都修建于雍正改土归流之后，是纳入国家祭祀祀典而为法律所允许的祭祀对象，即所谓的正祀。其对象大致包括两类：一是自然诸神，如云雨、风雷、山川、雷神庙、火神庙、龙神庙等。另一类为有功于民的先师前贤、名宦乡贤、忠臣烈士、节孝贞烈等。在后一类中，具体又可分四种情形：一是先师前贤。宋元以来，学宫建筑包括教学建筑和文庙等，学校除了（包括书院）讲学功能外，还有祭祀、藏刻书功能。文庙除祭祀先师孔子、四配、十二哲外，还有先贤和先儒。以西林定安文庙①为例，祭祀

①　西林县编纂委员会：《西林县志》第六章"信仰宗教"，广西人民出版社2006年版，第1140页。

先师孔子、四配、十二哲，在先贤先儒中有周敦颐、二程、邵雍、杨时、谢良佐、尹焞、罗从彦、李侗、张栻、吕祖谦、黄幹、辅广、蔡沈、陆九渊、陈淳、真德秀、魏了翁、许衡、赵复、吴澄、许谦、王守仁、陈献章、胡居仁、薛瑄、刘宗周、罗钦顺、蔡清、吕坤、孙奇逢、陆世仪、汤斌、张履祥、陆陇其、张伯行等理学人物。通过文庙的传播，儒学深入到了普通百姓家中，例如在西林，甚至各家各户普遍设立神台，祭"天地君亲师"。"师"在儒家文化中专属孔子，一般壮家、瑶家厅堂正中的壁上神龛、神榜，正中书"天地君亲师（或历代先祖）之神位"，旁边写有："诸神祀典，某氏宗亲"或"观音大士，慈悲救苦"等。又如隆林彝族，室内一般分为左中右三间，"室中央最显眼的是灶君和神位。神位上托着一块木板，为置香纸钱和祭品处"，"神位上的棕叶和贴红纸只有大儿子及男人才有权利挂上去"。神位的墙上有的贴对联，以黄家神位为例，从左到右的条幅分别是："祖宗百代永流芳"、"都大至富财帛星君之神位"、"大成至圣先师孔子之神位"、"黄氏宗亲之神位"、"桂花院内七曲文昌之神位"、"九天九厨灶王府君之神位"、"神圣一堂常赐福"。二是对名宦乡贤等的祭祀。前面已有所论述，兹不赘述。三是忠义祠或节孝祠。四是对当地有贡献之人，如罗城于公祠，乾隆二十三年（1758 年）署知县金岳建，祀于成龙。金岳，字仰止，山东历城县人。乾隆二十三年任广西罗城县（罗城仫佬族自治县）知县。在任上，以"一代廉吏"于成龙为楷模，勤于政事，颇有政绩。出于对于成龙的仰慕，金岳在罗城县立祠祭祀，竖立"于公旧治"的碑刻，至今刻石尚存，并编有《于清端公政书辑要》。思恩府土田州有"王公祠"，祀王守仁，在思恩府西城内，不知何时为何人所建。后改为"五公祠"，祀狄青、王守仁、林富、张祐、马援五人，所祀五人中三人为明人，且都与平定田州、思恩叛乱有关。林富从王守仁，平定田州、思恩叛乱中，并带兵进剿八寨、大藤峡。张祐（1483—1533），字天祐，广州人。明朝军事将领。正德间为广西右参将，分守柳州、庆州，后进伐府江叛军。升为副总兵，镇守广西，之后再升都督佥事。随后攻破古田叛军，斩杀 4700 余人，进都督同知。不久又攻破洛容、肇庆、平乐等民变部队。嘉靖初年，因母丧乞休。当初上思州土目黄镠作乱，张祐用离间计贿赂其党黄廷宝，总督张嵩弹劾张祐下狱，恰逢田州有卢苏、王受民变，总督姚镆召至军中，待以宾礼。之后王守仁代替姚镆，咨询张祐抚剿计谋，张祐称："以夷治夷，可不烦兵而下。"之后王守仁进言请设置副总兵镇守，并举荐张祐，得到批准。太平府崇善县"翁公祠"，祀明翁万达，明嘉靖修。据江一桂《祠堂记》记载，祠庙修于嘉靖十九年（1540 年）。1538 年，越南国莫登庸父子篡位称制，勾结广西土官反叛朝廷，两广总兵仇鸾、兵部尚书毛伯温率部征安南。边境的土司、豪蛮为莫登庸做内应，蠢蠢欲动，纷纷反叛。朝廷接受翁万达"重兵威慑，抚剿兼施，迫其乞降"的策略，以翁万达为广西一路前线的指挥官。在这一役中，翁万达先平定与莫登庸互为呼应的少数民族上层（土司）的叛乱，接连用计诛杀土官诸酋，智擒敌谍，断其内外勾结之通道。然后派谍报潜入安南刺探敌情，实行策反，使已经孤立无援的莫登庸感到大势已去，终于乞降。不需大动干戈，兵不血刃，不战而胜！两广总督张经大称之："翁君神算也！"班师论功，翁万达功居第一。战后，为严惩龙州土官的反叛行为，缩减了龙州的土地，对此，明江一桂《祠堂记》有这样的记载：

> 诸山类蚕丛，土人凭洼伏莽者，为村二十有四，绵亘百余里。……左人尝割其地，质于龙州。龙人利而执之，肆其险毒。郡城孤立，势且岌岌然。嘉靖戊戌，……勘整其事。时龙方如螗，靡靡罔敢喙息，盖深悼夫子之严明。夫子亦贷其罪，并蠲村民三年，用昭王化之平荡也。所复之地，……自胜国皇贺以来，陷溺二百年。一朝掣回衽席之上，谓非太平之大幸欤！……均辖崇善，以为附郭。越明年，庚子三月五日，乃迁县于郡。太平之士民欢欣鼓舞，构书院，肖像于中，额曰"肇化"，言化自夫子始也。[①]

在这次处置二十四村归属问题上，翁万达把它划归了崇善，因而他受到了崇善人的感激。明嘉靖十九年（1540 年），崇善县知县陈景文将县治迁至太平府附廓（县治设在太平镇南街当时的积庆寺内），并在新县城建"翁公祠"以纪念这位对崇善县意义非凡的广东人。太平府"三公祠"，祀翁万达、胡世宁、郭湛，雍正十一年屠嘉正重建。胡世宁，字永清，仁和人。弘治六年进士。除德安推官、迁南京刑部主事。再迁郎中。与李承

---

① 江一桂：《祠堂记》，谢启昆修，胡虔纂《广西通志》卷 146，广西人民出版社 1988 年版，第 4200 页。

勋、魏校、余祐善，时称"南都四君子"。迁广西太平知府，太平知州李浚数杀掠吏民，世宁密檄龙英知州赵元瑶擒之，又平定思明叛族黄文昌之乱。土官承袭，长吏率要贿不时奏，以故诸酋怨叛。世宁令："生子即闻府。子弟应世及者，年十岁，朔望或有事调集，偕携之见太守，为识年数状貌。父兄有故，按籍请官于朝。"① 土官大悦。郭应聘②，字君实，莆田人。嘉靖间，为南宁知府。智擒黄贤相、韦金彪，对安定广西功劳甚大。卒，赠太子少保，谥"襄靖"，诏建"大司马"石牌坊，并追赠其祖父郭伯玉、父郭湍（广西太平府通判）南京兵部尚书职号，故有此坊。太平府养利州"叶公祠"，祀明知州叶朝荣。叶朝荣，字良时，福清人，隆庆改元恩贡。万历十一年知养利州。筑城、建学、凿塘、垦田，暇则与诸生谈说经术，士民立祠祀之，至清嘉庆时废止。

王守仁、林富、翁万达都是平定土州叛乱、安定边疆的功臣。对他们的立祠祭祀，既有对他们为国家做出的贡献的肯定，更有威赫和警示土官安分守己、忠于朝廷的含义，而且后者的意义大于前者。

与官方通过行政手段传播儒学不同的是，陈宏谋成为瑶族人的祭祀对象则开辟了主动接受的途径，宜山、环江、都安等地瑶族，立庙供奉陈宏谋，庙位为"敕封文渊阁大学士陈弘谋之位"。广西大瑶山六巷乡的上下古陈两个瑶族村寨的甘王庙，庙中分别供有甘王、陈宏谋、冯吉、韦剑新、刘大姑娘五个主神。金秀县金秀村祭祀三清神（玉清、上清、太清）、张天师、甘王、陈宏谋等。陈宏谋被瑶族尊为神的主要原因在于陈宏谋在雍正、乾隆时期三次状告金鉷虚报垦荒田亩，减轻了包括瑶民在内的广西百姓的赋税，这件事在瑶族中引起了积极反响，陈宏谋也因此被瑶族尊为神。直到新中国成立后，广西大瑶山瑶族的神庙中还供有他的神像。

总之，儒学通过对先师先贤、名宦乡贤的祭祀和对忠臣烈士和贞节孝行等的倡导，少数民族聚居地也出现忠臣孝子、贞洁烈妇，如太平刘氏和思恩李氏的贞烈之事，这就是正统思想教育、熏陶的结果。

---

① 汪森编，黄盛陆等校点：《粤西文载》卷65"名宦"，广西人民出版社1990年版，第54页。

② 汪森编，黄盛陆等校点：《粤西文载》卷66"名宦"，广西人民出版社1990年版，第102—103页。

第四节　宋明理学与明清时期少数民族的宗族制度

宗族制度，是指以血缘关系为基础，以父系家长制为核心，以大宗小宗为准则，按尊卑长幼关系制定的封建伦理体制。宗族制度脱胎于氏族社会，发展于汉魏南北朝，士族的出现是其标志，具体表现形式是谱牒制。隋唐时期出现的"门阀地主"，主旨在于刊正全国姓氏之等级，辨别门第之高低，这种变化突出地表现为以下两种趋势：一是废除关于建祠及追祭世代的限制，如建祠由品官及庶民之家，追祭由限于数代之内上推至始迁祖。二是家族关系的政治性质加强，由过去专重谱牒的修撰进而把建祠、修谱、制定族规结合起来，由着重于祭祖、敬家、睦族、收族，发展到对族众的控制和制裁，变成了维护封建统治的基层社会组织。国家放弃了对谱牒编纂的干预，继之以"私谱"的盛行，并进而将庶民之家建置宗祠宗庙及追祭远祖之事正式纳入轨制。随着家族宗法制的大众化、具体化，将建祠、修谱、制定族规与设置族田作为宗族制度的重要内容，由于明清政府的推崇和鼓励，在汉人社会中得到完善和结构化。与此同时，广西土司和少数民族聚居区的民间宗族文化也在建构和发展中，体现了汉文化在边陲地区传播与扩散的历史进程，而建祠、修谱、族规与族田等方面从建置到内容更是深受程朱理学思想和精神原则影响，准确地说，是程朱理学指导下的产物。

一　明清时期少数民族的宗族制概说

（一）明清时期桂西壮族土司宗族制

1. 明清时期桂西壮族土司宗族制兴起及其缘由

"桂西"按照现在的区域划分，大致包括现今百色市的右江区、平果县、田东县、田阳县、田林县、德保县、靖西县、那坡县、凌云县、乐业县、隆林县、西林县，崇左市的江州区、扶绥县、大新县、天等县、龙州县、宁明县及凭祥市，河池市的南丹县、天峨县、东兰县、巴马县、凤山县、都安县、大化县以及来宾市的忻城县和南宁市的马山县等。对应于土司时代（因为一些地方行政建制变迁较剧，这里以明中期为准）的庆远府、太平府、镇安府、田州、泗城州、安隆司、归顺州等地以及思恩府的一部分。

在历史上，这些地方由岑、黄、莫、韦、赵、李等大姓统治着，唐宋政府对其实行羁縻制，元明清实行土司制。明成立后，田州岑伯颜（后改为岑坚）、上思州黄宗荣、上林县黄自毡、果化州赵永全、归德州黄胜聪、思恩军民府岑永昌、向武州黄世或、都康州冯大英、江州黄威庆、罗白县梁原泰、镇安府岑天保、思明府黄忽都、冯祥县李德懋、忠州黄威升、下石西州闭贤、思明州黄志铭、思陵州韦延寿、利州岑颜、太平府罗阳县黄宗愈、永康县杨荣贤、陀陵县黄福寿、太平州李以忠、龙英州赵士贤、安平州李赛都、结伦州冯万杰、镇远州赵昂杰、恩城州赵斗清、万承州许祖俊、都结州农应广、全茗州许武兴、茗盈州李玉英、上下冻州赵帖从、思同州黄崇广、左州黄郭鼎、龙州赵帖坚、庆远府那地州罗黄貌、广南府侬即金、宜良县汤池巡检司马祺、南丹州莫金、东兰州韦钱保、奉议州黄嗣昌、泗城州岑振、田州府知州岑永通、恩城州岑烈、庆远府忻城县莫敬蓍、崇善县赵福贤、太平府养和州赵志兴、上石西州何士弘、永平寨巡检司巡检黄文聪、结安州张仕泰等纳表称臣，照袭原职。后来，冒袭事件屡有发生，引发兵难。因此，明王朝对承袭资格做出严格审核的规定：

　　　　明洪武二十六年例，广西土官承袭，务要验封司委官体，勘别无争袭之人。明白取具宗支图本，并官吏人等结状，呈部具奏，照例承袭。正德初，令极边有警地方，暂免赴京。余各照旧。①

　　　　嘉靖七年例，土官病故，其应袭儿男查勘无碍，止令以官男孙名色，就彼袭替，权管他方。俟著有功劳，然后授以冠带；俟功劳再著，然后授署职；俟功劳屡著，然后实授本职。②

　　　　嘉靖九年，土官衙门造册，将见在子孙，尽数开报。某人年若干岁，系某氏生，应该承袭。某人年若干岁，某氏生，系以次。土舍未生子者，候有自造报。愿报弟侄若女者听，布政司送吏、兵二部查照。③

---

①　汪森编，黄振中等校注：《粤西丛载》卷24"蛮种土司"，广西人民出版社2007年版，第1053页。

②　同上。

③　同上。

嘉靖二十八年，应袭土舍，曾经调遣效有功劳者，暂免赴京，就彼冠带署印，管束夷民，待后功劳显著，方许实授。[1]

万历二十年，三院会议，土舍初袭，照旧小帽管事。三年后，若守法奉公，兵粮完足者，给冠带。至六年、九年，劳绩逾彰，渐次议加，署职实授。如有恣肆不检，仇邻构兵，及钱粮兵马负欠逾期，追夺示罚，仍置立宗枝文簿印贮辖属该道。遇土官嫡妻生子，限一月内具报该府，报道填注，用为日后勘袭左券，以杜争端。[2]

以上资料包含这样几个方面的内容：一是对土司承袭做出了明确规定，"宗支图本"或"亲供宗图"，"宗支图本"或"亲供宗图"的重点在于明确血缘关系。与布政司、按察使司、都指挥使司的"三司会奏"，以及族目、民人的"结状"，是土官承袭的三份材料。《思陵州韦氏土官》为我们提供了"亲供世系宗支图本"的一个范本：

广西太平府思陵州为土司承袭事，遵将应袭韦□□亲供世系宗支图本逐一备开造报施行须至册者。

计开：

亲供应袭韦□□现年□□岁，系广西太平府思陵土州已故土官韦□□妻（妻妾）所（生出）。

上始祖韦延寿，原籍山东青州府白马县人氏，自宋朝皇祐五年，随狄青将军征平侬智高授土开基，分立州治，职守边土，控制交夷王。元明历代世袭，年久篇牍蠹坏，除不备载外，今由明初相承。一世祖韦成袭授土知州……[3]

二是承袭后的土官，要得到实授，还得累积功劳，经过"授以冠带"、"授署职"、"然后实授本职"，然后才能真正行使地方官的管辖权。三是规定了土官的责任和义务，交粮纳税、清查户口、听候军事调遣等。

---

① 汪森编，黄振中等校注：《粤西丛载》卷24 "蛮种土司"，广西人民出版社2007年版，第1053页。

② 同上书，第1054页。

③ 谷口房男、白耀天编著：《壮族土官族谱集成》，广西民族出版社1998年版，第508页。

清代的土司承袭制度，比明代更为完备，宗支嫡庶承袭的规定非常严格：承袭人，应是嫡子嫡孙；无嫡子嫡孙者，以庶子庶孙承袭；无子无孙，以其弟或族人承袭；族无可袭者，或妻或婿有土民所服者，也准承袭。但"嫡庶不得越位"，以减少争袭事件的发生。清代还规定：凡土司土官承袭，由部给牒，书其职衔世系及承袭年月于上，曰"号纸"。"应袭职者，督抚察核，先令视事，取具备结及本族宗图，原领号纸，纳部请袭。"随着"宗支图本"或"亲供宗图"的提供，在此基础上不断修订和丰富，便形成了族谱，族规家法、宗祠、族田等承载的宗族制度也逐渐产生。

2. 构成土司宗族制度的诸要素分析

A. 族谱

族谱，也称家谱、宗谱、世谱、世系录等。修谱的目的是尊重祖先、辨认亲戚、显示出身、强化族体的凝聚力。土司宗族的族谱可以明晰土官世系、严防冒袭现象的产生。根据现有材料推断，桂西最早的土司族谱或接近族谱形制的文字版本为明成化八年（1472 年）的《恩城州土官族谱》，为土官赵福惠所撰写，刻于恩城街的石壁上：

> 赵仁寿，本贯系山东青州府益都县人氏，跟随总兵官狄青来征邕州南蛮侬智高，获功绩，得水土一方归附。祖赵仁寿特令恩城州世袭土官知州职事，子孙相继，承授祖业，传之后嗣，耿耿不泯。故此刻石以为之记。（时成化八年岁次壬辰三月三十日致仕知州赵福惠立）
>
> 祖知州赵仁寿；生子任知州赵国安；生子任知州赵胜保，绝；孙任知州赵斗清；生子任知州赵雄威，绝；弟任知州赵雄杰；生子任知州赵智晖；生子任知州致仕赵福惠；生子任知州赵存宣；生子任知州赵忠顺；生子任袭赵明；生子掌印赵鉴；生子服色赵彭年；生子冠带赵继英；生子赵朝缙任知州；子赵芳声；生子赵应机绝，接任二男赵应极；生子任知州赵贵炫；生子任知州赵东垣。[①]

从崇祯（1628—1643 年）年间成书的《土夷考》记载看，迄于明朝末年，族谱修撰已蔚然成风，现存最早壮族土官官族族谱为恩城州赵氏官

---

① 谷口房男、白耀天编著：《壮族土官族谱集成》，《恩城州土官族谱》，广西民族出版社1998 年版，第 405—416 页。

谱、泗城州《岑氏谱系》。迄于明末，东兰、泗城、田州、果化、向武、都康、下雷、上映等州的各姓土官已经撰修了族谱。现根据谷口房男和白耀天编著《壮族土官族谱集成》，整理如表3—2：

表3—2　　　　　　　　　　　　桂西壮族土官族谱

族谱名	撰述时间、人及其出处文献
巨鹿宗支南丹知州官谱	清嘉庆以前的南丹莫氏土官谱，而后逐世缀补，遂成此一谱册。
续修忻城莫氏族谱	清乾隆九年，忻城莫氏始有谱，莫萱莲于民国25年（1936年）修纂。
泗城岑氏宗支世系	明弘治十四年（1501年）刘大夏提督两广军务时所见的《岑氏谱系》（《明孝宗实录》卷222），天启（1621—1627年）年间刻。
田州岑氏源流谱	成谱时间见上，现在所录的《田州岑氏源流谱》，成于民国初年。
罗阳县黄氏袭官世系	罗阳县黄氏土官族人黄均康所抄，1921年由官族所修的谱系，民国《同正县志》卷1亦录有此谱系。
恩城州土官图谱	成化八年（1472年）土官赵福惠撰写序言刻在恩城街石壁上，后来土官在此基础上续写而成。
龙州土官世系	见于民国2年（1913年）至17年（1928年）间的《龙州县志》卷10
上下冻州赵氏土官世系	录自民国16年（1927年）修的《龙州县志》
东兰州韦氏土官世系	谢启昆嘉庆《广西通志》卷59载有，嘉庆以后续修，此录自民国35年（1946年）黄文观编纂的《凤山县志》。
思陵州韦氏土官	此根据乾隆五十三年（1788年）年底，韦一彪求袭，其见韦一麟的土官职时所上的《亲供世系宗支图本》而成。
太平州历任袭职名衔	此录自民国《雷平县志》，这说明，太平州李氏土官族谱成于明末清初。
安平州土官《李氏官谱》	道光二十年（1840年），见《宗祠碑记》。
茗盈州土司宗支图	为20世纪50年代60多岁的茗盈州官族李生珍提供
那地州官族《罗氏宗谱》	修撰于清朝以后，民国8年（1919年）以后始由那地州官族中的人编撰而成。
下雷州《许氏历代宗谱》	下雷州《许氏历代宗谱》始撰于明万历（1573—1620年）年间，后屡世修补，至清朝光绪，此为民国23年（1934年）后裔许仙重录。

这些族谱主要内容：

（1）世系和血缘关系图。先叙族姓源流、移居始末，次明世系谱表及分派，字辈，无不备载，比如《田州岑氏源流谱》分立"南阳岑氏宗支"。忻城莫氏祖系字辈："量（亮）记轻重，民庆奚如，继鼎应镇，志恩贵宗，元我绍子，有森新武，益崇仁德，永赞功勋，承启景运，征兆庆云，惠迪贞吉，济美芳芬，贻泽愈远，思源孔殷。"《续修忻城莫氏族谱》字辈诗（莫萱莛）："益崇仁德，永赞功勋。承启景远，征兆庆云。惠迪贞吉，济美芳芬。贻泽愈远，思源孔殷。"

（2）宗支系统分明。以土官报请袭职时上交的"亲供宗支图本"作为族谱，保持着亲供图本的形式。土官族谱就是土官的亲供宗支图本或以亲供宗支图本扩充而成，以官族大宗为纲，是土官本人袭职的依准，维护了壮族土司地区社会以血统为标准的贵有常尊、贱有等第的闭锁式阶层化体系。

（3）全文刊载本族有史以来制定的各种家规、族规。家规载入家谱的目的是便于读谱时向子孙宣讲，要求族人永远恪守，并使族长能据此惩罚不服违规的族众。由于祠堂是族长向族众宣讲宗法伦理的"课堂"，祠堂祭祖时，在祭祀仪式开始之前，往往由族长本人或指派专人向族众"读谱"。通过这种仪式，向族人灌输宗法思想和家族观念。

（4）载录祠堂、祖茔、族产、公田的坐落方位、形状地图以及义田记、墓志铭、买田契等内容。

（5）光宗耀祖内容，包括仕宦官品、科举和忠臣、孝子、节妇等，如《南丹忻城莫氏宗谱》就有"仕宦谱"，记载了莫震、莫谦、莫葵、莫莆森、莫汝让等人的任职情况，包括官品、任职地点和时间。科举，比如莫家，清代举人3人、拔贡2人、恩贡4人、岁贡14人、附贡3人、廪生附生等100多人。"节妇谱"记载了黄氏、谢氏等守节抚孤行为，而其中建坊旌表就有2人。

现存桂西土司族谱多系清中期以后增修、续修的，或由土司宗族保存，或在地方志书中出现。其中最完整、最典型的当属田州岑氏于光绪二十二年重修的《岑氏源流谱叙》、忻城莫景隆乾隆九年主修的《忻城莫氏族谱》以及莫萱莛民国25年修撰的《续修忻城莫氏族谱》，在格式、体例、内容以及反映的中心议题上皆与一般汉人强宗大族的族谱相同。以上有些族谱对世系的描述和宗支血缘关系难以"纯客观"事实地记录，因为它出自家庭某一成员，对于家族的历史，存在着有意无意的遮蔽与夸大，致使族谱的内容就有一定的虚假和不真实的成分，这一点最为典型地体现在土官族谱对世系的描述上。

B. 祠堂

修谱行为直接推动了土司祠堂的创建，祠堂是以宗族为单一群体，可以起到祭祀祖先、昭示后人、凝聚人心的作用。在土官统治的地区，广西土官的各官族，设祠堂、修祠堂也是非常普遍的，几乎每个土官都拥有一个或多个祠堂，如安平州土官李氏宗祠、万承州张氏土目宗祠、忻城莫氏宗祠、林氏宗祠、黄氏祖庙、农氏宗祠、岑氏祠堂等。桂西土司最早的宗祠创建于何时已不可考，但一般晚于族谱的形成时间。

自清代中期起，一些土司宗族不仅建有总祠，而且随着族众的分化，支祠也陆续建成。《百色厅志》记载，土田州岑氏小宗祠三，一在娄凤，一在那邑，一在愣村，皆官族分支先后建。支祠之建，是宗族不断裂变的结果，那些在空间上分离的群体，为了维系与祖先的脐带，一个个新的祖先崇拜的仪式中心也就建立了起来。关于建祠的原因，思陵土州韦氏宗族的分支在新建的支祠碑记中是这样解释的：

> 原夫祠堂之设以明子孙不忘慎终追远之义，敦水源木本之思，亲典至巨也，事至重也。……至十五世祖讳世禄继袭父职，……乃公始为五房，小宗支派也。……韦氏亦旧有祠堂矣，然此为宗主之祠堂，族众不应共也。按礼，诸侯不宗天子，大夫不宗诸侯，士不宗大夫，明矣。今余表弟昆玉，人创建小宗祠堂一座三间，外列头门一座，内则有庖厨，为春秋蒸尝烹宰，所以固本支、尊祖考，慰祖宗在天灵之灵。此真孝子慈孙之用心为不可及也！[①]

作为韦氏第五房的小宗支派建祠，反映了韦氏宗族不断繁衍的一种结构性需要，支祠的多寡体现的是宗族裂变的程度。宗族愈大，分支愈复杂，当支系成长到粗具次级宗族的规模时，建祠堂、修族谱也就势在必行。

清代后期不仅土司宗族建祠堂，一些取得权势的土目也不甘落后，纷纷建祠，比如万承土州三大姓土目张氏、李氏和麻氏都建有祠堂。张氏土

---

① 佚名：《思陵土州志》，据清光绪五年（1879 年）修韦振超抄本复印本，第 63—64 页。

目在宗祠碑记中说：

　　　尝闻朱夫子家训曰：祖宗虽远，祭祀不可不识。子孙虽愚，经书不可不读。苟不读经书，不明追远之义；不祭祀，无以伸如在之诚。故自天子及庶人，皆立祖庙焉。……而始祖，学宗孔孟，业肄程朱，既食廪饩，遂应明经，……夫祀先必有庙。然后灵爽式凭，而格祖必立祠，乃能时食之荐，所以春露秋霜之惨，亦以笃报本追远之谊，因纠我房众，相阴而观□□，各抒丹诚，捐工金而启栋宇，虽曰泥墙土阶，聊云庙貌庄严，庶几春祀秋尝，可以衍我列祖，左昭右□，堪序厥宗亲，蠡斯之衍庆可卜，人文之蔚起足征矣。①

在"祖先崇拜"的前提下，祠堂成了族人的精神家园和教习礼仪的场所，从这一角度来说，桂西土司宗族组织的严密性和制度化已达到较高的层次。

　　C. 族田

　　祠堂与族田是相伴相生的。清人张永铨指出，"祠堂者，敬宗者也；义田者，收族者也。祖宗之神依于主，主则依于祠堂，无祠堂则无以妥亡者。子姓之生依于食，食则给于田，无义田则无以保生者。故祠堂与义田原并重而不可偏废者也"②。义田即族田，土司族田来源于所占土地，族田是其众多田产类型的一种，用于祭祀的私田。田州于光绪元年（1875年）改流后，朝廷主动拨出一些田产供岑氏土司宗族蒸尝之用，此事在方志中有记载：改流后，"田州旧署应即拆毁，其材料拨归奉议建署之用。有屋三楹，给为岑氏祖祠，以百色下田里田五十一垌、奉议中田里田四十九垌零一百五十地，俾奉蒸尝"③。镇安府于雍正七年（1729年）改流，乾隆年间天保县知县姜国诚出面，在原镇安土知府岑氏宗祠前立《禁卖祀田碑》，以保证祠堂的运转、宗族的延续，碑文内容如下：

──────────

　　① 广西民族研究所：《广西少数民族地区石刻碑文集》，广西人民出版社1982年版，第109页。

　　② 张永铨：《先祠记》，载贺长龄辑《皇朝经世文编》卷66"礼政十三"，文海出版社1972年版。

　　③ 羊复礼：《镇安府志》卷20《纪事志三》，《中国方志丛书》第14号，成文出版社1967年版，第357页。

　　据土裔岑上述禀称：土府岑吉祥故绝，惟一女名如宝，誓志不嫁，上宪悯其贞孝，令择近支岑统藩接祀，并给渠灰、逐豆二庄田三十三垌及孟村官庄田以为养赡。嗣因渠灰、逐豆之田难耕，呈请换给近城腰、兵二庄田一十六垌零一什，俾世守在案。如宝故后，统藩将腰、兵二庄田典卖，作殡葬费，复修建祖祠，找价作用，以致祀田日耗。兹公议找断腰庄，收赎兵庄，再将府厢、渠贵、莲塘等处零田一并找赎，庶丞尝不缺，而贞孝亦不致泯殁等情，当批如禀妥办，续据找断腰庄及渠贵、莲塘、府厢四处田一十七垌，计找价银四百七十九两，赎出兵庄田六垌零一什，共去价银四百七十六两，将所收禾谷为土府祀费及修理祠宇之用，勒石不准违禁谋买，倘或子孙盗买，通同容隐，许即禀究……①

忻城莫氏土司，其宗族设置大量的祭田，祭田是不可私家处置，《芝州家训》说：

　　一守祭田。报本追远，自有同情，第对俎豆，而致叹无田，陈器设馔之日，不殊多抱歉乎。余不预族人自置田亩，分交亲房轮年管耕，将新收谷以备春秋祭品。如有盈余，务须储积经营，按年列册，交代为修祠庙、坟茔及亲房婚丧、出考公费。承袭者其世守之，或有敢慢祖先，私废是业，不论亲疏，俱鸣官告究，以为后来子孙不孝者戒。②

由上文也可看出，祭田虽交给亲房轮耕，但地权是全族所有，不可私自转卖、转让，否则等同于犯罪。土司宗族在族田的管理上一般采取三种方式：其一，利用土民耕种，由耕种者提供春秋祭祀的各种服务。比如太平土州李氏土官为春秋祭祀而置一些蒸尝田，提供给固定的村屯农民耕种，每年祭祠时，由他们提供劳役。其二，是由土民耕种，缴纳一定量的粮食。全茗州许姓家族的蒸尝田在板孩、小山两村，都是出租给百姓耕种，每年收

---

　　①　羊复礼：《镇安府志》卷14，《坛庙》，《中国方志丛书》第14号，成文出版社1967年版，第286—287页。

　　②　莫景隆：《芝州家训》，《忻城莫氏族谱》。

谷一万斤左右,四六分,官得四千斤,耕种的人得六千斤。下雷许氏的蒸尝田,在硕龙街阳杜屯和下雷街岜驰屯,由当地农奴领种,每年交一半产量,供土官春秋祭祀时备办祭品。再如上文提到的泗城州岑氏,改流后的族田由佃户耕种收租,每年的收入一部分用于春秋二祭和清明、中元节、春节三大节,其余由土司的直系后裔支配使用。其三,由宗族各房轮耕。通过族谱与祠堂等载体,族田的使用被纳入到宗法层面,成为族众必须遵守的规章。正是这种相济的局面,为宗族群体的延续与发展创造了条件。

(二) 广西少数民族聚居区的宗族及构成要素

1. 壮族

少数民族在广西往往聚族而居,他们同一姓氏或宗族的人自成村落,是宗法制度产生的前提条件,也是宗法的重要表现之一。以壮族为例,《桂海虞衡志》说:"有举峒纯一姓者,婚姻不以为嫌。"① 聚族而居的壮族逐渐形成了宗族制社会,其宗族制主要表现为:一是壮族的宗族组织结构,即由家庭—宗支(房族)—家族构成。另外,一些壮族地区还存在着"都老制",如壮族三科村"都老制",都老是壮民对其族长或头人的尊称,具有宗法内涵。二是族内存在父权、夫权、族权。(1)父权。壮族的家庭以小家庭为主,男性长辈为家长,不仅掌管全家的财产,而且对家庭成员具有无可争议的绝对支配权。(2)夫权。在家庭生活中,丈夫居于绝对统治地位,妇女在家庭中始终被认为是"外人"。(3)族权。广西壮族宗支,宗支亦即房族,通常是指同一曾祖的三代人结成的血缘亲属关系。宗支从结构上来说较家庭松散,宗族内族长能根据当地的习惯法,对违背族权、父权、夫权统治的人处以杖打、吊打、火烫、革除出族甚至处死的刑罚,由其男性亲属或长辈执行,这种族规体现了父权和夫权的严厉和专制。三是婚姻形式上,妇女被作为家庭和宗族中生儿育女的工具,有些地区虽保存了"不落夫家"的习俗,但她最终还必须住到夫家,为其传宗接代。

广西壮族的族谱始于明,盛于清,特别是雍正改土归流后,"壮人姓氏观念逐渐增强,建了宗祠,普遍修撰了族谱,这是仿汉族而来"②。"清

---

① 范成大撰,孔凡礼点校:《桂海虞衡志》"志蛮",中华书局 2004 年版,第 135 页。
② 谷口房男、白耀天编著:《壮族土官族谱集成》"引言",广西民族出版社 1998 年版,第 7 页。

初、民国年间，壮族中的各个姓氏，基本都撰有族谱。而土官的族谱，出现得更早一些。"①

聚族而居形成了一个个以族姓命名的村落，为了有别于他族，加强聚族而居的内部管理体系和抵御外部冲击的防备机制，强化宗族的认同感和凝聚力，建立一套等级森严、排列有序、行之有效的族规家法为主要内容的宗法制度来统领氏族和实行村落自治是族人首要选择。这样，制定族规家法、修订族谱、祭祀祖先，强化族人的经济势力和统治地位成了宗族文化建制的重要部分，作为宗族凝心聚力的象征的祠堂由此应运而生。壮族聚居地许多村屯自建有宗祠，如武鸣县双桥乡陆姓祠堂、武鸣县清江乡韦姓宗祠、上思县思阳乡零姓宗祠，大都建于清中叶以后至民国期间。现录武鸣县双桥乡陆姓祠堂所存始祖灵牌：

　　大始祖陆姓讳日开号嵩望婆彭氏，原籍浙江嘉兴府平湖县吉兴村，乃宋朝人杰也。生于宋季元初，自元中叶天历皇，始祖原任右江邕州驲道奉政大夫，今改南宁府是也。时值元季石人只眼乱，始迁凤化县居住，即今之那马司。继因草寇不宁，再卜于武缘县安防白坪村居住，生三子：长永福、次永寿、三永昌。自元天历至大明洪武至景泰时，长房福仍昭靖安籍，次房寿、三房昌移佃于乐昌五图六冬二月甲伏陆村籍。自景泰至大明万历时，有来任思恩府知府陶越容，系四川重庆府人，与莅武缘县侯张公，因与九世祖登秋。原任四川重庆府同知，与饮宾兴之酒，采闻先祖一门品行兼优，履厚嘉赏焉。爰是从孙呈请府县，详准立祠，裡祀先人。时蒙太平守陶公，赐享祭文章七律诗四首，礼三献。每一献酒，陈诗一律，春秋二祭典垂至今，以抵广先人之孝恩。按始祖来居白村一百廿余年载，次三房方移居伏陆村。其历元明清，迄今共约近六百年，子子孙孙，绵绵瓜瓞，近廿余世以上，切思始祖以奉政之身，荫我后人，登科第，有选拔。元有明经，有食饩，有胶庠，有虞序者，衣冠济济，相传勿替，何莫非祖德宗功之所积累而然欤，因志各代受朝廷名器者，刻诸贞珉，一以昭先人之芳名，一以传家谱之履历。俾后裔知物本乎天，

----

① 谷口房男、白耀天编著：《壮族土官族谱集成》"壮族土官族谱概要"，广西民族出版社1998年版，第11页。

人本乎祖云。[①]

　　壮族民间普遍保留公共山场、祠堂田、蒸尝田、族田、老坟田等形式的宗族公共财产，如宜山洛东乡的壮族，每个村屯都有峒场，具有共同的祭祀活动。上思县黎姓家族就有蒸尝田、公共财产。普通壮民之家，祖先被供奉在堂屋的神龛上，享受子孙的日常祭祀，它们和家人及子孙的关系较密切；五代以后则转移到屋檐下，只有在结婚、丧葬和每年的鬼节才会享受到家人和子孙的祭祀，它们和家人及子孙的关系一般；九代以后则进入村旁的社庙和社公同住，和社公一同享受村民的祭祀，并保佑村寨人畜平安。

　　2. 瑶族

　　瑶族主要分布在富川、恭城、巴马、都安、金秀等县，以廖姓、盘姓、李姓、邓姓宗族为较大。广西不少瑶区在 1949 年前保留了家—房—族的三级宗族组织，如富川洋新乡柳家源村全村姓邓[②]，分为富七、富八、富九三兄弟，其中富七为长房，富八为次房，富九为小房，是一个以父系血缘为纽带而建立起来的宗法性家族。其组织较严密，宗法特征明显。都安瑶族家庭以父为中心，女性无地位，女儿没有继承权，寡妇改嫁不能带走财产。凌乐县览金乡的瑶族儿媳不能与家公、家婆和丈夫同凳坐或对面坐。另外，大瑶山和白裤瑶内部还存在具有宗法性的"石牌"和"油锅"组织。"石牌"是广西大瑶山的茶山瑶、花蓝瑶、坳瑶、盘瑶、山子瑶建立起来的社会组织，根据清同治六年（1867 年）广西大瑶山田村竖立的平勉石牌律记载："明朝目下立著公律法，不准何人乱作横事。"可以推知至少在明代大瑶山已经有了石牌，石牌组织中有规范全体民众的成文法——石牌律。白裤瑶主要生活在广西南丹及贵州省荔波一带的山区。随着宗族的发展，修谱、建祠行为也就随之出现。（1）修谱。族谱的一个重要内容就是家族简史，盘姓山子瑶就有这样的记载："常思：山有根水有源，斯理也自天子于庶人，无贵贱一也，况吾始祖。盘月贤自福建省移居广西直隶玉林博白县可利四图排坪岗竹甬村，承受吴姓之业，因种八十石，正粮米一十二石五斗正，兴何姓串立盘何保户，立数百年以前

　　① 广西壮族自治区编辑组：《广西壮族社会历史调查》第 3 册，广西民族出版社 1986 年版，第 155 页。

　　② 同上书，第 139 页。

矣。……惟忆五祖鼎全，自置窝子村屋场，陷溺世远，渊源恐妄宗枝，如遇大造子孙，得依订记流水，垂后无疑。"① 瑶族族谱有全族的世系和血缘关系图表，它详细地记载着全族统一使用的班辈字派、族中男子名、字、号，生卒年月，葬地，配偶姓氏及其生卒年月，子女数量及名字等，是认亲聚族、维护宗法制度的基础。广西十万大山的山子瑶，盘姓族谱排名五言诗为：家国常开泰，善良必永昌。云初从太初，世泽远传芳。龙胜粟氏宗谱中 28 个班辈字，组成了一首七言诗：粟有奇干劝良言，惟孟仲子积单邦。均远九万汉以生，方年景启政朝阳。（2）全族的各种家法、家训、族规、家范等。（3）祠堂。在瑶族地区也有类似汉族宗祠规模的，如建于光绪六年（1880 年）的恭城豸游村周氏宗祠。坐西朝东，有照壁、南北园门、天井、前后殿、厢房、伙房等 8 个房间。此外，还有以庙为祠的情况，如恭城瑶族自治县新合村瑶族，庙堂即祠堂，历代祖先神一起供奉。还有几姓合祠的情况，如恭城瑶族自治县三江乡瑶族。因经济或其他原因，瑶族祠堂有几种变体：一是固碑为祠。一般选择某祖宗墓地，将所有族人的根源等集中刻于碑上，以便后辈祭奠，如贺县新华乡赵姓过山瑶，"欲建修宗祠，奈群丝难集，何能制锦，一木难支厦，只得在族□才胜翁之墓固修一总碑可为根源"。二是香火堂为祠。广西十万大山山子瑶，在族头家厅堂正中的壁上都安有一个神龛，内置历代先祖的灵牌和祖先神像若干。设立"正堂香火"，每月初一、十五由族头负责进行祭祀。到了大节，每户来一男性代表集中祭祀。它的特点有二：一是香钵等祭祀物品随老香火头下葬，新香火头另置香钵。二是"正堂香火"可以分家。此外，村社还有共同香火，设在社头家，由社头负责祭祀安排，其祭祀祖先的规制更接近宗祠。祭祖时间一般在春节、清明、三月初三、七月十四、冬至、达努节、盘王节。恭城县三江瑶族族长每月初一、十五到祠堂烧香供香，并打扫清洁。（4）祖坟、族产公田的方位、地理、面积、地契等。族产有公共山场、清明田、学田、香堂田等。

　　3. 仫佬族

　　仫佬族聚族而居，以一夫一妻及其子女组成的个体小家庭是宗族组织

---

　　① 　参见张有隽《关于瑶族迁入越南的几个问题》，《广西民族研究》1996 年第 4 期（总第46 期）。

最基层组织,各家各户实行父权家长制。不同家庭形成"房",不同"房"形成排,构成家—房—排的三级宗法组织。仫佬族表现为家庭财产均由家长支配,父权在家中处于独尊地位,父亲打死儿子无罪,儿子对父母有生养死葬、绝对听命的义务。仫佬族宗族之间还存在"冬组织"。明洪武二年(1369 年)仫佬族吴姓"二冬"祠庙之中有记载为最早,它是仫佬族同姓之人之间用于区别不同血缘关系的宗族组织。冬下有房,房下为家庭。这样仫佬族就形成家庭—房族—冬以父系血缘为纽带的宗法性家族形态。冬的组织有:罗姓三冬、六冬;吴姓二冬、三冬、六冬、十冬;银姓四冬、五冬、八冬;谢姓二冬、四冬、八冬;潘姓五冬、五冬、六冬、七冬等。

仫佬族宗族性表现比较完全,有族谱、祠堂和族田等,其族谱内容主要包括:(1)世系表,仫佬族同族子孙均按派辈诗命名,族谱中均订有派辈用字的号谱诗,或五言或七言,或四句或八句,虽然流传了几百年而子孙班次尊卑排列整齐,中寨村四冬《谢姓宗支簿》,其内容的大部分是以图表的形式列出从始祖以来各代人的班辈,定出以后各代的班辈诗。(2)族规家训载入其中,如大梧村《吴姓二冬祠堂规则碑》中记载了七条,说:"以上议条,各宜恪守,倘有不遵,或听讼棍唆使,动辄移殃嫁害与抢控抵塞等情,必经众族人等先行举罚,后论是非,小则公罚,大则送官究治,庶一道同风,而千门和乐,共享升平之福,永称礼义之乡,是所望也。"① 这类内容载入族谱的目的在于让族众永远恪守,使族长有法可依,在宗族内部区分尊卑长幼,并规定继承秩序以及不同地位的宗族成员享有不同的权利和义务的法则。

宗祠在明清或民国时期普遍成立,宗祠以冬为单位,每一个冬都有一个宗祠,如大梧屯吴姓二冬宗祠、东门镇永乐街潘氏宗祠、中石村大银屯银姓四冬宗祠等。大新村新村屯谢姓二冬宗祠在同治三年(1864 年)兴建,其形式有的三开间,有的五开间,但多三进。第一进为大门,门额刻"吴氏宗祠"、"潘氏宗祠"等字样;第二进为享堂,祭拜祖先、举行祭祀仪式及族众团聚之所;第三进为寝堂,以安放祖先神主之所,与汉族没有多大差异。仫佬族人三四年在宗祠堂举行重大的依饭节,请法师做法事,

---

① 广西壮族自治区编写组:《广西少数民族地区碑文、契约资料集》,民族出版社 2009 年版,第 243 页。

把仫佬族所尊敬的 36 位祖先都请来参加依饭节。

4. 侗族、苗族等其他少数民族

侗族主要分布在三江县及与贵州、湖南交界之处，侗族的大姓有杨、吴、石、周、李、王、陈、黄、蒙等。广西侗族家庭为一夫一妻制，形成了家—房族—家族宗族结构层级。家有家长，房有房长，村寨内一般为同姓血缘关系的宗族成员所组成，组织保存着原始宗法组织的基本特征，父权、家长权明显。村寨头领"宁老"或"乡老"既是一寨一村之长，又是一族之长，管理族众、族务，是通过选举产生的。村寨的宗族组织以上的行政单位是款，村寨的法律是族规，通过宗族大会或村民大会的决定而形成，全村必须遵守。此外，民间还有习惯法，有的形成条文，刻于石碑，立于村寨边、鼓楼旁和公共场所。宗支族谱，如融水寨怀乡侗族石姓"石氏宗祠堂"就有两块"历代宗支石碑"，刻有先祖班辈。侗族各家在神龛内供天地牌位和宗亲灵位，各姓设有宗祠，如龙胜平等乡石、陈、罗、杨四姓族人，都建有祠堂。融水寨怀乡侗族石姓也建有石氏宗祠。侗族的祠堂用法比较单一，用于祭祀。三江侗族祭祖仪式甚有特色，不设神龛，平时厨炊用的三脚灶是象征性崇拜物。

苗族几千年来都保存着以氏族、宗族为单位的组织，后来形成了许多以一姓为主并杂居他姓的村寨。苗族以熊姓、杨姓、罗姓、侯姓家族宗族为较大，主要居住在融水、三江及与贵州、湖南交界之处。这些大姓宗族性特点比较明显，有族谱，不过族谱出现的具体时间难以考证。1953 年中南民委和广西民委调查组搜集并铅印了龙胜苗族杨姓所献族谱[①]，本族谱详细叙述了从始祖杨震到明代杨氏家族迁徙、繁衍及其战功，但没有谱系、族规和祠堂、族田等的记载。苗族基本上没祠堂，苗族的中堡苗族的祖先神台设在堂屋中，而大厂、车河等地苗族的祖先牌位随意设立：有的设在火边，有的设在碗架下，有的则设在屋柱根。他们把祭祖演变为了民间节日，把祭奠变成了民俗，如拉鼓节上的祭祖，还有"吃稻包"、"能九田"等祭祖节日。融水、三江地区的苗族存在着以父系血缘基础上的宗法组织——鼓社组织，它后来演变为地方基层组织——议榔，广西龙胜、隆林苗族聚居地的"寨老"也是类似性质的组织。

① 广西壮族自治区编写组：《广西少数民族地区碑文、契约资料集》，民族出版社 2009 年版，第 202 页。

其约束族民是通过"埋岩会议"制定规定和习惯法，这些习惯法带有较强的宗法性。

毛南族聚居于环江一带，有谭、覃、卢、蒙、韦等五大姓，其中谭姓人口占毛南族总人口的80%以上，是毛南族人口中的第一大姓，他们于明代嘉靖以后陆续从外省迁入，所以宗族聚居普遍，宗族凝聚力很强，存在"隆款"这样的宗族组织。"隆款"是一个以族姓为联合体的宗族，后被以邻近几村共同联合的或个别村屯单独形成的"隆款"所代替，"隆款"成为各个不同姓氏的宗族按地域联合起来的行政组织，所制定的款约具有族规乡约性质，如清光绪间波川村族祠所立《协众约款严禁正俗维护风水碑》① 有如下内容：

1. 不得到龙脉地开荒损坏风水，违者罚备鸡鸭猪等祭品，为全村"安龙谢土"。

2. 禁止到别人山上砍柴，违者以偷窃论处。

3. 偷盗牲畜、庄稼、财物者，按情节大小，分别处以一吊八、三吊六、七吊二的罚款。

4. 捉奸拿双，处男子罚款。拒不交纳者，送官究办。

5. 未婚而怀孕者打胎，男子要向全村"安龙谢土"，祭神赔罪。

6. 打架误伤人命者，罚款赔命。

宗祠仅有谭、卢、覃三个大姓有，谭氏宗祠在坡川屯麒麟坡上，卢氏宗祠设于内陆屯，覃氏大罗屯，后在松现屯重建。卢姓还有祠田。族谱谭姓和覃姓有，蒙、卢、韦姓未见记载。一般毛南族民众崇拜祖先，每家在堂屋内设有专门用于供奉祖先的灵台。节日或喜庆日都要敬奉祖先，在清明节的第一天清晨，有赶"祖先圩"的特殊风俗。

广西回族中翁、麻、萨、朱、海、章、宋、牟、丁、蔡、方、刘、田、苏等姓氏，以白、马、以、张、何、傅、李为大姓。现在广西的回族大姓基本上都有族谱，如白姓族谱、傅姓族谱、翁姓族谱、马姓族谱、杨姓族谱、张姓族谱、萨姓族谱等。回族族谱基本上都保留有追根溯源的内

---

① 广西壮族自治区编辑组：《广西仫佬族毛南族社会历史调查》，广西民族出版社1987年版，第16页。

容，对各姓回族的源流、祖籍、世系均有所反映，如《白氏族谱》云："吾族始祖伯笃鲁丁，系元朝进士，原籍江南江宁府上元县民，住居水西门外内桥湾。公于至元三年（1337 年）以廉访副使莅任西粤，迨后致仕回籍，坟葬金陵南门外，地名夏家凹。"[①]"公之次孙永龄，官名伯龄，于明洪武十三年游宦部属，分发出京，又经莅任粤西。龄携兄弟永清、永秀等仍随入粤，因而落籍桂林。惟永秀公后代繁昌，更伯为白，而白氏之流传自兹始矣。"[②]《傅氏族谱》云："吾族始祖由阿拉伯于唐贞观年间受唐主之聘，随宛葛思来中国征安禄山，后留驻中国，年代湮远，无从稽考。自吾始祖弘烈公由江西进贤县游宦来粤，为广西提督军门，与广西巡抚马公雄镇于明末清初同时殉难，……建立双忠祠于桂林城中，立有碑铭。公子起高择卜牛眠于桂林城南距五十公里之滚狮岭，窀穸安葬，建筑佳城，遂居于旧村。幸赖真主鸿恩，子孙繁衍，遗传至今已一十三世。"[③] 保留有族谱的回族家族，其祖先多出身仕宦之家，比如伯笃鲁丁为岭南广西道肃政廉访副使。傅氏始祖傅弘烈为广西提督，后又升为广西巡抚，《清史稿》有传，被康熙皇帝授予"抚蛮灭寇将军"。张姓始祖架尔为梧州府卫，这些家族因其政治地位、经济实力，为了增强族人的凝聚力，十分重视纂修本族的族谱。回族祠堂，主要有马家祠堂、张家祠堂、傅氏祠堂等。广西唯一建立起来的祠堂，并供奉祭祀祖先的是潜经村白姓祠堂，这说明在宗族文化方面深受汉文化的影响。

　　各姓家族组合而成的京族宗族，是京族特殊的宗法组织结构。"嘎古集团"是京族宗法统治的主体，"翁村"是京族宗族的基层政治组织。"翁村"京族语为"乡正"，即正式村长，是管理村中事务的老人。京族中"哈亭"和"唱哈"就是起着聚宗合族作用的宗法制重要表现形式，哈亭的正堂里供奉着后神等多种神位和村中各姓祖先的神位，它的功用相当于汉人的祠堂，如东兴县江平镇山心村"哈亭"，以创村之人刘珖玉为后神；江龙乡红坎村"哈亭"，以潘洪德夫妇为后神。各个家庭往往在厅堂迎门正壁设神台供奉祖灵，称"祖公棚"。逢年过节、添丁、婚嫁等喜庆事，烧香上供。同姓而共祖的（血缘较近的），年节聚集长房的家中，

---

① 转引自钱宗范《广西各族宗法制度研究》，广西师范大学出版社 1997 年版，第 503 页。

② 同上书，第 504 页。

③ 同上书，第 505—506 页。

一起祭祖。"唱哈节"的入席是将宗族全体成年男子按班辈入席,京族最初取名不分班辈,男子都以一个"文"字来冠首,后受汉族影响,才按班辈取名。"唱哈节"的核心内容是"尊祖敬宗",是维系宗族存在的最重要活动。

彝族在清代主要定居于隆林、那坡、西林、田林等县。宗法性主要体现在家支制度和宗法组织、婚姻关系以及祖先崇拜上。彝族敬祖,但没有祠堂,只有在小家庭中进行,把小香炉作为祖先神位来祭拜,如隆林彝族,室内一般分为左中右三间,室中最显眼的是灶君和神位,神位的墙上有对联,以黄家神位为例,从左到右的条幅分别是:"祖宗百代永流芳"、"都大至富财帛星君之神位"、"大成至圣先师孔子之神位"、"黄氏宗亲之神位"、"桂花院内七曲文昌之神位"、"九天九厨灶王府君之神位"、"神圣一堂常赐福"。每家每户都有着一个象征着祖宗的香炉并经常性祭祀,在祭祀的过程中,表达了对祖宗的崇敬。

仡佬族主要分布在隆林各族自治县的德峨、长发、岩茶、者浪、常麻等乡。仡佬族传统的社会组织是族老制,有的称寨老制。仡佬族三代同堂的家庭很常见,为了区分辈分,仡佬族的名字有其特点,如隆林的郭姓家族,小孩学名的第一个字表示辈分。仡佬族寨老族权的体现,主要在于维护遵守各种族规和带有宗法意义的乡约。首先寨老拥有主持祭祀祖先、祭祀各神的权利,仡佬族比较重大的祭祀活动。仡佬族人崇拜祖先,祭祀祖先的活动和祭祀土地神的活动联系在一起。仡佬族一般中间屋子做堂屋,每家每户的祖先神台就安置在厅堂里,内贴有祖先神位的纸幅,以供奉祖先香火。三冲仡佬族祭祖先的节日,是在旧历的七月十三、八月十五、春节和三月三。

广西水族留下的宗法制度很少,广西水族都是辛亥革命以后从贵州陆续迁入的小家庭形态而无族长、族规、族谱、祠堂等宗法组织,但家庭中男权和祖宗崇拜同样存在。

二　《朱子家礼》与广西的宗法制

广西少数民族聚居地的宗族制形成于明代,兴盛于清,特别是清雍正改土归流之后,族谱、宗祠在汉族宗族文化影响下逐渐兴起,族规家法多体现了儒家思想，更确切地体现了《朱子家礼》^①有关祠堂建置、族谱内容、族谱家法的礼学思想。

《朱子家礼》即日用之常礼，包括通礼、冠礼、婚礼、丧礼和祭礼五方面的内容。卷 1 为《通礼》含《祠堂》、《深衣制度》、《司马氏居家杂仪》三节，统领全篇。之所以称为《通礼》，标注云："有家日用之常礼，不可一日而不修者。"卷 2 为冠礼，规定了男子行冠礼的年纪、祠堂陈设、主客礼节，及女子行笄礼的年纪、祠堂陈设、主客礼节等。卷 3 为婚礼仪制，主要讲了议婚、纳采、纳币、亲迎、妇见舅姑、庙见、婿见翁娘的礼节规范。卷 4 为丧礼仪制，规定了灵堂安排、吊唁、入殓、主客礼节及子孙居丧礼仪等。出于儒家思想对士庶之家的约束和控制作用，特指出丧礼不做佛事。卷 5 为祭礼仪制，规定了祭祀时间、初祖、先祖所对应的不同祭祀仪制及忌日和墓祭礼仪。

《朱子家礼》在明代取得了民间礼仪的话语权。洪武元年（1368年），政府颁令："民间婚娶，并依《朱子家礼》。"^②《明史》记载说："永乐中，颁文公《朱子家礼》于天下。"^③清基本上沿袭了明代的礼仪制度，尊崇《家礼》，康熙上谕曰："朕观朱文公《家礼》，丧礼不作佛事，今民间一有丧事便延集僧道，超度炼化，岂是正理？"^④《朱子家礼》也就成了官方推广礼制教化的标准教材。以《中国地方志民俗资料汇编》^⑤一书为例，在该书所收京、津和河北地区有关婚、丧、祭礼的资料中，有 32 个州县的志书直接提到诸如"均遵文公《家礼》"、"率如文公《家礼》"一类字句。至于所记礼俗与《朱子家礼》大致相合的州县就更多，例如嘉靖《常德府志》"风俗"条载："人家丧祭颇依《家礼》。"万历《新昌县志》（浙江）卷 4 "风俗"条载："大率用文公《家礼》。"明清时期，《朱子家礼》在全国地位独尊，"世之治举业者，以《四书》为

---

① 《朱子家礼》真伪考辨的再思考。只要谈及《朱子家礼》，有一个问题无法避开，那就是《家礼》是否为朱熹所作。问题源起于元代武林应氏作《家礼辨》，而清人王懋竑又力证其伪，以致聚讼纷纭。而明代学者邱濬、清末郭嵩焘，当代学者如钱穆、上山春平、陈来、束景南、高明等先生均力指王氏之非，论证其为朱熹所作，本书遵从邱濬以来的说法。

② 龙文彬撰：《明会要》卷 9 "礼九"，《续修四库全书》第 793 册，上海古籍出版社 1995年版，第 118 页。

③ 张廷玉等撰：《明史》卷 47 "礼志一"，中华书局 1974 年版，第 1224 页。

④ 中国第一历史档案馆：《康熙起居注》第 1 册，中华书局 1984 年版，第 127 页。

⑤ 丁世良、赵放主编：《中国地方志民俗资料汇编》，书目文献出版社 1989 年版。

先务，视《六经》为可缓；以言《诗》、《易》非朱子之传义弗敢道也；以言《礼》非朱子之《家礼》弗敢行也；推是而言《尚书》、言《春秋》，非朱子所授，则朱子所与也；道德之一，莫逾此时矣"①。

在广西，《朱子家礼》也在士人家庭之间广为采用。嘉靖间人李文贵，在贺县，"劝贺人行文公礼，人畏而爱之"②。元临桂人邓云翔，"遗命葬祭一依文公《家礼》"③。明上林人吴邦柱，"亲没极哀，一秉《家礼》"④。明永淳人陈性，"邑庠生，父早殁，孝事母亲，未尝少懈。而生养死葬，及岁时祭奠，必诚必敬，悉准文公《家礼》，时人为之语曰：孝行未尽，羞见陈性"⑤。明宾州人宋迪，"丁父忧，居丧一遵朱文公《家礼》"⑥。明怀集人梁方图，在乡里刊行"《家礼四训约要》以教民，皆感化"⑦。清苍梧易醇，推崇《朱子家礼》一书，所制定的冠婚丧祭等礼节，一向保持一定的操守和道德准则。明宜山人贾鲁，一遵家礼，力辟佛教；清赵壅，太平镇镇北街人，念丽江丧祭过奢，依据《朱子家礼》，"斟酌损益，编次成书，名《丧礼义节》，梓之以示乡人，乡人翕然从之"⑧。蒋励常"疾革，中夜命人扶起，正襟坐，呼诸孙，讲《中庸》戒恐惧一节。不孝等跪请遗训。曰：'做好人，行好事，说好话。'请后事，曰：'《家礼》。'"⑨ 以上例子只是文献保留下来的有关《朱子家礼》在广西传播和发生影响的一些事例，实际的情况应该更多。甘汝来就曾上书，"恭请酌定《家礼》一书，颁发直、省学宫，以一民风，以彰圣治事"⑩。说明了《朱子家礼》对广西的宗法组织、社会风俗等产生过重大影响。谢启昆

　　①　朱彝尊：《曝书亭集》卷35，《道传录序》，《四库全书》第1318册，上海古籍出版社1987年版，第48页。

　　②　汪森编，黄盛陆等校点：《粤西文载》卷66，广西人民出版社1990年版，第92页。

　　③　汪森编，黄盛陆等校点：《粤西文载》卷68，广西人民出版社1990年版，第182页。

　　④　汪森编，黄盛陆等校点：《粤西文载》卷71，广西人民出版社1990年版，第264页。

　　⑤　苏士俊纂修：《南宁府志》卷8"人物"，载林小静主编《南宁古籍文献丛书》，广西人民出版社2008年版，第1279页。

　　⑥　汪森编，黄盛陆等校点：《粤西文载》卷69，广西人民出版社1990年版，第209页。

　　⑦　汪森编，黄盛陆等校点：《粤西文载》卷71，广西人民出版社1990年版，第285页。

　　⑧　蔡迎恩修，甘东阳纂：《太平府志》卷2，《日本藏中国罕见地方志丛刊》，书目文献出版社1992年版，第208页。

　　⑨　蒋励常著，蒋世玢等点校：《岳麓文集》，《行述》，广西人民出版社2001年版，第32页。

　　⑩　甘汝来：《甘庄恪公全集》，请酌定家礼，颁发直省折子，乾隆五十六年赐福堂刻本。

《广西通志》称，"灌阳，冠婚丧祭，悉遵《家礼》。勤力生业，负贩者莫不能笔具字。龆龀之童，皆知读书"①，《家礼》的盛行情况可见一斑。正如郑献甫也说："现时通行文公之《家礼》，久为讲学家所守。"②

（一）尊祖敬宗，强化宗法意识

《朱子家礼》突出宗子的地位，认为"号令出于一人，家政始可得而治矣"，充分肯定家长制。这在族谱中得到了体现，在土官族谱中，其叙述就是以宗主一支为线索，先叙族姓源流、移居始末，次明世系谱表及分派，然预立字辈，彰祖宗之绩，传子孙之绪，如那地州土官《罗氏宗谱》引言说："是故重订支谱，以序昭穆，分发各房，方知木本水源，加约子弟，惟曰礼义廉耻。"③ 下雷州土官宗谱，其始祖定下历代字派遗嘱后裔："祖上天元太志高，福海永通顺世豪。国宗应泰光文武，定毓庆瑞嘉铨朝。裕乃承基丰厚朴，勤能守俭大功劳。从新知识荣千代，卓旧英雄独一鳌。"④ 而所制定的各种家规、族规更是规定了尊卑地位，家长、族长的权威地位，如《思陵州土官官族族规》规定："一、不孝不悌者，初犯重责四十板，再犯革出，不许入宗祠。二、不遵教训者，重责二十板。"⑤ 乾隆年间，忻城土司莫景隆在族谱中写道：

> 人相传而为世，世相传而为系，是祖祖父父子子孙孙，联属而无间断者。按家谱系图，一脉递承，而旁庶并及。余世袭斯土，家之乘，即县之志。自始祖及今，有十七世矣，虽族姓蕃昌，俱已亲尽从杀，故以官为世系属之，间有兄终弟及者，亦连而下，非敢自我作古，窃比列国谱系图例云。⑥

为了继嗣的合理性流动，忻城土司将世系观念建立在汉人宗族文化的层次

---

① 谢启昆：《广西通志》卷87"舆地略八·风俗"，广西人民出版社1988年版，第2785页。

② 郑献甫：《补学轩文集》卷2，《桂有山戒子录序》，光绪二十四年刻本。

③ 谷口房男、白耀天编著：《壮族土官族谱集成》，《罗氏宗谱》，广西民族出版社1998年版，第584页。

④ 谷口房男、白耀天编著：《壮族土官族谱集成》，广西民族出版社1998年版，第647页。

⑤ 同上书，第522页。

⑥ 同上书，第111—112页。

上，祖祖父父、嫡子庶子、兄终弟及等宗族概念被完整地运用于土司的承嗣之中。少数民族民间家谱族谱大多强化宗族意识，规定家长地位，如宜山县洛东乡坡榄村韦氏宗祠族规规定，"有名归入祠堂之人，频年每逢春秋二祭，凡我同人，不拘远近，或有别故，不得亲来同祭者，每节即出香纸钱一百文"①。仫佬族四把乡石门田心村《吴姓祖墓总碑序文》所说："窃惟木必有本，而后枝叶成长；水必有源，而后流溢广远，然祖而生后人者，可以异如是哉。揆厥由来，孰非始祖。积德所以致远乎？但我服厥光畴，食夫旧德，饮水思源，不忘所自。"②他们的族谱大都有班辈字派和血缘关系图表，回族《萨氏宗谱》："族谱乃述一世之根源，题九族之后裔，为承前启后、继往开来、追根认祖、团结宗亲之义。"③《翁氏宗谱》："万物本乎天，人本乎祖。祖宗者，子孙所当尊敬而崇祀者也，故语云，春秋祭祀，以时思之。又曰，祭如在，如在其上，此皆古人追远、报本之诚，载在经典。世人不察，动曰拜偶像，至于崇祀典礼，漠然不知。而不知父之父，母之母，上而至于祖先。生则为人，死则为鬼神，与其拜偶像，不如祭祖宗。吾愿同宗之孙，凡逢春秋之日，宜淋浴斋戒，或进祠堂，或至墓前，秩秩然，彬彬然，左昭右穆，焚香诵经。远以追水源木本之意，近以报属毛离裹之恩。"④族谱中贯穿亲亲、尊尊、长长等思想，如《傅氏宗谱》："族中尊卑长幼各宜安分，尊长不可凌辱卑幼，卑者不可违抗忤逆尊者。"⑤环江县下南乡毛南族谭姓《谭家世谱碑》中阐述刻碑之由时说："惟今十七代之孙谭灿元，恐后不知祖籍之所自，竟没先祖世谱之所派，命予二人参求世系，勒石永存，是以为序。"⑥

---

① 广西壮族自治区编辑组：《广西壮族社会历史调查》第 5 册，广西民族出版社 1986 年版，第 67 页。

② 广西壮族自治区编写组：《广西少数民族地区碑文、契约资料集》，民族出版社 2009 年版，第 244 页。

③ 转引自钱宗范《广西各族宗法制度研究》，广西师范大学出版社 1997 年版，第 514 页。

④ 同上书，第 516 页。

⑤ 同上书，第 515 页。

⑥ 广西壮族自治区编辑组：《广西少数民族地区碑文、契约》，民族出版社 2009 年版，第 250 页。

（二）严礼教

朱熹一生维护封建宗法制度，宣称："君臣父子，定位不移，事之常也。"① "名分之守、爱敬之实者，其本也；冠婚丧祭仪章度数者，其文也。"②《朱子家礼》强调的尊祖敬宗、长幼有序、谨守名分，以此来营造一个和睦、稳定的家庭环境，因此，"谨名分、崇爱敬"是《朱子家礼》的根本思想。在这个思想指导下，广西土官和少数民族严格区分上下、尊卑、贵贱的"名分"，如东山瑶盘姓家训强调做人立德、和睦宗族、尊长爱幼、持家勤俭；讲孝悌，守本分；不做损人利己之事，不丧人伦常理。明莫鲁《再训》曰："勿贪富贵，须知艰难。蒙养惟正，长人勿残。"③那地州官族注重家教，"修身齐家，教友忠君、兄宽弟和，和睦乡里、恩义惠爱，择交守廉、抚孤怜寡，救灾赈贫、排解纠纷，兴利除弊、和室宽下，赈贫畏法、勤读力耕，夫妇柔顺"④。具体说来，大致表现在严辈分纲常、忠君、孝亲、贞节等几个方面的内容。下文将分节进行论述。其具体表现在以下几个方面：

1. 严尊卑、别贵贱

思陵州韦氏土官《亲供世系宗支图本》族规："不孝不悌者，初犯重责四十板，再犯革出，不许入宗祠。"⑤ 那地州官族《罗氏宗谱》族规："尊卑长幼各守厥职，勿得倚才恃富，傲慢紊乱伦序。"⑥ 宜山县洛东乡坡榄村韦氏宗祠族规规定："凡我族众，既归祠堂，同支一脉，理当先重人伦，分别尊卑。男妇老少，各守廉耻，不得私通奸淫，逆礼乱伦，玷辱门风等弊。如犯等弊，众议罚入祠堂钱十千文。"⑦ 桂林《忠恕堂马家规》

① 朱杰人等主编：《朱子全书》卷14，上海古籍出版社、安徽教育出版社2003年版，第665页。

② 朱杰人等主编：《朱子全书》第7册《家礼》，上海古籍出版社、安徽教育出版社2003年版，第873页。

③ 谷口房男、白耀天编著：《壮族土官族谱集成》，莫鲁《再训》，广西民族出版社1998年版，第137页。

④ 谷口房男、白耀天编著：《壮族土官族谱集成》，《罗氏宗谱》，广西民族出版社1998年版，第586页。

⑤ 谷口房男、白耀天编著：《壮族土官族谱集成》，广西民族出版社1998年版，第522页。

⑥ 同上书，第585页。

⑦ 广西壮族自治区编辑组：《广西壮族社会历史调查》第5册，广西民族出版社1986年版，第67页。

族规："国有法设官长以治之，是以天下平百姓宁；家有规由族长以导之，是以尊卑定九族亲。"又第 8 条："和睦宗族以尽亲亲之义，须知长幼有序尊卑有等，勿以下犯上，勿以疏间亲，勿以强凌弱，勿以富欺贫。"① 大梧村吴姓二冬《祠堂规则碑》也强调族长地位的重要性，"开祠议事，须要听族长公论，分别情由。年居卑幼，不得参语高声乱喊，……事理不平，应行具控，必先由族长等公论"② 仫佬族覃姓宗祠"公议定例"也强调尊卑秩序，"族中划分，各有尊卑上下。分尊者不得以势欺下；分卑者不得以强凌弱；为长者以明理相让之。如不循天理者，公议逐出，不准归入祠堂"。尊卑有别、长幼有序，这是维护族权、父权、夫权以及族人间宗法关系的关键。

2. 忠君报国与遵纪守法

君主是一国的最高权威，作为臣子的必须恪守"忠"。朱熹说："尽己之谓忠，以实之谓信。""尽己只是尽自家之心，不要有一毫不尽。如为人谋一事，须直与它说这事会做与否。若不会做，则直与说这事决然不可为。不可说道，这事恐也不可做，或做也不妨。此便是不尽忠。"③ 在忠君思想的影响下，广西的家法族规大都从不同角度做了相应的规定。首先，要求族人若能入仕为官，就要忠君报国。那地州土官《罗氏宗谱》引言："家教与国政并重，国政利用严肃，家教贵于宽和。盖政苛则国弊，教弛则家败，从来显门望族，惟礼让诗书，足以振锦家声，且教诫不容一日稍宽。"④《田州岑氏源流谱》就说："忠孝原无二理，求忠臣于孝子之门，而移孝可以作忠，交相责也，亦交相需也。吾祖宗立功岭表，克振家声，捍边以卫中土，斯之谓忠；扬名以光前烈，斯之谓孝。"⑤《翁氏宗谱》："吾族自祖宗以来，皆以孝悌忠信勤俭勤读、公平正直传家。夫

① 马锡恩：《桂林忠恕堂马家规》，道光十五年（1835 年）重修。

② 广西壮族自治区编辑组：《广西少数民族地区碑文、契约》，民族出版社 2009 年版，第243 页。

③ 黎靖德编，王星贤点校：《朱子语类》卷 21 "学而篇中"，中华书局 1986 年版，第487—488 页。

④ 谷口房男、白耀天编著：《壮族土官族谱集成》，广西民族出版社 1998 年版，第 584 页。

⑤ 谷口房男、白耀天编著：《壮族土官族谱集成》，《田州岑氏源流谱》"忠孝志"，广西民族出版社 1998 年版，第 307 页。

孝以事亲,悌以敬长,忠以报国,信以交友。"①

其次,对不能入仕的族众之"忠"的要求则是早完国赋、勤谨服役。那地州官族《罗氏宗谱》规定:"凡敏而为士者,幼学壮行。或达在上,务要忠心护国,切以奸佞为戒。"回族《桂林忠恕堂马家规》第 1 条,要求族众:"为臣尽忠,为子尽孝,……在国则为良臣,在家则为肖子。"②大梧村吴姓二冬《祠堂规则》说:"为人宜守本分,不得违法例而为非作歹,或盗贼或窝藏匪类,通匪勾匪,忤害族内等情。"③大梧村《谢姓二冬宗祠碑》:"国有法,家有规,国法不严,则人民乱作,家规不严,则子孙妄为。(从福建迁来)……每逢辰戌丑未之年,轮四房族头,买办依饭一切牲头,即于清明之日,当族长先领头肉,至依饭节,要各房头人办齐牲头,勿得有误。"④

3. 对父母孝,对兄弟悌

《朱子家礼》中的论述为:

> 凡子受父母之命,必籍记而佩之,时省而速行之,事毕则返命焉。或所命有不可行者,则和色柔声,具是非利害而白之,待父母之许,然后改之。若不许,苟于事无大害者,亦当曲从。若以父母之命为非,而直行己志,虽所执皆是,犹为不顺之子,况未必是乎?
>
> 凡父母有过,下气怡色,柔声以谏。谏若不入,起敬起孝,说则复谏;不说,与其得罪于乡党州闾,宁熟谏。父母怒,不说,而挞之流血,不敢疾怨,起敬起孝。
>
> 凡父母、舅姑有疾,子妇无故不离侧,亲调尝药饵而供之。父母有疾,子色不满容,不戏笑,不宴游,舍置余事,专以迎医、检方、合药为务。疾已,复初。
>
> 凡子事父母,父母所爱,亦当爱之;所敬,亦当敬之。至于犬马

① 转引自钱宗范《广西各族宗法制度研究》第 9 章,广西师范大学出版社 1997 年版,第515 页。

② 马锡恩:《桂林忠恕堂马家规》,道光十五年(1835 年)重修。

③ 广西壮族自治区编写组:《广西少数民族地区碑文、契约资料集》,民族出版社 2009 年版,第 243 页。

④ 同上。

尽然，而况于人乎？①

　　广西家族继承了朱熹礼学中的孝亲观念，基本每部家谱的家法族规中都有关于"孝"的内容。第十五代土司莫景隆饱读儒家经典，劝诫儿子要"勤读书"、"尽孝悌"。那地州官族《罗氏宗谱》说："凡子弟者，务以孝悌为先，毋听妇人言，违背父兄。"②"教训子弟，幼教洒扫应对，旋命礼仪诗书。体谅姿质裁成，明敏者示以诗书，不明敏者教以农商，勿误子弟终身事业。"③ 仫佬族覃村覃姓宗祠"公议定例"就规定："各家父母寿终，三年期满，例应送神位入祠堂。可为孝子者，即要屯资二百文，设筵宗祀，而新神主牌位方请入龛。各位安祀奉香灯，世代永享。如不遵者，不准入龛祀奉。"光绪二十三年（1897 年）立龙胜各族自治县和平乡盒坑大寨潘姓宗祠内的瑶族的族规明确规定："不许忤逆不孝父母，养育深恩，当报劬劳。如有不孝，众等公罚。"回族《桂林忠恕堂马家规》第 5 条说："百行以孝为先，父母恩深，终身难报万一，孝之道大不能尽述。"④

　　在理学孝悌观的影响下，广西少数民族地区出现了许多孝子，这在广西通志和各府州县志中都有记载，如岑德固（1882—1902），壮族，那劳村人，岑春萱的长子，辛丑科补行庚子恩科举人。清光绪二十七年（1901 年），于湖南任试用知府。次年，因母刘氏身患痨疾，回家侍奉母亲。同年，遵父之命，从桂林护送母亲到湖北求医，途中母亲病情加重，抵汉口后病死。德固悔责自己照料不周，葬母之后气绝于殡室，从他的衣袋里得到他的绝命书："男大不孝，以身殉母。"还有他写给岑春萱（时任湖北按察使）的信，信中说要把他"掷尸长江，以赎不孝之罪"。岑德固以身殉母事迹感动时人，湖北巡抚端方、两广总督张之洞联合上奏，请求朝廷表彰岑德固的孝道行为。光绪皇帝下谕："岑德固实属纯孝可风，

　　① 朱杰人等主编：《朱子全书》第 7 册《家礼》，上海古籍出版社、安徽教育出版社 2003 年版，第 882—883 页。
　　② 谷口房男、白耀天编著：《壮族土官族谱集成》，《罗氏宗谱》，广西民族出版社 1998 年版，第 585 页。
　　③ 同上。
　　④ 马锡恩：《桂林忠恕堂马家规》，道光十五年（1835 年）重修。

著信旌表，并列入国史馆《孝友传》以彰至行，钦此。"① 在湖北武昌、广西桂林和岑德固的家乡那劳等地，由国库拨款兴建"孝子坊"以纪念。

4. 重妇德，鼓励做贞女烈妇

张载强调"顺惟厥正"、"无违夫子"的"妇道之常"。二程在儒家礼教贞节观的基础上，对妇女提出了新的要求，奠定了理学贞节观的坚实基础。程颐对再娶、再嫁皆持否定态度："大夫以上无再娶礼。凡人为夫妇时，岂有一人先死，一人再娶，一人再嫁之约？只约终身夫妇也。但自大夫以下，有不得已再娶者，盖缘奉公姑，或主内事尔。如大夫以上，至诸侯天子，自有嫔妃可以供祀礼，所以不许再娶也。"② 又：

> 或问："孀妇于理似不可取，如何？"
>
> 伊川先生曰："然。凡取，以配身也。若取失节者以配身，是已失节也。"
>
> 又问："或有孤孀贫穷无托者，可再嫁否？"
>
> 曰："只是后世怕寒饿死，故有是说。然饿死事极小，失节事极大。"③

朱熹在《劝女道还俗榜》中说："盖闻人之大伦，夫妇居一，三纲之首，理不可废。是以先王之世，男各有分，女各有归，有媒有聘，以相配偶。是以男正乎外，女正乎内，身修家齐，风俗严整，嗣续分明，人心和平，百物顺治。"④ 他十分赞赏程颐"饿死事极小，失节事极大"。朱熹在同安任主簿官时，当地有不按嫁娶的礼仪来办婚事的风俗，朱熹认为，这是破坏了"礼典"，亵渎和搞乱了"国章"，他要地方把"保内如有孝子顺孙、义夫节妇，事迹显著，即仰具申，当依条旌赏。其不率教者，亦仰申举，依法究治"⑤。

---

① 张之洞等撰：《西林岑德固殉母事状》。

② 程颢、程颐著，王孝鱼点校：《二程集》卷22下，中华书局1981年版，第303页。

③ 同上书，第301页。

④ 朱杰人等主编：《朱子全书》卷100，《劝女道还俗榜》，上海古籍出版社、安徽教育出版社2003年版，第4618页。

⑤ 朱杰人等主编：《朱子全书》卷20，上海古籍出版社、安徽教育出版社2003年版，第4620页。

　　《朱子家礼》森严男女大防，女子受到诸多限制。它规定："男治外事，女治内事。男子昼无故不处私室，妇人无故不窥中门。……妇人有故出中门，必拥蔽其面。"① 对人之将亡，《朱子家礼》强调："男子不绝于妇人之手，妇人不绝于男子之手。"② 又申明："七岁，男女不同席，不共食。……女子则教以婉婉，听从，及女工之大者。"③ 受理学贞节思想的影响，家法族规对妇女的妇德十分重视，许多家法族规对此都做了较为严格的规定。

　　首先，别男女，肃闺门，重贞节。那地州官族《罗氏宗谱》说："婚嫁，男女终身大事，先择贤德，后择阀阅相当，不可错误。"④ "男女有别，不得私相往来，败乱大伦，尚有不守，置之重典。"⑤ "兄弟宗族，务要和睦，言正气顺，无听妇人言，伤残手足，致累父母生忧。"⑥ 仫佬族"正男女"，如"谢氏家训"所言，若男女关系"一至紊乱，则嫌疑丛生，非治家之良策也。故年当及笄，出入须营别涂，笑语不相交接。非丧非祭，不相授器。庶闺门肃而风化端，不至若鹑奔，事同夷虏也"。对于族人的婚姻事宜，各族规也有规定，如大梧村吴姓二冬《祠堂规则碑》规定："婚姻之事，凡同宗共祖的姊妹、婶嫂，不得以疏族而娶为妻媳，亦不得以远居异地而乱为匹配。有此原因，即是灭天理之人。"⑦ 此外，有些宗族对本族青年妇女采取了一些片面的保护措施，如物华乡上地栋屯就规定如果本族的某个妇女被其夫家离婚或退婚回来，今后所有本族妇女都不得"与该夫同姓者结婚"。可见，仫佬族规男女关系的各项规定，其目的是维护宗法上的夫权，保证家族的继承者血缘的纯洁性，防止宗族出现血缘关系的混乱而导致宗族的衰落和宗法关系的解体。东山瑶重贞节，于是贞节的人也就成为圣。瑶族的一些房族，有"忠臣不事二君，贞女不

---

　　① 朱杰人等主编：《朱子全书》，《家礼》，上海古籍出版社、安徽教育出版社 2003 年版，第 883 页。

　　② 同上书，第 902 页。

　　③ 同上书，第 885—886 页。

　　④ 谷口房男、白耀天编著：《壮族土官族谱集成》，《罗氏宗谱》，广西民族出版社 1998 年版，第 585 页。

　　⑤ 同上。

　　⑥ 同上。

　　⑦ 广西壮族自治区编写组：《广西少数民族地区碑文、契约资料集》，民族出版社 2009 年版，第 243 页。

更二夫”的说教。

其次，要三从四德，做贤妻良母。在理学贞节观的影响下，出现了不少节妇。南丹莫氏土司《节妇谱》记载的节烈贞妇有：

> 黄氏，振鹭元配，年二十四守节，寿六十三。
>
> 谢氏，我诩元配，年二十八岁守节，寿七十五，奉旨建坊旌表，见县志。
>
> 吴氏，绍祖元配，年二十七守节。
>
> 李氏，囿元配，年二十六守节，匾题：心若卷施。
>
> 凌氏，有张原配，年二十守节。
>
> 凌氏，玉程元配，年二十三守节。
>
> 黄氏，玉良原配，年二十六守节。
>
> 蓝氏，承勋元配，年十八守节。
>
> 罗氏，顺元配，年二十四守节。
>
> 吴氏，有忍元配，年十六守节，寿六十四。
>
> 黄氏，有？副配，年少守节，见县志。
>
> 黄氏，有茜元配，年少守节，见县志。
>
> 蓝氏，钟森副配，守节抚孤，见县志。

5. 亲亲之义与宗祠救济

《朱子家礼》还倡导同居共财，反对财产私有，申明：“凡为子为妇者，毋得蓄私财，俸禄及田宅所入，尽归之父母、舅姑，当用，则请而用之，不敢私假，不敢私与。”[1] 让人们在大家庭的同居共财中，敬宗收族，《续修忻城莫氏族谱》说：“抑知宗族虽繁且远，而其初固原于一人之身也，一人之身，而化为途人。遗人其宗族，是即遗人其父母，乌可乎？……《礼大传》所谓人谱亲亲也，亲亲故尊祖，尊祖故敬宗，敬宗故收族。”[2] （1）办学校，兴教化，资助贫困的孩子读书。清代对于子孙

---

① 朱杰人等主编：《朱子全书》，《家礼》，上海古籍出版社、安徽教育出版社2003年版，第881页。

② 谷口房男、白耀天编著：《壮族土官族谱集成》，《续修忻城莫氏族谱》，广西民族出版社1998年版，第108页。

后代的教育，各宗族都表现得极为热忱，广办义学。（2）扶老济幼、团结互助。回族《桂林忠恕堂马家规》第6条说："兄弟如手足乃同胞共母生也，……须要兄友弟恭两相亲爱。莫因些小细故几件什物，便起争端失欢反目。"第8条说："和睦宗族以尽亲亲之义，须知长幼有序尊卑有等，勿以下犯上，勿以疏间亲，勿以强凌弱，勿以富欺贫。……倘有鳏寡孤独困苦无靠者，有力之家量力周恤，无力者亦要频相视问，设法周全。尤有寡居勿使饥寒中道改节，是亦风教之一助也。"① 《桂林傅氏家规》第9条："敦者厚也，宗者尊也，吾人先祖高祖曾祖及祖父母，皆子孙所当敦厚而尊敬之也。不但此也，尤宜老吾老以及一族之老，幼吾幼以及一族之幼。推之寡妇孤儿之无靠者，宜设法以护持之，婚姻丧葬之无力者，宜设法以成全之，非市（施）恩也，实顾本也。是则支派虽分而根本则同，宜泛爱而遍敬之，则敦宗之道尽矣。"第10条："睦者和也，族者凑也，聚合恩爱而相流凑也，有聚合之道，故谓之族。一族之中务须和睦，和睦则家道必昌。尝见同族有不睦者，多因情义不恰不相通问，或为一言之忤一事之争，小则同室操戈，大则公堂构讼，无论谁胜谁负，皆为玷辱家门，留为话柄，贻笑大方，所损多矣。倘吾族尚有此等变故，为族长者宜竭力出而排解，是者慰之，非者责之，复委婉其词，以大义开导之，使彼此平心悦服，泯其嫌疑而归和好，是为至要。"② 侗族凡村寨内任何一个家庭有婚嫁喜庆、修房造屋、添丁贺寿等大事，或老人过世、天灾人祸等难事，邻里亲友皆无偿相助和救济，视同自家之事。对鳏寡孤独、残疾等丧失劳动能力又无依无靠之人，概由房族众人和村寨邻舍集体供养。仡佬族若有什么困难，也首先是房族相助，为孤儿抚养、缺嗣过继以及当卖田地、继承财产等，都是先经房族，后及邻里，房族中有约定俗成的经济上相互援助的义务，"祭祖、分家、婚丧等大事，房族都要参加"③。公共墓地一般也为各个宗族所共有，例如大吴屯吴姓二冬的公共墓地是象鼻山、三冬是铁纱帽山、石门乡中寨屯谢姓四冬的公共墓地是盘古山、潘姓的公共墓地是凤凰山等等。这些公共墓地不仅是埋葬本族先祖的地

---

① 马锡恩：《桂林忠恕堂马家规》，道光十五年（1835年）重修。

② 怀德堂族众编订：《桂林傅氏家规》，民国27年（1938年）。

③ 隆林各族自治县地方志编纂委员会编：《隆林各族自治县志》第四章，广西人民出版社2002年版，第849页。

方，而且是族众死后埋葬的场所，被宗族成员视为关系到全族子孙命运前途的风水宝地，因而在族人的心目中是一个神圣不可侵犯的全族共有的地方。瑶族宗支内赈济房族人中贫困不能举火者、族中孤寡残疾之人、无力嫁娶及无力营丧、营葬者、遭意外事故而濒临破产之家。宗支间劳动成员进行一定范围的生产互助协作，是宗支内部的又一重要经济活动，也是家族组织的重要特点之一。大瑶山长毛瑶，房内有老人去世，同房的弟妹和晚辈都要戴孝一个时期，以表哀悼。居住在金秀六巷一带的花蓝瑶族人死后要做道场超度，在举行道场时，亲戚房族都来吊唁。另外，修桥筑路、挖掘水井、植树造林、护林防火、兴修水利等公益事业的建设，也要宗祠的救济。村落里的这些公益事业的建设，政府是不出资的，而建设这种工程，非一家一户所能办到的，需要以宗族为单位的团体的力量去共同完成。象征着祖先、象征着宗族团结的宗祠，成为这些基础工程建设的领导者、号召者。往往是宗祠召开宗族大会或老人会议，商议建设方案，然后由宗族长领导进行建设。由宗祠出一部分资金，然后从各家各户中得到的捐款，常常是"富者以财，贫者以力"，去共同完成。

从总体上看，家规表现出了浓厚的宗法意识，表述了儒家传统文化的一些基本思想道德规范，如亲亲为大、和为贵、安分守己、循规蹈矩、息事宁人、上以事宗庙、下以继后世、百行孝为先、阳尊阴卑、因材施教和三纲五常等。

（三）祠堂建制及祭祀

祠堂是家族的中心，以祭祀祖先为主，朱熹《朱子家礼》其中的首条是《祠堂》，下注："报本反始之心、尊祖敬宗之意，实有家名分之守，所以开业传世之本也，故特着此冠于篇端。"[1] 其下分列家中祠堂建制、祖宗牌位、祭祀仪式、参祭时节以及祭器、祭田、祭服之仪，并强调"祠堂所在之宅，宗子世守之，不得分析"[2]。这把祭祖的祠堂列为首篇首条，即意味着任何家庭对先祖的崇敬都是第一位的。这受到了广西土司的遵从，安平土官李氏创建宗祠碑："宗祠之建何昉也，古者自天子以致

<hr />

[1]　朱杰人等主编：《朱子全书》，《家礼》，上海古籍出版社、安徽教育出版社 2003 年版，第 875 页。

[2]　同上。

士，皆有庙制；后世庙制之典不行，宗祠即庙也。盖物本乎天，人本乎祖，建祠所以上妥先灵，下敦族谊。……支庶繁衍，子孙延绵，诚祖宗功德之垂，所宜永念勿忘也。"① 安平土州李氏官族宗祠，"木本水源，吾人之所追溯，祖宗德功，百世之所不忘……凡我族姓，今春秋报祀有其地，拜奠祖宗有所矣！此后各守，永尊祖制，勿相欺，勿相凌，勿为奸，勿为厉，勿犯上，勿仇下，彬彬然循伦常之分。尊尊亲亲，承爱相戚，勿相诟相谴，而外人所嗤笑也。如有乖于道者，族姓起而攻之，不使入太祖之庙与祭"②。

朱熹在继承了张载、程颐宗祠建设的基础上，对祠堂的朝向、祠堂的修建规制和祭祀仪式等做了具体规定，如要求每个家族内须于正寝之东设立一个奉祀高、曾、祖、父世神主牌的祠堂四龛，还特别强调"庶民祭于寝，士大夫祭于庙"，"庶人无庙，可立影堂"，又规定"非嫡长子，则不敢祭其父。若与嫡长同居，则死而后其子孙为立祠于私室，且随所继世数为龛，俟其出而异居乃备其制"③。宋以后历代统治者甚至将朱熹对追祭世代的设想以法律化的形式予以确认，如明初定制品官庙制，"权仿宋儒家礼祠堂之制，奉高、曾、祖、祢四世之主"④。非品官的追祭，明初"行唐县尹胡氏秉中言，许庶人祭三代，祠堂以曾祖居中，而左祖右祢"⑤，其"士大夫家祭四代者当亦如之"，"亲尽"则将牌位撤出祠堂或影堂。朱熹以宗子法为核心的祠堂之制，经官方的推重，更化为民间家族的立庙之则。明代以来，广西少数民族建立的祠堂，以《朱子家礼》的相关规定作为规范样本来开展，祠堂的朝向、祠堂的修建规制、祭祀、家族族产等都有相关论述和规定。其活动内容、程序和具体细节，遵循《朱子家礼》中的有关规定。如万承浓内张氏土目宗祠碑就明确所载说，

---

① 谷口房男、白耀天编著：《壮族土官族谱集成》，安平州土官《李氏官谱》，广西民族出版社 1998 年版，第 552 页。

② 广西壮族自治区编写组：《广西少数民族地区碑文、契约资料集》，民族出版社 2009 年版，第 2 页。

③ 朱杰人等主编：《朱子全书》，《家礼》，上海古籍出版社、安徽教育出版社 2003 年版，第 876 页。

④ 秦蕙田：《五礼通考》卷 115 "吉礼"，《四库全书》第 137 册，上海古籍出版社 1987 年版，第 759 页。

⑤ （明）徐问：《读书札记》卷 8，《四库全书》第 714 册，上海古籍出版社 1987 年版，第 447—448 页。

他们的祖庙修建谨依"朱夫子家训"而成。

1. 祠堂的朝向

《朱子家礼》的祠堂设计，"凡屋之制，不问何向背，但以前为南、后为北、左为东、右为西，后皆放此"①。忻城莫氏土司祠堂便按照这种规定加以仿效，建于清乾隆九年（1744 年），1963 年维修前所存在的是清道光二十七年（1847 年）重建的祠堂。忻城莫氏土司祠堂居莫府大院右侧的太极晕上，坐南朝北，莫氏子孙早晚都在这里上香敬拜祖先。那劳岑氏祠堂，坐西向东，原为四合院建筑群，有前、后两座，中间天井，天井中有一四角亭等建筑。现仅存后座，建筑面积约 80 平方米。

2. 祠堂的修建规制

《朱子家礼》规定，"祠堂之制，三间，外为中门，中门外为两阶，皆三级，东曰阼阶，西曰西阶。阶下随地广狭以屋覆之，令可容家众叙立。又为遗书、衣物、祭器库及神厨于其东。缭以周垣，别为外门，常加扃闭。若家贫地狭，则止为一间，不立厨库，而东西壁下置立两柜，西藏遗书、衣物，东藏祭器亦可。正寝谓前堂也。地狭，则于厅事之东亦可"②。遵照《朱子家礼》中所规定的祠堂之制，广西家族所修建的祠堂，多为三进间，即前为大门，中为厅堂，后为神主堂。如忻城莫氏土司祠堂，分前、中、后三栋，第一栋前有院落，前面有大照壁一面，左右两边开门，左右门上分写"本支百世"、"列国一同"，照壁内面四角浮雕少数民族图案，中间堆着大圆形的"寿"字。大门内原有一横匾，上书"世守祠"。大门内两旁有石鼓一对。大门进去是一条砖路，直达第二栋，两边是同样长的天井，原种各种花卉，第二栋前面特别突出一间小屋，因而厅前有一条较宽的平台，第二栋也是三开间，两边厢房的前后原来尽是花窗。突出这小间的檐下有石阶七级，中间有八扇高门，等于屏风。第二栋与第三栋之间隔一天井，两边原来种古松古柏；第三栋也是三开间，前檐下有五级石级，原来内面两边房间空着，中间后墙有砖砌的五级平台，供着莫氏历代祖宗牌位。

3. 祭祀仪式

《朱子家礼》将祭礼共分为六祭，即"四时祭"、"初祖祭"、"先祖

---

① 朱杰人等主编：《朱子全书》，《家礼》，上海古籍出版社、安徽教育出版社 2003 年版，第 876 页。

② 同上书，第 875 页。

祭"、"祫祭"、"忌日祭"和"墓祭",是根据所祭的祖先以及时节的不同来划分的。这六祭的名目虽然不同,但其仪式程序大致相同。

土司宗族祠堂中的祭祀仪式,礼仪完备而复杂,场面十分宏大。《忻城莫氏族谱》对此记录颇详,比如仅祭器就有:桌子 10 张、椅子 10 张、碟子 10 个、爵杯 10 个、酒壶 7 把、素菜碗 35 个、五寸围盘 35 个、羹碗 30 个、饭碗 55 个、五牲盘 35 个、盥盆 1 个、手巾 1 条、花瓶烛台 5 副、铜炉 5 个、牙香 1 盒,另有火炉、铁筷、木炭等;祭品有猪、羊、鸡、鸭、鹅、醴酒、果品、酱、醋、素供、羹汤、饭、茶、鱼脯、点心、盐、烛、帛、宝、线香等。另有执事者通赞 1 人、引赞 1 人、读祝 1 人,可见其隆重之程度。祭祖活动名目繁多,其中最主要的为与祭祀祖先有关的春秋二祭、清明节、中元节等,此外一些重要的年节祭礼亦在此举行。大祭之日,在宗主的率领下,族众一干人等无不毕恭毕敬地向列祖列宗焚香祷告,以示恭敬之心。

广西壮族家族祭祖相当频繁,一年的很多节日,祖先都可以优先享受香火,特别是每年的春节、清明节、鬼节,更是大祭祖先的日子。瑶族祭祖基本形式为家祭、墓祭、祠祭,时间则以春节、清明、三月初三、七月十四、冬至、达努节、盘王节等最为隆重。祭祖规格,一般墓祭少过其他几种形式,祭品以纸钱、香、糍粑、酒、饭、雄鸡为主,有时还供上"三牲"(猪鸡鱼),不如汉民族规格高。

行祭礼时,朱子特别强调"爱敬之诚",而祭品则量力而为,他说:"凡祭,主于尽爱敬之诚而已,贫则称家之有无,疾则量筋力而行之。财力可及者,自当如仪。"[①] 对于《朱子家礼》中这种止乎"诚"的精神,在广西家族的祭礼中得到了很好的体现,如十万大山山子瑶每一个家族都有一个"正堂香火",祭祀原则与汉民族一样,一般贯彻"丰、洁、诚、敬"的原则,其中"敬"是核心。规格:祭品三牲、纸钱、酒、糍粑、饭、雄鸡等。基本形式为家祭、墓祭、祠祭等。参与成员一般由成年男子参加,有时全家成员均参加,一般孕妇、产妇、罪人不参加。苗族鼓社社规规定:"祭祖祀社各种礼仪,人人都须尊重;应参加的人都得参加,应该哪个做的事都必须做;不该参加、不该做的就不能乱来。谁违犯了,若

---

① 朱杰人等主编:《朱子全书》,《家礼》,上海古籍出版社、安徽教育出版社 2003 年版,第 941 页。

属无意的罚以鸭一只，若属有意的罚以猪或牛；情节严重者，全村、全社将不答应，可兴师问罪。"

（四）《朱子家礼》与家族族产

朱熹在《朱子家礼》中"祠堂"之后紧接着就提出要置祭田和墓田：

> 初立祠堂，则计见田，每龛取其二十之一以为祭田，亲尽则以为墓田，后凡正位祔者，皆放此，宗子主之，以给祭用。上世初未置田，则合墓下子孙之田，计数而割之，皆立约闻官。不得典卖。①

由此可看出朱子对族田的重视程度。土官官族拥有了大量田地，在实际用途上，相当部分的族田收入也用于诸如宗祠祭祀、祭祖、扫祖墓等宗族的公共活动。清光绪《思陵土州志》记载，派村、汪浩二村蒸尝田每年额收田钱二十四千文，每家收谷一箩、棉花二斤、蓝靛二斤，正午两节，每节纳糯米二斤，柴火二担。凡逢吉凶事，每家纳钱四百五十文，由族内每年给有关人员收管，供春秋二祭时和族蒸尝祀肉。在广西壮族民间社会中，仍普遍地留存着诸如公共山场、祠堂田、蒸尝田（清明田）、族田、老坟田等形式的宗族公共财产。族田、祠堂田的收入用以祭祀、修建、互助、办学等公共活动费用，可以说与汉族基本相同。蒸尝田是各宗族为祭扫祖墓之便而设置的一项公共田产，其收入主要是用于购买祭祖用的祭品。老坟田实际上是蒸尝田的一种，其用途与蒸尝田相同。它与一般蒸尝田所不同的是，它通常只是宗族的某一宗支（房族）的共同财产。无论在民间或官族内，宗族的土地等共同财产均由宗主管辖，成为宗主行使族权在经济上的表现。瑶族的家族、宗族中也有共财制度，其主要形式有公共山场、清明田、寺庙田、蒸尝田、学田、义仓、宗祠等，这些公共财产的收入主要用于家族内部的祭祀安排及赈济之用，如南丹县的大瑶寨在1949 年前有称为油锅的组织，就是在一锅吃饭的父系家族，表现了强烈的同族共财的性质。苗族在古代就建立了鼓社，这是苗民在西迁过程中以氏族宗族为单位的组织，鼓社内保留了共财的关系，苗族鼓社共财的最普遍表现形式是"鼓社山"、"鼓社田"，有的还有共同的墓地及其他公产。

---

① 朱杰人等主编：《朱子全书》，《家礼》，上海古籍出版社、安徽教育出版社 2003 年版，第 876 页。

这些形式不同的公产为全社所有，由鼓头等人主管经营，其收益做鼓社公用，如祭祖等大型活动的开支等。公共的山林、田地、牧场受到社规严格的保护，谁若侵占公产，全社族人将群起保护。仫佬族社会中存在着的族田（清明田、蒸尝田）以及公共山场、公共墓地、义仓、族金等多种为宗族共同所有的财产，田又分为"大庙田"、"祠堂田"、"清明田"、"蒸尝田"、"社团"等，出租然后收租以供祭祀各项活动开支。毛南族社会表现为公共山场、庙田、宗祠田等形式。如该族第一大姓谭氏和其他大姓都有宗祠，各置立了宗祠田产，如内陆屯卢氏宗祠有族田40多亩、山地5亩，由本姓各户领种，种者交租作为祠堂香火和祭祀开支，祭祀食品族人共食，在堂儿村也有属于谭姓人所有的粮田、庙田各1亩。北部湾畔的京族都是按宗族聚居的，每一个村寨中都保留有作为宗族共有的财产，这些财产用来建造哈亭、筹备唱哈等宗族共同活动。京族公有财产的另外用途，便是用作维持宗族的日常管理体系以及宗族祭祀活动的开支。广西回族宗族很少有族田之类的宗族公共财产。据现有资料反映，广西回族宗族活动的经费，大多是由各宗支临时捐钱凑集。侗族宗族有多种共财制形式，如龙胜县平等乡平等村，在新中国成立前三四十年中，陈、石、罗、杨四姓均有祠堂，祠堂都有水田、杉木林等同族的公产。三江县和里乡杨、吴等姓家族，总共有祠堂田180多亩，共财的比重很大。无论是何种形式，都在各地宗族的集体祭祀活动中起着重要作用。这表现了作为共财的族田的收入对保持宗族聚居、聚宗合族中起了特殊作用。

第五节　宋明理学与广西少数民族地区的乡治

清陆奎勋说："建书院，刊六经，教育士子；举行社仓，兴复水利，蠲减木炭税银，以利济民生，然后足称朱门嫡嗣也。"[①] "朱门嫡嗣"即朱子学的正宗传人，陆奎勋认为朱子传人必须具备这样几个条件：（1）积极参与和指导书院、社学、乡约、保甲、社仓、捐税、水利凡与民生民风相关的事，强调朱子理学是一门明体达用之学，体和用是一个整体。单纯的坐而论道，作者认为并没有领会朱子学的精髓，只有把体会到的

---

① 徐世昌：《清儒学案》卷10"三鱼学案"，人民出版社2010年版，第328页。

"体"或用于自身的道德修养，或用于乡村治理，才是得到了朱子学的要言妙道。（2）具体指出了朱子的乡治范围，不外乎"教"、"养"二字，"养"先于教，"教"重于"养"，作为理学家的朱熹，他在行政中更注重"教"，他的教化措施不外乎建书院、刊六经、教育士子、举行社仓等。后世的理学之士大都努力在治下实践乡约、保甲、社学、里社、社仓等乡治措施，特别是从明朝中期开始，乡约、社仓等官方化后，乡约及保甲、社学、里社、社仓等变成了维持秩序方策。伴随着少数民族汉化的进程，乡约、保甲等介入了他们的民间社会组织，改变了它们的性质。

一　乡约与理学的关系及其官方化过程

（一）乡约与理学的关系

乡约有两个含义，既指社会中以教化为主要目的，由乡民自觉订立、遵守的规约，又指民间基层组织形式。乡约最初是自觉、互助组织，在明清逐渐官方化。在组织上，乡约由民间自发形成的教化组织转化为基层行政组织；在制度上，由较单一的教化机制转化为与保甲、社学、社仓相结合，成为乡治的一个重要组成部分；在功能上，由以社会教化为主，同时关注水火、盗贼、疾病、孤弱等民生问题，转化为以控制乡村社会为主，兼具行政与教化的双重职能。

乡约的产生和完善都与理学有莫大的关系。程颢在晋城保伍法，首创保甲中包含乡约之义。第一部成文的村规民约，是陕西蓝田吕大钧[①]与大防[②]及弟大临[③]等在乡订立的《吕氏乡约》，又名《蓝田乡约》，提出"德

---

① 吕大钧（1029—1080），《宋元学案·吕范诸儒学案》载："吕大钧，字和叔，于横渠为同年友，心悦而好之，遂执弟子礼，于是学者靡然知所趋向。横渠之教，以礼为先。先生条为乡约，关中风俗，为之一变。"

② 吕大防（1027—1097），字微仲，京兆府蓝田（今陕西蓝田）人。吕贲之子，吕大钧之兄。仁宗皇祐元年（1049年）进士，历任冯翊主簿、永寿县令、太常博士、监察御史里行、翰林学士、尚书左仆射兼门下省侍郎，封汲郡公。哲宗时，以元祐党争，知随州，贬秘书监。绍圣四年（1097年），再贬舒州团练副使，循州（今惠州市）安置，至虔州信丰（今江西信丰县）病卒，谥正愍。著有文录20卷，文录摭遗1卷。

③ 吕大临（1040—1092），字与叔，号芸阁，吕大钧之弟。无心仕途，最后以门荫得太学博士，秘书省正字。吕大临一生，先投张载，后投二程求学，心系学术，潜心研究《六经》，尤深于三礼的精研与实践。

业相励"、"过失相规"、"礼俗相交"、"患难相恤"四个方面的内容，侧重于乡村教化，目的在于淳厚乡风。它以自愿加入为原则，其组织形式为：每约有"约正一人或二人，众推正直不阿者为之。专主平决赏罚当否。直月一人，同约中不以高下、依长少轮次为之，一月一更，主约中杂事"。同约人，"每月一聚，具食；每季一聚，具酒食"。"遇聚会，则书其善恶，行其赏罚。"然而，"若约有不便之事，共议更易"①。《吕氏乡约》在关中推行效果良好，张载说："秦俗之化，亦先自和叔有力焉。"②程颐也称："任道担当，其风力甚劲。"③朱熹称《吕氏乡约》"今为令申"。

朱熹向来重视乡村教化，在《吕氏乡约》基础上编写了《增损吕氏乡约》。朱熹自述，"乡约四条，本出蓝田吕氏，今取其它书及附己意，稍增损之，以通于今"④。为落实的需要，增加了一个副约正，明确了用三个记录本，"置三籍，凡愿人约者书于一籍，德业可劝者书于一籍，过失可规者书于一籍"⑤，记载约员行为，把罚款的规定改成了当众纠恶，善籍由直月当众朗读，恶籍让众人默默传看。并详细、具体地规定了聚会的时间、地点、会场布置、与会者、请假、会场、聚会程序、造请拜祭、请召送迎、庆吊赠遗等诸般礼节，《乡约》由此被改造成了一套十分完备细密的乡规民约。

由于朱熹的重新提倡，《吕氏乡约》得到了朝廷和士人的肯定。到了明代，洪武二十八年（1395年），朱元璋根据隋吉的建议，令户部编民百户为里，并引申为婚姻、死丧、疾病、患难、春秋耕获诸事的乡民互助，以使百姓亲睦，淳厚风俗。洪武三十年，他又令颁六谕："天下民每乡里各置木铎一，内选年老或瞽者，每月六次持铎徇于道路，曰：'孝顺父

---

① 吕大钧：《吕氏乡约》，王承裕校勘《关中丛书》，《丛书集成续编》，上海书店1994年版，第884—889页。

② 张载：《张子全书》卷14"性理拾遗"，《四部备要本》第56册，上海中华书局1924年版，第135页。

③ 程颢、程颐：《二程遗书》卷2上"二先生语二上"，上海古籍出版社1992年版，第41页。

④ 朱杰人等主编：《朱子全书》卷74，《增损吕氏乡约》，上海古籍出版社、安徽教育出版社2003年版，第3601页。

⑤ 同上书，第3594页。

母，尊敬长上，和睦乡里，教训子孙，各安生理，毋作非为。'"① 洪武六谕后，族约家规等广泛引用，成为明代教化的主要内容。明成祖，"表章《家礼》及蓝田《吕氏乡约》，列于性理成书，颁降天下，使诵行焉"②，从而开启了乡约官方化进程。嘉靖八年（1529 年），因兵部左侍郎王廷相的建议，正式成立乡约制度：

> 嘉靖八年题准，每州县村落为会。每月朔日，社首社正，率一会之人，捧读圣祖教民榜文，申致警戒。有抗推者，重则告官，轻则罚米入义仓，以备赈济。③

清顺治九年（1652 年），清廷颁行朱元璋的六谕于全国，令五城各设公所，选择人员进行讲解，以广教化。直省府州县，也都举行乡约。地方官在每月初一和十五，都要聚集在公所，向人民宣讲圣谕。顺治十六年（1659 年），清朝正式命令成立乡约，规定朔望要宣讲圣谕六言。康熙九年（1670 年），清朝颁布十六条圣谕，令八旗及各州县大乡、大村切实宣讲，这十六项内容：

> 1. 敦孝弟以重人伦；2. 笃宗族以昭雍睦；3. 和乡党以息争讼；4. 重农桑以足衣食；5. 尚节俭以惜财用；6. 隆学校以端士习；7. 黜异端以崇正学；8. 讲律法以儆愚顽；9. 明礼让以厚风俗；10. 务本业以厚民志；11. 训子弟以禁非为；12. 息诬告以全善良；13. 诫窝逃以免株连；14. 完钱粮以省催科；15. 联保甲以弭盗贼；16. 解仇忿以重身命。④

雍正二年（1724 年），清廷颁布《圣谕广训》，要求各州县的乡、村要设

---

① 《明太祖实录》卷 255，台湾"中央"研究院历史语言研究所校印，1962 年，第 3677 页。

② 王樵：《金坛县保甲乡约记》，《古今图书集成》卷 28，中华书局、巴蜀书社 1985 年版，第 40018 页。

③ 申时行等修：《明会典》卷 20 "户口二"，《续修四库全书》第 789 册，上海古籍出版社 1995 年版，第 374 页。

④ 《圣祖仁皇帝实录》，《清实录》卷 34，中华书局 1985 年版。

立乡约，朔望齐集百姓宣讲《圣谕广训》。此后历代清朝皇帝也都十分重视乡约教化，并一再申谕此令。他们认为："乡约行，则一乡之善恶无所逃，盗息民安，风移俗易，皆得之于此。"①

与官方大力在全国乡村推行乡约教化的同时，明清时期的理学大家也都热衷于乡约的阐述和实践，如王阳明等便大力推行乡规民约之制，分别出现了《南赣乡约》、黄佐《泰泉乡礼》、吕坤《乡甲约》、刘宗周《乡保事宜》、陆世仪《治乡三约》之类名著。有的是用乡约行保甲，有的是融乡约、保甲、社仓、社学、乡礼为一体，如陆陇其在灵寿县申明乡约、乡长、保甲、地方之制，举乡约，让他们讲解孝悌睦姻之训，使之教于乡。名臣张伯行任福建巡抚期间，寓乡约于保甲，继承和发扬了吕坤的办法，并劝设社仓。后来在京户部侍郎时，又上疏设置社仓，提出一套寓乡约保甲于社仓的独特办法。汤斌在潼关曾力行社学、乡约、义仓、保甲四事。他推崇吕坤，说："惟于保甲、乡约、社学、义仓加之意而已。又曰《实政录》不可不读。"② 魏裔介上疏（1655 年）说乡约自明末以来成为虚文，建议顺治皇帝"凡以一道同风，使民务于孝弟力田，而国家收富强之用。至于乡约六谕，教民旌善惩恶之事，春秋修举，勿视为故事，则民皆有淳朴向化之思矣"③。陈宏谋大力提倡"乡约"，用来培养当地百姓和士子的良好秉性。"乡约行，则一乡之善，恶无所逃，盗息民安，风易俗移，皆得于此"，"凡为忠臣，为孝子，为圣世良民，皆由此出"④。

（二）乡约介入少数民族的社会基层组织

长期以来，少数民族地区的村寨，都是由带有宗法性质和一定民主色彩的社会基层组织"都老"、"石牌"、"款"等村社组织和习惯法控制着，如广西融水及黔桂边的苗族地区，流行埋岩，埋岩又称竖岩，苗语叫

---

① 陈宏谋：《四种遗规》，《从政遗规》卷下"高忠宪公责成州县约"，清光绪十七年开封府刊本。

② 汤斌：《汤子遗书》卷 1，《柘城窦克勤日录》，《四库全书》第 1312 册，上海古籍出版社 1987 年版，第 434 页。

③ 魏裔介：《兼济堂文集》卷 1，《兴教化正风俗疏》，《四库全书》第 1312 册，上海古籍出版社 1987 年版，第 661 页。

④ 陈宏谋：《四种遗规》，《训俗遗规》卷 2《王孟箕讲宗约会规》，清光绪十七年开封府刊本。

"耶直"。岩规岩约只是口头宣布，村寨全体人员必须遵守，具有权威性和法律效力。岩规岩约的基本内容和基本准则是世代相承的，因而形成以理歌理词形式口头传述的古理古法。侗族的款约，具有乡规民约性质。瑶族石牌条规，也就是石牌组织内的法律，瑶族又把它称为"料令"、"班律"、"会律"、"律规"等等，它是由石牌组织内的瑶民，根据本地区生活环境和社会需要而制定出来的，是镌刻在石板上或书写在木板上、纸上的成文习惯法，传说从明洪武八年五屯千户覃福统治起，大瑶山就开始有了石牌律。除了宗法组织的规章款约外，控制他们的还有习惯法。所谓习惯法，就是被民族社会成员集体认可，并赋予其法律效力的那部分风俗习惯，每一个少数民族都有自己的习惯法，其内容涉及民族社会生产、生活的每一个重要方面，诸如生产、婚姻、头人产生、财产继承、债务偿还、处理冲突和纠纷、惩治犯罪者等。

从明清以来，特别是雍正改土归流以后，随着乡约在少数民族聚居地地区宣讲和发展，促进乡约教化措施的落实，由"都老"、"石牌"、"款"等村社组织和习惯法控制的村寨，发生了变化。首先，由官府控制的乡约，通过宣讲等形式介入普通民众生活，明尹廷俊万历间知永宁州，"为立乡约，朔望集老稚，惓惓训诲之。三年之间，刑清讼息"①。戴梦熊，清康熙二十二年（1683年）任上思州知州，为宣讲乡约，选派12人组成两个组，每人带上《乡约全书》1册，一组在城里，一组在各乡村，向街民、村民宣讲乡约。每逢初一、十五，召集大小村屯的村民听宣讲乡约，要求人人遵守，以此劝导村民发展生产。全祖望弟子董秉纯，乾隆间为广西那地土州州判，"先生莅任，禁踢歌鬼师，划除毒草，集乡耆讲乡约，俗为之变"②。随着乡约深入广西少数民族聚居地，它日益与既有的组织如瑶老制和石牌制度、"榔规"、"款约"结合，成为官方礼教下达民间社会的主要途径。其次，也随着乡约被赋予承应官府的职能后，顺治年间，"都老"、"寨主"也逐渐被官役化，御史李日芃在谈及耆老时说耆老，"不过宣谕王化，无地方之责，非州县乡约比"③。最后民间宗法组织

---

①　汪森编，黄盛陆等校点：《粤西文载》卷66"名宦"，广西人民出版社1990年版，第109页。

②　徐世昌：《清儒学案》卷70"谢山学案"，人民出版社2010年版，第1837页。

③　乾隆敕撰：《钦定皇朝文献通考》卷21，《职役》，《四库全书》第632册，上海古籍出版社1987年版，第444页。

演变为为官方服务的基层社会组织，各民间宗法组织普遍由单纯宗法向政治权力、综合管理转变，对内维持地方治安和组织生产，并曾代表中央王朝向成员征收租赋、征派徭役、稽查奸宄、催征钱粮和调处纠纷；对外征调打仗，宗族组织有明显的政治化倾向，地方乡村自治演变为乡村的政府管控，成为宗法组织的共同职能。

清至近代，"天道"、"五常"①、"天理"② 等词频繁出现在"乡规"、"禁约"中。不仅如此，清代至民国期间还产生了如万承土州有《万承土州冯庄坛邑两村乡规碑》、龙胜《潘内杨梅屯乡约碑》、平果县《陇尧村规约石碑》、罗城仫佬族自治县《小长安何家众立禁碑》、大梧村《禁约碑记》、靖西县武平乡立录村《乡规民约碑记》等"乡规"、"禁约"。其设乡约的目的如道光十五年的《邑内村规民约碑》北面碑文所述：

> 乡约之设原为圣德宪恩讲劝，以敦风化事。盖无常性，每随习俗，使日闻正言、习正事，移而为正。闻邪言习邪行，移而为邪。是故，入芳（芝）兰之室，久而不闻其香；入鲍鱼之肆，久而不闻其臭，理固然也。劝化此，端风俗，正人心也。兹理别，俾为父慈子孝，兄仁弟义，圣人大道也。③

又如广西龙胜红瑶聚居区潘内、金坑等地的"乡约"：

> 盖闻奉上明文，以截盗源，以地面，□安良善事。窃思国以民为本，民以食为天。我乡本邑瑶民，历年安分苦耕守法，礼依酋长而不乱也。上古之民，夜阁不闭，道今不古。□□□无籍，流离逃窜之徒，三五成群，四五余党，昼则壁上之虎。夜间云里之龙，身鸡犬不得安眠，带撬刀打墙挖孔，害良无厌，目击心伤，大则送官究治，小

---

① 广西民族研究所编：《广西少数民族石刻碑文集》，《兴安县大寨等村禁约碑》，广西人民出版社 1982 年版，第 126 页。

② 广西民族研究所编：《广西少数民族石刻碑文集》，《龙脊乡规碑》，广西人民出版社 1982 年版，第 155 页。

③ 广西靖西县县志编纂委员会编：《靖西县志》，武平乡立录村《乡规民约碑记》，广西人民出版社 2000 年版。

则贼游团公罚。

一禁不许忤逆不孝，冒犯尊长者，送上究治。

一禁不许卖□□……

一禁不得停留面生之人，不得私招铺点□□□□□□

一禁不许勾引外人来地索需□□油火事。

一禁桐棕竹木各管各业，不许恃横霸占，以强欺弱。

一禁瓜茄小蔡（或作"菜"）或茶不得乱盗乱丢。

一禁□□田中禾稻、包谷、米产子，仓库沉粮不得俞□

一禁各村后龙。恃强隐匿偷葬。

一禁大小事务地方头人理论不清，方控为□

首　□□□　候桥生　粟大气

事　□□□　粟应成　陈正田

粟载祥　周龙贵　陈笑为

粟仁发　陈弟贵　刘金发

　　　　　　周才胜　粟万田

　　　　　　粟贵朝　粟凤龙

　　　　　　粟弟胜　粟贵旺　……

　　　　　　粟龙田　陈长义　……（等）

　　　　　　粟明楼　粟金相

道光十八年七月

又武平乡立录村《乡规民约》碑记①：

特授广西镇安府归德州正堂加五级记录十次蔡为准立乡规民约，以敦民风，……嘉庆八年癸亥夏立于上浣候选儒亭学正堂唐昌令沐手谨书：

禁例：

赌博集盗不得窝藏。忤逆不孝不得过犯。

淫乱不仁不得妄为。禾麦菜蔬不得盗窃。

----

① 广西壮族自治区编写组：《广西少数民族地区碑文、契约资料集》，民族出版社 2009 年版，第 221 页。

山水生灵不得浇药。丘林树木不得砍伐。

来狗邻鸡不得偷摩。外来匪□不得容留。

本人外犯不得隐瞒。

以上犯者古例委置深潭今例火烧。

四时收拢不得忽略。禾谷黄熟不得放猪。

□□马误不得骗过。各处水潮不得开干。

田螺海鸭不得踏采。户口出役不得推脱。

潭口食水不得浣洗。田间水界不得相争。

事情发觉不得私合。

以上犯者罚钱三千，米？十，酒一□□

　　　　　　　　　　　　　　桂阳胡德溥　敬刊

这些乡约村规具有这样两个主要特点：（1）行政性。乡约虽是由各村村老或各家族头人或族长一起商订出来的，"奉上明文"，"圣德宪恩讲劝"透露此乡约官方性质和意愿，乡约产生后，每年清明节在祠堂开会向全村民众宣布，众人同意后，便刻于石碑，立于村头或写于木牌，分屯悬挂，体现的是国家意志。（2）道德性。过去习惯法主要为防偷禁盗、不能任意妄为、恣淫乱伦、防御外侮或匪盗等，近代"乡约"、"乡规"、"村规"增加了礼义廉耻、三纲五常等道德伦理内容，如光绪二十三年的《兴安县大寨等村禁约碑》就说："顺妻逆母，忤逆不孝，地方以不孝之罪治究。"[①]《潘内杨梅屯乡约碑》说，"地方各人，生身尽其孝道之恩，难报艰苦之情，不可忤逆不孝。如违私约，同众送官究治"[②]。

二　保甲介入少数民族的民间基层组织

（一）保甲法

与乡约一样，热衷于乡村道德人伦教化的理学人物，也非常重视乡村

---

① 广西民族研究所编：《广西少数民族石刻、碑文集》，广西人民出版社1982年版，第127页。

② 广西壮族自治区编写组：《广西少数民族地区碑文、契约资料集》，民族出版社2009年版，第185页。

社会的安全管理，程颢就曾在晋城实行保伍法，"度乡村远近为伍保，使之力役相助，患难相恤，而奸伪无所容。凡孤茕残废者，责之亲戚乡党，使无失所。行旅出于其途者，疾病皆有所养"，"乡民为社会，为立科条，旌列善恶，使有劝有耻"①。程颢所实行的"保伍法"是一种建立在自愿基础上的互助组织。保甲制度正式创立于北宋王安石变法时期，是宋以来由官方自上而下推行的一种按照户籍编制来统治人民的基层行政组织制度和社会管理控制制度。明清时期，保甲制度得到官府的大力推行，对乡村的控制主要借助于保甲制。

（二）保甲的推行与明清少数民族民间基层组织

明代的翁万达，在平定大藤峡瑶壮百姓起义后，行保甲之法："使十家为甲，甲有总，五家为保，保有长，各就族类，择其稍有恒业，能通汉音者为之，每月每保，各以总甲一人，出官应役，讲解夷情。……使之习见化理，驯变夷风。"② 保甲组织发挥的职能，涉及政治、社会、经济等诸多领域，主要发挥治安管理、户口统计、信息传递、踏勘查验、迎官接送、飞差勾摄、钱粮催征、经济干预、接收投状、民间调处、居间中证、民间教化、社会救济、强制执行等各类职能。王春复嘉靖年间为广西布政参政，驻扎宾州，"出系囚、编保甲、立壮市，期民方赖为安"③。《明神宗实录》万历十六年十一月庚申条所引巡抚广西右佥都御史刘继文《制驭粤西土夷切要四事》记载说："立村长以约獞丁，瑶僮素为民患，迩来略知向化，然类聚群争，易启衅端。宜于错居村落，编成排甲，立一甲首。使明约束，不率者稟究，庶夷俗可以渐变，而边围可以永安也。"④ 沈近思，任广西南宁府同知，因南宁山险多盗，力行保甲，严督缉捕，一年之内，四境安宁。从这些史料可以看出，乡村社会秩序的稳定与否是关涉王朝统治命运的根本问题，因而保甲制实施的真正目的，就是要把高度分散在乡村的社会成员纳于政权的直接监控之下，从而达到平衡或制约的

---

① 程颢、程颐著，朱熹编：《二程集》卷 11，《明道先生行状》，中华书局 1981 年版，第632 页。

② 陈子龙等选辑：《皇明经世文编》，中华书局 1962 年版。

③ 李清馥：《闽中理学渊源考》卷 69，《四库全书》第 460 册，上海古籍出版社 1987 年版，第 673 页。

④ 《明神宗实录》卷 205，《制驭粤西土夷切要四事》，台湾"中央"研究院历史语言研究所校印，1962 年，第 3 页。

目的。清初康熙年间，"编户僮村"，即把壮民登记在册，把壮民正式纳入国家行政系统之中。清代在部分瑶族聚居区曾设立瑶长、瑶练等职，这大致是中央政府实现对瑶族进行政权控制的较早的、基本的形式。民国期间在大瑶山设立"化瑶局"和"设治局"，后来改为保甲制度。

随着保甲制在乡村的推行，乡村的民间组织管理模式受到了冲击，以家族成员为对象、以家族为单位的自治，介入了以保甲为单位的政府管控，如南宁天等县镇结土官发布的《力行保甲设哨守望特示》说：

> 上宪力行保甲，原以禁盗安民立法，实为至善，……自今伊始，该村务于村头紧要处所，设立望亭，照依所编。无牌保甲，该甲长督敕分批，每夜十人轮流守望，周而复始。……一有失事，定将该保甲人等，从重治罪，不稍宽容，毋谓言之不预也。①

又如仫佬族大梧村《禁约碑记》②：

> 朝制度，律条乡党，严立禁约，所以束人心，敦风俗也。……蒙县主晓谕各村，务要设立条款，标明禁约，俾乡村土民人等，设立十家为甲，一甲有长，相友相助，而亲睦着焉。吾等四村，异姓同心，遵奉上宪碑文。县主法令于道光元年胪列条款，呈禀县主批准，谭批准，赏发禁约册本，盖印过珠，给与甲长遵照，务必严令约束，村内甲下之人，俱要奉公守法，无生异念，无犯禁条。有不遵干犯者，甲上秉公议罚，充归庙费用；或有顽梗，甲长指名送官究治。兹众等协心合议，备叙禁条勒碑，俾后目睹心惊，自然革面革心，庶几奸宄除而浇漓绝，古处敦而浑噩复。而唐虞三代之沐风，不难再见于今日也，是为序。
>
> 一、村内设立甲长，挨户连环保结，如有甲内容贼纳匪，或聚众赌博，因而盗窃牲头杂物，邻右知情不报，甲长查出，邻家一体同罪。

---

① 广西壮族自治区编写组：《广西少数民族地区碑文、契约资料集》，民族出版社2009年版，第128页。

② 同上书，第238—239页。

一、村孤愚民，被土棍勾引外匪勒索者，甲长各要纠齐捆解送官。如甲长置若罔闻，系与土棍串计勾引，邻右查知禀究，甲长同罪。

一、村内生理些草，及岗内岭上所种生理等件，如有被贪心男女鼠窃，在甲长处理，如抗不遵，许甲长送官究治。

一、村内所犯，即在甲长说息，村内及外人不得借以私合妄禀。

一、村内恐有挟嫌，借以甲长势，捏指乱害，官查确实情，甲长不得妄从一面之词，即行送官，如有查确实挟仇，即以反坐论，送官究治。

虽然说在基层社会中真正发生作用的控制组织，并不仅仅依赖于单一的保甲制，根植于血缘基础上的民间宗族组织系统始终发挥着不可替代的作用，但具有十分浓厚的官方色彩和背景的保甲制的推行，对民间宗族组织的"因势而利导之"，从而引起了民间宗族组织性质和职能发生着变化。晚清到民国，保甲制进一步蜕变为农民自卫组织"团练制"，仫佬族民国初年，设立了团总、保董、甲长等。毛南族至民国时期，乡、村实行"团甲制度"，下面是《靖西县志》的《团练碑记》，全文抄录如下：

从来弭盗贼以安良，善笃人心，以振古风，则团练尚焉。夫团练之设，非出一乡一邑之私也，实奉我本朝圣谕，保甲良策，兹我州南上下甲阃洞，云隼广口神前公议，奉官举一团长，分派各村设一练头，协力同心，互相口闲，村置一楼，楼设一鼓，遇有被劫，击鼓为号，群起而守其要害，查其行踪，使盗贼无处逃匿，所谓寓兵于团练中也。举凡村落闲乡，无容赌博游食。古庙荒郊，不许匪类泊迹。或内焉家居，勾引窝藏，宜加纠察。或外焉来路，乌合扰乱，会团缉捕，即刻送官，以彰国法，以正人心，以厚风俗。约我同人，实心奉行，毋假济私，毋受贿陈情。自有团练之益，无团练之累，庶乎？安堵无恐，保身家而享太平之福，岂不懊乐。署理归顺州正堂加五级，记录十次施为，再申团练之法，以靖地方事。照得御盗贼之法，莫善于团练。近来抢劫之风日甚一日，非团练实不足以咨捍御。前经本州岛叠次出示举行在案。兹据旧州圩武生符乔楚呈称：众村公举该生为

团长，恳请给示，以定章程。除此示外……制约此示。许旧州街上下
邻村知悉，尔等既愿公举武生符乔楚为团长，若教之不悛，即送官正
者，团长会同其父母亲，组缚送官究治。①

清道光二十八年八月初二

靖西的《团练碑记》所显示的规模远超保甲制，以洞为单位，一洞可能
下辖数个村落。其组织形式更加的严密，一洞设一团长，一村一练头，村
置楼，楼设鼓，如有盗情、险情，击鼓为号。团长、练头等为专职人员，
负责乡村治安、保卫工作，可能平时还要参与训练，即所谓"寓兵于团
练中"。但《团练碑记》并没有对团长、练头的工资待遇及其所出、每一
家是否承担巡防任务等加以说明。不管怎样，它说明封建政府已在壮族、
瑶族、侗族等少数民族地区设置了团局练丁等封建基层统治机构，并利用
"款首"、"寨老"兼任团总，把石牌、款等组织纳入了封建统治体制之
中，渐渐地取而代之。

三 社仓等政府救济形式的推行与影响

广西少数民族地区的救济，在很长一段时间里，以宗祠救济组织为
主。宗祠救济本着"敬宗收族"、"亲亲"之意进行。瑶族宗祠的救济对
象包括：一是房族中贫困不能举火之人；二是族中孤寡残疾之人；三是族
中无力嫁娶及无力丧葬者；四是遭遇意外事故而濒临破产之家。比如贺县
新华乡瑶族规定：鳏寡孤独由亲属或同房各户照顾，遇有困难要互相帮
助，家庭不睦，互相调解。这里特别值得一说的是宗祠在对待老人和孤儿
弃子问题上的做法，在民间，清以前，出现一种以宗祠的名义从养济院那
里领取同姓的院民，或者没有后代的人领取养济院的孤儿弃子作为后代的
情况，而养济院由于经费不足则乐于给予，"有愿为子孙者，登诸籍而予
之"，"本家有访求者归之"。各宗祠之所以出面领取，出于两方面的考
虑，一是广西各民族历史上均行男子承嗣制，夫妻没有生育或只生女儿
的，多半接养男孩以承继宗祧，"不孝有三，无后为大"，在宗法观念强
烈的广西各民族，传宗接代被看得十分重要。二是本宗族的人认为有老人

---

① 广西靖西县县志编纂委员会编：《靖西县志》，武平乡立录村《团练碑记》，广西人民出
版社 2000 年版。

和孤儿流浪在外面，特别是老人，体现宗族的不和睦，有伤风气，玷辱祖宗、宗族。在宗亲观念下，宗祠只好从养济院、弃婴堂那里领取本姓的老人和孤儿回来供养。

族内救济的具体途径一方面通过义田、义仓、学田、义屋、义冢等公共财产收益实施救济，另一方面就是成立救济互助组织，如东山瑶族成立的互助组织有：（1）谷玉会组织。全州东山弄岩中村有一公山，为了保护此山，该村群众每户出一人轮流上山巡查，不让外人偷柴砍树。若外村人需用柴，可用田出租来换取木柴，于是谷玉会每年可收稻谷一担，所收稻谷外借，年利30%。（2）农仓会。以村为单位，每户出稻谷若干，集中起来放债，年利30%，轮流保管。苗族的劳动互助组织一般是以聚居的自然屯为单位自由组合。农忙时，几家劳力大致相等的农户，组织起来互相换工，轮流到组内各户干活。不要报酬，只由主家管饭吃，帮工者不在主家吃饭，就获得主家给予的一升谷子、一葫瓢饭；如果帮工的人自己无田换工，主家除了请他吃饭外，还送他一升米，一葫瓢饭做报酬；有的主家是困难户，无法管饭时，帮工者在自己的家吃饭。（3）"根惠"组织。不少壮族人聚居的地方，还成立有互助的储金组织"根惠"，由寨里较富裕的人家发起，参加者都是本寨的人，自愿参加。发起人串联好入股人之后，即杀猪设宴，招待大家聚餐，并收纳股金，"根惠"组织成立。入股的股金多少不限，没有现金的交粮食也可以。借款方法，是抽签轮流借。次年偿还，借款金额不限，但还款时必须多于借款额的20%。广西全州县东山瑶族社会历史中还有一种宗族共财的特殊形式——家族互助会。其组织形式有谷雨会、清明会、农仓会等，在于救济族内贫困少地者，以保证整个家族的团结，防止分裂，该组织的基金是从全亲族公产收入及参加成员中集资而来的，该组织的基金流向面对全宗族，谁遇困难，谁就可以申请借用，宗族祭祖等重大活动也可用这笔财产。

其实，在广西少数民族聚居地，虽说在很长一段时间以宗祠为主，但也存在政府的救济行为，例如社仓就是其中之一。

"社仓"，也称义仓，其作为一项正式的制度，源于隋朝。义仓设于民间，故有社仓之称。但随着隋唐时期义仓移至城市，社仓不复存在。南宋魏掞之[①]，"后依古社仓法，请官米以贷民，至冬取之以纳于仓。部使者素敬掞之，捐米千余斛假之，岁岁敛散如常，民赖以济。诸乡社仓自掞之始"[②]。在他的影响下，朱熹淳熙八年冬十一月，在建宁府崇安县开耀乡立社仓法，以此设仓于社，藏粮于乡，以备饥歉，并颁布《社仓事目》。社仓粮来源于县府借贷的六百斛官米，社仓采用保甲法统计人口，作为支领借贷的凭据。社仓支贷的程序经过是：人户提出申请，队长、保长、社首、保正副层层申报。即使本人亲自到社仓，各级乡官也要到场验明正身，填写"请米状"，才给发米。在"请米状"里，明确了借还时间、数量以及利息计算等内容。社仓行使后成效大著，不仅还清了原来从官仓借的米，本地积下仓米石，并且自建仓库贮藏。所以，朱子说，"其法可以推广，行之他处。欲望圣慈行下诸路州军，晓谕人户，有愿置立者，州县量支常平米斛，责付本乡出等人户主执敛散，随宜立约，实为久远之利"[③]。淳熙九年六月八日，又发布《劝立社仓榜》，重申社仓在赈灾备荒、济贫安民等方面的意义。

自从朱熹建立第一所社仓到奏请孝宗颁诏天下后，"诸遂皆有仓"[④]，"今社仓落落布天下，皆本于文公"[⑤]。至少有 11 个路的 40 多个州（或府、军）、县仿朱子社仓法建起了近千所社仓。朱熹的再传弟子真德秀于嘉定年间就曾在长沙府一带奏请在十二县设置了社仓百所[⑥]，总存储量为九万五千余石，"先生尝效朱文公之法，立社仓于潭，规画灿然，垂

---

　　① 魏掞之（1116—1173），字子实，人称艮斋先生。建州建阳（今属福建）人。师胡宪，与朱熹同游。两以乡举试礼部不第。筑室读书，榜以"艮斋"。其于学无不讲，尤长于前代治乱兴废存亡之说。曾以布衣召对，极陈时务。劝上以修德业、正人心、养士气为本。赐同进士出身，守太学录。日进诸生教诲，又增葺校舍。认为"太学之教，宜以德行经术为先，其次则通习世务"（《宋元学案·刘胡诸儒学案》），反对专以空言取人。后罢为台州教授。魏掞之与朱熹关系深厚，乾道四年魏掞之因议论曾觌被罢职，朱熹一气之下，也力辞不任枢密院编修。

　　② （元）脱脱等撰：《宋史》卷 459 "隐逸下"，中华书局 1995 年版，第 13496 页。

　　③ 朱杰人等主编：《朱子全书》卷 99，《社仓事目》，上海古籍出版社、安徽教育出版社2003 年版，第 4600 页。

　　④ 社仓：《永乐大典》卷 7510，《四库全书存目丛书补编》，齐鲁书社 2001 年版，第 58—72 册。

　　⑤ 刘宰：《漫塘集》卷 22，《南康胡氏社仓记》，《四库全书》第 1170 册，上海古籍出版社1987 年版，第 587 页。

　　⑥ 真德秀：《西山先生真文忠公文集》卷 10，《奏置十二县社仓状》，《四部丛刊》第 208册，上海书店 1989 年版，第 17 页。

惠无极"①。嘉定末，各地所行之社仓，仍"皆以熹之已行者为式"②。到了明嘉靖八年（1529年），明世宗命各地按旧制设立社仓。清康熙四十二年（1703年），清政府也曾诏令各州、县村社设立社仓，收贮米谷，使之能在荒年而不至于缺乏接济，于是各地依令普遍设立社仓。其办法完全与朱子社仓制同。而后，整个清代都坚持实行这种荒政措施。

在广西，作为赈灾救荒措施之一的社仓制度，早在宋代就得到施行。周去非就曾建议设立社仓，他说：

> 广西斗米五十钱，谷贱莫甚焉。夫其贱，非诚多谷也，正以生齿不蕃，食谷不多耳。田家自给之外，余悉粜去，曾无久远之积。富商以下价粜之，而舳舻衔尾，运之番禺，以罔市利。名曰谷贱，其实无积贮尔。州郡久不赈发，一连遇大凶年，米斗仅至二百钱，则人民已有流离之祸，州县拱手，无策以处之。然则谷贱之果不足恃也如此。若夫以新易陈，在州郡所得为之事，日敛日散，曷不于乐岁广粜以为之备乎！③

在绍定年间，张垓就在横州设立社仓。张垓，字伯广，金华人也，叶适门人。绍定中知横州，横土瘠民贫，家无余藏。一旦遭遇旱涝，无假贷之所，"垓置米千石，立为社仓，民赖之"④。

明政府就十分重视社仓、义仓建设，积谷以赈灾。林春茂在怀集设义仓，"余治怀之三年，诸废坠稍举，而尤至于义仓。……于是捐资每里立一义仓，每仓置五十石，令民出粟，每亩二升助之，榜之通衢"⑤。

有清一代，达到前所未有的水平，社仓建设已经相当完备，以清代前中期下列地方的社仓建设为例：

---

① 王迈：《臞轩集》卷5，《晋江军储仓记》，《四库全书》第1178册，上海古籍出版社1987年版，第515页。

② 马端临：《文献通考》卷21，《市籴考二》，《四库全书》第610册，上海古籍出版社1987年版，第493页。

③ 周去非：《岭外代答》卷4"常平"，《四库全书》第589册，上海古籍出版社1987年版，第427页。

④ 汪森编，黄盛陆等校点：《粤西文载》卷63，广西人民出版社1990年版，第400页。

⑤ 汪森编，黄盛陆等校点：《粤西文载》卷44《怀集义仓碑》，广西人民出版社1990年版，第297页。

太平府崇善县（今广西崇左）：康熙四十年（1701 年），知县于沣既建社仓。

太平府永淳：雍正二年（1724 年），一在城外西圩，一在甘常屯，一在古辣圩不详。

归顺州：乾隆十二年（1747 年），社仓在州署外，武平、福峒、荣劳、上勾、壬庄、化峒不详。

镇安府奉议州：嘉庆二年（1797 年），在州署内州判刘畅。

永安州：在州署内知州丁亮工（雍正六年闵家权增建）。

怀集县：雍正二年（1724 年），十三乡堡各一，知县陈廷嵩设。

罗城县：武阳镇巡检司建，时间不详。

融县：一在县堂右，一在长安镇，一在思管镇，所建人和时代不详。

东兰州：社仓在州治，所建人和时代不详。

东兰土分州：在州同署左，所建人和时代不详。

思恩府：所建人和时代、地点均不详。

泗成府：所建人和时代、地点均不详。

自清初以来，广西少数民族的救济方式多由宗祠为主逐渐转变为官方救济为主、宗祠为辅的救济方式和格局，各州县广泛建立了收养老、弱、残、疾、乞丐、弃婴、无主尸的福田院、居养院、安济坊、慈幼局、漏泽园等常设救济机构，施棺掩埋、收容残废、抚孤育婴、赠医施药等，对各类贫困者进行较全面的社会救济。据清人谢启昆的《广西通志》中提及设有养济院的州县就有 64 个，例如，邕宁县在清建有育婴堂、养济院、茕独院、华云善堂、同仁善堂、保爱善堂、福生医院等救济机构。其经费大多来源于田租，如康熙六十一年，知府黄之孝建的茕独院，"并捐修取租铺房，乾隆六年，铺房毁。七年，知府苏士俊，率知府宋敞，捐资重建，仍收租以赡鳏寡"[①]。有 14 个州县有义冢，如在康熙年间，思恩知县鲍复创建了义冢，并写有《义冢记》："思恩在广西为最僻，万山之中，瑶壮环处，丧葬之礼，素所未闻。至若鳏寡孤独，无所为者，则漫不相

---

① 莫炳奎纂：《邕宁县志》卷 4，《中国方志丛书》第 209 号，台湾成文出版社 1967 年版，第 1622 页。

恤，听其委弃于山岗水涯而已，……余遂捐俸买之，而义冢之事以成。"①
这个改变，除了政府公权力的介入外，也与明清以来入桂理学之士的积极
介入分不开，如谢启昆在任上，倡修了养济院、医学署等，同时积极救助
孤苦无助之人，这正体现了他在《饬各属广收孤贫增给口粮檄》中所说
的"视民如伤、恫瘝在抱之至意"②。

总之，乡约、保甲、社仓、社学的缘起和发展，与理学的乡治理念有
关或缘起于理学，但它们都有一个官方化的过程，这些具有官方背景的乡
治措施，对建立在血缘关系上的宗族组织起到了演变、包容的作用，对少
数民族宗族文化产生了深刻影响。

第六节　宋明理学影响下的广西少数民族习俗嬗变

所谓习俗，即自发形成的或约定俗成的风俗习惯。广西少数民族风
俗，自唐宋以来多被人称之"陋俗"、"恶风"，其具体情形见表3—3：

表3—3　　　　　　　　广西少数民族风俗

地域		宋元明清	文献出处
桂林府	永福	遵吉凶之礼，尚节俭，地连溪峒，民僮杂居，人多椎鲁。	《广西通志·舆地略八·风俗一》卷87
	义宁	士笃行谊，耻浮薄，民性质朴，务耕种。	
	全州	士子读书，登科甲者甚众，君子有齐鲁之风。西延壮瑶杂居。	
平乐府	修仁	民知礼，僮信鬼喜歌。	《广西通志·舆地略八·风俗一》卷87
	平乐	宋已有科举人才。民多粤东及全州人，文风颇盛，前代科目，壮瑶开化。	
	贺州	壮瑶信鬼占卜，初化。	
	永安	清代以后，壮、瑶仿摹汉人革陋习者，十之六七。	
	富川	士子文章相师，瑶性犷悍。	

---

① 谢启昆：《广西通志》"经政略四"，广西人民出版社1988年版，第4369—4474页。
② 谢启昆：《树经堂文集》卷4，《续修四库全书》第1458册，上海古籍出版社2002年版，第324页。

续表

地域		宋元明清	文献出处
梧州府	梧州府	宋多俚僚。梧州，士民惟知力穑，罔事艺作。尚师巫，婚聘男女不行醮礼，信讼师，客民闽、楚、江、浙俱有，惟广东人多，专事生息。	《广西通志·舆地略九·风俗》卷88
	滕州	宋多夷僚。良材秀民，好学者多。	
	南仪州	夷僚	
	苍梧	山林壮瑶亦知以陋习为耻，彬彬日变矣。	
	怀集	士民性习简朴，山林壮瑶初化。	
浔州府	贵州	乌浒诸夷合骨，婚俗与中原不同。士多志学，虽贫亦延师教子。崇尚廉耻，风土温厚。	《广西通志·舆地略九·风俗二》卷88
	桂平	民瑶杂处，衣冠礼仪，崇尚淳朴。	
	平南	民俗淳朴，士慕文儒。瑶僮信巫鬼，重淫祀，椎髻箕踞，乃其旧风。	
	武宣	民物淳良，山林瑶僮。	
柳州府	融州	融水全县民族的分布特点如民谣所说"高山瑶，矮山苗，平地汉族居，壮侗居山槽"。瑶人预圣节锡宴，舞乐。	《广西通志·舆地略八·风俗一》卷87
	象州	民俗淳朴，诗书之家，僮瑶男女成群。俗好淫祀，以鸡骨卜吉凶。	
	马平	清多尚诗书，有邹、鲁之风。山中民杂僮瑶。	
	雒容	僮居十七。喜唱歌，春秋相聚戏嬉，婚娶概用牛豕。	
	罗城	信神，婚姻不遵媒妁之言。	
	柳城	遵法禁，好诗书；僮瑶土人信鬼。	
	怀远	士尚儒雅，女务纺绩。	
	来宾	近郭城居，民多朴淳，远乡皆僮人。	
庆远府	庆远	其乡，瑶僮杂居，天河、思恩，又有伶僚、仫佬、俫伴、俍、侗。土民陋俗，惟知踏歌婚姻、丧逾百日，始吊唁；俗尚鬼故，占卜。	《广西通志·舆地略八·风俗一》卷87
	宜山	汉民遵礼，有"结孝"互帮组织，瑶人山居，信巫鬼。	
	河池	瑶僮十居八九，信鬼占卜，寨老控制乡村。	
	思恩	民风近朴，不事诗书，崇巫鬼。	
	东兰	不懂诗书	
	土州县	南丹好斗，忻城原始，永定与中原同，永顺瑶人不知伦理，死多不葬。	

续表

地域		宋元明清	文献出处
思恩府	宾州	瑶僮杂处，不事《诗》、《书》。以歌择偶，病不服药，专尚祭祷，死丧必用佛事。王阳明后，秀良子弟，知读书习礼。冠婚丧祭，几近中州。	《广西通志·舆地略八·风俗一》卷87
	武缘	壮，安于朴素。	
	迁江	瑶、僮杂处，俗信巫鬼，不习诗书。	
	上林	皆土著，风化所被，人文蔚兴，向有瑶佷今亦向化。冠婚丧祭，一遵古礼。	
	田州	服器俭啬，粗知礼义。	
	古零	官除子弟，劝学发蒙，亦有慕声名修伦让者。	
南宁府	南宁府	士风渐兴，人知尚礼。邕州，少数民族聚居，椎髻跣足，尚鸡卜及卵卜。	《广西通志·舆地略九·风俗二》卷88
	横州	人重廉耻，尚文学。山谷半僮瑶，始知礼仪。三梁故县，乌浒所巢。信巫鬼，瑶、僮居山林。	
	宣化	五方儇子踩杂其间。农耕士读，无异中州。远乡土僮，答歌火葬。	
	新宁	城居者崇礼让，有诗礼家。七都，未免蛮习，男女歌答。	
	隆安	杂居，民尤重祭祀，春露秋霜，虽贫贱之家，酒醴牺牲，必竭诚敬。婚姻甚简，丧祭过奢。	
	永淳	习诗书	
	上思	城里人衣冠知尚学，循理法。乡则少数民族，病则祀神，婚论门第，乡村火葬。	
	归德	俗陋不事诗书，歌唱婚配。	
	果化	土瑶裹头跣足	
	忠州	民愚，今颇诵读，不通礼义而畏法，殡乃火葬。	
	迁隆	鲜版籍，丰年聚庐以居，荒则散佚。	
泗城府	泗城府	信鬼占卜，骨肉知亲爱，犹不失上古遗风。	《广西通志·舆地略八·风俗一》卷87
	凌云	初沾礼教	
	西隆州	好疑重鬼，和歌。	
	西林	山林壮族，不读诗书，不通汉语，清渐自化。	

续表

地域		宋元明清	文献出处
太平府	太平府	少数民族聚居地，婚姻以唱歌踏青为媒，丧用鼓乐，病鲜求医，专事巫觋。	《广西通志·舆地略九·风俗二》卷88。太平、安平、万承、恩城土官，皆延师教其子弟，亦娴文艺。上龙司、江州、上下冻州、罗阳、罗白、龙英、凭祥、思陵、上、下石西州、茗盈、全茗、结安、佶伦、都结、镇远等地僻人稀，未能诵读。
	永康	山东人十之六，江南、河南、江西、广东人十之三。诗书传家，科第络绎。自改流后，民知礼义，士诵《诗》、《书》。婚丧之仪，俱不悖礼。	
	崇善县	土瑶杂处，士子诗书传家，彬彬礼教。	
	左州	改流后，渐知礼仪。	
	养利	"流官至此者，亦复夷之。""山顶瑶家山背苗，侗家河口走瓦桥，走到山脚听壮谣。"	
	宁明	改流未久，土瑶旧俗，民习《诗》、《书》。	
	思州	思明土府裁改，渐知读书敦礼。	
	龙州	改流后，渐变。	
镇安府	镇安府	不解诵读。婚冠丧祭，自随其习，城市有衣冠。	《广西通志·舆地略九·风俗二》卷88
	归顶	不谙礼仪	
	奉议	不谙礼仪	
	湖润寨	不谙礼仪	
	向武	鲜知礼仪，病则杀牲祭鬼。	
	都康	病不药而祭鬼	
	上映	鲜知礼仪	
	下雷	鲜知礼仪	

　　桂林、平乐、梧州、浔州等地不少瑶、壮已变为熟瑶、熟壮，习诗书、攻科举、尚礼仪，与汉人无二。这里所讨论的少数民族习俗更多的是集中在庆远府、南宁府、泗城府、太平府和镇安府这几个广西少数民族聚居地的婚丧嫁娶等习俗。宋明理学思想传入广西之前，广西本地各族的风俗习惯保持着一些原始巫教的气息，从这几个方面主要可以得知：

　　1. 没有祖宗概念，死丧不葬，或受火葬

　　在明代以前，壮族中并未形成祖先崇拜，有的只是对刚死父母的畏惧恐慌。父母死了，"子妇金帛盛饰，鼓乐歌唱以虞尸"①；"聚众搏击钲鼓作戏，叫噪逐其厉；及埋之中野，至亲不复送"②，所以周去非说："南人死亡，邻里集其家，鼓吹穷昼夜，而制者反于白巾上缀少红线以表之。尝闻昔人诗云：'箫鼓不分忧乐事，衣冠难辨吉凶人。'是也。"③ 孝子不悲，甚至也不掩埋，宾州，"百粤地，俍僮杂居，丧葬无礼"④。庆远所属土州县如永顺，民多古朴，"瑶人不知伦理，死多不葬"⑤，"亲戚比邻，指授相卖，父子别业，父贫则质身于子"⑥。如此，"尊祖重本"的观念难以形成，自然不会有慎终追远之情。

2. 婚姻嫁娶不合礼仪

首先是唱歌恋爱，没有父母之命，媒妁之言。宾州，"罗奉岭去城七里，春秋二社，士女毕集。男女未婚嫁者，以歌诗相应和，自择配偶"⑦。"峒女于春秋时，布花果笙箫于名山，五丝刺同心结，百纽鸳鸯囊，选峒中之少好者，伴峒官之女，名曰天姬队。余则三三五五，采芳拾翠于山椒水湄，歌唱为乐。男亦三五群歌而赴之，相得则唱和竟日，解衣结带，相赠以去"⑧。左州，"婚嫁唱歌踏青为媒妁，丧葬杂以音乐，饭僧为美观，则陋习之未尽化者"⑨。其次壮、瑶民间都曾有过"不落夫家"习俗。龙胜平等乡的花瑶，婚后头一年，新娘多住外家，只有逢年过节或男家有婚丧等事的日子，男家派人前往迎接，新娘才能过来。都安七百山弄瑶族妇女婚后不落夫家，生完孩子后才住夫家。最后有的地方还存在"产翁"

① 林希元修：《钦州志》卷 1 "风俗"，嘉靖十八年（1539 年）刻本，第 41 页。

② 解缙等编著：《永乐大典》卷 2339，《四库全书存目丛书补编》第 58—72 册，齐鲁书社 2001 年版。

③ 周去非：《岭外代答》卷 7 "白巾鼓乐"，《四库全书》第 589 册，上海古籍出版社 1987 年版，第 447 页。

④ 谢启昆：《广西通志》卷 87 "舆地略八·风俗一"，广西人民出版社 1988 年版，第 2792 页。

⑤ 同上书，第 2790 页。

⑥ 汪森编，黄振中等校注：《粤西丛载》卷 24 "土司蛮种"，广西民族出版社 2007 年版，第 1023 页。

⑦ 汪森编，黄振中等校注：《粤西丛载》卷 18 "风气习俗"，广西民族出版社 2007 年版，第 756 页。

⑧ 同上。

⑨ 谢启昆：《广西通志》卷 88 "舆地略九·风俗二"，广西人民出版社 1988 年版，第 2810 页。

之俗。"越俗，其妻或诞子，经三日，便澡身于溪河，返具糜以饷婿。婿拥衾抱雏，坐于寝榻，称为产翁。"① 又："南方有僚妇，生子便起，其夫卧床蓐，饮食皆如乳妇。稍不卫护其孕妇，病皆生焉。其妻亦无所若，炊爨鞘苏自若。"②

3. 信巫鬼卜算，巫风盛行

有病不吃药，杀牛杀赛鬼。明末的壮族，"椎髻跣足，间通汉音。架棚为室，寝处其上，其下杂畜牛马犬豕，不避腥秽。疾病不事医药，专信巫鬼，杀牲宰牛，罄竭所有。答歌为婚，不禁同姓。男妇专事耕种，无别生活。……性喜仇杀，好斗轻生。其妇女专畜蛊毒杀人。其男子出入，带刀自卫，或遇忿事拘提，则用以格斗拒捕，盖诚不容纯以汉法治者也"③。

改变"恶俗"，使之符合主流文化的价值判断，是少数民族的礼化过程，也就是理学家们津津乐道的"美俗"，这一改造，从宋代就大规模地开始了，集中见于明末万历至清乾隆初这一时期。具有理学背景的官员来到少数民族地区，如北宋时的黄庭坚，南宋时的范成大、张栻和周去非，积极劝善风俗，推行礼教。他们采取的方式和措施主要有：一是兴办学校，传达和推广礼教，通过士风影响民风，如康熙四十五年陈大辇在永安州，"定婚嫁丧葬之制，俾习而行之，建学以兴教，俗用丕变"④。二是发布禁止公告或劝谕文章，张栻一上任，即发表了《谕俗文》，所推行的，"莫非明义返本"之事，以心性、人伦来劝导风俗。梁凤翔康熙四十二年上思州知州，手书训语四条，"正男女内外之别，严师巫邪术之禁，广辟荒田，重禁私贩，风俗一改"⑤。乾隆八年两广总督曾下令禁"不落夫家"这种"淫风"、"陋习"。三是讲学礼仪，或恢复乡饮酒礼、三老等古礼，如嘉靖间夏美，为贵县知县，"三里瑶僮向梗化，公为建三老，给以法服，申谕礼制，远近归心"⑥。詹景凤，字东图，休宁人。万历间，摄梧

---

① 汪森编辑，黄振中等校注：《粤西丛载》卷18"风气习俗"，广西民族出版社2007年版，第757页。

② 同上书，第758页。

③ 顾炎武：《天下郡国利病书》第30册"广西备录"，《四部丛刊》，上海书店1985年版，第4页。

④ 谢启昆：《广西通志》卷253"宦绩录十三"，广西人民出版社1988年版，第6430页。

⑤ 同上。

⑥ 汪森编，黄盛陆等校点：《粤西文载》卷66"名宦"，广西人民出版社1990年版，第89页。

州。"诣八洞，……择少年美姿仪识文字者，以鼓乐旗帜道而谒学宫，与衣冠俎豆之士相周旋习礼容，诸洞蛮聚观以为荣，回心向道矣。"① 对于在该地区推行礼教的努力，汪森曾有过精辟的总结，他说："夷僚错居，古为藩服，文物普遍，今类中州。盖由张栻、吕祖谦之道化被于桂，……蹈义泳仁，月异而岁不同。甚至交趾之界，瑶僚之居，弃卉服而袭冠裳，挟诗书而延儒绅。太平诸府，材贤渐出。由是观之，革俗由政，为政在人，不可诬也。"②

风俗的改变也得到了壮族土官们的支持，他们认同礼教文化，认为壮族传统歌圩没有"父母之命，媒妁之言"，为"淫欲苟行"、"行同禽兽"，如土官岑镛"建义学，禁火葬，一改蛮夷之旧习"③，佶伦州冯氏土官出《禁陋习歌圩告示》，说：

> 禁绝陋习，以厚风俗事。照得防微杜渐，可免噬脐之虞，移风易俗，实属仁民之举。虽前代遗有成规，而今时何妨易辙。查州属□□，离州僻远，村民旧习，每于季春初四、十四、二十四三日为期，男女聚集，相对行歌，名曰歌圩。不思男女有别、圣贤垂训，岂宣赠芍报桃，以桑中斗上，俾以私期相约，致瓃闺阁之玷，羞恶廉耻，置心不顾。且其间有宵小不良之辈，借以趁圩为名，乘隙抢夺，酿事匪轻，不得不予先严也，合行出示晓谕。④

又《严禁歌圩以正风俗特示》：

> 夫妇关乎人伦，婚姻贵乎正。始古来，男女嫁娶纳采合卺，各有正礼，以成配偶，诚无可疑也。至采兰赠芍淫风滋起，在昔见刺于诗

---

① 汪森编，黄盛陆等校点：《粤西文载》卷66"名宦"，广西人民出版社1990年版，第108页。

② 汪森编辑，黄振中等校注：《粤西丛载》卷17"琐事杂记"，广西民族出版社2007年版，第703页。

③ 谷口房男、白耀天编著：《壮族土官族谱集成》，《田州岑氏源流谱》，广西民族出版社1998年版，第251页。

④ 广西壮族自治区编写组：《广西少数民族地区碑文、契约资料集》，民族出版社2009年版，第129页。

人，至今大干律法。……知士民有互歌定配之习尚，……而并不见有
父母之命，媒妁之言。此等廉耻，形同禽兽。本府不胜骇异，借此为
名，男女混杂，淫欲苟行，伤风败俗，莫此为甚。合行出示禁为
此示。①

在儒家掌握话语权的古代中国，非儒家或非礼教的思维方式和行动规
范将饱受强大的舆论压力，这种情况在汉代"独尊儒术"之后基本成形，
整个社会的格局都是由礼教所确立，从皇帝的饮食起居规范、选拔人才的
科举考试到普通民众的平常日用、婚丧嫁娶，都由礼教思想所规范。通过
史料的支持，清代中叶时期的广西，因地域的偏远和民族的多样性，始终
并未融入中原的主流文化形态之中，并未形成有典型的礼教色彩的宗法伦
理制度，也并未普遍接受儒家忠孝观念衍生的婚聘、丧葬等仪轨，原始信
仰依然维持着精神世界的根基，同时儒家的"诗"与"礼"的教化在个
别地区也萌发出些许生机，依据《广西通志》的记载，平乐府下辖平乐
县，宋已有科举人才，民多粤东及全州人，"文风颇盛，前代科目，得人
甲于诸郡"②。平乐府下辖贺县，"士知力学，力登科甲"③。柳州府下辖
马平县，清多尚诗书，"有邹鲁之风"④。怀远县"士尚儒雅，女务纺
绩"⑤。思恩府下辖宾州县，"瑶僮杂处，不事《诗》、《书》，自明建学，
粗知礼义。……自王文成治后，秀良子弟，知读书习礼。冠婚丧祭，几近
中州"⑥。南宁府下辖各县的状况要乐观一些，武宣县，婚嫁习惯有问名
（俗称议婚）、纳采（俗称订婚）、纳币（俗称送礼）、亲迎（俗称迎亲）
诸礼俗。横州县"人重廉耻，尚文学"⑦。新宁县"流寓城居者崇礼让，

---

① 广西壮族自治区编写组：《广西少数民族地区碑文、契约资料集》，民族出版社 2009 年
版，第 130 页。

② 谢启昆：《广西通志》卷 88 "舆地略九·风俗二"，广西人民出版社 1988 年版，第 2797
页。

③ 同上书，第 2798 页。

④ 谢启昆：《广西通志》卷 87 "舆地略八·风俗一"，广西人民出版社 1988 年版，第 2787
页。

⑤ 同上。

⑥ 同上书，第 2791 页。

⑦ 谢启昆：《广西通志》卷 88 "舆地略九·风俗二"，广西人民出版社 1988 年版，第 2808
页。

彬彬文物。俗尚俭约。……犹有诗礼家风"①。上思县城里人"衣冠知尚学，循理法。乡村之民，浇悍未化，……病则祀神，婚论门第，悉从俭约，城厢土葬，乡村火葬"②。思恩府的古零县"官除子弟，劝学发蒙，亦有慕声名修伦让者"③。上林地区，"冠婚丧祭，一遵古礼。风化所被，人文蔚兴，间有瑶伢今亦向化"④。瑶壮等"向化"主要体现在：

1. 祖先观念相应地演化为孝敬父母、老人的伦理思想

如光绪二十八年（1902年）大瑶新村山子瑶神书中《民官唱》中有一段"十般劝"："第一劝君敬父母"，"第二劝君敬三王"，"第三劝君敬神福"，"第四劝君行平等"，"第五劝君行正直"，"第六劝君敬五谷"，"第七奉劝君莫以穷富论亲疏"，"第八劝君行良善"，"第九劝夫妻要相忆"，"第十劝君要耕种"。又壮族师公经书《二十四行孝》，多次强调为人子者要有孝："说行孝故事，才能赔恩情。""说父母的恩，儿千万记住。我们到天下，要奉承父母。""有力要劳动，有老父母要奉养。""父母还在不奉养，死后不用敬神灵。钱财我们还能造，父母进棺哪里找？""咱父母过世，为之守孝满三年。"凡是叙述神灵来历与功绩的师经，都有"本唱前王的好汉，都是当年父母生"一句，强调父母的大恩大德。此外，《唱亡》、《别酒》等师经也极力宣扬"为人子者要守孝"的观点，例如，《朝师歌》和《开师歌》号召"要帮妇和孺"，《家仙唱》提倡请老人坐于首席，以最好的食品来招待老人等等，都宣扬了"孝"的思想。史书上记载的少数民族地区孝子贤孙、忠臣烈妇不绝如缕，如天保人韦天怜，割股救母；归顺州人李子丛，敬事后母，兄弟友爱，家庭和顺。还有不少文人文集中也有孝子的记载，如张岳记载了廉州的孝子郑龈为救母被害的事迹⑤。在清朝，东兰有廖仙观、那劳有孝子坊、龙州有冷孝子祠等。

---

① 戴焕南修，张粲奎纂：《新宁州县》，《中国方志丛书》第200号，成文出版社1975年版，第148页。

② 谢启昆：《广西通志》卷88"舆地略九·风俗二"，广西人民出版社1988年版，第2809页。

③ 谢启昆：《广西通志》卷87"舆地略八·风俗一"，广西人民出版社1988年版，第2792页。

④ 同上。

⑤ 张岳：《小山类稿》卷14，《郑孝子祠记》，《四库全书》第1272册，上海古籍出版社1987年版，第455页。

2. 在婚姻观上，壮族民间原本是以歌定情的[1]，在理学的影响下，也遵从起了"父母之命，媒妁之言"

例如，《土地唱》有土地遵守"媒妁之言"成婚的记载："人传在眼出荷花，土地发媒去求婚。去第一次不张嘴，去第二次讲一句。去第三次得命书，得书和命来合婚。土地属金她属水，金水两命正相符。"此外，《毛红》、《白皆》等师经也宣扬了遵守"父母之命，媒妁之言"的婚姻观念。相关典籍所列的烈女、节妇有很多，如明代太平烈女刘氏，十九丧夫，自誓不嫁，养育幼子与妯娌程氏，合称"双节"[2]。又如明代思恩烈女李氏[3]，操持家务，敬顺公婆，贞节不移，守寡五十年，受到巡按御史朱炳如的旌表。

3. 壮族、侗族、瑶族等民众接受儒家的"忠"观念

壮族师公教经书中的"忠"观念主要表现为以下两个方面：（1）师经均尊中原中央王朝统治者为最高权力者，例如，《土地唱》有土地为皇帝治病，受皇帝封赏而不受的记载："只唱土地有灵药，竟然把皇帝医好。医好皇帝能坐殿，送县官位给你承。土地开口答皇帝：你先别说听我说。祖辈父辈不坐轿，哪里打跳能出官？祖辈父辈不骑马，下面哪有人做官？一不接官二不接财，双手缩回后面站。"《中元唱》载有师公教祖师受皇帝封赏的故事："皇帝在京抬头望，见三兄弟同上天。皇帝正见咱亦急，手拿金笔把君封。又拿金笔来画像，封三兄弟做仙人。上元道化唐真君，四月孟旬为行程。中元护政葛中君，四月中旬令众神。下元定志周真君，四季通令管阴阳。"表现了壮族民众对中央政府的"忠"。（2）师经中没有鼓吹民族独立的言论。师经《金轮唱》虽然记载了金轮与皇帝的斗争，但斗争的矛头指向的是个别贪官污吏，而不是皇帝，更没有挑战皇权的意思。在忠观念的影响下，壮、瑶、侗、苗等民族已经形成了内聚的思想，这种凝聚

---

① 如赵翼《檐曝杂记边·郡风俗》："粤西土民及滇、黔苗、猓风俗，大概皆淳朴，……每春月趁墟唱歌，男女各坐一边，其歌皆男女相悦之词。其不合者，亦有歌拒之，如'你爱我，我不爱你'之类。若两相悦，则歌毕辄携手就酒棚，并坐而饮，彼此各赠物以定情，订期相会，甚有酒后即潜入山洞中相昵者。"见《续修四库全书》第 1138 册，上海古籍出版社 2000 年版，第 324—325 页。

② 汪森编，黄盛陆等校点：《粤西文载》卷 72 "烈女小传"，广西人民出版社 1990 年版，第 321 页。

③ 同上。

力，突出地表现为广西各少数民族自觉地维护国家的完整和统一。

这一时期宋明理学传入广西已经时日不短，但在生活场景中，理学之士并未能将儒家倡导的婚丧嫁娶的礼节全盘照搬到当地的土著居民的生活中来，当时的生产生活中，原始宗教的印迹依然清晰可见。

（贵港市）丧事，士夫家行文公《家礼》，不作佛事。丧事不用浮屠，向闻城东孝子里惟然，今亦渐移于习俗，惜哉！先正之道多不复睹矣。①

（桂林市）婚姻丧祭悉遵文公《家礼》，……丧礼，士人家皆不营佛事，近虽渐为习俗所染，而守礼者终不为也。②

清代迁江县，"冠婚不循古礼，但随时俗。……丧葬亦随时，尚礼多不备。士人之家亦有具棺殡殓，延僧开吊，即日成服，……"③，此外多用金坛捡骨，三年之后移迁安置等习俗，"此种积习多系迷信风水行之，若诗礼世家行者甚少"④。

（罗城县）丧礼，将葬父母时，迷信风水，请师看地，城厢犹未能改此陋习。至父母死而孝服三年，亦尚依古制。⑤

（昭平县昭平里）至于礼教冠礼，……遵《家礼》，士绅家行文公《家礼》，惟裂白非古耳。乡民则多事斋醮。⑥

一些州县巫风还比较盛行，"瑶人信巫鬼"，"俗信巫鬼，不习诗书"，"土瑶裹头跣足"，"好疑重鬼，和歌"，"不读诗书，不通汉语，清晰自化"，"不谙礼义"，"病不药而祭鬼"，"鲜知礼义"，等等，事实上，《朱子家礼》只在土官和少数大家族中得到执行，而一般少数民族庶民结合实际，

---

① 欧卿义修，梁崇鼎等纂：《贵县志》，《中国方志丛书》第 69 号，成文出版社 1967 年版，第 297 页。

② 蔡呈韶等修，胡虔等纂：《临桂县志》，《中国方志丛书》第 15 号，成文出版社 1967 年版，第 183 页。

③ 黄旭初等修，刘宗尧纂：《迁江县志》，《中国方志丛书》第 136 号，成文出版社 1967 年版，第 31 页。

④ 同上书，第 32 页。

⑤ 江碧秋修，潘宝箓纂：《罗城县志》，《中国方志丛书》第 211 号，成文出版社 1975 年版，第 48 页。

⑥ （民国）《昭平县志》，《中国方志丛书》第 21 号，成文出版社 1967 年版，第 183 页。

把祭祖变成了民俗，如京族"唱哈节"和仫佬族"依饭节"等。但是，限于广西地区汉化较晚且程度不高，明成化期间，在广西柳州地区的壮族"能通官语惟村老"。嘉靖间，平乐壮人普遍"不习汉语，不识文书"。清康熙间，广南壮族"蛮语难通"。东兰壮人"不通官语，鲜诵诗书"。在这种情况下，想让这些地区的人接受《朱子家礼》的教化，自然是不可能的了。

这些材料共同说明：在广西，已有相当部分的人家受到《朱子家礼》的影响，尤其是广西大族和居住在广西的汉人家族。但是，因为广西地处偏塞，人民汉化程度不高，且广西境内各地区汉化程度差异巨大，因而使广西地区表现出既尊崇《朱子家礼》，又保留了做巫道、营佛事的多元化现象。由此可见，理学思想承载的儒家文化仅在部分外部迁入的汉人群体、城市中的士绅阶层中形成影响，在广大的边远民族聚居区，依旧是鬼神崇拜的原始信仰居主导地位。这种情况自然有违信奉儒学的理学之士的初衷，儒家的博大胸怀期寄"化夷为夏"、"柔远能迩"、"怀柔万邦"，理学之士似未能在百越之地的广西"师法先圣"，将广西众庶归入王化。以儒家的观点来观察这个事件难免会颇有自嫌与溢恶之词，不过，在今天的文明视野来评价，却也无从褒贬。首先，原始宗教的问题，现代社会的几大宗教教义不尽相同，但其共同特点都是承认超世间的支配力量——人格神的存在，宗教学史的考察认为，人格神的信仰都源于某种自然崇拜即图腾，独立发育的美洲文明、澳洲文明和其他的主要文明形态相距几千年甚至上万年的跨度，但可以说，文明的历程是相似的，故人类学家有幸可以观摩到久远以前，如今所谓的发达的文明的童蒙岁月。其中的原始图腾现象无论是在人类学还是考古学的研究来看待，都是毋庸置疑的文明必然阶段。两希文明以及印度文明均由自然图腾发育出人格神的信仰的时代。而儒家文化主导的华夏文明则另寻歧路，发育出现世的人格崇拜而非出世的神格崇拜。拉开华夏文明序幕的三皇五帝，其功绩无异于《创世记》中的以赛亚等诸先知，《尚书·舜典》"帝曰：'畴若予上下草木鸟兽。'佥曰：'益哉。'帝曰：'俞！'咨益，汝作朕虞，益拜稽首。"《史记·五帝本纪》："谁能驯予上下草木鸟兽，皆曰益可。于是以益为朕虞。""川泽山林"、"草木鸟兽"都是自然崇拜的对象，图腾都以某种具体的自然物的具体或描象形态来表达。也就是说，"川泽山林"、"草木鸟兽"属于某个超自然的能力操控，这种思维方式便可称为自然崇拜。"畴若予"、"谁能驯予"这种口吻显然是在昭示天子富有天下，"天下"则无所不包，草木鸟兽，黎庶百姓自然为天子所有，如此，还须设"虞人"一职，掌管草木鸟兽，自此以降，自然领域便失去其神秘性，天子是万千世界的所有者，似乎也无异于世界的主宰者，人们自然无须探究那个隐藏在现实世界以外的神秘主宰，只需膜拜现实世界之中的人间帝王便足矣。自此，人格信仰的进路彻底打断，天子成为世间各种神秘领域的全权代言人。《史记·五帝本纪》以降的各朝帝王《本纪》便俨然成为一个灵异故事的大集合，由这些帝王的灵异世界渲染统治的神秘色彩与权威性。儒家虽非此类志趣，但以道德整合人间秩序，自然无须对人间以外的未知领域投入太多热情，辅以继道家而起的谶纬观念及道教，将阴阳五行的物质衍生论普及到民间的常识领域，自此，人格神已完全无生存和发育的空间。佛道西来后，对信众而言，则是头痛医头、脚痛医脚的灵丹妙药，许多高僧须兼习医术，为信众医病来继承香火。对读书取士为志向的文人阶层，佛家无非是调节政治斗争的紧张气氛的心灵避风港，许多文人都以"玩味佛理"、"把捉禅趣"相标榜，这种心态显然不是信仰的路数，即便是遁入空门，道法精深的僧，亦多言"性空"、"舍离"，这种超脱凡世、超脱生死的个人志趣，确切说来，是"佛学"而非"佛教"，因其无对有开创意义的全知、全能的超越力量的迷恋和执着。

题外之话谈了这么多，回到广西理学的传播，虽然前后几百年光景，性理思想也未在广西遍地生根，即便在读书人中，信奉者也不多，对此韦丰华就曾说过：

> 吾乡读书子，大率以庸滥时墨为进身之具，于经史多不暇究心，于先儒性理之书，尤以为迂阔，而不之寓目。而不知时文非精于性理，则失之肤杂，而意绪不清真；非博于经史，则失之浅薄，而词旨不深厚。……无论高明沉潜，类皆沉溺于时文，而不知反求其本。[①]

原因并不在理学之士学业不精、心意不专，主要是民间信仰的根深蒂固，是不是蛮貊之邦不入王化，因蛮夷之民朽木难雕呢？未曾接触过现代文明的固儒自然如此看待。儒学在东亚已维持了两千年的文化优势地

---

① 韦丰华著，邱振生等点校：《韦丰华集》，《今是山房吟余琐记后编》卷4，广西民族出版社2009年版，第432页。

位和文化输出的姿态，而西方文明的出现，犹以"五四运动"前后对儒家乃至中国文化的大举批判，儒学似乎将要伴随清帝国的衰亡一同淡出历史舞台。西方文明全方位地冲击着当代中国的各个领域，华夏文明的形态已面目全非，文化制高点不复存在，文化优越性高度质疑，在这种状况下，回头来看理学在广西传播的这一事件，广西因其民族多样性和原始信仰的顽固性在很大程度上拒斥了理学，保有了原初的文化形态，今天可以称为多元文化的格局，今日中国的文化保守主义者面对强大的西方文明，也在倡导文化多样性以求保全，整个理学在广西的传播过程并无得失成败可言，甚至在当下的观点评价，理学传播受挫，避免了文化的同质性的趋势，使各民族的多元文化共生共存，为思想领域的融合与创新提供了更大的可能。

因其儒化进程的不利，强烈的原始气息自然崇拜的宗教更容易和当代世界主流的人格神信仰的宗教契接，这一方面，儒家学说则不及。清末太平天国起义，洪秀全以一落第儒生的身份对基督教的思想也不甚精熟，而"拜上帝会"这种模式在广西却有如此之功效，应和广西的本土文化有千丝万缕的关系。洪秀全提议将"四书"、"五经"列为禁书，处处毁孔庙、焚儒经，可见其对儒家观念的反对，作为太平天国主要的理论宣言的《原道觉世训》，上面写道："近代则有阎罗妖注生死邪说，阎罗妖乃老蛇妖怪也，最作妖多变，迷惑缠捉凡间人灵计。"由这种鬼怪观念进而说道："凡下凡间我们兄弟姐妹所当共击灭之，惟恐不速者也。而世人偏伸颈须于他，何其自失天堂之乐，而自求地狱之苦哉！"由鬼怪到来世似乎显得水到渠成，可见原始的信仰还是为"拜上帝会"的发展提供了民间信仰的基础。"仰观夫天，一切日月星辰雷雨风云莫非上帝之灵妙；俯察夫地，一切山原川泽飞潜动植莫非皇上帝之功能。"若在儒者"仰观俯察"所联想到的自然是伏羲画卦、燧人取火、稷播百谷等人文始祖的传奇，而自然宗教则保留着对"日月星辰雷雨风云"这些自然百态的敬畏，而其神秘主宰的"皇上帝"才能顺理成章地出场。《原道觉世训》中大量构造了基督创世论和原始朴素的自然信仰的融合，而欲捏合儒家理论和基督教思想，无论是创世论抑或人间模式似乎都难于两全。由此，可以有如下观点，太平天国起义将肤浅的基督文化和中国实际相结合，竟取得了巨大成功，很大程度上依赖于广西儒学风尚和礼教思想的淡薄以及原始宗教的广泛群众基础。

结　论

　　进步与落后，文明与野蛮，不同的民族文化在时间或空间的维度内都可以用一定的思考框架来考量，马克思唯物主义的进步历史观和儒家推崇的"三代之治"的尊古非今的观念颇相抵牾。基督教传统的失乐园精神和进化论观点也相冲突，近代又有如卢梭的"私有财产是人类不平等的根源"，以及章太炎的"俱分进化论"等观点。文化之优劣如何评判呢？今天的世界，至少大家可以认同多元文明共生的状况，无所谓文明人与野蛮人的区分。人文主义的理念是我们这个时代的光辉所在。

　　在理学传入广西的过程中，理学之士以正统的姿态自居，应该是毋庸置疑的，面对广西各民族简单的社会形态和质朴的图腾信仰，心中难免会生成所谓"上古之时"的联想。如《庄子·盗跖》："神农之时，卧则居居，起则于于，民只知其母，不知其父，与麋鹿共处，耕而食，织而衣，无有相害之心，此至德之隆也。然而黄帝不能致德，与蚩尤战于涿鹿之野，流血百里，尧舜作，立群臣，汤放其主，武王伐纣。自是之后，以强凌弱，以众暴寡。汤武以来，皆乱人之徒也。"① 《白虎通德论》："古之时，未有三纲六纪，民人但知其母，不知其父。能覆前而不能覆后，卧之詀詀，行之吁吁，饥即求食，饱即弃余，茹毛饮血，而衣皮韦。于是伏羲仰观象于天，俯察法于地，因夫妇，正五行，始定人道。"② 庄子借盗跖之口描述的古代场景和白虎观文士们的想象似乎并无太大差别，但是立场显然相反。庄子认为儒家伦常造成了道德败坏，儒家的历史观历来都认为

----

　　① 郭庆藩撰，王孝鱼点校：《庄子集释》卷29，《盗跖》，中华书局1997年版，第995页。
　　② （清）陈立撰，吴则虞点校：《白虎通德疏证》卷2，中华书局2007年版，第50—51页。

"尊卑之殊，男女之别"才是进入文明社会的前提，这些观点的铺成对于理解宋明理学对广西民族文化的影响有何意义呢？儒家伦理和自然质朴的原始规范，等级森严的政治制度和松散灵活的社会组织，虽然难以兼容，但经几百年的传播和浸润之功，理学广泛地渗透于少数民族社会生活的方方面面，深刻影响着政治思想、哲学观点、伦理道德观念、民族心理素质、文化艺术、风俗习尚诸方面。明清以来，产生了李璧、刘定逌、张鹏展、韦天宝、韦丰华等理学人物，标榜自己"正学后裔"①；也产生了《三难通解训言述》、《士先器识论》、《教士条规》等阐述理学思想的学术文章。

约产生于明末清初的民间伦理长诗《传扬诗》②，广泛流传于广西上林、马山、忻城、都安等县交界的红水河沿岸及其他一些壮族地区。共20章，2000余行，分为"天下不公平"、"财主"、"官家"、"穷人"、"志气"、"求嗣"、"养育"、"做人"、"勤俭"、"善良"、"交友"、"孝敬"、"睦邻"、"择婿"、"为妻"、"夫妇"、"妯娌"、"分家"、"鳏寡"、"后娘"、"尾歌"等内容，被称为壮族的伦理教科书，长诗主旨就是传扬为人处世的道理，阐扬了勤劳、节俭、正直、诚实、重礼、好客、尊老、爱幼、团结、友爱、和睦、互助等伦理观点、道德规范、生活准则，其中有一些思想观点，明显地受儒学的影响，这可以从以下几个方面看到其影响：

一　孝道、敬宗、收族

《传扬诗》中有大量篇幅论及父子、夫妻、妯娌、兄弟姐妹，以至后母与前妻子女之间、继父与前夫子女之间等不同层次的复杂关系。因此，在《传扬诗》中，孝道、敬宗、收族是其重要内容。诗中首先阐明，父母养育子女，历尽艰辛，万般苦难，"十月怀胎苦，为娘心自知"③。自孩子呱呱坠地，便须"三月不断荤，四月不断饭。刚会爬会坐，背抱又困难"④，

---

① 广西环江毛南族自治县水源乡《方滁山墓碑》。方滁山，名宪修，水源乡三才村盘江屯人，生于嘉庆二十四年（1819 年）四月，殁于同治十一年（1872 年）十月。
② 梁庭望、罗宾：《壮族伦理道德尝试传扬歌》，广西民族出版社 2005 年版。
③ 梁庭望、罗宾：《壮族伦理道德尝试传扬歌》"养育"，广西民族出版社 2005 年版，第118 页。
④ 同上。

"娘忍饥吐哺，父挑担打工"①，把他们抚养成人。而做子女的要铭记父母的养育之恩，孝顺父母，延续香火，例如在"求嗣"一章里，无嗣则无人扫坟供饭，说"三月清明节，没人扫文山。地巴麻血红，我伴野草眠"②。当父母老人病魔缠身、卧床不起的时候，子女晚辈更应尽心尽力请医治病，守候身边，悉心照料，"父病儿尽心，护理防病添。若是日加重，功夫下黄泉"③。"夜护睡不稳，日护吃不甜。六畜不吝惜，买药舍花钱"④，殷切希望父母尽快痊愈，脱离病痛，安康如初。《传扬诗》还阐明了壮族的优良家风，希望子孙后代发扬光大，永远承传：

> 莫忘父母恩，辛苦养成人。如今能自立，当孝敬双亲。
> 有子能当家，父母不操心。老了他服侍，全家乐融融。
> 木直做扁担，儿长替双亲。晚辈当孝敬，前辈好家风。⑤

长诗把孝敬父母、报答父母养育恩情作为人伦大义，认为儿子结婚以后就抛弃双亲，不顾父母，那就人将非人，不如禽兽，"父母不赡养，死去家失散。肉摆满厅堂，恩情偿也难"⑥。尤其不能容忍"折磨老双亲"，对于那些虐待父母、不敬老人、争夺财产的不肖儿女，长诗严加斥责，指出"儿女不敬老，败坏家名声。儿媳不敬老，公婆白心疼"，"骂父母怎成，往前不顺利。不服侍双亲，祖先不饶你"⑦，"儿媳骂公婆，贱如马跟驴。天地未降祸，头上最有余"⑧。《传扬诗》还专章分析婆媳拌嘴吵架这一家庭常见的矛盾现象，针对这一社会通病，长诗专门阐扬婆媳情义，要求儿

---

① 梁庭望、罗宾：《壮族伦理道德尝试传扬歌》"孝敬"，广西民族出版社2005年版，第125页。

② 梁庭望、罗宾：《壮族伦理道德尝试传扬歌》"求嗣"，广西民族出版社2005年版，第116页。

③ 梁庭望、罗宾：《壮族伦理道德尝试传扬歌》"孝敬"，广西民族出版社2005年版，第125页。

④ 同上。

⑤ 同上。

⑥ 梁庭望、罗宾：《壮族伦理道德尝试传扬歌》"不忘父母恩"，广西民族出版社2005年版，第285页。

⑦ 同上书，第286页。

⑧ 同上。

媳孝顺公婆，侍候双亲，"婆媳情义重，夫妻恩爱深"①。严厉批评娶了媳妇忘了娘的行为，"丢父母不管，看妻儿如金。妻子说丈夫，骗人话不听"②。"有人不懂理，处处看妻脸。不心疼父母，听妇人胡言"③，要求儿媳妇尽儿媳之孝道。尊敬老人、长幼有序，这一儒家的道德原则在壮族社会生活中表现得比较突出，保留得比较久远。村中常推举经验丰富、见多识广、办事公道、望重德高的老人充当"寨老"或"村老"，负责处理村中大事，调解人与人之间、户与户之间、村与村之间的纠纷。家庭中则以最年长者为尊，尊者受到全家人敬重、爱戴和照顾。通常吃饭时，特别是逢年过节用餐，均按长幼秩序入座，最年长者坐正位（靠神龛那一面的位子）；最年长者未入席不得开饭，最年长者未吃第一口则其他人不得动筷子。用餐过程中，晚辈争相给老人夹好菜、敬美酒。如有鸡鸭做菜，则先夹胸脯肉、肝脏和尾部给老人吃，谓之"敬老"（因这部分肉多骨少且较嫩软）。此外，对于社会上历来难解决的后娘问题，诗中也提出了处理的原则，"后娘也是娘，肚里可撑船。儿女当亲生，长大心温暖"④。这是后娘应持的观念。"儿像儿女样，莫要气后娘。日后有福分，凡事好商量"⑤，这是儿女应取的态度。诗中要人们从家庭到社会，养成尊老爱幼的好风气。

　　夫妻关系是家庭关系的基础。《传扬诗》认为，家庭和睦，取决于夫妻和睦，因此，夫妻要相敬如宾、恩爱同心、商量办事、和睦相处、勤俭持家，长诗唱道：

　　　　人生只一世，婚姻当要好。儿女同抚养，双亲同侍候。

　　　　一家两夫妻，相敬不相吵。有事多商量，和睦是个宝。

　　　　夫妻一条心，勤俭持家忙。不见众亲友，家贫变小康。⑥

----

①　梁庭望、罗宾：《壮族伦理道德尝试传扬歌》"孝敬"，广西民族出版社 2005 年版，第 125 页。

②　梁庭望、罗宾：《壮族伦理道德尝试传扬歌》"不忘父母恩"，广西民族出版社 2005 年版，第 285 页。

③　同上。

④　梁庭望、罗宾：《壮族伦理道德尝试传扬歌》"后娘"，广西民族出版社 2005 年版，第 136 页。

⑤　同上。

⑥　梁庭望、罗宾：《壮族伦理道德尝试传扬歌》"夫妇"，广西民族出版社 2005 年版，第 131 页。

如此，便"相敬在花山，四季花常鲜"①，否则"争吵闹翻天，人变成畜生"②。要是有了矛盾，不要记怀："拌嘴莫记怀，赌气过三秋。"③ "小事各相让，大事好商量。"④ 诗中反对"同室两颗心"，尤其不能虐待妻子："恶狗才咬鸡，打妻非好汉。"认为："娶得贤惠妻，和睦过一生。"⑤ 对于"三妾共侍候"的行为，必须反对；那种"天黑下床去，偷汉摸出门"⑥，也十分要不得。它教导人们珍惜姻缘："今世巧相逢，姻缘正相当。咱俩寿百年，阴府还成双。"⑦

《传扬诗》也注意到兄弟妯娌这个问题，提出了兄弟妯娌要同心持家的准则，"相伴两妯娌，欢笑同一路。人人通情理，融洽相照顾"⑧。兄弟妯娌既然是一家人，就应该和睦相亲，团结互助，共同持家："有幸共一家，结为手足情。小姑也相让，今世巧相逢。"⑨

在择婿问题上，不管是父母之命，还是媒妁之言，姑娘选择郎君，应该重人品，看才学，察德行，而不该重钱财，贪富贵，慕虚荣，诗中唱道："有女嫁婆家，莫嫌夫家贫。若要择高枝，死神来结亲。""不见人世间，孤儿也成人。但得夫婿好，何须问聘金。""嫁得意中郎，持家喜洋洋。疼夫嫌不够，日子甜过糖。"⑩

《传扬诗》还有《鳏寡》一章，专谈孤男寡女这个社会问题。首先诉说鳏寡孤独之悲苦凄凉，"夫亡妻守寡，何处见容颜。披麻送夫婿，一路

---

① 梁庭望、罗宾：《壮族伦理道德尝试传扬歌》"夫妇"，广西民族出版社 2005 年版，第 132 页。

② 同上。

③ 同上书，第 131 页。

④ 同上。

⑤ 梁庭望、罗宾：《壮族伦理道德尝试传扬歌》"为妻"，广西民族出版社 2005 年版，第 130 页。

⑥ 同上书，第 132 页。

⑦ 同上。

⑧ 梁庭望、罗宾：《壮族伦理道德尝试传扬歌》"妯娌"，广西民族出版社 2005 年版，第 133 页。

⑨ 同上。

⑩ 梁庭望、罗宾：《壮族伦理道德尝试传扬歌》"择婿"，广西民族出版社 2005 年版，第 128 页。

哭断肠"。"男人或女人，守寡最伤心。家业无人管，幼儿无人疼。"①

《传扬诗》还用大量篇幅来阐述处理邻里关系的道理和准则，诗中说道："几姓共一村，和善做睦邻。发家做大官，莫欺负乡亲。"② "莫为鸡相吵，莫为猪相斗。莫学狗咬人，乡里名称臭。"③ 这就要求邻里之间，不要为小事而争吵，要相敬谦让，以免伤了感情，伤了和气。为了搞好邻里之间的团结，有几个方面是值得注意的：一是不要搬弄是非，挑拨离间，"多嘴不成人，日夜招人骂"④，"莫挑拨同辈，让人结冤家"⑤。二是别互相攀比，嫉妒他人，"人家有酒肉，你们莫眼红。咱以菜当餐，也做明白人"⑥。三是气量要大，"借牛给人用，不会死峒场。各人顾自己，前辈不主张"⑦。只要能这样做，加上平时互相帮助，就能搞好邻里之间的团结。而邻里团结互助搞好了，同远近的团结互助也就能搞好。四是要自觉，不做损人利己或损人不利己之事，如"头苗是根基，水牛莫乱放。踏烂他庄稼，邻里不相让"⑧。团结互助是壮家的一种传统美德，历史文献上曾记载壮族的这种道德风尚。邝露《赤雅》写道，壮人"有无相资，一无所吝"。光绪《镇安府志》称赞壮家"凡耕获，皆通力合作，有古风"。《传扬诗》是壮族的伦理道德教科书，比较系统地阐扬了公平、诚实、善良、正直、忠厚、重礼、好客、尊老、爱幼、孝悌、谦让、团结、和睦、友爱、互助、勤劳、节俭、志气等伦理观念、道德规范、生活准则和风俗习尚，这些在当时的壮族社会是积极的、进步的。

二　诚

《传扬诗》把诚信、正直看作是人与人交往的基本道德准则，其观点

---

① 梁庭望、罗宾：《壮族伦理道德尝试传扬歌》"鳏寡"，广西民族出版社 2005 年版，第135 页。

② 梁庭望、罗宾：《壮族伦理道德尝试传扬歌》"睦邻"，广西民族出版社 2005 年版，第126 页。

③ 同上。

④ 同上书，第 127 页。

⑤ 同上。

⑥ 同上。

⑦ 同上书，第 126 页。

⑧ 同上。

的表述，占了相当篇幅，长诗写道："劝诫年青人，行为要端正。"① "欺压忠厚者，天地也不容。"② 谆谆教导青年子弟诚实无欺，正直做人，不偷不抢，"双手遭甘泉，终身用不完"③。"专靠偷和抢，一生不到头。"④ "女中最难求，忠孝两全人。"⑤ 从思想内涵看，受传统儒学影响较大，《论语》、《大学》、《中庸》等传统儒学经典，无不以"诚"作为成人的标志之一，孔夫子反复说道，"人而无信，不知其可也"⑥，"与朋友交，而不信乎"⑦。此后，孟子和荀子都讲"诚"，孟子说："思诚者人之道也。"⑧ 荀子说："君子养心莫善于诚，致诚则无它事矣。"⑨ 所谓"诚"，即出自自然本性，真实无妄，"诚"是道德品性和道德境界，关联着天人之道，"诚者，天之道也；诚之者，人之道也"⑩。《大学》："古之欲明明德于天下者，先治其国；欲治其国者，先齐其家；欲齐其家者，先修其身；欲修其身者，先正其心；欲正其心者，先诚其意；欲诚其意者，先致其知；致知在格物。物格而后知至；知至而后意诚；意诚而后心正；心正而后身修；身修而后家齐；家齐而后国治；国治而后天下平。"⑪ 展示了道德修养次第，要求一个人有诚心正意修身之道才能从政以治国平天下。诚的理论至宋代周敦颐而有大的总结，把"诚"看作仁心呈现、天理具备之心，说："诚，五常之本，百行之源也。""五常百行，非诚非也。"⑫ 把"诚"看作是一切德性的基点，极大地凸显了道德主体的自觉意识和

---

① 梁庭望、罗宾：《壮族伦理道德尝试传扬歌》"善良"，广西民族出版社 2005 年版，第 122 页。

② 同上书，第 123 页。

③ 梁庭望、罗宾：《壮族伦理道德尝试传扬歌》"勤俭"，广西民族出版社 2005 年版，第 121 页。

④ 梁庭望、罗宾：《壮族伦理道德尝试传扬歌》"善良"，广西民族出版社 2005 年版，第 123 页。

⑤ 梁庭望、罗宾：《壮族伦理道德尝试传扬歌》"孝敬"，广西民族出版社 2005 年版，第 125 页。

⑥ 钱穆：《论语新解》"为政篇第二"，生活·读书·新知三联书店 2003 年版，第 47 页。

⑦ 钱穆：《论语新解》"学而篇第一"，生活·读书·新知三联书店 2003 年版，第 8 页。

⑧ 《孟子》，阮元《十三经注疏》，中华书局 1987 年版。

⑨ 王先谦：《荀子集解》卷 13，《礼论篇》，中华书局 1992 年版。

⑩ 阮元：《十三经注疏》，《礼记正义》卷 53《中庸》，中华书局 1987 年版，第 1632 页。

⑪ 阮元：《十三经注疏》，《礼记正义》卷 42《大学》，中华书局 1987 年版，第 1673 页。

⑫ 周敦颐：《通书》卷 1 "诚下"，上海古籍出版社 2000 年版，第 5 页。

自愿精神。宋詹体仁居官治民的宗旨就是"诚",他尝言居官莅民"尽心平心而已。尽心则无愧,平心则无偏"①。尽心平心,就是真诚无私地待人处事,即"诚"。明代理学之士张吉,弘治间任职广西时,"升教令,严武备,察奸吏,择将领。次第兼举,推诚御下"②,"督学所至,辄与人言明诚之学"③。张吉的"推诚而下"也就是对待下属坦诚无私,真心相待。"诚"既然是天道,是万物的本原和规律,人要能顺应规律,自然也能达到诚的境界。若不合乎天道,违背规律,则是盲目行事。这样,既不能处理好自己的事情,何况处事。因此,不"诚",也就不知天道,一味妄行,自然导致学校不兴,天下治乱了。同时,将"诚"与学校联系起来,学校教育要符合天道,使士子知晓天道,学校教育才能振兴起来。这样,纯理论性的理学思想,用一种极易接受的方式传播开来。

三 礼

壮族民风淳朴,热情好客。家里来了宾客,认为是吉利祥瑞之事,必然倾其所有,盛情款待,如《传扬诗》说: "客来知礼节,父母不担忧。"④ "老人帮筹划,待客礼数周。"⑤ 明末清初广东人邝露曾到广西壮族地区旅游考察,据其亲身经历,耳闻目睹,感触而发,写成《赤雅》一书,详细记载了壮族人民热情好客的淳朴民风,崇高品德,书中说:"人至其家,不问识否,辄具牲醴饮啜,久敬不衰。"⑥ 《粤述》一书也说,客至壮家,"则鸡黍礼待甚殷"。这种好客礼宾的良风美俗,代代传承,一直保留到现在。凡客人一进壮家大门,不管认识与否,立即热情迎接问候,首先招呼客人落座,然后递上烟茶,再斟一碗家酿米酒,好让客人解渴去乏,最后马上杀鸡杀鸭,喝酒用饭,开怀畅饮,谈笑风生,热闹异常。当然,到他人家里做客,也应文明讲礼,"去人家做客,热情又慷

---

① 黄宗羲著,全祖望补修:《宋元学案》卷69 "沧州诸儒学案上",中华书局1986年版。
② 汪森编,黄盛陆等校点:《粤西文载》卷64,广西人民出版社1990年版,第39页。
③ 汪森编,黄盛陆等校点:《粤西文载》卷39,骆日升《少保张襄公祠堂碑》,广西人民出版社1990年版,第200页。
④ 梁庭望、罗宾:《壮族伦理道德尝试传扬歌》"交友",广西民族出版社2005年版,第124页。
⑤ 同上。
⑥ 邝露:《赤雅》卷1 "大良",《四库全书》第594册,上海古籍出版社1987年版,第344页。

慨。人情还重礼，名声传在外”①。自己出门的时候，也要注意礼节，相敬互让。《传扬诗》批评那种不懂礼节、不讲礼貌的人，"前辈不招呼，同辈不召唤"，"朋友并排坐，嘴巴上门闩"②，指出这是粗野无礼、缺乏涵养的表现，要求人们不要学做这样的人。

四　节、义

长诗提出做人要有正气和骨气，不取不义之财，不做偷鸡摸狗之事："穷人有骨气，黑夜不行偷。他人一叶菜，过路绕开走。"③ "无粮吃野菜，偷赌难安生。"④ "家贫不讨吃，施舍不白受。白拿不便宜，抓着罪不饶。"⑤《传扬诗》还认为，偷、赌、骗、抢是背离诚实正直美德的思想行为，是为人所不齿的恶劣行径，是人们绝不能去做的。长诗还列举这些思想行为的危害性，要求人们时常自戒："勤劳无价宝，作贼人下贱。专靠偷和抢，一生难到头。偷得大牛走，引出阎王来。"赌博也只会败家，使人堕落，因此"生儿会赌钱，父母心忧愁"。长诗还从反面劝诫人们要做正直善良之人，从小加强对儿女的教育和引导，不要放纵，"弯枝已长成，再扶也不正。年幼父母养，长大却忘恩"⑥。

《传扬诗》还强调交友要交心，要重视情义，出门靠朋友，应相互敬让："交友重交心，勒索不应该。花钱心有数，各人当学乖。"⑦ 壮族人把最知心的朋友称为"老同"，意思就是同生死共患难的朋友。交这样的朋友，叫作"打老同"。在壮族地区，"打老同"是历史上传统的风气，几乎每个成年壮族男子都有自己的"老同"。而交友又必须以志趣相投、肺腑相见为主要条件，不慕富贵，不弃贫寒。《传扬诗》强调真心交友，因

---

①　梁庭望、罗宾：《壮族伦理道德尝试传扬歌》"交友"，广西民族出版社 2005 年版，第124 页。

②　同上。

③　梁庭望、罗宾：《壮族伦理道德尝试传扬歌》"善良"，广西民族出版社 2005 年版，第122 页。

④　同上。

⑤　同上。

⑥　梁庭望、罗宾：《壮族伦理道德尝试传扬歌》"孝敬"，广西民族出版社 2005 年版，第125 页。

⑦　梁庭望、罗宾：《壮族伦理道德尝试传扬歌》"交友"，广西民族出版社 2005 年版，第124 页。

此特别反对那种表里不一、损人利己的假朋友。地主老财内心贪婪，表面仁慈，就是这类的"朋友"。

《传扬诗》的产生表明，理学传到广西，对广西文化产生了深刻影响。在《传扬诗》中就出现了"良心"、"天理"等理学的核心和观念，如"儿媳昧良心，对双老无情"①、"儿嫌弃父母，由各人良心"②、"有妻不忠贞，同室两颗心"③、"猛虎扑京城，东京人震撼。越想越有气，天理在何方"④ 等。

壮族及其他少数民族的文人学者以及普通少数民族子弟，他们读的是孔孟程朱之书，在学术上以"四书"、"五经"为范畴，在人格上追求圣贤人格和孔颜之乐，在国家观念上认同大一统思想，民族认同、国家认同。从史籍记载中，找不出壮族、侗族、瑶族、苗族、仫佬族等闹分裂、搞"独立"的理论主张、人物事件。相反，壮族、侗族、瑶族、苗族、仫佬族等人民与汉族及其他兄弟人民共同合作，生死相依，并肩战斗，抵御外敌，保卫祖国的人物事迹，却是史不绝书。明代田州土官妇瓦氏夫人率领数千壮族土兵奔赴江浙抗击倭寇、杀敌致果的英雄事迹，就是其中最著名的例证。壮族文人中有许多人都有忧国忧民的思想，爱国主义是他们着重阐发和反复吟咏的一个主题，如清末赵荣章、黄焕中等人，一腔热血，许身报国，不仅写下了大量爱国诗篇，而且投笔从戎，直接参加抗法战争和抗日战争。赵荣章直到晚年还说："只因报国身先许，杀贼雄心事未完"，壮怀激烈，不忘忠悃。黄焕中的"异日倘能容羽化，愿将精卫填海平"，爱国情感，生死不渝，这类名句，足以传诵千古。正因为民族认同感的加深，广西少数民族才得以融入中华民族大家庭，"中华民族多元一体格局"⑤ 才得以形成。

总之，从历史层面看，理学参与了广西各族信仰的构建。儒家的道德

---

① 梁庭望、罗宾：《壮族伦理道德尝试传扬歌》"孝敬"，广西民族出版社2005年版，第125页。

② 同上书，第126页。

③ 梁庭望、罗宾：《壮族伦理道德尝试传扬歌》"夫妇"，广西民族出版社2005年版，第132页。

④ 梁庭望、罗宾：《壮族伦理道德尝试传扬歌》"志气"，广西民族出版社2005年版，第116页。

⑤ 费孝通：《中华民族的多元一体格局》，《北京大学学报》1989年第4期。

意识，"学至圣人"的人格追求，重视礼仪，关心现实，忧国忧民的历史使命感和社会责任感，"民胞物与"的悲天悯人情怀，"以和为贵"的仁爱和谐、睦邻友好等核心价值渗入了广西的文化血液中，与汉民族的核心价值形成了同构关系，由此形成了今天的中华民族多元一体格局。这就昭示了这样一个事实：只有在双方接近彼此的世界观，并接受相同的文化价值后，才能消除民族间的疑虑、隔膜甚至仇恨，才能走向民族和解、认同、融合之路。但是，学者要关注朴素形态的民族文化自身的合理因素，以及其对儒家观念的有益补充。理学传入广西，肯定不能理解为先进民族的文化殖民，应该是不同文明形态的文化交流。这种立场，对于我们看待理学传播后，广西宗教信仰、宗族观念、风俗习惯的演变，是十分适当的。

主要参考文献

一 著作

B

《白氏族谱》，民国22年（1933年）第9次刊录。

百色市志编撰委员会编：《百色市志》，广西人民出版社1993年版。

北京大学古文献研究所：《全宋诗》，北京大学出版社1998年版。

毕沅：《续资治通鉴》，《续修四库全书》第345册，上海古籍出版社2002年版。

不注撰人：《土官底簿》，《四库全书》第599册，上海古籍出版社1987年版。

C

蔡呈韶修，胡虔等纂：《临桂县志》，《中国方志丛书》第15号，成文出版社1967年版。

蔡方鹿：《魏了翁评传》，巴蜀书社1993年版。

曹学佺：《易经通论》，《四库全书》，上海古籍出版社1987年版。

曹学佺：《周易可说》，《续修四库全书》，上海古籍出版社2002年版。

陈寿：《三国志》，中华书局1992年版。

陈淳：《北溪字义》，中华书局1983年版。

陈亮：《龙川集》，《四库全书》第1171册，上海古籍出版社1987年版。

陈子龙等选辑：《皇明经世文编》，中华书局1962年版。

陈鼎辑：《东林列传》，江苏广陵古籍刻社据清康熙刻本影印本，1982年。

陈梦雷编，蒋廷锡校订：《古今图书集成》，中华书局原版初印，民国早期。

陈宏谋：《陈榕门先生遗书》，广西省乡贤遗著编印委员会编印，民国

32 年。

陈宏谋：《培远堂偶存稿》，培远堂藏版，清乾隆三十三年。

陈宏谋：《文恭公文集》，乾隆三十年岁次乙酉吴门穆大展局刻本。

陈宏谋：《四种遗规》，清光绪十七年开封府刊本。

陈仁：《用拙斋文集》，民国 25 年排印本。

陈谷嘉、邓洪波：《中国书院史资料》，浙江教育出版社 1998 年版。

陈来：《宋明理学》，华东师范大学出版社 2005 年版。

程颢、程颐：《二程集》，中华书局 1981 年版。

程文德：《程文恭公遗稿》，《续修四库全书》，上海古籍出版社 2002
　年版。

池生春：《小学》，桂林钱文元堂刻刊，道光十四年（1834 年）校刊。

池生春：《塾规二十四条》，道光十五年（1835 年）粤西节署芝草堂刻。

崔毓荃著，刘映华注释：《薰生诗草》，广西人民出版社 1997 年版。

D

邓洪波：《中国书院史》，中国出版集团东方出版中心 2004 年版。

丁世良、赵放主编：《中国地方志民俗资料汇编》，书目文献出版社 1989
　年版。

东兰县志编撰委员会编：《东兰县志》，广西人民出版社 1994 年版。

都安瑶族自治县县志编撰委员会：《都安瑶族自治县县志》，广西人民出
　版社 1993 年版。

F

范鄗鼎：《理学备考》，《四库全书存目丛书》，济南齐鲁书社 1996 年版。

方瑜：《南宁府志》，载林小静主编《南宁古籍文献丛书》，广西人民出版
　社 2008 年版。

方苞：《望溪先生文集》，《续修四库全书》第 1420 册，上海古籍出版社
　2002 年版。

冯从吾、王心敬增补：《关学》，《续修四库全书》，上海古籍出版社 2002
　年版。

范晔：《后汉书》，中华书局 1965 年版。

范成大撰，孔凡礼点校：《桂海虞衡志》，中华书局 2004 年版。

范宏贵：《中国各民族原始宗教资料集成》，中国社会科学出版社 1998
　年版。

范宏贵、顾有识：《壮族论稿》，广西人民出版社 1989 年版。

范宏贵、顾有识等：《壮族历史与文化》，广西民族出版社 1997 年版。

冯德材等修纂：《郁林州志》，光绪二十年刊本。

扶绥县志编撰委员会编：《扶绥县志》，广西人民出版社 1989 年版。

G

甘汝来：《甘庄恪公全集》，乾隆五十六年赐福堂刻本。

甘汝来：《太平府志》，广西图书馆油印本，1957 年。

冈田武彦：《王阳明与明末儒学》，上海古籍出版社 2000 年版。

高登：《东溪集》，《四库全书》，上海古籍出版社 1987 年版。

顾炎武：《顾炎武全集》，上海古籍出版社 2011 年版。

谷口房男、白耀天：《壮族土官族谱集成》，广西民族出版社 1998 年版。

官修：《国朝宫史》，《四库全书》，上海古籍出版社 1987 年版。

广西闱墨：《衡鉴堂刊校》，道光辛卯恩科。

广西通志馆旧志整理室等：《广西方志提要》，广西人民出版社 1988
年版。

广西靖西县县志编纂委员会编：《靖西县志》，广西人民出版社 2000 年版。

广西壮族自治区编辑组：《广西侗族社会历史调查》，广西民族出版社
1987 年版。

广西民族研究所编：《广西少数民族地区石刻、碑文集》，广西人民出版
社 1982 年版。

广西壮族自治区编辑组：《广西少数民族地区碑文、契约资料集》，民族
出版社 2009 年版。

广西壮族自治区科学工作委员会壮族文学史编辑室编印：《广西壮族文人
文学史概要》，1959 年。

广西壮族自治区编写组：《广西壮族社会历史调查》，广西民族出版社
1984—1986 年版。

广西壮族自治区编写组：《广西瑶族社会历史调查》，广西民族出版社
1985 年版。

广西壮族自治区编写组：《广西苗族社会历史调查》，广西民族出版社
1987 年版。

广西壮族自治区编写组：《广西侗族社会历史调查》，广西民族出版社
1987 年版。

广西壮族自治区编写组：《广西仫佬族社会历史调查》，广西民族出版社
　　1985 年版。

广西壮族自治区编写组：《广西仫佬族毛南族社会历史调查》，广西民族
　　出版社 1987 年版。

广西壮族自治区编写组：《广西彝族仡佬族社会历史调查》，广西民族出
　　版社 1987 年版。

广西壮族自治区编写组：《广西京族社会历史调查》，广西民族出版社
　　1987 年版。

桂林市文物管理委员会编：《桂林石刻》，内部资料，1977 年印。

桂平县志编撰委员会编：《桂平县志》，广西人民出版社 1991 年版。

《国语》，上海古籍出版社 1988 年版。

郭绍虞：《中国文学批评史》，上海古籍出版社 1979 年版。

H

郝浴：《广西通志》，康熙二十二年复印本。

何梦瑶、刘廷栋：《岑溪县志》，民国 23 年（1934 年）。

何成轩：《儒学南传史》，北京大学出版社 2000 年版。

何俊：《南宋儒学建构》，上海人民出版社 2004 年版。

河池市地方志编辑部点校：《河池县志》，内部资料 2000 年版。

横县县志编撰委员会编：《横县县志》，广西人民出版社 1989 年版。

侯绍瀛：《粤西五家文钞》，光绪戊戌十月刊成。

侯外庐等主编：《宋明理学史》，人民出版社 1984 年版。

怀德堂族众编订：《傅氏宗谱》，民国 27 年（1938 年）。

贺长龄辑：《皇朝经世文编》，文海出版社 1972 年版。

洪垣校刊：《泉翁大全集》，嘉靖十九年刻，万历二十一年修补本。

胡寅：《斐然集》，《四库全书》第 1137 册，上海古籍出版社 1987 年版。

黄庭坚：《山谷集》，《四库全书》第 1113 册，上海古籍出版社 1987 年版。

黄佐：《黄文裕公泰泉集》，罗学鹏编辑《广东文献》第三集，清同治二
　　年（1863 年）重印，春晖堂刻本。

黄佐：《庸言》，《续修四库全书》，上海古籍出版社 2002 年版。

黄宗羲原著，全祖望补修，陈金生等点校：《宋元学案》，中华书局 2009
　　年版。

黄宗羲著，沈芝盈点校：《明儒学案》，中华书局 1985 年版。

黄嗣东：《道学渊源录》，明文书局印行，清光绪戊申九月。

黄蓟：《岭西五家诗文集》，1935 年排印本。

黄占梅、程大璋等修纂：《桂平县志》，民国 9 年粤东编译公司铅印本。

黄君钜等纂修：《武缘县图经》，清宣统三年（1911 年）铅印增补光
　　绪本。

黄诚沅：《上林县志》，民国 23 年上林图书馆铅印本。

黄庆印：《壮族哲学思想史》，广西民族出版社 1996 年版。

J

蒋冕著，唐振真等点校：《湘皋集》，广西人民出版社 2001 年版。

蒋冕撰，蒋兆昌辑：《琼台诗话》，《四库存目丛书》，齐鲁书社 1996
　　年版。

蒋励常著，蒋世玢等点校：《岳麓文集》，广西人民出版社 2001 年版。

蒋琦扬著，蒋世玢、唐志敬、蒋钦挥点校：《问梅轩诗草偶存》，广西人
　　民出版社 2001 年版。

蒋琦龄、蒋世玢点校：《空清水碧斋诗文集》，广西人民出版社 2001
　　年版。

蒋钦挥：《全州历史名人传记》，广西人民出版社 2005 年版。

蒋钦挥：《全州先贤嘉言抄》，广西人民出版社 2005 年版。

江碧秋修，潘宝箓纂：《罗城县志》，《中国方志丛书》第 211 号，成文出
　　版社 1975 年版。

焦竑：《国朝献征录》，《续修四库全书》，上海古籍出版社 2002 年版。

焦循：《孟子正义》，中华书局 2012 年版。

金鉁等监修：《广西通志》，《四库全书》第 567 册，上海古籍出版社 1987
　　年版。

K

柯劭忞等：《新元史》，民国 9 年天津退耕堂刻本。

邝露著，蓝鸿恩考释：《赤雅考释》，广西民族出版社 1995 年版。

况周颐：《粤西词见》，光绪丙申金陵刻本。

L

赖彦于：《广西一览》，广西印刷厂，1935 年。

郎瑛：《七修类稿》，《续修四库全书》，上海古籍出版社 2002 年版。

廖鼎声著，朱奇元校：《拙学斋论诗绝句考略》，民国 25 年。

梁章钜：《三管英灵集》，清咸同间桂林汤日新堂刻本。

梁章钜著，蒋凡校注：《三管诗话》，广西人民出版社 1996 年版。

梁启超：《饮冰室合集》，中华书局 2003 年版。

梁启超：《清代学者整理旧学之总成绩》，商务印书馆 1999 年版。

梁庭望：《传扬诗》，广西民族出版社 1984 年版。

李焘：《续资治通鉴长编》，《四库全书》，上海古籍出版社 1987 年版。

李东阳等重修：《大明会典》，《四库全书》，上海古籍出版社 1987 年版。

李绂：《李穆堂诗文全集》，道光十一年奉国堂刻。

李清馥：《闽中理学渊源考》，《四库全书》，上海古籍出版社 1987 年版。

李文雄，曾竹繁编纂：《思乐县志》，民国 37 年石印本复印本。

李孝先：《葛园诗存》，贺县华美商店印，民国 24 年抄本。

李世春修，郑献甫纂：《象州志》，同治九年桂林鸿文堂刻本。

李锦全：《岭南思想史》，广东人民出版社 1993 年版。

李荣典、甘广秋：《临桂县志》，方志出版社 1996 年版。

黎靖德编，王星贤点校：《朱子语类》，中华书局 1986 年版。

黎建三：《素轩诗集》，广西博物馆藏，道光壬寅年刻本。

林富，黄佐修纂：《广西通志》，明嘉靖十年（1531 年）抄本。

林希元：《钦州志》，嘉靖十八年（1539 年）刻本。

刘元卿辑：《诸儒学案不分卷》，《续修四库全书》，上海古籍出版社 2002
　年版。

刘锦藻：《皇朝续文献通考》，《续修四库全书》，上海古籍出版社 2002
　年版。

刘名誉辑刻：《慕龛治心韵语诗钞》，光绪二十二年排印本，吴云记书
　庄印。

刘师培：《清儒得失论》，中国人民大学出版社 2006 年版。

刘长佑著，陈书良等点校：《刘长佑集》，岳麓书社 2011 年版。

隆林各族自治县地方志编撰委员会编：《隆林各族自治县志》，广西人民
　出版社 2002 年版。

隆安县志编撰委员会编：《隆安县志》，广西人民出版社 1993 年版。

龙启瑞：《经籍举要》，《续修四库全书》，上海古籍出版社 2002 年版。

龙启瑞：《古韵通说》，《续修四库全书》，上海古籍出版社 2002 年版。

龙启瑞：《经德堂文集》，《续修四库全书》，上海古籍出版社 2002 年版。

龙州县志编撰委员会编：《龙州县志》，广西人民出版社 1993 年版。

龙胜县志编撰委员会编撰：《龙胜县志》，汉语大词典出版社 1992 年版。

陆应阳：《广舆记》，《四库全书存目丛书》史部第 173 册，齐鲁书社 1996 年版。

陆祚蕃：《粤西偶记》，《四库全书存目丛书》，齐鲁书社 1996 年版。

陆陇其：《松阳讲义》，《四库全书》第 209 册，上海古籍出版社 1987 年版。

陆世仪：《桴亭先生文集》，《续修四库全书》第 1398 册，上海古籍出版社 2002 年版。

陆奎勋：《陆堂文集》，《续修四库全书》，上海古籍出版社 2002 年版。

陆鉴、况嵩年，《国朝广西历科乡试题名录》清刻本，道光十二年新镌。

吕祖谦：《东莱别集》，《四库全书》第 1150 册，上海古籍出版社 1987 年版。

吕璜：《月沧文集》，1935 年排印本。

吕坤：《呻吟语》，《四库全书存目丛书》子第 13 册，齐鲁书社 1995 年版。

M

马端临：《文献通考》，《四库全书》第 610 册，上海古籍出版社 1987 年版。

马丕瑶：《马中丞遗集》，马氏家庙刻光绪二十四年（1898 年）刻本。

马锡恩：《桂林忠恕堂马家规》，道光十五年（1835 年）重修。

马其昶：《韩昌黎文集校注》，上海古籍出版社 1987 年版。

梅曾亮：《柏枧山房全集》，《续修四库全书》第 1513 册，上海古籍出版社 2002 年版。

蒙启光等修纂：《凌云县志》，民国 31 年石印本。

蒙培元：《理学范畴系统》，人民出版社 1982 年版。

蒙培元：《理学的演变：从朱熹到王夫之戴震》，中华书局 2005 年版。

蒙泉镜：《亦嚣轩遗稿》，民国 6 年刻本。

蒙荫昭：《广西教育史》，广西人民出版社 1999 年版。

《明实录》，"中央"研究院历史语言研究所校印，1962 年。

莫炳奎修纂：《邕宁县志》，民国 26 年铅印本。

莫乃群主编：《二十四史广西资料辑录》，广西人民出版社 1997 年版。

牟宗三：《宋明儒学的问题与发展》，华东师范大学出版社 2004 年版。

N

那坡县志编撰委员会编：《那坡县志》，广西人民出版社 2002 年版。

南宁市地方志编撰委员会编撰：《南宁市志》，广西人民出版社 1998 年版。

南海市地方志编撰委员会编：《南海县志》，武汉大学出版社 2000 年版。

农必强主编：《崇左县志》，广西人民出版社 1994 年版。

O

欧阳修等修纂：《新唐书》，中华书局 1995 年版。

欧阳若修等编：《壮族文学史》，广西人民出版社 1987 年版。

欧卿义修，梁崇鼎等纂：《贵县志》，《中国方志丛书》第 69 号，成文出
　版社 1967 年版。

P

裴骃：《史记集解》，《四库全书》，上海古籍出版社 1987 年版。

平南县志编纂委员会：《平南县志》，广西人民出版社 1993 年版。

平乐县志编撰委员会编：《平乐县志》，方志出版社 1995 年版。

蒲朝军、过竹主编：《中国瑶族风土志》，北京大学出版社 1992 年版。

Q

乾隆敕撰：《皇朝文献通考》，《四库全书》第 633 册，上海古籍出版社
　1987 年版。

钱宗范、梁颖：《广西各民族宗法制度研究》，广西师范大学出版社 1997
　年版。

钱福昌：《广西试牍》，五云楼发兑，道光十二年刻。

《迁江县志》，《中国方志丛书》第 136 号，成文出版社 1967 年版。

钦州市地方志编撰委员会编：《钦州市志》，广西人民出版社 2000 年版。

秦蕙田：《五礼通考》，《四库全书》第 137 册，上海古籍出版社 1987
　年版。

《清实录》，中华书局 1985 年版。

邱濬：《大学衍义补》，《四库全书》，上海古籍出版社 1987 年版。

邱濬：《朱子学的》，中华书局 1985 年版。

邱濬：《琼台诗话》，《四库全书存目丛书》第 416 册，齐鲁书社 1997
　年版。

邱濬：《重编琼台稿》，《四库全书》第 1248 册，上海古籍出版社 1987

年版。

瞿景淳：《瞿文懿公集》，《四库全书存目丛书》集部第 109 册，齐鲁书社
　　1997 年版。

全文炳、苏煜坡：《贺县志》，清光绪十六年（1890 年）复印本。

R

阮元：《十三经注疏》，中华书局 1987 年版。

阮元：《广东通志》，《续修四库全书》第 669 册，上海古籍出版社 2002
　　年版。

S

盛康：《皇朝经世文续编》，光绪二十三年思刊楼刊版。

申时行等修：《明会典》，《续修四库全书本》，上海古籍出版社 1995
　　年版。

史革新：《清代理学史》，广东教育出版社 2007 年版。

舒启修、吴光升等纂：《马平县志》，《中国方志丛书》第 128 号，成文出
　　版社 1967 年版。

司马迁：《史记》，中华书局 1982 年版。

宋濂等：《元史》，中华书局 1995 年版。

苏勒通阿、彭基、庞锡纶修纂：《兴业县志》，嘉庆十九年抄本。

苏濬：《广西通志》，明万历二十七年（1599 年）刻本。

苏士俊纂修：《南宁府志》，载林小静主编《南宁古籍文献丛书》，广西人
　　民出版社 2008 年版。

沈炳成修，苏宗经辑，羊复礼、夏敬颐等纂：《广西通志辑要》，清光绪
　　十五年增辑刻本。

粟冠昌：《广西土官研究》，广西民族出版社 2000 年版。

孙奇逢：《理学宗传》，《续修四库全书》，上海古籍出版社 2002 年版。

孙希旦：《礼记集解》，中华书局 2010 年版。

T

唐鉴：《学案小识》，《四库全书存目丛书》，齐鲁书社 1996 年版。

唐鉴：《唐确慎公集》，四部备要本。

唐志敬等主编：《清代广西历史纪事》，广西人民出版社 1999 年版。

汤斌：《洛学编》，《续修四库全书》，上海古籍出版社 2002 年版。

汤斌：《汤子遗书》，《四库全书》第 1312 册，上海古籍出版社 1987

年版。

陶塝、陆履中纂：《恭城县志》，清光绪十五年（1889 年）。

田汝成：《炎徼纪闻》，《四库全书》第 352 册，上海古籍出版社 1987
年版。

脱脱等：《宋史》，中华书局 1995 年版。

W

《翁氏宗谱》，光绪三十二年（1906 年）修，民国 23 年（1934 年）印。

万斯同：《儒林宗派》，四明丛书约园刊本。

汪森编，黄盛陆等校点：《粤西文载》，广西人民出版社 1990 年版。

汪森编，桂苑书林编辑委员会校注：《粤西诗载》，广西人民出版社 1987
年版。

汪森编辑，黄振中、吴中任、梁超然校注：《粤西丛载》，广西民族出版
社 2007 年版。

王迈：《臞轩集》，《四库全书》第 1178 册，上海古籍出版社 1987 年版。

王守仁著，吴光等编校：《王阳明全集》，上海古籍出版社 1992 年版。

王士性：《广西绎》，中华书局 2006 年版。

王先谦：《东华续录》，《续修四库全书》第 372 册，上海古籍出版社 2002
年版。

王拯撰：《龙壁山房文集》，《续修四库全书》，上海古籍出版社 2002
年版。

王先谦：《荀子集解》，中华书局 1992 年版。

王锦、吴光升：《柳州府志》，北京图书馆油印本 1956 年版。

王仁钟修，梁吉祥纂：《贵县志》，清光绪二十年紫泉书院复印本。

韦陟云：《红杏山房诗稿》，1919 年抄本。

温德溥修，曾唯儒纂：《武鸣县志》，民国 4 年铅印本。

温之诚、曹文深：《全州志》，嘉庆四年（1799 年）刻本。

韦丰华著，丘振声、赵建莉点校：《韦丰华集》，广西民族出版社 2009
年版。

韦绣孟：《茹芝山房吟草》，广西人民出版社 1993 年版。

韦湘秋：《广西百代诗踪》，广西人民出版社 1995 年版。

韦玖灵：《儒学南传与壮族思想发展》，香港新闻出版社 2003 年版。

魏征等：《隋史》，中华书局 1991 年版。

魏了翁：《鹤山集》，《四部丛刊初编》，上海书店印行 1989 年。

魏浚：《西事珥》，《四库全书存目丛书》第 247 册，齐鲁书社 1996 年版。

魏裔介：《兼济堂文集》，《四库全书》第 1312 册，上海古籍出版社 1987
　　年版。

倭仁：《倭文端公遗书》，清光绪元年求我斋刊本。

吴澄：《吴文正集》，《四库全书》，上海古籍出版社 1987 年版。

吴廷举：《东湖集》，光绪十五年（1889 年）刻本。

吴与弼：《康斋集》，《四库全书》，上海古籍出版社 1987 年版。

吴九龄、史鸣皋：《梧州府志》，乾隆三十五年抄本。

吴征鳌、黄泌：《临桂县志》，坛庙，清光绪三十一年刻本。

吴德旋：《初月楼文集续钞》，光绪十年（1884 年）刻本。

吴德旋：《初月楼文集》，光绪十年（1884 年）刻本。

吴德旋：《初月楼古文绪论》，《续修四库全书》第 1714 册，上海古籍出
　　版社 2002 年版。

吴文治：《柳宗元文集》，中华书局 1964 年版。

X

西林县志编撰委员会编：《西林县志》，广西人民出版社 2006 年版。

萧穆：《敬孚类稿》，《续修四库全书本》第 1561 册，上海古籍出版社
　　2002 年版。

萧万源等主编：《中国少数民族哲学史》，安徽人民出版社 1992 年版。

萧华荣：《中国诗学思想史》，华东师范大学出版社 1996 年版。

解缙等编著：《永乐大典》，北京图书馆出版社 2004 年版。

谢启昆：《广西通志》，广西人民出版社 1988 年版。

谢济世著，黄南津、蒋钦挥、廖集玲、石勇校注：《梅庄杂著》，广西人
　　民出版社 2001 年版。

谢修森：《谢氏族谱》，民国 35 年本。

谢次颜、潘鼎新、黄文观等修纂：《凤山县志》，1957 年广西博物馆油
　　印本。

兴安县地方志编撰委员会编：《兴安县志》，广西人民出版社 2002 年版。

熊锡履：《学统》，《续修四库全书》，上海古籍出版社 2002 年版。

徐世昌：《清儒学案》，人民文学出版社 2010 年版。

徐珂：《清稗类钞》，中华书局 1984 年版。

徐咸：《徐襄阳西园杂记》，盐邑志林本。

徐咸：《皇明名臣言行录后集》，《续修四库全书》第 520 册，上海古籍出版社 1995 年版。

徐问：《读书札记》，《四库全书》第 714 册，上海古籍出版社 1987 年版。

薛瑄：《薛瑄全集》，山西人民出版社 1990 年版。

Y

杨时：《二程集粹言》，《四库全书》，上海书店印行，1989 年。

杨应诏：《闽南道学源流》，《四库全书存目丛书》，齐鲁书社 1996 年版。

杨念群：《儒学地域化的近代形态：三大知识群体互动的比较研究》，载刘德增主编《儒学传播研究》，中华书局 2004 年版。

杨昌嗣：《侗族社会的款组织及其特点》，载《杨昌嗣文集》，民族出版社 1999 年版。

羊复礼：《镇安府志》，光绪十八年影印本。

阳朔县志编撰委员会编：《阳朔县志》，广西人民出版社 1988 年版。

佚名：《思陵土州志》，据清光绪五年（1879 年）修韦振超抄本复印本。

英秀、恒悟、唐仁等修纂：《庆远府志》，道光九年刻本。

永瑢、纪昀：《四库全书总目》，上海古籍出版社 1987 年版。

俞廷举著，唐志敬、张汉宁、蒋钦挥点校：《一园文集》，广西人民出版社 2001 年版。

虞集：《道园学古录》，《四部丛刊初编》，上海书店 1989 年版。

玉时阶：《壮族民间宗教文化》，民族出版社 2004 年版。

袁枚：《小仓山房尺牍》，清同治乙丑金玉楼刻本。

袁湛业、黄体正：《桂平县志》，清道光二十三年刻本抄。

乐史：《太平寰宇记》，《四库全书》，上海古籍出版社 1987 年版。

Z

资源县志编撰委员会编：《资源县志》，广西人民出版社 1998 年版。

臧励和等编：《中国人名大辞典》，上海书店 1980 年版。

张载：《张载全书》，《四库全书》，上海古籍出版社 1987 年版。

张栻：《南轩集》，《四库全书》，上海古籍出版社 1987 年版。

张岳：《小山类稿》，《四库全书》，上海古籍出版社 1987 年版。

张吉：《古城集》，《四库全书》，上海古籍出版社 1987 年版。

张翀著，柳州地方志编撰委员会办公室编：《鹤楼集》，京华出版社 2005

年版。

张翀：《浑然子》，《四库全书存目丛书》，齐鲁书社 1996 年版。

张鸣凤：《桂故》，《桂胜》，《四库全书》，上海古籍出版社 1987 年版。

张居正著，王云编：《张文忠公全集》，商务印书馆发行。

张伯行：《道南源委》，《四库全书存目丛书》，齐鲁书社 1996 年版。

张伯行：《伊洛渊源续录》，《四库全书存目丛书》，齐鲁书社 1996 年版。

张伯行：《学规类编》，康熙四十六年刊，正谊堂全书本。

张廷玉等撰：《明史》，中华书局 1974 年版。

张延珂、袁继翰：《长沙县志》，同治十年，刻本。

张之洞等撰：《西林岑德固殉母事状》，刻本。

张鹏展：《峤西诗抄》，清道光二年清远楼刻本。

张声震编著：《壮族通史》，广西民族出版社 1997 年版。

张维、梁扬：《岭西五大家研究》，江苏古籍出版社 2003 年版。

章梫：《康熙政要》，中共中央党校出版社 1994 年版。

章太炎：《章太炎全集》，上海人民出版社 1985 年版。

赵翼：《檐曝杂记》，中华书局 1997 年版。

中国第一历史档案馆：《乾隆朝上谕档》，档案出版社 1998 年版。

中国第一历史档案馆：《康熙起居注》，中华书局 1984 年版。

赵翼：《瓯北集》，清嘉庆壬申年（1812 年）湛贻堂刊本。

赵尔巽：《清史稿》，中华书局 2003 年版。

赵炳麟、赵润生、黄南津等：《赵柏岩集》，广西人民出版社 2001 年版。

《昭平县志》，《中国方志丛书》第 21 号，成文出版社 1967 年版。

昭平县志编撰委员会编：《昭平县志》，广西人民出版社 1992 年版。

真德秀：《西山文集》，影印文渊阁四库全书。

郑献甫：《郑小谷全集》，文昌书局，光绪己卯刊刻。

周敦颐：《通书》，上海古籍出版社 1992 年版。

周敦颐：《周元公集》，《四库全书》第 1101 册，上海古籍出版社 1987 年版。

周去非：《岭外代答》，《四库全书》，上海古籍出版社 1987 年版。

周密、张茂鹏点校：《齐东野语》，中华书局 1983 年版。

周琦：《东溪日谈录》，《四库全书》，上海古籍出版社 1987 年版。

周汝登：《圣学宗传》，《续修四库全书》，上海古籍出版社 2002 年版。

周必超：《分清山房文集》，1931 年手抄本。

钟文典主编：《广西通史》，广西人民出版社 1999 年版。

钟山县志编撰委员会编：《钟山县志》，广西人民出版社 1995 年版。

朱熹著，朱杰人等主编：《朱子全书》，上海古籍出版社、安徽教育出版
　　社 2003 年版。

朱熹编：《二程遗书》，《四库全书》，上海古籍出版社 1987 年版。

朱震：《汉上易传》，《四库全书》第 11 册，上海古籍出版社 1987 年版。

朱彝尊：《曝书亭集》，世界书局，民国 26 年 5 月初版初印。

朱琦撰：《怡志堂文集》，《续修四库全书》，上海古籍出版社 2002 年版。

朱琦撰：《怡志堂诗集》，《续修四库全书》，上海古籍出版社 2002 年版。

朱星炯、朱伟人：《临贺朱氏家谱》，清光绪二十四年本。

郑湘畴纂修：《平南县鉴》，《中国方志丛书》第 213 号，台湾成文出版社
　　1974 年版。

郑瑶、方仁荣撰：《景定严州续志》，《四库全书》第 487 册，上海古籍出
　　版社 1987 年版。

曾国藩：《曾国藩全集》，岳麓书社 2011 年版。

邹浩：《道乡集》，《四库全书》第 1121 册，上海古籍出版社 1987 年版。

宗稷辰：《躬耻斋文钞后编》，咸丰六年（1856 年）越岷山馆刊本。

二　论文类

白耀天：《壮族丧葬礼仪述论》，《广西民族研究》1993 年第 4 期。

费孝通：《中华民族的多元一体格局》，《北京大学学报》1989 年第 4 期。

俸代瑜：《瑶族文化多元一体特点浅析》，《广西民族研究》1993 年第
　　4 期。

顾绍柏：《晚近壮族文人诗歌与韦绣孟》，《民族文学研究》1988 年第
　　5 期。

何成轩：《儒学在壮族地区的传播》，《孔子研究》1995 年第 3 期。

何成轩：《先秦儒学在中原的传播及其南渐趋势》，《哲学研究》1997 年。

黄昉：《壮族士人和理学》，《广西民族学院学报》1985 年。

黄挺：《明代潮州儒学概说》，《汕头大学学报（粤）》1994 年第 2 期。

李启军：《简论晚清临桂词学大师王鹏运和况周颐的词学成就》，《柳州师
　　范专科学校学报》，1999 年。

钱宗范：《试论侗族近代社会宗法文化的基本特征》，《广西师范大学学报》1996 年第 3 期。

史革新：《程朱理学与晚清"同治中兴"》，《近代史研究》2003 年。

粟冠昌：《唐宋元明清广西羁縻州县或土府州县洞司等设置概况》，《广西民族研究》1986 年第 4 期。

粟冠昌：《明代广西社会经济发展概况》，《广西师范大学学报（哲学社会科学版）》1984 年第 4 期。

衷尔钜：《论明代的理学和心学》，《中州学刊》1990 年第 1 期。